東京の島々

Tokyo Islands

伊豆大島・利島・新島・式根島・神津島・三宅島・御蔵島
八丈島・青ヶ島・小笠原―父島・母島―

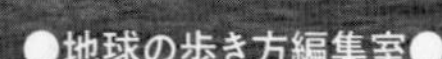

TOKYO ISLANDS  CONTENTS

エリアガイドの見方

船や飛行機を利用した場合の、おもな行き方と所要時間の目安を記載しています。ほかにも曜日限定の航路や季節航路があります。あくまでも一例としてご利用ください。

クチコミやこぼれネタを紹介しています。

データ欄の記号

MAP 別冊P.5-A1
別冊地図上の位置を表示

- 住 住所（無番地または番地の記載が一般的ではない島は省略）
- TEL 電話番号
- FAX ファクス
- ✉ E-mail
- 時 アクティビティなどの催行時間
- 営 営業時間または開館時間、閉園時間ほか
- 休 定休日（特記のない場合、お盆や年末年始を除く）
- 料 料金（特記のない場合は税込み）
- P 駐車場の有無
- 交 港や観光協会などからのおよその所要時間。島によってはバス停からの所要時間
- IN チェックインの時間
- OUT チェックアウトの時間
- 部 客室数
- URL ウェブサイト（基本的にhttps://、http://は省く）

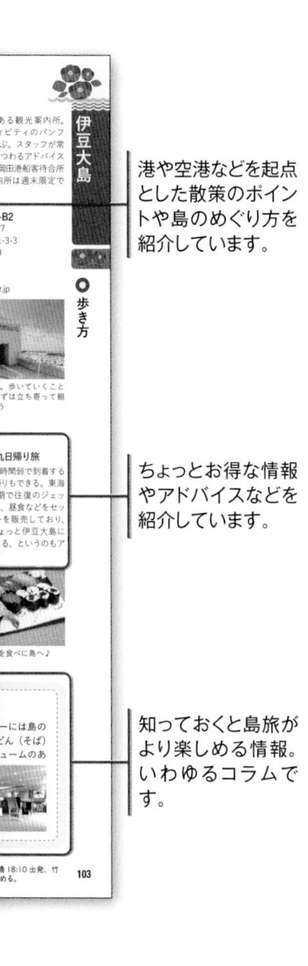

CC 利用できるクレジットカード
A アメックス
D ダイナース
J JCB
M マスターカード
V ビザカード

■本書の特徴

本書は、伊豆諸島から小笠原諸島まで、東京の島々をじっくり楽しみたい方のためのガイドブックです。東京諸島の新たな魅力を発見していただけるよう情報を充実させるとともに、できるだけ使いやすいものを心がけて作りました。

■掲載情報のご利用に当たって

編集部では、できるだけ最新で正確な情報を掲載するように努めていますが、現地の規則や手続きなどがしばしば変更されたり、またその解釈に見解の相違が生じたりすることもあります。このような理由に基づく場合、または弊社に重大な過失がない場合は、本書を利用して生じた損失や不都合などについて、弊社は責任を負いかねますのでご了承ください。また、本書をお使いいただく際は、掲載されている情報やアドバイスがご自身の状況や立場に適しているか、すべてご自身の責任で判断のうえご利用ください。

■取材および調査期間

この本は2023年9～11月の取材を基に編集されています。また、追跡調査を2024年1月まで行いました。記載の住所、料金などのデータは基本的にこの時点のものです。料金については原則として税込み料金を表示、定休日についてはゴールデンウイーク、お盆休み、年末年始を省略しています。宿泊施設のチェックイン、チェックアウト時間については基本的なプランの時間を記載しています。プランや部屋のタイプによって時間が異なる場合があります。また、時間の経過によってデータに変更が生じることが予想されるため、事前に最新の情報を入手されることをおすすめします。

■発行後の情報の更新と訂正、旅のサポート情報について

発行後に変更された掲載情報や訂正箇所は『地球の歩き方』ホームページ「更新・訂正情報」で可能なかぎり案内しています（ホテル、レストラン料金の変更などは除く）。

URL www.arukikata.co.jp/travel-support/

ジェネラルインフォメーション

東京都・島しょ部の基本情報

東京都旗

❖ 東京都紋章

1889（明治22）年12月の東京市会で市のマークとして決定されたもの。1943（昭和18）年の東京都制施行にともなって、東京都の紋章として受け継がれた。紋章には東京の発展の願いが込められ、太陽を中心に6方に光が放たれている様子を表しており、日本の中心としての東京を象徴している。

❖ 都旗

東京都旗は、東京オリンピック開幕直前の1964（昭和39）年10月に制定された。江戸のイメージカラーである江戸紫を地色とし、中央に白の東京都紋章を配している。

❖ 東京都のシンボルマーク

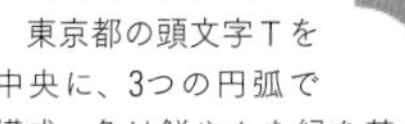

東京都の頭文字Ｔを中央に、3つの円弧で構成。色は鮮やかな緑を基本とする。これからの東京都の躍動、繁栄、潤い、やすらぎを表現している。1989（平成元）年6月に制定された。

❖ 東京都歌

1947（昭和22）年4月に発表された東京都歌。発表の前年に一般公募された6532作のなかから、原田重久氏の歌詞が選定され、さらにこの歌詞による作曲を募集。加須屋博氏の曲が選ばれた。

❖ 都の花…ソメイヨシノ（染井吉野）

1984（昭和59）年6月に「都の花選考会」で正式に決定。ソメイヨシノは江戸末期から明治初期にかけて、染井村（現在の豊島区駒込）に住んでいた植木職人がヤマザクラを改良した品種といわれている。

❖ 都の木…イチョウ

東京の木選定委員会にて3種の候補「ケヤキ、イチョウ、ソメイヨシノ」が挙げられ、都民の一般投票によって決定。1966（昭和41）年11月に発表された。

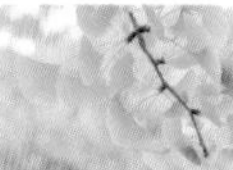

❖ 都民の鳥…ユリカモメ

1965（昭和40）年10月に都民の鳥となったユリカモメ。白い羽、朱色のくちばしと足をもつカモメで、10月下旬から4月頃まで東京湾や墨田川、多摩川などで群れをなして見られる。

❖ 都庁所在地

日本の首都は東京(法定で定められてはいない)であり、都庁の所在地は新宿区。

❖ 東京都と島しょ部の面積

東京都は2194.05㎢（区部、市部、郡部、島しょ部）
島しょ部は406.71㎢
※東京都ホームページ「都の概要」」より

❖ 東京都と島しょ部の人口

東京都総人口　1410万5098人
島しょ部(2町7村)の人口　2万3274人
※東京都総務局統計部
※2024年1月1日時点（推計）

❖ 日本の人口

1億2409万人
※総務省統計局
※2024年1月1日現在(概算値)

❖ 東京都知事

小池百合子（第20・21代）
※2024年1月1日現在

東京都知事は東京都の首長で、4年の任期をもって任命される。4年ごとに東京都知事選が行われ、東京都民の投票により候補者のなかから1名が選ばれる。

❖ 東京都の予算

東京都の2022年度の一般会計歳出総額は7兆8010億円。税収は5兆6308億円。東京都の予算は15.3939兆円となっており、これはノルウェー20.4兆円、スウェーデン14.3兆円という国家予算に匹敵する金額。一方、日本国の2022年度の一般会計歳出総額は107兆5964億円、税収は65兆2350億円。
※東京都予算と税額は東京都財務局のホームページより

東京
伊豆大島
利島
式根島
新島
三宅島
神津島
御蔵島
八丈島
青ヶ島
ベヨネーズ列岩
須美寿島
鳥島
孀婦岩
聟島
嫁島
西之島
父島
母島
北硫黄島
硫黄島
南硫黄島
伊豆諸島
小笠原諸島

東京都島しょ部の構成

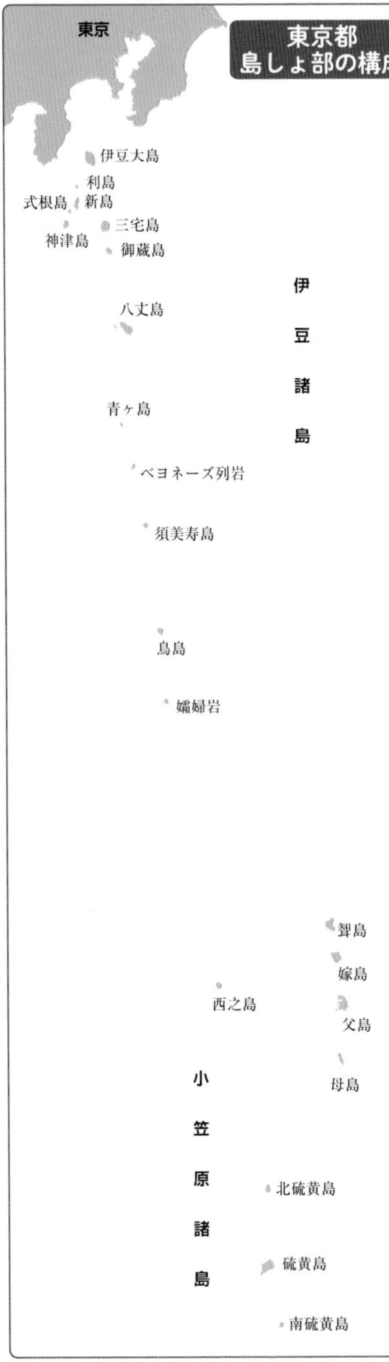

❖ 東京都は区部・多摩地域・島しょ部の3地域

東京都は一般的に区部（東京23区、旧東京市）、多摩地域（多摩26市3町1村）と島しょ部（伊豆諸島2町6村、小笠原諸島1村。島部ともいう）の3地域に分けられる。島しょ部は大島支庁（大島町、利島村、新島村、神津島村）、三宅支庁（三宅村、御蔵島村）、八丈支庁（八丈町、青ヶ島村）、小笠原支庁（小笠原村）の管轄になっている。

❖ 島しょ部は2地域に分けられる

島しょ部は大きく伊豆諸島と小笠原諸島に分けられ、東京諸島と呼ばれることもある。伊豆諸島は大型客船の航路で北部（さるびあ丸航路）と南部（橘丸航路）に分けることもできる。有人島は下記のとおりで、新島・式根島と父島・母島以外は1島1町（村）となっている。

伊豆諸島北部……伊豆大島（大島町）、利島（利島村）、新島および式根島（新島村）、神津島（神津村）

伊豆諸島南部……三宅島（三宅村）、御蔵島（御蔵村）、八丈島（八丈町）、青ヶ島（青ヶ島村）

小笠原諸島………父島および母島（小笠原村）

❖ 南北2000㎞の海域に点在

東京都心から小笠原諸島の父島までは約1000㎞の距離がある。都心から伊豆大島までは約100㎞、八丈島までは約280㎞で、ちょうど真ん中あたりに浮かぶ鳥島が約580㎞になる。伊豆・小笠原諸島が浮かぶ海域は、日本の排他的経済水域の約45％を占め、なかでも小笠原諸島が占める排他的経済水域は約119万㎢を誇っている。

❖ 東京諸島は新しい呼び名？

東京都の島しょ部は、伊豆諸島と小笠原諸島の総称だが、現在は東京諸島と呼ばれることも多い。伊豆諸島は伊豆という名称が表すとおり、もともと静岡県に属していた。しかし流通や文化面では東京との結びつきが強く、1878年に東京都（当時は東京府）に編入された。そのため東京都にありながら、伊豆という名称が使われることになる。東京諸島観光連盟などが2010年代頃から伊豆諸島と小笠原諸島を東京諸島と呼んでおり、その名が定着しつつある。

祝日

※内閣府のホームページより
・「国民の祝日」は休日とする
・「国民の祝日」が日曜に当たるときは、その日後においてその日に最も近い「国民の祝日」でない日を休日とする。
・その前日及び翌日が「国民の祝日」である日（「国民の祝日」でない日に限る）は、休日とする。

❖ 都民の日

10月1日	「東京都民がこぞって1日の慰楽をともにすることにより、その自治意識を昂揚し、東京都の発展と都民の福祉増進を図る」ことを目的に1952（昭和27）年に施行された。東京都が管理する動物園や植物園、美術館などが入場無料になる。

❖ 国民の祝日

元日　1月1日	年初を祝う。
成人の日　1月第2月曜	大人になったことを自覚し、自ら生き抜こうとする青年を祝い励ます。
建国記念の日　2月11日	建国をしのび、国を愛する心を養う。
天皇誕生日　2月23日	天皇の誕生日を祝う。
春分の日　3月20日または21日	自然をたたえ、生物をいつくしむ。
昭和の日　4月29日	激動の日々を経て、復興を遂げた昭和の時代を顧み、国の将来に思いをいたす。
憲法記念日　5月3日	日本国憲法の施行を記念し、国の成長を期する。
みどりの日　5月4日	自然に親しむとともにその恩恵に感謝し、豊かな心をはぐくむ。
こどもの日　5月5日	子供の人格を重んじ、子供の幸福をはかるとともに、母に感謝する。
海の日　7月第3月曜	海の恩恵に感謝するとともに、海洋国日本の繁栄を願う。
山の日　8月11日	山に親しむ機会を得て、山の恩恵に感謝する。
敬老の日　9月第3月曜	多年にわたり社会に尽くしてきた老人を敬愛し、長寿を祝う。
秋分の日　9月22日または23日	祖先をうやまい、亡くなった人々をしのぶ。
スポーツの日　10月第2月曜	スポーツを楽しみ、健康な心身を培う。
文化の日　11月3日	自由と平和を愛し、文化をすすめる。
勤労感謝の日　11月23日	勤労をたっとび、生産を祝い、国民が互いに感謝し合う。

東京都平和の日

❖ 3月10日

1945年3月10日未明の大空襲により、東京は一夜で多くの命が失われ、焼け野原と化した。1990年7月、東京都は戦争の惨禍を再び繰り返さないことを誓い、平和国家日本の首都として「東京都平和の日条例」を制定。3月10日を「東京都平和の日」と定めた。

おもな地方都市からの移動時間

▶東京への道→P.404

❖ 飛行機（地方空港から羽田空港へ）

札幌（新千歳空港）　約1時間35分
大阪（伊丹空港）　約1時間10分
広島（広島空港）　約1時間30分
松山（松山空港）　約1時間35分
福岡（福岡空港）　約2時間
鹿児島（鹿児島空港）　約2時間
沖縄（那覇空港）　約2時間35分

❖ 新幹線（地方駅から東京駅へ）

仙台　約1時間40分
新潟　約1時間40分
名古屋　約1時間35分
金沢　約2時間30分
新大阪　約2時間20分
広島　約3時間50分
博多　約4時間55分

安全とトラブル

▶東京・島しょ部の一般的な治安、災害情報→P.414

一般的に東京の治安はよく安全だが、多くの人が集まるエリアや時期には、トラブルに巻き込まれないようにしたい。

また、台風や豪雨などの自然災害により、公共交通機関の計画運休が実施されることもある。地震が発生したときの避難先や行動も確認しておこう。

●警視庁
TEL 03-3581-4321（代表）
URL www.keishicho.metro.tokyo.lg.jp

東京島しょ部の気候

▶旅のシーズン →P.408

東京都は太平洋側気候に属し、23区から多摩地域東部にかけては東日本型、多摩地域西部は東日本型のうち中央高原型、また伊豆諸島は南海型に分類される。日本の中ほどに位置する東京の中心部は四季の変化が顕著であり、夏は高温多湿、冬は晴天が続き乾燥する日が多い。7～9月頃には台風が通過することもある。東京ではヒートアイランド現象が進行しており、過去100年の間に気温が約3℃上昇している。夜になっても気温が25℃を下回らない亜熱帯の日も過去40年間で約2倍になった。

島しょ部のうち伊豆諸島は海洋性気候、小笠原諸島はおもに亜熱帯海洋性気候に区分することもできる。伊豆諸島は黒潮の影響を受けて高温多雨。年平均気温は15～18℃で、雪はほとんど降らない。降水量は年間平均3000mm程度で、全国平均1700mmに比べて多い。小笠原諸島は気温の変化が少なく、年平均気温は23℃くらい。降水量は年間平均1300mm程度と過ごしやすい。

伊豆諸島は国内でも有数の強風地帯として知られ、特に三宅島、御蔵島、八丈島、青ヶ島は強風の日が多い。海水温は伊豆諸島が年平均温度19℃で、最も低い2月でも16℃ほどある。小笠原諸島は年平均温度25℃で、23℃を上回る月が6～12月の7ヵ月間に及ぶ。

東京都心（北の丸公園）と伊豆大島、八丈島、父島の気候／降水量

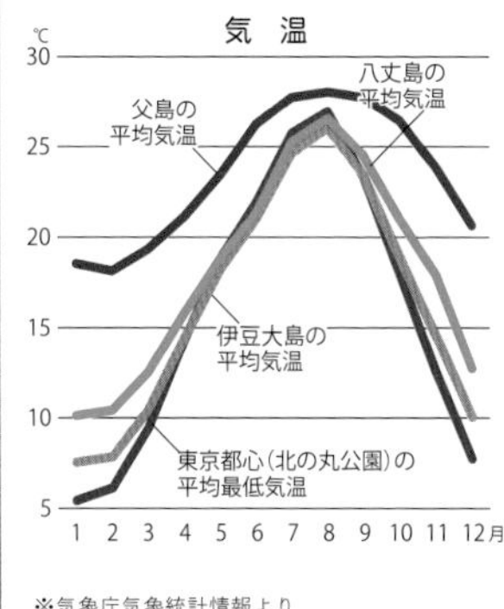

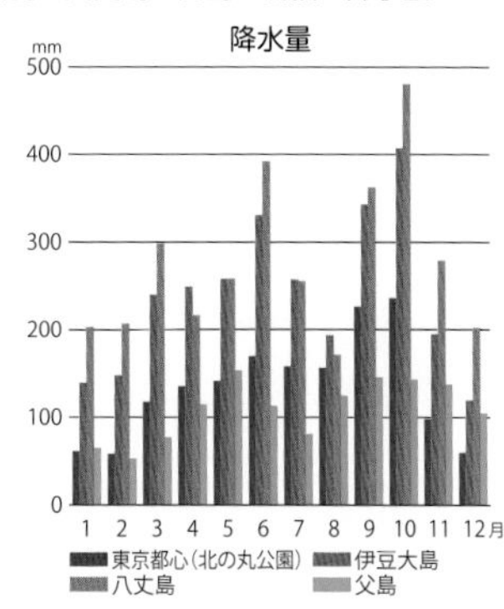

※気象庁気象統計情報より

その他

▶習慣とマナー →P.418

❖喫煙

2020年4月以降、東京都受動喫煙防止条例により原則として都内の飲食店は禁煙となった。店内に喫煙専用室や加熱式たばこ専用室が設けられている場合には、その中でのみ喫煙が可能。店舗（施設）出入り口に標識の掲示などが必要となった（飲食店については、禁煙の場合も標識の掲示義務がある）。島しょ部の居酒屋では喫煙可としていることが多いので、事前に確認しておこう。また、都内の路上や公園といった屋外も、地域により禁煙となっていることがあるため要注意。路上禁煙地区内で歩きたばこや吸殻のポイ捨てをすると条例により過料徴収を科される自治体もある。

●**東京都福祉保健局**

▶東京都受動喫煙防止条例の詳細

URL www.fukushihoken.metro.tokyo.jp/kensui/tokyo/kangaekata_public.html

❖エスカレーター

東京では左側に立ち、右側を歩く人のために空けるのが習慣。しかし、一般社団法人日本エレベーター協会は、「エスカレーターの安全基準はステップ上に立ち止まって利用すること」を前提とし、歩行禁止をうたっている。

❖島民の暮らしを邪魔しない

島では観光客と島民との距離が近い。島の人々の生活の場にお邪魔させてもらっているという意識を忘れずに。水着で集落を歩き回ったり、大声で騒いだりしないように気をつけたい。

❖6日間周期で動く小笠原

小笠原の生活は、基本的に6日間周期で往復するおがさわら丸の影響が大きい。店やアクティビティは、船の運航に合わせて「おが丸出港中は休み」とか、「おが丸入港中の午前中に催行」といった表記が一般的だ。

櫻、桃、菜の花が眞盛りである。
路は高く磯の上にあつて、
下には行く處に浪が
巖礁に白絹を擴げてゐる。
沖に霞んでゐる三宅島、新島、利島が
蓬莱の三山を想はせるやうに
微雨の中に霞んでゐる。
すべてが内地にも
餘り見られない程、
純日本的な風景であつた。

（与謝野晶子『冬柏四巻六号』／冬柏研究所）

椿の葉に照る日の匂もあたゝかく、
荒磯の砕くる
潮の香も脈々として
胸に通ふの感あり。
終に書斎の中にして、三原の山にのぼり、
烏賊釣りの舟にはたらき、
林巒烟波（りんらんえんぱ）の間に嘯き傲りたり。

（幸田露伴『作家の自伝 81 幸田露伴』／日本図書センター）

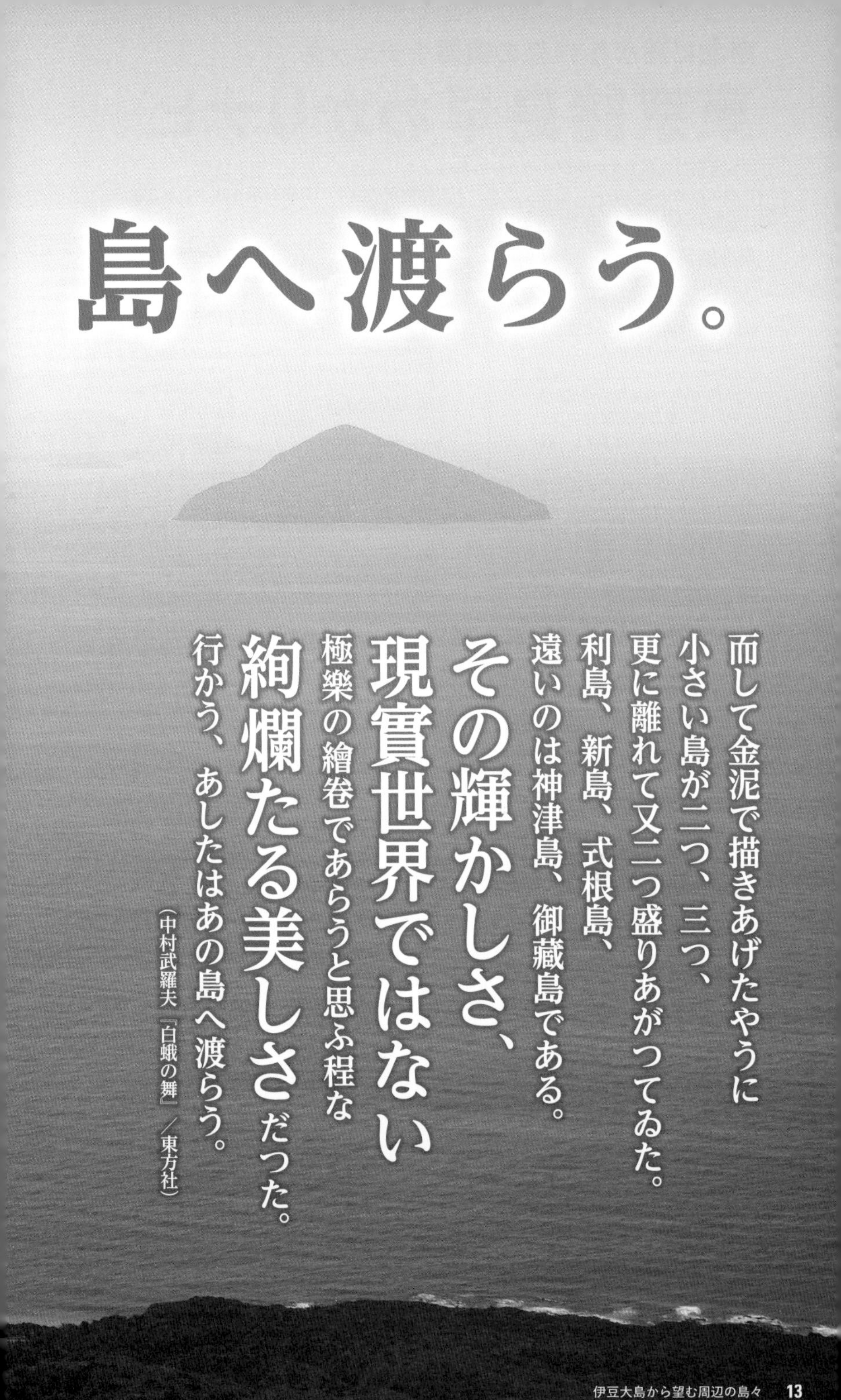

島へ渡らう。

而して金泥で描きあげたやうに
小さい島が二つ、三つ、
更に離れて又二つ盛りあがつてゐた。
利島、新島、式根島、
遠いのは神津島、御藏島である。
その輝かしさ、
現實世界ではない
極樂の繪巻であらうと思ふ程な
絢爛たる美しさだつた。
行かう、あしたはあの島へ渡らう。

（中村武羅夫『白蛾の舞』／東方社）

南北に連なる11島の概要をチェック

東京諸島早わかりナビ

同じ東京都に属しているが、それぞれ個性があり雰囲気も異なる東京諸島。どんな特徴があって何が名物なのか、まずは東京の島々の基礎知識を知っておこう。

東京・竹芝

東京諸島とは？

東京都は、東京都区部（23区）と多摩地域、そして伊豆諸島および小笠原諸島からなる東京都島しょ部に分けられる。この東京都島しょ部のなかで、人が暮らしている11島を東京諸島と呼んでいる。東京都総務局の支庁として、大島支庁（大島町、利島村、新島村、神津島村）、三宅支庁（三宅村、御蔵島村）、八丈支庁（八丈町、青ヶ島村）、小笠原支庁（小笠原村）が置かれている。

伊豆大島
利島
新島
式根島
神津島

伊豆諸島北部

伊豆大島 → P.102
竹芝桟橋からジェット船で最短1時間45分で行ける島。冬に咲く色とりどりの椿も見もの。

三原山 → P.46
島の中央にそびえる三原山は世界3大流動性火山のひとつ。トレッキングで山頂まで登れる。

利島 → P.136
約20万本のヤブツバキが生える、椿油の生産量が日本有数の島。おわん形の宮塚山がシンボル。

素朴な島風景 → P.140
周囲約8kmの小さな島に約300人が暮らし、ゆったりと流れる時間に癒やされる。

新島 → P.148
世界大会も開催される日本屈指のサーフアイランド。特産のコーガ石の建物やオブジェが点在。

白砂ビーチ → P.154
東海岸の羽伏浦海岸をはじめ、白い砂浜とソーダ色の海という楽園風景が広がる。

式根島 → P.180
自転車で回れる小さな島に、白砂ビーチや展望台などの観光スポットが集まっている。

天然温泉 → P.184
古くから良質な温泉が湧くことで知られ、今でも3つの露天温泉に24時間無料で入れる。

神津島 → P.198
水配りの神話が残る、豊かな水源に恵まれた島。中央にそびえる天上山はトレッキングに最適。

赤崎遊歩道 → P.204
入江を囲む岩に木製の遊歩道が設置され、スノーケリングや飛び込みの名所に。

三宅島
御蔵島
八丈島
青ヶ島

伊豆諸島南部

三宅島 → P.222
噴火の跡と再生しつつある緑に、自然がもつ力を実感するはず。野鳥の楽園としても知られる。

火山景観 → P.228
真っ黒な溶岩原や噴石丘など、噴火による独特の景観が広がる。溶岩に埋もれた建物も。

御蔵島 → P.246
周辺にイルカがすむ島として知られるが、豊富な水に恵まれ、巨樹が林立する森や山も魅力的。

ドルフィンウオッチング → P.250
3～11月頃に開催される、ミナミハンドウイルカと一緒に泳ぐツアーが大人気。

八丈島 → P.260
温暖な気候のなか、ハイビスカスやフリージアが咲く楽園風景が魅力。海の透明度も抜群！

八丈富士 → P.42
八丈富士は標高854mを誇る伊豆諸島最高峰。山頂では火口を一周でき、絶景にも感激！

青ヶ島 → P.294
断崖絶壁に囲まれた憧れの秘島。「ひんぎゃ」と呼ばれる地熱蒸気孔から白い蒸気が立ち上る。

丸山 → P.300
二重カルデラの内輪山、丸山は青ヶ島のシンボル。展望台からの眺めはまさに絶景。

小笠原諸島

父島 → P.320
24時間の船旅でしか行けない小笠原諸島の玄関口。美しい海と独特の生態系をもつ森が迎えてくれる。

南島 → P.324
父島の南西に浮かぶ、石灰岩の沈水カルスト地形の島。白砂に囲まれた扇池が美しい。

母島 → P.360
父島から約50km南下したのどかな島。多くの固有生物が生息する森でトレッキングを楽しめる。

南崎 → P.364
遊歩道を1時間ほど歩いてアクセスする透明度の高い入江。スノーケリングに最適。

東京諸島、プチコラム

かつて伊豆諸島は静岡県だった！

伊豆諸島の北端に浮かぶ伊豆大島は、東京・竹芝から約100㎞、静岡・伊豆半島から約30㎞と静岡県のほうが近い。実際、中世の伊豆諸島は伊豆国に属し、明治時代に入り韮山県、足柄県を経て静岡県に属することになる。しかし、住民からの要望や行政面での利便性から、1878年に東京府へと編入された。従来の伊豆諸島という名称を使用するかどうかは論議もあったが、呼び慣れた名称が継続して使われることになった。

伊豆七島の「七」とは？

伊豆諸島は伊豆七島と呼ばれることもある。有人島は9島（江戸時代は八丈小島も有人だったので10島）あるが、なぜ「七島」なのか。一説には式根島は新島の属島、青ヶ島と八丈小島は八丈島の属島とされていたことから7島になったそう。伊豆大島、利島、新島、神津島、三宅島、御蔵島、八丈島を伊豆七島としているが、ここに入らない島からは名称変更の要望があり、最近では東京諸島という表記のほうが多く見られる。

ボニンアイランドの意味は？

小笠原では、島のことを「ボニンアイランド」と呼んだり、海の色を「ボニンブルー」と表現したりする。これは英語圏で小笠原諸島を表す、Bonin Islandsからきた言葉。ボニンの由来には諸説あるが、日本で小笠原諸島を「無人島＝ムニンノシマ、ブニンノシマ」と呼んでいたことから、この名称が広まったという説が一般的だ。ボニンアイランドという不思議な響きは、多様な国の文化が混在する小笠原の呼び名にぴったりだ。

東京の島々をもっとよく知るQ&A

Q 東京諸島への船は欠航することが多い？

A 島によって接岸率が異なる

海が荒れると、船が欠航する可能性もあるが、2023年の東海汽船の就航実績では御蔵島が約65％、利島が約85％で、ほかの島の就航率は90％を超えている。つまり御蔵島が極端に行きにくい。これは港が1ヵ所しかなく風の影響を受けやすいのが原因。また八丈島〜青ヶ島の船の就航率は50〜60％なので、観光にはヘリコプターを使うのが一般的だ。→P.81

Q 伊豆諸島でもクジラが見られる？

A 最近は八丈島や三宅島に出没

12〜5月頃、小笠原周辺に回遊してくるザトウクジラは冬から春にかけての風物詩。父島や母島ではホエールウオッチングツアーが開催されているほか、陸からも観察できる。2015年頃からは八丈島や三宅島でも出没情報が寄せられ、生態調査が行われている。八丈島ではウオッチングツアーも開催されている。→P.24

迫力たっぷり！　ザトウクジラのブリーチ

Q 島によって砂の色が違うのはなぜ？

A 火山岩の種類が異なるから

東京諸島はすべて火山島だが、おもに玄武岩からなる伊豆大島、利島、三宅島、御蔵島、八丈島には黒い砂浜、流紋岩からなる新島、式根島、神津島には白い砂浜が延びる。流紋岩の砂浜はよく見ると、透明な石英の粒が混じっている。小笠原諸島はサンゴや貝殻が砕けた白砂が多く、緑がかったうぐいす砂が見られるのも特徴。→P.390

真っ白な砂浜が延びる式根島の泊海水浴場

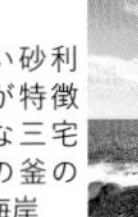

黒い砂利浜が特徴的な三宅島の釜の尻海岸

Q どんな温泉に入れる？

A 個性的な名湯が点在

小笠原諸島と利島、御蔵島、青ヶ島以外には温泉施設がある。式根島の海岸にある地鉈温泉や足付温泉、ギリシャ神殿のような新島の湯の浜露天温泉、八丈島の高台にある末吉温泉「みはらしの湯」など個性豊か。青ヶ島に温泉はないが、地熱を利用したふれあいサウナが人気。→P.32

Q 名物食材といえば何？

A 魚介や明日葉

黒潮の恵みを受け、どの島でも新鮮な魚介が取れる。キンメダイやムロアジ、タカベ、アカイカなどが名物だ。小笠原諸島ではメカジキやオナガダイ、また伝統的にウミガメを食べることでも知られる。ほかに栄養豊富なセリ科の野菜、明日葉は天ぷらやおひたしでよく出される。小笠原諸島ではトマトやシカクマメなどの島野菜がおいしい。→P.54

左／神津島では年間を通してキンメダイが取れる　右／伊豆諸島を代表する野菜、明日葉は2〜5月が旬

Q どんなお酒が飲める？

A 特に焼酎が充実している

伊豆諸島には各島に焼酎があり、個性的な味わいを楽しめる（ただし式根島と利島には酒造所はない）。八丈島には4軒の酒造所があるほか、青ヶ島には8人の杜氏がおり、それぞれ「あおちゅう」という銘柄の焼酎を造っている。ほかに神津島のクラフトビールや母島のラムも好評。→P.48

神津島の麦焼酎、盛若は樫樽貯蔵の上品な風味

伝統の祭りも楽しみ♪

東京諸島 イベントカレンダー

上旬

1月

山廻り（利島） 正月三が日に、一番神様から三番神様まで順にめぐり参拝する島の習慣。

乗り初め（新島・神津島） 1月2日に漁業に従事する人々が、その年の航海安全と大漁を祈願。神津島では漁船からお菓子やミカンをまく。

八丈島パブリックロードレース 40回以上開催されている人気のマラソン大会。数種類のコースが用意されている。

日本一早い！海びらき（父島・母島） 元日に行われ、参加すると初泳ぎ証明書がもらえる。ウミガメ放流のほかイベントが盛りだくさん。

3月

伊豆大島カメリアマラソン 大島一周道路に10kmと5kmのコースが設置される。50回以上続く伝統あるマラソン大会だ。

椿まつり記念大島磯釣大会（伊豆大島） 伊豆大島椿まつりの一環として行われる磯釣り大会。島内で釣れた魚の重量を競う。

八丈島産業祭 八丈島の特産品や産業製品が展示され、商品の試食や即売会が行われる。

5月

天王様（新島） 端午の節句に十三社神社で行われる子供のための行事。子供たちが神輿やのぼりとともに集落を歩く（7月にも開催）。

八丈祭 5月3〜5日に開催される恒例のイベント。ステージイベントのほか、仮装大会や屋台などもあり盛り上がる。

母島フェスティバル 母島の特産品であるラム酒の試飲、パッションフルーツやトマトなどの試食・販売が行われる。小笠原太鼓や南洋踊りも披露される。

6月

伊豆大島トライアスロン大会 海岸沿いを自転車で駆け抜けるトライアスロン。距離は2タイプを用意している。

中旬

1月

吉谷神社の正月祭（伊豆大島） 三原山の神を鎮めるための神子舞。東京都の無形民俗文化財に指定されている。不定期開催。

岡田八幡神社正月祭（伊豆大島） 東京都無形民俗文化財に指定された隔年開催の祭り。源為朝の伝説を表した天古舞（テコ舞）などを奉納。

花正月（神津島） かつて蔓延した疱瘡（天然痘）から子供を守るために祀られたほうそう神。1月14日に団子と椿の花を供え無病息災を祈る。

3月

八丈島フリージアまつり 3月下旬から4月上旬まで、島内に咲き誇る色とりどりのフリージアを楽しめる。黄八丈着付け体験などにも参加できる。

4月

神津えびね展（神津島） 神津島産のラン科の植物、コウヅエビネを中心にエビネランの展示や直売会が行われる。

5月

式根島マラソン大会 式根島港から北部を走る。6・12kmのコースが設定され、小学生部門や駅伝部門も開催される。

6月

行者祭（伊豆大島） 修験道の開祖、役小角が修行していたという行者窟で、護摩木をたくなどの儀式を行う。

下旬

1月

伊豆大島椿まつり 1月下旬〜3月下旬に開催される、椿の開花を祝う祭り。さまざまな催しが企画される。

カンナンボーシ（新島） 1月24日に海難法師と呼ばれる海の妖怪が夜中に集落を歩くと伝わる。この日はトベラの枝を門に挿し、外出を避ける。

3月

二十五日様（神津島） 旧暦1月23〜26日に行われる行事。24〜25日は神主が海から神様を迎え、島内に祀られた猿田彦大神に拝礼する。

4月

海上安全祈願祭（新島） ゴールデンウィークを迎える前に、海水浴などマリンレジャーの安全を祈願する。

長浜まつり（神津島） 4月15日、長浜海岸で平らな石を探して阿波命神社の鳥居に供え、石の花を作って参拝する。

5月

新島トライアスロン大会 新島港でのスイム、港から羽伏浦海岸へのバイク、新島親水公園方面へのランがメインコース。

東京諸島では伝統的な祭りから、海に親しむ行事やスポーツ大会まで、さまざまなイベントが開催されている。島の人と一緒に楽しもう！

7月 | 8月 | 9月 | 10月 | 11月 | 12月

新島オープンウォータースイミング
本村前浜海岸北部の和田浜で1～5kmの遠泳を競う。エイドステーションで振る舞われる特産品が好評だ。

伊豆大島夏まつり
元町港ロータリーを中心に、縁日などで盛り上がる。舞台では御神火太鼓も披露される。

物忌奈命神社例大祭（神津島）
8月1～2日、子供神輿や山車が村内を練り歩き、前浜では神輿ごと海に入る。前浜港では花火大会も。

御蔵島花火大会
桟橋から約1000発の花火が打ち上げられる、島民が楽しみにしている夏の風物詩。高台の集落から見る花火は絶品！

サマーフェスティバル（父島・母島）
約1ヵ月にわたって続く夏の一大イベント。ウミガメの放流や音楽イベントのほかさまざまな催しが行われる。

牛祭り（青ヶ島）
島で育てられた農産品や花、加工品の品評会のほか、ステージイベントや太鼓演奏の披露、島踊りなどで盛り上がる。

御嶽神社例大祭（母島）
農業の神様を祀る御嶽神社の例大祭。小笠原太鼓の披露やカラオケ大会が行われる。

新島国際ガラスアートフェスティバル
新島ガラスアートセンターでワークショップを開催。

宮造神社例大祭（新島）
若郷集落の鎮守様を祀る神社の例祭。子供と大人の神輿が練り歩き、最後は海に入って大漁を祈願する。

十三社神社例大祭（新島）
東京都の無形民俗文化財に指定された神楽や神聖な舞い、獅子木遣りが奉納される。

泊神社祭り（式根島）
11月8日に開催される例祭。境内に露店が並び、ステージでは踊りや太鼓が披露される。

大神山神社例大祭（父島）
11月1～3日に行われる例祭。神輿や演芸大会（カラオケ）のほか、奉納大相撲大会は小笠原の一大イベントとして定着している。

天王様（新島）
7月10日頃に十三社神社で開催。神輿やのぼりを掲げた子供たちが集落をにぎやかに練り歩く（5月にも開催）。

マリンスコーレ21フェスティバル（三宅島）
島民によるバンド演奏や郷土芸能が披露されるほか、郷土料理や特産品の販売も行われる。

牛頭天王祭（三宅島）
7月第3日曜に御笏神社で行われる、江戸時代より伝わる祭り。五穀豊穣や大漁などを祈願し、神輿、太鼓、木遣りが練り歩く。

利島村盆踊り大会
8月13日は盆踊り、14日は花火大会が開催され、屋台や子供向けゲームコーナーも登場！

新島の大踊
8月14～15日に開催される、江戸時代から伝わる盆踊り。ユネスコの無形文化遺産。

八丈島納涼花火大会
底土海岸で打ち上げられる花火が夜空を彩る。前日の夜もステージイベントや夜店などでにぎわう。

母島カノー大会
脇浜なぎさ公園で、当日参加できるカヌー体験会のほか、事前申し込みのカヌー競技大会が開催される。

WERIDE三宅島エンデューロレース
島おこしの一環として2007年から開催されているオフロードバイクのレース。火山島ならではの溶岩帯を含む約6kmのコースを走る。

三宅島産業祭
島の産業について紹介展示があるほか、物産販売も行われる。名産品を使った島の味コーナーも楽しみ。

24時間チャレンジ八丈太鼓（八丈島）
参加者が交代しながら、24時間太鼓を打ち続けるイベント。未経験者でも参加できる。

伊豆大島マラソン
フル、ハーフ、10kmのコースを走るマラソン大会。椿のトンネルが幻想的！

八丈島文化フェスティバル
八丈町多目的ホール「おじゃれ」にて、八丈太鼓やフラダンス、伝統舞踊などが披露される。

東京都知事杯・SEVEN×TOKYO Surf Masters（新島）
新島の上質な波で競うサーフィン大会。ビギナーやシニア、ロング、ボディボードなどさまざまな階級がある。

島民まつり（ゆうばま祭／新島・式根島）
新島と式根島を結ぶ連絡船が無料となり、新島港前の広場は太鼓やバンド演奏、露店などでにぎわう。

商工産業まつり（神津島）
神津島村商工会が主催するイベント。特産品の販売や、太鼓の演奏、ビンゴ大会などが行われる。

月ヶ岡神社例大祭（母島）
11月23日に開催。神輿や山車、演芸大会のほか、夜店も出てにぎわう。

返還祭（父島・母島）
小笠原諸島がアメリカから日本に返還された6月26日前後の週末に開催されるお祭り。屋台が並ぶほか、ステージイベントで盛り上がる。

カウントダウンパーティー（父島）
大晦日に大神山公園内の広場（天候により変更あり）で開催される恒例のイベント。おがさわら丸や客船の汽笛とともにカウントダウン！

三原山ヒルクライム（伊豆大島）
平均こう配8.6％の御神火スカイラインを2回上り、ベストタイムを競うサイクリング大会。

※感染症予防などの観点から延期・中止になる祭りやイベントがあるので、必ず確認してからお出かけください

八丈島出身
著名人
インタビュー

デビュー45周年記念の新曲は島への思いを歌に託して

畑中(はたなか)葉子(ようこ)さん

YOKO Interview HATANAKA

病気をきっかけに封印していた思いを解放

ヒット曲『カナダからの手紙』で知られる歌手の畑中葉子さん。13歳まで八丈島で過ごした後、都心へ移住。1978年にデビューして以来、島とは疎遠になっていた。そんな畑中さんが2023年7月、八丈島への思いを込めた新曲『八丈島からの手紙』をリリース。島を離れて数十年たった今、なぜ故郷八丈島を歌ったのか。

「2023年3月に右目の緑内障の手術をしたんです。手術をするときに万が一に備えて、免責誓約書に同意をしました。そのときに、このまま死んでしまうということもあり得るんだと実感したんです。人生の残りの時間を意識すると同時に、悔いなく生きたいと思って」

撮影の合間に訪れたジャージーカフェのソフトクリームがお気に入り

生まれ故郷である八丈島のことはずっと心のどこかにあった。日本の島々はどこも人口減少に悩まされているが、八丈島も例外ではない。自分の原点である島に、何か恩返しがしたい。自分に何ができるかと考えたところ、やはり歌だと思った。

八丈島の同級生と記念撮影

「今回はサビの部分のメロディや、作詞にも挑戦しました。メロディは掃除をしていたらふと思いついたんです（笑）。八丈島の方言も取り入れたかったので、コラボしたラップグループP.O.Pにお願いをして、すてきな歌詞を作ってもらったんです」

八丈島の民謡「ショメ節」やラップも取り入れた曲は、明るいメロディとダブルミーニングの歌詞が軽快だ。

弾丸で撮影したMVは八丈島の素顔が魅力

八丈島の名所や島の人々が次々に登場するミュージックビデオ（MV）も話題だ。

「スケジュールの都合上、撮影に取れる時間はたった1泊2日だったんです。しかも初日は大雨に見舞われてしまい、監督も私も絵的にどうなるかとヒヤヒヤしていました。でも結果的にこれがよかったのかなと。実は八丈島ってとても雨が多いんです。私の記憶のなかにある島は、しとしと降る雨と濃密な緑なんです。白い砂浜にヤシやハイビスカスが咲く、いわゆる南国っていうイメージとはちょっと違うんですよね。だから、真っ青に抜けた空ではなく雲がかかる神秘的な雰囲気を漂わせる空や、ショメ節と太鼓のシーンで古民家の外にしたたる雨だれも、島の空気感をよく表していると思います」

夢はかつて行われた“流人祭り”を復活させること

畑中さんが八丈島で過ごしたのは13歳までだが、当時の記憶は今でも鮮明だ。

「東洋のハワイといわれ観光ブーム真っ盛りの島は、夏になると都会からきらびやかな観光客がいっぱい来ました。今よりずっとモノも情報も少なかったから、洗練されたきれいな女性を見るとワクワクしましたね」

しかし離島ブームが去り、観光客は激減。島の人口も減少の一途をたどっている。

「当時は、流人祭りという大きなお祭りがあったんです。1978年にデビューした年は、私も黄八丈を着てパレードに参加したんですよ。当時からコスプレ参加も多くて、今の時代にも合うと思うんですよね。あのお祭りを復活して、観光の目玉にできたら……なんて考えています」

八丈島は雨がよく似合うのよ、と笑う畑中さん

そんな畑中さんは、2023年11月に八丈島ふるさと観光大使に就任。流人まつり復活の夢が実現する日がくるかもしれない。

～Profile～

畑中 葉子　はたなか ようこ

1978年1月10日『カナダからの手紙』（平尾昌晃氏とのデュエット）でビクターよりデビュー。同年の第29回NHK紅白歌合戦に出場したほか、レコード大賞、日本歌謡大賞、FNS音楽祭で特別賞、新人賞などを受賞。歌手活動以外にも、映画、舞台などでも活躍中。

『八丈島からの手紙』配信リリース

ラップグループP.O.Pとコラボし、2023年7月19日にリリースした『八丈島からの手紙』は下記で視聴、購入できる。

全編八丈島でロケをしたミュージックビデオも必見。

https://fuji.lnk.to/fj247

樫立踊り保存会の方々も黄八丈をまとって参加

一生に一度は歩きたい

心を動かす東京の島美景11

豊かな海に囲まれた火山島という共通点をもつ東京の島々。
実際に島を歩くと、それぞれに独特の歴史と文化があり個性豊かなことに驚かされる。
出合う景色も多種多様。雄大な自然が魅せる美しい表情が胸を打つ。

scene 1 父島 旭山展望台

父島にはいくつもの展望台があるが、往復1時間ほどのトレッキングとともに楽しめるのが旭山。山頂の先にある展望スポットからはボニンブルーの二見港を一望できる。→P.334

scene 青ヶ島 2 丸 山

断崖絶壁に囲まれた青ヶ島の象徴といえば、二重カルデラの内輪山に当たる丸山。外輪山にある大凸部（おおとんぶ）や尾山展望公園の展望台から全景を望める。→P.300

scene 八丈島 3 八丈富士

伊豆諸島最高峰の八丈富士は、火口を一周できるトレッキングの名所。島内のいたるところから雄姿が見られ、3～4月は咲き誇るフリージアが美景に色を添える。→P.42

一生に一度は歩きたい
心を動かす 東京の島美景11

scene 新島 4 白ママ断崖

scene 式根島 5 地鉈温泉

scene 御蔵島 6 イルカのいる海

4 新島を代表するビーチ、羽伏浦海岸の南に連なる断崖。火山灰の地層が露出しており、真っ白な岩肌の美しさは神秘的。崩落の危険があるので崖には近づかないこと。→P.173

5 式根島は、古くから湯治客が通ったという温泉の島。海岸には2種類の温泉が湧き、茶色く濁った硫化鉄泉の地鉈温泉もそのひとつ。切り立った崖が秘境感を漂わす。→P.184

6 御蔵島の周辺には約150頭のミナミハンドウイルカが生息している。好奇心旺盛なイルカで、ドルフィンスイムのツアーではイルカのほうから近寄ってくることも。→P.250

7 地層の縞模様からバウムクーヘンと呼ばれるジオサイト。高さ24m、長さ630mのダイナミックな景観だ。約2万年の間に起こった大噴火によってできたという。→P.126

しま通信 青ヶ島の丸山の斜面には縞模様が見られる。これはかつて植林された椿。椿林と種を収穫するための道が不思議な模様になっている。

8 三宅島の南海岸に突き出した噴石丘。1983 年の噴火で放出された岩石や火山灰が積もってできたもの。海側の崖は波や風で削られ、赤褐色の断面が露出している。→ P.229

9 海洋島の小笠原諸島には固有種や固有亜種の生物が多く、メグロも母島列島でしか見られない固有種。母島では集落でもよく見られ、目の周りの黒斑がかわいらしい。→ P.360

10 神津島は 2020 年に星空保護区に認定されたスターウオッチングの名所。赤崎遊歩道や三浦湾展望台のほか、集落の周辺も街灯が抑えられ、夜空にきらめく星が見られる。→ P.199

11 利島は中央にそびえる標高 508m の宮塚山を頂点にした円錐形の島。大型客船で竹芝桟橋に戻る際に甲板に出ていると、きれいな島の全景を見ることができる。→ P.136

東京の島々には、海を眺められる展望スポットが多い。ただし、なかには樹木が生い茂り展望を遮っている場所もある。事前に行き方を確認し、クチコミなども見ておくと安心。

海の住人たちと触れ合う感動体験！

イルカ＆クジラに会いにいく

御蔵島や利島はイルカと泳げることで知られ、全国からイルカ好きが集まる。小笠原諸島ではイルカに加えて、ホエールウオッチングも盛んだ。最近では八丈島や三宅島あたりまでクジラが北上し話題になっている。

東京諸島で体験できる！ イルカ＆クジラとの触れ合い

人気のドルフィンスイムで一緒に泳いでくれるのは、好奇心旺盛なミナミハンドウイルカ。東京諸島では、御蔵島や利島、小笠原諸島の沿岸に生息し、ボート上から観察できるほかスノーケリングを楽しめる。また小笠原諸島ではハシナガイルカもウオッチングの対象になっている。

冬から春にかけては、小笠原諸島や八丈島にザトウクジラが回遊してくる。また小笠原では通年マッコウクジラを観察でき、どちらも船上からのウオッチングツアーが開催されている。ザトウクジラは水面のブロウ（潮吹き）を探し、見つけたら近くに寄って観察するスタイル。ただしクジラの負担にならないよう、近づける距離を定めるなど自主ルールが定められている。

ザトウクジラがボートに近寄ってきてくれることも！

触れ合いシーズンガイド

1月 2月 3月 4月 5月 6月 7月 8月 9月 10月 11月 12月

- 利島のイルカウオッチング・スイム（ツアー） →P.143
- 御蔵島、三宅島のイルカウオッチング・スイム（ツアー） →P.250
- 父島、母島のイルカウオッチング・スイム（ツアー） →P.324
- 三宅島でザトウクジラが見られる可能性あり（陸からのウオッチング）
- 八丈島のザトウクジラウオッチング（ツアー）
- 母島、父島のザトウクジラウオッチング（ツアー） →P.326 ベストシーズンは2～3月
- 母島、父島のマッコウクジラウオッチング（ツアー） ベストシーズンは9～11月

一緒に泳げる海のアイドル
東京諸島のイルカ

御蔵島や利島、小笠原諸島ではドルフィンスイムが盛ん。一緒に泳げるのは沿岸部に生息するミナミハンドウイルカで、人間に興味をもって戻ってきたり、周りを泳いだりするほど人懐っこい。また小笠原諸島ではハシナガイルカも多く、こちらはボートがつくる波に乗ってジャンプをしたり、宙返りをしたりと元気いっぱいだ。御蔵島や小笠原諸島では多くの事業者がイルカツアーを開催しているが、イルカにストレスを与えないようにエントリー回数などのルールを決めて持続可能な観光を目指している。

小笠原のドルフィンスイムの自主ルール

・船の大小にかかわらず、ひとつの群れにアプローチできる船は 4 隻まで（ウオッチングのみの場合も含む）。

・ひとつの群れに対する水中へのエントリー回数を 1 隻につき 5 回以下とする（ただし、必ずしも 5 回 OK というものではなく、そのときのイルカの状況や他船への配慮も必要）。

※御蔵島のドルフィンスイムの自主ルール→ P.251

人間にも興味津々

ミナミハンドウイルカ
Indo-Pacific Bottlenose Dolphin

沿岸部で見られる。好奇心旺盛で、スノーケリングをしていると近寄ってくることもある。御蔵島の沿岸部や、小笠原諸島では聟島から母島列島にかけての島の沿岸部に定住している。30 頭以上の群れをつくることもある。

体長 2~2.5m
体重 200~300kg

背ビレ
先端はやや丸みを帯びているが個体差がある。傷跡などで個体識別する。

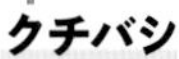

クチバシ
丸みを帯びてやや細い

体色
明灰色で、背側がやや濃く腹側が白い。成長すると体側から腹部にかけて斑点が現れる。

ジャンプが得意

ハシナガイルカ
Spinner Dolphin

ミナミハンドウイルカよりもやや灰色が濃く、細身で小ぶり。一緒に泳ぐのは難しいが、船の舳先にできる波に乗り、ときにアクロバティックなきりもみ（スピン）ジャンプでボート上の観客を楽しませてくれる。

体長 1.8~2.2m
体重 75~95kg

背ビレ
垂直にとがった三角形。前方に傾いているものも。

クチバシ
細く、長いのが特徴。

体色
東京諸島近海で見られるものは背面が灰黒色、側面は灰色。腹面は白の 3 色に分かれている。

スノーケリングのテクニックを磨いておくと、ドルフィンスイムがグッとおもしろくなる。スノーケリングツアーに参加すれば基本的な技術は教えてもらえるので、穏やかなビーチなどで練習しておくといい。

栄養豊富な海のシンボル
東京諸島のクジラ

小笠原諸島は世界有数のホエールウオッチングスポット。かつて捕鯨基地として栄えた島は、国内ではいち早くウオッチングの自主ルールを制定するなど、クジラに関するエコツーリズムの先駆けとして高い評価を得ている。おもに冬はザトウクジラ、夏はマッコウクジラが観察の対象になっており、特に12～5月に回遊してくるザトウクジラは小笠原の冬の風物詩。2015年頃からは八丈島や三宅島でも目撃情報が増え、八丈島でもホエールウオッチングツアーが開催されている。

ザトウクジラ
Humpback Whale

潮吹きは約3m!

夏は北太平洋のベーリング海などで過ごし、冬から春（12～5月）に繁殖、出産、子育てのために小笠原周辺の暖かい海に回遊してくる。近年は八丈島周辺でも見られるが、繁殖活動をしているかは調査中。

頭部
フラットな形状の頭部に、不規則なこぶ状の隆起が見られる。

背ビレ
低い隆起状の背ビレをもつ。胸ビレは長く、体長の3分の1にも達する。

ヒゲ
歯はなく櫛状のヒゲ板をもつ。これで餌のオキアミやプランクトンを海水から濾し取る。

腹
黒いものが多い。数十本の筋（うね）がある。

尾ビレ
背面は黒色だが裏面は個体によって異なり、その模様から個体の識別がなされる。

体長 約13～15m　体重 30～40トン

マッコウクジラ
Sperm Whale

深海1000mまで潜る

外洋性のクジラで、世界でもウオッチングの対象となっているところは少ない。東京諸島では小笠原でおもにメスと幼鯨が見られる。1000mを超える深海でダイオウイカなどを捕食していることで知られる。

頭部
体長の4分の1から3分の1もある大きく四角い頭部が特徴。

背ビレ
低いこぶ状か、三角形をしている。胸ビレは小さく、ヘラ状で幅広い。

歯
歯は下顎にだけあり、餌を取るためというよりは、オス同士の争いに使うといわれる。

腹
その周辺に白斑、あるいは灰色の斑紋がある。

尾ビレ
逆三角形で幅が広く、イチョウの葉のような形をしている。縁の傷から個体識別できる。

体長 オス15～18m、メス11～13m
体重 オス36～68トン、メス12～18トン

小笠原諸島の父島を歩くと、いたるところでザトウクジラのオブジェや絵、イラストなどが見られる。デザイン性が高いものも多いので「クジラを探す」というテーマで町を歩くのも楽しい。

海の王者が魅せる豪快なジャンプ
ザトウクジラの行動とその意味

悠然と泳ぐザトウクジラだが、ときに水面でダイナミックな行動をとる。
これらの行動にはそれぞれ意味があり、知っておくとウオッチングをより楽しめる。

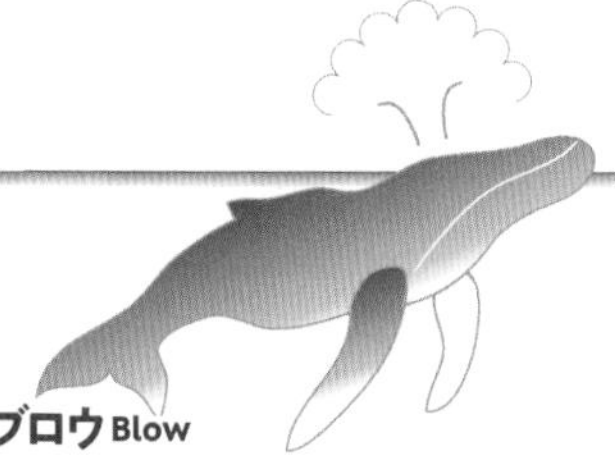

ブロウ Blow

クジラは霧状の水しぶきを上げて呼吸をするが、それがクジラを発見する際の目印にもなる「潮吹き」。数回ブロウを繰り返して潜水し、15～20分後に再び浮上する。

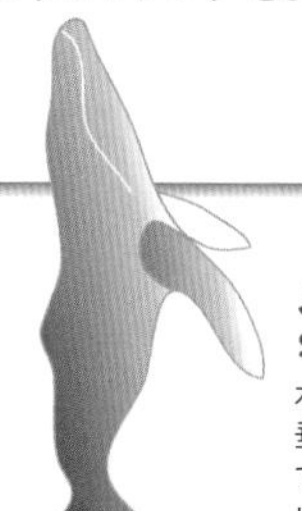

スパイホップ
Spy hop

水面から目が出るあたりまで垂直に体を持ち上げて顔を出す。周囲の様子をうかがっているとされる行為。

フリッパースラップ／ペックスラップ
Flipper slap / Pec slap

周囲に音を響かせて、胸ビレを水面に打ちつける行為。数回繰り返されることも。比較的よく見られる。

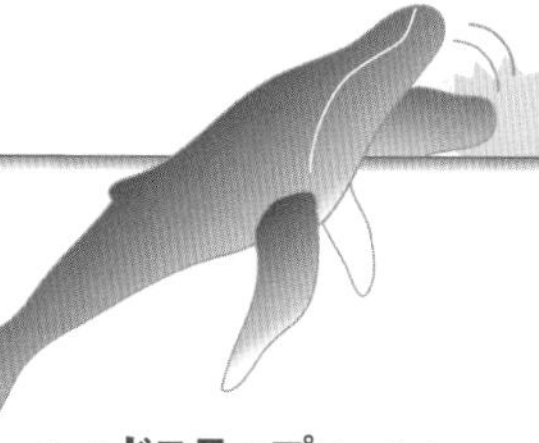

ヘッドスラップ Head slap

体の上部3分の1を水面に持ち上げ、そのまま水面に体をたたきつける。ほかのオスへの威嚇行動といわれている。

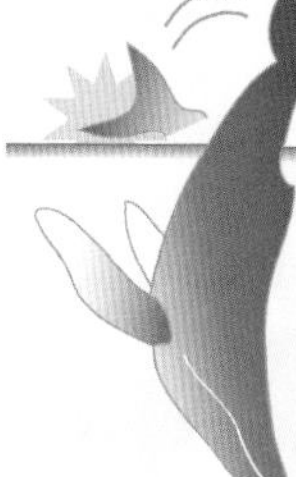

テールスラップ
Tail slap

体の下部3分の1を水面に持ち上げ、そのまま水面に体をたたきつける。ほかのオスへの威嚇行動といわれている。

フルークアップダイブ
Fluke up dive

尾ビレを持ち上げ、潜水を開始する際の行動。尾ビレの裏側の模様を見せない場合は、フルークダウンダイブという。

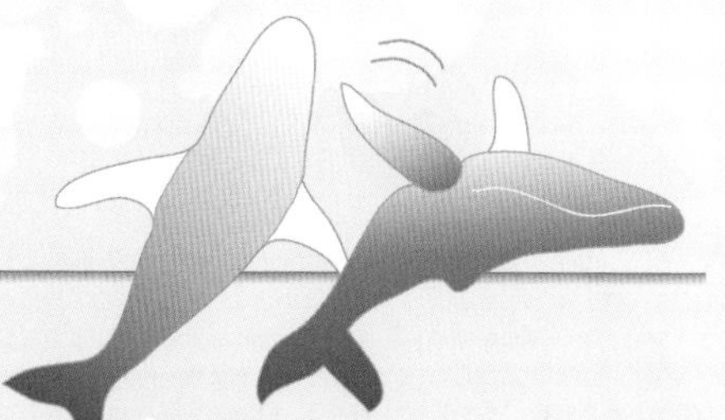

ブリーチ Breach

空中高くジャンプし、回転しながら背中から水面に落ちるダイナミックな行為。その理由は明確ではないが、体に付いた寄生虫を落とすためともいわれる。

小笠原のホエールウオッチングの自主ルール

● 20トン未満の小型船の場合

・船はクジラから300m以内に近づいたら減速する。
・ザトウクジラは100m、マッコウクジラは50m以内には船のほうから近づかない。

※適用クジラ類：ザトウクジラなどのヒゲクジラ亜目全種とマッコウクジラ
※適用海域：小笠原諸島の沿岸20マイル以内

陸からのホエールウオッチングは7～8倍くらいの双眼鏡があると便利。小笠原ホエールウオッチング協会（B-しっぷ内）でも1日300円でレンタルできる。

東京諸島の休日に欠かせない個性豊かなビーチ

島の海水浴場で遊びたい！

島旅の楽しみといえば、外せないのが海水浴。
東京諸島にも砂浜が延びるビーチや、
岩に囲まれた入江など、さまざまな海水浴場がある。
砂浜でのんびり過ごしたり、
タイドプールでスノーケリングをしたり、
岩場で生物を探したりと遊び方は多種多様。
なお御蔵島と青ヶ島には海水浴場はない。

沖に船を停めて海側から泳いで上陸することも

世界遺産エリアにある超絶美景

扇池（おうぎいけ） 南島／父島・小笠原諸島

MAP 別冊 P.24-A3

父島の南西沖に浮かぶ南島は、石灰岩の大地が沈降した沈水カルスト地形の島。岩に囲まれたくぼ地にまぶしいほどに白い砂浜が広がる。

Beach Data
- 砂色▶白
- 砂質▶細かい
- 海▶岩に囲まれ波は穏やか

東京諸島の砂浜事情

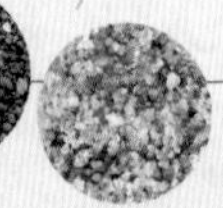

三宅島の釜の尻海岸（左）と神津島の沢尻海岸（右）の砂

東京の島々は火山島であり、安山岩や玄武岩からなる**伊豆大島**、**八丈島**の砂浜は灰色や黒。おもに玄武岩からなる三宅島にも真っ黒な砂礫の浜が延びている。一方で同じ火山岩でも、流紋岩からなる**新島**、**式根島**、**神津島**の砂浜は白いのが特徴。この3島の砂をよく見ると、透明な石英が多く含まれているのがわかる。

小笠原諸島にも白い砂浜が多いが、これはサンゴや貝殻が細かく砕けたもの。貝殻のかけらが多い砂浜も見かける。また**父島**の釣浜や初寝浦海岸では、無人岩（ボニナイト）というガラス質の岩石が削られてできた「うぐいす砂」と呼ばれる緑がかった砂が見られる。

マークの見方…… トイレ　シャワー　更衣室　売店　監視員　駐車場

※監視員が常駐するのはおもに夏休みの7月末～8月末。時間が限られているので注意。また売店も夏のみ営業のことが多い。

岩に守られた波の穏やかな入江

泊海水浴場（とまりかいすいよくじょう） 式根島

→ P.192

上から見ると扇のような美しい形をしており、岩が天然の防波堤になっていることがわかる。入江の中は波が小さく遠浅になっている。

Beach Data
砂色▶白
砂質▶細かい
海▶遠浅で波も穏やか

約 7kmにわたって白砂が延びる

羽伏浦海岸（はぶしうらかいがん） 新島

→ P.172

東海岸に延びる新島のメインビーチ。真っ白な砂浜とターコイズブルーの海がリゾート気分を盛り上げる。サーフィンのポイントでもある。

Beach Data
砂色▶白
砂質▶細かい
海▶波が高く急に深くなる

しま通信　浜からだと穏やかに見えても、海に入ると流れが速いということはよくある。急に深くなるビーチもあるので慎重に。事前にどんなビーチなのか調べておくことも重要。

きめ細かい砂が心地よい
ワイドなビーチ

①前浜海岸（まえはまかいがん）

神津島 → P.215

神津島の集落から歩いてすぐのメインビーチ。フカフカの白砂が 800m ほど続き、夏はカラフルなビーチパラソルが並ぶ。

Beach Data
- 砂色▶白
- 砂質▶細かい
- 海▶湾内は穏やかだが急に深くなる

珊瑚礁で埋め尽くされた
生命の海

②南崎（みなみざき）

母島・小笠原諸島 → P.364

遊歩道入口から歩くこと 45 分の、母島で最も美しいといわれるビーチ。岩に囲まれた入江は波打ち際まで珊瑚礁が広がり、スノーケリングの好スポットでもある。

Beach Data
- 砂色▶ベージュがかった白
- 砂質▶小石が混じる砂
- 海▶入江は穏やか

島の子供たちも遊ぶ
海のアスレチック

③赤崎遊歩道（あかさきゆうほどう）

神津島 → P.204

入江を囲むような巨岩が波を防ぎ誕生した天然のプール。木製の遊歩道が造られ、橋や展望台、ジャンプ台などが整備されている。

Beach Data
- 砂色▶砂浜なし
- 砂質▶岩に囲まれている
- 海▶入江は穏やかだが深い場所も

集落の前に延びる
島民の憩いの場

④大村海岸（おおむらかいがん）

父島・小笠原諸島 → P.350

二見港の隣に延びるビーチ。中心部から徒歩 1 ～ 2 分で、こんなに美しい砂浜に行けるのが父島のすごいところ。砂浜やベンチでは島の人たちもくつろいでいる。

Beach Data
- 砂色▶白
- 砂質▶細かい
- 海▶遠浅で穏やか

島の海水浴場で遊びたい！

ウミガメも遊びにくる
透明度抜群の海

そこどかいすいよくじょう
⑤底土海水浴場

八丈島 MAP 別冊 P.22-B1

底土港から徒歩3分というアクセスのよさが魅力。人工の砂浜があるほか、堤防からの飛び込みやスノーケリングも楽しい。

Beach Data
- 砂色▶灰色
- 砂質▶細かい
- 海▶堤防内は穏やかなことが多い

美しい弧を描く
ブラックサンドビーチ

おおくぼはま
⑥大久保浜

三宅島 → P.240

約2kmにわたって黒い小石の浜が延びる。海水浴はもちろん、スノーケリングやダイビングのポイントとしても有名。

Beach Data
- 砂色▶黒
- 砂質▶小石
- 海▶穏やかだが、なだらかに深くなる

岩場の先にある
隠れ家的スポット

とうしきゆうえいじょう
⑦トウシキ遊泳場

伊豆大島 MAP 別冊 P.5-C3

ゴツゴツとした岩場を進むと現れるタイドプール。透明度が高くスノーケリングでフィッシュウオッチングを楽しめる。

Beach Data
- 砂色▶砂浜なし
- 砂質▶岩に囲まれている
- 海▶波は穏やかだが、深い場所もある

奥まった入江にたたずむ
秘密のビーチ

なかのうらかいすいよくじょう
⑧中の浦海水浴場

式根島 → P.193

西海岸の林の中にある階段を下りると、真っ白な砂浜の小さなビーチが現れる。奥まった入江なので波がなくプールのよう。サンゴが点在する。

Beach Data
- 砂色▶白
- 砂質▶細かい
- 海▶遠浅で穏やか

東京の島は温泉天国

島の絶景 温泉めぐり

火山でできた東京の島々は温泉も楽しみのひとつ。
海や山を望む絶景＆ユニークな温泉めぐりを楽しもう。
露天風呂は水着着用のことが多いので忘れず持参して。

ココが絶景！
まるで岩山を鉈で割ったような景観からその名がついた。ワイルドな岩山や温泉のすぐ向こうに広がる海の開放的な景色を楽しもう。

式根島

地鉈温泉（じなたおんせん）

鉈で割ったような
絶壁の間を歩いて下る

源泉 80℃の別名「内科の湯」

海に面した無料の温泉で、源泉 80℃と高温。海水と混じり適温になっているところを探して入るのがユニークだ。古くから神経痛や冷え性への効果があるといわれ「内科の湯」の別名で島民に愛されてきた。この湯で病が完治した湯治客の名前やお礼の言葉が岩に刻まれている。水着で入浴する。

エリアガイド→ P.184

伊豆大島

大島温泉 元町 浜の湯

サンセットに訪れたい海辺の露天風呂

海に面した男女混浴の露天風呂。島の西側に面しているので、黄金色に包まれるサンセットタイムがおすすめ。内湯はないが、男女別の更衣室とシャワーがあり水着に着替えられる。 エリアガイド→ P.127

八丈島

末吉温泉 みはらしの湯

高台から望む壮大なランドスケープ

八丈島のなかでも風光明媚な海岸線の続く末吉エリアに位置する温泉。泉質は疲労回復に効果があるというナトリウム－塩化物強化泉。温泉露天風呂は日替わりで男女が入替制。 エリアガイド→ P.266

松が下 雅湯

まつがしたみやびゆ

24時間入浴できる岩の露天風呂

ココが絶景！
巨岩に松が生える日本画のような景観。お湯につかると目の前に海が広がる。

地鉈温泉と同じ硫化鉄泉の湯を引いた人工の露天温泉。更衣室やシャワーが用意され、水着に着替えて入浴する。夕方になると地元の人たちの姿が増え「どこから来たの？」なんていう会話が弾むことも。気軽に利用できる足湯があるので、水着を忘れたときはそちらへ。

エリアガイド→ P.185

上／座って利用できる足湯がいくつか用意されている　右／地鉈温泉と同じ泉質なので、神経痛や冷え性の解消に効果があるといわれている

八丈島

裏見ヶ滝温泉

うらみがたきおんせん

森の中にたたずむ隠れ家的露天温泉

ココが絶景！
深い森の中にあり、目の前に広がる緑がすがすがしい。森林浴もできる癒やしの温泉。

緑に覆われた斜面に造られた無料の秘湯。滝の音に抱かれ、ヘゴやシダなどの亜熱帯の植物を眺めながらゆっくりと入浴できる。男女混浴なので水着を持参して。

エリアガイド→ P.266

左／石鹸やシャンプーの使用は NG　右／簡易的な更衣室もある

島人Voice　裏見ヶ滝温泉は水着着用だが、最寄りの駐車場の横のトイレにも着替えスペースがあるので気軽に利用できる。裏見ヶ滝を散策したあとの立ち寄りにおすすめ！（編集部・M）

ココが絶景！
原生林の向こうに三原山の勇姿がそびえる。遮るもののない開放的な光景はここだけ！

伊豆大島

大島温泉ホテル（おおしまおんせんほてる）

三原山の雄姿を望む源泉かけ流し温泉

風が気持ちいい！

左／無色透明な湯がさらりと心地いい　右／ほてった体を冷ましてくれる屋外テラス

三原山を一望する絶好のロケーションにある大島温泉ホテルの温泉は、日帰りでの入浴もできる。島の地下 300 m から湧き出る 69℃以上の源泉はまさに火山島の恵み。体の芯から温まる。 エリアガイド→ P.133

ココが絶景！
高台から海を見渡すロケーション。島の西側にあるので夕日の美しさは格別。

階段の途中にモヤイ像が！

新島

湯の浜露天温泉（ゆのはまろてんおんせん）

コーガ石でできた古代ギリシャ建築風の温泉

水着着用で 24 時間利用できる露天温泉。古代ローマの遺跡を思わせる神殿のような建物が印象的だ。更衣室と有料の温水シャワーが備わっているので、海で遊んだあとに立ち寄る人も多い。 エリアガイド→ P.164

左／夜は幻想的な雰囲気　右／最上部からの眺めは最高

島人Voice
大島温泉ホテルは 6:00 ～ 9:00、13:00 ～ 21:00 の間、日帰り入浴ができます。大型船で到着したあと、朝風呂でくつろげて疲れが癒えました～♪（編集部・N）

そこは天然のプラネタリウム！

島で星空ウオッチング

近年、島の星空ウオッチングが人気を集めている。
島では外に出ればそこが観賞スポット。
星空観賞の基礎知識を知れば、島の夜空がぐっと楽しくなる！

島に星空を見にいくべき理由

1. 明かりが少なく観測しやすい

少し繁華街を離れれば星空観測が楽しめるのが島のいいところ。そのなかでも特におすすめなのは神津島。「星空保護区®」に認定され、島全体で星空保護に力を入れている。

2. 星空以外の天体ショーも美しい

海に囲まれた島では、日没直後に現れるビーナスベルト（太陽と反対側の空に現れるピンク色の帯）やムーンロードなど、星空観測前後の自然現象も見ることができる。

3. 星空ツアーがあり初心者でも楽しめる

多くの島で星空観測ツアーを開催している。ガイドが説明してくれるので、星空についての専門的な知識がなくてもOK。双眼鏡や天体望遠鏡などを貸してくれるのもうれしい。

島人Voice 青ヶ島のふれあいサウナから出たところで夜空を見上げたら、信じられないくらいのたくさんの星が瞬いていて驚きました。でも周りは驚くほど真っ暗！ 懐中電灯必携です。（編集部・N）

★都心から最短30分で行けるダークスカイアイランド

東京唯一の星空保護区®

神津島

2020年12月、日本で2番目、東京都で唯一「星空保護区®」に認定された神津島。星空保護区とは、光害の影響のない、暗く美しい夜空を保護・保存するために優れた取り組みを行っている地域を認定する国際認定制度。単に星がきれいに見えるというだけでなく、光害から夜の暗さを守ることも目的としているため、光害対策を行い暗さが基準値に達しているかなどが、認定の条件になる。神津島でも、夜空に光が漏れない光害対策型の道路灯・防犯灯などを導入。星空保護区に認定されたあとも「神津島村の美しい星空を守る光害防止条例」などを交付し村を挙げて夜空の保護に取り組んでいる。

そのかいあって、島の夜は全体が暗闇に覆われ、まさに夜空は天然のプラネタリウム。澄んだ星空を見上げていると、まるで宇宙の一角にたたずんでいるかのような感覚に陥る。

夜の闇は野生動物の保護やエネルギー削減といった環境保護にもつながる。神津島で久しく体験していない暗闇を体感してみよう。

上／三浦湾展望台から見る天の川
左／廃線跡との幻想的なコラボレーション

神津島観光協会主催の星空観賞会に参加しよう

「神津島星空ガイド養成講座」を受講した島民ガイドが案内する星空観賞会を開催。20:00頃、よたね広場に集合し星空を観賞する。星の話はもちろん、地元ガイドの島の話も楽しみ。

★神津島観光協会のフォームで申し込み
URL kozushima.com/star/contact/
営 20:15からよたね広場で開催。現地集合現地解散
料 3300円（未就学児は大人1人につき2人まで無料）

その他のおもな星空ツアー

伊豆大島

グローバルネイチャークラブ TEL 04992-2-1966
★星空ウオッチング
料 5000円 URL www.global-ds.com

オレンジフィッシュ TEL 04992-2-9707
★星空観察ツアー
料 5000円 URL www.orangefish.tokyo

神津島

フルアース TEL 070-4364-3271
★スターウォッチングツアー
料 大人4000円、小・中学生2500円、未就学児1500円 URL www.full-earth.com

父島

竹ネイチャーアカデミー TEL 04998-2-3305
★スターウォッチングツアー
料 大人4500円 URL www.take-na.com

たびんちゅ TEL 090-7275-7576
★スターウォッチングツアー
料 5000円 URL tabinchu55.com

マッチの星空屋さん TEL 090-2531-5799
★星空のツアー
料 4500円 URL hoshizorayasan.com

10月に星空ウオッチングに参加したのですが、昼は暖かったのですが、夜は半袖で参加したら少し寒かったです。ウインドブレーカーを持っていけばよかったです。（編集部・T）

ビクセンの星好きスタッフに聞く
島の星空観賞の魅力とポイント

天体望遠鏡、双眼鏡メーカーのビクセンは、星空観賞会を開催したり、各地の星空イベントをサポートしたりと、星にまつわるプロフェッショナル集団。そんななかでも特に無類の星好きスタッフに、島での星空観賞の魅力とポイントを教えてもらった。

ビクセン
島田敏弘さん

株式会社ビクセン
埼玉県所沢市に本社を置く総合光学機器メーカー。精密かつ使いやすい製品は、プロからの信頼もあつい。
URL www.vixen.co.jp

五感で星を楽しめるのが島の星空旅の魅力

島で星空観賞をするメリットはなんといっても暗闇がすぐそこにあること、と語るのは星好きで知られるビクセンの担当者。宿から一歩出るだけで、都会とは比べものにならない暗闇が広がり、しばらくの間目を暗闇に慣らせば、驚くほどたくさんの星を見ることができる。集落を少し離れれば、さらに天の隙間を埋めるように瞬く星に息をのむ。

星が現れる前から楽しめるのも島ならではだ。水平線に太陽が沈み、空も海もバラ色に染め上げたあとの薄闇に、静かに瞬き始める星々の華麗なショー。耳を澄ませば波音と虫の声。柔らかな海からの風も心地よい。自然が紡ぐ壮大な物語にすっかり没入し五感で楽しめるのが、島の星空観賞の魅力なのだ。

星空観賞の必須アイテム

双眼鏡

双眼鏡があれば星の色や瞬き、天の川や星座などがよりはっきりと観賞できる。星空を見るには、視野が明るく、倍率は高すぎないものがおすすめ。倍率が高くなればなるほど手ぶれが起こりやすくなるので、6〜8倍くらいのものが使いやすい。

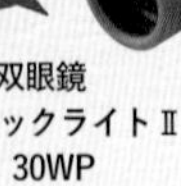

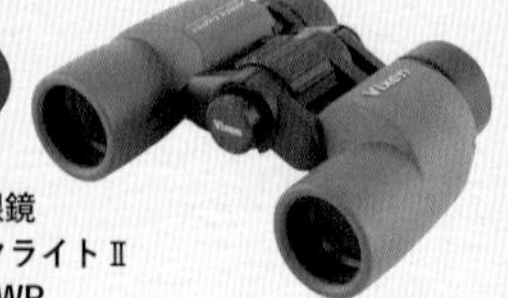

Vixen 双眼鏡
アトレックライトⅡ
BR6 × 30WP
2万4200円

星座早見盤

日付と時刻を合わせると、その場所の夜空に見える星座がわかる道具。星空観賞にはぜひ持っていたいアイテム。水をはじく耐水強度の高い素材でできたものを選ぶといい。
星座アプリも便利だがスマホの光に注意。

Vixen
星座早見盤
宙の地図
1210円

赤いライト

星空を見るには目を暗さに慣らす（暗順応）必要があるが、物を探したりするときなど明かりは不可欠。そんなときに便利なのが赤色ライト。ストラップやクリップ付きならば、両手が使える。

Vixen 天体観測用ライト SG-L02　6050円

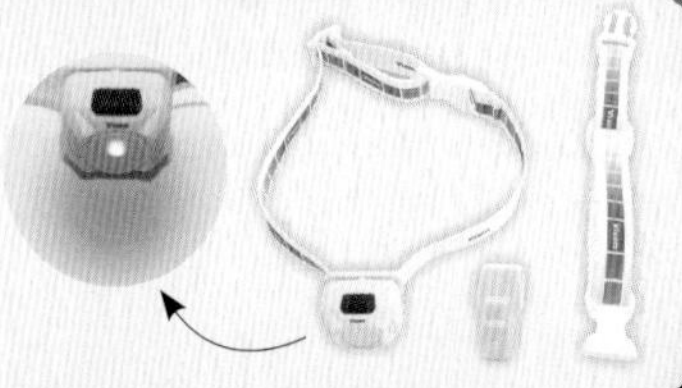

しま通信　そのほかに、虫よけ、ウインドブレーカー、そして夜露からカメラや双眼鏡を守るためのタオルやカバーもあったほうがいい。床に座ったり、寝転んで観るならレジャーシートも必携。

星空ウオッチングQ&A

Q 星空観賞におすすめの季節は？

A それぞれの季節によさがあるが、島なら秋がオススメ。そこまで暑くも寒くもなく、空気も澄んでくるので星空観賞に楽しい季節だ。ただ、夏は天の川が見えたり流星群が多く、霞が多いといわれる春も島ならそう気にならない程度。冬は空気が澄んでくるので星空観賞にはいいのだが、海が荒れるため船が欠航になることが多いのが難点。

Q 天の川が見たい

A ホテルから出てすぐに星空を見上げても目が暗闇に慣れていないので、まずは暗さに目を慣らしてから空を見上げよう。また、星空観賞に特化した超低倍率の双眼鏡もある。視野が広いため、広範囲に広がる天の川をなどを見るのに最適。肉眼よりも明るく見えるため、無数の星が瞬く様子を観ることができる。

Vixen 双眼鏡 SG2.1×42H
3万800円
倍率2.1倍、口径42mmで暗い星空でも明るく見える

Q 星座が見つけられない

A 星座早見盤の使い方が分からない場合は、星座がわかるアプリが便利。アプリなら見たい方向の空にかざせば星座が表示されるので、方位や目安となる北極星やシリウスがわからなくてもOK。おすすめアプリは「Star Walk」など。

Q 天体望遠鏡は必要？

A 大きな天体望遠鏡を島に持っていけるのかという問題もあるが、それをクリアするとしても島に天体望遠鏡を持っていく必要はないだろう。天体望遠鏡は、ひとつの惑星をクローズアップして見る道具なので、都市部のビルの上でも島の暗い夜空で使っても見られるものはほぼ同じだ。島では、天を覆う星空全体の景色を楽しもう。ただし、双眼鏡があればよりいっそう楽しめるだろう。

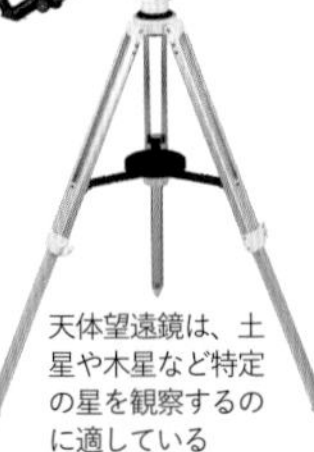

天体望遠鏡は、土星や木星など特定の星を観察するのに適している

Q 星の写真が撮りたい

A 必要なのは、三脚、一眼レフカメラ、広角レンズ。最近のカメラは性能がいいので、上記のものを揃え、シャッタースピードを長めに設定すればそれなりの星空写真が撮れる。レリーズがあれば手ぶれ軽減になり完成度が高くなる。島の特徴的なオブジェや風景を絡めた星景写真にチャレンジしてみるのもおすすめだ。またハンディ三脚があればスマートフォンでも星空が撮れる。

八丈小島と星空のコラボ。暗い島では星景写真が撮りやすい

小笠原父島のウェザーステーションで見る星空

無数の星が瞬く夜空を求めて島へ

島人Voice さるびあ丸の展望デッキは床が軟らかいゴムチップでできているため、寝転んでも痛くないんです！ ごろんと寝転がって星空を楽しんじゃいましょう。ただし踏まれないよう、隅っこに寝転びましょうね。（編集・S）

青い海と空に抱かれて

島の絶景トレッキング

眼下に広がる紺碧の海、鮮やかな陽光、ダイナミックな地形。
そんな絶景を見たいなら、トレッキングがおすすめだ。
ここにしかない光景を求めて、さあ、出発！

強風が吹きつけるハートロックの頂上では低木しか育たない

＼そのほかのトレッキングコース／

伊豆大島	裏砂漠トレッキング	→ P.112
新島	石山トレッキング	→ P.156
御蔵島	巨樹の森散策	→ P.252
	長滝山トレッキング	→ P.254
八丈島	硫黄沼・唐滝トレッキング	→ P.268
小笠原 父島	ハイキング特集	→ P.332
小笠原 母島	乳房山トレッキング	→ P.362
	南崎・小富士ウオーク	→ P.364

島トレッキングの注意事項

・天気の急変に注意
標高が低くても、島の天気は変わりやすい。風が強いことが多いので、ウインドブレーカーを持参して。

・道迷いが多発
登山道、遊歩道は荒れていることも。現地で最新情報を確認してから歩くこと。ガイドを頼むのもいい。

・携帯電話は圏外のことも
携帯電話は使えないと思っておいたほうがいい。地図は印刷したものを携帯し、出発前に宿の人や家族、知人に行き先を告げておくと安心。

・登山届を出そう
登山届けが必要なところもあるので、忘れずに。自然保護の観点からガイド同行が必須のエリアもある。現地のルールに従おう。

父島・小笠原諸島

南島や母島を望む感動のパノラマビュー

固有植物が茂るハートロックを踏破

MAP 別冊 P.24-A3

父島南部にある千尋岩は、岸壁がハート形に見えることからハートロックと呼ばれる。周辺はガイドが同行しないと入林できない森林生態系保護地域。トレッキングツアーに参加すると、父島の生物多様性を支える乾性低木林など生命感に満ちた森を歩いて頂上まで登れる。ところどころ急な上り坂もあるが、巨大なガジュマルの森や畑跡、戦跡など見どころは豊富だ。背の高い樹木が茂る森林と低木が連なる斜面を抜けたところで、目の前に何も遮るものがない断崖絶壁に到着。ボニンブルーの水平線をたどると、紺碧の海に浮かぶ南島や母島まで一望できる。

ハートロックのハートの形は、船の入出港時や海ツアーに参加したときに見られる

ハートロックツアー 催行業者 たびんちゅ
TEL 090-7275-7576　営 8:30～15:30　休 不定休　料 9000円（送迎付き。要予約）　CC 不可　P あり　交 B-しっぷ集合（送迎可能な宿もあり）　※その他の催行会社→ P.337

しま通信　入林許可を受けたガイドの同行が必要な父島のハイキングルートでは、東の保護地域「東平アカガシラカラスバトサンクチュアリ」や夜明道路沿いから登る「傘山」も人気が高い。

所要時間	歩行距離	難易度
約7時間	往復 8km	★★

START!

1 まずは全身をほぐすヨガタイム

地図を見ながらルートの説明を受けたら、ヨガでウオーミングアップ。全身の筋肉をしっかり伸ばして準備万端！

公園でトイレ＆準備をしてから出発

10分

2 森に入る前に固有種保護のお約束

9:15 頃から登山スタート。外部の種子や生物を持ち込まないように、森の入口にブラシやお酢スプレーが用意してある。泥や種子はきれいに落として。

プラナリア対策のため靴底にお酢スプレーをかける

45分

3 固有の植物や戦跡に興味津々！

最初の1時間はややきつい上りが続く。小笠原の歴史や地形、生態系など、ガイドの話を聞きながらゆっくり進もう。水分補給も忘れずに。

戦時中に使われていた車や食器などが残っている

春から夏は固有植物の花が咲き森が華やかに

1時間30分

4 ガジュマルの森で元気に木登り

巨大なガジュマルは、かつて住居があった証拠。入り組んだ枝は丈夫なので、木登りにぴったりだ。気根でターザンごっこも楽しい。

上／日陰を確保するために植えられたガジュマルが育った　右／ガジュマルの上部は、住めそうなほど広々

45分

5 森を抜けると目の前に海が！

最高地点の「ついたて山」山頂を過ぎて森を抜けると、目の前には鮮やかな緑と真っ青な海が織りなす美景が広がる。急に開けるパノラマビューに感動！

絶景Point 緑鮮やかな森の向こうにボニンブルーの海が広がる！

うっそうとした森から開放的な丘に出た爽快な瞬間

15分

6 絶景を眺めながらの贅沢なランチ GOAL!

ハートロックの頂上には 12:30 頃に到着。絶景を眺めながらのランチが幸せ！　冬はザトウクジラのジャンプが見られることもある。

右／絶壁の上からの美景が、お弁当のスパイス♪
下／赤土と紺碧の海という異世界のようなロケーション

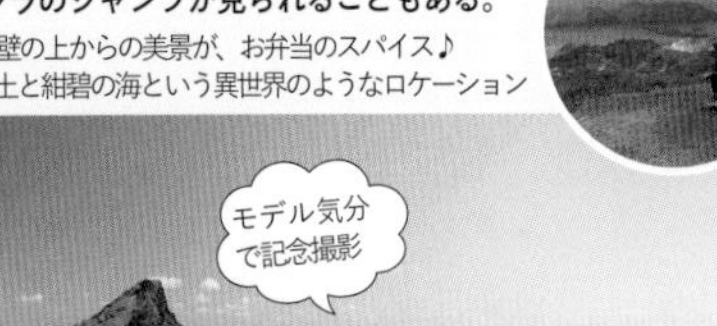

海の青に包まれた稜線歩きは、まるで空を飛んでいるよう

八丈島

真っ青な海を眺めながら火口を一周

360度の絶景を楽しむ八丈富士お鉢巡り

MAP 別冊 P.20-B1

八丈島の西にそびえる八丈富士。標高854.3mと伊豆諸島最高峰で、裾野が大きく延びた優美な姿は八丈島を象徴する絶景。山頂には1605年の噴火で誕生した火口があり、その直径は400 m、深さ50 mに及ぶ。さらに火口底には中央火口丘があり、今は木々が生い茂る火口内には、浅間神社が鎮座する。八丈富士登山は7合目がスタート。整備された階段を上り切ると、お鉢巡り分岐点に到着する。ここからが火口丘を一周するお鉢巡りのスタートだ。八丈富士のお鉢巡りは時計回りで歩くのが一般的。しばらく進むと、山頂に到着。眼下に広がる青い海と八丈小島、御蔵島などを眺めながら絶景トレッキングを楽しもう。

P あり 交 八丈島空港から7合目登山口まで車で10分、底土港から車で15分

所要時間	歩行距離	難易度
約3時間	往復4.5km	★★★

1 駐車場に車を停めてスタート

登山道入口の駐車場から出発。ここにはトイレはないので、近くにある「ふれあい牧場」で済ませておこう。

標高670 m付近の登山口に駐車場がある

2分

2 登山届を出す

八丈富士登山前に登山届を出そう。ここでQRコードを読み取り、必要事項を記入しメールで送信する。事前に申請しておくこともできる。

URL www.hachijo.gr.jp/blogs/hiking-registration

登山にまつわる注意事項をよく読んでおこう

1時間

50分

3 ひたすら階段を上る

登山口からお鉢巡り分岐点までは1280段の階段が整備されている。途中足場の悪い部分もあるので注意して進もう。

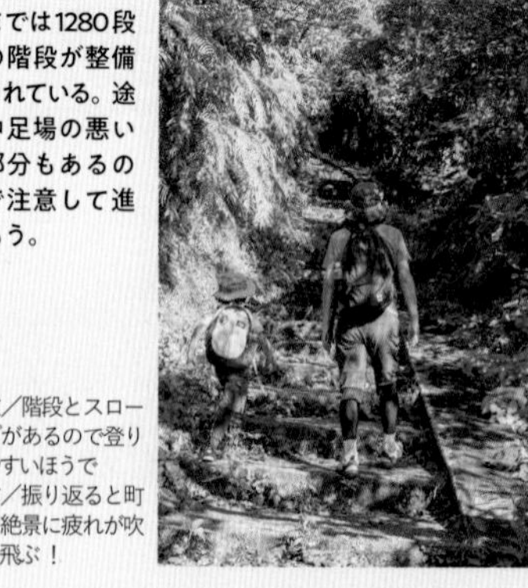

左／階段とスロープがあるので登りやすいほうで
右／振り返ると町の絶景に疲れが吹き飛ぶ！

4 お鉢巡りスタート！

階段を上りきったところが分岐点。ここから約50分のお鉢巡りのスタートだ。八丈富士のお鉢巡りは時計回りが基本。

強風のときは危険なのでここで引き返そう

15分

5 八丈富士山頂に到着

右手にダイナミックな火口の景観を眺めながら歩く。途中、ルートがわかりづらかったり、道が崩落しているところもあるので十分に注意して。

最高峰、854.3mに到着！

2分

6 八丈小島が見えてくる

杭を目印にさらに進むと海の上に八丈小島が見えてくる。西側は風が強いことが多い。体感温度がぐっと下がるのでウインドブレーカーなど羽織り物を忘れずに。

絶景 Point
緑の稜線と青い海のコントラストが鮮やか！

上／山頂から先は海を見下ろす絶景ルートを歩く
左／海に浮かぶ八丈小島は海鳥たちのコロニー

30分

7 火口を眺めながら最後のひとがんばり

中央火口のダイナミックな光景を眺めながらの稜線歩き。余力があれば火口内にある浅間神社に立ち寄ってもいい。

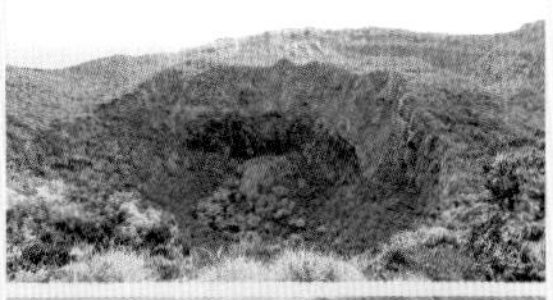

上／草の生い茂る稜線を歩く。滑りやすいので注意　下／火口内の浅間神社へは往復20分ほど

20分

GOAL!

8 町を眺めながら帰途へ

分岐点に到着。一周50分～1時間ほど。先ほど上ってきた階段を下る。

眼下の景色を楽しみながら階段を下る

神津島

島の中央にそびえる神話に登場する山
神が宿る地、天上山

MAP 別冊 P.14-B2

きれいな台形をした天上山。雲がたまりやすく恵みの雨をもたらす

神話の時代に伊豆諸島の神々が集まり、水の分配を相談したと伝わる天上山。古くから聖地としてあがめられてきた霊山だ。天上山にはふたつの登山口があり、黒島登山口から登って白島登山口に下りるコースが人気。黒島登山口から山頂部までは1時間ほどで、台地になった山頂は起伏の少ない歩きやすい地形になっている。全体的に眺望がよく展望スポットも多い。月面のような砂地や岩場、池、灌木地など変化に富んだ景色も魅力のひとつ。季節ごとに伊豆諸島の固有種をはじめとした花が咲き、特に5～6月に咲くオオシマツツジは、鮮やかな赤が山地に映えファンが多い。「新日本百名山」に選ばれている。

P なし 交 神津島観光協会から黒島登山口または白島登山口まで徒歩40分。村営バスやレンタカー、タクシーで登山口まで行くこともできる

所要時間 約6時間 ／ 歩行距離 往復11.8km ／ 難易度 ★★

START!

1 黒島登山口からスタート

神津島観光協会から一般道を上って、黒島登山口（MAP 別冊 P.14-B2）まで約40分。杖を借りて出発！

夏は飲み水を2ℓほど用意しておきたい

1時間

2 オロシャの石塁から美景を望む

黒島登山道の最上部となる黒島山頂10合目から5分ほど歩くと、江戸時代に海上防衛のために築かれた石塁が残る。美しい海に面した神津島港が見える。

集落が山と海に囲まれていることがよくわかる

15分

3 千代池（せんだいいけ）のほとりでひと休み

くぼ地に雨水がたまった池。池の周りにテーブルが設置されているので、ひと休みするのにぴったり。雨が降らないと干上がり、ただの草地になってしまう。

池の周りは緑が豊かで固有の植物も見られる

30分

4 表砂漠のテーブルでランチ♪

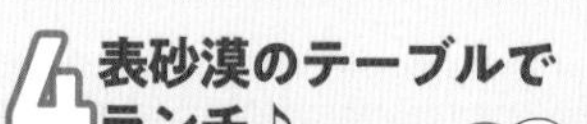

テーブルが並ぶ表砂漠でランチタイム。商店などで弁当を買っておこう。ご飯に岩のりを混ぜた神津島名物の「しょうゆ飯おにぎり」がおすすめ。

20分

しま通信　天上山は標高572mとそれほど高い山ではないが、海からの風が強く当たるため低木しか育たず、山頂には砂地が広がる高山のような趣。日本アルプスの稜線を思わせる景観が広がる。

5 幻想的な裏砂漠で探検気分

40分

広々とした盆地に砂がたまり、砂漠のような景観を見せる。茫漠とした砂地は月面を彷彿させる。さらに奥の裏砂漠展望地からは、三宅島や御蔵島を一望できる。

5～6月に見られるオオシマツバキの群落が名物

上部から眺めるとハート形をしていることでも話題に

6 不動池の龍神様にごあいさつ

池の入口に鳥居が立ち神秘的な雰囲気が漂う。池の中心に浮かぶ小島に龍神が祀られ、かつては漁師が安全祈願に訪れたそう。近くには不動尊も祀られている。

20分

7 絶景の最高地点で記念撮影

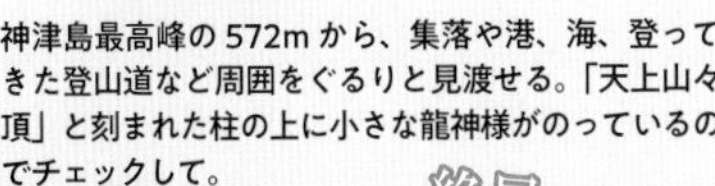

神津島最高峰の572mから、集落や港、海、登ってきた登山道など周囲をぐるりと見渡せる。「天上山々頂」と刻まれた柱の上に小さな龍神様がのっているのでチェックして。

絶景 Point
海と山に囲まれた集落や港、白砂のビーチを一望

風が強いことが多いので帽子を飛ばされないように

15分

8 神々しか入れない不入が沢（はいらないさわ）を望む

人間は立ち入り禁止

伊豆諸島の神々が集まり水の分配について相談したと伝わる火口跡。神様しか入れないので、この名称がついた。くぼ地の縁が道になっており、ここからの眺望も見事。

白島登山道から登ってくると山頂部の最初にここに着く

多彩なコース取りで楽しめる天上山

天上山は、ここで紹介したルート以外にもさまざまなコース取りが可能。時間がないときは、白島登山口6合目まで車で行けば30分ほどで山頂部まで登れる。不入が沢と最高地点を回るコースは往復2時間くらい。また登山口までの交通手段を考えると、ガイドツアーに参加するのもいいだろう。

眺めのよい場所にベンチが設置されている

GOAL! 9 白島登山口に到着

1時間

黒島登山口で借りた杖はここで返却。車道を下って神津島観光協会まで徒歩40分。

島人Voice 赤崎遊歩道や前浜海岸など夏の観光スポットが人気の神津島ですが、天上山に登りやすい春や秋もおすすめ。この時期は気候がよく快適に登山を楽しめます。（編集部・T）

伊豆大島

生命の再生を感じる、壮大なハイキングコース

噴気を上げる 三原山の火口を一周

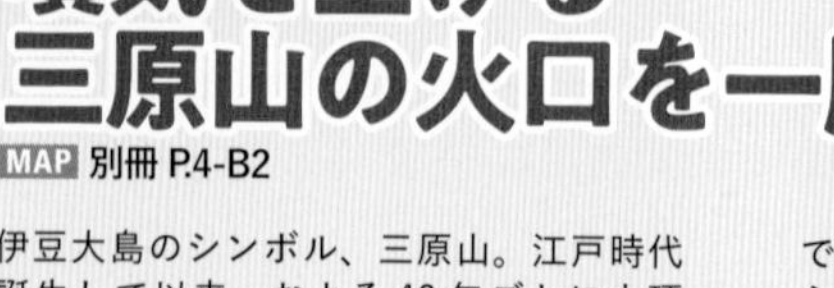

MAP 別冊 P.4-B2

真っ黒な溶岩にところどころ草が生える

伊豆大島のシンボル、三原山。江戸時代に誕生して以来、およそ40年ごとに山頂火口から噴火を繰り返しており、今も噴気を上げている。この大地の迫力を体感するには、自分の足で歩いてみるのがいちばん。出発点となる三原山頂口までは車で行ける。そこから火口展望所まではアスファルトで舗装された緩やかな上り坂で、ベビーカーで訪れる人もいるほどだ。火口に到着したら反時計回りでお鉢巡りに出発しよう。お鉢巡りは舗装されていない登山道なので歩きやすい靴で。お鉢巡りをする体力や時間がなければ火口西展望所がおすすめ。間近に見る巨大な火口に、引き込まれそうだ。

P あり 交 元町港から車で25分

所要時間 約2時間30分 ／ 歩行距離 往復5.8km ／ 難易度 ★★

1 三原山頂口からスタート！

トイレなどを済ませてスタート。三原山頂口には自動販売機があるのでここで飲み物を購入しておこう。土・日・祝には伊豆大島ジオパーク展を開催している。

上／休憩舎では無料でヘルメットを貸してもらえる　下／外輪山展望所で三原山の全貌を眺めよう

10分

2 三原山まではアスファルトの道を歩く

外輪山から山頂まではアスファルトで舗装されていて歩きやすい道が続く。前半はなだらかで、草花を愛でる余裕も。照り返しで暑いので水は必携。

正面に見える山の上を目指す

10分

3 溶岩でできた大地の上に立つ

25分

1986年の噴火の際に三原山頂火口から流れ出た溶岩流の先端部がここ。黒い大地の上に立ってみよう。当時の噴火の威力を目の当たりにすることができる。

上／山肌の筋は溶岩の流れた跡
下／ところどころに噴石から身を守る退避シェルターがある

しま通信　火口を一周せずに、途中で再生の一本道というコースに入ると、大島温泉ホテルに抜けることもできる。ゴロゴロと岩が転がる大地に、植物が芽吹く、生命力あふれる光景が印象的だ。

4 山頂に出て三原神社へ

ジグザグにアスファルトの道を上りきると火口に出る。反時計回りに進むと三原神社がある。噴火の際、流れ出た溶岩流がこの神社を避けて山腹へ向かったことから、奇跡の神社といわれる。

上／鳥居の向こうに富士山が見えることも
左／固まった溶岩でできたゴジラ岩

5 中央火口を見下ろすビューポイントに到着

深さ200 mの巨大な火口が見渡せるポイントへ。今も岩の間から噴気が上がる。1986年の噴火では、マグマがこの火口からあふれ出した。

火口が一望できるビュースポット。反対側には漆黒の大地が広がる

GOAL! 6 左右に絶景が広がる天空の道

火口を見たあとは、左右に広大な大地を眺めながら稜線を歩く。海から吹き抜けてくる風が心地よい。足元はやや滑りやすいので注意。ところどころから噴出する水蒸気や雄大な裏砂漠を眺めながら爽快トレッキングを楽しもう。

上／右手に漆黒の大地が広がる　下／ところどころ噴煙があがる

火口を間近に望む火口西展望所へ

お鉢巡りをスタートしてすぐに現れる分岐点を火口のほうに曲がると、火口西展望所に行くことができる。最も火口に近い展望所で、その迫力に圧倒される。往復10分程度。体力に余裕があれば、ぜひ訪れてみて。

上／火口西展望所までは舗装されており歩きやすい　下／噴煙をあげる火口がすぐ目の前に

山頂にも1カ所トイレがあるが、できれば三原山頂口でトイレは済ませておこう。山頂は風が強く肌寒いことも多い。また天気のいい日は日差しが強いので、日焼け対策も怠りなく。

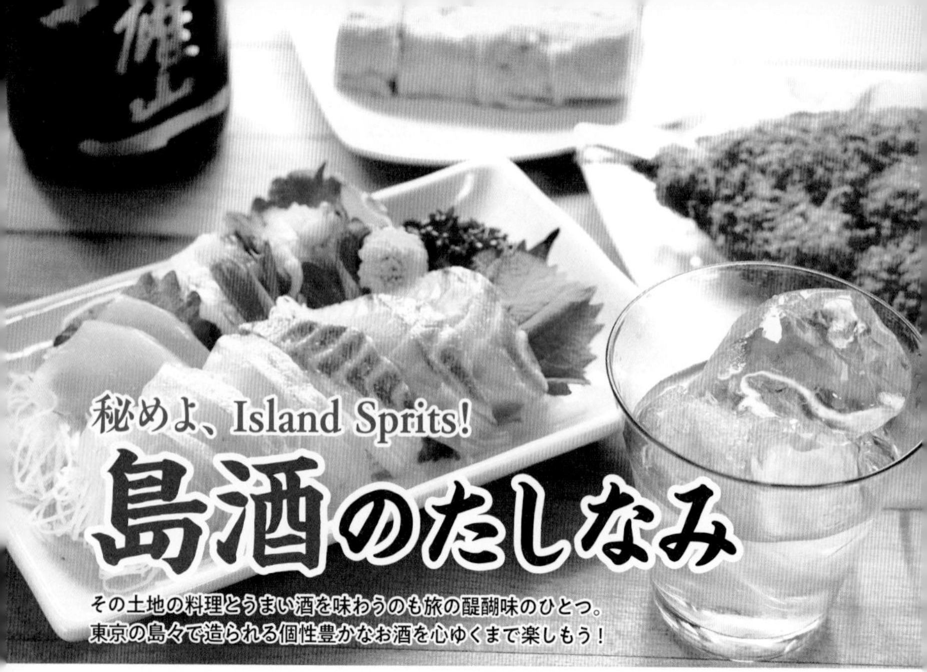

秘めよ、Island Sprits!

島酒のたしなみ

**その土地の料理とうまい酒を味わうのも旅の醍醐味のひとつ。
東京の島々で造られる個性豊かなお酒を心ゆくまで楽しもう！**

うまい酒を求めて、島へ

東京の島々は、伊豆大島から母島まで11の有人島のなかで実に7島に蒸留所をもつ地酒天国だ。製造されるのはおもに焼酎。離島ならではの厳しい環境のなかで育まれた島酒は、島の人々の暮らしに彩りを添え、愛されてきた。そんな島の魂ともいえる酒を味わいたい。

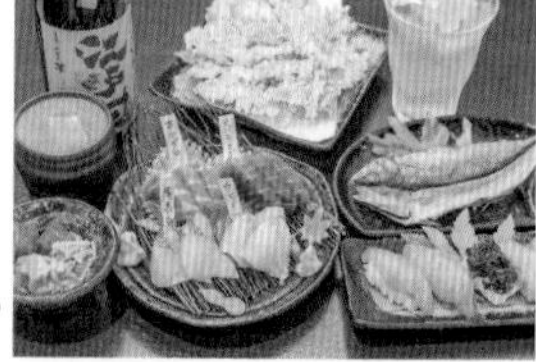

島の料理と味わう地酒は最高！

流人が伝えた焼酎文化

島で焼酎造りが始まったのは1853年のこと。時は江戸時代、鹿児島の商人の丹宗庄右衛門（たんそうしょうえもん）が、密貿易の罪で八丈島に流されてきた。島で芋の栽培を目にした庄右衛門は、焼酎造りを島民に教えた。それがやがてほかの島々で伝わり、東京の島々全体で造られるようになったといわれている。

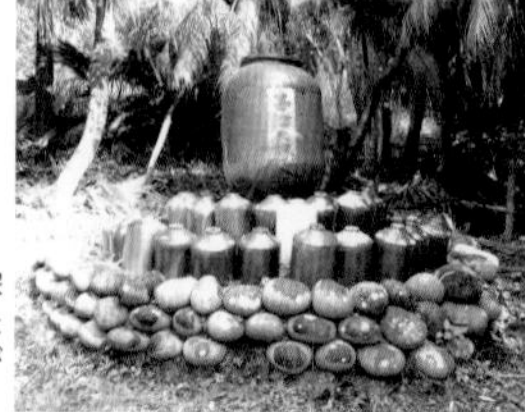

八丈島には丹宗庄右衛門をたたえる島酒之碑が立つ

小笠原ラムの歴史

小笠原では焼酎ではなく、ラム酒が造られていた。1876年、日本領土になった小笠原では製糖業が盛んになり、その過程でできた副産物を発酵・蒸留させて楽しんでいたのが原型だ。第2次世界大戦で一時、ラム文化は中断するが、1968年に日本に返還され、ラム酒ブームが復活。1989年に小笠原ラム・リキュール株式会社が設立し、ラム製造が始まった。

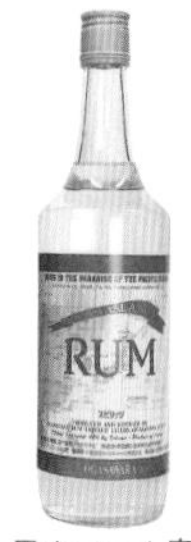

アルコール度数40度のラム酒はカクテルにしても美味

島の居酒屋で島酒を楽しもう！

島酒を楽しむなら、島の居酒屋に行くのがいちばんだ。たいていの居酒屋には島の地酒が並ぶ。グラスで飲み比べを楽しむもよし、数人集まればボトルを入れて味わうもよし。酒は風土に育まれるというが、島の料理とともに味わう地酒はやはり格別だ。

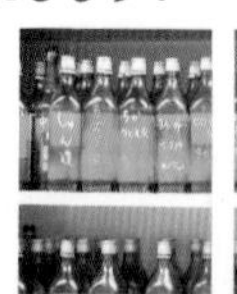

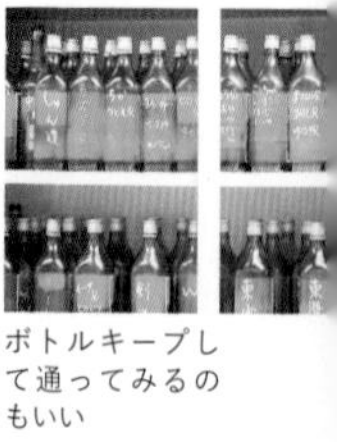

ボトルキープして通ってみるのもいい

焼酎の代表的な作り方

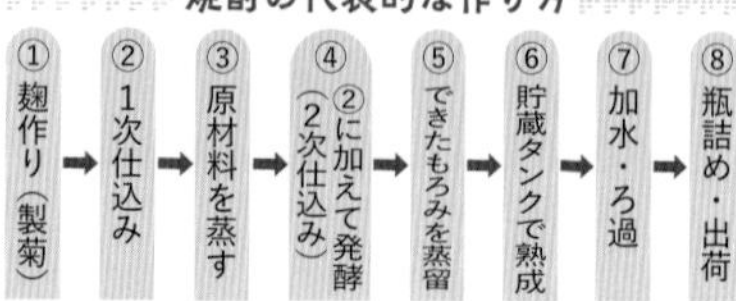

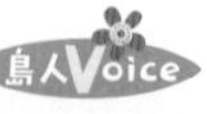

①麹作り（製菊）→ ②1次仕込み → ③原材料を蒸す → ④②に加えて発酵（2次仕込み）→ ⑤できたもろみを蒸留 → ⑥貯蔵タンクで熟成 → ⑦加水・ろ過 → ⑧瓶詰め・出荷

島人Voice　島の酒蔵はどこも小規模で、なかには親子ふたりだけで焼酎造りをしているというところも。瓶の回収、洗浄、瓶詰め、ラベル貼りまで、すべて手作業で行われている。

東京の島々のお酒一覧

東京の島々で造られる代表的なお酒と特徴をご紹介。

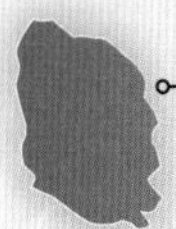

伊豆大島

1937 年創業の谷口酒造の 3 代目の杜氏がひとりで焼酎を造っている。代表銘柄は「御神火」。

利島

島のサクユリのゆり根を熊本の酒造所で蒸留した「さくゆり」がある。

新島

島で唯一の「株式会社宮原新島蒸留所」が「嶋自慢」を製造。麦、芋がある。

式根島

島の商店「おくやま」が、式根島産のアメリカ芋を使って「地鉈」を販売。蒸留は八丈島の八丈島酒造。

神津島

1894 年から焼酎を作り続ける島唯一の蒸留所が「神津島酒造株式会社」。代表銘柄は「盛若」。

三宅島

2000 年の噴火で休止していた焼酎造りが 2007 年に再開。現在は「三宅島酒造」がすべて手作業でていねいに造る焼酎「雄山一」。

御蔵島

八丈島

東京の島の焼酎造りの発祥の地。「坂下酒造」「樫立酒造」「八丈興発」「八丈島酒造」の 4 つの酒蔵が焼酎を造る。

青ヶ島

「あおちゅう」と呼ばれる個性豊かなクラフト焼酎が造られる。→ P.51

父島

母島

1989 年に設立された「小笠原ラム・リキュール株式会社」がラム酒のほか、パッションフルーツリキュールを製造。

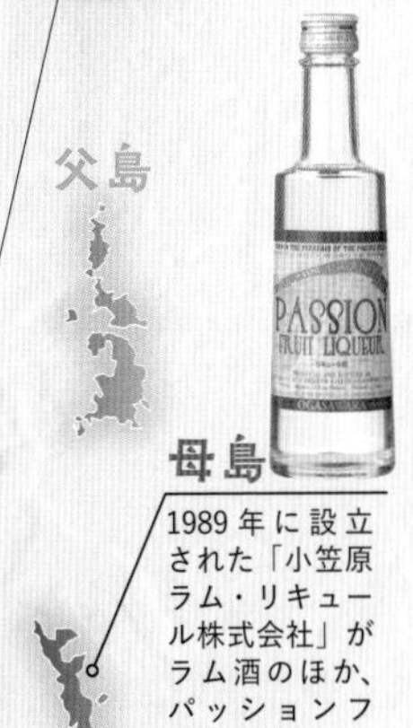

しま通信　見学できる酒蔵もあるが飛び込みでの見学は不可。また仕込みの時期などの繁忙期も見学者の案内に手が回らないところも多い。見学可能か電話で問い合わせてみよう。

王道焼酎9

島の焼酎入門として味わいたい9本をピックアップ！　ここから好みの味の焼酎を探してみて。

伊豆大島

御神火スタンダード

1848円（720mℓ）

国産二条麦を使用し、麦の甘味と深みのある香りを引き出した焼酎。お湯割りにすると香りが立つ。

●有限会社谷口酒造

新島

嶋自慢

1243円（720mℓ）

国産大麦を原料に、白麹を用い常圧蒸留で造った原酒を貯蔵し熟成。香ばしい麦の香りが広がる。

●株式会社宮原

式根島

地鉈

2580円（720mℓ）

式根島のあめりか芋を用いて、八丈島酒造で醸造。3年熟成させた焼酎。芋のまろやかな香りが上品。

●株式会社おくやま

神津島

盛若 樫樽貯蔵

1650円（700mℓ）

麦と麦麹を用いて清らかな湧き水で発酵させた焼酎。樫樽で貯蔵し、熟成させた豊かな風味と味わいが人気。

●神津島酒造株式会社

三宅島

雄山一

3564円（720mℓ）

噴火による全島避難解除後に製造再開した待望の酒蔵。米麹で仕込んだ麦焼酎を熟成させたまろやかな味。

●三宅島酒造株式会社

八丈島

情け嶋 麦

1188円（700mℓ）

1947（昭和22）年創業の老舗酒蔵。甘くて濃密感のある麦のうま味が味わえる。芋やブレンド焼酎も製造。

●八丈島興発株式会社

八丈島

黄八丈 20年古酒

3520円（700mℓ）

2011年に閉業した磯崎酒造の「黄八丈」を引き継ぎ2021年に復刻。黄麹で造ったやわらかい口当たりの麦焼酎。

●坂下酒造有限会社

八丈島

江戸酎

2156円（720mℓ）

八丈島産のサツマイモのみを使用し、3年以上熟成させた芋焼酎。香りと味わいのバランスに優れている。

●八丈島酒造合名会社

八丈島

島の華

1408円（700mℓ）

1925年創業。銅製のポットスチルの蒸留器を使用。香ばしさとコクがありつつ、後味のすっきりした麦焼酎。

●樫立酒造株式会社

※価格は異なる場合があります。

焼酎の飲み方

ロック

焼酎そのものの味わいを楽しむ飲み方。初めは素材の味が強く、時間がたつにつれて水割りのような優しい味わいに。

水割り

焼酎のまろやかな味わいが楽しめる。氷を入れたグラスに焼酎を注ぎ、好みの濃さになるまで水を加える。島レモンや柑橘を入れても。

お湯割り

湯気とともに焼酎の香りが立ち上り、ふくよかな風味が楽しめる。お湯の温度は70℃くらいがベスト。寒い日にはこれがいちばん！

ソーダ割

氷と焼酎を入れたグラスに、冷やした炭酸水を加える。炭酸が抜けないよう、グラスに沿ってゆっくりと混ぜて。さわやかな味わいに。

東京の島々の焼酎は竹芝桟橋客船ターミナルの「東京愛らんど」でも手に入るのがうれしい！ 島で飲んで気に入った焼酎がここで買えるかも。もちろん、行く前に飲んで予習するもアリ！（編集部・S）

まさに発酵の世界遺産

究極のクラフト焼酎あおちゅうとは

人口114人ほどの小さな島、青ヶ島になんと8人もの杜氏がいる。彼らが造るのは各家庭で受け継がれた伝統の味。「奇跡の酒」ともいわれる“あおちゅう”とはいったい——？

好きな味を見つけてください！

左／杜氏の奥山晃さんが案内してくれる　中／原料は島で取れるサツマイモ　右／壁は自然酵母が付きやすい素材でできている

島に自生する植物と自然の菌で醸す

通常、焼酎造りは蒸した米や麦に麹菌を加え繁殖させて、発酵の素となる麹を造ることから始まる。しかし青ヶ島では、今でも麹菌を添加しない昔ながらの方法で焼酎が造られている。まずは島内に自生しているオオタニワタリの葉を麦にかぶせて放置し、野生の黒麹や、黄麹が付くのを待つ。麹ができたら、蒸したサツマイモと水に混ぜて発酵。このときも蔵付きの酵母が発酵を促してくれるので何も足さない。できたもろみを蒸留したら完成だ。自家醸造の起源を思わせるごくシンプルな製法だが、できあがった焼酎はハチミツやフルーツ、干し草などを感じさせる、実に個性的な香りを放つ。

各家庭の主婦が夫のために醸した自家製焼酎

かつて島では、女性たちが夫のために自家製焼酎を造っていた。それぞれに独自の造り方があり味わいもさまざま。現在は8人の杜氏たちが、本業のかたわら、シーズンになると青ヶ島酒造に赴き、各家に伝わる製法であおちゅうを造っている。そのため杜氏ごとに味が異なり、さらに同じ杜氏でも樽ごと、年ごとで味わいが違う。

あおちゅうのことが知りたければ青ヶ島酒造が開催している試飲会へ。製法の説明のあと、試飲して味わいの違いを楽しむことができる。

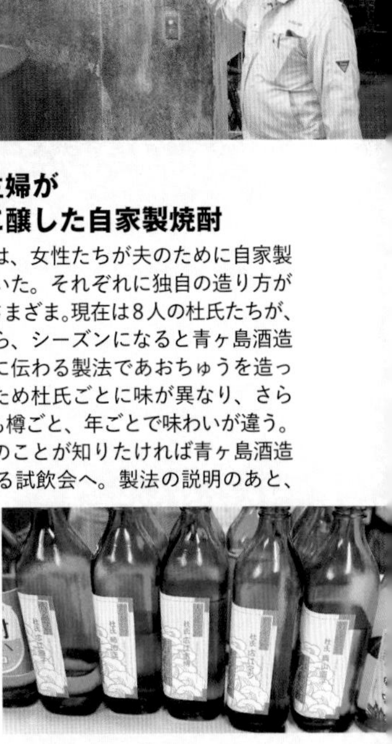

ラベルには杜氏の名前が書かれている

青ヶ島酒造　MAP 別冊 P.23-C3

住青ヶ島村無番地　TEL 090-8842-1503（試飲は要予約）　営 18:00 ～
休不定休　P あり　交ヘリポートから徒歩 6 分

青ヶ島酒造の試飲は 18:00 スタート。案内してくれる奥山さんは別にいくつも仕事をもっているからだ。しかしこの試飲会、非常に人気で、黒板を見ると予約でぎっしり！（編集部・N）

潮風を感じる環境で、仕事と旅を両立
アイランドワーケーションのすすめ

リモートワークの普及にともない、東京の島々でもワーケーションに適した施設や宿が増えている。Wi-Fi はもちろん、ウェブ会議ができる個室ブースや、屋外で自然を感じながら仕事ができる施設もある。オンは仕事に集中し、オフはすぐそばの海や山へ。職場や自宅から離れて、自然環境に恵まれた島々で仕事も旅も楽しもう。

シェアハウス海（父島）

アイランドワーケーションの魅力

1. 静かな環境で集中力アップ
都会の喧騒や日常生活から離れ、閑静な場所で仕事に集中できる。

2. プライベートが充実
気分転換に目の前の海で泳いだり、トレッキングなどに出かけることも。

3. 設備が調った施設が増加中
高速 Wi-Fi やプリンタ、個室ブース、ワーキングデスクを備えた施設もある。

伊豆大島

気軽に行ける、東京都心からいちばん近い離島

Izu-Oshima Co-Working Lab WELAGO
いずおおしま こわーきんぐらぼ うぇらご

無料で利用できる設備が充実 シェアオフィス

自然豊かなエリアにある無料施設。テーブル席のほか、リラックスできる小上がりもある。

MAP 別冊 P.4-A2
住 大島町元町下高洞 669
TEL 070-2022-8240
営 9:00～18:00 休 土・日・祝 料 無料 P あり
交 元町港から車で 3 分

多様なタイプの座席を用意

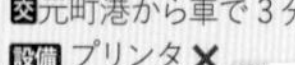

設備 プリンタ ×
電源・Wi-Fi ○
ウェブ会議 ○

POINT 晴れた日は、緑豊かな芝生エリアで新鮮な空気も味わえる。

高林商店
たかばやし しょうてん

島民気分で仕事ができる 商店

町の酒店に併設された角打ちが仕事スペースに。金・土限定でカフェもオープンする。

明るく居心地がいい店内

施設詳細→ P.132

設備 プリンタ △（要相談）
電源・Wi-Fi ○
ウェブ会議 ○

POINT ゲストハウス「火とお酒」「青とサイダー」宿泊者も利用可能。

バリアフリーペンション すばる

三原山を望む絶景ルーム 宿泊施設

自然環境に恵まれた宿。プライバシー重視の客室など、仕事に集中できる環境を提供する。

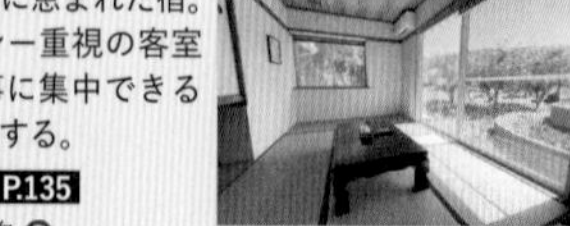
眺めがよくくつろげる和室

施設詳細→ P.135

設備 プリンタ ○
電源・Wi-Fi ○
ウェブ会議 ○（客室）

POINT 天気のいい日は庭のベンチで仕事ができる。

新島

アクセス至便なリゾートアイランド

エトセトラ カフェ＆バー

個室ブースではウェブ会議も可能 カフェ

ドリップコーヒー 450 円がおいしいと評判のコワーキングカフェ。個室ブースはウェブ会議に最適。

MAP 別冊 P.11-C2
住 新島村 1-9-6 TEL 04992-7-5176 営 10:00 ～ 15:30
休 不定休 CC ADJMV
P あり 交 新島村観光案内所から車で 5 分

ゲストハウスやサウナも併設

設備 プリンタ ×
電源・Wi-Fi ○
ウェブ会議 ○

POINT 個室ブースは 1 時間 700 円（ワンドリンク付き）。

新島コワーキングスペース
にいじまこわーきんぐすぺーす

オフィスのような空間で集中 シェアオフィス

新島村商工会館の 1 階でオフィスアワーに合わせて開館。ウェブ会議は他の利用者がいなければ可。

MAP 別冊 P.11-D2
住 新島村本村 5-1-15
TEL 04992-5-1167 営 8:30 ～ 17:00 休 土・日・祝
CC ADJMV 料 1 時間 500 円～ P あり 交 新島村観光案内所から車で 4 分

仕事に専念できる環境

設備 プリンタ ○（1 枚 30 円） 電源・Wi-Fi ○
ウェブ会議 △

POINT 1 日（8 時間）利用は 1800 円と割安に。

しま通信 伊豆大島では、Wi-Fi が利用できる大島村図書館も仕事に適している。空港や港にもテレワークができるソファが設置されている。

八丈島 海に温泉、温暖な島で快適ワーク

おうちカフェなないろ

メニュー豊富なカフェで仕事 カフェ

カウンターやソファなどさまざまな席がある。ウェブ会議OKの会議室は1時間500円。

各席にコンセントを設置

MAP 別冊P.22-A1
住 八丈町三根4906-3
TEL 04996-2-4784 営 10:00〜22:00(L.O.21:00) 休 火
CC ADJMV P あり 交 八丈島空港から車で3分
設備 プリンタ○ 電源・Wi-Fi○ ウェブ会議○(会議室、フリースペース)

POINT フード＆ドリンク充実、夜も遅くまで営業。

オラキノヴィレッジ

プライバシーと交流を両立する 宿泊施設

コンパクトなひとり部屋に特化した宿泊施設。最高級シモンズのベッドで睡眠も快適。スーパーも近い。

コンセントを多く設置している

MAP 別冊P.22-B3
住 八丈町大賀郷2303
TEL 080-6663-0005 IN 14:00(無人) OUT 10:00 料 素6000円〜 CC ADJMV
P あり 交 八丈島空港から車で5分 設備 プリンタ✕ 電源・Wi-Fi○ ウェブ会議○

POINT 中央室やキッチン、カフェエリアでも仕事可。

式根島 温泉と美しい海でリフレッシュ

島宿 清水屋

（しまやど しみずや）

猫好きにもうれしいワーク空間 宿泊施設

ワーケーションスペースのロビーがある民宿。個室はデスク付きの洋室がおすすめ。

宿泊者以外も使用可能(有料)

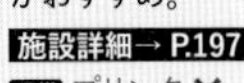
施設詳細→P.197

設備 プリンタ✕ 電源・Wi-Fi○ ウェブ会議○

POINT リラックスタイムにはマンガや猫との交流で息抜きを。

神津島 島の夜空は天然のプラネタリウム

みんなの別荘 ファミリア

（みんなのべっそう ふぁみりあ）

発想や人間関係が広がる場 宿泊施設

1階の広いカフェバーで仕事が可能。自然環境と、スタッフやゲスト同士の交流で創造力も豊かに。

カフェバーはビジターも利用可

施設詳細→P.221

設備 プリンタ✕ 電源・Wi-Fi○ ウェブ会議○

POINT 共有のベランダは気分転換に最適。夜は星空観賞も。

パットイン(父島)

三宅島 雄大な自然のなかで仕事に集中

共栄荘

（きょうえいそう）

島内では珍しいビジネス設備 宿泊施設

民宿内にあるビジネスルーム。デスク＆チェアのほか、マルチタップなども用意している。

ファクスやプリンタも利用可

施設詳細→P.245

設備 プリンタ○(1枚10円) 電源・Wi-Fi○ ウェブ会議○

POINT 海を一望する2階のバルコニーで休憩できる。

父島 ワーケーション対応施設が多い島

シェアハウス海

（しぇあはうす うみ）

扇浦海岸を望む席で絶景ワーク 宿泊施設

海を望むリビングで仕事が可能。快適な個室には机と椅子、ライトを用意している。

透明度抜群の海が広がる空間

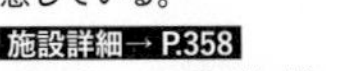
施設詳細→P.358

設備 プリンタ○(有料) 電源・Wi-Fi○ ウェブ会議○(客室)

POINT プライベートタイムには、目の前の扇浦海岸へ！

パットイン

住民気分で仕事ができるホテル 宿泊施設

個室内のほか、フロント前の共有スペースや、中庭の芝生エリアでも仕事ができる。

シンプルモダンで快適な室内

施設詳細→P.347

設備 プリンタ○(10枚まで無料) 電源・Wi-Fi○ ウェブ会議○(客室)

POINT 開放的な芝生エリアにもWi-Fiが届く。

風土の家 TETSUYA

（ふうどのいえ てつや）

ひとり部屋の「波濤(はとう)」で仕事 宿泊施設

単身者向けの部屋「波濤」にはワーキングデスクがあり、落ち着いた環境で仕事ができる。

アメニティ＆設備が充実

施設詳細→P.346

設備 プリンタ✕ 電源・Wi-Fi○ ウェブ会議○(客室)

POINT 宿からすぐ、小港園地のベンチでの仕事も爽快

各島の港や空港、公共施設には、東京都や村が整備したFREE Wi-Fiを利用できる場所が多い。ポケットWi-Fiは、伊豆大島の一部地域以外対応していないので注意しよう。

豊かな海が育む魚介や海藻は必食

東京諸島で食べたい！ご当地食材

黒潮の影響を受け多様な魚が揚がる伊豆諸島、メカジキやマグロなどの大物や高級魚に恵まれた小笠原諸島、どちらも新鮮な魚介が魅力。季節ごとに取れる海藻や野菜、果物なども島の味だ。

脂がのってくる冬がおいしい キンメダイ

深海から釣り上げられる、伊豆諸島を代表する高級魚。刺身や煮付けのほか、脂が多いのでしゃぶしゃぶにするのも定番。

神津島

キンメダイの煮付け

1000円（定食の一品）

神津島で水揚げされたキンメダイを甘辛の醤油で煮た定番メニュー。身が軟らかく上品な風味。

●よっちゃーれセンター 2F 食堂→ P.218

神津島のキンメは最高級♪

神津島

地金目の土鍋ご飯

3800円（2合）

神津島沖で取れたキンメダイの切り身を贅沢に使用。魚とだしのうま味をたっぷりと吸ったご飯が絶品。

●神津島 龍宮→ P.212

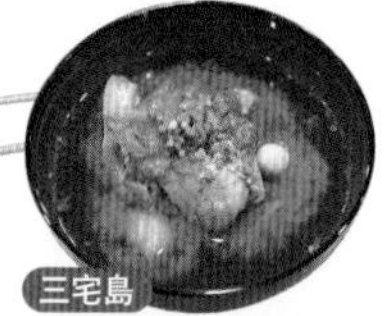

新島

キンメダイのねぎ間串

350円（1本）

脂がのったキンメダイを炭火で焼いた店の看板メニュー。あっさりとしていて何本でもいける！　●焼鳥 大三→ P.168

三宅島

金目鯛あら汁

300円

キンメダイのだしが効いたうま味あふれる味噌汁。骨の周りに付いた肉厚の身もおいしい。　●ふるさと味覚館　宙 -SOLA- → P.242

うま味が濃厚な夏の風物詩 タカベ

伊豆諸島で夏の魚といえばタカベ。ほどよく脂がのった上品な白身は塩焼きが定番だ。居酒屋や民宿でもよく食べられる。

ふっくらとした身が美味！

伊豆大島

たかべの塩焼き 時価

脂がのった夏のタカベは、塩だけでシンプルに食べるのがいちばん。うま味は強いが意外とさっぱり。　●肴や→ P.128

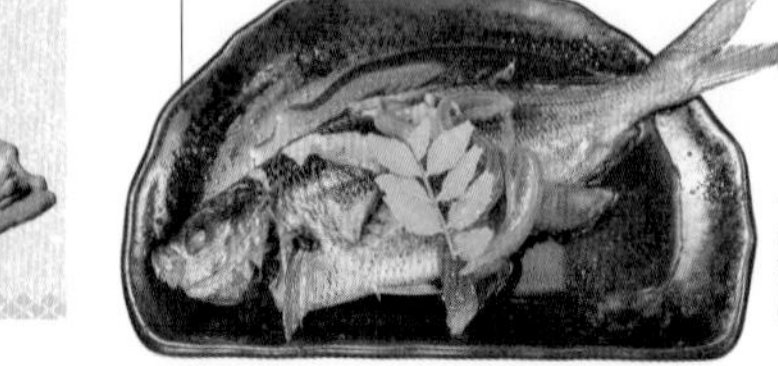

新島

たかべの煮付け 時価

入荷があったときだけ食べられる絶品メニュー。甘辛く煮たタカベは焼酎との相性抜群。

●焼鳥 大三→ P.168

＼迷ったら、これ／

島の楽しみ！地魚の刺身

島の居酒屋でまず頼みたいのが地魚の刺身。仕入れによって種類は異なるが、旬の魚介を味わえるのが魅力だ。島ならではの珍しい魚も！

●割烹 市松→ P.128

しま通信　キンメダイは年間を通して取れ、いつでもおいしく食べられる。とはいえ旬はあり、12～2月頃に取れるキンメダイが最も脂がのっているといわれている。

栄養価の高い
注目の健康野菜
明日葉

生命力が強く「葉をつんでも明日には芽が出る」ことが名称の由来。伊豆諸島に自生し古くから食べられていた。

八丈島
アシタバの天ぷら
700円
軟らかくみずみずしい明日葉の葉に薄く衣を付けてサクッと揚げた天ぷら。明日葉の鮮度が命！
●創彩島割烹粋や→ P.277

新島
明日葉ピザ 1000円
オリジナリティあふれる店の人気メニュー。明日葉の苦味とクラフトビールがマッチ！ ● Hyuga Brewery → P.218

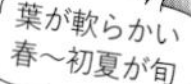

新島
明日葉と島のりのパスタ
1080円
ほろ苦い明日葉と香りのよい岩のりがパスタに絡む、和風イタリアンな創作メニュー。
●新島親水公園レストハウス→ P.171

八丈島
天ざる明日葉うどん
1350円
明日葉の粉末が練り込まれた特製の明日葉うどんは見た目も印象的。揚げたての明日葉、エビ天と一緒に召し上がれ。
●名代 一休庵→ P.287

伊豆大島
明日葉たい焼き
300円
大島名物として大人気。暑い日にもひんやり涼める、冷たくてもちもち食感のたい焼き。
●島京梵天→ P.118

三宅島
あしたばフラペチーノ
650円
ホワイトチョコの濃厚な甘味のあとに、明日葉のほろ苦さが広がる大人のフローズンドリンク。 ● cafe NAGOLA → P.236

ハレの日の郷土料理
ブドってなんだ？
海藻の一種カギイバラノリを煮出し、トビウオなどのだしや魚のすり身を加え固めた伝統料理。伊豆諸島でも八丈島だけで食べられる。噛みしめると口の中に磯の風味が広がる。
●梁山泊→ P.276

海の香りが漂う
島の定番みやげ
岩のり

岩のりとは、岩場に付く天然のりのこと。乾燥させたものは、おみやげとしても喜ばれる。ラーメンや味噌汁に入れても◎。

新島
和風サラダ 1000円
シンプルなサラダが、岩のりのうま味と香りで華やかに。野菜嫌いでも試してみて。
● Cafe & Bar arato → P.176

磯の香りが
食欲をそそる

式根島
岩のりスパゲッティ 1400円
貴重な生の岩のりをこんもり盛った食べ応えのある一品。ほどよい塩加減がうれしい。
●レストラン こころ→ P.195

神津島
神津島の岩のり
500円
島で取れた岩のりを乾燥させた自家製の板のり。お酒のつまみに食べ始めると止まらない。 ●山長→ P.213

しま通信 岩のりが取れるのは、12～2月頃の寒い季節。この時期は、干潮時に海面から出た岩場で、島の人たちが岩のりを採取している。網に広げて乾燥させている様子も見られる。

東京諸島で食べたい！ご当地食材

コリコリの食感は新鮮な証 アカイカ

伊豆諸島でアカイカといえばケンサキイカのこと。春から夏にかけて漁が行われる。刺身のほか干物や塩辛もおいしい。

伊豆大島 赤いかの刺身 時価

どんな料理にも合うアカイカだが、新鮮なら刺身がいちばん。青唐辛子と一緒に召し上がれ。 ●よっちゃん→ P.129

神津島 赤いかバター炒め 1100円

アカイカをあぶって、バター醤油で味を調えた一品。むっちりとした食感を楽しんで。 ●神津島 龍宮→ P.212

島の焼酎に合います♪

神津島 塩辛バケット 500円

ねっとり濃厚な塩辛をバゲットにのせた和洋折衷のおつまみ。しょっぱくて酒がすすむ！ ● Hyuga Brewery → P.218

見た目も華やかなスタイリッシュな魚 メカジキ

小笠原諸島で最も漁獲量の多い魚。大きいものは500kgを超えることもある。脂がのった白身はシンプルにステーキで食べてもおいしい。

父島 メカジキのステーキ 1200円

淡泊な味のメカジキは和洋どちらにもなじむ。肉質は軟らかく豪快なステーキにぴったり。 ●チャーリーブラウン→ P.354

父島 島魚のカツカレー 1600円

メカジキなどの島魚をサクサクに揚げたカツを、カレーと一緒にほお張ると幸福感が MAX に。
●あめのひ食堂→ P.355

出合えたらラッキー ご馳走、イセエビ

海底の地形が複雑な東京諸島は、イセエビの格好のすみか。刺身でプリプリとした食感を味わいたい。漁獲量が減少しているので予約時に確認を。
●民宿しんき→ P.147

刺身から干物まで楽しめる万能選手 ムロアジ

伊豆諸島ではメジャーな魚。くさやなどの干物に使われることが多く、開いて天日干ししている風景をよく目にする。

うま味が凝縮〜

伊豆大島 青むろくさや 800円

伊豆諸島で古くから作られている、くさや。最初は独特の香りに驚くが、食べ続けるとクセになる。
●肴や→ P.128

伊豆大島 ムロアジたたき揚げ 880円

島で取れたムロアジをすり身にし、さつま揚げ風に仕上げた郷土料理。酒のつまみにぴったり。
●割烹 市松→ P.128

捕獲数が決められた貴重な伝統食 アオウミガメ

小笠原では貴重なタンパク源として伝統的にアオウミガメを食用にしてきた。現在は年間 135 頭の漁獲制限がある。

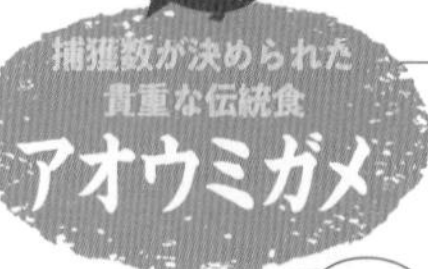

海の香りがする！

父島 ウミガメの刺身 1100円

ウミガメの刺身は赤身で、馬刺しのようなさっぱりとした風味。ニンニク醤油で食べるとおいしい。 ●丸丈→ P.355

父島 ウミガメの煮込み 850円

ウミガメのスジ部分や内臓などを日本酒と醤油少々で煮込んだ定番料理。塩味の煮込みも人気がある。 ●洋風居酒屋 CHARA → P.344

しま通信 標準和名がアカイカという種類もいるが、伊豆諸島をはじめ関東ではケンサキイカをアカイカと呼ぶことが多い。ケンサキイカは西日本ではシロイカやブドウイカ、九州ではゴトウイカとも呼ばれる。

肉厚でジューシーな
八丈島の新名物
椎茸

湿度の高い八丈島は椎茸栽培に最適。海風にさらされ、豊富な湧き水で育った椎茸は、むっちりとした食感。

八丈島
シイタケの肉詰め 1617円

八丈島の海風を浴びて育った「うみかぜ椎茸」にひき肉を詰めてフライに。弾力がありとってもジューシー。●男メシ食堂「うみかぜテラス」→ P.287

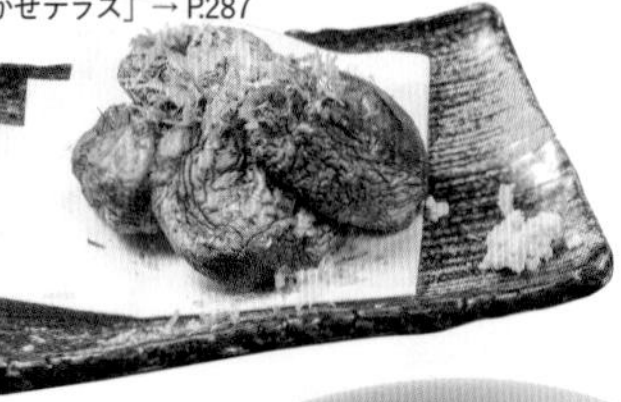

八丈島
海風椎茸焼き 880円

肉厚でうま味の強い椎茸はシンプルに焼くのも美味。椎茸の水分が適度に抜けるのでより濃厚な味わいになる。
●地魚干物食堂 藍ヶ江水産→ P.276

甘味が凝縮された
小笠原の島野菜
島トマト

小笠原の太陽をたっぷり浴びたトマトは、自然な甘さと香りが特徴。日差しが強すぎない12月～5月上旬に収穫される。

父島
冷やしトマト 900円 ※季節商品

甘味が凝縮された島トマトは、そのまま食べてもおいしいし、小笠原の塩でいただくのも最高。●南国酒場 こも→ P.354

父島
島トマトのパスタ

※季節商品

島トマトをふんだんに使った贅沢なパスタは、ほどよく酸味が効いていて上品な味わい。●オーベルジュサトウ→ P.354

酸味がさわやか！
パッションフルーツ

甘酸っぱい味と香りが魅力のフルーツ。半分に切ってそのまま食べるほか、ジャムやジュース、リキュールなど加工品も充実している。

父島
パッションのシフォンケーキ 550円

さわやかな香りのシフォンケーキに、パッションフルーツソースと生クリームを添えて。● PIR HALE → P.342

八丈島
トロピカルソーダ 500円

パイナップル、マンゴー、パッションフルーツの甘酸っぱいソーダ。バタフライピーのグラデーションが夕焼けみたい！
● Bulblue cafe stand → P.279

八丈島
パッションソーダフロート

550円

島のパッションフルーツを贅沢に使ったソーダフロート。甘さと酸っぱさのバランスが絶妙にいい。
●むかしのとみじろう→ P.291

青草を食べて育つ
ミネラル豊富な牛乳
牛乳

温暖な気候が酪農に適していたため、伊豆大島と八丈島は古くから酪農が盛ん。濃厚な牛乳はそのまま飲んでも驚きのうまさ！

八丈島
八丈ジャージー牛乳のモッツァレラチーズとトマト 1800円

八丈島生まれの生乳で作るモッツァレラチーズのカプレーゼ。みずみずしいフルーツのようにフレッシュ！
●梁山泊→ P.276

伊豆大島
ジェラート(ダブル)

550円

大島牛乳をベースに、レモンや夏ミカンなど島の食材を合わせたオリジナルフレーバーが人気。●ぷらっとハウス→ P.132

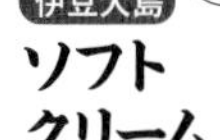

毎日食べたいおいしさ

伊豆大島
ソフトクリーム 400円

口溶けなめらかな大島牛乳のソフトクリーム。コクのある牛乳のうま味がたまらない。
●ぷらっとハウス→ P.132

ピリッと刺激的！
食材の味を引き立てる島唐辛子

沖縄の伝統野菜として知られる3cmほどの小粒の唐辛子。辛味が強く、料理に使うほか、醤油に少し入れたり、味噌に合わせたりする。

しま通信 東京の島々で居酒屋に入ると、定番なのが島レモンやカブツ（ダイダイ）、パッションフルーツのドリンク。焼酎やウオッカをベースにしたサワーは、さわやかな酸味が効いていておかわり必至。

魚介だし

三宅島で取れた地魚のアラを煮出したスープは、魚の香りとうま味が広がる上品な味わい

左／抹茶のような上品な香りの明日葉ラテ 600 円
右／カウンターで注文するセルフサービススタイル

三宅島

三宅食堂（みやけしょくどう）

竹芝行きの乗船前に立ち寄りたい

錆ヶ浜港の船客待合所の 2 階にあり、カフェ利用にも便利な店。食事は地魚だしラーメンと、アラを骨まで砕いて煮出す濃厚地魚だしラーメン 1100 円の 2 品。島唐辛子をトッピング！

必食メニュー 地魚だしラーメン 1000 円

魚介だしの澄んだスープは、胃に染みわたる優しいうまさ。もっちりと歯応えのある麺はのど越しもよく、スープとの相性抜群。香りのよい島のりがアクセントに。

MAP 別冊 P.17-D2　住三宅村阿古 672-3 阿古漁港船客待合所「ここぽーと」2 階　営 11:00 ～ 15:00（L.O.14:45）　休水・木（上り客船が錆ヶ浜港に入港の場合は営業）　CC ADJMV　P あり　交三宅島観光協会から徒歩すぐ

島の名物ラーメン

海の恵みを味わう島ならではの一杯！

島食材を気軽に味わうなら、やっぱりラーメンがいちばん。
島の魚介や野菜、名産の調味料などを使った
至福の一杯がおなかと心を満たす！

伊豆大島

飲食店・かあちゃん（いんしょくてん・かあちゃん）

魚介をふんだんに使った華やかな料理

べっこう寿司や磯ラーメンなど、新鮮な魚介を使った郷土料理が評判の食堂。店内の生け簀はイセエビやサザエなどでいっぱいだ。元町港から徒歩 1 分という立地のよさも人気の秘密。

必食メニュー 磯ラーメン 880 円

まるごとサザエやエビ、タコなどがのった、豪快な海鮮ラーメン。魚介から染み出したうま味が、味噌＋醤油ベースのスープに奥行きを与える。

海を目の前に望む、港町の郷土料理店

大きな生け簀には新鮮な魚介類がたくさん

サザエをはじめ海の幸が盛りだくさん

シーフード

生け簀から揚げたサザエなど新鮮な魚介を堪能！うま味たっぷりの濃厚スープも味わって。

MAP 別冊 P.6- B1　住大島町元町 1-17-9　TEL 04992-2-1127　営 10:30 ～ 15:00　休火　CC 不可　P なし　交元町港から徒歩 1 分

しま通信　三宅食堂では、季節の果物や野菜でシロップを作っている。これを使ったアイスクリーム 400 円やソーダ 600 円、ミルク 600 円、サワー 700 円もおいしいと評判！

冬の岩場で取れる天然のり。生の岩のりは、モズクのようなツルッとした食感と磯の香りが特徴。

三宅島

平野食堂（ひらのしょくどう）

お母さんとの会話も楽しい素朴な食堂

壁にラーメン650円やチャーハン850円、玉子丼850円などのメニューが貼られた、昔ながらの町の食堂。醤油ベースのシンプルなラーメンはどこか懐かしい味。不定期で登場する手作り和菓子も人気。

必食メニュー **岩のりラーメン 850円**
冷凍保存した旬の岩のりを生のまま味わえる贅沢な一杯。細麺に絡む岩のりはほのかに甘く、あっさりとしたスープになじむ。

赤いのれんが目印。のれんが出ていれば営業中

MAP 別冊 P.17-D2 住三宅村阿古 691-6 TEL 04994-5-0150 営 11:30 ～ 15:00 頃 休不定休 CC 不可 P なし 交三宅島観光協会から徒歩 5 分

正式名称はアカハタ。プリプリとした食感の白身で、高級魚として知られる。

必食メニュー **あかばラーメン 1000円**
高級なアカバの切り身がドーンとのった贅沢ラーメン。スープもアカバからだしを取っており、うま味はしっかり感じさせつつ後味がすっきりとした上品な味。

父島

海遊（かいゆう）

島の食材をアレンジした本格中華

横浜中華街で修業をした店主が鍋を振るう、島内随一の中国料理店。島魚の切り身が入った海鮮たんめん1000円や、メカジキの切り身がのったビルフィッシュたんめん900円など小笠原の食材も豪快に調理。定食は900円～。

MAP 別冊 P.26-B3 住小笠原村父島西町 TEL 04998-2-3181 営 11:00 ～ 20:00（L.O.19:45） 休不定休 CC 不可 P あり 交 B- しっぷから徒歩 7 分

伊豆大島

軽食ちび（けいしょくちび）

島の常連客に愛される老舗店

創業45年の歴史を誇る人気店。島産の塩を使った塩ラーメン700円を筆頭に、白味噌と赤味噌をブレンドした味噌ラーメン850円など8種類のラーメンがある。週末のみ営業。

MAP 別冊 P.4-B1 住大島町泉津 22-2 TEL 04992-2-8861 営 10:30 ～ 14:00 休月～金 CC 不可 P あり 交岡田港から車で 8 分

原料に100％伊豆大島の海水を使った海塩「海の精」のうま味がたっぷり

必食メニュー **塩ラーメン 700円**
伊豆大島産の塩を使った塩ラーメン。のど越し抜群の細麺に、さっぱりとした黄金色のスープが絡む。噛むほどに肉の味が染み出す厚めのチャーシューも好評。

家で楽しむ島の味 ご当地袋麺をゲット！

おみやげとしても喜ばれるご当地袋麺。八丈島の仲屋商店では、明日葉や島唐辛子、青ヶ島の塩などを使った個性的なラーメンを用意。通信販売でも購入できる。
※すべて東京愛らんど→ P.77

八丈島の明日葉を麺に練り込んだ島ならではの「あしたばラーメン」340円

青ヶ島産の塩を使ったまろやかなスープの「ひんぎゃの塩ラーメン」340円

八丈島の島唐辛子を麺に練り込んだ「島とうがらし味噌ラーメン」340円

歴史と風土が織りなす
伝統の品

島の逸品 これが イチオシ

東京の島々が歩んできた独特の歴史や文化、環境から生まれた名産品は、全国にファンをもつリピート買い必至の逸品揃い。島ならではのおみやげを探すなら、まずチェックして！

島に自生する植物で染めた
黄金色に輝く絹織物 八丈島

黄八丈 Kihachijo

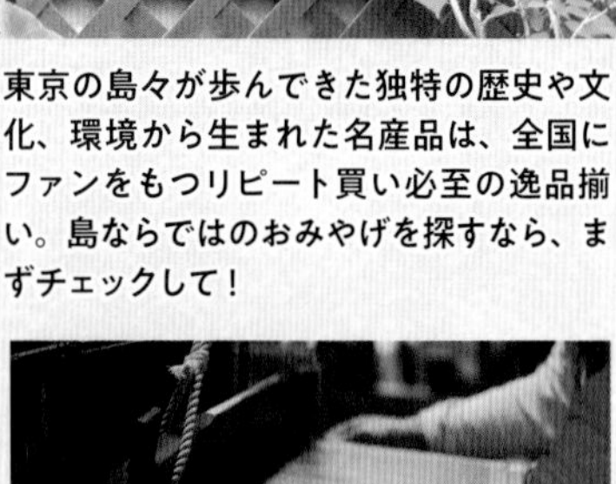

黄八丈は高機（たかはた）という織り機を用いて織り上げる

八丈島を代表する絹織物、黄八丈が誕生したのは平安時代末期といわれている。詳細は不明だが、当時の島は農産物に乏しく、唯一の特産が絹織物。江戸時代には黄八丈が年貢として納められるようになり、五代将軍綱吉が愛したことをきっかけに江戸でも知られるようになった。黄八丈の製造工程は実に複雑だ。まずは植物から作った染料に絹糸を染色（ふしづけ）。染色は手作業で十数回に及び、この作業の繰り返しで糸が強くなる。その後灰汁につけ(あくつけ)、水洗いして天日干し。色によっては泥染の手法も用いられ、できあがった絹糸を機織り機で手織りして、ようやく反物の完成だ。

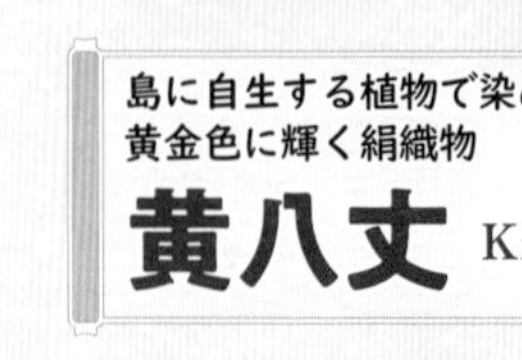

八丈民芸やましたで織物体験ができる

ところで黄八丈は黄、樺、黒の３色が基調だが、それは当時島で得られる天然染料が３種しかなかったからだ。この３色の糸を用いて縞や格子模様に巧みに織り上げるのが熟練の職人の技。美しく3代着ても色あせないほど丈夫で、着れば着るほどなじむ黄八丈は、着物を愛する人が最後に選び取る着物の終着点ともいわれ、1977年、国の伝統的工芸品に指定された。

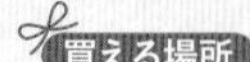
買える場所

めゆ工房 →P.291、
八丈民芸やました →P.290 ほか

諸説あるが、八丈島の島名の由来は八丈絹という八丈の長さの織物の産地を表すことに由来したといわれている。ちなみに一丈の長さは 3m、八丈は 24 mになる。

上／最高級品といわれるアオムロアジのくさや。噛むほどに深い味わいを楽しめる　左下／焼いたくさやのほぐし身や真空パックも揃う新島の菊孫商店→ P.167　右下／大島の居酒屋、肴やで食べたい青ムロのくさや→ P.128

300年にわたって継ぎ足された 新島
秘伝の発酵液が味の決め手！

くさや Kusaya

くさやは300年以上の歴史をもつ伊豆諸島の発酵食品。強烈な匂いと濃厚なうま味が特徴で、一度食べるとクセになる。材料となるのはアオムロアジやトビウオなどの島魚。これをくさや液と呼ばれる塩汁に漬けて干すのだが、この塩汁が所以ある逸品。その昔、塩がとても貴重だったため、塩漬けにした魚を洗い流した後、残った塩水を再利用していたそう。塩水は長年使い続けるうちに熟成され、魚のうま味が加わって独特の風味を醸し出す塩汁になった。その塩汁で作ったくさやはうま味が増すと同時に保存性にも富み、江戸時代から酒のつまみとして重宝されたという。現在、くさや発祥の地といわれる新島に4軒のくさや製造会社があるほか、伊豆大島や八丈島でもくさやが作られている。実はくさやの塩分濃度は通常の干物の3分の1ほど。うま味は強いが、口当たりは優しく深みのある味わいを堪能したい。

左／約120年の歴史をもつ新島の吉山商店→ P.167　上／吉山商店に代々伝わるくさや液

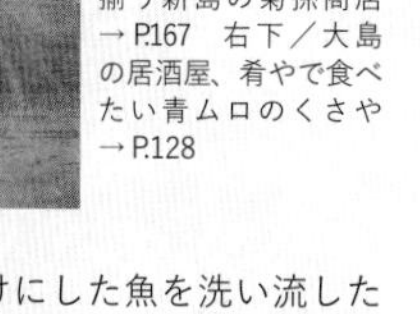

買える場所

新島のくさや製造元 → P.167
ほか、おみやげ店など

くさやは嗜好品ですから、まずは食べてもらうことが重要。くさやの食べ比べセットを販売したり、無料の試食会を開催したり、くさやに気軽に触れられる機会をつくっています。（吉山商店・吉山裕盛さん）

椿が好む環境が整う
火山島の高品質な椿油

伊豆大島 利島

椿油 Tsubaki Oil

伊豆諸島は国内の椿油生産量の約 60% を占め、なかでも伊豆大島や利島は主要な産地として知られる。温暖な気候や豊富な降水量、火山島ならではの水はけのよさなど、椿を栽培するには最高の条件が揃っているのが理由だ。生産方法は､伝統的な「玉締めしぼり」という製法で作るもの、非加熱処理にこだわるもの、オーガニックコスメの品質を認証する世界的認定機関 COSMOS の基準を満たした種を用いて作られたものなど、各社で異なる。どの製品も品質のよさには定評があり、髪や肌に塗るオイルとしてはもちろん、食用にしてもあっさりとおいしい。日本を代表する椿油の魅力に触れてみては？

上／伊豆大島の高田製油所では大正時代から変わらない製法で椿油を作っている　左下／ていねいな手作業で行う工程も多い　右下／濾過を繰り返し、黄金色に輝く透き通った椿油へと仕上げる

オレイン酸豊富な食用椿油！

買える場所

島内おみやげ店など → P.132

豊かな自然に囲まれて乳牛も大きく育つ

伊豆大島でしか買えない
希少なバター

伊豆大島

大島バター Oshima Butter

濃厚で深い味わいの大島牛乳と、伊豆大島産の海塩だけで作る大島バター。ミルクの芳醇な香りが漂う真っ白なバターは、手作りのため数が限られ島内でしか買えない逸品だ。そのおいしさの秘密は、乳牛の飼育から殺菌法までこだわった牛乳作りにある。まず乳牛にストレスを感じさせないよう、涼しい季節は放牧、暑い季節は畜舎で飼育。また多くの牛乳は 120 ～ 130°C で 2 ～ 3 秒の殺菌を施すが、大島牛乳は 75°Cで 20 分の低温殺菌を採用。この殺菌方法により消費期限は短くなるが、牛乳本来の風味と栄養を残すことができる。ていねいに作られた牛乳をはじめすべてを島で作る贅沢なバターは評判を呼び、全国の高級ホテルや老舗レストランなど食のプロにも愛されている。

島外不出のアイスも人気！

買える場所

ぶらっとハウス → P.132　ほか、島内スーパーなど

島人Voice　大島バターは､スーッと溶けるような食感で､牛乳の香りも漂う上品な味わい｡島外の友人宅に行くときに持っていくと、とても喜ばれます。（伊豆大島在住・Y さん）

温暖な父島で栽培される希少な国産コーヒー

小笠原コーヒー

Ogasawara Coffee　父島・小笠原諸島

小笠原は日本のコーヒー栽培発祥の地。亜熱帯の太陽を浴びて育ったコーヒーは、酸味が少なく深く凛とした風味が特徴だ。島でのコーヒー栽培の歴史は、日本政府による小笠原開拓が始まった明治初期に遡る。当時は事業化にはいたらなかったが「野瀬農園」の野瀬家の先祖が苗を引き取り、農園の隅で栽培を続けた。太平洋戦争で多くの島民が島を離れたが、コーヒーはジャングル化した農園で命をつないだ。農園では8・9月から3ヵ月間ほど、熟した実をひと粒ずつ収穫。豆の選別から洗浄、乾燥、焙煎まですべての工程を手作業で行う。手間をかけて生み出された一杯からは、畑で育まれた生命力があふれ出す。

上／赤く熟した実は、コーヒーチェリーと呼ばれる
左上／1世紀半、森の中で命をつないできたコーヒーの木
右下／白く可憐な花からはジャスミンのような香りがする

コーヒー（50g）は1080円

買える場所

野瀬農園 → P.353 ※コーヒーツアー（→ P.353）参加者のみ購入可能だが、収穫状況によるので要問い合わせ

一度食べたらやみつきになる食感も楽しい島の珍味　神津島

赤イカ塩辛 Akaika Shiokara

伊豆諸島の名物で、赤みを帯びた美しい体色が特徴のアカイカ。標準和名はケンサキイカといい、刺身でも焼きでも極上のうま味が口に広がるイカの王様だ。しかし、傷みやすいという欠点が……。そこで冷凍技術が未熟だった約40年前に、長期にわたり味わうために開発されたのが丸金商店の赤イカ入塩辛。ワタはコク深いスルメイカの肝をベースに、昆布とカツオ節から取っただしで味付け。アカイカやトビウオの卵がミックスされ、プチプチとした食感も楽しめる。決め手は、当時流行していた某ビールのCM「辛口、ドライ」から着想を得たという、自家製島トウガラシの辛味と風味。中辛や辛口など味を選べることも話題となり、今では伊豆諸島を代表する味覚として全国に多くのファンをもつ。公式HPからお取り寄せも。

ムチムチとプチプチが調和♪

上／甘口、中辛、辛口、激辛、超激辛と5つの辛さが選べる　左／仕込みから瓶詰めまで、手作業を中心に真心をこめて製造されている

買える場所

丸金商店 → P.209
ほか、島内商店など

しま通信　丸金商店の赤イカの塩辛は、リピート率の高い定番みやげ。竹芝桟橋の東京愛らんど（→ P.77）でも販売しているが、入荷するとすぐに売り切れてしまうほど人気が高いとか。

素朴な牛乳風味がたまらない！

100年の歴史を超えて愛される

牛乳煎餅物語

牛乳と卵、バターというシンプルな素材でできた素朴な味わいの牛乳煎餅。誕生以来100年以上にわたり愛されている、東京の島々のおみやげの定番だ。当時と変わらず作り続けられている牛乳煎餅の歴史をひも解いてみよう。

牛乳煎餅の起源

牛乳煎餅は、明治創業の和菓子店「甘晴堂」の２代目当主高田登良男氏が、伊豆大島に来島する皇太子殿下（昭和天皇）に差し上げるためのお菓子作りを依頼されたのが始まりといわれている。当時の伊豆大島は「東洋のホルスタイン島」といわれるほどの酪農王国。高田氏が試行錯誤の上、考案したのが伊豆大島産の新鮮な牛乳、卵、バターを使用した生地を椿油と椿炭で焼き上げる煎餅だった。一般的な丸い形ではなく四角い形に仕上げたのは、印象に残りやすくするためだとか。努力のかいあって、1918(大正７）年６月11日、初めて来島された皇太子殿下は牛乳煎餅をお召し上がりになったといわれている。

ミネラル豊富な明日葉などの青草を食べて育った牛の牛乳はコクが違う

各島で作り続けられる島の味

その後、観光地としてもにぎわってきた伊豆大島では、各地に牛乳煎餅を製造する工房が登場。島の特産品となった。また、東京のほかの島々からも製造を学ぶために伊豆大島に職人が来島。甘晴堂で修業をした後、島に持ち帰ったという。牛乳煎餅は現在も東京の島々の代表的なおみやげのひとつだが、現在、自社で焼き上げる工房は５つのみとなってしまった。伝統的な製法で一つひとつ心を込めて焼き上げられる牛乳煎餅、島に訪れたらぜひ味わいたい。

今も一つひとつ手作業で作られる。100年前とほぼ変わらない伝統の味

水はけがよすぎて米作りができなかった伊豆大島。そのため江戸時代、幕府への年貢は塩で納めていた。当初は、海水や薪を運ぶために牛や馬が島に持ち込まれ、それがやがて酪農にシフトした。

どれが好み？ 牛乳煎餅食べ比べ

現在も自社で作り続ける代表的な牛乳煎餅を食べ比べ！
それぞれ、硬さや風味などが微妙に異なるので、お気に入りを探してみよう。

伊豆大島

16 枚入り
1600 円

<味わいチャート>

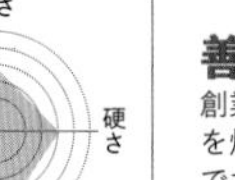

えびすや

1955 年創業の老舗みやげ店の牛乳煎餅。ミルク感の強さと、軽快な歯応えが特徴。

＊買える店＊
●えびすや土産店 → P.66

伊豆大島

1 缶 16 枚入り
770 円

<味わいチャート>

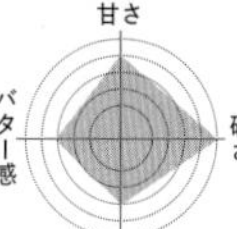

善菓子屋

創業 100 年以上にわたり、牛乳煎餅を焼き続けてきた老舗。缶入りなのでおみやげにもおすすめ。

＊買える店＊
●みよし土産品店 → P.111

新 島

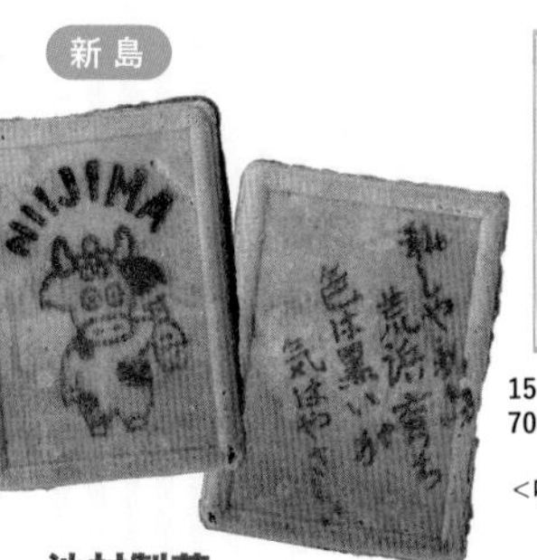

15 枚入り
700 円

<味わいチャート>

池村製菓

親子で牛乳煎餅を作り続ける創業 1964 年の人気店。ユニークな焼き印は 30 種類以上。

＊買える店＊
●池村製菓 → P.178

式根島

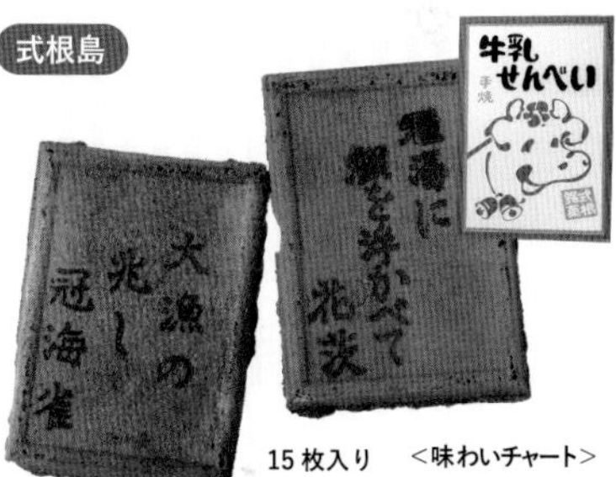

15 枚入り
920 円

<味わいチャート>

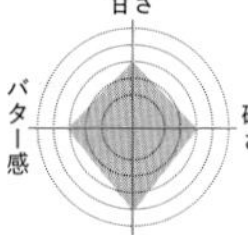

サンバレー

新島から伝わり、式根島の名物として定着。ていねいに手焼きした素朴な味に定評がある。

＊買える店＊
●サンバレー → P.195

三宅島

15 枚入り
920 円

<味わいチャート>

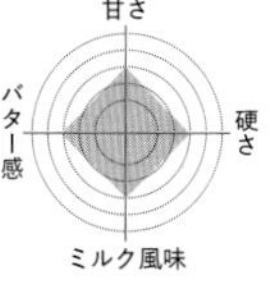

岡本楼

甘さや歯応えなどのバランスのよい牛乳煎餅。夏場に店舗へ行くと焼きたてが購入できるかも。

＊買える店＊
●岡本楼本舗 → P.243

まだある！牛乳煎餅

各島のみやげ店や空港の売店などには、そのほかのメーカーの牛乳煎餅も見かけるが、自社製造ではなく、ほかの製造会社に依頼して制作しているものが大半だ。例えば八丈島乳業の牛乳煎餅は新島の池村製菓に製造を委託している。また、明日葉やパッションフルーツなど島の素材を加えた牛乳煎餅もある。

八丈島乳業の牛乳を使った八丈島牛乳煎餅

八丈島空港の売店にも牛乳煎餅が並ぶ

しま通信 池村製菓のあしたばせんべいは、無農薬、有機栽培の新島産の明日葉ペーストが練り込まれた煎餅。ちょっとほろ苦くて、なんとなく体がきれいになりそう♪（編集部・N）

今も手焼きにこだわる伝統の技

牛乳煎餅工房探訪

伊豆大島産の
牛乳を使用しています!

各島で作り続けられる牛乳煎餅。
工房はごく小さく、ほぼすべてが手作業で行われている。
島の人々に愛され続ける2つの工房を訪ねた。

伊豆大島

牛乳煎餅発祥の島で
手焼きにこだわり69年

えびすやみやげてん
えびすや土産店

元町港の向かいに店を構えるえびすや土産店。1955年の創業当時から作り続ける、牛乳煎餅が看板商品だ。当時は9軒あった手焼き製法で作る店は、現在2軒を残すのみ。気温や湿度、タネの固さなどの条件に応じて火力を微調整しながら、朝8時から12時まで片時も離れずに煎餅を焼き続ける。それでも1日で焼き上げるのはわずか650枚だ。2022年6月からは創業者の孫にあたる津崎ほたるさんが、4年の見習い期間を経て、3代目に就任。ほたるさんは、オリジナル焼き印を増やしたり、パッケージを一新したりと新たな取り組みも積極的に行っている。昔から変わらぬ味に、現代的なエッセンスも加えつつ、島の誇りを次世代につなげている。

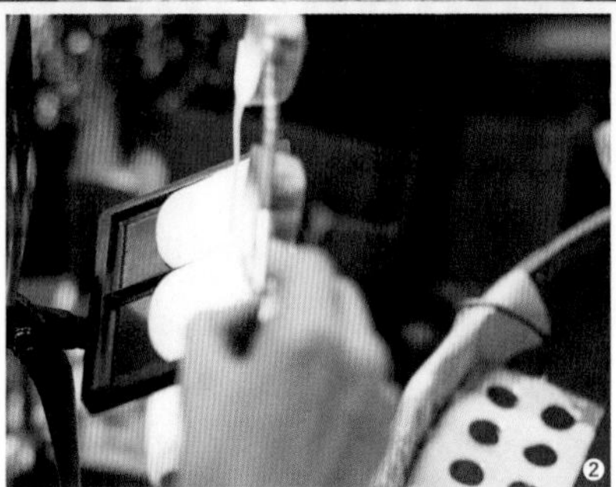

MAP 別冊 P.6-B2
住 大島町元町 1-17-1
TEL 04922-1-1319
営 8:00～17:00
休 不定休　CC ADJMV
P なし
交 元町港からすぐ

❶煎餅を焼き上げたあと、ほっとひと息つくほたるさん　❷1枚ずつていねいに焼き上げる。集中力が必要だ　❸牛乳煎餅を焼く前に型に油膜を作る作業は煎餅作りの肝　❹店の内装や商品プロデュースも積極的に行っている　❺元町港の目の前にある牛柄の外観が特徴的

しま通信　えびすや土産店の雑貨やアクセサリーにも注目だ。牛柄のピアスや明日葉アクセサリーなど伊豆大島ならではのアイテムが揃う。きょんマグカップなどオリジナル商品も。

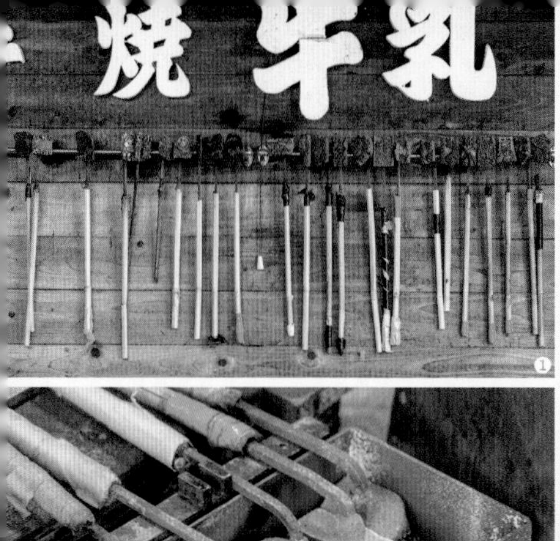

半世紀以上
牛乳煎餅を焼いています

新島

365 日休みなく焼き続ける 鉄人が作る新島銘菓

池村製菓（いけむらせいか）

1964 年創業の池村製菓が作る牛乳煎餅は、島民のおやつとして、また観光客のおみやげとしても愛される存在だ。代表を務めるのは 2 代目の池村晋さん。小さな頃から初代の父が牛乳煎餅を作る姿を見て育ち、高校のときに家業を継ぐことを決意。2009 年、31 歳で正式に後任者となった。

晋さんは販売や営業を行い、製造を担当するのは父であり会長の満州男さん。22 時過ぎから仕込みを始め、焼き終えるのは翌朝の 9 時頃。繁忙期は 1ヵ月ほどそんな日が続くという。鉄人級の体力のもち主だ。材料の配合や火力の調整はもちろんだが、機械のメンテナンスなども自ら行う。晋さんも手伝いをしながら技術を学ぶ毎日だ。

煎餅を通じてさらに島を盛り上げたい。そんな思いを込めて今日も煎餅を焼く。

池村製菓
→ P.178

❶ずらりと並んだ焼き印の数々。ユニークなフレーズも人気だ ❷焼き色で味わいが変わる。見極めが肝心だ ❸ 2 代目晋さん（左）と初代の満州男さん（右） ❹ 1998 年から使い続ける煎餅焼き機。ひとつのプレートで 8 枚ずつ焼き上げる ❺焼き印は 30 種類以上。メッセージだけでなくイラストも豊富だ

池村製菓会長の満州男さんは新島でのトライアスロンのパイオニア。牛乳煎餅の焼き印のひとつ「己に勝つ」はご自身の座右の銘だそう。

取材スタッフレコメンド付き

指名買いしたい島の推し調味料

小笠原

心地よくしびれる旨辛ラー油

小笠原フルーツガーデン
980円

薬膳島辣油

刺激的な辛味をもつ小笠原の島唐辛子に、花山椒、ウコン、アロエ、松の実、クコの実などを加えたラー油。

＼取材スタッフレコメンド／
スパイスの香りがじんわりと口に広がり、やみつきに。餃子にはもちろん、麻婆豆腐の仕上げにちょっと足すと、本格的な味わいに。

三宅島

島レモンがさわやかに香る

西野農園
756円

島スコ

島レモン、島唐辛子に、パッションフルーツの甘酸っぱい香りが加わった、島らしい味わいの辛味調味料。

＼取材スタッフレコメンド／
甘味や酸味のバランスが絶妙で、何にかけてもさわやか。お刺身にオリーブオイルと島スコをかけて作る即席カルパッチョも美味！

伊豆大島

おうちでべっこうができる！

TARO'S
640円

べっこう醤油

べっこう醤油と酒を6対4の割合で合わせ、刺身を5〜10分漬けるだけで、べっこう（ヅケ）が簡単にできる合わせ調味料。

＼取材スタッフレコメンド／
青唐辛子がピリリと効いて美味。さらに刺激が欲しいなら、漬け込まれている唐辛子を刻んで散らすのもおすすめ。

青ヶ島

地熱蒸気で作った希有な塩

青ヶ島製塩事業所
520円（100g）

ひんぎゃの塩

地熱によって発生した水蒸気が噴出するひんぎゃの熱を利用して製塩した塩。ミネラル豊富でまろやかな味。

＼取材スタッフレコメンド／
蒸した野菜や魚などの味付けに使うとほかの塩との差が歴然。甘味を引き立てるので、お菓子作りに使うと味に深みが出る。

神津島

漁師が作る渾身の魚醤

大生丸
1050円

鯖魚醤

神津島の漁師が取ってきたサバを、塩で漬け込み島の湧き水を使い、ゆっくりと発酵・熟成させた香り高い魚醤。

＼取材スタッフレコメンド／
鶏ひき肉に、鯖魚醤と生唐辛子を加えて炒め、砂糖や塩、コショウで味を調えれば、島風ガパオライスに！　バジルや目玉焼きを添えて。

伊豆大島

ご飯がすすむピリリと辛い味噌

TARO'S
487円

青唐がらしみそ

青唐辛子、カツオだし、味醂などを合わせた甘辛い味噌。キュウリなどの野菜につけたり炒め物の隠し味に。

＼取材スタッフレコメンド／
イチオシは温かいご飯にのせてシンプルに。味噌の甘辛さとピリリと辛い唐辛子が絶妙で、止まらなくなるおいしさ。

利島

明日葉と椿油のハーモニー

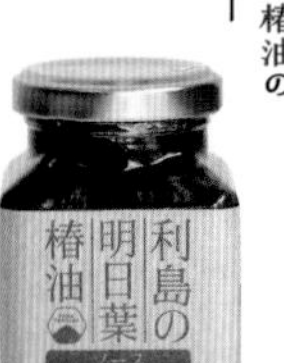

利島農業協同組合
890円

利島の明日葉椿油

軟らかく風味のいい利島産の明日葉と椿油を使ったソース。ほろ苦い明日葉にニンニクや味噌が加わり奥深い味わいに。

＼取材スタッフレコメンド／
パスタにあえてジェノベーゼ風に。バゲットに塗って、粉チーズを振りトースターで焼くと、ワインにぴったりなおつまみに。

八丈島

島育ちのレモンを皮ごと使用

八丈島農業協同組合
750円

八丈フルーツレモン塩レモン

八丈フルーツレモンを樹上で完熟させ、塩だけで熟成させた調味料。調味料としてだけでなく、料理の下味にも活躍。

＼取材スタッフレコメンド／
鶏肉に塩レモンで下味を付けてから焼くと軟らかくジューシーに。お刺身や焼肉のタレ代わりにも使えてとても便利！

漬けるだけでピリ辛のべっこう丼ができる、べっこう醤油は何度もリピートしています。ちょっと厚めに刺身を切って、10分程度漬けると濃厚な味わいになって美味なんです♪（編集部・N）

BEST 16

島の素材でできた調味料を使えば、料理がぐっと島テイストに。
取材スタッフが実際に試したお気に入りの食べ方もご紹介！

小笠原

小笠原産唐辛子と酢がマッチ

ノスリ工房
480円

からいっす

小笠原硫黄島の辛味の強い唐辛子の酢漬け。ピリリとした唐辛子が酢と合わさり、さわやかな味わいに。

＼取材スタッフレコメンド／
酸っぱ辛いなかにもまろやかなうま味を感じ、野菜炒めの隠し味などに。姉妹品の辛い醤油「からいっしょ」もおすすめ。

小笠原

刺激的な辛さを体感

小笠原フルーツガーデン
840円

硫黄島一味唐がらし

一説ではハバネロを超え、世界一辛いといわれる小笠原硫黄島原産の唐辛子の粉末。未体験の辛さに挑戦してみて。

＼取材スタッフレコメンド／
とにかく辛いので、ひと振りで劇的な威力を発揮。うどんやそばに加えるとピリッと刺激的な味わいに。辛いもの好きへのおみやげに。

御蔵島

オレンジ色もきれい！

御蔵島村農業協同組合
660円

御蔵島かぶつ胡椒

御蔵島特産のカブツ（ダイダイ）の皮を使った唐辛子ペースト。カブツのしっかりとした酸味が生きている。

＼取材スタッフレコメンド／
青柚子ほど香りが強くなく、それでいてさわやかな柑橘の香りとしっかりとした辛味があり重宝。マヨネーズと相性がよく、混ぜると美味。

御蔵島

カブツの酸味がさわやか

御蔵島村農業協同組合
550円

かぶつッス

冬の御蔵島の山を彩る柑橘類、カブツ。強い酸味とほろ苦さを生かしたポン酢で、すっきりとした味わい。

＼取材スタッフレコメンド／
カブツはダイダイの一種で、御蔵島の冬を代表する果物。これをから揚げにかけるのがマイブーム。

新島

しっかり辛いオリーブオイル

みやがわ農園
870円

ぺぺろんおいる

新島産の青唐辛子をエキストラバージンオリーブオイルに漬けたもの。フレッシュな青唐辛子の風味が生きている。

＼取材スタッフレコメンド／
パスタにはもちろん、トーストや生野菜に少量かけても美味。このままでもかなり辛いけど熱を加えるとさらに辛味が増すので注意して。

新島

フレッシュな青唐辛子の辛味

みやがわ農園
680円

生とうがらし

新鮮な青唐辛子を、伊豆諸島産の塩で漬け込んだもの。生ならではのフレッシュな香りとさわやかな辛味が特徴。

＼取材スタッフレコメンド／
刺身はもちろん、タイ料理の辛味付けに使うのがおすすめ。生きいきとした辛味が、パクチーやバジルなどのハーブの香りを引き立てる！

新島

刺激的な辛さがやみつきに

新島村農協
740円

島唐辛子

新島産の青唐辛子の一味。ひとつずつていねいにつみ取り乾燥し粉末に。赤唐辛子に比べ躍動的な辛さがある。

＼取材スタッフレコメンド／
魚やタコのカルパッチョにひと振り。青唐辛子のさわやかな風味が魚介のうま味を引き立てシャープな味わいになる。

伊豆大島

うま味が絡み合うピリ辛ウスターソース

大島物産
500円

ISLAND SAUCE

伊豆大島産の唐辛子と塩を使用したウスターソース。リンゴやニンニクなどを使用しており、ふくよかなうま味がある。

＼取材スタッフレコメンド／
最初に感じるのはピリリとした辛味、その後果物や野菜の甘味と、最後にほのかなニンニクの香り。揚げ物や料理の隠し味に活躍。

※値段は店により異なる場合があります。

えっ！

思わず二度見
島のこんなところにこんなもの!?

東京の島々で見つけたちょっと不思議で、何となく心がざわつく風景をご紹介。

えっ！

八丈島

緑に覆われた巨大ホテル

八丈島空港から底土港方面に向かうと突如現れる白亜の宮殿。この巨大なバロック建築風の建物はかつて島で栄えたリゾートホテルの跡だ。廃墟となり20年近くがたった今、亜熱帯の植物が茂り静かに緑にのみ込まれていくようだ。

MAP 別冊 P.22-B1

内部は立ち入り禁止。外観だけ眺めよう

えっ！ 新島

行き止まりの階段 →P. 175

新島港客船待合所前の広場にある階段。意気揚々と登っていくと、いきなり行き止まりだ。改めて外から見てみても無残なほど垂直に終点。ここは「光と風と波の塔」という名前の展望台で、見晴らしは抜群。1階は無料のBBQスペースになっている。全体が新島特産のコーガ石でできており、新島のコーガ石の潤沢さを感じられる建造物だ。

上／階段の上からは湯の浜露天温泉などが見渡せる
下／BBQは予約必要。問い合わせは新島村観光案内所へ

モヤイについてはP.158へ

えっ！

まだある！ 新島のなコーガ石の観賞スポット

コーガ石の豊富な新島ではほかにもさまざまな建造物やモニュメントを制作している。ぜひ観賞に出かけよう。

新島 なんとなくローマっぽい!?

新島親水公園 →P. 175

コーガ石で造られた砦のような建造物の間を島の地下水が流れ落ちる涼やかな公園。『天空の城ラピュタ』を彷彿させるといううわさも。

新島 夜見るとほぼギリシャ神殿

湯の浜露天温泉 →P. 164

海沿いにある古代ギリシャ風建築の露天風呂ももちろんコーガ石でできている。ライトアップされた夜はパルテノン神殿と見まごうかも！

新島 モヤイのみならず恐竜も

コーガ石の恐竜

新島ではあらゆる生き物を彫像してしまう。親水公園近くの公園には恐竜3体が。さらに希望の丘には、人間や動物の彫刻もあるので要チェック！

MAP 別冊 P.10-B2

八丈島の廃虚ホテルは『トリック 劇場版2』のロケ地として使われている。日本三大廃虚として廃虚マニアの間では知られた存在だが、内部に入るのは禁じられている。外から眺めよう。

神津島

えっ! 海沿いの岩の上に アスレチック!?

→ P.204

神津島きっての人気海水浴場「赤崎遊歩道」。入江を囲むように約 500 mにわたり木製遊歩道が設けられており、まるでアスレチックのよう。ふたつのジャンプ台から、エメラルドグリーンの海に向かってダイブ！

入江はたくさんの魚が泳ぐ天然の水族館

伊豆大島

えっ! 絶滅危惧種のバーバリーシープが 50頭!?

→ P.124

伊豆大島の都立大島公園内にある動物園には日本最大級の広さを誇るサル山があり、そこにバーバリーシープとワオキツネザルがのびのびと暮らしている。島にこんなにも立派な動物園があることも珍しいが、入園無料でさらにびっくり！

ワオキツネザルも30匹いるよ！

溶岩の地形をそのまま生かした飼育スペース

青ヶ島

えっ! 道沿いに公共の 調理場!?

→ P.302

火山島の青ヶ島には水蒸気が噴出する穴「ひんぎゃ」があり、その熱を利用した地熱釜がある。食材を持っていけば誰でも無料で利用可能。蒸したての野菜をひんぎゃの塩とともに味わって。

40分でホクホクに♪

地熱を利用した天然の蒸し器

えっ! 意外に充実！ 島の公共施設

小さな島ながら、意外に充実している公共施設。もちろん旅行者も使用できる。

利島　2 レーンだけど設備はハイテク！

世界最小(?)のボウリング場

→ P.145

勤労福祉会館のなかにあるボウリング場。無料のレンタルシューズや、スコアのプリントアウトもあり、愛好家も満足できる設備。1ゲーム 300円と格安。

利島　25 mプールも完備の本格派

ウオータースライダー付きのプール

MAP 別冊 P.9-C3

意外にもビーチのない利島で、子供たちが水に親しむ場として造られたプール「前浜親水レクリエーション施設」。25m プールは水泳の授業でも使われている。夏季限定営業で無料。

三宅島　1 日遊んで 500 円！ → P.240

公共施設では日本最大級のボルダリング施設

村営のボルダリング施設「三宅村レクリエーションセンター」。シューズやチョークバッグのレンタルもあるので、ふとボルダリングがしたくなっても安心。

伊豆大島の動物園、広大な飼育スペースにたくさんのバーバリーシープとワオキツネザルがのびのびと暮らしていて驚きました。なかなかないスケールだと思います。（編集部・F）

観光協会、役場の皆さんにも聞いた！

東京諸島、11島の魅力に迫る

個性豊かな東京の島々をもっとよく知るために、絶対に食べたい食材や見どころ、体験したい遊びを総チェック。観光協会や取材班のクチコミも紹介しよう。

数字で見る 東京の島々

東京の島々を旅する前に、おさえておきたいポイントは？ 島の大きさや竹芝桟橋からの距離、世界遺産登録年など気になる数字が大集合。

最大の島は 90.76㎢ 最小の島は 3.88㎢

東京諸島で最も面積が大きいのは90.76㎢の伊豆大島、最も小さい3.88㎢の式根島と比べると約25倍にもなる。周囲は八丈島が58.91㎞と最も長く、7.7㎞の利島が最も短い。小笠原諸島の父島と母島は海岸線が入り組んでおり、面積はそれほど広くないが、周囲は52㎞、58㎞と長い。

2011年 小笠原諸島が世界遺産登録

カタマイマイの仲間♪

小笠原諸島が世界自然遺産に登録されたのは2011年6月のこと。独自の生態系が、大陸から離れた海洋島での生物の進化を示す典型例として高く評価された。当時は小笠原ブームが起き、島は多くの観光客でにぎわった。

利島の椿は20万本 椿油生産量は国内有数！

東京都は長崎県と並ぶ椿油の一大生産地。伊豆諸島はその主要生産地だが、利島は伊豆諸島の椿油生産量の約6割を占め、全国でも一、二を争う。利島の椿油は200年以上の歴史を誇り、江戸時代は年貢として納めていたそう。

東京竹芝から最も近い島は100㎞ 最も遠い島は1000㎞

竹芝桟橋から東京諸島最北の伊豆大島までは直線距離で約100㎞。小笠原諸島の玄関口、父島までは約1000㎞ある。母島は、父島からさらに50㎞南に浮かぶ。八丈島までは約300㎞なので、小笠原諸島の遠さがわかる。

人口約160人 最も人が少ない村

2023年現在、人口157人の青ヶ島村は国内で最も人口の少ない市町村。ちなみに2番目に人口が少ないのは292人の御蔵島村、3番目に人口が少ないのは315人の利島村で、東京諸島が1～3位を独占している。

青ヶ島唯一の居酒屋！

2020年に東京都初の星空保護区が誕生

神津島は2020年に星空保護区に認定されている。これは「光害の影響のない、暗く美しい夜空を保護・保存」するために、国際ダークスカイ協会が取り組んでいる国際認定制度。光が漏れない光害対策型の街灯を使用するなど星空を眺めるには最高の条件が揃っている。

観葉植物のロベ、国内シェアほぼ100%

八丈島では温暖な気候を利用した観葉植物の栽培が盛ん。なかでもロベと呼ばれるフェニックス・ロベレニーは国内シェアのほぼ100%を八丈島が占めており、島の経済を支える産業になっている。

幹回り約14mの日本一のシイノキ

御蔵島は幹回り5m以上の樹木が491本もある巨樹の島。なかでも南郷地区で1997年に発見されたスダジイは幹回りが13.79mあり、シイノキ類としては日本一の大きさを誇る。

島民＆取材班のおすすめ食材は？

旅行の楽しみは食にあり！
黒潮の恵みを受けた海で取れる魚介のほか、健康食品としても注目の野菜やフルーツを味わって。

伊豆諸島の食卓に欠かせない健康食品

明日葉（あしたば）

セリ科の植物で、葉をつんでも明日には芽が出るほど生命力が強いことからこの名がついた。東京諸島に自生し、おひたしや天ぷらなどでよく食べられる。

「近年、高い栄養価と滋養強壮効果が注目されています。特有の香りとほのかな苦味がクセになります」（式根島観光協会理事 宮川将貴さん）

脂がのった肉厚の身を味わおう

キンメダイ

甘辛〜い煮付けが定番！

伊豆諸島はキンメダイの好漁場として有名。島でも刺身や煮付け、汁物などで食べられる。年間を通して取れるが、特に脂がのる冬がおいしいといわれている。

「神津島では昼の定食から宿の夕食、割烹料理店までキンメダイを楽しめます」（ライターM）

刺身から汁物まで何でもおいしい

イセエビ

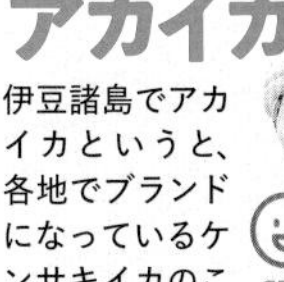

火山島ならではの入り組んだ海底地形は、イセエビの隠れ家にぴったり。大きく育ったイセエビは刺身や味噌汁でいただく。旬は冬。

「水揚げがあったときだけ食べられる贅沢な食材です。お祭りで振る舞われることも」（ライターT）

加工品はおみやげにぴったり

アカイカ

伊豆諸島でアカイカというと、各地でブランドになっているケンサキイカのこと。旬は3〜8月頃。刺身で食べることが多い。

「コリコリとした食感のアカイカは、神津島の定番食材。塩辛も絶品です」（ライターS）

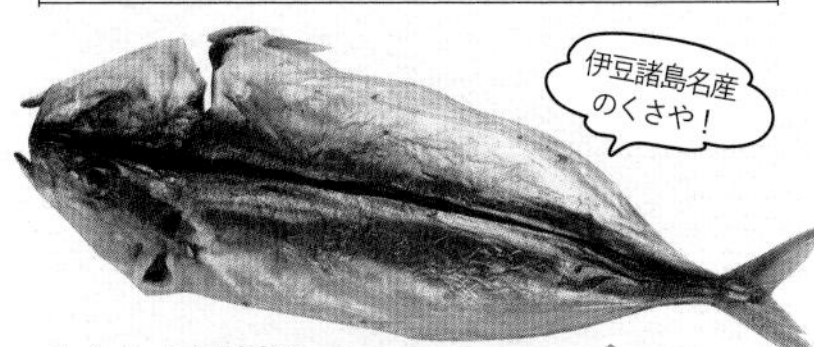

伊豆諸島名産のくさや！

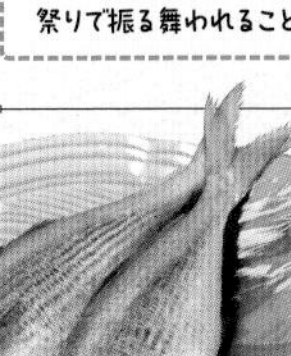

伊豆諸島の夏の風物詩

タカベ

夏にかけて脂がのってくるタカベは伊豆諸島を代表する魚。上品な白身は、シンプルに塩焼きにして食べるのが一般的。

「7〜8月に伊豆諸島に行ったら絶対に食べたい！　宿でも居酒屋でも食べられます」（ライターF）

くさやの原料はおもにこの魚

ムロアジ

日本全域で取れる20〜50㎝ほどの魚。伊豆諸島での漁獲量も高く、古くからくさやの原料になっている。干物として宿の朝食に出てくることも多い。

「アオムロアジやトビウオなどのすり身に味をつけた郷土料理『たたき』は、揚げたり味噌汁や鍋に入れたりしていただきます」（式根島観光協会理事 宮川将貴さん）

ジュースにもスイーツにも活躍

パッションフルーツ

小笠原諸島や三宅島、神津島、伊豆大島などで栽培されているパッションフルーツ。ドリンクやスイーツに使われたり、ジャムになったりと人気上昇中。

「父島のカフェでは島パッションを使ったアイスクリームが人気。カクテルも美味！」（ライターN）

バニラアイスと相性抜群

甘味が凝縮した島野菜の代表選手

島ミニトマト

小笠原諸島では、12〜5月頃がミニトマトの旬。甘味が凝縮されたトマトはフルーツのような食感だ。農協などに並ぶとあっという間に売り切れる人気商品。

「居酒屋で島トマトを見つけたら必ず頼みます。塩で食べると甘さが引き立ちます」（ライターT）

キンメダイは水深200〜800mに生息する深海魚。海底火山などの斜面を好み、ハダカイワシやソコチヒロエビなどの深海生物を餌としている。海嶺が連なる伊豆諸島周辺はキンメダイの好漁場になっている。

観光協会に聞いた島の魅力はこれ！

各島の観光協会と村役場の方々に、初めて来島した観光客に見てほしいスポットや、体験してほしいことをインタビュー。夕日の名所もチェック！

教えて！質問リスト

Q1 初めて来島した方におすすめの見どころは？

Q2 体験してほしい遊び・アクティビティは？

Q3 島内の夕日の名所を教えてください

伊豆大島

回答／大島観光協会

島をひと言で表すと？

火山活動により生まれた大自然の島

遊歩道が整備され登りやすい三原山

A1 三原山や裏砂漠、地層大切断面、そして透明度の高い海など、大島の大自然を感じていただきたいです。

A2 三原山と裏砂漠のトレッキングがおすすめ。海ではスノーケリングやダイビングが楽しめます。

A3 夕方は西海岸のサンセットパームラインへ。夕日に照らされた赤禿や地層大切断面がきれい！

式根島

回答／式根島観光協会

島をひと言で表すと？

みんなの田舎

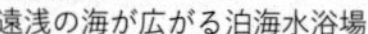

遠浅の海が広がる泊海水浴場

A1 ビーチは扇形の泊海水浴場。絶景なら神引展望台がおすすめです。また地鉈温泉にもぜひ入ってください。

A2 ダイビングでは世界的にも珍しい海中温泉やウミガメが見られます。海から島の風景を眺められるシーカヤックも！

A3 季節にもよりますが、大浦海水浴場から眺める夕日は絶品です。

利島

回答／利島村役場産業観光課

島をひと言で表すと？

椿

きれいなおわん形の宮塚山は島のシンボル

A1 桟橋から見る宮塚山は利島らしい景観。また宮塚山展望台や、その南にある南ヶ山園地は眺望のよさが魅力です。

A2 季節限定ですがドルフィンスイムがおすすめ。あとは島内散策を楽しんでください。

A3 利島港の桟橋からダイナミックな夕日が見られます。西側の夕日展望台も絶景スポット！

神津島

回答／神津島観光協会

島をひと言で表すと？

海、山、星空の美しい大自然に恵まれた島

ジャンプ台が設置された赤崎遊歩道

A1 赤崎遊歩道や天上山、多幸湾など見どころは豊富です。集落にある物忌奈命神社にも参拝してください。

A2 海水浴や温泉めぐり、神社めぐりなどさまざまな遊びを体験できます。星空観賞は集落からすぐのよたね広場がおすすめ！

A3 神津島港の隣に延びる前浜海岸は夕日の好スポット。前浜海岸を見下ろすはるか展望台からも夕日が眺められます。

新島

回答／新島村観光案内所

島をひと言で表すと？

石（コーガ石）の島

サーフィンの大会も開かれる羽伏浦海岸

A1 約7kmにわたって白い砂浜が続く羽伏浦海岸は、ぜひ見てもらいたい景色です。

A2 夏はスノーケリングやサーフィン、SUPが人気。温泉や新島ガラスの体験教室は通年楽しめます。

A3 水着で入る湯の浜露天温泉は、温泉につかりながら夕日を見ることができます。

しま通信 水平線あたりに雲がかかっていると、夕日が沈むところは見られない。それでも雲がピンクに染まったり、合間から光が差したりと美しい景色に出合える可能性がある。諦めずに眺め続けて！

三宅島

回答／三宅島観光協会

新鼻新山の壁は浸食され、火山の断面が見える

A1 天気のいい日は七島展望台や写真集・CMのロケ地として人気がある新鼻新山がおすすめ。雄大な火山島景観をめぐってみてください。

A2 ダイビングやサイクリング、バードウオッチングなどが人気。最近では冬季に陸からザトウクジラが見られることも。

A3 真っ白な灯台が立つ伊豆岬や溶岩流でできた今崎海岸が夕日観賞スポットです。

御蔵島

回答／地球の歩き方編集部
※観光協会に代わり御蔵島を愛する編集部スタッフが答えました

ミナミハンドウイルカが寄ってくることも

A1 海の中を優雅に泳ぐイルカたちは神秘的！船から見る断崖絶壁も迫力があります。

A2 ドルフィンスイムは欠かせませんが、生命感あふれる巨樹の森も歩いてほしいです。

A3 高台にある集落からは夕日がよく見えます。特に海を見下ろすふれあい広場周辺がベストスポットです。

八丈島

回答／八丈島観光協会 ※Q1は編集部が答えました

海を見ながら歩ける八丈富士のお鉢巡り

A1 大坂トンネル展望台や名古展望台などから絶景を堪能。個性的な温泉めぐりもおすすめです。

A2 八丈富士のお鉢巡りは眺望のよさも魅力の感動体験。透明度抜群の海ではダイビングやスノーケリングも楽しめます。

A3 真っ黒な溶岩が広がる南原千畳岩海岸から見る夕日が美しい。沖には八丈小島が！

青ヶ島

回答／青ヶ島村役場

大凸部から眺める丸山は息をのむ絶景

A1 島でいちばん標高の高い大凸部に上って、絶景と名高い青ヶ島を一望してください。

A2 地熱を利用した珍しいサウナは、約60°Cでじんわり温まります。

A3 島の最北部に広がるジョウマンや港。集落も高台にあるため、水平線を見渡せる場所がいくつもあります。

父島

回答／小笠原村観光協会

南島の扇池へは、ツアーに参加してアクセス

A1 ツアーに参加するなら南島は外せません。島内のビーチではスノーケリングを楽しめます。

A2 いちばん人気のドルフィンスイム＆南島ツアーがおすすめ。冬はホエールウオッチングを！

A3 三日月山にあるウェザーステーション展望台は島民にも人気の夕日スポットです。

母島

回答／母島観光協会

島をひと言で表すと？
一度も陸続きになったことがない海洋島。固有種が生息する自然豊かな島

小富士からは珊瑚礁が広がる入江など絶景を一望！

A1 トレッキングなどで、母島にしか生息しない動植物の固有種が見られます。

A2 乳房山や南崎・小富士などのトレッキング。特に小富士から見る南崎は絶景です。

A3 新夕日ヶ丘やサンセットシアター、鮫ヶ崎展望台など夕日観賞に最適なスポットはいくつもあります。陸からクジラが見えることも！

トレッキングでしか行けないビーチは、観光客が少なく魚影が濃いためスノーケリングがおもしろい。ただし歩いて帰らないといけないので、スノーケリングで体力を使い果たさないように。

行く前から島旅気分♪ MAP 別冊 P.30

竹芝桟橋の歩き方

東京の島々の玄関口となるのが、東京の浜松町にある竹芝客船ターミナル。浜松町駅から客船ターミナルの道中にも、島や船を想起させるオブジェやモチーフがちりばめられていて、島旅気分が盛り上がる！

夜景もキレイ！

いってらっしゃーい！

竹芝客船ターミナルのアクセス

- JR 浜松町駅北口から徒歩 8 分
- 東京モノレール浜松町駅から徒歩 8 分
- ゆりかもめ竹芝駅からすぐ
- 都営大江戸線・浅草線大門駅 B2 出口から徒歩 10 分

住 東京都港区海岸 1-16-1
TEL 03-6721-5888（東京港埠頭株式会社 客船ターミナル管理事務所）

島のタイル
竹芝桟橋に向かう途中の道路には、島名とそのモチーフが描かれたタイルが。全部の島を見つけてみて。

ダブルモヤイ
竹芝客船ターミナル中央広場にひっそりたたずむ 2 体のモヤイ像。ターミナルに向かって右側が男性、左側が女性。

舵輪風の時計
浜松町駅から竹芝桟橋に向かう道中にある時計は船の操舵輪がモチーフ！

竹芝桟橋周辺で見つけた“島的”photo スポット

三宅島の火山弾
道ばたに何気なく展示されている岩は、1940 年に三宅島のひょうたん山の噴火で放出された火山弾！

コーガ石の彫刻
東京ポートシティ前の道路にある、新島のコーガ石を使った彫刻。

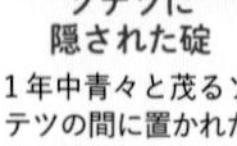

ソテツに隠された碇
1 年中青々と茂るソテツの間に置かれた碇。場所は利島のタイルの前あたり。

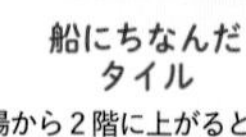

船にちなんだタイル
広場から 2 階に上がると、ところどころに船にちなんだ漢字の書かれたタイルが。いくつ読める？

しま通信 浜松町駅から竹芝客船ターミナルは、歩行者デッキで結ばれている。大きな荷物がある場合、凸凹がないのでスムーズに移動できて便利だ。途中、首都高速の上を歩くというレア体験もできる！

竹芝客船ターミナル案内

館内の詳しいマップはこちら

MAP 別冊 P.31

東海汽船と小笠原海運が発着する竹芝客船ターミナル。高速船、大型船ともに、すべてここから発着する。ターミナル内には、乗船受付窓口、売店、カフェレストラン、東京の島の特産品が揃うショップ「東京愛らんど」などがあるが「東京愛らんど」を除いて営業は船が発着する前後のみで、その他の時間は閑散としている。

A 乗船受付窓口

まずは乗船窓口で、乗船券を受け取る。予約確認書や予約番号を忘れずに。

B 「Shop 竹芝」

船旅に便利なアイテムが揃う。おにぎりや飲み物、日用雑貨、酔い止め、東海汽船グッズなどが揃う。

営 7:00 ～ 10:00、11:00 ～ 13:30、16:30 ～ 22:30 ※変更あり

C レストラン「HARBOR」

島の特産品を使用した明日葉チャーハンや青トウガラシ醤油の唐揚げなど、島らしいメニューが揃う。

営 9:00 ～ 11:00、11:30 ～ 14:00（月～金のみ）18:30 ～ 22:30（金のみ）※変更あり　休 日

D 手荷物預け所

乗船時、預け手荷物がある場合、ここで手荷物券を購入して荷物を預ける。

E イルカのオブジェ

マッサージチェアでリラックス

ターミナル奥にある待合所。イルカのオブジェを見ながら乗船までの間くつろぐことができる。一角にはマッサージチェアも。

F 東京の島々の特産品が揃う！
東京愛らんど

お菓子や調味料、焼酎、化粧品や雑貨まで、東京の島々の特産品が一堂に会するショップ。おみやげを買いそびれたときや、島で食べた味を手に入れるのに便利だ。また塩や醤油などの調味料や明日葉など、日常使いに買いに訪れるリピーター客も多い。

売れ筋商品

牛乳煎餅
島の銘菓、牛乳煎餅も各種揃う

薬膳島辣油
小笠原生まれの辣油。激売れ商品

赤イカ入塩辛
神津島の人気商品。入荷後即完売！

営 10:00 ～ 18:00（土・日・祝は～ 20:00）※変更あり　TEL 03-5472-6559

ニューピア竹芝サウスタワーの３階にある「ベイサイドカフェ KEYWEST」は、大きな窓から港が見える絶景カフェながら、コーヒーや軽食がリーズナブル。ひと息つくのにぴったりです！（編集部・S）

乗船前後のお役立ち情報

薬は手に入る？朝食はどうする？
乗船前後に知っておきたいあれこれ。

Q. 薬局はある？

A. 駅からターミナルに向かう道沿いにある「ファミリーマート 南山堂竹芝駅前店」はドラッグストアを併設しており酔い止めや風邪薬なども扱う（医薬品の販売は7:00～22:00）。浜松町駅から増上寺方面に向かうと「トモズ」があり、営業時間は8:00～22:00、土は9:00～21:00、日は11:00～19:00。

ホテルタビノスの1階にある

Q. 周辺にレストランはある？

A. 東京ポートシティの中にさまざまな飲食店がある。餃子や沖縄料理、串カツなどの店舗が並ぶ「みなと横丁」は活気があり楽しい雰囲気。大門駅近辺にはもつ焼きの名店「秋田屋」ほか、飲食店がひしめく。ビジネス街のため、ランチタイムは混み合う。また土・日・祝は休みという店も多い。

みなと横丁には通しで営業している店もある

Q. 近くのコンビニはどこ？

A. ターミナル隣のニューピア竹芝サウスタワーの3階にファミリーマートがある（7:00～23:00、日休み）。前述の「ファミリーマート 南山堂竹芝駅前店」は24時間営業。東京ポートシティの中にセブン-イレブン（7:30～20:00、土・日・祝休み）とローソン（7:00～22:00）がある。

最寄りのファミリーマートは日曜日が休みなので注意

Q. 荷物は預けられる？

A. 竹芝客船ターミナル内にコインロッカーがあり400円。JR浜松町駅構内にもコインロッカーがある。大きな荷物を預けたい場合は、スマホで預かり店を予約し手荷物が預けられるecboというサービスも便利だ（URL cloak.ecbo.io）。スーツケースサイズで1日800円。竹芝桟橋周辺にもいくつかスポットがある。

身軽になって周辺観光を楽しもう

Q. 朝食が食べられる場所はある？

A. 駅からターミナルの間にある「すき家」は24時間営業。「ゆで太郎」は6:30（土・日・祝は7:00）から営業。「モリバコーヒー」は6:45オープン。いずれもリーズナブルな朝食セットがある。東京ポートシティのなかの「タリーズコーヒー」は7:30からだが、土・日・祝は9:00営業開始だ。

1階がすき家、2階がモリバコーヒーとなっている

Q. 近隣の宿泊施設は？

A. 浜松町駅周辺にはビジネスホテルから高級ホテルまでさまざまな宿泊施設があるので予算に応じて選ぼう。浜松町にある島嶼会館には宿泊施設も併設しており島民でなくても泊まれる（1泊8200円～）。浜松町周辺のホテルは価格の変動がとても大きい。あまりにも高いようなら少し範囲を広げて探してみるといい。

ターミナル向かいにあるホテルタビノス

大門駅にあるもつ焼き屋の「秋田屋」ではくさやが食べられます！島に行けないときも、ときどきここでくさやを食べて、島を思い出しています♪（編集部・S）

竹芝桟橋周辺の観光スポット

出航前、到着後に立ち寄りたい近隣のスポットはここ！

ウォーターズ竹芝（うぉーたーずたけしば）

アトレ竹芝や劇団四季の劇場、ラグジュアリーホテル、オーガニックスーパー、水上バスの乗り場などをもつ、ウオーターフロント沿いの複合施設。客船ターミナルから徒歩5分弱。カフェやレストランもあり、ゆったりとした雰囲気のなか落ち着いたひとときが過ごせる。

MAP 別冊 P.30-B2 住港区海岸 1-10-30 TEL施設により異なる 時 施設により異なる 休なし P あり 交 JR・モノレール浜松町駅北口から徒歩 6 分、地下鉄大江戸線・浅草線大門駅 B1・B2 出口から徒歩 7 分

浜離宮恩賜庭園（はまりきゅうおんしていえん）

江戸時代の代表的な大名庭園。今では数少なくなった、潮の干満で池の趣が変わる潮入の池が見どころ。寛永時代（1624 ～ 1644 年）は、徳川家の鷹狩場で、一面の芦原だったが歴代の将軍が手を加え、十一代将軍家斉の時代にほぼ今の形になったといわれている。

MAP 別冊 P.30-B1 住中央区浜離宮庭園 1 TEL 03-3541-0200 時 9:00 ～ 17:00 休なし 料 300 円 P なし 交 JR・モノレール浜松町駅北口から徒歩 15 分

増上寺（ぞうじょうじ）

浄土宗の七大本山の一つ。徳川家と結びつきが強く、6 人の将軍の墓所が置かれた。家康が深く尊崇した黒本尊は、勝運、災難除けの霊験あらたかな仏としてあがめられ、今も全国各地から祈願に訪れる人でにぎわう。

MAP 別冊 P.30-A2外 住港区芝公園 4-7-35 TEL 03-3432-1431 時 6:00 ～ 17:30（本堂)、9:00 ～ 17:00（安国殿） 休なし 料 無料 P なし 交 JR・モノレール浜松町駅北口から徒歩 10 分、地下鉄大江戸線・浅草線大門駅 A6 出口から徒歩 5 分

旧芝離宮恩賜庭園（きゅうしばりきゅうおんしていえん）

江戸初期に造られた大名庭園。回遊式泉水庭園が特徴で、池を中心とした区画や石の配置が高い評価を得ている。離宮は 1923（大正 12）年の関東大震災の際、甚大な被害を受け消失したが、昭和天皇のご成婚にともない整備され、一般公開されるようになった。

MAP 別冊 P.30-A2 住港区海岸 1-4-1 TEL 03-3434-4029 時 9:00 ～ 17:00 休なし 料 150 円 P なし 交 JR・モノレール浜松町駅北口から徒歩 1 分、地下鉄大江戸線・浅草線大門駅 A6 出口から徒歩 3 分

＼乗船割引も！／ ターミナル近隣の駐車場

- **タイムズニューピア竹芝ノースタワー**（MAP 別冊 P.30-B2）**サウスタワー**（MAP 別冊 P.30-B3）
  営業時間 24 時間 料金 1 時間 660 円、24 時間 3960 円（繰り返し適用）
- **東京ポートシティ竹芝**（MAP 別冊 P.30-B2）
  営業時間 7:00 ～ 23:00 料金 30 分 330 円、最大料金 3300 円（入庫から 24 時間）
  乗船割引 1 日 2200 円、7 ～ 9 月は 2700 円
- **汐留ビルディング**（MAP 別冊 P.30-A2） **汐留芝離宮ビルディング**（MAP 別冊 P.30-A2）
  営業時間 7:00 ～ 24:00 料金 20 分 300 円、1 日 2500 円（ハイルーフ車両は 3500 円）
  乗船割引 日帰り 1000 円、1 泊 2 日 3000 円、2 泊 3 日 5000 円、3 泊 4 日 7000 円、以降 1 泊ごとに 2000 円ずつ追加（ハイルーフ車両はプラス 500 円）
- **汐留駐車場**（MAP 別冊 P.30-B1外）
  営業時間 24 時間 料金 30 分 250 円、入庫後 24 時間 2400 円（繰り返し適用）
  乗船割引 日帰り 2150 円、1 泊 2 日 4300 円、2 泊 3 日 6200 円

しま通信 ウォーターズ竹芝には完全に光を閉ざした“純度 100%の暗闇”のなかで、視覚以外の感覚を使って新しい感性を広げる体験ができる「ダイアログ・イン・ザ・ダーク」がある。時間があったらぜひ体験してみて！

船の御朱印
船に乗って御船印（ごせんいん）を集めよう

御船印とは寺社仏閣でもらえる御朱印の船バージョンのこと。
全国各地の船会社や海事博物館などで購入することができる。
旅の記念に集めてみては？

① 船内、またはターミナルで御船印をもらう

御船印は、船の中の売店やターミナル内のチケット販売窓口、売店などで販売。船会社によって違うので、事前に確認しておこう。

② 御船印帳を買えば、さらに楽しい

公式船印帳は称号申請のための台紙が印刷されているので申請時に申請書を買わなくてすむ。もちろん手持ちのものでも OK。

③ 御船印を御船印帳に貼る

もらった御船印はなくさないように御船印帳に貼ろう。日付はスタンプを入れてもらうものや、自分で書くものなどさまざま。

公式
船印帳「瑠璃」
2200 円

これもチェック！
地球の歩き方 BOOKS
地球の歩き方
御船印でめぐる船旅

「御船印めぐりプロジェクト」の公式ガイドブック。御船印情報はもちろん、船内の楽しみ方や寄港地の見どころ、名産品やご当地グルメなどの観光情報も網羅している船旅必携本。

2024 年 4 月
発売予定

御船印めぐり
公式
ガイドブック

地球の歩き方
御船印でめぐる船旅 1870 円

目指せ！御船印マスター

集めた御船印の数によって称号が得られるのも御船印めぐりの楽しみ。申請するとシリアルナンバー入りの認定証がもらえる。

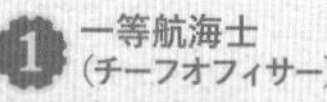

1 一等航海士（チーフオフィサー）

20 社分の御船印を集める

2 船長（キャプテン）

一等航海士に認定されており、新たに 40 社分の御船印を集める

3 レジェンド船長（レジェンダリーキャプテン）

船長に認定されており、新たに 88 社分の御船印を集める

申請の仕方　必要数の印が貼りつけられた印帳を返送用切手 1000 円分（500 円切手× 2 枚）と、申請チェックシートとともに事務局に送付すると、1 カ月程度で認定証と、印帳が返送される。公式御船印帳でない場合、エントリー台紙の購入が必要。

● 詳しくは公式 HP へ
URL gosen-in.jp

東海汽船・小笠原海運のおもな御船印コレクション

★＝発行場所

おがさわら丸
★おがさわら丸船内売店

東海汽船ジェット船各種
★ Shop 竹芝、大島・出港地売店、東海汽船熱海営業所、東海汽船伊東営業所

東海汽船大型船各種
★ Shop 竹芝、大島・出港地売店（※橘丸除く）、八丈島営業所（※橘丸のみ）

フェリーあぜりあ
★神新汽船 下田営業所／フェリーあぜりあ船内案内所

あおがしま丸
★東海汽船八丈島営業所

はこぶね課 1 周年記念
★ Shop 竹芝

利島来島記念
★東海汽船利島営業所

熱海港来港記念
★東海汽船熱海営業所

八丈島来島記念
★東海汽船八丈島営業所

くろしお丸
★東海汽船八丈島営業所

しま通信　東海汽船では、就航記念など期間限定の御船印のほか、初音ミクやラブライブのコラボ御船印も発行してるので要チェック！　購入可能場所は、東海汽船のホームページに掲載されている。

第1章

交通ガイド

伊豆諸島への行き方

伊豆諸島へは、高速ジェット船や大型客船、飛行機が運航している。利用する交通機関によって旅の印象が違ってくるのがおもしろいところ。諸島間によってはヘリコプターが 10 ~ 25 分で結んでいる。空から眺める島々の美しさは格別！

海路で行く

島への移動手段として外せないのが船。伊豆諸島は青ヶ島を除く各島に夜行の大型客船が運航しているほか、伊豆大島・利島・新島・式根島・神津島には最高時速 80㎞の高速ジェット船でアクセスできる。飛行機に比べて時間はかかるが、船内で過ごすのんびりとした時間は島旅の魅力でもある。

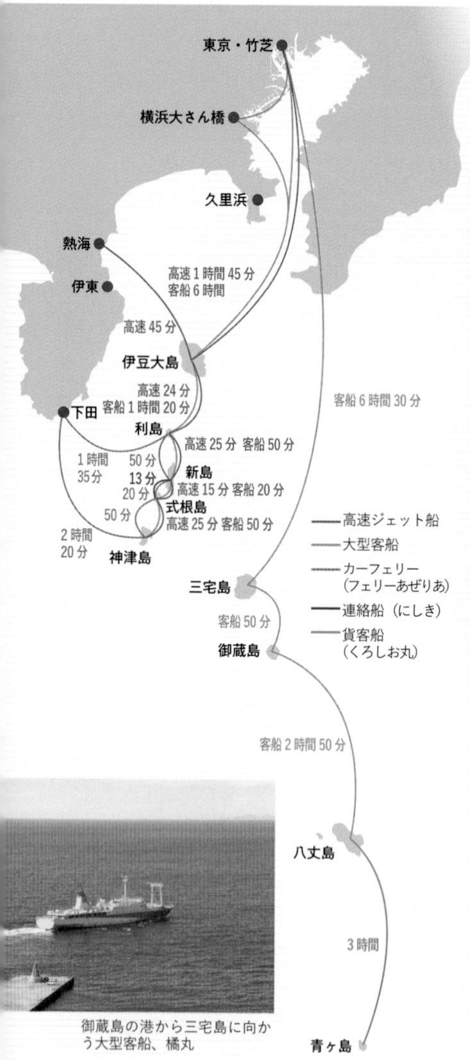

東京・竹芝
横浜大さん橋
久里浜
熱海
伊東
高速 1 時間 45 分
客船 6 時間
高速 45 分
伊豆大島
高速 24 分
客船 1 時間 20 分
下田
利島
高速 25 分 客船 50 分
1 時間
35 分
50 分
13 分
20 分
新島
高速 15 分 客船 20 分
式根島
50 分
高速 25 分 客船 50 分
2 時間
20 分
神津島
客船 6 時間 30 分
三宅島
客船 50 分
御蔵島
客船 2 時間 50 分
八丈島
3 時間
青ヶ島

高速ジェット船
大型客船
カーフェリー（フェリーあぜりあ）
連絡船（にしき）
貨客船（くろしお丸）

御蔵島の港から三宅島に向かう大型客船、橘丸

各港から島への定期船の最短所要時間

東海汽船：高速ジェット船、大型客船

航路	出発港	所要時間	行き先
定期航路	東京・竹芝	高速ジェット船で 1 時間 45 分、大型客船で 6 時間	伊豆大島
定期航路	東京・竹芝	高速ジェット船で 2 時間 25 分、大型客船で 7 時間 35 分	利島
定期航路	東京・竹芝	高速ジェット船で 2 時間 20 分、大型客船で 8 時間 30 分	新島
定期航路	東京・竹芝	高速ジェット船で 2 時間 20 分、大型客船で 9 時間	式根島
定期航路	東京・竹芝	高速ジェット船で 3 時間 5 分、大型客船で 9 時間 55 分	神津島
定期航路	東京・竹芝	大型客船で 6 時間 30 分	三宅島
定期航路	東京・竹芝	大型客船で 7 時間 25 分	御蔵島
定期航路	東京・竹芝	大型客船で 10 時間 20 分	八丈島
季節航路	久里浜	高速ジェット船で 1 時間	伊豆大島
季節航路	久里浜	高速ジェット船で 1 時間 40 分	利島
季節航路	久里浜	高速ジェット船で 2 時間	新島
季節航路	久里浜	高速ジェット船で 2 時間 25 分	式根島
季節航路	久里浜	高速ジェット船で 2 時間 55 分	神津島
	熱海	高速ジェット船で 45 分	伊豆大島
	熱海	高速ジェット船で 1 時間 55 分	神津島
	伊東	高速ジェット船で 35 分	伊豆大島

神新汽船：カーフェリー

出発港	所要時間	行き先
下田	カーフェリーで 1 時間 35 分	利島
下田	カーフェリーで 2 時間 40 分	新島
下田	カーフェリーで 3 時間 15 分	式根島
下田	カーフェリーで 2 時間 20 分	神津島

連絡船にしき

出発港	所要時間	行き先
新島	連絡船で 13 分	式根島

貨客船くろしお丸

出発港	所要時間	行き先
八丈島	貨客船で 3 時間	青ヶ島

※ここで紹介している船以外に、週末のみの定期便や季節航路もあります。所要時間は最短の時間です

しま通信　東海汽船の大型客船に持ち込める荷物は、3 辺の和が 120cm 以下かつ総重量 20kg以下（2 個の場合は総計）。200㎝以下で 30kg以下の荷物は有料で大型手荷物として預けられる。

航路別簡単アクセスガイド

※このページで紹介しているスケジュールおよび運賃は 2024 年 3 月のもの。運賃は片道（税込）。諸島間や 1 等、特 1 等、特等の料金はウェブサイトでご確認ください

東京・竹芝 ⇨ 伊豆大島・利島・新島・式根島・神津島航路

大型客船は 1 日 1 便。ジェット船は冬は 2 便だが、ハイシーズンは増便される。大型客船は早朝に到着するため初日の朝から遊ぶことができるのが魅力だ。往路を大型客船、復路をジェット船と組み合わせて利用する人も多い。大型客船は金・土に横浜経由、ジェット船は季節限定で土・日に久里浜経由となる。

東京・竹芝からの大人片道運賃

	大島	利島	新島	式根島	神津島
2 等	5190 円	5770 円	6980 円	6980 円	7400 円
特 2 等	7790 円	8660 円	1 万 480 円	1 万 480 円	1 万 1100 円
ジェット船	8410 円	9490 円	1 万 700 円	1 万 700 円	1 万 1400 円

大型客船スケジュール　※復路の東京・竹芝着は金・土のみ 19:45 着。その他は 19:00 着

	東京・竹芝	（横浜※金・土のみ）		大島		利島		新島		式根島		神津島
往路	22:00 発	23:20 着	23:30 発	翌 6:00 着	6:20 発	7:40 着	7:45 発	8:35 着	8:45 発	9:05 着	9:10 発	10:00 着
復路	19:45 着	18:10 発	18:00 着	14:30 発	14:10 着	12:50 発	12:45 着	11:55 発	11:45 着	11:25 発	11:20 着	10:30 発

東京竹芝 ⇨ 三宅島・御蔵島・八丈島航路

三宅島・御蔵島・八丈島への航路は夜行の大型客船のみ。1 日 1 便が運航されている。複数の港を使い分ける三宅島と八丈島に比べ、西側にしか港がない御蔵島は西風に弱く、海況が悪いと接岸できないことも。そのため接岸の可否を現地で判断する条件付きの運航になることが多い。

大型客船スケジュール

	東京・竹芝	三宅島		御蔵島		八丈島
往路	22:30 発	翌 5:00 着	5:10 発	6:00 着	6:05 発	8:55 着
復路	19:50 着	13:45 発	13:35 着	12:40 発	12:35 着	9:40 発

東京・竹芝からの大人片道運賃

	三宅島	御蔵島	八丈島
2 等	7800 円	8750 円	9780 円
特 2 等	1 万 1700 円	1 万 3130 円	1 万 4660 円

熱海・伊東 ⇨ 伊豆大島航路

静岡県の熱海から伊豆大島まで高速ジェット船が運航している。往路は熱海を 9:10 に出発し、9:55 に伊豆大島に到着。復路は伊豆大島を 15:30 に出発し、16:15 に熱海に到着する。料金は大人片道 5340 円。季節限定で土・日は伊東を経由する。

下田 ⇨ 利島・新島・式根島・神津島

静岡県の下田から運航しているカーフェリーは、車を載せられるので島民にとって貴重な存在。水曜以外の運航で、下田を 9:30 に出発し、各島に寄港して 13:50 に神津島に到着。そのまま下田に戻る。2 等の料金は、神津島まで大人片道 4470 円。

八丈島 ⇨ 青ヶ島航路

くろしお丸が週に 4 便ほど運航している。往路は八丈島を 9:30 に出発し、12:30 に青ヶ島に到着。復路は基本的に青ヶ島を 12:50 に出発し、15:50 に八丈島に到着。料金は大人片道 3060 円。青ヶ島の港は風や波の影響を受けやすいため欠航が多い。

航路の問い合わせ先

● 大型客船・ジェット船　→東海汽船

TEL 03-5472-9999　URL www.tokaikisen.co.jp

インターネットや電話で乗船日の 2 ヵ月前から予約できる。インターネット予約はクレジット決済で、乗船日に予約確認書を窓口に提示。電話予約は乗船日に予約番号を窓口で伝え料金を支払う。大型客船は 1 時間前、ジェット船は 30 分前までに手続きを済ませること。

左／波をモチーフにしたデザインがさわやかなさるびあ丸
右／海面を走るジェット船、セブンアイランド 大漁

● カーフェリー →神新汽船

TEL 0558-22-2626　URL www.shinshin-kisen.jp

電話で予約し、乗船日に予約番号を窓口で伝え料金を支払う。クレジットカードでの支払いも可。また旅行会社でも購入できる。

● 新島～式根島の連絡船 →新島村村営連絡船

TEL 04992-7-0825

URL www.niijima.com/shoukai/access/nishiki

予約は不要。新島は連絡船にしき待合所、式根島は式根島観光協会にて、乗船 10 分前までに乗船券を購入する。

● 八丈島～青ヶ島の定期船 →伊豆諸島開発

TEL 03-3455-3090　URL www.izu-syotou.jp

予約は不要。乗船当日に港の窓口にて乗船券を購入する。

東海汽船のジェット船は 200cm以下で 30kg以下の荷物なら、有料で持ち込むことができる。ただしロングボードの持ち込みはできないので注意しよう。

空路で行く

移動時間を考えると、最も効率的なのが飛行機。羽田空港から八丈島、調布飛行場から伊豆大島・新島・神津島・三宅島へ直行便が運航している。また諸島間をヘリコミューター「東京愛らんどシャトル」が結んでいるのも伊豆諸島ならでは。船よりも欠航することが少ないので、天候が悪くなり船が出ないときにも重宝する。

※このページで紹介しているスケジュールおよび運賃は 2024 年 1 月のもの。運賃は片道（税込）。諸島間や 1 等、特 1 等、特等の料金はウェブサイトでご確認ください

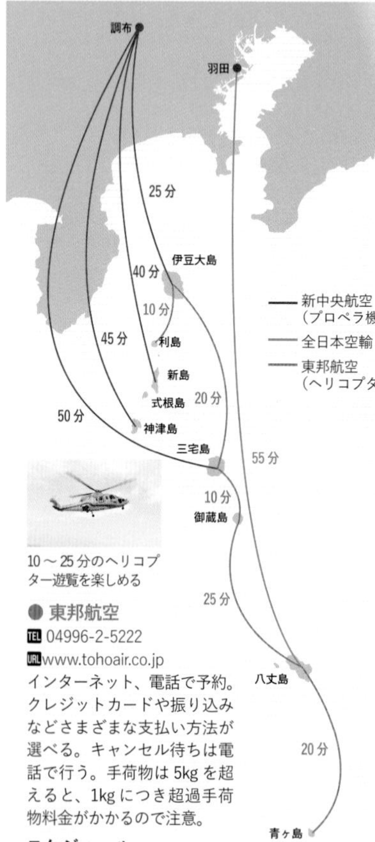

10 ～ 25 分のヘリコプター遊覧を楽しめる

● 東邦航空

TEL 04996-2-5222
URL www.tohoair.co.jp

インターネット、電話で予約。クレジットカードや振り込みなどさまざまな支払い方法が選べる。キャンセル待ちは電話で行う。手荷物は 5kg を超えると、1kg につき超過手荷物料金がかかるので注意。

スケジュール

区間	便名	出発	到着	区間	便名	出発	到着
八丈島→青ヶ島	11	9:55	10:15	青ヶ島→八丈島	12	10:20	10:40
八丈島→御蔵島	21	11:00	11:25	御蔵島→八丈島	22	14:45	15:10
御蔵島→三宅島	31	11:30	11:40	三宅島→御蔵島	32	14:30	14:40
三宅島→大島	51	11:45	12:05	大島→三宅島	52	14:05	14:25
大島→利島	61	12:10	12:20	利島→大島	62	12:25	12:35

片道運賃

区間	大人片道	子供片道（3～11 歳）
八丈島～青ヶ島	1 万 1750 円	8230 円
八丈島～御蔵島	1 万 2820 円	8980 円
御蔵島～三宅島	5870 円	4110 円
三宅島～大島	1 万 1880 円	8320 円
大島～利島	7370 円	5160 円

空路の問い合わせ先

● 新中央航空

TEL 0422-31-4191
URL www.central-air.co.jp

21 人乗りのプロペラ機、ドルニエ 228 を使用

インターネットか電話で予約。クレジットカードのほか、空港カウンターやコンビニエンスストアで支払える。また旅行会社でも予約・購入できる。

スケジュール

	調布発			調布着		
	便名	出発	到着	便名	出発	到着
大島	101	9:00	9:25	102	9:50	10:15
	105	14:45	15:10	106	15:35	16:00
新島	201	8:30	9:10	202	9:30	10:10
	203	10:30	11:10	204	11:30	12:10
	205	12:45	13:25	206	13:45	14:45
	207	14:20	15:00	208	15:20	16:00
神津島	301	8:45	9:30	302	9:55	10:40
	303	11:00	11:45	304	12:05	12:50
	305	14:10	14:55	306	15:15	16:00
三宅島	401	8:40	9:30	402	9:55	10:45
	405	11:10	12:00	406	13:00	13:50
	407	13:50	14:40	408	15:00	15:50

片道運賃

	大人片道	子供片道（3 ～ 11 歳）	大人往復割引
調布～大島	1 万 2000 円	8400 円	2 万 2400 円
調布～新島	1 万 4400 円	1 万 100 円	2 万 6100 円
調布～神津島	1 万 5600 円	1 万 1000 円	2 万 8200 円
調布～三宅島	1 万 7500 円	1 万 2200 円	3 万 1900 円

● 全日本空輸（ANA）

TEL 0570-029-222
URL www.ana.co.jp

八丈島空港では ANA のカウンターで搭乗手続きを

インターネットで予約するのが一般的。さまざまな支払い方法が用意されている。また空港や市内の国内線カウンター、自動チェックイン機、旅行会社などでも購入できる。

スケジュール

	羽田発			羽田着		
	便名	出発	到着	便名	出発	到着
八丈島	ANA1891	7:30	8:25	ANA1892	9:05	10:00
	ANA1893	12:15	13:10	ANA1894	13:45	14:40
	ANA1895	15:55	16:50	ANA1896	17:30	18:30

片道運賃

	大人片道	子供片道（3 ～ 11 歳）	大人片道バリュー
羽田～八丈島	2 万 4300 円	1 万 3580 円	1 万 7970 円

しま通信 東京諸島への移動中は、美しい景色も楽しみのひとつ。船からの眺めもいいが、飛行機やヘリコプターから眺める海や島々もいいもの。移動手段によって異なる景色に注目してみて。

小笠原諸島への行き方

東京・竹芝桟橋から父島・二見港までは、定期船おがさわら丸で24時間。おおよそ週に1便運航しているが、ハイシーズンには増便され週に2便の折り返し運航となる。父島～母島間を運航するははじま丸は週4～6便の運航。おがさわら丸の到着に合わせ、スムーズに乗り継げる便がある。

※このページで紹介している運賃は2024年3月の片道運賃（税込）。運賃には燃料油価格変動調整金が含まれている

東京・竹芝桟橋からおがさわら丸に乗船
※ハイシーズンの折り返し運航期間は、父島発15:30→東京着15:30となる

父島の二見港に停泊するおがさわら丸

ホエールライナーの異名をもつははじま丸

おがさわら丸の運賃

	特等室	特1等室	1等室	特2等寝台	2等寝台	2等和室
大人	8万5250円	7万7240円	5万9900円	4万3260円	3万2590円	2万8610円
子供	4万2630円	3万8620円	2万9950円	2万1630円	1万6300円	1万4310円

※運賃は月により変動し、おおむね2ヵ月前に確定するので確認すること。
※子供は小学生を指す。小学校に就学していない小児は大人1人につき1人無料。1人を超える場合は、1人につき子供と同額の運賃がかかる。ただし、1歳未満の乳児は無料。無料のときの幼児の席は同伴者と合わせ1席となる。
※個室を1人で利用する場合は、特等室・特1等室1万8000円、1等室6000円の個室貸切料金が追加される。また特1等室を3人で利用する場合は、3人目の運賃が1万5000円割引になる
●問い合わせ：小笠原海運
TEL 03-3451-5171　URL www.ogasawarakaiun.co.jp

ははじま丸の運賃

乗船券の予約は不要。父島の「ははじま丸船客待合所」の窓口で直接購入する。

	2等
大人	5080円
子供	2540円

個室椅子席使用料（2等運賃に加算される）	
個室椅子席（1～4人）	個室椅子席（1～2人）
5000円	3000円

●問い合わせ：伊豆諸島開発→ P.83

おがさわら丸の予約方法は？

乗船券は、東京出港日の2ヵ月前の同日から、東京発便とその直後の父島発便を発売する（発売日が土・日・祝の場合は翌日）。ただしゴールデンウイークや夏休み、年末年始は、一斉発売日が設定される。

1 インターネットで予約・購入
小笠原海運のホームページで会員登録のうえ、予約・購入できる。支払いはクレジットカードのみ。インターネット予約では7・8月は3%、それ以外は5%の割引になる。

2 小笠原海運へ電話して予約
電話で予約し、乗船料を銀行に振り込む。予約の受付は東京を出発する日の14日前まで。乗船券と宿泊がセットになった「おがまるパック」も電話での予約。

3 小笠原海運へ来店して購入
小笠原海運にて、現金、クレジットカードで購入できる。ただし一斉発売日は来店購入ができない。

4 東海汽船竹芝支店に来店して購入
竹芝客船ターミナルの東海汽船にて、現金、クレジットカードで購入できる。

5 旅行会社で購入
小笠原海運と契約のある旅行会社で予約・購入できる。

※空席がある場合に限り、出港当日の10:00から竹芝客船ターミナルで当日乗船券が発売される

割引料金をチェック

学生は2等和室、2等寝台、特2等寝台が20%の割引になる。また身体障がい者、知的障がい者、精神障がい者は全等級、本人と介護者または付添人1人が50%の割引になる。

乗船手続きと乗船方法

電話予約の場合はチェックインカウンターで予約確認書を提示し必要書類を受け取る。東海汽船・旅行会社で購入した場合は乗船券を提出して搭乗券を受け取る（インターネット購入の場合は、必ず搭乗券引換証をプリントアウトしておくこと）。船席の等級順に案内されるので、待合所で乗船のアナウンスを待とう。

おがさわら丸に持ち込める荷物

船内に持ち込める手回り品は、3辺の和が2m以下、重さ30kg以下のものを2個まで。制限を超えた荷物は手小荷物として預ける（一般1200円、冷蔵・冷凍品1560円）。手小荷物のサイズは縦2m以下、重さ30kg以下。手小荷物を超えた荷物は、一般貨物として預ける。
●自転車・オートバイ（50cc未満）3707円、オートバイ（125cc未満）7414円、サーフボード1650円
※一般貨物には燃料油価格変動調整金が加算される

しま通信　天候や海況により各船の運航スケジュールの変更が重なると、竹芝桟橋におがさわら丸、橘丸、さるびあ丸が並ぶことがある。大型客船が3隻並ぶと迫力がある。めったにないので、撮影に訪れる人の姿も。

島へのアクセスで注意したいこと

東京の島々は、大型客船や高速ジェット船、飛行機などを使ってアクセスする。普段、使い慣れていない交通手段なので、気になることもあるはず。また海や空からアクセスするため天候の影響を受けやすいのも心配……。そこで東京諸島への交通について注意点をまとめた。

出発前に注意したいのは？

宿と交通、どちらを先に予約する？

季節によって異なるが、利島、御蔵島、小笠原諸島は宿が少ないので、先に宿泊施設をおさえるのが一般的。ただしゴールデンウイークや夏休みなどのハイシーズンは船も満席になる可能性が高いため、同時に予約したい。船も飛行機（一部の格安料金をのぞく）も予約から支払いまでに猶予があるので、交通の予約をしてから宿を探すといいだろう。

青ヶ島は船の接岸率が低いため、ヘリコプターで行くのが一般的だが、定員が9人なので非常に予約が取りにくい。そのため交通の予約、またはキャンセル待ちの状態で宿をおさえるのが一般的だ。

自分に合った交通機関を選ぼう

船でしかアクセスできない小笠原諸島を除き、東京の島々へは複数の移動手段が用意されている。好きな移動手段を選べばいいが、移動時間を短くするなら飛行機、大きな荷物を持っていきたいなら大型客船、手軽さを優先するなら高速ジェット船など、交通機関の特徴と自分の旅スタイルが合っているかも考えておくといい。高速ジェット船は、ロングボードや三辺の和が200cmより長い荷物、または重量が30kgより重い荷物は持ち込めないので注意。

上／三宅島、御蔵島、八丈島に運航する大型客船の橘丸　右上／移動時間が短い高速ジェット船セブンアイランド友　右／調布空港から飛び立つ新中央航空のプロペラ機

出発する日の天候をチェック

東京の島々への旅は、陸路の旅に比べると天候の影響を受けやすい。特に船は海況によって遅れたり、欠航してしまうこともある。出発の日までは毎日、天気予報を確認しよう。天気が下り坂だと、島に渡れても帰れなくなる可能性があるので、旅行日程の前後を含めた天気を見ることが重要だ。

条件付き運航のときはどうする？

条件付き運航でも諦めずに天気予報をチェック！

伊豆諸島では「条件付き運航」という表示がよく見られる。これは出発はするが接岸・着陸できるかを現地で判断する、というもの。天候・海況が悪いときは、島に着かず素通りまたは引き返す可能性もある。

伊豆諸島の船便は条件付き運航がよくあるので、運航状況をウェブサイトなどで確認すること。東京・竹芝発の場合、高速ジェット船の運航状況は当日の6:00頃に決定。大型客船は当日9:00頃に見通しが出され、17:00頃に最終決定される。

東海汽船では、条件付き運航が決まった場合は無料でキャンセル・変更を受け付けている。もちろん接岸できることもあるので、その後の天候などを見つつ判断することになる。港が1ヵ所しかない利島や御蔵島は条件付きでの運航が頻繁にあるので、台風などで絶望的でないかぎり、乗船してみるというのが一般的だ。

条件付きの船に乗っても目的地に着かなかった場合は欠航扱いとなり、出港地にて全額が返金される。ただし途中で下船した場合は、返金されないので注意しよう。

飛行機は早めに便を変更するのもあり

飛行機も強風や大雨などによって天候調査中、または条件付き運航になることがある。飛行機は1日に2～3便あるので、自分が乗る便だけが天候調査中だったり、条件付き運航になったときは、別の便に変更することを考えてもいい。欠航が決まってから変更をすると、当日の便が満席になってしまう可能性があるので、早めに変更の決断をするのも一案だ。

船や飛行機が欠航してしまったら？

船や飛行機の欠航が決まったら、まずは返金申請をするか別の日に予約を入れる。その後、予約していた宿やアクティビティ会社、レンタカー会社に連絡をする。欠航によるキャンセル料はかからないことが多い。宿やレンタカー会社には、予約時に来島手段を伝えているので、欠航＝キャンセルということはわかっているが、なるべく早めに連絡するのがマナー。

おが丸では、電波が途切れる海上でも船内放送で洋画・邦画・アニメなどのDVDを流している。テレビのない2等でも、3デッキのサロン「南島」で見られる。放映内容は4デッキ案内所に掲示。（編集部・M）

船内で注意したいのは？

船酔い対策を万全に

船のトラブルといえば、最も多いのが船酔い。前日は深酒をせずよく寝るなど体調管理を心がけよう。船酔いしやすい人は、携帯電話を見たり、本を読むなど手元での作業をせず、なるべく甲板に出て新鮮な空気を吸ったり、空を眺めたりして過ごすといい。また船室では背中を壁につけて直角の状態で座る、または寝てしまうというのも有効だ（詳しい船酔い対策→ P.88）。

歩くときは手すりにつかまる

階段を下りるときにバランスを崩しやすい！

船は海況によってかなり揺れるので、転倒しないように気をつけて。大型客船の通路や階段などには手すりが設置されているので、つかまって移動すること。特に階段やトイレは要注意。

接岸する港を確認しておく

伊豆大島、新島、神津島、三宅島、八丈島には港が複数あり、どの港に接岸するかは当日の早朝に決まる。到着してから混乱しないように、どの港に着くかを船内の表示などで確認しておこう。メインの港に着くとは限らないので、移動手段について調べておくと安心だ。なお宿泊施設やレンタカー会社に送迎を頼んでいる場合は、到着する港に迎えにきてくれる。

伊豆大島では岡田港と元町港のふたつの港を使う

接岸できなかったときはどうする？

条件付き運航では、海況が悪くて接岸できないこともある。その場合の選択肢はふたつ。例えば御蔵島に接岸できなかった場合、船はそのまま八丈島へ向かい、復路で御蔵島、三宅島、竹芝桟橋へと戻る。乗船者は八丈島で下船するか、復路の御蔵島での接岸にかけることになる。復路でも御蔵島に接岸できなかったときは、次の三宅島で下船することも可能。もしくは竹芝桟橋まで戻ってくれれば乗船料は返金される。

乗船券は降りるまで失くさずに

船旅で意外とあるのが、船内で乗船券をなくしてしまうこと。乗船時は緊急連絡先などを記載した半券だけを渡し、乗船券は下船時に回収される。乗船券は取り出しやすい場所に保管しておこう。

到着後、帰るまでの注意点は？

天気予報を確認しておこう

島に滞在中も天気予報のチェックは忘れずに。到着時は天気がよくても、台風が発生したり前線の状況が変わったりして、急に天候が悪化することもある。帰りの船が接岸できなそうなときは、早めに対策を練ったほうがいいが、その判断も天気予報を見ておくことが前提。心配なときは、宿のスタッフや島の人に聞くと、経験からアドバイスしてくれることもある。

帰りの出港時間と港をチェック

船の出航時間や使用する港は、天候によって変わることがある。出航時間は前日夜に出港した船の運航状況によるため、随時ウェブサイトなどで確認すること。また、どの島でも船の到着時間と接岸する港について島内放送が流れる。宿のスタッフに聞いてもいい。

海況が悪いと、船は着発便になることがある。これは、例えば竹芝桟橋から伊豆大島にだけ運航し、そこから南下せずに戻るというもの。その場合、島を出港する時間が大幅に早まるので、乗り遅れないように注意したい。

船が欠航しそうなときはどうする？

乗る予定の船が天候調査中または条件付き運航になっていて、欠航する可能性が高そうなときは、便を変更することを考えたい。例えば、神津島を午後出発する高速ジェット船に乗る予定が、天候調査中で天気が悪化しそうな場合、午前発の大型客船の出航が決まっているなら、変更すれば確実に帰ることができる。

また船はキャンセルして、悪天候に強い飛行機で帰るという選択肢もある。天候が悪化すると飛行機に切り替える人が増えるので、早めに決断して予約すること。滞在している島だけが欠航なら、ヘリコプターで別の島に行き、そこから船に乗るということも可能。ヘリコプターは飛行機よりもさらに定員が少ないので、キャンセル待ちになることも多い。

東京諸島の交通情報をチェック

「東京宝島うみそら便」は、東京の島々11島に運航している船、飛行機、ヘリコプターの時間や料金などを検索できるウェブサービス。当日の運航状況や、直近1週間の着岸港も確認できる。

URL www.islandaccess.metro.tokyo.lg.jp

天候が悪くなり船が着かないと、島内の商店にも商品が並ばず品薄状態に。棚が空っぽになってしまうこともあるので注意！

移動手段のみにあらず！日常から離れた贅沢な時間 船旅の魅力

島への旅は、船で過ごす時間も楽しみのひとつ。特に大型客船は、航行中に沿岸の景観が見られたり、船内レストランで島食材の料理を味わったり、船内から旅気分を満喫できる。島の思い出に浸りながら過ごす帰りの船旅もまたいいものだ。

船で過ごす時間こそ島旅の醍醐味！

海を隔てた島へは、飛行機や船を利用して行くことになる。移動している時間が休日への導入となり、じわじわと気分が高まってくる……。なかでも東京諸島へ行く大型客船は、いちばん近い伊豆大島でも6時間、小笠原諸島なら24時間を船内で過ごす。船旅を楽しむ時間はたっぷりあるのだから、旅のプロローグには申し分ないだろう。気になっていた本を読むもよし、甲板に出てクルーズ気分を楽しむもよし、もちろんひたすら寝るのもいい。

橘丸の展望デッキ。晴れた日は伊豆諸島がはっきり見える

船の旅を楽しむコツは !?

雄大な海を進む船に乗ったら、やれることは限られている。島に近づいたとき以外は携帯電話はつながらない（Wi-Fiもつながりにくい）ので、何もしない時間を楽しめるかどうかがポイントになる。もちろん旅仲間と食事をしたり、星空を眺めたり、朝日に包まれたりと船旅ならではの楽しみはあるが、いたってシンプル。あとは空いた時間を好きに過ごすだけ。「やることがない……」というある意味、贅沢な時間が船旅の魅力でもある。

東京湾を航行するおがさわら丸から羽田空港を眺める

東京諸島へ向かう船は2種類

東京諸島には大型客船とジェット船という2タイプの船が運航している。速度があるジェット船の定期航路は東京・竹芝～伊豆大島・利島・新島・式根島・神津島と、熱海～伊東～伊豆大島のみ。竹芝桟橋発の場合、大型客船は夜に出て島に到着するのは朝。ジェット船は季節によってスケジュールが異なるが、朝に出発し、島に午前中～昼頃に到着する。

・大型客船

東京・竹芝と伊豆大島・利島・新島・式根島・神津島を結ぶ

東京・竹芝と父島を結ぶ小笠原海運の「おがさわら丸」のほか、伊豆諸島に運航する東海汽船の「橘丸」「さるびあ丸」、また下田から「フェリーあぜりあ」が利島・新島・式根島・神津島へ運航している。ほかに諸島間の八丈島～青ヶ島を結ぶ「くろしお丸」、父島～母島を結ぶ「ははじま丸」がある。

・ジェット船

ジェットエンジンで海水を噴き出し、海面から浮き上がる

正式名称はジェットフォイル。東海汽船が4隻を運航している。東京・竹芝から伊豆大島まで最短1時間45分、神津島までは最短3時間5分。移動時間が短く楽だが、島に到着する時間は大型客船のほうが早い。基本的に席を立って歩き回ることはできない。

島別船の早見表

	大島	利島	新島	式根島	神津島	三宅島	御蔵島	八丈島	青ヶ島	父島	母島
大型客船	○	○	○	○	○	○	○	○	○	○	○
ジェット船	○	○	○	○	○	×	×	×	×	×	×

快適な船旅には欠かせない **船酔い対策**

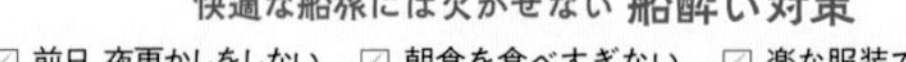

- 前日、夜更かしをしない
- 朝食を食べすぎない
- 楽な服装で移動する
- 酔い止め薬を飲む
- なるべく遠くを見る
- 新鮮な風に当たり深呼吸
- 飴をなめてリフレッシュ
- 手首のツボを押す
- 寝てしまう

しま通信 大型客船での過ごし方は人それぞれ。船室で寝て過ごす、甲板に出て景色を眺める、ラウンジで語らうなどなど、自分にとって居心地のよい場所を探そう。

東京の島々 船旅の楽しみは？

太平洋を南下する長い船旅は、何もすることのない贅沢な時間。竹芝桟橋発着の大型客船の場合、伊豆諸島便は夜行となり最短 6 時間～ 10 時間 20 分、父島まで行くおがさわら丸なら 24 時間を船内で過ごすことになる。船に始まり船に終わる、東京諸島の移動をどう楽しむ？

楽しみ1 東京湾では海から東京を眺める

船が竹芝桟橋を出発したら甲板に出てみよう。海側から眺めると、東京タワーやお台場、スカイツリーなどがいつもと違って見える。おがさわら丸は日中の風景、さるびあ丸と橘丸は夜景が楽しめる。

上／出発してすぐの東京湾は見どころが多い　下／夜行船はライトアップされた夜景が楽しみ

船内で快適に過ごす！ 便利アイテム

- ☑ お気に入りの本
- ☑ ダウンロードした映画
- ☑ 携帯型ゲーム機
- ☑ トランプ、ボードゲーム
- ☑ 酔い止め薬
- ☑ 飲み物
- ☑ お菓子
- ☑ つまみ
- ☑ 紙コップ
- ☑ ビーチマット
- ☑ サンダル
- ☑ タオル
- ☑ 楽な服
- ☑ マスク
- ☑ アイマスク
- ☑ 耳栓

おがさわら丸にはのんびり過ごせるスペースが用意されている

楽しみ2 とにかくのんびり！何もしない贅沢

船に乗ってしまえば、あとは到着まで自由に時間を使える。甲板でボーッと過ごすのもいいし、ラウンジで好きな本を読んだり、友達と飲むのも楽しい。睡眠不足の人は、この機会に寝たおしては!?

おがさわら丸の「展望ラウンジ Hahajima」は予約制の円卓が人気

楽しみ3 甲板でクルーズ気分を味わう

暖かい日は甲板に出て過ごすのが気持ちいい。心地よい潮風に包まれ、真っ青な海と空に吸い込まれそう！　空が赤く染まる夕方や、星がきらめく夜もロマンティック。

上／到着間近、だんだん島が近づいてくるワクワク感♪　下／レインボーブリッジの下をくぐって進むおがさわら丸

楽しみ4 船内レストランで島食材を堪能

大型客船のレストランでは、さっそく島の食材を味わえる。島の塩や野菜などを使った料理が島旅気分を盛り上げる。季節限定品が販売されることもあるのでチェック！

おがさわら丸の人気メニュー、若鶏の唐揚げ＆コロッケ

橘丸の定番、島のりを使った島海苔塩ラーメン

楽しみ5 島好き同士、話が弾む♪

船に乗っている人は、みんな海や島、旅が好き。きっかけさえあれば、すぐに仲よくなれてしまう。帰りの船で意気投合して、竹芝桟橋近くで飲みにいく……なんていうのもよく聞く話♪

「島」という共通の話題があるので話しやすい

甲板から海を眺めていると、クジラやイルカが現れることも。特に島の周りで見られることが多い。また季節によってトビウオなどが海面から飛び出してくるのを見られることもある。

波をイメージしたさわやかなデザイン

さるびあ丸 Salvia Maru

現在、運航しているさるびあ丸は、2020 年に竣工した 3 代目。同じ航路にジェット船が運航しているので、例えば往路を夜行のさるびあ丸、復路をジェット船という使い方もできる。

就航航路		伊豆大島 利島 新島 式根島 神津島		
スペック	総トン数	6099 トン	全幅	17m
	全長	118m	竣工年	2020 年
	航海速力	20 ノット（時速約 38km）		
	旅客定員	近海区域 693 人、沿海区域（御蔵島まで）1343 人		

船内図

7F

展望デッキ 晴れた日はデッキから眺める景色が楽しみ。床は軟らかいゴムチップ

6F

外部デッキ 6 階デッキにはのんびり過ごせるテーブルが並ぶ

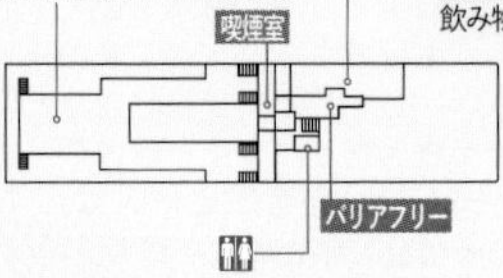

レストラン 眺めがよい展望レストラン。飲み物も充実

喫煙室　バリアフリー

5F

1等 定員 6 ～ 12 人。マットレスが用意され快適に眠れる

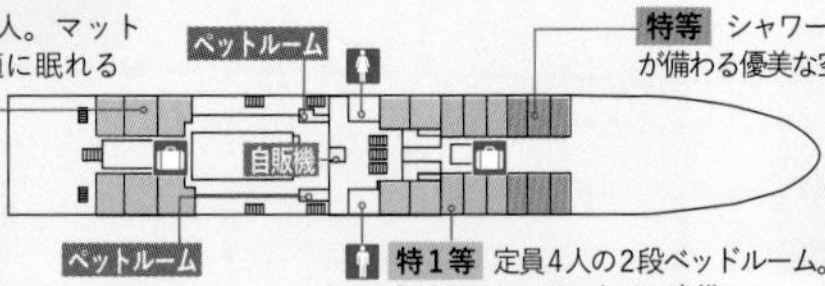

特等 シャワーやシャワートイレが備わる優美な空間

特1等 定員4人の2段ベッドルーム。トイレ、シャワートイレ完備

ペットルーム　自販機　ペットルーム

4F

2 等（椅子） リクライニングできる椅子席。2 席ごとにロールカーテンで仕切れる

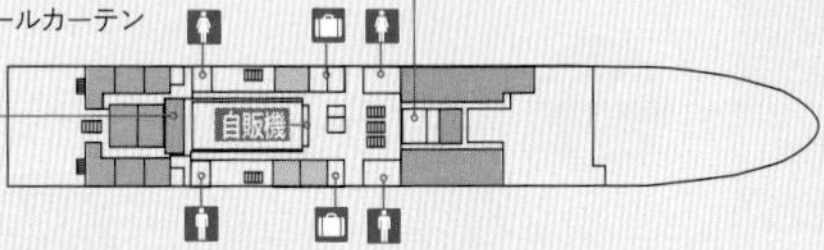

案内所 困ったことがあったら 4 階の案内所へ

自販機

3F

2 等（和） 定員 4 ～ 18 人の大部屋。顔部分はパーテーションで仕切られる

特 2 等 2 段ベッドが向かい合わせで並ぶ。カーテンを閉めれば個室風に

シャワールーム 100 円で 3 分間の温水シャワーが使える

授乳室　自販機

2F

凡例　特等室　特 1 等室　1 等室　特 2 等室　2 等和室　2 等椅子席　トイレ　手荷物置き場

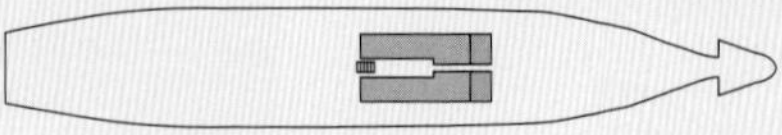

富士山をバックに航行するセブンアイランド愛

海面から浮き上がり時速約 80kmで航行する高速船

ジェット船

　ジェット船の正式名称はジェットフォイルといい、ジェットエンジンで海水を吹き出し、揚力を得て海面に浮き上がって航行する。浮き上がるため海水の抵抗が少なく、時速約 80km の高速で運航できる。また波の影響を受けず、揺れにくいのも魅力だ。伊豆諸島ではセブンアイランド結・愛・友・大漁という 4 隻が運航する。

就航航路		伊豆大島 利島 新島 式根島 神津島
スペック	総トン数	176 トン（結）、280 トン（愛）、164 トン（友）、165 トン（大漁）
	全長	約 27m（翼ダウン時）
	全幅	8.53m
	竣工年	2020 年（結）、1994 年（大漁）、1989 年（友）、1980 年（愛）
	航海速力	43 ノット（時速約 80km）
	旅客定員	241 人（結）、254 人（愛、友、大漁）

※セブンアイランド愛の総トン数は国際法令改訂前の表示

しま通信　ジェットフォイルは、エンジンで海水を噴き出し海面から浮き上がって航行するため、波の影響を受けにくく揺れが少ないのが特徴。座席は全席指定で、航行中は基本的に座席に座って過ごす。

黄と緑のビビッドな船体カラーが印象的
橘丸 Tachibana Maru

竹芝桟橋と三宅島、御蔵島、八丈島を結ぶのは大型客船の橘丸。22:30 に竹芝桟橋を出発する夜行便で、翌朝に各島に到着するので朝から島で遊べるのがうれしい。

就航航路		三宅島 御蔵島 八丈島		
スペック	総トン数	5681 トン	全幅	17m
	全長	118m	竣工年	2014 年
	航海速力	19 ノット（時速約 35km）		
	旅客定員	近海区域 596 人、 沿海区域（御蔵島まで）1000 人		

船内図

6F

展望デッキ 潮風が心地よいデッキは熱中症に注意！

特等 定員 2 人。シャワー、シャワートイレ完備

1 等 定員は 8 人ほど。マットレスで寝られる

5F

外部デッキ 5 階デッキのテーブル席は早い者勝ち

ペットルーム

喫煙室

特 1 等 2段ベッドの 4 人部屋。シャワー、シャワートイレ付き

特 1 等（和） 家族に人気の 4 人部屋。シャワー、シャワートイレ付き

4F

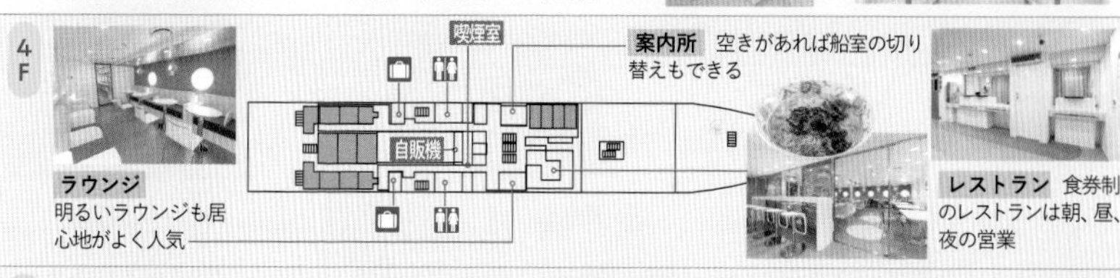

ラウンジ 明るいラウンジも居心地がよく人気

案内所 空きがあれば船室の切り替えもできる

レストラン 食券制のレストランは朝、昼、夜の営業

3F

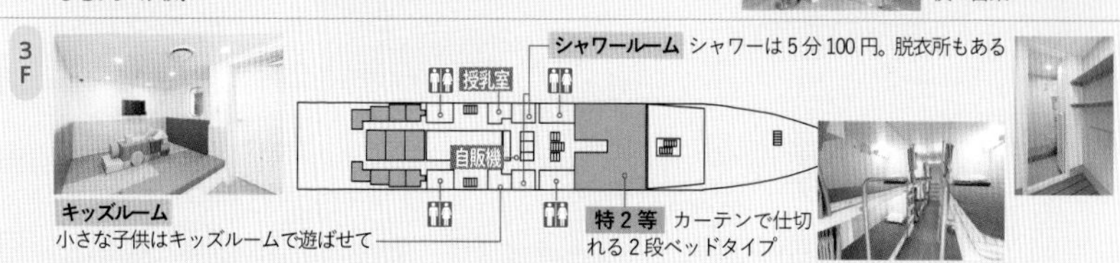

シャワールーム シャワーは 5 分 100 円。脱衣所もある

キッズルーム 小さな子供はキッズルームで遊ばせて

特 2 等 カーテンで仕切れる 2 段ベッドタイプ

2F

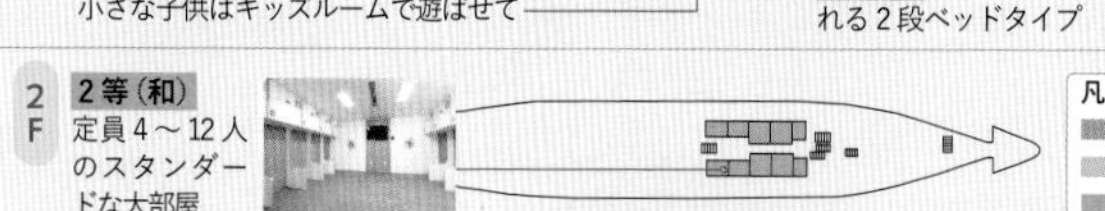

2 等（和） 定員 4 ～ 12 人のスタンダードな大部屋

凡例
特等室 特 1 等和室
特 1 等室 1 等室
特 2 等室 2 等和室 2 等優先席
トイレ 手荷物置き場

さるびあ丸 & 橘丸
どの船室を選ぶ？

最も快適なのは、ふかふかのベッドで寝られる特等だが、家族やグループなら 4 人で貸し切れる特 1 等もおすすめ。また特 2 等はカーテンで仕切ればプライベート空間になるのがうれしい。2 等室も定員が少ない部屋を確保できれば、ファミリーやグループで使えるのでお得だ。2 等室の女性専用エリアも活用したい。

2 等和室は少人数で区切られている

Advice
毛布を使って 2 等和室を快適に！

さるびあ丸と橘丸では、毛布を 1 枚 100 円で借りられる。2 枚借りて、1 枚を床に敷くとかなり快適に眠れる。登山用のインフレーターマットを活用するのもおすすめ。

しま通信 島のおみやげに冷蔵・冷凍の食品を購入したら、船内の冷蔵ロッカーに保管しよう。ロッカー内は約 7℃になっており、200 円で利用できる。食品は新聞などでくるみ保冷バッグに入れておくとよい。

東京・竹芝桟橋と小笠原を結ぶ唯一の定期船

おがさわら丸 Ogasawara Maru

「おが丸」の愛称で親しまれているおがさわら丸は、おおよそ週に1便が運航される小笠原への定期船。約1000kmの距離を24時間かけて航行するので、小笠原旅行をする際は往復2日間を船内で過ごすことになる。

	就航航路	父島		
スペック	総トン数	1万1035トン	全幅	20.4m
	全長	150m	竣工年	2016年
	航海速力	23.8ノット（時速約44km）		
	旅客定員	882人		

船内図

8F

外部デッキ 晴れた日は海を眺めたり、夕日や星空を観賞したりして過ごそう

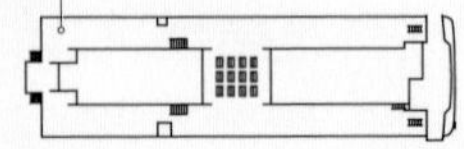

7F

展望ラウンジ 軽食やスイーツ、ドリンクが充実。人気の円卓は朝50分、昼と夜1時間50分の予約制

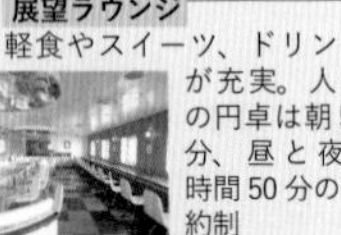

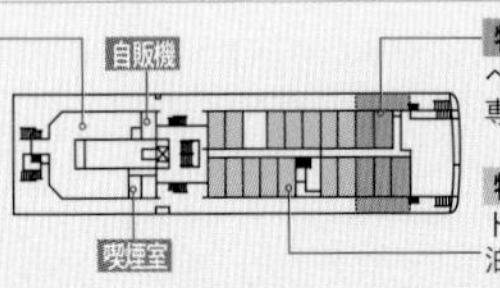

特等・スイート 定員2人のキングベッドルーム。バス、トイレ完備で、専用デッキやラウンジが使える

特1等・デラックス シングルベッド2台とソファベッド1台で3人まで泊まれる。バス、トイレ完備

6F

1等・スタンダード シングルベッド2台を備えた定員2人の個室

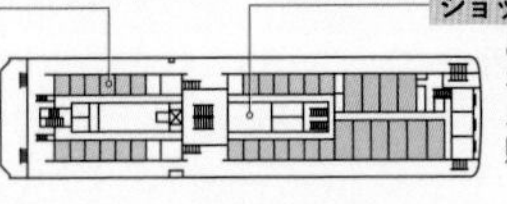

ショップドルフィン 島のおみやげや、おが丸限定グッズ、飲み物などを販売している

5F

特2等寝台・プレミアムベッド 2人が向き合うペア対面型。カーテンで仕切れる。テレビ付き

2等寝台・エコノミーベッド 2段ベッドが向き合い、カーテンを閉めるとプライベートな空間になる

4F

キッズルーム おもちゃと絵本が揃うクッションマットのスペース

案内所 困ったことがあったら立ち寄ろう

レストラン Chichi-jima レストランは朝、昼、晩の営業。一品料理やアルコールも揃う

貴重品ロッカー 指紋認証と暗証番号の無料ロッカー

冷蔵ロッカー 生鮮食品は冷蔵保存を。1回500円

人気のオムライス1100円

3F

ミニサロン 南島 意外と知られていないくつろぎスペース

給湯器 お湯が使えるのでカップ麺やスープ、コーヒーなどを持っていくとよい。電子レンジもある

シャワールーム シャワーは24時間無料で使用できる。ボディソープやリンス入りシャンプーはあるのでタオルを持っていこう

喫煙室

自販機 自動販売機ではビールや酎ハイ、カップ麺、日用品、アイスなどが買える

2等（和）・エコノミー カーペット敷きの大部屋。マットレスと上掛けが用意されている

2F

凡例
- 特等室・スイート
- 特1等室・デラックス
- 1等室・スタンダード
- 特2等寝台・プレミアムベッド
- 2等寝台・エコノミーベッド
- 2等和室・エコノミー

おがさわら丸で島を出る際、湾を出る前に島民からもらったレイを海に放り投げ、そのレイが再び海岸にたどり着くと、また島に来ることができるという言い伝えがある。

おがさわら丸
どの船室を選ぶ？

プライバシーを重視したいなら個室の特等、特1等、1等をチョイス。特等の専用デッキは出港時から特別感を味わえる。特2等寝台や2等寝台も、カーテンを閉めれば個室のようになるので快適。なかでも2等寝台はコスパのよさが光る。特2等寝台、2等寝台、2等和室はレディースルームがあるので予約時に空きを確認してみて。

上／2等寝台は2段ベッドが対面する相部屋で、各ベッドにコンセント付き。カーテンでプライベート感アップ！　左下／2等和室に用意されたファミリールーム※幼児連れ専用、要予約。便により用意がないことも　右下／ホテルのような特等のバスルーム

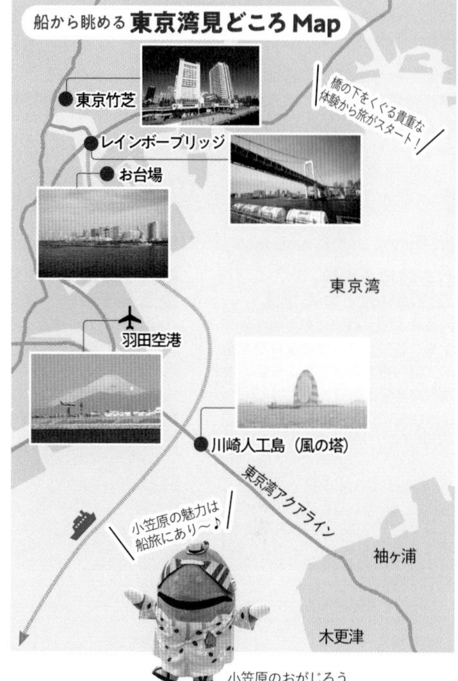

小笠原のおがじろう

おがさわら丸のキャプテン
高橋勇さんに聞いた

おが丸で過ごす24時間の魅力とは？

24時間のおが丸の旅をどう過ごすかは、小笠原旅行のキーポイント。船のことを知り尽くしたキャプテンの高橋勇さんに、その魅力をうかがった

「おがさわら丸は沿岸を航行するわけではないので、東京湾を出ると携帯電話もほとんどつながりません。でも、そんな何もない時間を楽しめるのがいいですね」という高橋さん。おすすめの過ごし方は、デッキに出て景色を眺めること。

「南北を航行するおが丸は、朝日も夕日も眺められるのが魅力です。秋や冬は空気が澄んでいるので、特に美しいですよ。運がよければグリーンフラッシュが見られるかも。私も何度か見ていますが、本当にきれいです」

グリーンフラッシュとは、夕日が沈む直前、もしくは朝日が昇り始めてすぐ、水平線に見える緑色の鮮烈な光のこと。条件が揃わないと見られない現象だが、船から見られることもあるとは驚きだ。

「夜は星空の美しさに圧倒されます。新月だと観賞しやすく、天の川もきれいに見えますよ」

また小笠原諸島に近づくと、海洋生物が現れることもあるそう。

「イルカの大群はよく出没しますし、冬はザトウクジラのジャンプが見られます」

もちろん生物がいなくても、360度水平線に囲まれるというのはなかなかできない体験。そんな海を眺めているだけでも癒やされる。

船内では、7デッキの「展望ラウンジ Haha-jima」をおすすめしてくれた。特に丸テーブルが人気だが「譲り合って使ってほしい」と高橋さん。

「レストランではムロアジなど島の魚や季節限定の野菜が出ることもありますし、ラウンジではオリジナルカクテルも飲めますので、そんな特別メニューも楽しみにしてください」

最後に「おが丸」で安全に過ごすために注意したいことを聞いてみた。

「揺れることがあるので、階段やデッキでは手すりにつかまってください。そして……開放的な気分で過ごしていただきたいのですが飲みすぎには注意です（笑）」

2011年からおがさわら丸のキャプテンを務める高橋さん。おが丸が父島に停泊中は、ジョギング姿の目撃多数！

しま通信　小笠原生まれ、小笠原育ちの「おがじろう」は、小笠原村観光局の公式キャラクター。南洋踊りとウクレレが特技で、小笠原関連のイベントに登場。竹芝桟橋にもよく出没する。

船で過ごす時間は最高の贅沢！

おが丸の24時間、至福の船旅

おがさわら丸での船旅は、小笠原旅行の楽しみのひとつ。24時間と聞くと長く感じるかもしれないが、夕日や星空など見どころが多く、意外とあっという間に時間が過ぎていく。潮風が心地いいデッキで、のんびりクルーズ気分を味わいたい。

1日目 刻々と変化する甲板からの景色を楽しんで！

11:00 竹芝桟橋を出発。東京湾は見どころ豊富

出港から約3時間は東京湾を航行する。レインボーブリッジやお台場、羽田空港など、海から眺める東京の名所は新鮮。

船室に荷物を置いたら外部デッキへ

11:30 船内を散策♪ 観光案内もオープン

11:30からは4デッキ観光情報コーナーで解説員が島の情報を案内（※）。ツアーの予約がまだの人は、情報をもとに電話を。

観光パンフレットをもらっておこう

13:00 ランチは定番の島塩ラーメンを

ランチはレストランのほか、売店や自販機でパンやカップ麺を購入してもいい。電子レンジや給湯器は無料で使える。

レストランの昼食は通常11:15～14:00

16:00 展望ラウンジでおやつタイム

眺めのいい展望ラウンジHaha-jimaは、のんびり船旅を楽しむのに最適。軽食やビールなどのお酒も揃っている。

人気の丸卓は予約制なので注意！

日没 デッキで夕焼け空のグラデーションに感動

夕日に染まった大海原と空は格別な美しさ。季節によって日没前に八丈島の沖を通過すると、島のシルエットが見られる。

ドラマチック

サンセットの時間は季節により変わる

19:00 お楽しみの夕食は豪華な親子丼

レストランChichi-jimaの夕食は通常17:30～21:00。人気の鮭といくらの親子丼1980円は、ボリューミーで食べ応えあり！

サラダと味噌汁、お新香付き♪

20:00 夜のデッキで満天の星を観賞！

船はすでに東京都心から350km離れた洋上を進んでいる。当然あたりは真っ暗。上部デッキのベンチに横になって星空を観賞！

ビールを片手に星空観賞も最高

21:00 シャワーを浴びてさっぱり♪

シャワールームは24時間、無料で使え、ボディソープとリンス入りシャンプーが用意されている。2等船室は22:00に消灯。

乾いた脱衣スペースが備わる

船内からもツアーを予約できる！

人気のアクティビティは早めに予約をしておきたい。特に到着日午後のアクティビティは、到着前までの予約が必須だ。東京湾航行中や島の近くでは携帯電話が通じるほか、案内所前の船舶電話なら湾外でも通話ができる。

しま通信　晴れた日は、竹芝桟橋出港後におがさわら丸の甲板から富士山が見えることも。羽田空港沖では、富士山を背景に着陸する飛行機が見られることもあるので、カメラを持って待機！

おが丸の24時間、至福の船旅

竹芝桟橋 往11:00 復15:00
伊豆大島通過 往14:50 復11:10
三宅島通過 往16:10 復9:50
八丈島通過 往18:50 復7:15
八丈島まで 300km
鳥島通過 往1:20 復0:40
おがさわら丸 24 時間
父島まで 1000km
北之島通過 往9:00 復17:05
父島 往11:00 復15:00
母島
ははじま丸 2 時間 50km

携帯電話がつながるところ
※電波は外部デッキや窓際が入りやすい。父島では入港の約1時間前から電波が入る

2日目 早めに荷物をまとめてのんびり

日の出 朝日に染まるデッキを散歩

朝は早起きして、デッキからの日の出を楽しもう。東京湾とは違う海の色に感激！　潮風に包まれてさわやかな散歩を楽しみたい。

水平線から昇る太陽は力強い

8:00 展望ラウンジかレストランで朝食

しっかり食べるならレストランへ。軽めなら展望ラウンジでおにぎりやホットケーキはいかが？　いずれも 7:00 ～。

売店ではパンを

陽光が差し込む展望ラウンジ

9:00 聟島列島を通過 ホエールウオッチングも

9:00 頃に小笠原諸島の北端に到達。12 ～ 5 月頃はザトウクジラが見られることも。デッキでは解説員による島の解説も（※）。

切り立った島々が

ケータ列島と呼ばれる聟島列島

10:00 荷物を整理して忘れ物をしないように

到着まであと少し。午後にツアーなどの予約を入れた人は、必要なものをすぐ取り出せるように仕分けしておくといい。

貴重品ロッカーに忘れ物はない？

11:00 父島の玄関口二見港に到着

船内放送に従って、荷物を持って父島に上陸。港は迎えの人たちが集まりにぎやか。まずは宿泊する宿のスタッフを探そう。

宿の看板を持ったスタッフがずらり

※父島折り返し便では実施されない。また天候・海況によって中止になる場合がある

帰りはここに注目！ 小笠原名物、お見送りに感動

おがさわら丸の出港時には、港に多くの人が集まり盛大に見送ってくれる。お世話になった宿やアクティビティスタッフが「行ってらっしゃい」と手を振ってくれると「絶対にまた帰ってこよう」という気持ちになるはず。船が港を離れると、たくさんのボートが並走し、送り出すのも小笠原の名物シーンだ。

上／大小のボートがおがさわら丸に並走。最後はスタッフが海に華麗に飛び込みお別れ！
右上／見送り太鼓で安全な航海を祈願する　右下／3月は島の人たちの別れも……

1876 年に郵便汽船三菱会社（現在の日本郵船）によって開拓された小笠原航路。戦前までは芝園丸がサイパン航路の途中で父島に寄港し、東京～小笠原～硫黄島を 8 日間で結んでいた。

＼絶対欲しい！／

東海汽船＆小笠原海運グッズ

旅のお供に、日常使いに、かわいく使えるグッズを紹介！

東海汽船

【はこぶね課】てのりぬいぐるみ６隻セット

さるびあ丸、たちばな丸、結、愛、友、大漁をモチーフにしたキャラクター「はこぶね課」の手のりサイズのぬいぐるみ。

買える場所 Shop竹芝、島ぽち

コンテナ保冷バッグ

1800円

350mℓ缶が６本入る保冷バッグ。キャンプやピクニック、毎日のお弁当入れにぴったり！

買える場所 Shop竹芝、島ぽち

プルバック東海汽船 高速ジェット船・さるびあ丸

各船をモチーフにしたプルバックトイ。現役のジェット船４種類とさるびあ丸のラインアップ。水陸両用！

買える場所 Shop竹芝、各島の港売店

ジェット船Ｔシャツ

セブンアイランド愛／友／大漁／結をモチーフにしたＴシャツ。吸水性と速乾性を兼ね備えたメッシュ素材。

買える場所 Shop竹芝、島ぽち

買える場所
Shop竹芝
竹芝桟橋客船ターミナル内にある売店。→P.77
島ぽち 東海汽船グッズのほか島の逸品が揃うネットショップ。URL shimapochi.tokaikisen.co.jp

小笠原海運

おが丸 刺繍タグキーホルダー

通称「タグまる」。乗り物好きにはたまらないタグキーホルダーは、迷わずゲットしておきたい人気商品！

買える場所 OKK SHOP

おガチャおがじろうコレクション（カプセルトイ）

小笠原の倒木や伐採された木を使った木製タグ。5デザイン×5つの木があり、何が出るかはお楽しみ♪

買える場所 ショップドルフィン

ナンデモ充電くん

USBに接続して、lightning、microUSB、USB Type-Cに充電できる便利なケーブル。

買える場所 ショップドルフィン

おがじろう船長 がまぐちチケットホルダー

おが丸の搭乗券とスマートフォン、小銭が入るホルダー。24時間の船旅がスムーズになる頼もしい相棒♪

買える場所 OKK SHOP

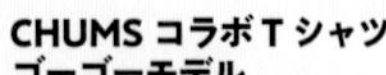

CHUMSコラボＴシャツ ゴーゴーモデル

創立55周年記念の限定アイテム。船長に扮したブービーを胸におが丸に乗ってGO！GO！小笠原！！

買える場所 OKK SHOP、ショップドルフィン

買える場所
船内売店ショップドルフィン
おがさわら丸の船内にあるショップ。船内限定品は要チェック。→P.92
OKK SHOP
小笠原海運のネットショップ。限定レアグッズが見つかる。URL okk-shop.raku-uru.jp

※値段は変更になる場合があります。

現地まで行けなければ、東海汽船と小笠原海運が運営しているネットショップでお買い物を楽しんでみては？通信販売限定のレアグッズがみつかるかも！ また各地で不定期開催のイベントでも手に入ることも。

第2章

伊豆諸島エリアガイド

南北に連なる個性豊かで魅力的な島々

伊豆諸島エリア早わかり

太平洋に突き出す伊豆半島の東南沖に、南北に点在する伊豆諸島。9つの有人島を含む100あまりの島々から構成されている。椿が咲く伊豆大島やサーファー憧れの新島、イルカと泳げる御蔵島、南洋植物が繁茂する八丈島など個性的な島々が旅好きを魅了する。

冬は椿のシーズン

見渡す限り黒い砂に埋め尽くされた裏砂漠

1 竹芝から船で1時間45分のアクセスが魅力

いずおおしま

伊豆大島 P.102

伊豆諸島の最北端に浮かぶ伊豆大島は、伊豆諸島で最も大きいビッグアイランド。中央にそびえる三原山は活火山として知られ、島内には火山島らしい雄々しい景観が広がる。移住者が多く、おしゃれなカフェやゲストハウスが増加中！

独特の形をした利島は遠くからでも分かりやすい

2 椿油の生産量が日本有数の椿アイランド

と　しま

利島 P.136

中央から天に突き出した、きれいな円錐形の宮塚山が印象的な小さな島。冬はヤブツバキが咲き、椿油が名産品。人口は300人ほどで、島内にはのどかな空気が漂う。ドルフィンスイムでも人気！

3 白砂と青い海が輝くリゾートエリア

にいじま

新島 P.148

真っ白な砂浜が延びる国内有数のビーチエリア。年間を通してよい波が立つサーファーズパラダイスとしても知られる。発酵液に漬けた魚の干物くさやなど郷土料理も魅力だ。島内では特産のコーガ石でできたモヤイ像が出迎えてくれる。

モヤイ像がいっぱい！

約7kmにわたって白砂が延びる羽伏浦海岸

4 海を眺めながらの露天温泉が格別！

しきねじま

式根島 P.180

海岸沿いに天然温泉があり、硫化鉄泉と炭酸泉というふたつの温泉を楽しめる。岩が防波堤になった入江が点在し、波の穏やかな白砂ビーチは海水浴客でいっぱい。爽快な眺めの展望台も充実している。

古くから湯治客が訪れたという地鉈温泉

伊豆諸島の旅では、船から眺める景色も楽しみ。特に寄港する島を海から眺められるのがいいんです。島の玄関口である港の景色に旅情がそそられます。（編集部・T）

千葉県
1 伊豆大島
2 利島
3 新島
根島
5 神津島
6 三宅島
7 御蔵島
8 八丈島
9 青ヶ島

岩に囲まれた入江で泳げる赤崎遊歩道

5 神々が集う山に守られた聖なる島

神津島（こうづしま）

P.198

豊富な湧き水に恵まれた、水配りの伝説が残る島。天上山や赤崎遊歩道、星空などSNS映えする美景スポットが注目されている。漁業が盛んでキンメダイが有名なほか、伊豆諸島唯一のブルワリーが醸造する地ビールも話題。

6 ダイナミックな火山のパワーを感じる

三宅島（みやけじま）

P.222

中央に標高775.1mの活火山、雄山（おやま）がそびえ立つ楕円形の島。島内にはたび重なる噴火による溶岩質の大地が広がる。海岸沿いに5つの集落が点在し、西側の阿古地区がにぎやか。野鳥の生息密度が高く、バードアイランドとして知られる。

火山体験遊歩道では荒々しい溶岩流の上を歩ける

野生のイルカと一緒に泳げる貴重な海

7 イルカ好きが集まる憧れの海

御蔵島（みくらしま）

P.246

島の周辺にミナミハンドウイルカが生息。春から秋にかけてはドルフィンスイムが大人気で、平日でも宿の予約が取りにくいほど。降雨量が多く、北部にある集落以外は鬱蒼とした原生林に覆われている。

8 南国の花が咲く常春の島

八丈島（はちじょうじま）

P.260

楕円の玉石垣が印象的☆

竹芝から南へ287㎞の場所に浮かぶひょうたん形の島。東の三原山、西の八丈富士というふたつの山がそびえ、トレッキングや登山を楽しめる。ヤシが葉を伸ばし、ハイビスカスやフリージアが咲き乱れる南国風景が魅力。景色のよい温泉もおすすめ。

3月後半～4月上旬には「八丈島フリージアまつり」が開催

9 断崖に守られた二重カルデラは絶景

青ヶ島（あおがしま）

P.294

伊豆諸島最南端の有人島。断崖絶壁に囲まれた島は、世界でも珍しい二重カルデラになっており、唯一無二の景観を見せている。池之沢では地面から地熱蒸気が噴き出しており、「ひんぎゃ」と呼ばれている。

展望台から眺める二重カルデラの内輪山、丸山は絶景！

伊豆諸島の酒といえば焼酎。たくさん飲む人は、自分で濃さを調節できるボトルでの注文がおすすめです。その土地の料理には、やっぱりその土地の酒が合います。（編集部・M）

2~3島滞在を楽しむ！
伊豆諸島 島めぐりモデルプラン

島魚を
楽しんで！

PLAN 1 新島 式根島 神津島 2泊3日
白砂の3島をめぐる

流紋岩という白い火山岩でできた新島、式根島、神津島。真っ白な砂浜が延び、夏は海水浴客でにぎやか。温泉施設もハイレベル！

1日目 新島

朝 飛行機で新島に到着
調布飛行場から新島へ1日4便の飛行機が運航。40分で到着。

午前 羽伏浦海岸で海水浴
東海岸に約7kmにわたって延びる島のメインビーチへ。 → **P.172**

午後 湯の浜露天温泉でのんびり
水着着用で入る無料の露天温泉。温水シャワーは有料。 → **P.164**

午後 新島ガラスの絵付け体験
緑がかった新島ガラスのコップに絵付けができる。 → **P.165**

新島泊

右／真っ白な砂浜が延びる羽伏浦海岸　左上／神殿を思わせる湯の浜露天温泉　左下／コーガ石からできる新島ガラスの絵付け体験

2日目 式根島

早朝 連絡船で式根島へ
新島～式根島は連絡船にしきで13分。予約なしで乗れる。

朝 自転車で絶景スポットめぐり
神引展望台やぐんじ山展望台などの美景に感動。 → **P.187**

午後 海を眺めながらの露天温泉
地鉈温泉や松が下雅湯などの露天温泉でほっこり。 → **P.184**

夕方 大浦海水浴場でサンセット
湾内がオレンジ色に染まる島内随一の夕日スポット。 → **P.193**

式根島泊

上／情緒ある風景のぐんじ山展望台　右上／足湯も備わる温泉、松が下雅湯
右下／夕日がきれいな日は島民の姿も多い

3日目 神津島

朝 大型客船で神津島へ
式根島から神津島まで大型客船さるびあ丸で50分。

午前 天上山トレッキング
白島登山口6合目からなら30分ほどで山頂まで登れる。 → **P.44**

午後 赤崎遊歩道を散策
入江を囲む岩にウッドデッキをめぐらせた海水浴場。 → **P.204**

午後 飛行機で調布飛行場へ
神津島～調布飛行場の飛行機は1日3便。45分で到着する。

右／スノーケリングが楽しい赤崎遊歩道　左上／天上山の山頂から集落を望む
左下／美しい景色を眺めながら歩ける天上山

連絡船を活用しよう

新島と式根島の間は大型客船とジェット船のほか、村営の連絡船にしきが往復している。1日3便あるので、どちらかの島に滞在して日帰りで遊びにいくこともできる。

船の欠航に注意して！

伊豆諸島は波や風の影響を受けやすいので、島間移動する際は船が欠航する可能性を頭に入れておこう。天気予報を確認し、天候が悪くなる場合はスケジュールの見直しも！

PLAN 2 伊豆大島 利島 2泊3日

2島の異なる雰囲気を楽しむ

竹芝桟橋からのアクセスがよく観光客も多い伊豆大島と、その隣に浮かぶ小さく素朴な利島。まったく違う表情をもつふたつの島へ。※夜発の大型客船での1泊を含めると3泊4日になります

1日目 利島

早朝 大型客船で利島に到着
竹芝桟橋~利島は大型客船で9時間40分。利島に7:40に到着。

朝 宮塚山を歩いて展望台へ
レンタカーで登山口まで行き往復1時間30分のハイキングを。

午後 宿を起点に集落を散歩
坂道に沿って家が並ぶ素朴な集落は、ぶらぶら散歩するのに最適。

夕方 夜の集落で星空観察
街灯が少ない利島の集落。雲がない日は星空を眺めてみて！

利島泊

港と集落を一望

上／宮塚山の登山口は集落から徒歩1時間 左上／利島の集落は坂が多い！ 左下／素朴な雰囲気の集落を歩く

2日目 利島 伊豆大島

朝 勤労福祉会館でボウリング
勤労福祉会館には2レーンしかない小さなボウリング場が！

昼 ヘリコプターで伊豆大島へ
利島~伊豆大島はヘリコプターで10分。空からの眺めは最高。

午後 神秘の裏砂漠を歩く
火山の噴火でできた黒い砂漠は荒涼とした月面のよう。→ P.112

夕方 夕日のサンセットパームライン
元町港から北に延びる海岸線は絶好の夕日スポット。→ P.110

伊豆大島泊

SF映画を思わせる……

上／日本で唯一砂漠と表記される裏砂漠 右上／自転車でサンセットパームラインへ 右下／利島でストライクを狙え♪

3日目 伊豆大島

朝 三原山ハイキング
標高758mの三原山は山頂から迫力の火口を眺められる。→ P.47

午前 港周辺でおみやげ探し
元町港周辺には、名産品や雑貨を扱うショップが集まる。→ P.132

午後 ジェット船で竹芝桟橋へ
伊豆大島から竹芝桟橋まではジェット船で45分。
1日1～2便の運航。

左／そびえる三原山を目指す 右／乗船前におみやげ探しを！

PLAN 3 八丈島 青ヶ島 2泊3日

心躍るような絶景体験

島好きが憧れる青ヶ島は、八丈島から船またはヘリコプターでアクセス。天候が悪いときは八丈島に2泊するなど柔軟な対応を取れるように用意をしておこう。

1日目 青ヶ島

早朝 飛行機で八丈島に到着
羽田空港から八丈島まで飛行機で55分。1日3便が運航。

朝 ヘリコプターで青ヶ島へ
八丈島空港でヘリコプターへ。大きな荷物はロッカーに預ける。

午前 展望スポットめぐり
大凸部や尾山展望公園で自然が生み出す美景に感動。→ P.300

午後 ひんぎゃ体験
池之沢噴気孔群から出る地熱蒸気を見学。地熱釜も！→ P.302

青ヶ島泊

青ヶ島の象徴！

上／二重カルデラの内輪山、丸山 左上／青ヶ島は絶壁に囲まれた要塞のよう 左下／噴気穴から噴き出す蒸気が幻想的

2日目 八丈島

朝 ヘリコプターで八丈島へ
青ヶ島~八丈島はヘリコプターで20分。遊覧飛行を楽しむ。

午前 八丈富士トレッキング
標高854mと伊豆諸島最高峰の八丈富士。
山頂には火口が！→ P.42

夕方 みはらしの湯で汗を流す
濃厚なブルーの海を一望する末吉温泉 みはらしの湯。→ P.266

八丈島泊

お鉢巡りで見られる

上／八丈島の沖に浮かぶ八丈小島 右上／階段を上って八丈富士の頂上へ 右下／露天がすばらしいみはらしの湯

3日目 八丈島

朝 展望スポットを回るドライブ
大坂トンネル展望台や登龍峠展望台など美景を堪能。→ P.286

午後 黄八丈の小物作り体験
八丈民芸やましたでは黄八丈の手織り体験ができる。→ P.290

午後 飛行機で羽田空港へ
いちばん遅い便は八丈島を17:30発、
羽田空港18:30着。

八丈富士と八丈小島

左／大坂トンネル展望台からの絶景 右／東の高台にある登龍峠展望台

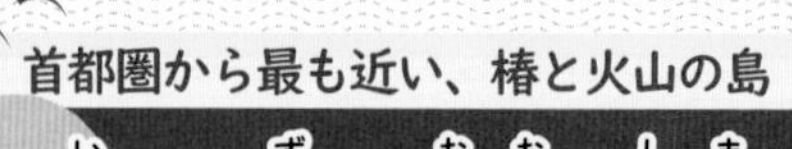

首都圏から最も近い、椿と火山の島

伊豆大島（いずおおしま）

人口　6982人（2023年）
面積　90.76㎢
周囲　約52㎞

MAP 別冊 P.4

三原山の火口へ向かう遊歩道。溶岩が造る荒々しい景観が広がる

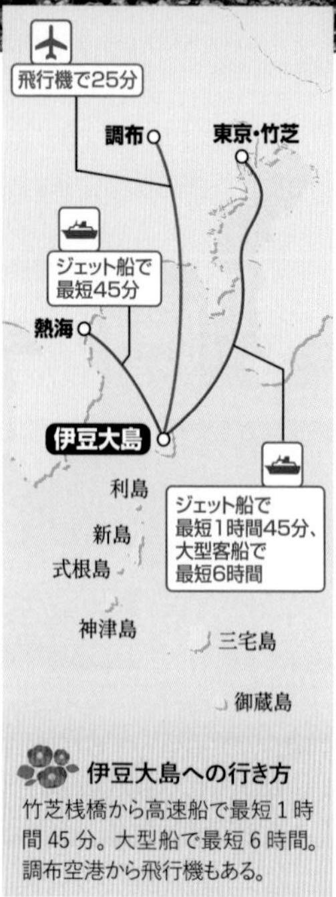

飛行機で25分
調布
東京・竹芝
ジェット船で最短45分
熱海
伊豆大島
利島
ジェット船で最短1時間45分、大型客船で最短6時間
新島
式根島
神津島
三宅島
御蔵島

伊豆大島への行き方
竹芝桟橋から高速船で最短1時間45分。大型船で最短6時間。調布空港から飛行機もある。

東京から南に約120㎞。首都圏から最も近い伊豆諸島最大の島、伊豆大島は富士箱根伊豆国立公園に属し、高速船で最短1時間45分という近さながら、豊かな自然が魅力だ。島のシンボルは中央にそびえる三原山。古くから噴火を繰り返してきたこの山のことを島民は「御神火」（ごじんか）と呼び、恐れ敬い神とあがめてきた。その東側には日本で唯一「砂漠」と表記される裏砂漠が広がる。江戸時代中期までは政治犯の流刑地として歴史にたびたび登場する。島の景勝地をめぐりながら、自然や歴史について思いをはせてみよう。もちろん、島ならではの味覚も楽しみだ。青トウガラシの醤油に漬けた刺身をのせたべっこう寿司や明日葉の天ぷらは必食。冬場に旬を迎える脂がのったキンメダイは、地キンメとして珍重されている。

“バウムクーヘン”といわれる地層大切断面

フィリピン海プレートの東の縁に位置する伊豆大島は、ひときわ若くて活発な火山島であり、大陸と接したことがない海洋島だ。そんな厳しく特殊な自然環境のなか、人々は知恵を絞り自然と共生してきた。

大島の歩き方

元町港、岡田港、どちらかに船が着く

伊豆大島には、元町港、岡田港ふたつの港があり、当日の海況によって港が決まる（出帆港）。ふたつの港のうち島のメインエリアにあるのは元町港で、周囲にみやげ物屋や飲食店がある。岡田港にも飲食店やみやげ物店はあるが元町港と比べると少ない。早朝大型船で岡田港に着いた場合、到着に合わせて元町方面へのバスが出る。休憩するなら早朝営業の施設がある元町方面へ向かおう。レンタカーの港での受け渡しを希望している場合､出帆港に車を回してくれ、返却時も出発する港に帰せばいい。出帆港は、当日の朝、町内放送でアナウンスされるほか、東海汽船のウェブサイトにも掲載される。間違えないようにチェックしておこう。また、昔ながらの町並みが残り、近年人気急上昇中の波浮港には、現在客船は着岸しない。

元町港周辺の町並み。島随一の繁華街だ

島内移動はバスかレンタカーで

伊豆大島一周道路（東京都道 208 号大島循環線）は全長 46.6km。車で約 1 時間で一周できる。見どころは島に点在しているので、レンタカーがあると便利。バスも運行しているが、集落を結ぶバスは1日に多くて9便、三原山へ行くバスは基本的に、土・日・祝の運行となっているので注意。

近代的な岡田港。売店やカフェなどが入る

大島観光協会
元町港近くにある観光案内所。地図やアクティビティのパンフレットなどが並ぶ。スタッフが常駐し、観光にまつわるアドバイスもしてくれる。岡田港船客待合所にある観光案内所は週末限定でオープン。

MAP 別冊 P.6-B2
TEL 04992-2-2177
住 大島町元町 1-3-3
営 8:30 ～ 17:00
休 なし
P あり
URL izu-oshima.or.jp

元町港からすぐ。歩いていくことができるのでまずは立ち寄って観光情報を集めよう

弾丸日帰り旅
ジェット船で 2 時間弱で到着する伊豆大島は日帰りもできる。東海汽船では不定期で往復のジェット船、観光バス、昼食などをセットにしたツアーを販売しており、9800 円～。ちょっと伊豆大島に遊びにいってくる、というのもアリ！

ちょっとお寿司を食べに島へ♪

近代的な東京大島かめりあ空港

調布空港と伊豆大島を結ぶ新中央航空の飛行機と、利島と伊豆大島を結ぶ東邦航空のヘリコプター「愛らんどシャトル」が発着する東京大島かめりあ空港。2009 年から 2015 年まで羽田空港との定期便が就航していたが今はない。空港自体は近代的。2 階にあるレストランは、8:00 から営業しており、トーストやホットサンドなどのモーニングメニューがある。通常メニューには島の明日葉を使った明日葉天ぷらうどん（そば）などがあるが、常連客にはボリュームのあるカツカレーが好評。

1800 m の滑走路があり B737 程度のジェット機も発着できる

しま通信　冬場のみ、東京諸島から竹芝桟橋に向かう大型客船が横浜大さん橋に停泊する。大さん橋 18:10 出発、竹芝桟橋 19:45 到着。みなとみらいやベイブリッジの夜景を眺めるショートクルーズが楽しめる。

首都圏から最も近い、伊豆諸島のビッグアイランド

伊豆大島エリアガイド

飲食店や商店が集中する元町のほか、岡田、波浮などの6つの町がメイン。
船はその日の海況で元町港か岡田港に発着。観光は、レンタカーのほかバス、自転車などで。

伊豆大島シーズンガイド

●旅行のベストシーズンは？

海で遊ぶなら水温が上がる7～9月頃、トレッキングなら、4～6月と10～11月がいい。椿の開花は1月下旬～3月中旬でこの頃もおすすめ。

●海で泳げるのは何月頃？

水温が上がるのは7月に入ってから。海水浴場に監視員が配備されるのは7月下旬～8月下旬。9月上旬までは海で遊べるが、監視員はいないので十分注意して。

●冬の旅行の楽しみは？

1月下旬から3月下旬まで椿まつりが開催され、島を覆う椿を愛でに多くの観光客が訪れる。海はやや荒れるが温かい温泉や、おいしい海の幸が楽しめる季節。

伊豆大島で絶対にしたいこと BEST 3

1. 三原山お鉢巡り

島の中央にそびえるシンボル、三原山。火口周辺にはトレッキングルートが整備され、一周しながら壮大な景色を楽しめる。→P.46

2. 裏砂漠ハイキング

三原山の東に広がる漆黒の大地、裏砂漠。常に強風が吹きつけるため、樹木が育ちにくい荒涼とした景色が印象的。→P.112

3. 椿を愛でる

島に自生する約300万本のヤブツバキは12～3月までが見頃。開花に合わせて椿まつりも開催される。
→P.108

★夕日を望むサイクリングコース

サンセットパームライン

→P.110

元町港から北に延びる海岸線。その名のとおり、海に沈む夕日が望める絶景コース。日没に合わせて訪れて。

港のある島いちばんの繁華街

元町（もとまち）

元町港を中心に飲食店、商店、宿泊施設が集まる島のメインタウン。温泉施設「愛らんどセンター御神火温泉」や「大島温泉元町浜の湯」も歩いていける。

★島の中央に位置する中央火口丘

三原山 →P.46

標高758mの三原山。周囲を一周するトレッキングルートを歩きながら、迫力ある光景が楽しめる。

港を中心に見どころが点在

岡田（おかた）

船が発着する岡田港周辺には数軒飲食店がある。周辺には泉津の切り通しや椿トンネルなどフォトスポットが点在。

★広大な敷地に椿や動物園がある

都立大島公園 → P.124

東京ドームの1.5倍の敷地に椿園や椿資料館、入園無料の動物園などがある。

岡田港
サンセットパームライン
岡田
208
大島空港（東京大島かめりあ空港）
泉津の切り通し
椿花ガーデン
泉津
207
都立大島公園
動物園
元町
元町港
大島一周道路
三原山・外輪山展望台
裏砂漠
三原山
赤ダレ
野増
地層大切断面
差木地
波浮
波浮港
0
2km
N

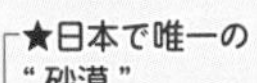

★日本で唯一の"砂漠"

裏砂漠 → P.112

スコリアという黒色の火山噴出物が覆い尽くす漆黒の大地。映画やMVのロケ地としても使われる。

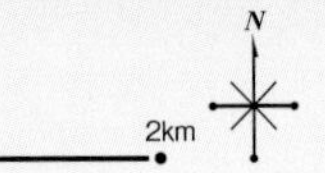

★約1万8000年分の大地の記憶

地層大切断面 → P.126

大島一周道路に突如現れる巨大な縞模様の地層。その見た目からバウムクーヘンと呼ばれている。

ノスタルジックな港町

波浮港（はぶみなと）

かつて漁業と交易の中心地として栄えた波浮港。当時を彷彿とさせる石畳の階段や町並みが残る。

グルメも絶景も！伊豆大島 1泊2日モデルプラン

首都圏から最も近い東京の島、伊豆大島。ジェット船を使えば、1泊2日でもグルメや絶景が満喫できる！ 週末、思い立ったら東京の島に出かけてみよう！

1日目 三原山の絶景でリフレッシュ！

大型客船で到着したら

大型客船なら22:00に竹芝桟橋を出港し、翌朝6:00に伊豆大島に到着する。「愛らんどセンター御神火温泉」（→ P.127）が早朝から営業しているので、温泉で疲れを癒やすのがおすすめ。

10:40 ジェット船で伊豆大島に到着

首都圏から近いので、8:35に竹芝桟橋出航のジェット船に乗れば、10:40には伊豆大島に到着！ 当日の海況によって元町港か岡田港のどちらかに到着する。

高速船なら2時間あまりで到着

16分

11:20 海鮮丼のランチ

ランチは海鮮丼を。青唐辛子がピリリと効いた醤油に漬け込んだ刺身がのったべっこう丼も人気。

青唐辛子がのっているのが島流

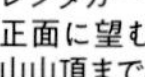

20分

13:00 三原山の火口を見にいく

レンタカーで三原山頂口へ。ここから三原山を正面に望むことができる。せっかくなら、三原山山頂までハイキングしてみよう。→ P.46

三原山頂口で無料でヘルメットが借りられる

15分

13:15 舗装された道路を歩いて山頂へ

三原山山頂までの遊歩道は舗装されているので歩きやすい。後半少し勾配がきついが、小さな子供でも大丈夫。

駐車場近くの展望台から三原山を一望

1時間

14:00 山頂に到着！

三原山内輪山山頂には、三原神社がある。三原山噴火の際、この神社を避けて溶岩が流れ出たという。

三原神社の絶景鳥居

飲料水は忘れずに持っていこう

10分

14:20 火口西展望所へ

火口西展望所は最も火口に近い展望所。ぽっかりあいた火口の迫力ある景色を見ることができる。

20分

16:00 露天風呂で汗を流す

「大島温泉 元町 浜の湯」は、海に面した絶景露天風呂。夕日を眺めながらハイキングの疲れを癒やそう。→ P.127

ところどころ噴煙が上がる

水着を着用して入る男女混浴風呂

5分

17:30 赤禿で夕日を見る

サンセットタイムに合わせて赤禿へ。海に沈む夕日を眺めることができる、島きってのサンセットスポットだ。→ P.110

5分

19:00 島の居酒屋でディナー

元町に泊まる場合、島の飲食店に夕食を食べにいくのも楽しい。焼酎片手に、刺身や明日葉料理など、島の名物を満喫しよう。

べっこうの握り寿司も美味

2日目 情緒あふれる波浮散歩と裏砂漠トレッキング

2万年にも及ぶ時間が造り上げた

8:30
自然の造った奇跡を見る
幾層にも重なった地層が600mにもわたって続く地層大切断面。その見た目からバウムクーヘンと呼ばれている。→P.126

高台と港は階段で結ばれている

⬇ 🚗 12分

8:50
高台から波浮港を見下ろす
波浮港見晴台から、文人たちが愛した港町、波浮港を見下ろす。

断崖ときらめく海に囲まれた波浮港

9:00
波浮港を散策
かつて本土と伊豆諸島をつなぐ交通の要所として栄えた波浮港。今はひっそりとしているが、石畳の道と当時の建物が残るレトロな町並みが魅力。→P.114

2階が資料館となっている

9:30
踊り子の里資料館「旧港屋旅館」へ
明治から昭和初期にかけて多くの宿泊客でにぎわった港屋旅館。その貴重な建物を保存し、現在は資料館として写真や資料を展示している。→P.115

右側からたたいてみて

9:55
『波浮の港』を奏でる
波浮港の堤防近くにある鐘は、備え付けの棒でたたくと『波浮の港』のメロディーになる。哀愁漂うメロディを奏でてみよう。

店主との旅の話も楽しい

カフェでひと休み
波浮の港町にある「Hav Cafe」へ。ていねいに入れたドリップコーヒーでほっとひと息。→P.119

神秘的な木のトンネルをくぐり抜ける

強い風のため、あたりに高い木が生えない

⬇ 🚗 15分

荒涼とした景色が広がる裏砂漠へ
駐車場に車を停めて、裏砂漠へ。足元はさらさらとした黒い砂。スニーカーで訪れるのがおすすめだ。→P.112

⬇ 🚶 15分

第一展望台に到着
10分ほどで第一展望台に到着。見渡す限り漆黒の大地は別世界のよう。強風のこともあるので注意しよう。

> **第二展望台まで足を延ばそう**
> 第一展望台から300m行くと第二展望台がある。時間に余裕があれば、足を延ばしても。ここからは外輪山の壮大な景色を望むことができる。

異世界に通じるかのような雰囲気

⬇ 🚗 15分

泉津の切り通しへ
大地を支える2本の巨大な根の間に造られた階段。木漏れ日が差し込むとよりいっそう神秘的。

地魚握りが人気メニュー

⬇ 🚗 7分

11:50
岡田の人気店で寿司を満喫
岡田港の向かいにある「鮨 陽宝丸」へ。島の地魚を中心に寿司や丼、定食が味わえる。→P.128

元町港近くのえびすや土産店

⬇ 🚗 10分

13:40
港周辺でおみやげ探し
港周辺のおみやげ屋さんでおみやげ探し。定番の牛乳煎餅のほか、椿油や調味料などもおすすめ。

14:30
ジェット船で東京へ
東京行きのジェット船に乗って島とお別れ。出帆港はその日により元町港か岡田港で異なる。

> **大型船で帰るなら**
> 大型船は14:30出発、東京・竹芝桟橋に19:00に到着する。のんびり大型船で帰るのも島旅らしくていい。

ぶらっとハウス（→P.132）に立ち寄ってアイスを食べても♪

⬇ ⛴ 1時間50分

16:20
東京・竹芝桟橋に到着

約300万本の椿が彩る島

あますところなく 椿を楽しむ方法

伊豆大島といえば椿。島全体でなんと約300万本ものヤブツバキが自生しており、最盛期の2月から3月下旬には島を赤く染め上げる。この時期には、椿の開花を祝う椿まつりが開催されるのも有名だ。さあ、椿の楽園に花を愛でに出かけよう。

楽しみ方1 島を代表する3つの庭園を巡る

島にはICS（国際ツバキ協会）が認定した国際優秀つばき園が3園あり、約1500種類以上の椿がおもに12月上旬から3月にかけて咲き誇り、世界中から椿愛好家が訪れる。

空気が澄む秋から冬が特におすすめ

約5万3000坪と広大な敷地に椿が咲く

椿花ガーデン（つばきはなが一でん）

富士山と椿のコラボレーションが望める庭園。アジサイやアナベルなど年間を通して花が楽しめる。

MAP 別冊 P.4-A1
住 大島町元町字津倍付41-1
TEL 04992-2-2543　営 9:00 ～ 15:00
休 不定休（季節により異なる）
料 950円　CC 不可　P あり　交 椿花ガーデン入口バス停からすぐ

1977年から生徒が育てている

1000本以上の椿を高校生が管理する椿園

都立大島高等学校（とりつおおしまこうとうがっこう）

教育機関としては世界で初めて国際優秀つばき園に認定された。農林科の生徒が育てる約380品種の椿を愛でよう。

MAP 別冊 P.4-A1
住 大島町元町字八重の水127
TEL 04992-2-1431　営 9:00～16:00（椿まつり期間中のみ公開、入試期間中の見学は禁止）　休 2月末の数日間　料 無料
P あり　交 元町港から車で6分

敷地内に植物園や無料の動物園もある

広大な土地に咲く色とりどりの椿

都立大島公園椿園（とりつおおしまこうえんつばきえん）

日本最大級の椿園。約1000品種の園芸種と約5000本のヤブツバキを栽培。椿まつりのメイン会場でもある。

MAP 別冊 P.5-C1
住 大島町泉津福重2
TEL 04992-2-9111　営 終日開園（ただし、展示温室は椿まつり期間中の9：00～16：00）　休 なし　料 無料　P あり
交 バス停大島公園から徒歩3分

伊豆大島で見られる椿図鑑

ヤブツバキ
島に自生する、赤い花びらを5弁咲かせる日本原産の品種。

サザンカ
10～12月が見頃。咲き終わりは花びらが散る様子が美しい。

明石潟（あかしがた）
日本のツバキで花の大きさが最大の花。3～4月が見頃。

大虹（おおにじ）
明石潟の変異種。ピンクの花に白斑が印象的。

太郎冠（たろうかじゃ）
濃い桃色で一重咲き。江戸時代からある歴史ある品種。

蝦夷錦（えぞにしき）
花びらの赤と白のコントラストが美しい八重咲き品種。

しま通信　2024年現在、約60ヵ所の国際優秀つばき園がある。認定されるには、200種類以上の品種があるなど基準をクリアする必要がありなかなか難しい。伊豆大島は世界有数の椿園が3ヵ所もある希有な島なのだ。

優美な椿の姿を写真に収める

椿園以外にも椿の見どころが島内に点在する。椿の木が織りなすトンネルや落ち椿がつくる赤い絨毯など、椿がつくる自然のアートも見ものだ。

絡み合う巨木は縁結びスポット！

のじのつばきめおとつばき

野地の椿「夫婦椿」

根っこがまるで手を取り合うように見えることから、夫婦椿と呼ばれている。公道から白いガードレール沿いに曲がり、道なりに歩くと夫婦椿が現れる。良縁を祈願して！

根に花を添えるとより写真映えする

MAP 別冊 P.8-A1
住大島町元町野地　交元町港から車で約 15 分

全長 100mにも及ぶ椿のトンネル

せんづのつばきとんねる

泉津の椿トンネル

今も椿の花が咲く

樹齢約 200 年の椿の古木が道の両側からアーチ型に連なる美しい道。木陰で涼しく、木漏れ日も美しいので散歩道としておすすめ。

MAP 別冊 P.4-B1
住大島町泉津　交岡田港から車で 8 分

落ち椿が絨毯のように彩る

つばきのもりこうえん

椿の森公園

三原山登山道路沿いにある椿の林。椿の花が終わりを迎える 3 月頃には、椿の花びらが絨毯のように地面一面に敷き詰められ、幻想的で美しい光景が見られる。

落ち椿に春の訪れを感じる

MAP 別冊 P.4-A1
住大島町元町　交元町港から車で 10 分

楽しみ方 3

天然の椿油を手に入れる

島に自生するヤブツバキの種から搾った椿油は、スキンケアや料理など、さまざまな場面で活用されている。島で採取した種だけを使って作った、良質な椿油を手に入れて！

伊豆大島の生ツバキ油 10mℓ / 880 円
非加熱処理にこだわった椿油。サラッとした使い心地で、スキンケアにぴったり。
株式会社 C&WORLD
えびすや土産店→ P.66

生の椿油 15mℓ /1000 円
コールドプレス製法で抽出された椿油。保湿力が高く乾燥肌にも。島内限定の 15ml サイズ。
株式会社 椿
みよし土産品店→ P.111

大島椿 椿油 30mℓ /1650 円
全国に島の椿油を広めた 1927 年から続く老舗。100% 島の種で作った椿油で、島内だけで購入できる逸品。
大島椿 株式会社
minato にぎわいマーケット→ P.132

大島油 36ml/1280 円
100 年以上前に描かれた宝船印のレトロなパッケージが人気。パッケージデザインのグッズも販売。
株式会社 阿部製油所　阿部森売店→ P.132

三原 椿油 130ml/1940 円
香り高い食用油。悪玉コレステロールを抑制するオレイン酸が豊富に含まれる。
有限会社 高田製油所　みよし土産品店→ P.111
minato にぎわいマーケット→ P.132

椿まつりに行く

伊豆大島では椿の見頃に合わせて、1 月末から 3 月中旬まで椿まつりが行われる。例年約 5 万人の来場者が訪れ、島中で椿の開花を祝う。

郷土芸能パフォーマンス

舞台は土・日・祝のみ開催

メイン会場「椿プラザ」では、大島民謡やあんこの手踊りなど、島の郷土芸能が披露される。椿油をはじめとする島みやげもここで手に入れよう。

会場：大島公園 特設会場
営業時間／開館時間：10:00 ～ 15:00

夜祭り

多くの島人が踊りを楽しむ！

元町港船客待合所内にて金・土曜のみ開催される夜祭り。島の伝統芸能や太鼓のパフォーマンスが見られるほか、ワークショップも行われる。

場所：元町港船客待合所内　時期：期間中の金・土曜日　営業時間／開館時間：19:30 ～ 21:00

椿まつりフォトコンクール

祭り期間中に開催されるフォトコンクール。伊豆大島の観光に関する作品を応募し入賞すると、次の祭り期間中に元町港船客待合所で展示される。

展示会場：元町港船客待合所

椿や祭りの様子をパシャリ！

椿花ガーデン ライトアップ

3 月上旬から椿花ガーデンの椿がライトアップされる。星空の下で輝く椿の幻想的な雰囲気を味わおう。

椿形ライトが美しい

場所：椿花ガーデン　時期：3 月上旬から下旬の金・土※雨天中止　営業時間／開館時間：19:00 ～ 20:30

しま通信　ピンクや赤、白と色とりどりで美しい椿だが、チャドクガという毛虫がいることも。島では常に駆除をしているが、万が一触るとかゆみや発疹が出たり、アレルギー反応を起こすこともあるので注意して。

島の絶景を眺めながら駆け抜ける！

伊豆大島で爽快サイクリング

夕日を望む絶景コースと、
三原山からのダウンヒルサイクリングの、
人気サイクリング２ルートをご紹介！

島サイクリングの注意事項

① スピードの出しすぎに注意
② サイクルラックを使用しよう
③ 繁忙期には予約を

ルート①

海沿いの絶景ロード

サンセットパームライン

元町 浜の湯から北部の野田浜までをつなぐ海沿いの道路「サンセットパームライン」。冷え固まった溶岩が造り出すダイナミックな地形や、海の向こうに浮かぶ伊豆半島や富士山など、絶景が楽しめる人気のサイクリングコースだ。夕暮れに合わせて出発し、海に沈む夕日を眺めながらサイクリングというのもおすすめ。

1 レンタサイクルを借りてスタート！

START!

約5.5km 20分

レンタサイクルショップが点在する元町港周辺で自転車を借りて、サイクリングスタート。準備ができたら野田浜を目指して北上しよう。

平坦な道が多く、体力がなくても安心

2 バディーズベルの鐘を鳴らす

約1.2km 5分

サンセットパームラインの終点地、野田浜に到着。ここには、友情の証に作られたバディーズベルがある。ベルの向こうには海越しに富士山が望めることも。

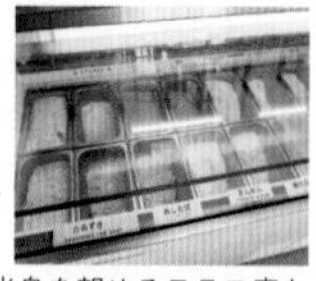
夕日の観賞スポットとしても人気

3 ミルクジェラートでひと休み♪

約3.1km 15分

農産物直売所のぷらっとハウス（→ P.132）では、隣接する牧場の搾りたての牛乳と、島の食材で作るミルクジェラートが人気。フレッシュなジェラートが疲れを癒やしてくれる。

店内のほか、伊豆半島を望めるテラス席も

4 海に沈む夕日を眺める

GOAL!

港に戻る途中に現れる海に突き出た赤いスコリア丘「赤禿」。ここからは180度海が見渡せる。沈む夕日と赤い溶岩のコントラストは息をのむ美しさ。

ベンチに座って夕日を眺めよう

赤禿　MAP 別冊 P.8-A2　住 大島町元町赤禿
交 元町港から自転車で 10 分

しま通信 島内には自転車専用レーンが少なく、自転車は車道を走ることになる。スピードの出しすぎには十分注意しよう。自立式スタンドがない自転車は車や人の邪魔にならないように、サイクルラックに駐輪を。

ルート②

山から町へと駆け抜ける！

三原山ダウンヒルサイクリング

三原山頂口から元町までをつなぐ、御神火スカイラインを下るサイクリング。眼下に広がる海と町並みを眺めながら、爽快感を味わおう！　勾配が大きいためスピード出しすぎに注意。

三原山頂口からスタート！

戸井商店で「山頂スタートプラン」を申し込めば、三原山頂口にある「名代　歌乃茶屋」で自転車を受け取ることができる。自転車のサドルの高さを調整し、準備が整ったら御神火スカイラインへ向かおう。

約800m 5分

クロスバイクと電動自転車がある

山頂口まではどうやって行く？
山頂口までは元町港、もしくはその日の船の入港地からバスが出ている。繁忙期と年末年始以外は土・日・祝のみ運行する。

眼下に広がる海と町の眺望！

御神火スカイラインに入ると坂道が始まり、景色が開ける場所に出る。ブレーキをかけながらゆっくりと走ろう。オオシマザクラやガクアジサイなど、季節の花々が山を彩る。

風が気持ちいい～！

晴れた日には伊豆半島も見える

約4.6km 20分

大島町メモリアル公園でひと休み

遊具やスケートボード場を併設する広々とした公園。芝生があるのでひと休みしよう。自動販売機は公園内にあり、必要ならここで飲み物が手に入る。

大島町メモリアル公園　MAP 別冊 P.4-A2
住 大島町元町字神達及び字木伐大道地内
交 三原山頂口から自転車で約15分

開放感がある公園！

山と町の景色が楽しめる

2013年の土砂災害の被災地が公園として復興

約1.3km 5分

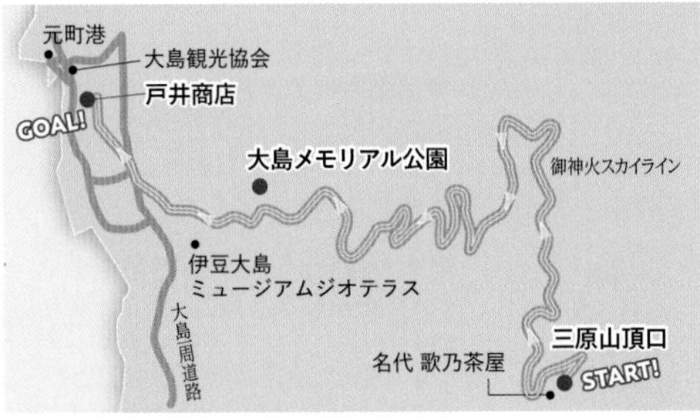

町に到着。自転車を返却

GOAL!

御神火スカイラインを下り切ると、大島一周道路に出る。そこから元町の町なかにある戸井商店を目指そう。町なかは上り坂があるので、最後のひと踏ん張りだ。店前の看板が目印！

返却時に支払おう

レンタサイクルショップリスト

戸井商店
MAP 別冊 P.7-C2
住 大島町元町 1-1-5
TEL 070-2158-4093
営 応相談　休 なし
予 要予約　料 三原山ダウンヒルサイクリング 当日返却 2300円～　CC 不可
P あり　交 元町港から徒歩5分

レンタサイクルらんぶる
MAP 別冊 P.6-B2
住 大島町元町 1-16-2
TEL 04992-2-3398
営 6:00～17:00　休 なし
予 繁忙期・団体は必要
料 当日返却 1500円～
CC 不可　P なし
交 元町港から徒歩2分

みよし土産品店
MAP 別冊 P.6-B2
住 大島町元町 1-16-1
TEL 080-2038-7653
営 6:30～18:00
休 不定休
予 繁忙期のみ必要
料 当日返却 2000円～
CC 不可　P なし
交 元町港から徒歩2分

Oshima Cycling Assist
MAP 別冊 P.7-C1
住 大島町元町 4-14-27
TEL 080-4201-0793
営 6:00～19:00　休 なし
予 必要　料 eバイク 当日返却 5000円～
CC 不可
P なし
交 元町港から徒歩9分

島一周や、波浮港方面・泉津方面に行く場合は、高低差があるので電動アシスト付き自転車がおすすめ。eバイクは Oshima Cycling Assist では島内で唯一電動アシスト付きシティサイクル（eバイク）を借りることができる。

まるで月面を歩いているみたい！
裏砂漠トレッキング
～月と砂漠ライン～

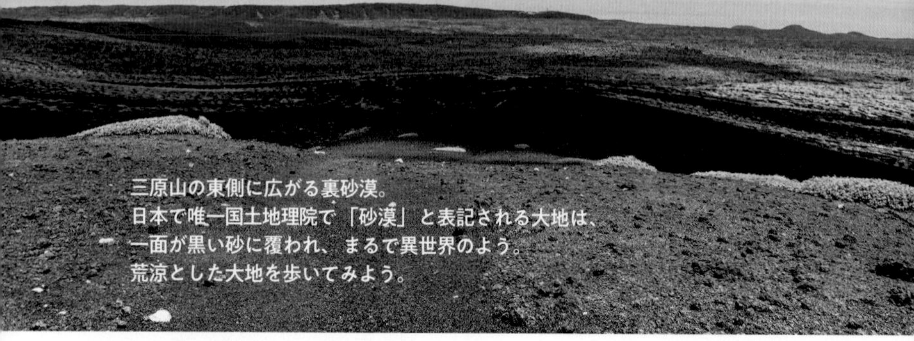

三原山の東側に広がる裏砂漠。
日本で唯一国土地理院で「砂漠」と表記される大地は、
一面が黒い砂に覆われ、まるで異世界のよう。
荒涼とした大地を歩いてみよう。

たび重なる噴火により生まれた漆黒の大地を歩く

伊豆大島東側に広がる裏砂漠は、島の必見スポットのひとつ。まるで月面のような荒涼とした景観が印象的で、これまでに数々の映画やCMの舞台としても使われてきた。見渡す限りの漆黒の大地を形成する黒い砂の正体はスコリアと呼ばれる火山噴出物の一種。度重なる噴火で造り上げられた黒い大地は、常に強い風が吹き付けるため植物が根付きにくく、むき出しになっている。

裏砂漠には舗装道路がないため、この絶景を見るには歩いていくしかないが、月と砂漠ラインの駐車場までは車で行けるのでそうハードではない。とはいえ、砂漠に出ると日差しを遮るものはないため、帽子や飲料水は必携。歩きやすい靴で臨もう。

三原山を見晴らす開放的な風景

もっと歩きたいなら温泉ホテルルートがおすすめ

もう少し景観を楽しみたいなら、大島温泉ホテルスタートの「温泉ホテルルート」のトレッキングに挑戦してみてはいかが？
まずは「こもれびトンネル」と呼ばれる樹海の中のトレイルを歩く。低木の植物が茂る草原地帯を歩く「いつか森になる道」、その後溶岩地帯を歩く「ジオ・ロックガーデン」を抜け、絶景スポット「裏砂漠・風の丘」へ。その先が裏砂漠だ。

月と砂漠ライン　レベル 初級　所要時間 2時間　歩行距離 2.4km
MAP 別冊 P.4-B2　交 元町港から月と砂漠ラインの駐車場まで車で40分または岡田港から車で30分

しま通信　月と砂漠ラインには駐車場の仮設トイレしかないので、大島公園や波浮港などで済ませておこう。裏砂漠の一部は携帯が通じない。短い行程だが天候の急変には注意し、飲み物は必ず持参しよう。

スケジュール

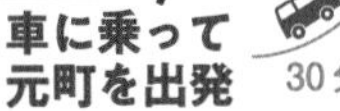

9:00 車に乗って元町を出発

30分

9:30 月と砂漠ラインの看板が目印

大島一周道路沿いにある「月と砂漠ライン」の看板を見つけたら山のほうへ曲がろう。3kmほど舗装道路を進むと駐車場がある。

看板は見落としやすいので注意！

10分

9:40 駐車場に車を停めてトレッキングスタート

駐車場に車を停めたら、看板の向こうのトレッキングルートへと進もう。

鎖がかけられているが進んで大丈夫

5分

9:50 樹海のトンネルを歩く

なだらかなアップダウンを繰り返すトレッキングルートを歩く。途中、木々がトンネルのように覆いかぶさるところも。サラサラとした黒砂で歩きやすい。

秘密のトンネルのようでワクワクする

5分

9:55 森が途切れ視界が開ける

5分ほど歩くと森が終わり、砂漠が現れる。眼下には黒砂の大地が。その向こうに海が広がる。

森が途切れると風が強くなる

10分

10:15 裏砂漠第1展望台へ

まずは裏砂漠第1展望台で記念撮影。三原山方面に進むとクレーターのようなカルデラが現れる。

東京とは思えない壮大な景観

10分

10:30 もうひとがんばり！ 第2展望台へ

第1展望台から第2展望台までは500m。最後は少し上り道。一歩一歩大地を踏みしめながら登ろう。

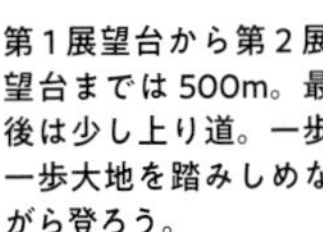

＼広大なクレーター!!／

少し急な登り道

10分

10:40 ついに第2展望台に到着！

櫛形山山頂にある第2展望台は荒々しい大地を一望できる展望スポット。帰りは来た道を引き返す。

再生の一本道も見える

下りは滑りやすいので慎重に

あたりに街灯が少ない裏砂漠は星空がとってもきれい。とはいえ夜間単独で行くのはなかなかハードルが高い。星空ツアーを開催しているアクティビティ会社に問い合わせてみよう。裏砂漠をリクエストできるかもしれない。

港町には
猫があうにゃ

今昔入り交じる港町
ノスタルジックな波浮港の歴史をたどる

風待ちの港として明治から昭和時代に栄えた波浮港。近年、そのレトロな町並みにカフェやゲストハウスが誕生し、新たなカルチャーが芽生えつつある。古の港町に思いをはせつつ、そぞろ歩きを楽しもう。

火口湖の漁港を中心に栄えた石畳が続く港町

ノスタルジックな町並みが残る波浮港。波浮の池と呼ばれた火口湖に、1801年に港ができたことをきっかけに昭和初期まで栄えた。与謝野晶子や幸田露伴など数多くの文人が訪れた土地として知られ、島の富豪が住んでいた古民家や、名旅館として名をはせ今は資料館として使われている建物などを見ながら町を歩き、栄華を極めた時代に思いをめぐらせよう。

左／波浮のメイン・ストリート。石畳の両脇に民家と商店がひしめく
右／かつて墨客も通った「文学の散歩道」

港全体が見渡せる
波浮港見晴台（はぶみなとみはらしだい）

大島一周道路沿いにある見晴らし台からは、波浮港の全景を見渡すことができる。見晴らし台には波浮港開港の功労者である秋廣平六の像が建てられている。

波浮の池と呼ばれた火口湖の地形がよくわかる

MAP 別冊 P.8-A3
住 大島町差木地　交 波浮見晴台バス停からすぐ

参道が海へと続く
波布比咩命神社（はぶひめのみことじんじゃ）

鳥居の向こうには海と港が広がる光景が見られる神社。穏やかな波浮港の風景に溶け込んだ神社でお参りをしてから、波浮港へと向かおう。

公道からつながる参道もある

MAP 別冊 P.8-A3
住 大島町波浮港18　P なし　交 波浮西岸バス停から徒歩すぐ

しま通信　さまざまな小説や音楽に登場する波浮港。特に川端康成の『伊豆の踊子』と、日本最初期の商業用レコードとして1928年に発売された佐藤千夜子の『波浮の港』によって、港は一躍有名になった。

文豪たちが愛した町並みを歩く

波浮港さんぽ

12:00 START!

石畳が続く道を散策

波浮港バス停からスタート！昔ながらの町並みが残る道を散歩しよう。人気の寿司店や新しいカフェ、ゲストハウスなどが点在している。

ノスタルジックな商店が残る

10分

12:30

防波堤で鐘を鳴らす

波浮港の桟橋の隣には「波浮の港」を奏でるチャイムがある。島の夕方に流れる防災無線チャイムでもあり、島人には広く親しまれている曲だ。

上手に鳴らしてにゃ

メロディに合わせて鐘を鳴らそう

15分

13:00

旧港屋旅館で当時のにぎわいを知る

全国の漁業関係者や観光客が泊まったという旧港屋旅館。今では当時の港のにぎわいを伝える資料館となった。踊子の里と呼ばれた華やかな時代の港を垣間見れる。

5分

川端康成の『伊豆の踊子』に出てくる旅館のモデル

旧港屋旅館
MAP 別冊 P.8-A3
住 大島町波浮港1　TEL 04992-2-1446
営 9:00～16:00　休 なし　料 無料
P なし　交 波浮港バス停から徒歩3分

13:30

文豪が愛した踊り子坂を歩く

旧港屋旅館の前に続く240段の石段。文人の文学碑を読みながらゆっくりと上ろう。階段を振り返れば、湖のように静かな湾を望める。

詩人や歌人が愛した風景を眺めよう

15分

14:00

約150年前の暮らしを旧甚の丸邸で感じる

石畳の風情ある町並みにたたずむ豪邸、旧甚の丸邸。島の富豪である網元が暮らした屋敷を見学できる。1階が生活空間で、2階では蚕を飼育・生産していた。

明治時代に富豪が暮らした豪華な建物

旧甚の丸邸
MAP 別冊 P.8-B3
住 大島町波浮港77
営 9:00～16:00
休 なし　料 無料
P なし　交 波浮港バス停から徒歩10分

5分

14:30 GOAL!

カフェでゆっくりひと休み♪

散歩のあとはカフェでひと休み。旧甚の丸邸の隣にある島京梵天（→P.118）の、もちっとした食感がたまらない、冷たい明日葉たいやき300円で疲れを癒やそう。

古民家を利用した風情あるカフェ

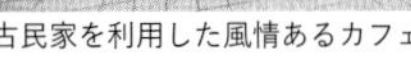

しま通信　ゲストハウスHORIZONでは冬季限定で、あんこさんの衣装を着て波浮港散歩ができる、アンコ体験宿泊プラン1万7400円を用意している。あんこさんに変身して、記念写真を撮ろう。

予約必須の名店

島人も絶賛のイチオシ料理店

上／キンメダイなど島で食べたいネタがずらり　下／カラッと揚げたエビが２本入った天丼 1150 円

地魚の寿司を味わうならここ

港鮨（みなとずし）

島の寿司屋なら港鮨、といわれるほど、連日予約でいっぱいの寿司店。地魚の寿司９貫とお吸い物がセットになった地魚にぎり 2150 円がイチオシ。イセエビ（提供は入荷時のみ）がまるごと入った伊勢海老天丼 3400 円と伊勢海老の味噌汁 600 円も人気。すぐに満席になるので、必ず予約をしてから行こう。

テーブルやカウンター席のほか、座席の個室もある

MAP 別冊 P.8-A3　住 大島町波浮港１　TEL 04992-4-0002　営 12:00 ～ 14:00、17:00 ～ 21:00　休 月夜・火　CC ADJMV　P あり　交 波浮港から徒歩すぐ

港の夜景が見える美食ビストロ

Bistro U・TO（びすとろ う・と）

元町

元町港の夜景を一望できるビストロ。照明を落としたゆったりとした空間で、島の旬の食材を生かしたフレンチベースの料理を味わえる。メニューはコース 6600 円～のみで、メインは魚料理が中心。予約時に希望を伝えれば、肉料理に変更することも可能。島の最高の食材を使って腕を振るうシェフの渾身の料理を楽しもう。

上／島の四季の味をフレンチスタイルで堪能　左／海に沈む夕日や、港の夜景を見渡せる　右／港前の青いビルの２階にある

MAP 別冊 P.6-B2　住 大島町元町 1-9-4 ２階　TEL 080-7934-2244　営 18:00 ～ 22:00　休 不定休　予 要　CC ADJMV　P なし　交 元町港から徒歩すぐ

席数の限られている島の飲食店はすぐに満席になる。特に繁忙期は食事が取れないなんてことも。ディナーはもちろん、ランチも予約をしておくとスムーズ。店に行く前に電話で確認するのも手。

近海で水揚げされたとびきり新鮮な海鮮や、火山島ならではの農作物をふんだんに使った料理が味わえる名店をご紹介。どこも予約必須の人気店だ。

旬の食材とナポリピザの共演

ピザよし

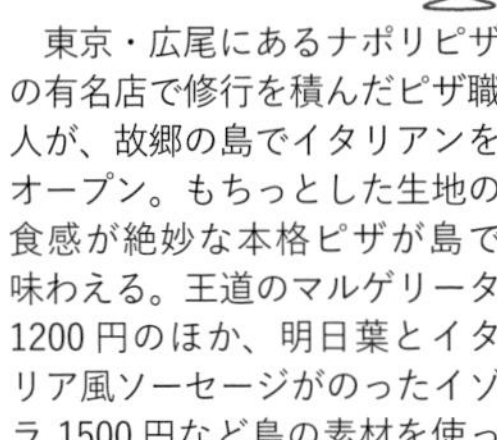

東京・広尾にあるナポリピザの有名店で修行を積んだピザ職人が、故郷の島でイタリアンをオープン。もちっとした生地の食感が絶妙な本格ピザが島で味わえる。王道のマルゲリータ1200円のほか、明日葉とイタリア風ソーセージがのったイゾラ 1500円など島の素材を使ったピザも用意する。

島の特産・かめりあ豚の肩ロースステーキ 1600円と各種ピザ 1200円～

本格的な窯で焼き上げたピザが自慢

大島一周道路沿いにあるイタリアンレストラン

MAP 別冊 P.8-A2
住 大島町元町字風待 31-279
TEL 04992-7-5575 営 11:30 ～ 14:00（L.O. 13:30）、18:00 ～ 22:00（L.O. 21:00） 休 水、不定休 CC ADJMV P あり
交 元町港から車で 5 分

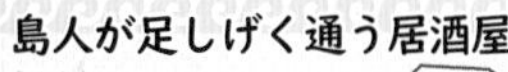

島人が足しげく通う居酒屋

魚味幸（うみさち）

元町

地魚を中心に取り揃える島の居酒屋。35 年以上続く店で、常連客も多い。地魚のサビ（クロシビカマス）の背越し 700 円や、入荷時のみ食べられる尾赤ムロの刺身 700 円などが人気。地魚の刺身はぜひ島の焼酎とともに味わって。カウンター席に座って島人との会話を楽しもう。

島の旬が味わえる
大島屈指の人気店

平日でも混み合うのでひとりでも必ず予約を

左／明日葉のおひたし。ほろ苦さがクセになる　中／島の店でもなかなかお目にかかれない尾赤ムロ　右／新鮮な魚介類を味わうならこの店

MAP 別冊 P.7-D2 住 大島町元町 4-10-3 TEL 04992-2-2942 営 18:00 ～ 22:30 （L.O. 21:30）
休 日、第 4 月 CC 不可 P あり 交 元町港から徒歩 6 分

しま通信　大島には車の代行業者がない。飲みにいくときは徒歩か、運転する人を決めておこう。タクシーは夜中に営業している会社が少ないため予約をしておくのが安心。

島の魅力が詰まった空間でリフレッシュ

カフェでのんびり島時間

**大島には島の自然と歴史を生かした個性豊かなカフェが点在している。
三原山を眺望できる茶屋や古民家を改装したカフェで、島のゆったりとした時間を満喫！**

風情ある町並みの一角にある店

大羽根付き(+100円)が人気！

左／身がぎっしりと詰まったたい焼き　右／たい焼きは9種類あり、どれもおすすめ

島食材で作るこだわりたい焼き

島京梵天（とうきょうぼんてん）

波浮港

　情緒ある港町にたたずむ、築約120年の古民家を改装したたい焼き店。2010年のオープン以来、波浮のシンボル的存在となっている。大島の塩、牛乳、地卵で作るたい焼き300円〜は、王道のつぶあんから玄米リゾット、ハムチーズマヨなど種類が豊富。明日葉を練り込んだ明日葉たい焼き300円は、冷たいモチモチの皮がクセになる。カフェの裏では一棟貸切の古民家宿を営んでおり、朝食にはたい焼きが食べられる。

ハブスキー！

笑顔がすてきな夫婦が営んでいる

リピーターも多い人気宿。貸切で2万4000円〜

MAP 別冊 P.8-B3 住 大島町波浮港6　TEL 04992-4-1567　営 11:00〜17:00　休 月・火　CC ADJMV　P なし　交 波浮港から徒歩5分

リゾートみたいなおしゃれ空間

Starfish and Coffee（すたーふぃっしゅ　あんど　こーひー）

岡田

　岡田港からすぐのスタイリッシュなカフェ。白を基調としたガラス張りの店内は自然光が差し込み、リゾートムード満点。島近海で水揚げされる、身がふっくらとした地魚フィッシュバーガー750円は通年人気のメニュー。テイクアウトして近くのビーチで食べるのも楽しい。夏季は夜も営業しているので、軽めのディナーがてら、夜の港町を散策しよう。

電源が付いたカウンター席もある

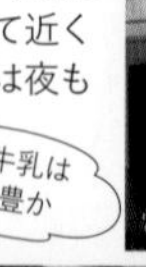

大島牛乳入りのカフェオレ500円

そよ風を感じながら島時間を楽しむ

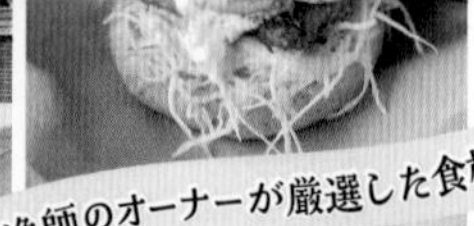
漁師のオーナーが厳選した食材

MAP 別冊 P.5-D1
住 大島町岡田6　TEL 04992-7-5871　営 10:00〜16:00、18:00〜21:00(夜は夏期のみ)　休 火、不定休　CC AJMV　P なし　交 岡田港から徒歩1分

島京梵天の一棟貸切の古民家宿は、時を忘れてゆるりと過ごせるレトロモダンな内装が人気。和室が2部屋あり、フルキッチン完備で自炊も可能。閑散期も空室がなかなかない人気宿だ。

窓際にはレトロな雑貨が並んでいる

島人も足しげく通う喫茶店

観光喫茶 MOMOMOMO（かんこうきっさもももも） 元町

窓から見える海と山の景色がすてきな喫茶店。音楽好きのオーナーがセレクトしたレコードの曲がスピーカーから流れ、ひと息つくのにぴったり。大島の郷土菓子、かしゃんばセット 750 円はぜひお試しを。島らしいあたたかなもてなしも人気の理由だ。

左／大島の工芸・一刀彫りの人形も　中／名産・御神火レモンのパウンドケーキセット 950 円　右／絵描きでもあるオーナーのセレクト

MAP 別冊 P.6-B2　住 大島町元町 1-17-2 旭売店 2F　TEL 090-5319-3902　営 6:00 ～ 17:00（船の発着によって時刻が変化する。季節によって異なる）　休 不定休　CC 不可　P なし　交 元町港から徒歩 1 分

港町の古民家カフェ

Hav Cafe（はぶかふぇ） 波浮港

波浮港の中通りにある古民家カフェ。これまでに 90 ヵ国以上を訪れたトラベルジャーナリストの寺田直子さんが、波浮港に魅了され移住、カフェをオープンした。ドリップコーヒー 690 円は、無類のコーヒー好きである寺田さんが、全国から厳選したコーヒー豆を取り寄せて入れたもの。ゆったりと流れる時間を味わおう。

上／滞在中に連日通う人も多い　左／椿オイル入りバターが上品なトースト 450 円　右／往時の雰囲気を残す港町に溶け込む

MAP 別冊 P.8-A3　住 大島町波浮港 1　TEL 04992-7-5845　営 10:00 ～ 17:30　休 不定休　CC ADJMV　P なし　交 波浮港バス停から徒歩 1 分

山景色が眼前に広がる

御神火茶屋（ごじんかぢゃや） 三原山

三原山のパノラマビューが目の前に広がる茶屋。猛々しい山景色を間近に眺めながらひと休みできる場所はここだけ。島の特産、明日葉にツナを合わせた御神火・ブリトー 800 円は、レタスやトマトなどの新鮮な野菜たっぷりでヘルシーな一品。このブリトーを目当てにわざわざ訪れる人も。

左／木のぬくもりが感じられる店内　中／ 自家製ドレッシングがたっぷり　右／溶岩が流れた跡が残る山肌を眺める

MAP 別冊 P.4-A2　住 東京都大島町元町字二千坪山無番　営 10:00 ～ 15:00　休 荒天日　CC 不可　P あり（山頂口駐車場）　交 三原山頂口駐車場から徒歩 2 分

Hav Cafe では、オーナーの寺田さんが世界各国から集めてきた雑貨を販売。アクセサリーや雑貨など、気の利いたものが多いのでぜひチェックしてみて。すてきな自分みやげが見つかるかも。

小さな宿でゆったり過ごす

癒やしの島ステイ

島の風情を満喫するなら、オーナーのこだわりが生きる小さな宿がおすすめ。伊豆大島にはプチホテルから一軒宿まで個性豊かな宿が揃う。非日常の島時間に誘う、おすすめ宿をご紹介。

高台にあるプチホテル

ホテル

ほてる あんど りぞーと ましお

hotel & resort mashio

緑豊かな森の山腹にたたずむプチホテル。3組限定の隠れ家ホテルで、アジアンテイスト、メゾネット、和風モダンと各部屋でテイストが異なる。海に沈む夕日を見ながらいただく、地元の食材を生かした創作ディナーも好評。

イチオシポイント

高台の上にあるので見晴らしが抜群。夕暮れ時は空が赤く燃え、太陽が海に沈む様子が見られるかも。

左／鳥のさえずりに包まれる露天風呂で疲れを癒やす　右／島素材を使ったジャムなどオリジナル商品も

MAP 別冊 P.4-A2　住 大島町元町大洞 492-1　TEL 04992-2-7317　IN 15:00　OUT 10:00　料 朝夕 2 万 2000 円～　CC ADJMV　部 3　P あり　交 元町港から車で 8 分

室内の壁もカラフルに彩られている

自然に抱かれたカラフルな宿

ゲストハウス

あいらんど すたー はうす

Island Star House

脇道を通り林の中をくぐると現れる、鮮やかな黄色い外観が目を引く一軒宿。オーナーがセルフリフォームした1日2組限定の宿で、1組で貸し切ることもできる。広々としたテラスではバーベキューを楽しむことも。星空の下で語らいながら非日常を味わおう。

イチオシポイント

テラスで過ごすのもここならではの楽しみ方。ガーデニングチェアに座って入れたてのコーヒーを飲みながら、ほっとひと息。夜は星空観察も楽しめる。

左／看板猫がお出迎えしてくれる　右／木のぬくもりを感じる寝室でぐっすり

MAP 別冊 P.8-A1　住 大島町岡田新開 287-21　TEL 090-9100-1421　IN 15:00　OUT 10:00　料 素 6900 円～（2 名の場合）　CC ADJMV　部 2　P あり　交 大島空港から車で 5 分

しま通信　キッチン付きの宿が増えている。また、バーベキュー器材をレンタルできる宿もあるので、島の食材をスーパーで購入し、宿で食事を取るのも楽しみ方のひとつだ。

「ただいま」と言いたくなる貸切宿

島の宿 近~KON~

一棟貸切宿

波浮の高台に位置する日本家屋の貸切宿。オーナーの笑顔の出迎えが田舎に帰ってきたような懐かしい気分にしてくれる。寝室やリビングは畳敷きで居心地満点。波浮の町までは、階段を下って徒歩 10 分ほど。

バーベキュー器材レンタルは 1 回 3000 円

イチオシポイント

ていねいな対応がリピーターを集める宿。タオルなどのアメニティやキッチン用品一式も用意されている。

MAP 別冊 P.8-B3　住 大島町波浮港 14　TEL 090-4613-0731　IN 15:00 OUT 10:00　料 一棟貸切 1 万 4000 円～（2 名の場合）　CC ADJMV　部 2　P あり　交 波浮港から徒歩 8 分

多くの旅人を迎えてきたゲストハウス

Guest House Oasis

ゲストハウス

1999 年にオープンした、大島初のゲストハウス。オーナー家族の自宅を改装し宿を始めた。扉を開けるとらせん階段が現れ、リビングや客室へと続く。部屋は 3 部屋あり、すべて洋室。ひとり旅やカップルなど少人数でも気軽に泊まれる宿だ。

イチオシポイント

1 部屋のみキッチン付きの部屋がある。キッチン用品は一式揃っているので、長期滞在にもおすすめ。

MAP 別冊 P.7-C1　住 大島町元町 4-10-5　TEL 04992-2-1238　IN 15:00 OUT 10:00　料 素 5500 円～　CC ADJMV　部 3　P あり　交 元町港から徒歩 7 分

オーナー夫婦と話しながら過ごすのも楽しい

南国ムードにあふれたゲストハウス

Hale 海

ゲストハウス

小上がりのあるフリースペース

南国のように緩やかな時間が流れる、ハワイ・バリ好きのオーナーが営む宿。客室は和室と洋室を用意。温泉施設や飲食街が徒歩圏内なので便利な立地だ。大型船で早朝に到着した場合は、アーリーチェックイン（+1000 円）も可能。

イチオシポイント

2021 年に屋根付きのバーベキュースペースを設置。多少の雨でも屋根の下でバーベキューができる。

MAP P.7-C1　住 大島町元町字五輪 224-4　TEL 04992-2-0522　IN 15:00 OUT 10:00　料 素 6000 円～（2 名の場合）　CC ADJMV　部 4　P あり　交 元町港から徒歩 5 分

しま通信　元町地区は、徒歩圏内に飲食店がある宿が多い。居酒屋やスナック、バーもあり、お酒を飲んでも歩いて帰ることができる。温泉もあり、観光客に人気のエリアだ。

島の夜は島人と歌って踊ろう♪

島のスナックでディープ★ナイト

飲食店が閉まるのは早いが、遅くまでにぎわうのがスナック。島の夜といえば、スナックというほどスナック文化は島に根付いている。元町のスナックが集まるエリアはその名も「親不孝通り」。島人と一緒に歌って踊って、島のナイトライフを満喫しよう。

ママの手料理も人気のひとつ

スナックエム

元町

明るくチャーミングなママが切り盛りするスナック。島の若者にも人気の店で、お酒を片手にママに人生相談する人の姿も。チーズ明太子オムレツ 1000 円や目玉焼き焼きそば 1200 円など食事メニューも豊富なので、夕食兼で訪れても。早めに閉店する日もあるので注意。

MAP 別冊 P.7-C2 住 大島町元町 1-8-2 TEL 04992-2-2820 営 19:00 ～翌 1:30 休 不定休 CC 不可 P なし 交 元町港から徒歩 3 分

上／カウンター 5 席、テーブル席ふたつの隠れ家的スナック 左／お通し 400 円、ドリンクは 700 円～

スナックを楽しむ方法

1. 現金を用意
スナックでは現金払いが主流。相場は 5000 円～。

2. カラオケは譲り合い
カラオケは譲り合いで曲を入れよう。相場は 1 曲 200 円。

3. 島の人々との触れ合いを楽しんで
島の常連さんが多いので、話しかけて会話を楽しもう。

上／天井を見上げれば星が瞬く夜空のよう 右／元町界隈に泊まれば徒歩圏内だ

島人集まる憩いの場

スナック葵（すなっくあおい）

元町

気さくなママが営むアットホームなスナック。清潔感があり居心地がよいところも人気の理由。島人も観光客も魅了するママのホスピタリティは、バスガイド時代に培ったものだとか。ママは歌も得意。一緒にカラオケを楽しむのも、ここならではの過ごし方。常連さんから島の情報を聞くこともできるだろう。

MAP 別冊 P.7-C3 住 大島町元町 1-1-2 TEL 04992-2-2960 営 19:00 ～翌 2:00 休 日 CC 不可 P なし 交 元町港から徒歩 5 分

しま通信 波浮港にもスナックがある。宿が波浮港周辺なら、店によっては帰りは送ってもらえることもあるので聞いてみよう。また元町にはカクテルを楽しめるしゃれたバーもあり、気軽にお酒を楽しむことができる。

ペットと一緒に自然を満喫！

愛犬と行く伊豆大島

伊豆大島は、愛犬との旅にもおすすめだ。
ジェット船なら2時間弱で到着するという近さも魅力。
宿も飲食店もペット可のところが多く、ペットフレンドリーな島なのだ。

宿ルール
1. 基本的に、施設内での犬の留守番は禁止
2. しつけができていれば大きさや頭数に制限はなし

島に行きたいワン！

愛犬とともに過ごせる客室

愛犬とともに過ごせる宿

あそびるくす

ASOVILUX

差木地

ペットウエルカムな観光情報も教えてくれる

愛犬と泊まれることをコンセプトにしている一棟貸切宿。トイレトレイやトイレシーツなど犬用アメニティが充実しており、なんとドッグランも完備。キッチンがあるので自炊もできる。海を眼下に望める最高のロケーションでペットもストレスフリー。

MAP 別冊 P.4-B3　住 大島町差木地 113-1　TEL 080-8088-7396　IN 15:00 ～ 18:00　OUT 10:00　料 素 2 万 3100 円～（2名～宿泊可能）　CC ADJMV　部 2　P あり　交 波浮港から車で 6 分

広々とした庭と部屋が人気

野増

びっぐ あいらんど べーす

Big Island Base

元町港からアクセスの良い、ペットフレンドリーの一棟貸切宿。リビングや庭でのびのびと遊ばせることができる。デスクがあるので、愛犬を連れてワーケーションに訪れる人も。一部、ペットが入室できない部屋もある。

右／庭では有料でテントサウナが楽しめる
上／成犬のみ宿泊可能。室内にはケージもある

MAP 別冊 P.4-A2　住 大島町野増タケハラ 525　TEL 04992-7-5010　IN 14:00　OUT 10:00　料 素 3 万円～（愛犬 4400 円 / 匹）　CC ADJMV　部 2　P あり　交 元町港から車で 6 分

愛犬と行けるカフェ

カフェルームサン

船をイメージした店内が特徴的なカフェ。スパゲティ 860 円やピラフ 830 円など軽食が食べられる。テラス席で愛犬と一緒にランチはいかが？

MAP 別冊 P.5-C3　住 大島町波浮港 17　TEL 04992-4-0111
営 11:00 ～ 15:00 ※夜は要予約
休 水・木、不定休　CC 不可
P あり　交 波浮港から車で 5 分

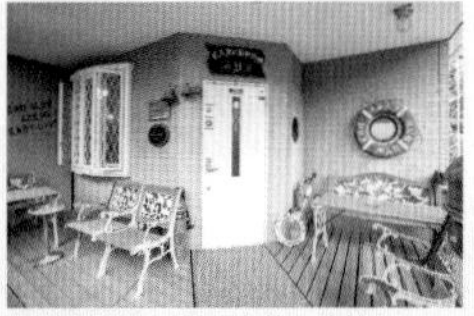

愛犬と訪れる際は事前に連絡して

ぶってぃーべっど いずおおしま

Book Tea Bed IZU OSHIMA

ゲストハウスに併設されているカフェ。愛犬と一緒にカフェのテラス席で過ごせる。5 種類のホットサンドから選べるモーニングセット 800 円は、くさやチーズなど島ならではのメニューも。

MAP 別冊 P.7-C3　住 大島町元町 2-3-4　TEL 04992-7-5972
営 8:00～10:00、12:00 ～ 17:00、18:00 ～ 22:00
休 不定休　CC AJMV　P なし
交 元町港から徒歩 3 分

元町港から徒歩で立ち寄ることができる

愛犬との移動方法

愛犬と船に乗るには？
大型客船、ジェット船ともに乗船できる。大型客船は、一辺 45cm 以内の顔の出ないケージ、またはカゴに入るサイズ、ジェット船はケージに入れた小型犬のみ乗船できる。

運賃：東京ー大島 2000 円
　　　熱海ー大島 1150 円

島内での移動はどうする？
愛犬との島内移動はレンタカーがおすすめ。ほとんどのレンタカー会社は、ケージやカゴから愛犬を出さなければ乗車 OK だが、念のためペット OK か確認しておこう。

しま通信　Book Tea Bed は洋書から漫画まで、5000 冊以上の本が並ぶユニークな宿。愛犬とは泊まれないが、客室は個室とドミトリーがあり、個室はシャワーとトイレ付き。1 万円～（素泊まり）、4000 円～（ドミトリー）

孤島にたたずむ生き物たちの密やかな楽園
都立大島公園動物園の秘密

溶岩の大地でのびのびと暮らす多種多様な動物たち

溶岩でできたむき出しの岩山に群れをなすバーバリーシープ。その間を駆け抜けるワオキツネザルの家族。果たしてここは、アフリカの大地なのか……？　いや、ここは伊豆大島の都立公園内にある動物園だ。離島にあって、こんなに立派な動物園があるのは珍しい。開園は1935（昭和10）年。東京湾汽船（現在の東海汽船）が泉津動物公園として開園し、その後東京都に公園を寄付。1938（昭和13）年「東京市立大島公園」として開園した。

人気のレッサーパンダは、ギンガ、ピースケが交互に屋外で展示される

絶滅危惧種の動物たちが命をつなぐ離島の楽園

冒頭に話を戻そう。広々と溶岩の斜面には、約50匹のバーバリーシープと、約30匹のワオキツネザルが暮らしている。群れのなかには赤ちゃんの姿も。専属獣医の尾澤さんによると、年間それぞれ10匹前後増えているという。実は、どちらも自然界では個体数が激減している絶滅危惧種だ。大島の気候や地形が合っていたのか、順調に繁殖しているそうだ。

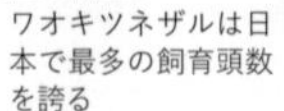

ワオキツネザルは日本で最多の飼育頭数を誇る

昨今、自然界の動物を新たに動物園に連れてくるということは極めて難しい。東京都では、1989年、都立動物園が飼育展示する動物たちの保存をはかるため「ズーストック計画」を策定。各都立動物園が連携し、繁殖させたり、動物園同士で動物を行き来させて、種を保存する活動を行っている。ここで暮らす動物たちもその取り組みの一環という側面がある。

海の見える放飼場でのびのび暮らすフタコブラクダ

離島ならではの困難を乗り越えて今日も動物たちは島で暮らす

離島ならではの難しさもある。例えば餌の仕入れ。通常は島内のスーパーから野菜などを仕入れているが、船の長期欠航に備え、生鮮飼料は1週間分、保存が利く牧草やペレットなどは1ヵ月分を備蓄している。また伊豆大島は約40年ごとに噴火している。1986年に三原山が噴火し全島避難勧告が発令された際は、職員が船で寝泊まりし、餌やりの時だけ上陸して世話をした。そんな自然の試練を乗り越えた動物とその子孫たちが、今も動物園で過ごしている。離島で暮らす動物たちはたくましい。彼らの姿を眺めながら、しばし思いをはせるとしよう。

ケヅメリクガメやハワイガンは繁殖も期待されている

都立大島公園動物園

MAP 別冊 P.5-C1

住 東京都大島町泉津福重2　TEL 04992-2-9111　営 9:00～17:00　休 なし　料 無料　P あり　交 元町港から車で30分、岡田港から車で15分

しま通信　動物園では、モルモットやウサギとのふれあい体験を定期的に開催。またなかよし牧場では、ホウレンソウを除く葉物野菜を持参すればヤギやロバに餌やりができる。

島内交通

レンタカー

公共交通機関が少ないうえ、起伏に富んでいるので、移動手段として最適なのはレンタカーだ。メイン道路である伊豆大島一周道路（東京都道208号大島循環線）は約46.6kmで、車では約1時間で一周することができる。交通量は少ないが安全運転で。

狭い道が多いので軽自動車がおすすめ

レンタバイク、レンタサイクル

レンタバイクやレンタサイクルを借りるなら、元町港周辺に店舗が多い。2016年にアジア選手権ロードレースの開催地となった伊豆大島は、サイクリング目当てで訪れる人もいる。島内を一周するなら高低差が激しいため、電動アシスト付き自転車がおすすめだ。

海沿いサイクリングならギア付き自転車で十分だ

タクシー

島内には6社のタクシー会社がある。初乗り690円/2km～。9人乗りもあり、大人数でも利用可能。港や空港で待機しているが台数が少ない。待機していない場合は電話で連絡を。夜間も営業しているのは2社のみのため、夕食後に利用したい場合は予約をしておこう。

観光コースを用意しているタクシー会社も

島内路線バス

元町港を起点に岡田港や大島公園、波浮港をつなぐルートを中心に、路線バスが走っている。基本的に1時間に1本だが、ルートや特定の停留所によってはさらに本数が少ない場所もある。三原山に向かうルートは土・日曜、祝日のみ。夜の運行はないため注意。

普通運賃は130円～。距離によって料金は異なる

レンタカー会社

●伊豆大島レンタカー
MAP 別冊 P.6-B2
TEL 04992-2-2691

●モービルレンタカー大島店
MAP 別冊 P.8-B1
TEL 04992-2-5454

●JSオートレンタカー
MAP 別冊 P.5-D1
TEL 04992-7-5255

●小坂レンタカー
MAP 別冊 P.4-B3
TEL 090-2473-7748

レンタバイク会社

●レンタサイクル らんぶる
MAP 別冊 P.6-B2
TEL 04992-2-3398

●モービルレンタカー大島店
→上記

レンタサイクル会社

→ P.111

タクシー会社

●三原観光自動車
MAP 別冊 P.4-A1
TEL 04992-2-2271

●あいタクシー
MAP 別冊 P.7-D1
TEL 04992-2-0306

大島バス営業所

TEL 04992-2-1822
料 大人130円～、中学生未満70円～（1歳未満は無料）

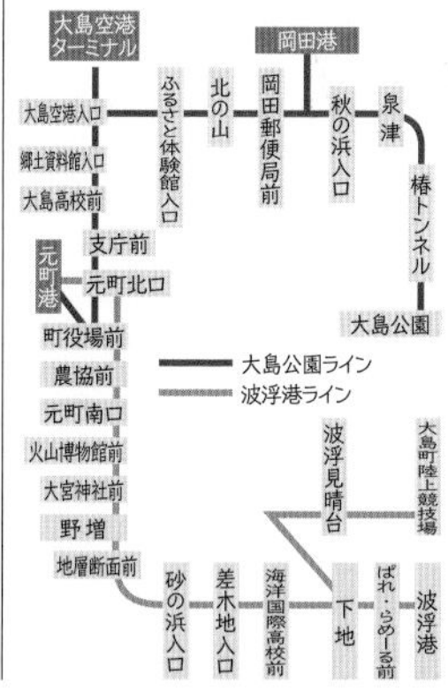

大島公園ライン　波浮港ライン

A21 大島公園
A20 椿トンネル
A19 泉津
A18 秋の浜入口
A16 岡田港
A14 岡田郵便局前
A11 北の山
A10 ふるさと体験館入口
A9 大島空港ターミナル
A8 大島空港入口
A6 郷土資料館入口
A5 大島高校前
A4 支庁前
A3、B2 元町北口
A2 町役場前
A1、B1 元町港
B3 農協前
B4 元町南口
B5 火山博物館前
B7 大宮神社前
B8 野増
B11 地層断面前
B12 砂の浜入口
B16 差木地入口
B19 海洋国際高校前
B20 下地
B21 ぱれ・らめーる前
B23 波浮港
B25 波浮見晴台
B28 大島町陸上競技場

夏やゴールデンウイークなど繁忙期に、レンタカーやレンタサイクル、レンタバイクを借りる場合は、早めに予約しておこう。満車で借りられなくなってしまうことが多々ある。

おもな見どころ

三原山
住 大島町野増
P あり
交 元町港から車で 25 分

大島の総鎮守・三原大明神として山を祀る神社

島の中心にそびえる“御神火”

三原山（みはらやま）

MAP 別冊 P.4-B2
三原山
景勝地

島の最高峰、標高 758m を誇る三原山。近年は約 40 年に一度中規模噴火を繰り返しており火口の壁面からは高温の水蒸気が噴出し、地球が生きていることを実感できる。

噴火による噴煙や火映を敬って“御神火様”と呼ぶ

赤ダレ
住 大島町野増
P なし
交 三原山頂口から徒歩 50 分

崩落する可能性がある。崖には近づかないように

赤く切り立つ渓谷“三原キャニオン”

赤ダレ

MAP 別冊 P.4-B2
三原山
景勝地

8 世紀頃に噴火によってできた赤い渓谷。火山噴出物のひとつである酸化したスコリアが降り積もり丘が浸食されて生まれたもの。表砂漠コースを進み表砂漠を通り過ぎた先にある。

特に目印がないので、ガイドと行くのがおすすめ

地層大切断面
住 大島町野増
P なし
交 元町港から車で 11 分

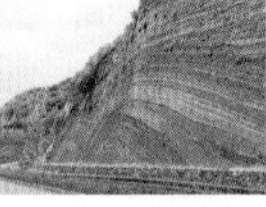
世界の火山研究者が注目する地層

長さ約 630m の巨大な縞模様の地層

地層大切断面（ちそうだいせつだんめん）

MAP 別冊 P.4-A3
野増
景勝地

島の一周道路沿いに突如現れる高さ 24m、長さ約 630m にわたる巨大な地層。約 1 万 8000 年分の大規模噴火による火山灰などが、層となって積み重なり縞模様となった。

1953 年、道路の建設工事中に偶然発見された

泉津の切り通し
住 大島町泉津
P なし
交 岡田港から車で 7 分、元町港から車で 15 分

太陽の光が巨木と苔を照らし幻想的な景観に

壁に根を張り空へ伸びる 2 本の巨木

泉津の切り通し（せんづのきりとおし）

MAP 別冊 P.4-B1
泉津
景勝地

苔むした壁に 2 本の巨木の根が張り、太い幹が空に向かってぐっと伸びている。巨木の間には階段があり、どこかに導かれているよう。

階段の先には特に特別なものはない

しま通信　三原山頂口から赤ダレに向かう道中には、表砂漠という真っ黒な砂漠が広がる場所がある。雨が降った次の日には幻の池が現れ、逆さの三原山が映し出されることも。無風の日を狙っていこう。

杉並木の参道が神社の杜へと続く

MAP 別冊 P.4-B1　泉津　神社

波治加麻神社（はじかまじんじゃ）

参道の左右に林立する杉と、苔むした参道が神秘的な雰囲気を醸し出す神社。静寂に包まれた参道に突如として社殿が現れる。

鳥居をくぐると神聖さが増すパワースポット

波治加麻神社
住 大島町泉津 48
開 入場自由
P あり
交 岡田港から車で 10 分、元町港から車で 16 分

島に伝わる伝説「日忌様」を祀る祠もある

ジャグジーやサウナを完備した温泉施設

MAP 別冊 P.6-B1　元町　温泉施設

愛らんどセンター御神火温泉（あいらんどせんたーごじんかおんせん）

1986 年の三原山噴火後に湧いた温泉を利用した施設。夜行便が大島に到着する日は、6:30 から温泉とレストランがオープンする。

元町地区から湧く源泉を楽しめる

愛らんどセンター御神火温泉
住 大島町元町仲の原 1 − 8
営 9:00 〜 21:00（東京発夜行便の就航する翌日は 6:30 〜 21:00）
休 第 2 水・木曜（2、3、8 月は月 1 回不定期）　料 710 円
CC 不可　P あり　交 元町港から徒歩 5 分

朝は軽食メニューを提供

樹齢 800 年以上のオオシマザクラ

MAP 別冊 P.5-C1　泉津　観光名所

桜株（さくらっかぶ）

日本固有種で、ソメイヨシノの親品種でもあるオオシマザクラの、島内最古かつ最大の老木。1952 年に国の特別天然記念物に指定された。

白く美しい花を咲かす

桜株
開 入場自由
P あり
交 岡田港から車で 15 分、元町港から車で 25 分

桜株を上から見下ろす展望台がある

約 3 万本の可憐なあじさいロード

MAP 別冊 P.4-B1　泉津　景勝地

あじさいレインボーライン

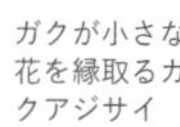

三原山と大島公園を結ぶあじさいレインボーライン。西洋アジサイと島に自生するガクアジサイの群落が約 4㎞の道のりを彩る。

島の梅雨を鮮やかな色に染めてくれる

あじさいレインボーライン
P あり
交 岡田港から車で 14 分、元町港から車で 19 分

ガクが小さな花を縁取るガクアジサイ

海を見下ろす絶景露天風呂

MAP 別冊 P.6-B1　元町　温泉施設

大島温泉 元町 浜の湯（おおしまおんせん もとまち はまのゆ）

伊豆半島や、天気がいいと富士山まで見渡せる風光明媚な露天風呂。男女混浴なので水着着用必須。伊豆半島に沈む夕日の眺望は格別だ。

場所により温度がかなり異なる

大島温泉 元町 浜の湯
TEL 04992-2-2870
時 13:00〜19:00（7、8月は11:00〜、天候により休業・時間短縮の可能性あり）　休 なし
料 300 円　CC 不可　P あり
交 元町港から徒歩 4 分

シャワー室で汗を流してから入浴しよう

しま通信　波浮港から三原山へ向かう道中に「筆島」という岩がある。数十万年前まで続いた火山活動によって生まれた岩で、荒波に削られながらも姿を残したことから、「神の宿る岩」と呼ばれる。MAP 別冊 P.5-C3

食べる＆飲む

Eat & Drink

火山活動の恩恵を受けたミネラル豊富な土壌に実る食材や、海の幸を楽しめる飲食店がずらり。

岡田

漁師が目利きする新鮮なネタを堪能 MAP 別冊 P.5-D1

寿司

鮨 陽宝丸（すし ようほうまる）

港の目の前にある、漁師が営む寿司店。黒ムツや金目鯛など、大島近海で取れた朝取れの魚介類をネタにした寿司を味わうならここ。10:00に開店なので、朝、船で到着してすぐに直行できる。

島で獲れる旬のネタを楽しむなら「陽宝丸おまかせ」3200円

鮨 陽宝丸
住 大島町岡田5
TEL 04992-7-5056
営 10:00～14:00、17:00～21:00
休 月 予 不可
CC ADJMV P あり
交 岡田港から徒歩1分

午前のジェット船が到着した直後に寿司を嗜める

元町

厳選素材で作る上質な島料理 MAP 別冊 P.7-C3

居酒屋

割烹 市松（かっぽう いちまつ）

郷土料理の大衆割烹。毎朝仕入れる地魚の盛り合わせ一人前1980円や明日葉と島のり炒め660円など、島で食べたいメニューがずらり。予算はひとり3000～5000円ほどで楽しめる。

青唐辛子がピリッと効いたべっこう寿司（5貫）990円

割烹 市松
住 大島町元町3-6-4
TEL 04992-2-0555
営 17:30～22:00（L.O. 21:00）
休 日・月 CC 不可 P あり
交 元町港から徒歩で10分

テーブル席とカウンター席、奥には個室が4室ある

差木地

島民が通う本格江戸前寿司 MAP 別冊 P.5-C3

寿司

大関寿司（おおぜきずし）

熟練の職人が握る本格寿司が楽しめる。ネタが厚く食べ応えがある。にぎりセットは6種類。大トロやウニなどの9貫が入った椿3500円と、べっこう寿司1巻250円も忘れずに。

大きく新鮮な旬の魚介類のネタが自慢

大関寿司
住 大島町差木地字クダッチ
TEL 04992-4-0372
営 11:00～13:30、16:30～20:30
休 月 CC 不可 P あり
交 波浮港から車で4分

座席とカウンター席がある

三原山

大島産椿油で揚げるサクサクの天ぷらが名物 MAP 別冊 P.4-A2

食堂

名代 歌乃茶屋（なだい うたのちゃや）

昭和の香り漂う食堂。油の一部に大島産の椿油を使って揚げる天ぷらとそばがセットになった天麩羅定食1210円をぜひ試してみて。食堂の手前にはみやげ店があり、島の名物が手に入る。

そばには明日葉が練り込まれており、大島ならではの定食だ

名代 歌乃茶屋
住 大島町三原山頂
TEL 04992-2-2241
営 9:00～16:00（食堂は11:00～14:00）
休 なし CC 不可 P あり
交 三原山頂口から徒歩すぐ

エビ2匹入りの豪華な椿天丼1210円

しま通信 島民に人気の居酒屋「肴や」。島の素材を使った料理も提供している。海老とあしたばのかき揚800円などオリジナルメニューも。人気店のため電話で予約を。TEL 04992-2-4555 MAP 別冊 P.7-C3

元町

郷土料理を手軽に楽しめる料理店

MAP 別冊 P.6-B2

居酒屋

海鮮茶屋 寿し光（かいせんちゃや すしこう）

座席数が62席と広々としており、多くの観光客が訪れる郷土料理店。明日葉天ぷら 600円や地魚寿司など、島の旬を手軽に楽しめる。

一度は食べたい名物　べっこう寿司 1400円

海鮮茶屋 寿し光
住 大島町元町 1-4-7
TEL 04992-2-0888
営 11:00 ～ 15:00（L.O. 14:00）、17:00 ～ 22:00（L.O. 21:00）
休 不定休　CC ADJMV　P あり
交 元町港から徒歩 3 分

ひとり客でも気軽に入れる

岡田

豊富な和洋食メニューが揃うレストラン

MAP 別冊 P.8-B1

レストラン

海風シーウィンズ（うみかぜしーうぃんず）

和洋食合わせて 70 種類以上のメニューがあるレストラン。島の特産・明日葉のチャーハン 1621円など、島素材を使った料理も充実。

島のりを使ったハンバのパスタ 1621円はサラダ付き

海風シーウィンズ
住 大島町岡田字平浜 53-75
TEL 04992-2-8888
営 17:00 ～ 22:00（L.O. 21:30）
休 月・第 2 火　CC 不可
P あり
交 岡田港から車で 10 分

島内では珍しく 22 時までオープン

波浮港

島食材のうま味が凝縮したラーメン

MAP 別冊 P.8-B2

ラーメン

らぁ麺よりみち 伊豆大島（らぁめんよりみち いずおおしま）

12 席の人気店。全国グルメコンテストで金賞獲得した島海苔ラーメン 1200円は、島の貝を使っただしに、島のりをのせた贅沢な一品。

肉汁大爆発餃子 550 円は熱い肉汁がたっぷり！

らぁ麺よりみち 伊豆大島
住 大島町波浮港 17
TEL 04992-4-1600
営 11:00 ～ 14:00
休 水・木、その他休みあり
CC ADJMV　P あり
交 波浮港から車で 5 分

すぐ満席になるので早めの来店を

元町

自然素材で作るカレーとピザが絶品

MAP 別冊 P.4-A2

カレー

カレーハウス木里吉里（かれーはうすきりきり）

細道を通り抜けた奥にたたずむログハウスのカレーハウス。オーガニック素材や島素材にこだわった、手作りピザやカレーを味わえる。

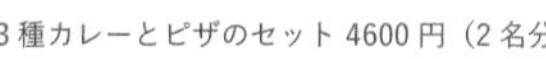

3 種カレーとピザのセット 4600 円（2 名分）

カレーハウス木里吉里
住 大島町元町字出払 417-9
TEL 080-3409-9356
営 11:30 ～ 17:00
予 前日までに要予約
休 火・水　CC 不可　P あり
交 元町港から車で 5 分

ナンやドレッシングも自家製にこだわる

元町

27 年続く串焼き専門店

MAP 別冊 P.6-B3

串焼き

炭火串焼 駅（すみびくしやき えき）

地元食材をふんだんに使う串焼きの店。明日葉ジェノバソースをたっぷり塗ったささみ明日葉焼きが絶品。串焼きは 1 本 150 ～ 420 円。

濃厚な甘味の大島産トマトの串焼きが人気

炭火串焼 駅
住 大島町元町 2-5-8
TEL 04992-2-0137
営 16:00 ～ 20:00　予 必要
休 不定休　CC 不可　P なし
交 元町港から徒歩 5 分

店主の絶妙な焼き加減を堪能して

ちょい呑みなら元町の「よっちゃん」へ。テラスが自慢で夏は満席御礼状態。3 品で 500 円のお通しが人気。島料理が食べたいなら予約を。TEL 04992-2-3112 MAP 別冊 P.6-B2

四季の味 まんたて
住 大島町元町字野地 631-1
TEL 04992-2-0007　営 11:00 ～ 14:00（L.O. 13:30）、17:30 ～ 21:00（L.O. 20:00）　休 火（不定休）
CC ADJMV　P あり　交 元町港から車で 10 分

その日のおすすめメニューも豊富

海のキッチン
住 大島町岡田 5（岡田港客船ターミナル 3 階）
営 11:00 ～ 16:00（時期により異なる）　休 水　CC ADJMV
P あり　交 岡田港ターミナル内

店前のフリースペースで食べよう

洋食キッチン らイヴ
住 大島町元町 4-11-10
TEL 080-2037-3860
営 11:30～14:00、18:00 ～ 22:00
休 月　CC ADJMV　P あり
交 元町港から徒歩 8 分

ディナーはメニューが変わる

まつり
住 大島町差木地沖の根 1002-77
TEL 04992-7-5660　営 17:00 ～ 21:00　休 月　CC 不可　P あり
交 波浮港から車で 6 分

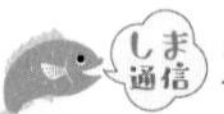
島人の常連とともに飲める店

シャロン洋菓子店
住 大島町元町字地の岡 65-236
TEL 04992-2-3677　営 10:00 ～ 17:00　休 木、第 3 水　CC 不可
P あり　交 元町港から車で 6 分

島素材で作るスイーツが人気の店

元町

島食材のメニューの豊富さが人気の秘密　MAP 別冊 P.8-A1

郷土料理

四季の味 まんたて（しきのあじ まんたて）

島人にも愛される定食店。大島産カメリア黒豚や島で取れたウツボ料理など、ほかではなかなか食べられない島食材を味わうことができる。

島トウガラシ入り、デンジャラス生姜焼き 1750 円

岡田

客船待合所内のテイクアウト専門店　MAP 別冊 P.5-D1

テイクアウト

海のキッチン（うみのきっちん）

創作洋食のテイクアウト店。約 40 年都内で活躍したシェフが腕を振るう、島名物を洋食風にアレンジしたオリジナルメニューも味わえる。

島料理をアレンジしたイタリア風べっこう丼 1000 円

元町

アットホームな一軒家洋食レストラン　MAP 別冊 P.7-D1

洋食

洋食キッチン らイヴ（ようしょくきっちん らいゔ）

2022 年オープン。音楽を聴きながら食事ができる、居心地の良い空間。デミグラスソースたっぷりのオムライス 1200 円が人気。

シーフードカレー 1200 円はカニなどの海鮮がたっぷり

差木地

気軽に一杯が楽しい　MAP 別冊 P.5-C3

居酒屋

まつり

元板前が営む居酒屋。ビール 1 杯と 4 品のまつりセット 2000 円からスタート。事前に伝えればセットに島料理を入れてくれる。

べっこう寿司や亀の手の味噌汁など島の味がずらり

元町

島素材のスイーツをおみやげに　MAP 別冊 P.8-A2

スイーツ

シャロン洋菓子店（しゃろんようがしてん）

老舗のケーキ屋さん。島の溶岩を活用した窯で焼き上げるピザも人気。大島牛乳で作るプリン 450 円はおみやげにも。

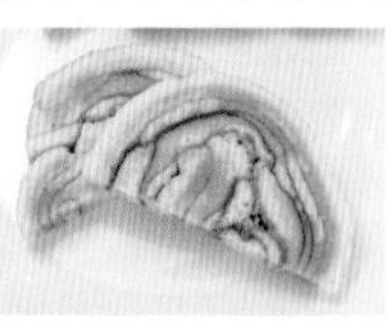
観光名所のバームクーヘン 330 円～

しま通信　もてなし好きの「まつり」では、次々と食事が出てくるので、お腹がいっぱいになったら店主に伝えよう。食後はほかのお客さんとスナックで 2 次会、ということも。島ならではのナイトライフを存分に楽しもう。

📍岡田

テイクアウト専門の古民家ベーカリー　MAP 別冊 P.5-D1

ベーカリー

しま←じま

早朝から開店している数少ないお店。天然酵母と北海道産の小麦を用いて焼き上げるパンで、昼前に売り切れになることも多い人気店。

シンプルなパンからお食事パンまで種類豊富

しま←じま
住 大島町岡田 9
TEL 04992-2-8508　営 7:30 ～ 15:00（なくなり次第終了）
休 不定休　CC 不可　P あり
交 岡田港から徒歩 7 分

営業日はホームページで確認を

📍岡田

穏やかな時を過ごす小さなカフェ　MAP 別冊 P.5-D1

カフェ

島ぐらしカフェ chigoohagoo
（しまぐらしかふぇ ちぐはぐ）

忙しい日常から離れ、自分時間を大切にしてほしいという思いからできたカフェ。体に優しい素材で作るスイーツに、心身ともに癒やされそう。

国産小麦粉やきび砂糖で作るマフィン 480 円～

島ぐらしカフェ chigoohagoo
住 大島町岡田 3
営 8:00 ～ 12:00
休 不定休（冬季休業あり）
CC ADJMV　P あり
交 岡田港から徒歩 2 分

SNS で営業日を事前にチェック

📍波浮港

2023 年にオープンした純喫茶　MAP 別冊 P.8-A3

カフェ

モンマルトル

港町にたたずむ昭和レトロ風の純喫茶。パリの踊り子が集まる村・モンマルトルから着想を得て、踊り子の里と呼ばれた波浮港にオープンした。

アップルパイ 550 円とクリームソーダメロン 650 円

モンマルトル
住 大島町波浮港 1
TEL 080-2742-0702
営 11:00 ～ 17:00
休 水・木　CC 不可　P あり
交 波浮港から徒歩 1 分

ノスタルジックで居心地のよい空間

📍元町

大島牛乳で作るオリジナルフレーバー・アイス　MAP 別冊 P.7-C2

スイーツ

島のアイスクリーム屋 トリトン
（しまのあいすくりーむや とりとん）

大島ならではのフレーバーが人気。溶岩をイメージした「ぱほいほい溶岩」や「赤だれ溶岩」など、ユニークなフレーバーがずらり。

サイズはシングル 350 円とダブル 450 ～ 700 円

島のアイスクリーム屋　トリトン
住 大島町元町 1-10-9
TEL 04992-7-5425
営 11:00～18:00（土･日･祝 10:00～）
休 水　CC 不可　P なし
交 元町港から徒歩 3 分

島のりや明日葉など変わり種も

海も森も満喫！　島キャンプのススメ

「海のふるさと村」では、島では珍しく、テントや炊事セット、食器類、毛布などがレンタルできるので、重いギアを持ち込まなくても島でキャンプが楽しめる。薪や炭も販売しているので安心だ。

海のふるさと村　MAP 別冊 P.5-C2
住 大島町泉津字原野 2-1
TEL 04992-4-1137（8:30 ～ 17:00）　IN 14:00 ～ 16:00　OUT 8:30 ～ 10:00　料 テントサイト 200 円、テントレンタル 2000 円～　予 必要　P あり
交 大島公園から送迎バスで 20 分

しま通信　「トウシキキャンプ場」もおすすめ。眼下に大海原を望み、スノーケリングスポットのトウシキ遊泳場も徒歩圏内。キャンプ用品は持参しなければならないが、トイレや炊事場などの設備は整う。MAP 別冊 P.5-C3

買う

Shopping

椿油や牛乳煎餅、新鮮な魚介類や野菜など島ならではの特産物が盛りだくさん。店のオリジナル商品もチェック！

岡田

牧場の隣にある島の農産物直売所　MAP 別冊 P.8-A1

直売所

ぷらっとハウス

島の旬な野菜や果物が集まる農産物直売所。隣の牧場で作られる新鮮な牛乳と、海塩や椿の花びらジャムなど島の食材を使って作るジェラートが食べられる。品揃えは午前中が豊富。

青果物を手に入れるなら午前中がおすすめ

ぷらっとハウス
住 大島町岡田字新開 87-1
TEL 04992-2-9233
営 9:00 〜 16:00
休 なし　CC 不可　P あり
交 大島空港から車で 3 分

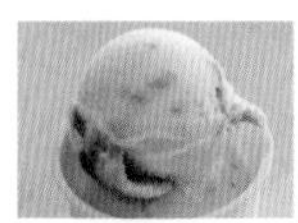
島食材を使ったフレーバーが豊富

元町

レトロデザインのオリジナル椿油が人気　MAP 別冊 P.6-B2

おみやげ

阿部森売店（あべもりばいてん）

元町港の目の前にある、120 年以上続くおみやげ店。1913（大正 2）年にデザインされた瓶の椿油 1280 円を求めて訪れる人も多い。オリジナルの T シャツ 2300 円やトートバッグも人気。

器やポーチなど椿柄のレトログッズがかわいい

阿部森売店
住 大島町元町 1-9-5
TEL 04992-2-1288
営 9:00 〜 17:00
休 なし　CC 不可　P なし
交 元町港から徒歩すぐ

T シャツ 2300 円などオリジナル商品もチェック

元町

旬の海産物や特産くさやの宝庫！　MAP 別冊 P.6-B3

特産品

海市場（うみいちば）

トコブシやイセエビなど島で取れた新鮮な魚介類や、特産のくさやなどを取り扱う市場。トコブシの煮付け 900 円など、加工品はおみやげに。魚介類は禁漁期間もあるので確認して。

海の恵みを味わって

海市場
住 大島町元町 2-5-7
TEL 04992-2-5557
営 9:00 〜 16:00
休 水　CC 不可　P なし
交 元町港から徒歩 5 分

新鮮な海鮮を仕入れて BBQ をしよう

波浮港

2020 年にリニューアルオープンした商店　MAP 別冊 P.8-B3

商店

高林商店（たかばやししょうてん）

オリジナルグッズを取り揃える商店。ダサいキーホルダーシリーズ 400 円はおみやげに人気。店内で買ったものは角打ちスペースでいただこう。島の伝統的な和菓子「いももち」がある日も。

2024 年春にクラフトビール工房が開店予定

高林商店
住 大島町波浮港 4
TEL 04992-4-0075
営 10:00 〜 20:00
休 火、その他休みあり
CC ADJMV　P あり
交 波浮港から車で 6 分

不定期営業のカフェにはスムージー 500 円が登場

各港にもみやげ店がある。岡田港の「minato にぎわいマーケット」では、牛乳煎餅や椿油、焼酎など島の特産品を取り揃えるほか、元町港の「海のパン屋さん」の出張店も併設されている。MAP 別冊 P.5-D1

大島

泊まる

Stay

個性豊かな宿が多い大島。ホテルや旅館、民宿、ゲストハウス、一軒宿と、人数や好みに合わせて選べる。

三原山

山景色が一望できる温泉宿 MAP 別冊 P.4-B2

ホテル

おおしまおんせんほてる

大島温泉ホテル

島の中心にそびえる三原山を望む、源泉かけ流し温泉が自慢の宿。風呂付き客室やテラス付きの和室がある。屋上では星空観察も楽しめる。椿油を使って魚介類を揚げる椿フォンデュが名物。

日帰り温泉としての利用も可能

大島温泉ホテル
住 大島町泉津字木積場 3-5
TEL 04992-2-1673
IN 15:00 OUT 10:00 料 朝夕 1 万 2100 円～ CC ADJMV 部 38
P あり 交 元町港から車で 15 分、岡田港から車で 15 分

一部客室が 2023 年に洋室へとリニューアル

差木地

2024 年にリニューアル！海外気分を味わえるホテル MAP 別冊 P.8-A2

ホテル

ほてる かいらに

Hotel KAILANI

青と白を基調とした、リゾートのようなさわやかな雰囲気が味わえるホテル。島好きの夫婦がハワイと行き来しながら営む。ツインのほかにファミリールームがあり、レストランも併設。

大きめのシングルベッドが 4 台あるファミリールーム

Hotel KAILANI
住 大島町差木地 1027-10
TEL 04992-4-0881
IN 15:00 ～ 18:00 OUT 10:00
料 素 9900 円～ CC ADJMV
部 18 P あり 交 波浮港から車で 5 分、元町港から車で 21 分

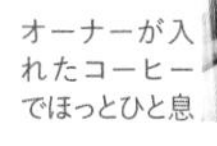

プールサイドの芝生で BBQ もできる

岡田

ターコイズブルーを基調としたプチホテル MAP 別冊 P.5-D1

ホテル

ほてる もあな

Hotel MOANA

キュートなカラーが特徴の 2 部屋限定のプチホテル。海を望める開放的なラウンジで食べる朝食は、贅沢なひととき。広めのベッドが心地よい眠りに導いてくれる。

朝は小鳥のさえずりで目覚める

Hotel MOANA
住 大島町岡田 2
TEL 04992-7-5679
IN 15:00～18:00 OUT 8:00～10:00
料 朝 1 万 6000 円～
CC ADJMV 部 2 P なし
交 岡田港から徒歩 3 分

オーナーが入れたコーヒーでほっとひと息

元町

1 日 1 組限定のプライベートヴィラ MAP 別冊 P.4-A2

一軒家貸切

りぞーと ゔぃら みこ

Resort villa miko

オーシャンビューをひとり占めできる、南国リゾートをコンセプトにした貸切ヴィラ。広々とした浴室からも海の絶景を望める。BBQ 専用のガレージ 使用料 3000 円＋ 1 名 1000 円もある。

すべての客室はベッドタイプ。12 名まで宿泊可能

Resort villa miko
住 大島町元町字神田屋敷 613-41
TEL 04992-7-5222 IN 15:00 OUT 10:00 料 一棟貸切 3 万円～ CC ADJMV 部 3 P あり 交 元町港から徒歩 8 分

フルキッチン完備なので、長期滞在にも◎

しま通信 島には、昔ながらの味のある旅館も多い。源為朝の館跡にあり、自家源泉をもつ「ホテル赤門」や元町港の高台にある老舗「ホテル白岩」など大型の旅館も。

クダッチ

2023年12月オープンの高台の貸切宿 MAP 別冊 P.5-C3

一軒家貸切

星の発着所
（ほしのはっちゃくじょ）

「泊まれるギャラリー」がコンセプトの貸切宿。時の流れをイメージしたしつらえに非日常気分が味わえる。キッチンがあり自炊も可能。

窓から入る朝日が気持ちいい

星の発着所
住 大島町差木地字小坂1007-16
TEL 090-9100-1421 IN 15:00 OUT 10:00 料 一棟貸切3万円～ CC ADJMV 部 2 P あり
交 波浮港から車で7分、元町港から車で20分

定期的に展示イベントが行われている

岡田

レンタカー付き！ 贅沢な時間を味わえる宿 MAP 別冊 P.8-A1

一軒家貸切

古民家風 一棟貸しの宿 いなかや
（こみんかふう いっとうがしのやど いなかや）

野田浜から徒歩圏内にある一棟貸切の古民家宿。チェックインが6:00、チェックアウトが15:00と船の時間ぎりぎりまで過ごせる。

車や電動自転車、製氷機が自由に使える

古民家風 一棟貸しの宿 いなかや
住 大島町岡田新開212-1
TEL 090-8804-9556 IN 6:00 OUT 15:00 料 一棟貸切3万2000円～ CC ADJMV 部 2 P あり
交 岡田港から車で12分

椿に囲まれプライベート感を堪能できる

波浮港

あたたかいもてなしがうれしい貸切宿 MAP 別冊 P.8-B3

一軒家貸切

はぶの家
（はぶのいえ）

島ガイドを行うオーナーが営む貸切宿。築100年以上の古民家をリフォームした居心地のよい宿だ。オプションで食事も可。

洋室と和室があり、最大6名まで宿泊可能

はぶの家
住 大島町波浮港16
TEL 090-9011-1950 IN 15:00～18:00 OUT 10:00 料 一棟貸切1万2000円～ CC 不可 部 2 P あり 交 波浮港から徒歩6分

島で生まれ育ったオーナーからとっておきの情報を聞けるかも

差木地

4客室、10名まで宿泊できる一軒宿 MAP 別冊 P.4-B3

一軒家貸切

HORIZON
（ほらいぞん）

目の前に海が広がる一棟貸切宿。10名まで宿泊可能なので、大人数でも気軽に楽しめる。家族連れや子供と過ごすのに最適だ。

洋室にはソファがあり、ゆったりと過ごせる

HORIZON
住 大島町差木地4
TEL 04992-4-1630 IN 15:00～18:00 OUT 10:00 料 一棟貸切1万3200円～ CC 不可 部 4 P あり 交 波浮港から車で5分、元町港から車で20分

大島一周道路沿いにあり交通も便利

元町

ひとりでも気軽に泊まれる中心街の旅館 MAP 別冊 P.7-C2

旅館

旅館 かんいち
（りょかん かんいち）

元町中心地にある旅館。デスクが設置された部屋がありワーケーションにも最適。夕食には地魚など島の旬の味を堪能できる。

全室シャワー・トイレ完備でアメニティも充実

旅館 かんいち
住 大島町元町1-6-4
TEL 04992-2-2016 IN 15:00 OUT 9:30 料 朝夕1万2500円～ CC ADJMV 部 6 P あり 交 元町港から徒歩4分

ランドリールームがあり長期滞在もOK

スーパーで買い出しをする場合は、なるべく日中に。18:00～19:00に閉店する店が多く、食材も夜になると品薄になる。宿で自炊をする場合は早めの買い出しがおすすめだ。

岡田

島の自然に抱かれた癒やしの B&B　MAP 別冊 P.5-D1

B & B

島ぐらし カフェ chigoohagoo

ゆったりとした空間で、自分自身と向き合える2組限定B&B。自然を考慮したアメニティが充実。男性のみの宿泊は不可。

アンティークやアートにこだわるカフェが敷地内にある

島ぐらしカフェ chigoohagoo
住 大島町岡田3
IN 16:00～20:00　OUT 11:00
料 朝8500円～
CC ADJMV　部 2　P あり
交 岡田港から徒歩2分

静寂に包まれた客室で、ぐっすり眠ることができる

元町

60年続く老舗ペンション　MAP 別冊 P.6-B2

ペンション

ペンション MINAMOTO

港や飲食店に近くアクセス至便の宿。1957年にスタートし、今は素泊まり宿として営業。お菓子やコーヒーのサービスもうれしい。

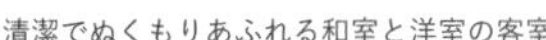

清潔でぬくもりあふれる和室と洋室の客室

ペンション MINAMOTO
住 大島町元町1-16-3
TEL 04992-2-1002　IN 15:00
OUT 10:00　料 素6050円～
CC 不可　部 5　P あり
交 元町港から徒歩2分

大型船で訪れる際は早朝チェックインできるか相談してみて

元町

誰もが楽しめるバリアフリーのペンション　MAP 別冊 P.4-A2

ペンション

バリアフリーペンション すばる

寝室からトイレまで館内すべてバリアフリー。車椅子でも安心して宿泊することができる。緑を望む広い浴室で、心身ともに癒やされて。

美しく整えられた芝生と黄色の建物が目印

バリアフリーペンション すばる
住 大島町元町1-23-6
TEL 04992-2-1142　IN 15:00
OUT 10:00　料 素8000円～
CC 不可　部 5　P あり
交 元町港から徒歩9分

ロフト付きの洋室や茶室として使える和室がある

波浮港

快適な土間が人の輪をつなぐゲストハウス　MAP 別冊 P.8-B3

ゲストハウス

青とサイダー

ポップな外壁のイラストが印象的な、自転車とアートがテーマの2組限定のゲストハウス。土間ではゲストが和気あいあいと楽しめる。

自転車用工具や空気入れを用意している

青とサイダー
住 大島町波浮港4
TEL 090-4919-1981　IN 15:00
OUT 10:00　料 素6000円～
CC AJMV　部 2　P あり
交 波浮港から徒歩5分

フルキッチンがあるので自炊も可能

波浮港

大正ロマンの雰囲気が漂うゲストハウス　MAP 別冊 P.8-B3

ゲストハウス

露伴

幸田露伴をはじめ、多くの文人が訪れた波浮港にある宿。本に囲まれた書斎で、ゆっくりページをめくる贅沢な時間を楽しめる。

5000冊の本からお気に入りを探してみて

露伴
住 大島町波浮港14
TEL 080-2742-0702　IN 15:00～20:00　OUT 10:00　料 素6500円～
CC AJMV　部 2　P あり
交 波浮港から徒歩8分

客室は洋室と和室が1部屋ずつある

しま通信　波浮港の中通りには宿が続々とオープンしている。伊豆大島ジオパーク認定ジオガイドが営む2組限定のゲストハウス「Stay Do」や、2023年夏オープンの一棟貸切宿「五十番」など個性豊かな宿をチェック！

椿が彩る断崖絶壁に囲まれた小さな島

利島（としま）

人口　315人（2023年）
面積　4.04㎢
周囲　7.7km

MAP 別冊 P.9

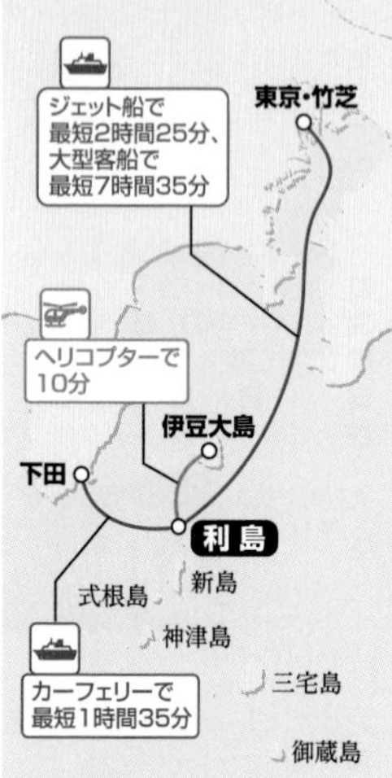

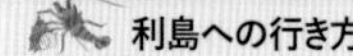

利島への行き方

東京竹芝桟橋から大型船とジェット船が運航。大島からはヘリコプターが利用できる。下田からフェリーも出ている。

太平洋にポツンと浮かぶ島。約20万本の椿と巨木が織りなす景観

都心から南へ約134kmの海に浮かぶ、宮塚山を中心とした円錐形の島。島外周は断崖絶壁で港がひとつしかないため船の欠航が多い。椿油の生産量が全国1～2位を争うことから椿の島として知られている。宮塚山の展望台からは大島や伊豆半島、天気がよいと富士山の美しい姿が。ウスイゴウの展望台は朝日の、夕日展望台は夕日の名所で、夜は島の南側が星の観測スポットになる。すべてが楽しめるのは小さな島ならではだ。

利島村役場（利島村勤労福祉会館）

利島には観光協会がなく、村役場の観光担当がその役目を担っている。観光担当を訪ねる場合は、利島村役場ではなく利島村勤労福祉会館に向かおう。入口付近に事務所がある。

MAP 別冊 P.9-D3
TEL 04992-9-0046
営 9:00～18:00
休 月（祝日または振替休日の場合は翌日）
P あり
URL www.toshimamura.org

昼時など職員が席を外している場合もある

利島の歩き方

徒歩2時間30分で一周できる小さな島。登山をしても約3時間30分～4時間で集落に戻ってこられる。レンタカーサービスは少ないが、宿泊する宿で車を借りられることもある。集落はひとつしかなく、宿泊施設、商店、飲食店、役場はすべて徒歩圏内だ。飲食店は数少なく予約必須。来島前に予約をするか、宿で3食分の食事を事前に頼もう。農協には総菜や菓子パンなど軽食が購入できる。港から集落に向かう道のりは坂が急なので、宿に送迎を頼むと安心だ。

集落内も多少坂があるが、徒歩で十分回れる

島人Voice 島内には薬局やコンビニはない。酔い止めや常備薬などは事前に用意しておこう。けがや急病の場合は診療所があるが平日しか開いていない。休日や夜間に診察を受けたい場合は役場 04992-9-0011 に連絡を。

椿と海がある暮らしに溶け込む

利島エリアガイド

宿も飲食店もわずかしかなく、いわゆる観光施設もない小さな島、利島。しかし、山と海、そして椿の豊かな自然と歴史深い文化が人々を魅了し、リピーターが絶えない場所でもある。

利島シーズンガイド

●旅行のベストシーズンは？

椿は下記のシーズン中。スノーケリングならミナミハンドウイルカが現れる3～11月あたり。冬は船が欠航になりやすいので、余裕のある旅程の計画を。

●椿の花が見られるのは何月頃？

椿の開花は、11月頃から徐々に咲き始め4月まで続く。見頃は2～3月。椿の絨毯もこの頃に見られる。一気に開花せず断続的に咲き続けるのが特徴だ。

●トレッキングはいつ頃がおすすめ？

宮塚山トレッキングは基本、年間通して可能だが、伊豆諸島に自生するサクユリを見るなら梅雨が見頃。天気が比較的よい春と秋もおすすめ。台風シーズンは注意。

利島で絶対にしたいこと BEST 3

1. 椿の花を愛でる

利島といえば椿！　椿油の国内生産量1～2位の島に咲き誇る、20万本の真っ赤な椿を観賞しよう。利島産100%の椿油も試したい。

→ P.142

2. 大型海遊魚とスノーケリング

夏ならスノーケリングがおすすめ！　外洋にはウミガメやハンマーヘッドシャーク、運がよければミナミハンドウイルカに出会える。

→ P.143

3. 南ヶ山園地で星空観察

集落の反対側にある南ヶ山園地は光害が少ないので、無数の星々を眺めることができる。新月、もしくはそれに近い日だとより星が見やすい。→ P.144

島内唯一の集落

利島中心地 → P.140

島内唯一の集落は、坂道に沿って住宅が点在している。宿泊施設や商店、農協、郷土資料館などがあり、玉石の石垣は島ならではの風景をつくり出している。集落は30～40分ほどで回りきれる。

★島内最大の古社

阿豆佐和気命神社

→ P.145

利島最古の建物である社殿がある、島内最大の神社。「明神様」と呼ばれ親しまれる本宮は島の南側に鎮座する。

★地面を赤く染める椿の花

椿の絨毯

椿の花は地面に散り、一面を椿色に染める。その優美な姿を堪能できるのは、晩冬から初春にかけて椿のシーズンが終わる頃のみ。

★島の中心にそびえ立つ最高峰の山

宮塚山 → P.141

島の形そのものでもある宮塚山。頂上付近には、集落と海を一望できる展望台がある。スダジイの大木が林立し、歴史の深さを物語る。梅雨には伊豆諸島に自生するサクユリが咲く。

★絶好の星空観察スポット

南ヶ山園地 → P.144

伊豆諸島の島々を見渡すことができるスポットで、夜には満天の星が広がる。芝生に寝っ転がりながら、天然のプラネタリウムをひとり占め！　春には伊豆諸島に自生する大島桜の下で花見はいかが。

利島大満喫！ 2泊3日モデルプラン

周囲約8kmの小さな島なので、観光は1泊2日で十分だが、海も山も網羅するなら2泊3日の滞在がおすすめ。大型客船とジェット船が運航しており、どちらも午前中に到着する。

1日目 島さんぽでぐるっと一周！

船のスケジュールは毎月異なる

船のスケジュールは毎月更新される。ジェット船は冬場になると就航がなく、大型客船のみの運航となるので、旅行の計画は事前にしっかりと立てよう。

7:40

大型客船で利島港に到着

利島に到着したら、予約をした宿の送迎で宿泊場所へ向かおう。事前に島への到着時間を伝えるのを忘れずに。

港は利島港のみ

↓ 🚗 5分

8:30

小さな町をおさんぽ

利島の集落はひとつ。1時間もあれば町全体を回ることができる。玉石垣の島ならではの風景に癒やされる。 → P.140

坂道が多いので歩きやすい靴で回ろう

↓ 🚶 15分

10:00

ビーチでのんびり

港から徒歩5分の場所にある島唯一のビーチへ。青く透き通った海を眺めながらひと息。

夏は多くの人々が海水浴に訪れる

↓ 🚶 15分

12:00

宿でランチをいただく

飲食店は営業していないことも多々あるため、昼食は宿で予約をしておこう。 → P.147

3食すべて予約をしよう

13:00

島一周へ出発！

島一周は徒歩で3時間、登山を入れても4時間30分ほど。反時計回りで島を回ろう。 → P.140

椿畑を通り島の反対側へ

↓ 🚶 55分

14:00

神社めぐり

一番神様、二番神様でお参り。ほかの島々が見渡せる南ヶ山園地で休憩しよう。 → P.144

玉石の石段が印象的

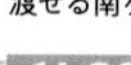

↓ 🚶 7分

14:30

宮塚山登山スタート

頂上までは約45分と短いが急な坂が多い。歴史ある森を眺めながら、ゆっくりと歩こう。 → P.141

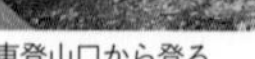
東登山口から登る

↓ 🚶 45分

15:30

展望台に到着！

頂上からは景色は見えないが、近くの展望台から集落と海を見渡せる絶景を見ることができる。 → P.141

富士山が見えることも

↓ 🚶 45分

16:30

水平線を望む

下山したら日の出スポットのウスイゴウ園地へ。近くの三番神様でお参りも。 → P.141

水平線を眺めながらひと息

↓ 🚶 50分

18:00

島で取れた海鮮を満喫

宿に戻ったら夕食の時間だ。利島近海で取れた海の恵みを堪能しよう。 → P.147

焼酎を飲みながらいただきます♪

2日目 大型回遊魚と青い海を悠々と泳ぐ

冬は椿の美しさにうっとり
12月から4月にかけて椿の花が咲き、島を赤く染める。島民と一緒に椿の実拾いをするのも利島ならではの体験。椿畑は私有地なので勝手に入らないこと。

冬だけ見られる景色

ゆっくりくつろげる空間

夕日が海に沈む様子が美しい

8:30
船で沖に向かい泳ごう！
暖かい季節ならスノーケリングへ。ウミガメやハンマーヘッドシャーク、ミナミハンドウイルカに出会えるかも。→P.143

イルカと会えたらラッキー！

↓ 車 5分

11:30
韓国料理店でランチをいただきます！
島内で唯一、予約なしでも入れる飲食店「食堂HARU」でランチ。韓国料理以外にも、明日葉を使った島料理がいただける。→P.146

入口で猫がお出迎え

↓ 徒歩 3分

14:00
カフェタイム
島唯一のカフェ「ねことまちあわせ」でひと休み。営業日は公式SNSで発信されているので事前にチェック。→P.146

↓ 徒歩 10分

15:00
利島のオリジナルおみやげ
利島のオリジナルグッズを多く取り扱う「利島のおみやげ屋さんモリヤマ」でお買い物。→P.146

利島Tシャツが人気

↓ 車 10分

16:30
えも言われぬ夕日に感動
夕日を眺めに、南ヶ山園地へ。夕日と島々のコンストラストが美しい。→P.144

↓ 車 10分

18:00
夜は島の人と交流
島人が宿の食堂に遊びにきて交流することもある。島の焼酎・さくゆりで島の夜を味わおう。

島情報が聞けるかも！

↓ 車 10分

20:00
天然のプラネタリウム
島の南側は光害が少なく空が開けているので、満天の星を眺めることができる。

3日目 出航まで島時間を堪能する

大島で乗り換えもできる
大型客船しかない時期でも、大島でジェット船に乗り換えができる。早めに東京に到着したい場合は、乗り換えよう。

社殿は利島最古の建物

9:00
農協で椿油をゲット！
利島特産の椿油を手に入れるなら、利島農業協同組合で。椿油の種類は3種類。数量限定の商品もある。→P.146

8:30からオープンしている

↓ 徒歩 10分

10:00
昔の暮らしを垣間見る
利島村郷土資料館では、縄文時代の出土品から現代の生活様式まで、利島の暮らしの歴史を知ることができる。→P.145

近年まで行われていた歩射の様子

↓ 徒歩 10分

11:00
町なかの神社でお参り
村の氏神様が鎮座する阿豆佐和気命神社で、無事島旅を終えることに感謝のお参りを。→P.145

↓ 車 5分

12:45
大型客船で出発！
島の人々に手を振りながら、東京行きの大型客船で島を出発。春から秋はジェット船も出航している。

下田行きの船もある

↓ 船 7時間35分

19:00
竹芝桟橋に到着

何もないが心地よい

島時間にとことん浸れる 利島の集落さんぽ

利島には飲食店や商店、娯楽施設が限りなく少ない。しかしそんな島だからこそ、のんびりと静けさに身を委ね、自然のささやきに気づくことができる。都会の喧騒から離れた、島時間を思う存分楽しもう。

浜から採取した丸石で造った石垣の道

島をめぐって、心満たされる

お椀をひっくり返したような形をした利島。周囲7.7kmと小さな島で、歩いて2時間30分で一周することができる。島一周めぐりは、正月三が日に行う「山廻り」という島の風習に習い、一番神様、二番神様、三番神様と呼ばれる3つの神社を巡るコースに倣って、集落から反時計回りでスタートするのがいいだろう。途中には、伊豆諸島のほかの島々を望む絶景ポイントも。体力に余裕があれば、島一周コースに加えて、宮塚山ハイキングにもチャレンジ。原生林を抜けた先には、港と海を見下ろす絶景が待っている。南登山口から東登山口まで約45分と気軽に登ることができる山なので、ぜひ足を延ばしてみて。

集落を離れると、目に入るのは椿畑や原生林だけ。静寂に包まれて島をひとり占めしているかのような贅沢な時間を楽しもう。

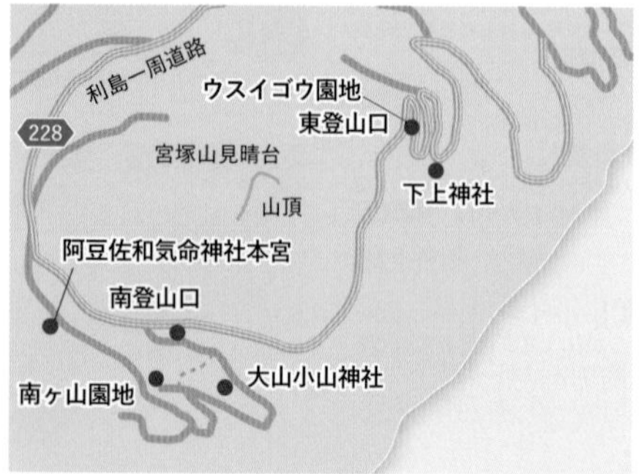

集落を出る前に情報収集を

利島は海底光ファイバーケーブルが整備されており、高速ブロードバンド回線が利用できる。意外にもネット環境は整っている。しかし、集落を抜けると携帯電話は圏外になることもあるので、あらかじめ地図を確認して出かけよう。デジタルデトックス気分で半日くらいネット環境から離れてみるのもいいものだ。

MAP 別冊 P.9-C2
交 集落から南登山口まで車で6分

宮塚山は比較的歩きやすい山だが、山道には笹が生い茂っているところもあるので、長袖長ズボンがおすすめ。靴も歩きやすいスニーカーなどが望ましい。

宿から南登山口に向けて出発！

START!

村落をスタートし、玉石垣が続く道を抜けて利島一周道路へ。反時計回りで回ろう。椿の段々畑を眺めながら島の南側へ。

ここがポイント！
村落や宮塚山は急な坂が多い。歩きやすい靴と水の用意を！

1時間

丸石の階段を上った先には祠がある

一番神様でお参り

MAP 別冊 P.9-C2

南ヶ山園地のほうへ進むと、一番神様と呼ばれる阿豆佐和気命神社本宮が現れる。正月三が日に行われる山廻りでは、一番神様から三番神様まで順番にお参りをする。

5分

夜は満天の星が広がる星空スポット！

島々を一望するスポットで絶景を堪能

MAP 別冊 P.9-C2

新東京百景に選ばれた南ヶ山園地に到着。伊豆諸島の島々の迫力ある景色は圧巻だ。少し進むと現れる、二番神様と呼ばれる大山小山神社でお参りをしよう。

20分

左／この案内標識が入口の目印　右／スダジイなど伊豆諸島特有の植物が見られる

南登山口から登山開始！

MAP 別冊 P.9-C2

南登山口から山頂へ向かい、反対側の東登山口に向かう約2kmのコース。短いコースだが坂は急な場所もあるので、ゆっくり進もう。森林浴を楽しみながら展望台を目指す。

45分

宮塚山展望台から集落や港を一望

MAP 別冊 P.9-C1

宮塚山の山頂は眺望が望めず、案内板があるだけなので、ここではベンチでひと休みを。眺望は山頂から10分の宮塚山展望台へ。集落や港を一望できる。

大島や伊豆半島、富士山が見える日もある

45分

三番神様、ウスイゴウ園地

MAP 別冊 P.9-D1

下山したら、島でいちばん早く日の出が見られるウスイゴウ園地へ。さらに村落の方向へ進むと山廻りの最終地点、三番神様と呼ばれる下上神社が。お参りをして村落へ向かおう。

ウスイゴウとは「朝日のさす所」という意味

50分

海塩入りの海のジェラート380円が人気

集落へ到着！ジェラートを食べてひと息

GOAL!

MAP 別冊 P.9-D3

集落まではなだらかな道のりをひたすら進む。集落に着いたら利島のおみやげ屋さんモリヤマ（→P.146）の冷たいジェラートで疲れを癒やそう！

しま通信 集落には、四面の銅製和鏡や銅銭などが発掘された堂山神社や、以前は流鏑馬が行われていた八幡神社などの神社が点在する。散歩がてら訪れてみては？

全国最大級の生産量！

純・利島産の椿油を手に入れる

人口が約300人の島ながら、全国1位2位を争う日本屈指の椿油生産量を誇る利島。250年以上続く椿産業は島の主産業であり、島一体となって取り組んでいる。椿油の製造法や効能をご紹介！

冬から春にかけて咲き誇る椿は“冬のバラ”といわれる

島全体を覆う約20万本の椿

江戸時代から続く利島の椿産業。米の代わりに椿油を年貢として納めていた歴史があるほど、利島にとって椿は欠かせないものだ。約40軒の農家が椿林の管理や収穫を、利島農業協同組合が商品開発や企画・販売、苗の品種改良、島外へのPRなどを行っており、島全体で産業を支える体制が整っている。

利島の椿油は、島内で栽培された日本の固有種であるヤブツバキの種のみで作られている。また化学肥料や化学農薬などを一切使用しておらず、さらに自然に落ちた完熟種子のみを収穫し搾油しているため、安全で品質が高いのが特徴だ。

近年では椿油だけでなく、椿グシの製造や椿油を使用した食品の開発・販売にも取り組んでいる。島の約80%を覆う椿が、島を支えていると言っても過言ではない。利島と椿は切っても切れない深い関係を築いているのだ。

神代椿（かみよつばきしずく）-雫-

数量限定の椿油

5500円

オーガニックコスメ認定を受けている椿油。有機JASの厳格な規格・条件を満たす、全体量の10%しか採れない希少な椿油だ。

神代椿（かみよつばききん）-金-

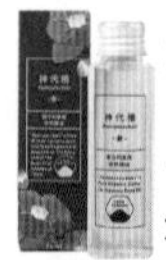

椿油そのものの成分を大事に残している

1980円

完熟ヤブツバキの種子の、一番絞りのみを使用した椿油。肌や髪の手入れにはもちろん、食用としても使うことができる。

神代椿（かみよつばきぎん）-銀-

肌なじみがよく朝でも使いやすい

1980円

「神代椿-金-」を脱色・脱臭し仕上げた無色透明の椿油。さらっとしたテクスチャーが特徴。髪や体など、全身の手入れにおすすめ。

椿油が染み込んだ椿グシも

ポーチ付きなので携帯にもいい

1980円/3寸、3000円/4寸

耐久性が高い利島の椿の木で作られた椿グシ。椿油が染み込んでいるため、髪をとかすだけでツヤ髪に。荒歯の4寸と普通歯の3寸がある。

椿油ができるまで

花が開花してから油になるまでは1年かかる。さらに、搾油や一部の草刈り以外はすべて手作業なので、根気のいる作業だ。島の人が1年かけて行う椿油になるまでの工程を見てみよう。

6~9月 草刈り

椿産業は草刈りがとても重要だ。椿の実は小さく土の色に似ているため、雑草があると拾いづらい。そのため、夏場に3回は草刈りを行う。

10~4月 種拾い

椿の種拾いは10月から徐々に始まる。種拾いはすべて手作業。実が完熟して地面に落ちたあとに、木には椿の花が咲く。その流れが繰り返され、4月まで続く。

11~4月 椿の花が開花

ヤブツバキは11月頃から4月にかけて、赤い花を咲かせる。椿は花全体がぽとりと落ちるので、2～4月には落ち椿の作り出す真っ赤な絨毯が見られる。

●実を拾いながら草を燃やす

種拾いはすべて手作業なので、椿の葉が種拾いの邪魔にならないよう、実を拾ったら葉や草を燃やすという作業を繰り返しながら行う。

11~6月 椿油搾り

集めて乾燥させた種を、島内の椿油製油センターへ持ち込み、椿油の製造を行う。不純物を取り除きながら、ていねいに精製する。

利島や伊豆大島で椿栽培が盛んな理由は、土壌と気候にある。火山灰を含む水はけのよい土壌と穏やかな気候が椿栽培に適しているためだ。島が誇る日本古来の品種・ヤブツバキが美しく咲き誇る姿を見にいきたい。

海の人気者と泳ごう！
スノーケリング体験

断崖絶壁に囲まれた利島で行うスノーケリング体験はひと味違う。沖合に出るとすぐに海が深くなるため、魚影が濃いだけでなく大型の生物も見られる。利島の"自然の水族館"で大型回遊魚と一緒に泳ごう。

利島の海は大型回遊魚の宝庫！

黒潮の恩恵を受けた栄養豊富で、かつ透明度の高い利島周辺の海では、スノーケリングで大型回遊魚を見ることができる。通年見ることができるのはアオウミガメ。悠々と泳ぐ大小の大きなアオウミガメと一緒に泳ぐことができる。また、6～9月にはダイバーに人気のハンマーヘッドシャークが回遊。スノーケリングでハンマーヘッドシャークに出会える海は世界的にも珍しい。3～11月には、ドルフィンスイムツアーが開催される。遭遇率は年によって異なるが、野生のミナミハンドウイルカは好奇心が強く、一緒に泳いでくれることも。イルカの生態を守るために、触らない、追いかけないなどのルールがあるので、ツアー参加時に確認しておこう。

そのほか、カンパチやイサキ、タカベの群れなど回遊魚も多い。ダイナミックなスノーケリングを楽しもう。

上／7～8割の確率で見ることができる　中／利島の海はアオウミガメのパラダイス　下／ローカルルールに従って泳ごう

利島ダイビング・ドルフィンスイムサービス

1995年創業のダイビングショップ。ドルフィンスイムを含むスノーケリングツアーを実施。イルカの看板が目印。

MAP 別冊 P.9-D3　住 利島村148-1　TEL 090-3066-9333
予 必要　料 9000円　※施設使用料1日1500円　CC AMV
P あり　交 利島港から徒歩4分

そのほかのドルフィンツアー

ドルフィンスイムツアーのみ開催している事業者もあり、ドルフィンスイムは1回7700円～。

民宿 寺田屋　TEL 04992-9-0251
Soudaimo　TEL 04992-9-0039

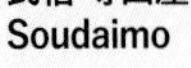

しま通信　スノーケリング体験に参加せず、スノーケリングをするならカケンマ浜で行おう。夏季限定で泳ぐことができ、魚や運がよければウミガメに会えることも。スノーケリングセットは持参しよう。

島内交通

レンタカーか徒歩

利島にはバスなど公共交通機関およびレンタサイクルはない。基本的な交通手段はレンタカーか徒歩となる。レンタカーは2024年春にオープン予定の1社のみ。宿泊する民宿で車を借りることもできるので問い合わせてみよう。島内一周は、車で約15分、徒歩で2時間30分ほど。

レンタカー会社
●合同会社タロス
MAP 別冊 P.9-C3
TEL 090-9293-0926

おもな見どころ

島の中心にそびえ立つ利島最高峰の山　MAP 別冊 P.9-C2　利島　景勝地

宮塚山（みやつかやま）

標高508mの利島最高峰の山。約20万本のヤブツバキに伊豆諸島固有種のサクユリ、巨大なスダジイなどが生息する。東登山口と南登山口を結ぶハイキングコース「宮塚山・巨樹めぐりの道」がある。

展望台からは伊豆大島や富士山、伊豆半島が見渡せる

宮塚山
P なし
交 集落から東登山口まで車で6分または徒歩46分、集落から南登山口まで車で6分または徒歩52分

ハイキングをするなら徒歩で向かおう

ダイナミックな島々の景色を見渡す　MAP 別冊 P.9-C2　利島　景勝地

南ヶ山園地（みなみがやまえんち）

新島や式根島、晴れた日には三宅島や御蔵島まで見渡すことができる展望広場。火山島の猛々しい姿を間近で見渡せる島内屈指の景勝地だ。新東京百景に選ばれている。

芝生の上から海に浮かぶ伊豆諸島の島々を眺めよう

南ヶ山園地
P あり
交 集落から車で9分または徒歩57分

夜は星の鑑賞スポットに。夏でも上着は忘れずに

正月三が日に参拝する3つの神社　MAP 別冊 P.9-C2、P.9-D2　利島　神社

一番神様・二番神様・三番神様（いちばんかみさま・にばんかみさま・さんばんかみさま）

島には「山廻り」と呼ばれる独特な初詣がある。米と御神酒を持って、阿豆佐和気命神社本宮（一番神様）、大山小山神社（二番神様）、下上神社（三番神様）をめぐる。

どの神社の参道もすべて丸石で造られた独特な景観

一番神様・二番神様・三番神様
P なし
交 集落から阿豆佐和気命本宮まで車で8分、大山小山神社まで車で8分、下上神社まで車で5分

島の開祖・阿豆佐和気命は一番神様に祀られる

しま通信　山廻りとハイキングを一緒に行いたい人は、南登山口から登ろう。山を登る前に、阿豆佐和気命本宮と大山小山神社にお参りをし、登山後に東登山口の下上神社でお参りをすれば、スムーズにめぐることができる。

利島最古の社殿をもつ神社

MAP 別冊 P.9-C3　利島　神　社

阿豆佐和気命神社（あずさわけのみことじんじゃ）

神社の創設年代は不明だが、927年にまとめられた「延喜式神名帳」に記載されている。社殿は1760年に建造された島内最古のもの。島の南側にある阿豆佐和気命本宮と下上神社の分祠社。

旧本殿は国登録有形文化財に登録されている

阿豆佐和気命神社
住 利島村1
P なし
交 利島港から徒歩15分

阿豆佐和気命と姫神の下上命が鎮座している

利島にある唯一の遊泳場

MAP 別冊 P.9-C3　利島　ビーチ

カケンマ浜（かけんまはま）

神津島から運ばれた白い砂浜が美しい人工ビーチ。スカイブルーの海にはウミガメが泳いでいることも。通常、海の日から8月末までが遊泳期間だが、事前に利島村役場に確認をして向かおう。

夏には島の子供たちでにぎわう

カケンマ浜
P あり
交 利島港から徒歩5分

透明度が高く魚影が濃いのでスノーケリングも◎

縄文時代からの島の歴史や文化を知る

MAP 別冊 P.9-D3　利島　資料館

利島村郷土資料館（としまむらきょうどしりょうかん）

東京都有形文化財に指定された28点の銅鏡や、縄文時代の土器の破片などを展示している資料館。利島の歴史や文化を知ることができる。島の特産品・椿油を作る工程を学ぶこともできる。

4年に一度、正月に行われていたやぶさめの像

利島村郷土資料館
住 利島村248
TEL 04992-9-0331
営 10:00 ～ 16:00（G.W. ～ 9月末の休日は9:00 ～ 17:00）
休 土・日・祝　料 無料　P あり
交 利島港から徒歩23分

明治初期の民家を再現した囲炉裏の部屋

世界最小のボウリング場で楽しむ

MAP 別冊 P.9-D3　利島　体験施設

利島村勤労福祉会館（としまむらきんろうふくしかいかん）

2レーンのみのボウリング場がある施設。卓球台も無料で借りられるので、雨の日はここで過ごすのもいい。観光の窓口もあり、相談に乗ってもらえる。

畳の部屋や机があり休憩に訪れる人も

利島村勤労福祉会館
住 利島村1351
TEL 04992-9-0046
営 9:00 ～ 18:00
休 月（月曜日が祝日または振替休日の場合は翌平日）
料 無料（ボウリングは1ゲーム1人300円）　P あり
交 利島港から徒歩21分

ボウリングはシューズの貸し出し無料

しま通信　島には居酒屋があまりないが、民宿でお酒を販売しているので民宿の食堂で食後も島のお酒を楽しむ人も。食後も食堂を使用したい場合は、民宿のオーナーに伝えておこう。

利島

食べる＆飲む、買う

Eat, Drink & Shopping

店の数は少ないものの、飲食店や商店、みやげ店などがある。島でしか手に入らない限定品もあるのでお店をめぐってみよう。

利島

利島産の商品が豊富な農協直営の商店　MAP 別冊 P.9-C3

商店

利島農業協同組合（としまのうぎょうきょうどうくみあい）

飲料品や生活用品を取り揃える農協直営の商店。農薬・化学肥料不使用で作られた椿油や椿油関連商品など、利島のおみやげも取り扱う。お総菜が並ぶこともある。

営業は平日のみ

利島農業協同組合
住 利島村 13
TEL 04992-9-0026
営 8:30 ～ 17:30
休 土・日・祝　CC ADJMV　P あり
交 利島港から徒歩 14 分

利島

オリジナル商品もある島唯一のみやげ店　MAP 別冊 P.9-D3

おみやげ

利島のおみやげ屋さんモリヤマ（としまのおみやげやさんもりやま）

利島フェイスタオル 1600 円や利島タンブラー 1500 円などのグッズが豊富。利島 T シャツ 2600 円～は数種類デザインがある。ジェラート 380 円～食べながら、テラス席でひと休みすることも。

12:30 から 15:00 まではクローズなので注意して

利島のおみやげ屋さんモリヤマ
住 利島村 255
TEL 04992-9-0201
営 10:00 ～ 12:30、15:00 ～ 17:30
休 不定休　CC ADJMV　P あり
交 利島港から車で 3 分

利島

2022 年にオープンしたカフェ兼イベントスペース　MAP 別冊 P.9-C3

カフェ

ねことまちあわせ

利島農業協同組合が営むカフェ。アイスキャラメルマキアート 650 円、ハイネケン 700 円などドリンク中心に取り揃える。テイクアウトも可能。おやつバーがあり 500 円で駄菓子が食べ放題。

不定期で週末営業もあるので SNS をチェック

ねことまちあわせ
住 利島村 9
TEL 04992-7-5855
営 10:00 ～ 17:00（季節により変動）
休 土・日・祝　CC ADJMV

P あり
交 利島港から徒歩 15 分

利島

父島の人気韓国料理店が移転オープン　MAP 別冊 P.9-C3

食堂

食堂 HARU（しょくどうはる）

小笠原諸島の父島で 25 年間韓国料理店を営み、利島に移転。韓国料理を中心に、明日葉など島の素材を使った料理も用意する。予約なしでも入ることができるが、満席のことも多い。

牛バラ定食 1300 円やからあげ定食 1000 円など定食もある

食堂 HARU
住 利島村 1553
TEL 04992-7-5252
営 11:00～14:00、17:00～24:00
休 不定休　CC 不可　P あり
交 利島港から徒歩 18 分

しま通信　島内には商店がいくつかあるが、お総菜が手に入るのは利島農業協同組合のみ。しかしそれも不定期で並んだとしても少ないため、食事は宿または飲食店で取るのが無難。飲食店は予約必須の店が多い。

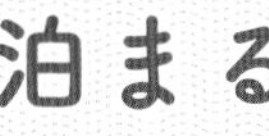

泊まる

Stay

島には民宿が８軒ある。ゆったりとした時が流れる島宿は、まるで実家に帰ったかのようにくつろげる雰囲気だ。

利島

清潔で居心地のよい漁師宿　MAP 別冊 P.9-D3

民宿

民宿寺田屋（みんしゅくてらだや）

全室和室の民宿。漁師のオーナーが取ってきた新鮮な海鮮物が食事に出ることも。洗面所付きの客室もある。旧館の談話スペースは、宿泊者同士の交流の場になっている。

畳の部屋でゆっくりとくつろげる

民宿寺田屋
住 利島村 119-2
TEL 04992-9-0251
IN 10:00 ～　OUT 10:00
料 朝夕 9900 円～
CC ADJMV　部 7　P あり
交 利島港から徒歩 15 分

ドルフィンスイム 8800 円も開催

利島

自家製野菜と新鮮な海産物が自慢の宿　MAP 別冊 P.9-C3

民宿

民宿しんき（みんしゅくしんき）

漁師家族が営む民宿で、新鮮な海鮮物や自家製の野菜が食べられるボリュームたっぷりの食事が人気。利島産の魚介類を食べたいときは予約をしよう。ひとり旅も安心して泊まれる宿だ。

日本料理店で修行したオーナーとその家族が営む

民宿しんき
住 利島村 51
TEL 04992-9-0028
IN 15:00　OUT 10:00
料 朝夕 9900 円～
CC 不可　部 9　P あり
交 利島港から徒歩 14 分

洋室または和室から選べる

利島

パステルカラーのかわいい宿　MAP 別冊 P.9-C3

民宿

Soudaimo（そうだいも）

リゾートのような雰囲気が漂うパステルカラーのおしゃれな民宿。洋室と和室があり海側の客室は眺めもいい。ハンモックでくつろごう。ドルフィンスイム 8500 円を開催。

2014 年にオープンした小さな宿

Soudaimo
住 利島村 1585
TEL 04992-9-0039
IN 15:00　OUT 10:00
料 素 6050 円
CC ADJMV　部 4　P あり
交 利島港から徒歩 17 分

食堂では、無料でお茶やコーヒーが飲める

利島

U ターンの女性オーナーが継いだ宿　MAP 別冊 P.9-C3

民宿

民宿かおり荘（みんしゅくかおりそう）

島出身の女性が U ターンをし、祖母が営んでいた宿を引き継ぐ形で再開。島の魚介類や山菜を使った食事がおいしい。廊下の壁には島で見られる魚が描かれている。女性のひとり旅でも安心。

カラフルなインテリアの部屋が魅力的

民宿かおり荘
住 利島村 6
TEL 04992-9-0038
IN 15:00　OUT 10:00
料 朝夕 9900 円～
CC ADJMV　部 5　P あり
交 利島港から徒歩 17 分

ランチは 1000 円、お弁当は 1100 円で用意してくれる

しま通信　宿泊料金は島内で統一されており、1 泊 2 食で 9900 円～、素泊まり 6050 円～。繁忙期は通常料金にプラス 1000 円。ほとんどの宿で昼食をオプションで用意してくれ、車が借りられる宿もある。

火山岩質の白砂に紺碧の波が迫る美島

新島（にいじま）

MAP 別冊 P.10・11

人口	1974人（2023年）
面積	23.64㎢
周囲	約41.6㎞

羽伏浦海岸の南側にある堀切（シークレット入口）

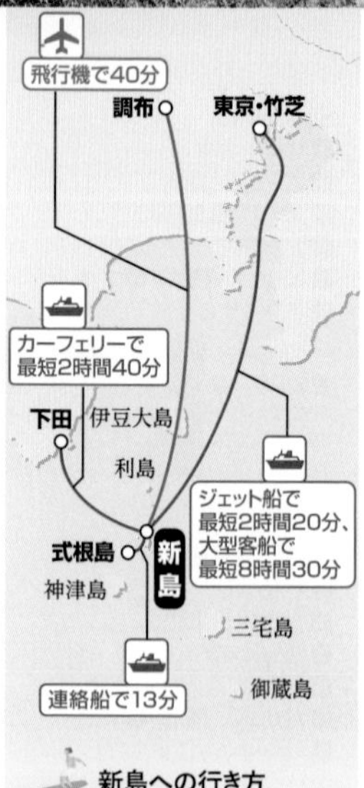

新島への行き方

竹芝からは大型客船とジェット船。熱海や下田からも船が運航。調布からは飛行機が運航する。

東京から約150㎞の太平洋上に位置する新島。一年を通して気温の変化が少なく過ごしやすい気候が魅力だ。島の大部分が流紋岩と呼ばれる白い火山岩で覆われており、地中海のリゾート地のような美しい景観が広がる。島の東に約7㎞にわたって続く羽伏浦海岸は、ガラス質の石英を多く含んだ白砂のビーチにターコイズブルーの波が打ち寄せ、サーフィンの聖地として人気が高い。

南部にそびえる向山（石山）は、コーガ石という軽石の産地。島に点在するモヤイ像や、湯の浜露天温泉のギリシャ神殿風の建造物など、新島ならではのアートはコーガ石で造られている。近海は古くから好漁場として知られ、イサキやシマアジなど旬の海鮮を島内の飲食店で味わえる。秘伝の液に漬け込んだ名物のくさやにも挑戦したい。

石山展望台にはコーガ石を加工したモヤイ像が

しま通信 複数の海底火山が噴火して形成されたと考えられる新島。羽伏浦海岸や石山には流紋岩質の白い砂や岩が広がっているものの、島西部の前浜海岸の砂はやや灰色がかり、島北部の若郷前浜の砂は黒色をしている。

新島の歩き方

本村滞在でメインスポットを網羅できる

新島港から車で約5分、海岸沿いの道路を北上し、たくさんのモヤイ像が並ぶ広場を過ぎると、島の中央西側に位置する本村に到着。宿泊施設はこのエリアに集まっている。メイン通りには、どこか懐かしい雰囲気のおみやげ店や島の食材を扱う飲食店が軒を連ね、島民御用達のスーパーも点在している。集落内の移動は徒歩で十分だが、観光を満喫するならレンタサイクルの利用が便利。湯の浜露天温泉や羽伏浦海岸など、人気スポットまではほとんど坂道がなく、5～15分でアクセスできる。レンタカーを借りれば、駐車場完備の石山展望台や、島北部の若郷エリアへ足を運べるため、楽しみ方がより広がる。

本村の集落から海へ続くメイン通り。飲食店やおみやげ店が並ぶ

島の北部にあるもうひとつの集落、若郷

新島の集落は、本村と若郷のふたつ。若郷は島民が暮らす静かなエリアで、観光スポットは若郷前浜や渡浮根展望台、宮造神社など。途中にある全長約2900mの平成新島トンネルは徒歩や自転車で通過できないので、移動の際はレンタカーやレンタバイク、村営バスを利用する。波が高く神津島港が利用できない際に、若郷の渡浮根港（若郷漁港）から大型客船やジェット船が発着することがある。

高波の影響で北西にある渡浮根港（若郷漁港）に着岸したジェット船

新島村観光案内所

新島港に隣接する船客待合所にある窓口。施設の1階にはおみやげ店があり、2階には港や海を見渡せるデッキが備わる。手荷物預かりは300円～。

MAP 別冊 P.10-A2
住 新島村黒根 2-1 新島港船客待合所 1F
TEL 04992-5-0001
営 8:15～17:00(夏季 7:15～)
休 なし
P あり
URL niijima-info.jp

駐車場があるので旅の途中でも立ち寄りやすい

島トーク 港からは宿泊施設の送迎を利用

港から宿泊施設までは宿の送迎を利用するのが一般的。波の影響で大型客船やジェット船が渡浮根港（若郷漁港）に発着する際も、宿の人が運航状況を調べて柔軟に対処してくれる。

島トーク レンタサイクルは本村の集落で

レンタサイクルは本村のおみやげ店などで借りることができる。台数は多いが、繁忙期は予約をしておくと確実。

歩き方

伝言板

1970年代から注目されていた行楽地

東京から手軽にアクセスできるリゾート島として、1970年代の離島ブームから1980年代のバブル期にかけては、年間約7万人の観光客が訪れたという新島。夏になると本村にビアガーデンやディスコがオープンし、メイン通り周辺は渋谷のスクランブル交差点さながらのにぎわいだったとか。現在も夏休みシーズンには多くの旅行客が訪れるものの、その頃のような喧騒はなく、しっとりと落ち着いた雰囲気のなかで過ごせる。周辺の島に比べて宿泊施設や飲食店が充実しているため、予約が取りやすいのも魅力。

おみやげ店が並ぶ現在のメイン通り

しま通信 一般的に、火山島には太古の生物の化石は存在しないが、新島の南部では貝の化石が発見されている。これは新島の地下深くにある地層が、激しい噴火で噴き上げられたものと考えられる。

町と自然が調和する遊びやすさが魅力！

新島エリアガイド

宿泊施設が集まる本村と島民が暮らす若郷の、ふたつの集落をもつ新島。
ビーチや温泉などの人気スポットは本村付近に点在し、少ない移動で旅を満喫できる。

新島シーズンガイド

●旅行のベストシーズンは？

一年を通して温暖で、5～9月は半袖で過ごせる日が多い。夏はスコールのような激しい雨が降る日もある。

●海で泳げるのは何月頃？

海水浴に適しているのは7月上旬～9月下旬。8月は海水浴場にライフガードが常駐。秋～冬は波の高い日が続くことも。

●冬の旅行の楽しみは？

冬の平均気温は10℃前後で、石山トレッキングや島内サイクリングには適した季節。北風が吹く日もあるので防寒着を用意したい。

新島で絶対にしたいこと BEST 3

1. メインゲートで映えショットを

羽伏浦海岸を見下ろすメインゲートは8月にはライフガードが常駐する。ツインタワーをバックに記念写真を撮ろう。

→ P.172

2. お気に入りのモヤイ像を探せ！

新島で採掘されるコーガ石を加工したモヤイ像。島の各所でさまざまな表情をした像が出迎えてくれる。あなたのお好みは？

→ P.158

3. くさやに挑戦！

伊豆諸島の伝統食であるくさやは、新島が発祥といわれている。スティックタイプの切り身など、食べやすいものもあるのでトライ！

→ P.166

村営バスがつなぐ静かな地区

若郷（わかごう）

本村からは、車やバイクでしか通れない平成新島トンネルを経てアクセス。波浪時には渡浮根港（若郷漁港）に大型客船やジェット船が発着する。周辺には民家が点在。

旅の起点となる島の中心地

本村（ほんそん）

新島港から車で数分のエリア。徒歩で回れる範囲に宿泊施設や飲食店、商店などが点在している。コーガ石でできた家や小道を探しながら歩いてみよう。

★ギリシャ神殿のような外観！

湯の浜露天温泉 → P.164

コーガ石で造られた露天温泉。水着着用なので男女でも一緒に入浴できる。シャワーと更衣室が完備され海水浴後にも◎。

★村を見守る若郷の鎮守
宮造神社 →P.175

宮造大明神を祀る神社。古くから若郷で暮らす人々に愛されている。背後に迫る断崖が圧巻。

★伊豆諸島最大級の神社
十三社神社 →P.162

伊豆諸島を開拓したといわれる事代主命をはじめ、十三柱の神様を祀っている。毎年12月8日に例大祭が行われる。

★ぶらり夕日散歩にぴったり
本村前浜海岸 →P.174

本村集落から歩いて数分のビーチ。夏は島民や海水浴客でにぎわう。サンセットポイントとしても人気。

★海と砂浜のコントラスト！
羽伏浦海岸 →P.172

島の東側に7kmほどビーチが続く。流紋岩質の真っ白な砂浜にブルーの波が打ち寄せ美しい。国内屈指のサーフスポットでもある。

宮造神社
若郷
若郷前浜
渡浮根港（若郷漁港）
渡浮根展望台
淡井浦海岸
211
阿土山
平成新島トンネル
宮塚山
211
羽伏浦展望台
和田浜海岸
富士見峠展望台
本村前浜海岸
十三社神社
山津山川
本村
新島港
211
211
羽伏浦海岸
新島空港
新島村観光案内所
湯の浜露天温泉
新島親水公園
堀切（シークレット入口）
石山展望台
向山
大峯
丹後山
白ママ断崖
丸島峯
向山

★海岸に迫る自然の造形美
白ママ断崖 →P.173

羽伏浦海岸の南側に続く高さ30～250mの崖。浸食された白い地層が続く。落石の危険があるので、近づかずに遠くから見上げよう。

★紺碧の海が眼下に広がる
石山展望台 →P.156

式根島や神津島を見下ろせる眺望スポット。車でアクセスできるほか、山の中腹からトレッキングも楽しめる。

新島の定番スポットを網羅！ 2泊3日モデルプラン

新島への旅は大型客船でもジェット船でも、午前中に到着して、正午前後に島を出るのが基本。1泊では滞在時間が少ないので、2泊3日以上で楽しみたい。レンタカー会社が多く、車は比較的借りやすい。

※前日夜発の大型客船での1泊は含めていません

1日目 大型客船とジェット船、あなたはどっち？

ジェット船なら最短2時間20分
東京・竹芝桟橋 8:35 発のジェット船は新島 11:30 前後着が目安（経由する島などによって異なる）。

船の行き帰りの時間や移動手段を確認
港から宿までの送迎は、船の着発時間に合わせて行われるが例外もある。チェックイン＆アウトの時間と移動方法は、レンタカーと合わせて予約時に確認を。

8:35
大型客船で新島港に到着
東京・竹芝桟橋 22:00 発の大型客船は、時間はかかるが和室やソファでゆったり過ごせる。→P.82

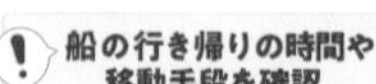

4分

9:30
人気ベーカリーで朝食をゲット
まずはファンの多い「かじやベーカリー」へ。7:00 開店なので朝食の購入に最適。→P.177

ふわふわのタマゴサンド

6分

10:15
看板ビーチへ真っ先に
新島ブルーを確かめるなら羽伏浦海岸へ。青い海と白い波に癒やされる。→P.172

メインゲートと呼ばれる双塔も必見

5分

11:00
約7kmの白い海岸を一望
羽伏浦海岸を北から南まで見渡すことができる羽伏浦展望台へ。→P.173

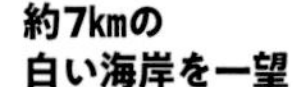

デッキから海を見下ろせる

7分

12:00
名物の島寿司はお早めに♪
伊豆諸島名物の島寿司は「栄寿司」で。カラシがネタのうま味を広げる。→P.175

海鮮丼などのメニューも揃う

6分

13:15
島の歴史と文化を知ろう
「新島村博物館」には、流人やサーフィンの歴史を知る貴重な資料が展示されている。→P.160

コーガ石でできた博物館

7分

14:30
新島ガラスのコップの絵付け
「新島ガラスアートセンター」では、コーガ石が原料のガラスの絵付け体験ができる。→P.165

ガラス製品の購入も可能

1分

16:00
砂＆露天風呂でサッパリ
砂風呂と露天風呂を備えた「まました温泉」。夜まで営業しているのがうれしい。→P.164

温泉の熱で体を温める

6分

18:30
キンメダイのねぎ間に舌鼓
繁盛店の「焼鳥 大三」は予約を！ 鶏の代わりにキンメダイを刺したねぎ間串が好評。→P.168

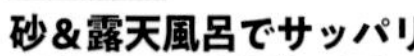

炭火焼きのいい香りが漂う

2日目 太陽の角度で変わる美景にうっとり

遠出するならレンタカーを
新島は意外と広いので、石山展望台や富士見峠展望台を目指すなら車が便利。若郷集落へ向かう平成新島トンネルは、車とバイクでしか走行できないので注意。

9:00
海辺の絶景トレッキング
石山頂上の展望台まで、駐車場から片道1時間30分程度のハイキングができる。→P.156

16分 水や軽食を持って！

ソーダはテイクアウト可

13:00

公園内のカフェでランチ

お昼ごはんは新島親水公園内にある「レストハウス」へ。コーガ石製の建物がかわいらしい。→P.171

コーガ石製のモニュメントが立つ

↓ 🚗 14分

14:30

新島全体を見晴らす高台

島の中央部にある富士見峠展望台は、南に本村、北に若郷方面を眺めることができる。→P.174

海に沈む夕日を眺められる

↓ 🚗 16分

15:30

露天温泉で疲れを流す

水着着用で24時間無料で入れる「湯の浜露天温泉」。足湯もある。→P.164

西海岸一帯が夕日の好スポット

↓ 🚗 1分

16:30

新島西海岸でサンセット

間々下海岸ほか、島の西側に位置するビーチは夕日観賞におすすめ。太陽が沈むにつれて空の色が変わっていく。→P.174

盛りつけも美しくテンションアップ！

↓ 🚗 6分

18:00

旬のコース料理を満喫

「趣味の料理 二宮」では、旬の魚介や野菜を中心としたコース料理を味わえる。→P.169

3日目 船が出る昼前後まで新島で遊ぶ！

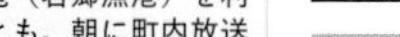

! 復路の港をチェックして

通常、船は新島港から発着するが、海況によっては島北部の渡浮根港（若郷漁港）を利用することも。朝に町内放送で発着港が知らされるが、詳しくは宿で確認を。

個性的なコーガ石の置物も

8:30

メイン通りでおみやげを

集落中央の通りには、「前忠商店」ほかおみやげ店が並ぶ。8:30頃から営業している店が多い。→P.177

真空パックタイプが持ち帰りやすい

↓ 🚗 3分

9:00

お好みのくさやはどれ？

島内には「菊孫商店」をはじめ4軒のくさや製造元がある。販売もしているので足を運んでみて。→P.167

十三柱の神を祀っている

↓ 🚗 5分

10:00

伊豆諸島最大規模の神社へ

白砂の境内と石造りの太鼓橋が美しい十三社神社。大きなソテツも見事。→P.162

どこか懐かしくホッとする味

↓ 🚗 5分

11:30

帰りのお弁当は大丈夫？

復路の船で食べる軽食を購入しよう。「みかさ」は手作りのおにぎりや総菜が評判。→P.177

くさやから菓子まで品揃え豊富

↓ 🚗 3分

12:30

買い忘れのおみやげを補充

新島港船客待合所内の「いさば家」には、おみやげが充実している。最後の買い忘れをチェックしよう。→P.177

ジェット船は椅子席のみ

↓ 🚶 1分

13:30

ジェット船で新島を出発

帰路は、大型客船よりあとに新島を出て、先に竹芝に着くジェット船の利用が効率的。→P.82

↓ 🚢 2時間50分

16:25

東京・竹芝桟橋に到着

竹芝桟橋にも新島産のモヤイ像が

レンタカー利用なら1日でめぐれる！

絶景ドライブ1Dayルート

新島は白砂のビーチや展望台など美景スポットが多い島。
本村集落内は徒歩で移動できるが、アクティブに動き回るならレンタカーが便利。
写真撮影スポットとしてもおすすめの場所をめぐるドライブルートを紹介！

若郷 本村

総走行距離…約39km

1 本村中心部から出発！

7分

2 羽伏浦海岸（メインゲート前）

コバルトブルーの海とホワイトサンドの海岸が7kmにわたって続くビーチ。車でアクセスした入口にはメインゲートと呼ばれる白亜の塔が立つ。→P.172

左／塔の間から見える海を撮影　上／コーガ石製の碑銘も絵になる

6分

両サイドを彩る緑がいい雰囲気

3 堀切（シークレット入口）

羽伏浦海岸の南に位置するサーフポイントへの入口。ビーチに続く階段から見下ろした風景がフォトジェニック。→P.173

20分

4 白ママ断崖

堀切（シークレット入口）から海岸を南へ歩くと、白い断崖が迫る場所が。崩れる危険があるので遠くから撮影を。→P.173

白い崖と青い海のコントラスト

20分＋10分

展望台にかわいらしいボードを発見

5 羽伏浦展望台

羽伏浦海岸全体をワンフレームで撮影できる絶景スポット。写真の真ん中あたりにメインゲートを見つけることができる。→P.173

10分

コーガ石のアーチがワンポイントに

6 渡浮根展望台

島北部のビュースポット。新島港の代替港となる渡浮根港（若郷漁港）を見下ろすことができる。沖には利島が浮かぶ。→P.174

15分

道路側から見上げると大迫力

7 光と風と波の塔

コーガ石の巨大建造物。新島港船客待合所からすぐの場所にあり、階段を上った展望台から海を見渡すことができる。→P.175

9分

まるで古代ローマのような風景！

8 新島親水公園

コーガ石で築かれたさまざまな建物が立つファンタジックな雰囲気。中央部の神殿のような建物からは泉へ水が注がれている。→P.175

6分

海を撮影するときは太陽の向きに注意しよう。レンズを海に向けると、午前中は東海岸、午後は西海岸が逆光になる。なるべく太陽を背にする角度で撮影するのがベスト。

❾ 石山展望台

羽伏浦海岸が海で必ず行きたい場所なら、こちらは山の必訪スポット。車で石山山頂の展望台までアクセスでき、式根島方面の海を見下ろせる。→ P.156

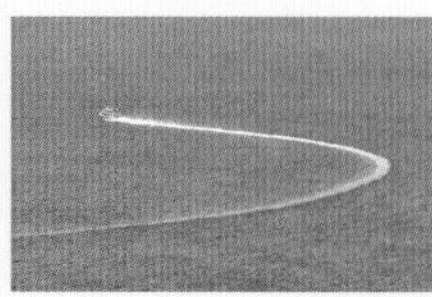

左／個性的なモヤイ像と記念写真を
右／ジェット船が描く波の跡がアートのよう

10分

❿ 大峰展望台

向山へ続く道沿いの展望スポット。北に新島最高峰の宮塚山、東に羽伏浦海岸、西に本村集落を見渡せる。

MAP 別冊 P.10-B3
P なし 交 新島村観光案内所から車で 12 分

新島空港に離着陸する飛行機が通ることも

9分

⓫ 希望の丘

間々下海岸の北に続く海岸沿いの広場。コーガ石製の像が点在している。お気に入りの像を見つけて撮影してみては？

MAP 別冊 P.10-A3
P なし 交 新島村観光案内所から徒歩 5 分

かわいらしいウミガメの像などが点在

1分

これ以降の景色は
サンセットタイムもきれい！

海の色も意識するといい雰囲気に

⓬ 間々下海岸

こんもりとした小島が写真映えするスポット。希望の丘から見下ろす夕景が美しい。奥には湯の浜露天温泉が見える。→ P.174

1分

中央のモヤイ像もライトアップ

⓭ 湯の浜露天温泉

神殿を模したコーガ石製の建物がダイナミック。水着着用で 24 時間無料で入浴でき、夕日や星空の観賞スポットとしても人気。→ P.164

2分

⓮ 夕日の丘

本村集落から徒歩圏内にある海辺のスペース。周囲には何体ものユニークなモヤイ像が点在している。夕食前の夕焼け散歩にぴったり。

上／コーガ石のピラミッドで日没待ち　右／茜色に染まるモヤイ像を撮影しよう

MAP 別冊 P.11-C3　P あり　交 新島村観光案内所から車で 1 分または徒歩 8 分

1分

本村中心部に到着！

夕日観賞や撮影の際は、日が沈む前後の空をチェック。沈む前の時間帯はマジックアワーと呼ばれ、空が淡い光に覆われ金色に輝く。沈んだあとの時間帯はブルーアワーと呼ばれ、夕日の赤が濃紺の空と混ざり合う神秘的なグラデーションを楽しめる。

片道1時間30分の手軽な山登り
石山トレッキング

コーガ石と呼ばれる、
世界的に珍しい
火山岩が採掘される新島。
その産地となる石山で、
白銀に輝くコーガ石ロードを散策！

海からの風が
心地いい！

新島ブルーの海を一望する絶景展望台を目指そう

ヤマアジサイなど季節の草花を観賞できる

石山展望台は、標高約235mから太平洋を一望する景勝地。周辺は明治時代から本格的な採掘が行われるようになったコーガ石の産地として知られている。コーガ石は新島が誕生した際の火山活動で噴出した溶岩の一種で、学名は黒雲母流紋岩（くろうんもりゅうもんがん）。産出されるのは新島とイタリアのリパリ島のみといわれる珍しい岩石で、軽く加工しやすい点に加え耐熱性や保温性に優れることから、建材として利用されてきた。

また、コーガ石はガラス質の鉱物を多く含んでいるため、太陽の光をキラキラと反射するのが特徴。石山トレッキングでは、プラチナのように光輝く散策路を進みながら、西に真っ青な海、東に緑が茂る森と、色彩豊かな景観を堪能することができる。コースは片道約1㎞を約1時間30分で歩く。高低差は100mほどなので初級者でも登れるだろう。ちなみに、石山展望台までは車道も整備されていて、コース入口までは坂道を下って徒歩30～40分。復路はこちらを利用するといい。

コース入口にある地図で頂上までのルートをチェック

ワイルドな道なので歩きやすい服と靴を準備

軽装で気軽に登れる石山だが、ルートは舗装されておらず、岩や小石が露出している。途中には鎖をつかんで登る斜面もあるので、スニーカーは必携。

石山トレッキング MAP 別冊 P.10-A3 交トレッキングコース入口まで新島村観光案内所から車で10分または徒歩30分 P あり（コース入口と石山展望台の2ヵ所）

コーガ石を漢字で書くと「抗火石」。鉱山学の専門家である渡辺渡氏が、コーガ石の耐火性の高さに注目し、「火に抗する」から「抗火」の字を当てたといわれている。

スケジュール

❶ 石山の中腹にある駐車場からGO！

石山展望台に向かう道路の途中にコースの入口があり、数台分の駐車スペースが用意されている。

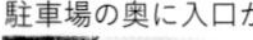

駐車場の奥に入口が

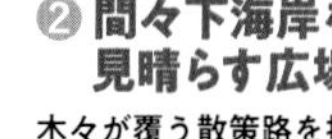

コース入口の道標

10分

❷ 間々下海岸を見晴らす広場

木々が覆う散策路を抜けると、コーガ石の広場に到着。西側の崖の下に鳥ヶ島が見える。

奥に見えるのは大平島と地内島

25分

❸ 石山の途中に砂浜が出現!?

海沿いを進むと、砂状のコーガ石がたまった場所に出る。奥に海を眺めていると、白いビーチのように見えてくる。

先は崖なので奥まで行かないように

10分

❹ 眼下に広がるコーガ石採掘場

コーガ石採掘場を一望。現在は大規模な採掘は行われていないが、新島ガラスの原料などに使用するために採石されている。

かつては重機を使って採掘されていた

30分

❺ 低木が自生する荒野のような風景

岩の上に枝を広げるマツは、荒野に立つサボテンのよう。石山の山頂は海風の影響を受けるため、高い木は育たない。

低木が増えてきたらゴールはすぐ

15分

❻ 石山展望台でモヤイ像と記念写真

GOAL!

ゴールの石山展望台。南に式根島や神津島、北に伊豆半島や富士山を見晴らすことができる

ベンチでゆっくり休んで戻ろう

＼お疲れサマ♪／

ほっぺがふっくらしたモヤイ像

コーガ石のアートを探せ！

新島に点在するコーガ石の建築物。代表的なものは、湯の浜露天温泉、光と風と波の塔、新島村博物館、新島親水公園などで見られる。各所にたたずむモヤイ像もコーガ石！

神殿のような湯の浜露天温泉

しま通信　石山を含む新島南部の山の総称が向山(むかいやま)。平安時代の886年に起きた海底噴火で隆起したそう。新島は現在の姿になって1100年余りの、その名のとおり新しい島なのだ。

コーガ石から生まれた個性豊かな仲間たち

新島のモヤイ像、あなたの推しはどれ!?

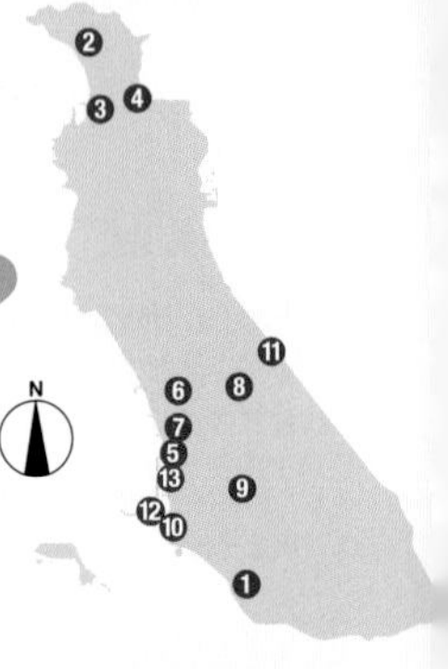

コーガ石から削り出された新島のシンボルとして、
集落内や観光スポットで観光客を迎えてくれるモヤイ像。
なかでも特徴的な作品をここに紹介。お気に入りを探してみて！

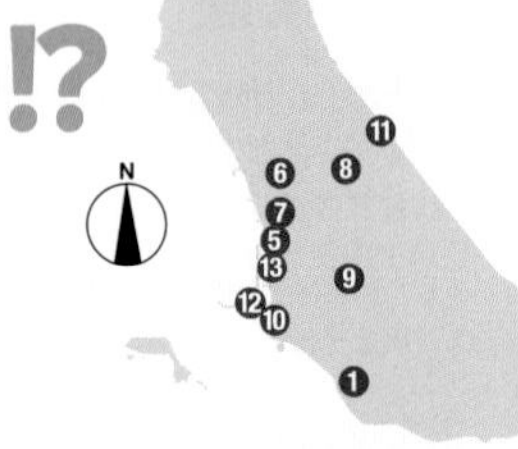

発見したらチェック！

新島の特産品を目指して始まったコーガ石によるモヤイ像作り

新島から産出される、世界的にも珍しい火山岩のコーガ石。そのコーガ石を利用して新島ならではのおみやげを開発しようと、昭和40年代にモヤイ像の制作を始めたのが、新島出身の大後友市（だいごゆういち）氏とその友人たち。最初はこけしのような人形だったが、しだいにさまざまな姿に。さらに、巨岩に彫刻したものも生まれ、新島のモヤイ像の名は全国に知られることになる。

1 場所 石山展望台
探しやすさ ●● インパクト ●●●
展望台に鎮座するモヤイ像。海をバックに記念写真を

2 場所 宮造神社入口
探しやすさ ● インパクト ●●

3 場所 渡浮根港入口
探しやすさ ●● インパクト ●●

5 場所 前浜海岸通り
探しやすさ ●●● インパクト ●●●
新島港から集落に入る海岸線沿いに多くの像が並ぶ

4 場所 淡井浦海岸入口
探しやすさ ●● インパクト ●●●

表は男性、裏は女性に見える合体タイプ

しま通信 新島村役場産業観光課が発行する「モヤイ像を探したくなる新島MAP」には、100体以上のモヤイ像が設置場所とともに紹介されている。新島村観光案内所の窓口やホームページの電子版をチェック。

新島のモヤイ像、あなたの推しはどれ!?

6
場所 新島マリン入口
探しやすさ
インパクト

7
場所 七島信用組合前
探しやすさ
インパクト

8
場所 潮見広場
探しやすさ
インパクト

9
場所 新島親水公園付近
探しやすさ
インパクト
恐竜の彫刻が並ぶ広場の脇にミニモヤイ像が

10
場所 大三王子神社付近
探しやすさ
インパクト
林の中に苔むしたモヤイ像が並んでいる

11
場所 羽伏浦海岸前
探しやすさ
インパクト
欧米人のサーファーのようなイケメンモヤイ像

12
場所 新島港船客待合所前
探しやすさ
インパクト

都心のあの場所にもモヤイ像が？

実は、知る人ぞ知るモヤイ像が東京の渋谷駅にも鎮座している。場所は、ハチ公口から南に向かって歩いた西口のロータリー前。制作したのはモヤイ像の生みの親である大後友市氏と友人たちで、もちろんコーガ石から彫られたもの。1980 年に新島の東京都移管 100 年を記念して渋谷区へ寄贈された。

夕日の丘のモヤイ像と似た表情

13
場所 夕日の丘
探しやすさ
インパクト
新島港を見渡すサンセットスポットに、渋谷のモヤイ像に似た像が

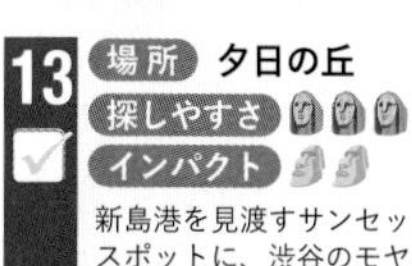

モヤイ像はおみやげとしても現役。島のおみやげ店では、手のひらサイズの手作り品が 1000 円程度で販売されている。店によって違う表情をチェック！

伊豆諸島きってのグッドウエイブが寄せる！ サーフィンの歴史と魅力

新島はパワフルな波がブレイクする日本屈指のサーフアイランド。
プロツアーも開催される聖地には、どうしてサーフィン文化が根付いたのか？

サーフィンが伝わる前から波乗り遊びがあった！

1800 年代後半に、ポリネシア地方から世界に広がったとされるサーフィン。日本に本格的なサーフボードが伝わったのは 1960 年代で、横浜に駐留していたアメリカ兵が、湘南や千葉の海に持ち込んだといわれる。

新島には古くからセツカシという波乗り遊びがあり、島の若者たちが楽しんでいたそう。これは、船の床板などを利用したもので、チューブになる大きな波をカンスボイ、三角波をウラボイと呼び、うまく乗った回数などを競っていた。このような遊びがベースになって、新島では 1960 年代中頃から日本で流行するサーフィン文化を抵抗なく受け入れることができたといわれる。新島村博物館には、日本のサーフィン草創期に制作された手作りのサーフボードなど、貴重な所蔵品が展示されている。

新島村博物館

新島の成立や歴史、生活を学べる。2 階にサーフボードミュージアムがある。

年代物のサーフボードが並ぶ

MAP 別冊 P.11-D1
住 新島村本村 2-36-3　TEL 04992-5-7070　営 9:00 ～ 17:00（最終入館 16:30）　休 月（祝日の場合は翌日）
料 300 円、小・中・高校生 150 円
CC 不可　P あり
交 新島村観光案内所から車で 6 分

新島の人気サーフポイント 3

1 羽伏浦正面

全長約 7kmある羽伏浦海岸の中央部、メインゲート付近。アクセスしやすくビジターの利用も多い。 → P. 172

2 シークレット

羽伏浦海岸の南側、森を抜けて 30 分ほど砂浜を歩いた先。美しい波が寄せ、ローカルに大切に守られている。 → P. 173

3 淡井浦

島北部の若郷地区に位置する、入江状の隠れ家ビーチ。向かって右側に質のよい波が立つ。
→ P. 173

新島の波を体感できる！

サーフィンスクールに参加しよう

サーフィンを始めて数回のビギナー向けスクール。基本姿勢やパドリング、テイクオフなどのレクチャーを受けられる。上級者向けのレッスンも行われているので詳しくは問い合わせを。

サーフィンスクール　MAP 別冊 P.10-B2（羽伏浦海岸）
催行事業者 民宿 富八→ P.179　TEL 04992-5-0804　交 新島村観光案内所から車で 9 分（羽伏浦海岸集合。海況によって別の海岸になる場合がある）　時 13:00 ～ 15:00　休 不定休
料 6000 円（要予約。道具レンタル別途 2000 円）　CC 不可
P あり　URL niijima-tomihachi.com

新島の波に乗った経験は大きな自信になるはず

新島は、1990 年にアジアで初めて世界アマチュアサーフィン選手権が開催された場所。それから現在にいたるまで、羽伏浦海岸を中心に大小さまざまなサーフィン大会が行われている。

＼真っ青な海は見ている
だけで癒やされる／

初心者OKの ボディボード体験

波乗り未経験者でも楽しめる新島のボディボードスクール。
独特の浮遊感とスピード感を全身で感じよう！

コバルトブルーの海で極上の波に乗るシアワセ

世界の波乗り愛好者が憧れる、新島の海でボディボードを体験。世界大会で表彰台に上った経験をもつプロボディボーダーの佐藤晃子さんが、ていねいかつ笑顔あふれるスクールを開催。ウエットスーツやボードはレンタルできるので、水着さえあれば未経験者でも歓迎。経験者や中級者向けのコースも開催しているので問い合わせを。

9:40 レッスンSTART!

羽伏浦海岸のビーチで準備運動

9:10 に羽伏浦海岸に集合。手続きを済ませたらウエットスーツに着替え、体をほぐす。

水着は集合前に宿などで着ておく

10:00

砂浜で波の乗り方をシミュレーション

沖への出方やバランスの取り方などの説明を受けたら、実際にボードに乗って練習。

腕や腰をバランスよく動かそう

10:30

波打ち際や浅い場所で実践スタート

陸上の練習を踏まえて、足のつく浅いところで波に乗る感覚を覚えていく。

泳力があれば中学生から参加できる

11:00

波が立つ場所で本格的なボード体験

波のコンディションがよければ、30 分くらいで簡単な波をつかめるようになるはず！

海を楽しみつつ、11:50 までに着替えて解散

ボディボードスクール MAP 別冊 P.10-B2（羽伏浦海岸）
催行事業者 佐藤晃子プロのボディボードスクール
TEL 04992-5-0001（新島村観光案内所） 交 新島村観光案内所から車で 9 分（羽伏浦海岸集合。海況によって別の海岸になる場合がある） 時 9:10 ～ 12:00 休 不定休 料 6000 円（要予約。中学生以上。道具レンタル込み） CC 不可 P あり
URL niijima-info.jp/enjoy/surfin/surf_lesson/bodyboardschool

スタンドアップ・パドルボード（SUP）も楽しめる！

佐藤晃子さんは、SUP 体験も開催。SUP を第一希望として申し込めるのはもちろん、波が高くボディボードができない場合に SUP へ切り替えることも可能。詳細は問い合わせを。

バシャーンと海に落ちたときも楽しい！

スタンドアップ・パドルボード体験
TEL 04992-5-0001（新島村観光案内所）
交 新島村観光案内所から徒歩 8 分（夕日の丘・コーガ石の建物前集合。海況によって別の海岸になる場合がある） 時 9:10 ～ 12:00 休 不定休
料 8000 円（要予約。中学生以上。道具レンタル込み） CC 不可 P あり URL niijima-info.jp/enjoy/surfin/surf_lesson/sup

しま通信 ボディボードスクールや SUP 体験は午前中に行われるのが基本なので、午後は島内観光を満喫できるのがうれしい。集合場所へ行く際は水着を着用し、ぬれた体を拭くタオルや日焼け止めを準備していこう。

島民に寄り添った流人とコーガ石の記憶……

中心集落、本村の歴史散策

宿泊施設や飲食店が集中する新島の中心地、本村(ほんそん)。
神社やお寺、史跡をめぐりながら新島のヒストリーを知ろう。

コーガ石の建造物に触れながら新島に流された人々を想う

島人と旅人が交流する本村では、新島の歴史や文化に触れられる。流人墓地は、江戸時代に流罪となり新島で永眠した人たちの魂を祀る場所。流人には教養の高い政治犯も多く、島の教育に力を添えた人物もいた。集落のあちこちで見られるザラザラとした質感の石壁や家は、おもに明治から昭和にかけて産出されたコーガ石を加工したもの。どちらも新島を語る際に外すことのできないキーワードだ。詳しい資料は新島村博物館（→ P.160）に展示されているので、予習をしてから歩けば、より楽しめる。

散策START!

みずみずしいソテツが彩りを添えている

本殿脇にはコーガ石の恵比寿像がたたずむ

1 コーガ石造りの橋が美しい

十三社神社(じゅうさんしゃじんじゃ)

十三柱の神を祀る伊豆諸島最大規模の神社。ソテツが茂る参道を抜けると、コーガ石造りの太鼓橋の奥に拝殿が。毎年12月8日に例大祭が行われ、東京都の無形文化財に指定された神楽や獅子木遣が奉納される。

MAP 別冊 P.11-D1　住 新島村本村 2-6-13　営 参拝自由　P なし
交 新島村観光案内所から車で5分または徒歩35分

徒歩 8分

緑の木々に覆われた静かな墓地

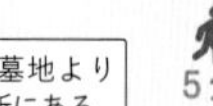

島民の共同墓地より一段低い場所にある

徒歩 5分

2 118基の墓石が並ぶ

長栄寺 流人墓地(ちょうえいじ るにんぼち)

新島で人生を終えた流人を弔う墓所。白い砂は羽伏浦から運んできたもので、現在も島民が手入れをし花を手向けている。酒樽やサイコロなど嗜好品を模した墓石も印象的。

MAP 別冊 P.11-D2　住 新島村本村 3-1-4
営 参拝自由　P なし　交 新島村観光案内所から車で5分または徒歩30分

江戸時代に新島へ流された代表的な人物

◆天宥法印（てんゆうほういん）
出羽国（山形）羽黒山の第50代別当。地元の復興のために努力したが、反対派による讒訴（ざんそ）を受け、1668年に75歳で新島初の流刑人に。書や絵画、彫刻、農耕技術を島に伝えた。

◆上木甚兵衛（うわぎじんべえ）
飛騨高山（岐阜）の名士。農民一揆の首謀者として1775年に62歳で新島へ。自身の看護のため渡島した次男の勘左衛門とともに、島の子供に読み書きを教えた。

◆上平主税（かみだいらちから）
大和（奈良）十津川の郷士。横井小楠の暗殺に連座したとして1870年に47歳で新島へ。島で天然痘が流行した際に『種痘自訴書』を県庁に提出し人命救助に尽力。島民の教育にも力を入れ、赦免後もしばらく島で過ごした。

◆相馬主計（そうまかずえ） → P.163

流人墓地がある長栄寺は、室町時代の初期に開山と伝わる日蓮宗の寺院。広々とした境内には日蓮聖人の像が立ち、8月15日に国の重要無形民俗文化財に指定された大踊が奉納される。

三差路の角にたたずんでいる

新島村博物館
START!
1 十三社神社
新島小学校
2 長栄寺 流人墓地
前浜海岸
3 流人牢屋跡
マルマン
GOAL!
5 相馬主計の碑
4 砂んごいの道
新島村勤労福祉会館
新島警察署

3 再犯者を捕らえて隔離した場所

流人牢屋跡（るにんろうやあと）

流人には無宿と呼ばれるならず者もいて、新島で再び罪を犯した際は、ここにあった牢屋に入れて江戸代官所の判決を待った。近くには、殺人や放火などの重罪を起こした 11 人が処刑された向畑刑場跡がある。

MAP 別冊 P.11-D2　P なし　交 新島村観光案内所から車で 4 分または徒歩 25 分

5 分

4 古きよき時代の風景を残す

砂んごいの道（すなんごいのみち）

コーガ石を積んで築かれた塀の間に、白砂が敷かれた小道が 100m ほど続く。今ではほとんどの道が舗装されている新島だが、明治時代にはこのような道が集落をつないでいた。

MAP 別冊 P.11-D3　P なし　交 新島村観光案内所から車で 4 分または徒歩 20 分

かつての新島をしのばせる素朴な小路

サイクリングもおすすめ！

本村集落内は起伏がほとんどないので、自転車でスポットを回るのも楽しい。本村中心部のおみやげ店などでレンタサイクルを借りることができる

2 分

GOAL!

5 明治維新期の新撰組隊長

相馬主計の碑（そうまかずえのひ）

常陸（茨城）笠間藩士の子弟である相馬主計は、1869 年に土方歳三が五稜郭で戦死すると、新撰組最後の隊長となった人物。1870 年に坂本龍馬暗殺の疑いで新島へ。島で寺子屋を開き子供の教育に努め、1872 年に赦免された。

MAP 別冊 P.11-C3　P なし
交 新島村観光案内所から車で 4 分または徒歩 20 分

上／新島村勤労福祉会館の隣にある
下／碑には新撰組の扇子が刻まれている

コーガ石の家や壁を見つけよう

コーガ石の建造物は、新島ならではの集落景観。コーガ石は火成岩の一種で、おもな産地は新島の向山とイタリアのリパリ島のみという、珍しい岩石。耐火性に優れ軽く加工しやすいため、家屋の建材や石壁に使われた。触れてみると、軽石ならではのザラザラとした質感が手に伝わる。

本村に点在するコーガ石造りの家

しま通信　新島に流罪となったものの、島から逃亡する島抜けを行った人物も。甲州博徒の中村安五郎は、1853 年に 6 人の流人と共謀し、名主を殺害し鉄砲 2 丁を略奪。島民を水先案内人に捕らえ、船を盗み島抜けした。

海を眺めながらほっこり温まろう♪

島民も大好き！露天温泉の魅力

新島には、オーシャンビューの露天温泉が２ヵ所ある。ふたつの温泉は徒歩５分程度で行き来できるので、島内観光を終えた夕方から、のんびり湯めぐりを楽しむのもいい。

水着を着用して24時間無料で入れる！

湯の浜露天温泉 黒根

古代ギリシャの神殿を思わせる建造物は、新島特産のコーガ石を加工したもの。建物の周辺や上部に大小６つの湯船が造られ、水着を着て入浴する。男女別の更衣室が整備されているので、海水浴や観光を楽しんだあとに汗を流すのにぴったり。メンテナンス時を除き、24時間入浴できる。

MAP 別冊 P.10-A2　TEL 04992-5-0284（新島村役場産業観光課）　営 24時間　休 なし　料 無料　P あり　交 新島村観光案内所から徒歩５分

❶島のファミリーからも人気の露天温泉。水着がなくても足湯を利用できる　❷建物の上部にある絶景露天温泉。湯につかりながら水平線を眺められる　❸島の西側に位置しているので、サンセットもばっちり。日没後は満天の星が覆う

MAP 別冊 P.10-A3　住 新島村瀬戸山　TEL 04992-5-0830　営 13:00～21:00（最終入館20:30）、砂むし風呂～20:00（最終受付19:30）　休 水　料 温泉300円、砂むし風呂700円　CC 不可　P あり　交 新島村観光案内所から徒歩10分

砂むし風呂でいい汗をかこう

まました温泉 間々下

湯の浜露天温泉から徒歩５分ほどで行ける、間々下海岸を見下ろす施設。羽伏浦海岸の白砂を利用した砂むし風呂が名物だ。海を眺めながら過ごせる露天風呂のほか、内風呂やサウナも揃っているのでのんびり過ごせる。

❶砂の圧力と温泉の熱が血行を促進。砂むし風呂の入浴時間の目安は10分ほど　❷施設内には休憩スペースもあるので、雨天時でものんびりとくつろげる　❸露天風呂と砂むし風呂は別料金。水平線の向こうに式根島や神津島が

新島にあるもうひとつの温泉が、宿泊施設が併設された新島村温泉ロッジ。ただし2024年２月現在、大規模改修工事のため閉館中。再オープンは2025年を予定。詳しくは新島村観光案内所のホームページで確認を。

自由に描いた
一点モノを
おみやげに

新島ガラス コップの絵付け体験

新島で採掘されるコーガ石でできた
手のひらサイズのコップ。
自分の好きなイラストを刻み込めば、
世界にひとつだけの
オリジナルアイテムが完成する。

上／絵付けのポイントはスタッフがていねいにレクチャーしてくれる　下／新島ガラスアートセンターでは吹きガラス体験も行われている。2024年2月現在、ウイルス感染症予防対策により休止されているが、最新情報はホームページで確認を

子供連れファミリーも歓迎！ 雨の日でも楽しめるアクティビティ

新島ガラスは、世界的に珍しい新島産のコーガ石を高温で溶かしてできる火山岩ガラス。鉄分の影響でオリーブ色に輝くのが特徴で、花瓶やグラスに加工されたものは、新島ならではのおみやげとして人気が高い。新島ガラスアートセンターでは、新島ガラスのコップに電動彫刻ペンで絵を刻む体験教室を行っている。体験時間は40分程度。完成したコップはそのまま持ち帰ることができる。

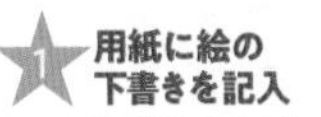

1 用紙に絵の下書きを記入

コップの高さや内周に合わせた用紙に、イラストの下書きを描く。なるべく大きな絵柄にしたほうが完成後に見やすい

2 下書きした絵をコップに写す

下書きした紙を切り、コップの中に入れてペンでイラストをトレースする。失敗しても消して描き直せるので安心を

3 電動彫刻ペンで絵を彫り込む

ペン先の振動でガラスを彫ることができる電動彫刻ペンを使って、コップにイラストを刻んでいく。すぐにコツがつかめるはず

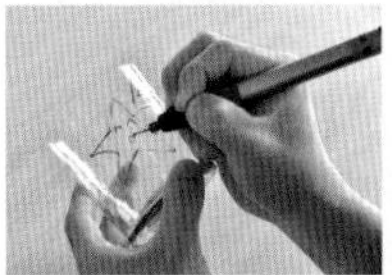

4 思いどおりにデザインできたら完成

電動彫刻ペンですべての絵柄を描けたら終了。下書きを消すなどきれいにしたら、箱に入れて持ち帰ることができる

できた☆

新島ガラス製品の見学や購入もできる！

新島ガラスアートセンター

間々下海岸を見下ろす高台に立つ新島ガラスの工房。コップの絵付け体験だけではなく、新島ガラス製品の購入もできる。おすすめは、知恵の象徴であるリンゴの置物（小2200円、大3850円）。高価な飾り皿や花瓶も並ぶ。

MAP 別冊 P.10-A3　住 新島村間々下海岸通り　TEL 04992-5-1540　営 10:00 〜 12:00、13:00 〜 16:30（コップの絵付け体験は13:30 〜、14:30 〜、15:30 〜※所要時間40分程度）　休 火　料 見学無料（コップの絵付け体験は3300円、要予約）　CC ADJMV　P あり　交 新島村観光案内所から徒歩10分　URL www.niijimaglass.org

しま通信　新島では毎年、新島国際ガラスアートフェスティバルが開催されている。2023年に34回を迎えた歴史あるイベントで、世界の著名アーティストを招き、ワークショップやデモンストレーションなどが行われる。

うま味も匂いも個性豊か♪

新島が本家本元！元祖くさやの食べ比べ

伊豆諸島の名産として知られる発酵食品、くさや。独特の風味が特徴で、酒席の珍味として親しむ愛好者も多い。元祖くさやの味は、どのように受け継がれてきたのか。これを読めば、あなたもくさやが食べたくなる！

江戸時代から受け継がれる発酵食品

くさやは、少なくとも江戸中期には製造されていたことがわかっている。伊豆諸島では海水から取った塩を年貢として納めていたが、不作の年は島内に塩が残らないこともあった。そこで新島では、魚を保存するために塩漬けした液を使い回す文化が生まれ、現在へ受け継がれる「くさや液」の元となった。くさや液には繰り返し漬けられた魚のタンパク質が溶け込んでいるため、くさや菌と呼ばれる成分が発酵し、独特のうま味と匂いが生じる。くさやは伊豆諸島で広く生産されているが、八丈島のくさや液は新島から伝わったとされるなど、新島が発祥地といわれている。

匂いが漏れず保存が利く真空パックタイプをおみやげに

近海で取れた青魚をさばき、くさや液にひと晩漬け､1～2日間乾燥させてくさやに。その匂いから塩味が強いと勘違いされるが、くさや液の塩分は高くないので、魚本来のうま味を十分に感じることができる。新鮮さを求めるなら作りたての生くさやを購入するのがいちばんだが、焼いたくさやのほぐし身を瓶や真空パックに入れたものも販売されている。

❶吉山商店では、くさやを干したあと、骨やヒレなど尖った部分を木槌でたたいて滑らかにする ❷新島村博物館（→ P.160）に展示される江戸時代の漁船。棒に網を張ってアオムロアジなどを取っていた ❸焼きくさやのほぐし身や真空パックが充実する菊孫商店。季節のおすすめを聞きながら買うのも楽しみ

くさやの原料はどんな魚？

アオムロアジ
キング・オブ・くさやといえる主原料。脂が少なく身が引き締まり、噛めば噛むほど深いうま味があふれ出す。新島近海で安定して漁ができるのも重宝される理由のひとつ。

ムロアジ
アオムロアジより脂ののりがよく、甘味が広がる。軟らかく仕上げたものは、コクの深さを楽しめる。

アジ
匂いやクセが少なく、アジ本来の味わいを楽しめる。小ぶりなサイズもあり、くさや初心者に人気。

トビウオ
身が軟らかく淡泊で上品な味わい。大型の春トビ、中型の夏トビなど、季節によって味に変化が。

その他
カマスやカワハギ、サンマなど、季節の魚もくさやに。サメやウツボが出回ることも!?

新島には、「わたしゃ新島 くさやの干物 ぬしに焼かれて 身をこがす♪」と唄われる島節が伝わる。古くからくさや作りが新島の生活のなかに根づいていたことがわかる。

新島くさや製造元４軒の味を食べ比べ

新島のくさや製造元は４軒。取材メンバー約 10 人が定番のアオムロアジの味や食感を、匂い・塩味・軟らかさをもとに分析！

くさや大好きメンバーが実食！

くさやのおいしい食べ方

弱火で焦がさないように、背側を８分、腹側を２分くらいの割合で焼くのがポイント。素焼きしてそのまま食べることで、くさや本来の風味を味わえる。好みによっては、酒やみりん、醤油、酢などに漬けることで変化を楽しめる。お茶漬けやチャーハンの具材にするのも◎。

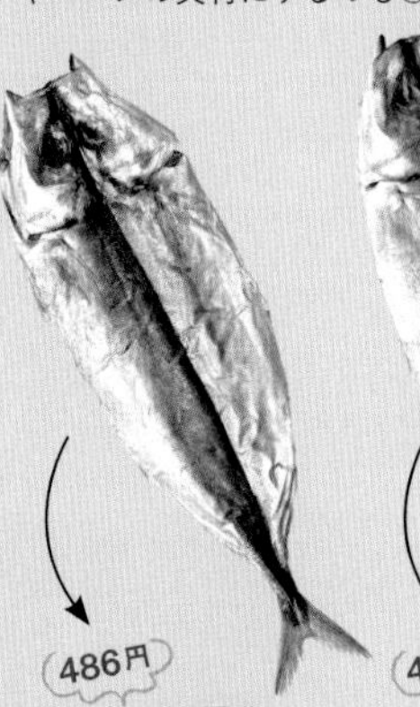

486円

豊かな香りが口に広がる 池太商店

漬け時間や乾燥時間を調整したバリエーション豊かなくさやを販売。鍋や汁物にぴったりのアオムロアジのすり身も好評。

MAP 別冊 P.11-C3
住 新島村本村 6-3-3
TEL 04992-5-0118
営 8:30 ～ 19:00　休 日
CC ADJMV　P あり
交 新島村観光案内所から車で４分

432円

上品な塩味で食べやすい 菊孫商店

フレンドリーで話好きな女将がおもてなし。ほぐし身の真空パックがおみやげに最適。すり身やたたき揚げ、塩辛などの海産物も並ぶ。

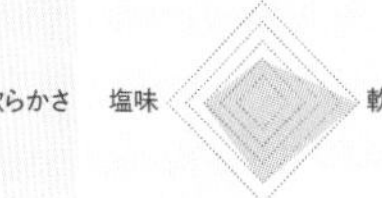

MAP 別冊 P.11-D2
住 新島村本村 3-1-2
TEL 04992-5-0052
営 8:30 ～ 18:30　休 不定休
CC ADJMV　P なし
交 新島村観光案内所から車で５分

432円

濃厚な香りが通好み 丸五商店

青魚を使った定番商品のほか、小魚やサメを使った珍しいくさやが並ぶことも。名物の味付きの焼きくさやは、お酒のお供に最適。

MAP 別冊 P.11-D2
住 新島村本村 2-2-9
TEL 04992-5-0139
営 8:30 ～ 18:00　休 日
CC 不可　P あり
交 新島村観光案内所から車で５分

480円

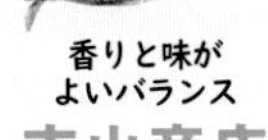

香りと味がよいバランス 吉山商店

120 年にわたって継ぎ足し続けている伝統のくさや液を守る老舗。種類や大きさの違うさまざまなくさやを販売している。

MAP 別冊 P.11-C2
住 新島村本村 1-6-8
TEL 04992-5-0039　営 8:30 ～ 17:00（夏季 7:30 ～ 19:00）
休 なし　CC 不可　P なし　交 新島村観光案内所から車で４分

しま通信　くさやの味は、漬け込み時間や乾燥時間で変化。１～２日乾燥を中干し、半日乾燥をベタ、１週間乾燥を堅干しという。新島の製造元は販売も行っているので、実際に足を運んで話を聞きながら、自分に合うくさやを選ぼう。

島自慢の料理を求めて……

居酒屋ちょい飲みさんぽ

炭火でていねいに焼き上げる串物が絶品

本村 焼鳥 大三（やきとりだいさん）

本村のメイン通りにともる提灯が目印。店頭で炭焼きする焼き鳥は、ふっくらとジュシーな味わい。店主が自ら漁船で釣り上げた鮮魚も楽しめる。超人気店なので、予約をしておくと安心だ。名物、青むろあじのくさや750円～もぜひ試してみて。

ココが自慢！ **キンメダイのねぎ間串 350円**

近海で取れたキンメダイを、鶏肉の代わりにネギと刺した逸品。炭火の遠赤外線効果で、皮はパリッと、身はジューシーに仕上がっている。

コレもおすすめ！ **金目鯛の頭のみそ焼き 650円**

キンメダイの頭の半身に味噌をつけ、炭火で焼いたもの。目玉のまわりのゼラチン質は、通好みの部位。

MAP 別冊 P.11-D3
住 新島村本村 5-3-1 TEL 04992-5-0109 営 17:30 ～ 22:00（L.O.21:00）
休 不定休 CC 不可 P なし 交 新島村観光案内所から車で 4 分

夕方になると店の外にまで香ばしい煙が漂う

新島生まれの若い大将がおもてなし

本村 魚肴 なぎさ（さかな なぎさ）

2021 年にオープンした島では新しい居酒屋。コの字形のカウンターに席が並び、マスターと話をしながら島料理を味わえる。島寿司は一貫 220 円からオーダーすることができ、飲みの締めに小腹を満たすのにぴったり。

ココが自慢！ **なぎさサラダ 880円**

サラダの中には、近海産を中心とした旬の海鮮がたっぷり。野菜や魚の味を引き立てる自家製ドレッシングが美味で、箸が止まらない。

明るく入りやすい店内は旅行客も多い

MAP 別冊 P.11-C2
住 新島村本村 1-9-5
TEL 04992-7-5212
営 17:00 ～ 22:00（L.O.21:00）
休 火 CC ADJMV P なし
交 新島村観光案内所から車で 4 分

コレもおすすめ！ **たたき揚げ 650円**

たたき揚げは、新島の郷土料理。魚のすり身を揚げたもので、中はふんわりとした食感。アツアツをほお張ろう。

しま通信 たたき揚げのすり身として使用するのは、アオムロアジやトビウオなど新島近海で取れる魚。揚げたてはふっくらとしているが、冷めるとしぼんでしまうので、テーブルに出されたらなるべく早めに口に運ぼう。

新島の居酒屋は、旅の起点となる本村に集中しているので、集落内の宿泊施設を利用すれば歩いて人気店にアクセスできる。こぢんまりしたお店が多く、島の人と会話がはずむこともしばしば。

おまかせコースで新島の旬を味わう

本村 趣味の料理 二宮（しゅみのりょうり ふたみや）

料理自慢のオーナーが、島の魚や野菜をふんだんに使った料理を振る舞ってくれる。夜は3種類のおまかせコースを提供（仕入れによりコースが限られる場合も）新島の焼酎や自家製梅酒をお供に堪能しよう。

MAP 別冊 P.11-D2
住 新島村本村 3-3-11
TEL 04992-5-0780
営 11:30 ～ 13:30、17:00 ～ 20:00　休 不定休
予 2日前までに必要
CC 不可　P なし
交 新島村観光案内所から車で5分

コレもおすすめ！

二宮御膳 2000円

ランチメニューの御膳（ご飯と味噌汁付き）。新島産の食材をたっぷりと使用している。2日前までに予約を。

ココが自慢！

おまかせコース 4000円～

新島の魚や野菜を上品にアレンジ。盛りつけに新島ガラスの器が使われるなど目でも楽しめる。コースは4000・5000・6000円から応相談。

木のあたたかみを感じる落ち着いた空間

話好きのご夫婦が切り盛りする繁盛店

本村 とりてつ

ねぎま140円をはじめ、注文を受けてから串打ちする焼き鳥が好評。島の青唐辛子を絡めた秘伝のたれを使用した、激辛串130円は挑戦者大歓迎。常連客も多いにぎやかな店。

ココが自慢！

季節の魚の刺身 700円～

店主が自ら釣り上げた魚を中心に、旬の刺身を提供する。写真左はシマアジ1000円、右はイサキ700円。新鮮な刺身はムチムチの歯応え。

暖簾をくぐればアットホームな雰囲気に包まれる

MAP 別冊 P.11-C2
住 新島村本村 6-9-1
TEL なし　営 17:00 ～ 22:00 (L.O.21:00)　休 月　CC 不可
P あり　交 新島村観光案内所から車で4分

コレもおすすめ！

イサキのネギマ 200円

新島で取れたイサキをねぎ間風にアレンジ。白身魚の上品な味わいが口に広がる。島唐辛子付けて味変も可。

しま通信　島唐辛子とは、文字どおり新島で収穫される唐辛子。風味と辛味が強いのが特徴で、居酒屋で刺身の薬味や卓上調味料として見かけることも多い。少しなめるだけでも涙が止まらなくなるほどの辛さを感じる人もいるので、初めて食べる人はご注意を。

休憩も軽食もおまかせ！

窓辺でのんびりしたい島カフェ

旅行中は慌ただしく過ごしてしまいがちだけど、ときには足を止めて、ほっとひと息つきたいもの。大きな窓が開放的な新島のおすすめカフェがこちら。

大きな窓に面したテーブル席でつろぎの時間を

ランチにおすすめ！

オムチーズカレー 950円
コーヒーフロート 550円

チーズが入ったふわふわのオムライスに、低温でじっくりと煮込んだカレールーをたっぷりかけた人気メニュー。まろやかなカレーは絶品！

2階の窓からメイン通りを見下ろそう

喫茶プラザ（きっさぷらざ）　本村

新島港船客待合所で営業していたsenmachi食堂が、2023年に移転。本村西部のメイン通りに面したビルの2階で、ドリンクやフードを楽しめる。静かな場所なのでゆったりと過ごせる。

大きな窓から光が入り明るい店内。1階には広々とした駐車場がある

テイクアウトならこちら！

日替り弁当 750円

ハンバーグや揚げ物などをメインに添えた、ボリューム満点の手作り弁当。売り切れ御免！

MAP 別冊 P.11-D3 住 新島村本村4-5-10-2F　TEL 070-1572-7922　営 11:00～17:00（L.O.16:30）　休 水　CC 不可　P あり　交 新島村観光案内所から車で5分

テイクアウトのおすすめロケーション3

新島親水公園

コーガ石の建造物が並ぶ不思議な空間。古代ローマの神殿のような建物から流れる水の音に癒やされる →P.175

メインゲート前

羽伏浦海岸を象徴する白亜のタワー。海をバックにコーヒーやソフトドリンクの映え写真を →P.172

夕日の丘

集落からすぐの本村前浜海岸は夕日観賞に最適。ホットコーヒーを片手にモヤイ像と過ごすのもいい →P.155

島人Voice　新島はランチ営業をしている飲食店が少ないので、このページで紹介しているカフェは昼食に重宝する。テイクアウトして食べたあとの容器は、宿に持ち帰って捨てるのがマナー。（編集部・M）

中心部を行き交う人々を眺めほっこり

かふぇ べに CAFE BENI

本村

おみやげ店や飲食店が集中する中心部にあり、にぎやかな通りを見渡せる。創業100年の和菓子店に併設されているため、和スイーツが充実。早朝から営業しているので、朝食にも利用できて便利だ。

和菓子店の脇にレイアウトされたカフェスペース

ランチにおすすめ！

ホットドッグ 430円
ミルクコーヒー 480円

モーニングから提供されるホットドッグ。島で手作りされたパンはモチモチの食感。ケチャップやマスタードはセルフサービスで。

テイクアウトならこちら！

カフェを運営する紅谷は、1913年から続く和菓子店。自家製の餡が自慢のどら焼きや饅頭が並ぶ。

どら焼き 160円

茶饅頭 140円

赤い建物が目印の和菓子店、紅谷の建物内にある

MAP 別冊 P.11-C2 住 新島村本村 6-1-6 TEL 04992-5-0055 営 7:30 ～ 19:00 頃
休 水 CC ADJMV P あり 交 新島村観光案内所から車で 4 分

緑の木々の間から陽光が差し込む空間

瀬戸山

にいじましんすいこうえんれすとはうす 新島親水公園レストハウス

森と泉が広がる新島親水公園内にある、コーガ石造りのカフェ。サイクリングの休憩スポットとしても人気で、ランチタイムには満席になることも多い。テイクアウトができるフードも豊富に揃う。

ライトブルーのテーブルとドラムセットがおしゃれ

新島名産のコーガ石を積み上げたかわいらしい建物

ランチにおすすめ！

明日葉と島のりのパスタ 1080円

新島で取れた香りの高い明日葉と、近海で取れた歯応えある岩のりをたっぷりとトッピング。さわやかな風味が口いっぱいに広がる

テイクアウトならこちら！

新島クリームソーダ 680円

新島の青い海をイメージしたクリームソーダ。プラスチックのカップを利用してテイクアウトが可能。

MAP 別冊 P.10-A3 住 新島村瀬戸山 120 新島親水公園内 TEL 04992-5-1772 営 11:00 ～ 16:00（L.O.15:30）
休 不定休 CC 不可 P あり 交 新島村観光案内所から車で 4 分

しま通信 葉をつんでも次の日には芽を伸ばすといわれることから、その名がついた明日葉。ビタミンやミネラル分が多く、健康野菜として注目されている。新島の各所に自生しているほか、島外に出荷するために農作もされている。

島内交通

レンタカー、レンタバイク

本村の集落内や周辺への移動は徒歩や自転車で問題なし。石山や向山、さらに若郷など、島の南北へ遠征するなら、車やバイクが必要だ。レンタカー会社は充実しているが、夏季は余裕をもって手配を。レンタバイク会社は1軒で、ふたり乗りできるタイプもある。

本村と若郷を結ぶ平成新島トンネルは車とバイクのみ通過可能

レンタサイクル

レンタサイクル会社は多く、本村の商店でも気軽に借りることができる。メインゲートが有名な羽伏浦海岸は集落の反対側となるが、アクセスする道は平坦なので、レンタサイクルがおすすめ。石山展望台までは勾配が急なので、レンタカーの利用が望ましい。

メインゲート前での記念写真は新島旅行の定番

バス、タクシー、連絡船

本村から若郷まで、村営のふれあいバスが無料で巡回。午前便2本と夕方便1本があり、停留所は診療所などがメインとなる。波浪時に船が渡浮根港（若郷漁港）を発着する際は、新島港から臨時便が運行する。タクシー会社は1社。式根島と新島を13分で結ぶ村営の連絡船にしきは1日3便の運航。

バスは島民向け施設を巡回しているので観光には適さない

レンタカー会社

●大沼モータース
MAP 別冊 P.11-D3
住 新島村本村 4-6-18
TEL 04992-5-0126

●小久保自動車
MAP 別冊 P.10-B2
住 新島村川原 113-1
TEL 04992-5-0152

●ナカダレンタカー
MAP 別冊 P.10-B2
住 新島村下川原 2-1
TEL 04992-5-0573

●森田モータース
MAP 別冊 P.11-C3
住 新島村本村 5-5-15
TEL 04992-5-1629

レンタバイク会社

● S&S ヤマザキ
MAP 別冊 P.11-D2
住 新島村本村 4-1-2
TEL 04992-5-1528

レンタサイクル会社

●エレガンス
MAP 別冊 P.11-C2
住 新島村本村 5-5-17
TEL 04992-5-1316

● J レンタサイクル
MAP 別冊 P.11-C3
住 新島村本村 6-5-8

●前忠商店
→ P.177

●吉山商店
→ P.167

村営バス

●新島村役場総務課
TEL 04992-5-0240

タクシー会社

●横田タクシー
MAP 別冊 P.11-D2
住 新島村本村 1-8-12
TEL 04992-5-0375

連絡船

●新島村役場総務課
TEL 04992-5-0240

おもな見どころ

タワーから眺めるソーダ色の波に感激！ MAP 別冊 P.10-B2

羽伏浦海岸（メインゲート前）
はぶしうらかいがん（めいんげーとまえ）

羽伏浦 ビーチ

およそ7kmにわたって白砂が続く海岸。濃いブルーの海に白い波が混じり合うと、水面が淡い水色を帯びる。入口に立つメインゲートでは、ツインタワーの間からのぞく水平線を撮影するのが定番。

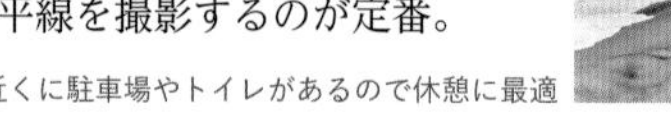

近くに駐車場やトイレがあるので休憩に最適

羽伏浦海岸（メインゲート前）
P あり
交 新島村観光案内所から車で9分

メインゲートには階段があり上ることができる

しま通信　全長約7kmの羽伏浦海岸には、パワーのある波が押し寄せるサーフポイントがいくつか点在している。メインゲートの上から、迫力のあるウエイブを眺めてみて。塔の上にはスペースがあり、夏はライフガードが常駐する。

ブッシュを抜けるとネイビーの海が眼前に MAP 別冊 P.10-B3

羽伏浦

景勝地

堀切（シークレット入口）

ほりきり(しーくれっといりぐち)

羽伏浦海岸の南に位置する海岸への入口。草木が覆う小道を進むと、切り立つ断崖の間から海を見下ろす丘が現れる。階段を下りてビーチを目指そう。白ママ断崖へは、海岸をさらに南へ歩く。

シークレットとは島民に人気のサーフポイントの名前

堀切（シークレット入口）
P あり
新島村観光案内所から車で 12 分＋徒歩 3 分

林の入口に「この先シークレット」との案内表示がある

青い空と海に迫る白亜の絶壁が大迫力 MAP 別冊 P.10-B3

羽伏浦

景勝地

白ママ断崖

しろままだんがい

30 ～ 250m クラスの断崖が、島の最南部まで約 7kmにわたって続く。堀切（シークレット入口）から海岸を歩いてアクセスしよう。落石や崩壊の危険があるので、近寄らずに遠目に眺めること。

巨大な白壁は火山灰の地層が風雨で削られて露出したもの

白ママ断崖
P 堀切（シークレット入口）にあり
交 新島村観光案内所から車で 12 分＋徒歩 20 分

メインゲート前を中心に島の東側に美しい海と砂浜が続く

約 7kmの羽伏浦海岸をひとコマにパチリ MAP 別冊 P.10-B2

羽伏浦

景勝地

羽伏浦展望台

はぶしうらてんぼうだい

羽伏浦海岸の北端からビーチを一望できる展望台。メインゲートから白ママ断崖、早島まで、ひとめで眺められる。潮風が心地よい場所として、島の人たちの休憩スポットにもなっている。

羽伏浦海岸をスマホやカメラでワンフレームに収めよう

羽伏浦展望台
P あり
交 新島村観光案内所から車で 12 分

展望台の高さは 33m。津波の避難施設を兼ねている

隠れ家ビーチでローカルの技をチェック MAP 別冊 P.10-B1

淡井浦

ビーチ

淡井浦海岸

あわいうらかいがん

島北部の集落、若郷の東側にある入江。良質な波が立つことで知られ、ホームにしている島民サーファーも多い。平成新島トンネルは徒歩や自転車では通行できないので車かバイクを利用。

ローカルのテクニックを見ているだけでも楽しい

淡井浦海岸
P あり
交 新島村観光案内所から車で 20 分

巨大な崖が囲む小さな湾の中にサイズのいい波が立つ

火山灰が降り積もって形成された白ママ断崖。886 年に噴火した向山の堆積層だといわれている。風雨の浸食などで長い年月をかけて崩れることで、白い砂礫が海岸にたまり、白砂のビーチができたそう。

温泉につかる前に海水浴はいかが？

間々下海岸
ままねしたかいがん

MAP 別冊 P.10-A3
間々下
ビーチ

鳥ヶ島と呼ばれる小島が目印。島の手前は波が穏やかなので、海遊びに最適。目の前の湯の浜露天温泉はそのまま水着で入浴できる。

鳥ヶ島の周辺の岩場で海の生物を観察することができる

間々下海岸
P あり
交 新島村観光案内所から徒歩5分

海岸の入口にたたずむコーガ石造りのウミガメの像

宿から海まで水着で歩いていける！

本村前浜海岸
ほんそんまえはまかいがん

MAP 別冊 P.11-C1
本村
ビーチ

本村の前に広がる海岸。消波ブロックに囲まれた穏やかな浅瀬が続き、途中には磯遊びができる堤防や海水浴場が点在。

本村の西側に護岸されたビーチが続く

本村前浜海岸
P あり
交 新島村観光案内所から車で4分

ところどころに魚が隠れていそうな場所がある

新島では珍しい黒い砂の海岸

若郷前浜
わかごうまえはま

MAP 別冊 P.10-B1
若郷
ビーチ

若郷地区の海岸。羽伏浦海岸とは砂質が異なり、玄武岩を主とした黒い砂に覆われている。海水浴やスノーケリングを楽しめる。

黒い砂浜を歩くとサクサクと音がする

若郷前浜
P あり
交 新島村観光案内所から車で20分

ブロックで護岸され、腰を下ろせる場所もある

コーガ石の見晴らし台から漁村を一望

渡浮根展望台
とぶねてんぼうだい

MAP 別冊 P.10-B1
若郷
景勝地

若郷の漁港や集落を見下ろすのどかな場所。コーガ石のアーチに上ることができ、晴れた日は海の向こうに利島を見つけられる。

波浪時に船が着く渡浮根港（若郷漁港）が眼下に

渡浮根展望台
P あり
交 新島村観光案内所から車で18分

コーガ石のアーチは階段が備わり上に立てる

新島の真ん中から本村の全景を確認

富士見峠展望台
ふじみとうげてんぼうだい

MAP 別冊 P.10-B2
宮塚山
景勝地

本村や無人島の地内島を見渡すことができる場所。新島村博物館付近から片道約2.5kmのハイキングコースが整備されている。

本村から新島港方面まで見通すことができる

富士見峠展望台
P なし
交 新島村観光案内所から車で15分

コーガ石でできたピラミッドの上から海を見渡せる

間々下海岸で海水浴を楽しむ場合は、更衣室やシャワー、トイレは湯の浜露天温泉の施設を使用し、温泉につかってから帰ることができる。温泉施設内の自動販売機で飲み物を購入できるので水分補給もばっちり。

ここはローマ？と勘違いしそうな空間

MAP 別冊 P.10-A3　瀬戸山　公園

新島親水公園（にいじましんすいこうえん）

コーガ石で築かれたギリシャ神殿のような建物がユニーク。敷地内には軽食が楽しめるレストハウス(→ P.171)があり、休憩に最適。

商店やカフェでテイクアウトした軽食を食べるのも◎

新島親水公園
P ありり
交 新島村観光案内所から車で 4 分

コーガ石と水をテーマに造られた緑豊かな公園

階段を全部上がるとその先は？

MAP 別冊 P.10-A2　黒根　景勝地

光と風と波の塔（ひかりとかぜとなみのとう）

新島港前の広場に立つ、コーガ石の巨大モニュメント。最上段まで階段が整備されていて、湯の浜露天温泉や地内島を見渡せる。

コーガ石のザラザラとした手触りを実際に感じて

光と風と波の塔
P あり
交 新島村観光案内所から徒歩 4 分

思わず上ってみたくなるコーガ石でできた階段

若郷の人々に親しまれる村の鎮守

MAP 別冊 P.10-B1　若郷　神社

宮造神社（みやつくりじんじゃ）

緑の木々に囲まれた境内の背後から、新島最北端の山並みを見上げることができる。宮造大明神が祀られている。

12 月上旬の例大祭では神輿の渡御が披露される

宮造神社
住 新島村若郷 1-1-1
TEL 04992-5-1208
営 参拝自由
P あり
交 新島村観光案内所から車で 20 分

境内にはいくつかの鳥居や社がたたずむ

新島

食べる & 飲む

Eat&Drink

飲食店は本村に点在し、宿泊施設から徒歩で行ける。数はそれほど多くないので予約を。名物のたたき揚げやくさやを味わって。

旬魚にからしを付けた島寿司は必食

本村　MAP 別冊 P.11-D2　寿司

栄寿司（さかえずし）

粋な大将がカウンターで握る島寿司 2300 円が絶品。明るく広々とした店内は気軽に入りやすく、観光客の利用も多い。旬の魚介類がたっぷりの海鮮丼 3200 円もおすすめ。

シマアジなど白身魚を醤油だれに漬け、からしを添えた島寿司

栄寿司
住 新島村本村 5-2-9　TEL 04992-5-1539　営 11:30 ～ 14:00（ネタがなくなり次第終了）、18:00 ～ 22:00（L.O.20:30）　休 不定休　CC 不可　P なし　交 新島村観光案内所から車で 4 分

カウンターの周囲にはテーブル席も並ぶ

しま通信　新島の民俗芸能として、2022 年にユネスコの無形文化遺産に登録された「新島の大踊」。毎年 8 月 14 日に若郷の妙蓮寺、8 月 15 日に本村の長栄寺で奉納される。顔を布で覆う大きな笠をかぶって踊るのが特徴。

居酒屋 日本橋
住新島村本村 1-3-6
TEL 04992-5-1890 営 18:00 ～22:00（L.O.21:00） 休不定休
CC 不可 P なし 交新島村観光案内所から車で 4 分

日本橋の名は新島の中心的な店になるという願いから

Cafe & Bar arato
住新島村本村 4-2-11 TEL 04992-5-0120 営 11:30 ～ 13:30(L.O.)、18:00 ～ 21:00（L.O.） 休日・月。昼営業は夏季のみ CC 不可
P なし 交新島村観光案内所から車で 5 分

新島の焼酎、嶋自慢 羽伏浦がベースのカクテルも

本村

新島産をメインに魚も野菜もたっぷり MAP 別冊 P.11-C2

居酒屋

居酒屋 日本橋（いざかや にほんばし）

店主が釣り上げた季節の魚の刺身 1000 円～や、女将が家庭菜園で育てた島らっきょう醤油漬け 390 円ほかメニューが充実。島寿司やくさや、たたき揚げなど、新島ならではの名物も。

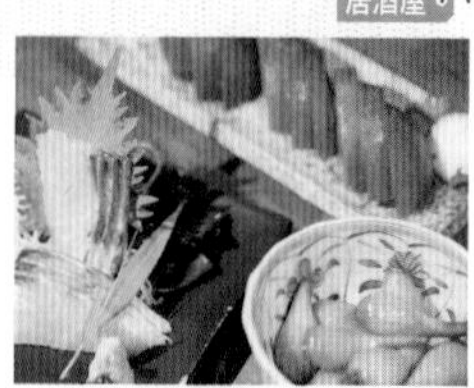
暑い季節は自家製の冷やしトマトがビールにマッチ

本村

落ち着いた空間でしっとりと過ごす MAP 別冊 P.11-D3

カフェ&バー

Cafe & Bar arato（かふぇあんどばー あらと）

古民家をリノベーションした隠れ家。赤イカや島野菜をつまみながら、カクテル 600 円～ほかドリンクを楽しめる。新島産のイチゴを使ったショートシフォン 500円～ほかスイーツも。

照明を抑えた静かな店内で旅の思い出を語ろう

新島

買う

Shopping

本村のメイン通りの東側におみやげ店が集中。朝から営業している店が多い。名物の牛乳煎餅は池村製菓が焼いている。

マルマン
住新島村本村 5-5-10
TEL 04992-5-0222
営 9:00 ～ 19:00
休日（夏季はなし） CC ADJMV
P あり 交新島村観光案内所から車で 3 分

そぼろ弁当490円は島のりを使っている

もやいずキッチン
住新島村本村 5-6-5
TEL 04992-5-1486
営 10:30 ～ 18:00（売り切れ次第終了） 休日・月 CC 不可
P なし 交新島村観光案内所から車で 3 分

金・土の 16:00 ～ 18:00 は唐揚げあつあつタイム！

本村

ランチ用の弁当や総菜の購入に重宝 MAP 別冊 P.11-C3

スーパー

マルマン

店頭に並ぶ弁当には、島のりや明日葉など、新島の食材が使われたものも見つかる。島焼酎や牛乳煎餅など島のおみやげも。

島民向けの日用品や食品、アルコールを販売している

本村

今日の日替わりメニューを要チェック MAP 別冊 P.11-C3

弁当

もやいずキッチン

島民に愛される島の台所。日替わり弁当 750 円や唐揚げのり弁 650 円ほか、ボリュームある弁当が並ぶ。キーマカレーも好評。

マルマンの向かい側にある黄色の建物

しま通信

新島で昼営業を行っている飲食店は少ない。予約制で弁当を販売している飲食店もあるので、ランチを食べ損ねないように事前に確認を。スーパーや総菜店の弁当は島散策のお供に大活躍。

本村

真心こもったおにぎりは種類も豊富 MAP 別冊 P.11-C3

弁当

みかさ

卵黄旨漬、つなこぶ、明日葉天むすなど10種類前後のおにぎり280円〜が並ぶ。島野菜のかきあげ丼780円などボリュームのある弁当も。季節によりイートインスペースが開放される。

栄養たっぷりのおにぎりや弁当が毎日手作りされる

みかさ
住新島村本村6-4-4
TEL 080-1390-7043
営10:00〜13:30、16:00〜18:30（季節により変動あり）
休日・木（不定休あり）
CC不可 Pあり
交新島村観光案内所から車で4分

メニューが充実。その日のおすすめを聞いてみて

本村

島外からのオーダーも多い実力派！ MAP 別冊 P.11-D2

ベーカリー

かじやベーカリー

ハンバーグパン270円をはじめ、総菜パンや菓子パンなど種類が豊富。早朝から店の周囲には焼きたてパンのいい香りが漂い、午前中から遊びにいく際のおやつやランチの購入に最適。

焼き立てを店の前のベンチで食べることもできる

かじやベーカリー
住新島村本村1-8-6
TEL 04992-5-0179
営7:00〜18:30
休火 CC不可 Pあり
交新島村観光案内所から車で4分

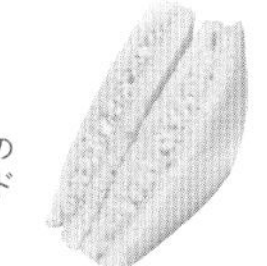

ふわっふわのタマゴサンドは220円

黒根

帰船前におみやげを最終チェック MAP 別冊 P.10-A2

おみやげ

いさば家（いさばや）

新島港船客待合所内の店舗。島の焼酎や食品、ばらまき用の菓子やキーホルダーなど何でも揃う。おすすめはくさやスティックの食べ比べセット1150円。4店舗の味を楽しめる。

島の作家が制作した海を感じられる雑貨も並んでいる

いさば家
住新島村黒根2-1
TEL 04992-5-2320
営8:30〜16:00（季節によって変動あり）
休なし CCADJMV Pあり
交新島村観光案内所と同じ施設内

新島オリジナルのはじまりのサイダー380円

本村

ダサかわいいミニモヤイ像はいかが？ MAP 別冊 P.11-D2

おみやげ

前忠商店（まえちゅうしょうてん）

本村のメイン通りで40年以上も営業を続ける老舗。ミニモヤイ像950円〜と、あしたばそば756円が人気アイテム。自家製の島唐辛子100円は、辛いもの好きな友人に喜ばれそう。

どこか懐かしい雰囲気の店内にたくさんの商品が

前忠商店
住新島村本村5-1-12
TEL 04992-5-0419
営8:30〜19:00
休なし CCADJMV Pあり
交新島村観光案内所から車で4分

いろんな表情のモヤイが陳列されている

新島名物のくさや（→P.166）は、焼いたときに匂いが立つ。そこで、焼いてから身をほぐしてパックや瓶に詰めた「焼くさや」が販売されている。開封してそのまま食べることができ、卵とじやピザの具材として利用するファンも。

山文商店

住新島村本村 6-10-12
TEL 04992-5-0576
営 8:00 ～ 19:00
休なし　CC 不可　P なし
交新島村観光案内所から車で4分

手のひらサイズのコーガ石で角質をケアしよう

本村

コーガ石製フットファイルを試そう　MAP 別冊 P.11-C2

おみやげ

山文商店（やまぶんしょうてん）

オリジナル商品の、コーガ石を四角く滑らかに加工した角質磨き200円に注目。お風呂で手足の硬い皮膚をこすれば肌がツルツルになるかも。浮輪や釣り竿のレンタルも行っている。

インテリアを中心にさまざまなおみやげが揃う

OIGIE SHOP × OFFICE

住新島村本村 1-7-6
営 10:00 ～ 17:00（土～ 16:00）
休日
CC ADJMV
交新島村観光案内所から車で5分

くさやや島寿司、島唐辛子をモチーフにした手ぬぐい

本村

新島在住作家の手作りクラフトを♪　MAP 別冊 P.11-D2

おみやげ

OIGIE SHOP×OFFICE（おいぎー しょっぷあんどおふぃす）

新島でしか手に入らない作品を中心に、島の作家のホームメイドアイテムを販売。島の食や文化をかわいらしいイラストで表した手ぬぐい 1100 円～や、T シャツ 2500 円～をチェック。

新島への移住の相談や交流のサポートも行っている

池村製菓

住新島村本村 4-3-8
TEL 04992-5-0918
営 8:00 ～ 18:00
休不定休　CC 不可　P あり
交新島村観光案内所から車で4分

ユニークな牛が描かれた15枚入りのパッケージ

本村

牛乳煎餅を焼き続けること 60 年！　MAP 別冊 P.11-D3

おみやげ

池村製菓（いけむらせいか）

無添加の牛乳せんべい 5 枚入り 300 円、15 枚入り 700 円を販売。表面の絵柄は「己に勝つ」など 30 種類以上。さわやかな風味のあしたばせんべい 5 枚入り 350 円も人気。

本村のメイン通りの中心部に立つ赤い屋根が目印

酒屋の宮原

住新島村本村 1-1-5
TEL 04992-5-0016
営 9:00 ～ 19:00
休日　CC ADJMV　P なし
交新島村観光案内所から車で5分

新島酒蒸留所の焼酎6種や限定銘柄が並ぶ

本村

嶋自慢と嶋自慢 羽伏浦を飲み比べたい　MAP 別冊 P.11-D2

酒

酒屋の宮原（さかやのみやはら）

麦焼酎の嶋自慢や芋焼酎の七福嶋自慢を製造する、新島酒蒸留所の販売所。焼酎は島の商店やおみやげ店でも購入できるが、酒造りのこだわりや適した飲み方を聞くならこちらで。

嶋自慢をライトにした嶋自慢 羽伏浦もおすすめ

牛乳煎餅を専用の機械で焼くのは、池村製菓会長の池村滿州男さん。22:00 過ぎから仕込みを始め、焼き終えるのは翌朝の 9:00 頃。夏の繁忙期は休みなく作業が続くそう。焼き印の「己に勝つ」は滿州男さんの座右の銘。

泊まる

新島の宿泊施設は本村に点在。飲食店やおみやげ店までは徒歩で移動できる。宿は民宿やゲストハウスタイプが多い。

本村

ファミリーやグループにうれしい一軒家　MAP 別冊 P.11-C3

ゲストハウス

GUEST HOUSE IKETA

げすとはうすいけた

一軒家の部屋をシェアするゲストハウス。キッチンとリビング付きなので、家族やグループなど大人数で一棟借りするのに適している。くさや販売店の池太商店（→ P.167）に併設。

スーパーで島食材を買って調理するのも楽しみ

GUEST HOUSE IKETA
住新島村本村 6-3-3
TEL 04992-5-0118
IN 14:00 OUT 10:00
料素 5750 円～
CC ADJMV　部 7　P あり
交新島村観光案内所から車で 4 分

本村

本村中心部で夕食後の散歩にも便利　MAP 別冊 P.11-D3

民宿

民宿 吉田屋

みんしゅく よしだや

創業 50 年で、常連客も多い老舗民宿。部屋は手入れが行き届いているため、長期ステイするゲストも。マッサージチェアやセルフカフェコーナーを完備し、大部屋で提供される食事も評判。

1 ～ 2 人でゆったりとくつろげる和室

民宿 吉田屋
住新島村本村 4-3-5　TEL 04992-5-0434　IN 12:00　OUT 9:00　料素 5600 円～、朝 6700 円～、朝夕 8800 円～　CC 不可　部 14　P あり　交新島村観光案内所から車で 4 分

玄関の前にレンタカーを停められる駐車スペースが

本村

サーファーが集まるレジェンドの宿　MAP 別冊 P.11-D3

民宿

民宿 富八

みんしゅく とみはち

新島のサーフィン界を牽引する富田さん家族が営む宿。全国のサーファーはもちろん、アットホームな雰囲気に多くのファンが通う。桂介さんがサーフィンスクールを開催（→ P.160）。

メイン通りのそばで飲食店やおみやげ店も近い

民宿 富八
住新島村本村 4-2-8
TEL 04992-5-0804　IN 11:00
OUT 10:00　料素 5500 円～、朝 6600 円～、朝夕 8800 円～
CC 不可　部 8　P あり　交新島村観光案内所から車で 4 分

バーベキュースペースが整う広々とした庭がある

本村

単身旅行者もくつろげるドミトリー　MAP 別冊 P.11-C3

Hostel NABLA

ほすてる なぶら

2017 年に民宿を改装してオープン。各所に流木を使ったインテリアなどがあしらわれた島を感じるデザイン。女性専用もしくは男女混合の相部屋と、2 ～ 4 人利用の個室を選べる。

カフェ＆バーなど共有スペースが充実している

Hostel NABLA
住新島村本村 6-3-1
TEL 04992-5-0376
IN 15:00 OUT 10:00
料素 6000 円～　CC ADJMV
部 24 ベッド　P あり
交新島村観光案内所から車で 4 分

新島発東京・竹芝行きのジェット船は午後に出港するため、チェックアウト後も荷物を預かってくれる宿が多い。予約時に確認を。新島港船客待合所内の新島村観光案内所でも 300 円で預かってもらえる。

静かな海と山で過ごせる隠れ家的な島

式根島（しきねじま）

人口　481人（2023年）
面積　3.88㎢
周囲　約12.2㎞

式根島への行き方

東京・竹芝桟橋から大型客船とジェット船、下田からカーフェリーが運航。新島との間は連絡船にしきが運航

穏やかな入江で海遊びを楽しめる泊海水浴場

東京から南へ約160㎞、式根島は黒潮に抱かれた温暖な島。外周には複雑に入り組んだリアス海岸が続き、岬に囲まれた泊海水浴場や中の浦海水浴場のような、プライベート感あふれるビーチが多いのが特徴。緑が豊かなことでも知られ、最高地点である標高99mの神引山展望台から見下ろす海や森は絶景。島の南部には天然の海岸に温泉が湧き出す地鉈温泉や足付温泉があり、水着を持参すれば家族やグループで湯めぐりを楽しむことができる。

式根島観光協会

野伏港の出入り口に立つ。掲示板に示された、飲食店の開店情報やアクティビティの開催状況をチェック。式根島限定グッズの販売もある。手荷物預かりは300円～。

MAP 別冊 P.13-C1
住 新島村式根島923
TEL 04992-7-0170
営 8:30～16:30
休 なし
P あり
URL shikinejima.tokyo

連絡船にしきの乗船券は観光協会で購入する

式根島の歩き方

式根島は、歩いて2～3時間で周れる小さな島。宿泊施設は島の東側に集まっていて、海産物を扱う昔ながらの商店やおみやげ店が点在している。飲食店の数は少ないので、昼食の場所は事前に決めておこう。商店で島の食材を調理した総菜や弁当を購入するのもいい。ビーチや展望台へ繰り出すのであれば、レンタサイクルの利用が便利。海を見晴らす海岸線や、木々に囲まれた山道を走って目的地を目指そう。急な坂道もあるので電動アシスト付きがベター。

集落内は細い通りに商店や宿泊施設が並ぶ

しま通信　式根島の住所は東京都新島村式根島で、行政上は新島に属している。新島と式根島は村営の連絡船にしきで13分の距離なので、新島に滞在しながら式根島への日帰りトリップも可能。

徒歩でめぐれる範囲に美景スポットが点在

式根島エリアガイド

宿泊施設や商店は島の東側に集まる。温泉やビーチまでは歩いていけるが、展望台など西側のスポットまで行くなら、レンタサイクルなどを利用したほうが楽。

式根島シーズンガイド

●旅行のベストシーズンは？

ゴールデンウイークを迎える4月下旬頃から気温が上がってくる。9月までは半袖で過ごせる日が多い。

●海で泳げるのは何月頃？

水温が上がる7月上旬〜9月中旬が海水浴のベストシーズン。ライフガードが常駐するのは8月がメイン。

●冬の旅行の楽しみは？

冬でも気温が10°C前後ある日が多い。澄んだ空気のなかで展望台を回るのも楽しみ。温泉から見上げる星空は格別。

式根島で絶対にしたいこと BEST 3

1. 海を眺める湯めぐり

磯に湧き出す地鉈温泉と足付温泉をはじめ、岩で囲まれた松が下雅湯などで、海を眺めながら露天温泉を楽しめる。→ P.184

2. 緑豊かな展望台ハイキング

島の西側は豊かな森林に包まれていて、御釜湾第一展望台や神引展望台などを目指す散策コースが整備されている。→ P.186

3. 商店でご当地グルメをチェック

飲食店が少ない式根島では、商店で弁当や総菜を購入するのも一案。島の海産物を使った名物料理も。→ P.190

人気ビーチや温泉は散歩圏内

式根島中心部

集落の中心は、大型客船やジェット船、連絡船が発着する野伏港から宿の送迎車で5分程度。式根島港へ続く道の途中に、商店やおみやげ店が多く並ぶ。

泊海水浴場
237
式根島観光協会
野伏港
小浜漁港
大浦海水浴場
中の浦海水浴場
小の口公園
神引展望台
ぐんじ山展望台
石白川海水浴場
唐人津城
御釜湾第一展望台
松が下雅湯
足地山展望台
式根島港
御釜湾
隠の井
地鉈温泉

★白砂が広がる天然の入江

泊海水浴場 → P.192

岩に囲まれた岬のなかで、海水浴やシュノーケリングを楽しめる。大きな波が入ってこないため穏やかで、子供も安心して遊べる。

★絶景スポットを踏破

御釜湾第一展望台 → P.186

島の南西から神津島方面を望む高台。ハイキングコースには第一から第三まで3つの展望台が点在する。

★海を眺めてデトックス

松が下雅湯 → P.185

式根島港を見渡す温泉。水着着用で24時間入浴することができる。駐車場や更衣室、シャワーを完備。

レンタサイクルで式根島一周も！ 2泊3日モデルプラン

式根島への船は午前中に到着し、島を出るのは昼頃になるのが基本。1泊2日では1日ほどの滞在になってしまうので、2泊3日以上で楽しみたい。島が小さな式根島はレンタサイクルで回れる。

※前日夜発の大型客船での1泊は含めていません

1日目 まずは島西側の美景スポットへ！

! 到着日の朝食はどうする？

大型客船は、早朝から船内レストランが営業。自販機で軽食も購入できる。ジェット船は昼頃に到着するので、軽食を準備するか到着後に商店などで購入を。

! ジェット船利用は午後に到着

東京・竹芝桟橋発のジェット船は最短2時間20分で到着するが、正午前後に着く便が多い。時間を有効に使うなら前日夜発の大型客船がおすすめ。

9:05

大型客船で式根島に到着

東京・竹芝桟橋を前日の22:00に出航。午前着なので初日からたっぷり遊べる。 →P.82

↓ 5分

10:00

島の商店で朝食＆昼食を

あげぱんが有名な「池村商店」へ。赤イカ焼そばなど弁当も充実。 →P.190

あげぱんは明日葉など3種類

↓ 8分＋10分

11:30

島西部のビュースポットを散策

2時間ほどのハイキング。御釜湾第一展望台からの眺めが抜群。 →P.186

御釜湾には3つの展望台がある

↓ 10分

12:00

森の中に砂漠を発見！

木々が覆う道を抜けると広がる隈の井。ベンチでひと休み～。 →P.186

真っ白な砂岩が広がる

↓ 10分

12:30

ウッドデッキで昼食

隈の井の奥に現れる白砂の丘、唐人津城。ウッドデッキでお弁当タイム。 →P.186

月や火星を思わせる荒涼とした大地

↓ 10分＋2分

14:00

展望台から富士山を見晴らす

神引展望台は島随一の眺望を誇る絶景スポット。伊豆半島や富士山が見えることも。 →P.187

階段の先に展望台がある

↓ 5分

15:00

のんびり磯遊び

スノーケリングが楽しめる中の浦海水浴場へ。岩場の生物探しが楽しい。 →P.193

夏は海水浴客でにぎやか

↓ 7分

16:00

潮風を浴びて夕日待ち

大浦海水浴場はサンセットビーチとして有名。駐車場から夕日を望む。 →P.193

水平線にきれいに沈んだらラッキー！

夕涼みに訪れる島人も

↓ 9分

18:00

気軽なイタリアンで乾杯

島の具材を使ったパスタやピザを楽しめる「レストラン こころ」でディナー。要予約。 →P.195

絶品！ 島産魚介のカルパッチョ

2日目 式根島名物の露天温泉を制覇！

! レンタサイクルを活用しよう

歩いても2～3時間で回れる小さな島だが、自転車があるとより便利。場所によってアップダウンもあるので、電動アシストタイプが理想だ。時間借りなどを上手に利用して。

9:00

貸竿釣で大物狙い!?

「宮房釣具店（宮房商店）」で釣り竿を借りて釣り体験。釣れそうなポイントへ! →P.191

初心者におすすめなのは式根島港

↓ 3分

12:00

名物たたき丸をあんぐり

「ファミリーストア みやとら」が提供するたたき丸は、式根島グルメの定番。 → P.190

島ならではの、くさや味をぜひ！

海水と混じり合う天然湯

↓ 🚲3分＋🚶5分

13:00

海沿いの露天温泉めぐりへ

岸壁の奥に湧く「地鉈温泉」は、鉄分を多く含んだ硫化鉄泉。水着を着て利用する。 → P.184

垂直に切り込んだ断崖を通って温泉へ

↓ 🚶13分

14:00

海か温泉か見分けてみて

水着着用の「足付温泉」は、潮だまりの中に湯が湧く秘湯。透き通った炭酸泉。 → P.185

温泉の近くに更衣室がある

↓ 🚶3分

15:00

これぞニッポンの温泉

日本画のような雰囲気の「松が下雅湯」。水着を着用して24時間無料で入れる。 → P.185

島民の利用も多い露天温泉

↓ 🚶10分

休憩所も完備されている

16:00

〆は屋内風呂で整えて

屋内温泉「憩の家」に入ったあと、地鉈温泉の駐輪場まで自転車を取りに戻り夕食へ。 → P.185

↓ 🚶6分＋🚲7分

18:00

夕食は気軽な居酒屋で

式根島では貴重な、夜営業を行う居酒屋「えむじぇい」。ランチには定食を提供する。 → P.196

予約しておくと安心

3日目 ビーチを回ったらおみやげを探そう

新島へ渡ってみるのも◎

式根島から新島までは、ジェット船と村営船にしきなら13～15分、大型客船は20分。合計で5便前後からスケジュールを組めるので2島滞在もおすすめ。

8:30

超絶景海水浴場へ GO ！

海のグラデーションが美しい泊海水浴場で海遊び。砂利質の砂浜が心地よい。 → P.192

駐車場から湾の全景を望める

↓ 🚲9分

9:30

集落近くの海岸も美しい

集落から徒歩圏内には石白川海水浴場がある。階段の上から青い海を見下ろして。 → P.193

時間を気にせずゆっくり過ごそう

↓ 🚲2分

10:30

式根島グッズはいかが？

集落から海へ向かう道沿いには「井上みやげ店」ほかいくつかのおみやげ店が並ぶ。 → P.196

人気は種類豊富な式根島Tシャツ

↓ 🚲1分

11:30

地酒やお弁当をチェック

「おくやま」では、おみやげや芋焼酎の地鉈を販売。復路の船用にお弁当をゲット。 → P.190

アメリカ芋で造った焼酎を

↓ 🚲7分

13:15

式根島からジェット船で東京へ

帰りの航路はジェット船が便利。昼過ぎに出発し、夕方には竹芝に到着する。 → P.82

ジェット船、セブンアイランド愛

↓ 🚢3時間5分

16:20

東京・竹芝桟橋に到着

海水が注ぎ込む秘湯も！

潮騒の温泉めぐり

古くから上質な湯が湧くことで知られ、
湯治客も多かったという式根島。
海沿いの露天温泉と、丘の上の屋内温泉があり、
歩いて回ることができる。

波音が聞こえる３つの露天温泉は水着を着用して24時間無料で入れる！

水着で自由に利用できる露天温泉が人気の式根島。地鉈温泉と足付温泉は、波が届く岩場にあり、源泉と海水が混ざり合って適温になった場所（湯壺）を探してつかる、ユニークな湯。それぞれ泉質が異なり、地鉈温泉は源泉の温度が80度の茶色に濁った硫化鉄泉で、神経痛や冷え性に効果があるという「内科の湯」。足付温泉は源泉の温度55度の無色透明の炭酸泉で、切り傷や皮膚炎に効果があるという「外科の湯」と呼ばれる。松が下雅湯と憩の家は海水を含まない温泉なので、最後に体を流すのにぴったり。のんびり2～3時間かけて湯巡りを楽しみたい。

START!

寒い日でも穴の中は温かい

1

硫黄の香りがふんわり♪

石壁に口をあける穴から湯煙が

湯加減の穴（ゆかげんのあな）

集落中央部から地鉈温泉へ向かう道の途中に、穴からほんのり湯気が出ている石壁がある。この穴に手を入れると、その熱さで足付温泉の湯の温度がわかるとされている。

MAP 別冊P.13-C3　P なし
交 式根島観光協会から車で5分または徒歩25分

15分

2

断崖を抜けた海岸のワイルドないで湯

地鉈温泉（じなたおんせん）

地面を鉈で割ったような絶壁の先にあることが名前の由来。硫化鉄泉で神経痛や胃腸の病気に効果があるとされ、島外から湯治に訪れる旅人も多い。白など薄い色の水着やTシャツでつかると、湯の鉄分で茶色に変色することがあるので注意を。

源泉は高温なので、海水と混ざり合った湯壺を探す

13分

左／駐車場から階段を下りて進むと温泉が現れる　右／垂直に切り立つ崖は景勝地としても十分な迫力

MAP 別冊P.13-C3
営 24時間　休 なし　料 無料　P あり　交 式根島観光協会から車で6分または徒歩30分＋歩道を5分

着替えはどこで？

露天温泉は水着の着用が必須。足付温泉と松が下雅湯には更衣室がある。地鉈温泉は駐車場にあるトイレで着替えるか、洋服の下に水着を着ておこう。足付温泉と松が下雅湯には水のシャワーがあるが、秋～春は寒いこともある。そこで、ペットボトルに水を入れて入浴時に温泉に浸けておくと、水が温まり出るときにお湯で体を流せるので快適だ。

松が下雅湯の男女別の更衣室

しま通信　各所に温泉が湧く式根島。御釜湾には「海中温泉」と呼ばれるダイビングスポットがあり、海底の砂地からポコポコと温泉が噴き出す様子を観察できるとか。水温が温かいため、ウミガメがよく集まるといううわさも。

3

タイドプールの中に湯をたたえた泉が

足付温泉（あしつきおんせん）

大小の岩が転がる磯に、温泉が湧く湯壺が点在している。海水との混ざり具合によって湯が熱すぎたりぬるすぎたりするので、適した湯加減を探そう。炭酸泉で切り傷などの外傷に効能があるとされる。

透明な温泉の水面に映る空が美しい

MAP 別冊 P.13-C3 営 24時間 休 なし 料 無料 P 松が下雅湯にあり 交 式根島観光協会から車で6分または徒歩30分＋歩道を4分

左／男女別の更衣室と水シャワーがある　右／松が下雅湯や憩の家まで歩道が整備されている

3分

上／白い水着は茶色に変色することがあるので避けたい　下／岩と松のたたずまいが日本画のよう。奥は式根島港

上／男女別の内風呂。温水のシャワーを利用できる
下／目の前に駐車場があり、島民の利用も多い

5

最後はサッパリと体を洗い流そう！

憩の家（いこいのいえ）

島民でにぎわう憩いの施設。屋内温泉なので天候にかかわらず利用できる。3つの露天温泉を回ったあとは、ここに寄って潮や汗を流すのが王道コース。源泉は地鉈温泉と同じ硫化鉄泉。

MAP 別冊 P.13-C3 住 新島村式根島 995-2 TEL 04992-7-0576 営 10:00～20:00（木 15:00～、最終受付 19:30） 休 水 料 200円 CC 不可 P あり 交 新島村観光案内所から車で5分または徒歩25分

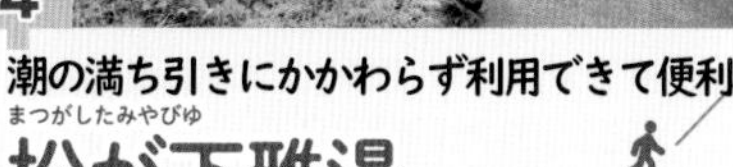

4

潮の満ち引きにかかわらず利用できて便利

松が下雅湯（まつがしたみやびゆ）

13分

岩で造られた海辺の温泉。波や潮の干満の影響を受けず、いつでも適温の湯につかれる。源泉は「内科の湯」と称される地鉈温泉と同じ硫化鉄泉。足湯が設置されているので、水着がなくても湯の肌触りを楽しめる。

MAP 別冊 P.13-C3 営 24時間 休 なし 料 無料 P あり 交 式根島観光協会から車で6分または徒歩30分＋歩道を1分

式根島に伝わる怪猫伝説とは？

温泉めぐり中にも見かける猫たち。式根島の伝承によると、昔々、子供をさらう怪猫を武者が退治。それ以降、島民は猫を飼わなくなった。しかし近代になり、ネズミ退治に猫が必要となると、大王神社に猫神様を祀って猫を飼うように。そして今のような、島民と猫が平和に暮らす島になったそう。

近づいてくるフレンドリーな猫も

江戸時代の式根島には定住者はいなかったが、湯治場としては知られていたそう。ほかにも、流人を新島や八丈島に運ぶ際の仮泊港として、また、年貢の塩を臨時に精製する場所として利用されていたとの資料が残る。

半日で全スポット制覇もできる

オーシャンビュー！ 4大展望台

式根島は車で約 15 分、自転車で約 1 時間、徒歩なら約 2 時間 30 分で一周できる小さな島。島内には海を見下ろす 4 つの展望台が点在し、半日あればすべてめぐることができる。

展望スポット1

御釜湾展望台周辺

唐人津城・隈の井
遊歩道案内図

神引遊歩道入口
唐人津城・隈の井
遊歩道入口
唐人津城
御釜湾
第三展望台
御釜湾
第一展望台
隈の井
御釜湾
第二展望台
御釜湾
遊歩道入口

御釜湾展望台から隈の井と唐人津城を目指す

式根島の西側には豊かな自然が広がり、緑に覆われたいくつかの遊歩道が整備されている。歩きやすいのは、唐人津城・隈の井遊歩道入口から御釜湾第一展望台を経て、隈の井と唐人津城をめぐってスタート地点に戻るルート。山道ではあるが起伏は少なく、所要時間はのんびり回って 2 時間程度。子供連れファミリーでも十分に楽しむことができる。美しい海を見渡す展望台はもちろん、森や砂地などさまざまな景観を楽しめるのも魅力だ。

木漏れ日が心地よい森のスタート地点

とうじんづしろ・くまのいゆうほどういりぐち

唐人津城・隈の井遊歩道入口

遊歩道の入口にはルートマップが立っている。距離や時間の目安がわかるので、散策前にスマホで撮っておくと便利。

MAP 別冊 P.12-B3　P あり　交 式根島観光協会から車で 6 分または徒歩 30 分

10 分

湾を囲む 3 つの展望台から美景を満喫

みかまわんだいいちてんぼうだい

御釜湾第一展望台

唐人津城・隈の井遊歩道入口から歩くと最初に現れるビュースポット。突き出した岬には、ミチナシのアシカ穴と呼ばれる大きな洞窟がある。御釜湾に沿って東へ進むと、第二と第三展望台に到達する。

MAP 別冊 P.12-B3

交 遊歩道入口から徒歩 10 分

晴れた日は水平線の向こうに神津島を望むことができる

10 分

森の中に突如として広がる砂漠地帯

くまのい

隈の井

御釜湾を覆う森を抜けると、砂地に大小の岩が転がる広場がある。雨が降るとくぼ地に水がたまり、井（池）が現れる。

奥には海を垂直に見下ろす断崖がある

MAP 別冊 P.12-A3　交 遊歩道入口から徒歩 20 分

荒涼とした大地は月面を思わせる

10 分

月や火星を思わせる荒涼とした風景

とうじんづしろ

唐人津城

隈の井と同様に、高い木々のない砂地の世界。唐人とは地名で、津城とは「人や魚が集まる場所」を指すそう。

MAP 別冊 P.12-A3

交 遊歩道入口から徒歩 20 分

途中のウッドデッキで休憩することもできる

海から強風が吹くため大きな木は育たない

しま通信　本格的に歩きたい人は大浦海水浴場（→ P.193）から神引展望台のある神引遊歩道に入り、唐人津城・隈の井を経て、御釜湾遊歩道へ抜けるという、島の西側をほぼ踏破するルートもある。所要時間は 5 時間程度。

展望スポット2

新東京百景に選ばれた
驚きの見晴らし

神引展望台

かんびきてんぼうだい

駐車場から100段の階段を上ると、目の前にコバルトブルーの海が広がる。入り組んだ海岸線へ打ち寄せる白波も美しい、式根島随一の景勝地だ。晴れた日には伊豆半島や富士山を見つけることができる。

MAP 別冊 P.12-B2　P あり
交 式根島観光協会から車で6分または徒歩30分+階段100段

展望ポイントには富士山の位置などを示す石板がある

左／真下に眺める磯は透明度が抜群。魚まで見えそう！　右／駐車場から続く100段の階段。苦労の先に幸福が待つ

展望スポット3

集落から近く
いちばん楽ちんな展望台

ぐんじ山展望台

ぐんじやまてんぼうだい

島の中心部から歩いて10分の所にある、東海岸のビュースポット。駐車場からすぐで階段を上る必要がないので移動がラク。青い海の向こうに見えるのは、新島の白ママ断崖の裏側。

左／松の木や岩がどこか日本画のような風景　上／ボランティアによって整備された展望台

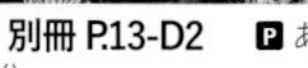

MAP 別冊 P.13-D2　P あり　交 式根島観光協会から車で6分または徒歩30分

展望スポット4

伊豆諸島の島々を見つけてくつろごう

足地山展望台

あしじやまてんぼうだい

足付温泉と地鉈温泉に挟まれた山の頂上にあり、両温泉の頭文字が地名の由来。北東に新島、南西に神津島、南東に三宅島や御蔵島と、周辺の島を眺めることができる。眼下には式根島港が見える。

MAP 別冊 P.13-C3　P 地鉈温泉の入口にあり　交 式根島観光協会から車で6分または徒歩30分+歩道を10分

上／入り組んだ岬と島々が趣ある風景をつくる
下／地鉈温泉の入口付近から遊歩道を上り10分

島めぐりはレンタサイクルで！

式根島はレンタサイクル店が充実し、展望台やビーチの入口にも駐輪スペースが整備されている。小さな島だが、ところどころアップダウンもあるので、島一周を考えているなら電動アシスト付きがベター。

島の風を感じてペダルを漕ごう

しま通信　式根島で島めぐりをする際は、日没時間をチェック。展望台への遊歩道をはじめ、集落から外れた一般道も真っ暗になるので、日が沈む前に集落へ戻れるスケジューリングを。出かける前に宿の人に行き先を伝えておくといい。

手ぶらで島キャンプに挑戦！

ベルテントでグランピング

快適なテントで気軽にアウトドア気分を楽しめるグランピング。
喧騒とは無縁の式根島のさらに静かなサイトで、自然に包まれる贅沢な時間を過ごそう。

ベル（鐘）のような三角型がかわいらしいベルテント

満天の星やそよぐ風に包まれて、おいしい料理と穏やかな時間を満喫！

エアコン付きのテントを1棟貸し切って行う式根島のグランピング。ソファやベッド、コンセントが完備されているので、ほかの宿泊施設と比べても遜色のない快適さ。朝食と夕食は和食のシェフを兼務するオーナーが腕を振るい、旬の味覚を楽しめるのがうれしい。トイレやバスルームは清潔に管理されているので、女性のゲストからも好評だ。ロケーションは集落中心部からやや離れた場所なので、雲がない夜は天の川が見られることも。泊海水浴場まで徒歩約15分、松が下雅湯まで徒歩約20分と、観光スポットへのアクセスも抜群！

凪グランピング MAP 別冊 P.13-C2
住 新島村式根島 440 TEL 050-1742-4846（トラベルロード）
IN 13:00 OUT 8:30 料 朝夕1万2000円～ CC 不可 部 4棟
P あり 交 式根島観光協会から車で5分または徒歩20分

凪グランピング2泊3日モデルプラン

※季節や天候により変動することがあります

1日目

12:00頃 ▶ 式根島着
東京・竹芝客船ターミナルからジェット船にて。

12:30頃 ▶ チェックイン
港から送迎車で施設へ。荷物を置いて自由時間。

19:00頃 ▶ 夕食
管理棟内のレストランで和洋折衷コース料理など。

2日目

7:00頃 ▶ 朝食
管理棟内のレストランでトーストセットなど。

8:00頃～ ▶ 自由時間

19:00頃 ▶ 夕食
同上。バーベキューの場合も。

3日目

7:00頃 ▶ 朝食　同上。

8:30 ▶ チェックアウト

8:30～ ▶ 自由時間
船の出港前に施設に戻り、送迎車で港へ。

13:00頃 ▶ 式根島発
東京・竹芝客船ターミナルまでジェット船にて。

ベルテントでグランピング

大きなベルテントをひとり占め！

テント内は2～4人で利用できる大スペース。エアコン、冷蔵庫、コンセント、ソファ、ベッドなどが備わっている。子供連れファミリーも大歓迎！

左／天幕まで高さがあり開放的。日没後はランプの明かりで過ごす
右／各テントの入口は向かい合わないように配慮されている

ディナーは和洋折衷のおまかせコース

夕食はオーナーが自ら腕を振るうおまかせ料理。ご家族が釣り上げた魚など、季節の料理を堪能できる。別料金でアルコールのオーダーも可能！

左／アカイカの刺身やカンパチの南蛮漬けなど旬の海鮮が
右／カウンターとテーブル席がある管理棟のレストラン

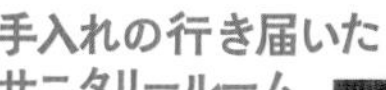

手入れの行き届いたサニタリールーム

清潔に保たれた洗面所や風呂、トイレ。風呂は使用できる時間が決まっているので、チェックイン時に確認しよう。

左／海水浴のあとに汗を流すのにぴったり　右／大きな鏡が使いやすい洗面台

ボリューム満点の朝食が元気の源に！

厚切りのパンが目を引く朝食。朝からしっかり食べて、式根島の観光スポットへ繰り出そう。

セットのコーヒーでホッとひと息

しま通信　凪グランピングでの朝食と夕食は、おまかせ料理となる。アレルギーのある人は事前に相談を。オーナーがえりすぐったワインや焼酎、日本酒も充実している。

海＆山遊びのお供にベストマッチ

島のテイクアウトグルメ

ランチ営業をしている飲食店が少ない式根島。
海水浴や散策の前には、商店で昼食を購入しておくと安心だ。
ここでは島民にも人気の３商店の、おすすめメニューを紹介しよう。

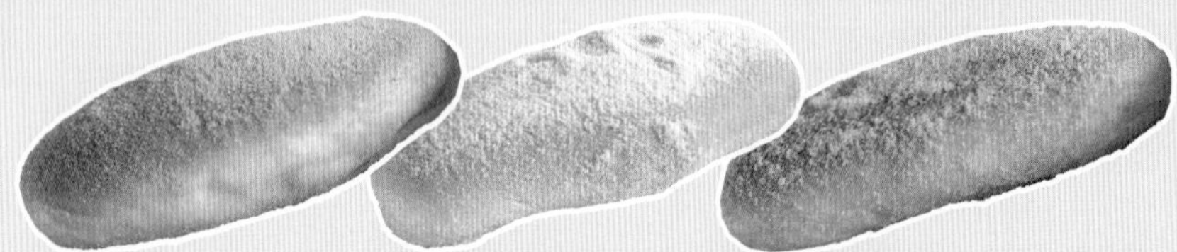

あげパン 180円

島民にもファンが多い人気商品。毎朝焼き上げるコッペパンを、少し冷ましてから揚げることでカリッとした食感に。左から明日葉、きなこ、シナモンの３種類。

赤イカ焼きそば 750円

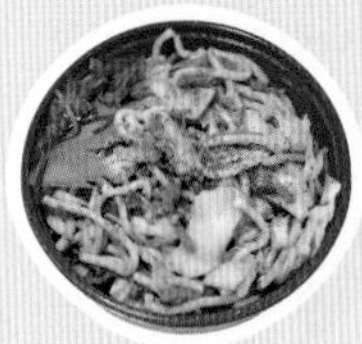

店主が自ら釣り上げたアカイカを具材とした逸品。身がふくよかでモチモチ。

記念撮影スポット♪

店の壁には映えるアート＆ベンチが

焼きたて手作りパンの香りが漂う♪

池村商店

集落のやや北側の宿泊施設が多い場所に立つ

ベーカリーを併設する商店。揚げパン以外にも、ウインナーロールやメロンパンなどが並ぶ。式根島名物のたたき揚げを挟んだ、たたきバーガー250円も好評。

MAP 別冊 P.13-C2 住 新島村式根島 348-1
TEL 04992-7-0016 営 7:30 ～ 19:00（夏季～ 20:00）
休 不定休 CC ADJMV P あり 交 式根島観光協会から徒歩 10 分

たたき丸 250円

魚のすり身を揚げた「たたき揚げ」は伊豆諸島の名物。こちらは、その中に具材を入れた式根島ならではのメニュー。アツアツのうちにほお張って。ハム＆チーズ、あしたば佃煮、くさやの３種類。

ホット＆クールな食べ歩きメニューが

ファミリーストア みやとら

Tシャツやサンダルなどおみやげも販売

ホットケースに並ぶたたき丸が自慢。また、いももち220円は、秋～冬は作りたて、春～夏は冷凍販売されているものを自然解凍させてシャーベットのように味わえる。

MAP 別冊 P.12-A1 住 新島村式根島 283-2
TEL 04992-7-0304 営 8:00 ～ 19:00 休 日（夏季はなし） CC ADJMV P あり 交 式根島観光協会から車で５分または徒歩 20 分

おにぎりセット 450円

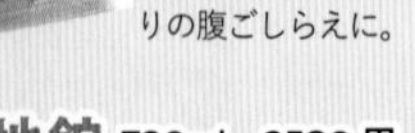

おにぎりとから揚げがセットになったお手軽弁当。島内めぐりの腹ごしらえに。

地鉈 720ml 2580円

島産のアメリカ芋を原料に、おくやまが開発に携わった焼酎。25度でさわやかな味わい。

島外に出回ることが少ない幻の酒も

おくやま

ピアスなどアクセサリーも販売している

各種弁当をはじめ、食品や日用品、おみやげなどを広く扱う。芋焼酎の地鉈は、八丈島の酒造に醸造を依頼した、おくやまのオリジナル商品。

MAP 別冊 P.12-A1 住 新島村式根島 281-1
TEL 04992-7-0211 営 8:30 ～ 19:00（夏季 7:30 ～ 20:00） 休 月（夏季はなし） CC ADJMV P あり
交 式根島観光協会から車で５分または徒歩 20 分

式根島や新島の家庭料理として愛される、たたき揚げ。近海で取れたムロアジなどの白身魚をすって練り、弱火の油でじっくりと揚げたもの。薩摩揚げに似ているものの、つなぎを使用せず魚のすり身だけなので、ふんわりとした歯触りが特徴。

堤防から大物ゲットも!?

レンタル竿で釣りにチャレンジ

黒潮が注ぐ式根島は、漁船利用の釣りファンも多く訪れる魚影の濃い島。堤防からだって、アジなど手応えある魚を狙うことができる。ただし相手は自然。釣れるも釣れないも、あなたの運と腕次第！

初めての海釣りなら誰でも楽しめるサビキ釣り！

式根島の海岸で行う釣り体験。宮房釣具店（宮房商店）で竿を借り、好みの場所に移動して糸を垂らそう。おすすめの釣りスポットは、釣具店から徒歩 8 分ほどの式根島港。堤防の先から海中に目を向けると、大小の魚が優雅に泳いでいる。エサは生き餌でも、コマセ用のオキアミでも OK。初心者ならコマセを使ったサビキ釣りがおすすめだ。釣れた魚は、釣具店でクーラーボックスを購入すれば宿に持ち帰ったり自宅に送ったりできる。

港内にも式根ブルーの海が広がっている

そろそろ釣れるかな～

堤防が整備された式根島港で挑戦！

釣具店からすぐの式根島港。湾内にたくさんの漁船が停泊している。船の往来の邪魔にならない場所で楽しもう。

左／足場が舗装された堤防内は安心して過ごせる
右／港の向かいは松が下雅湯。温泉客の視線が!?

ポイントを決めて、Let's fishing!

釣れそうな場所を決めて糸を垂らそう。糸はあらかじめ付けてあるので、仕掛けを外して餌を付けるだけ。

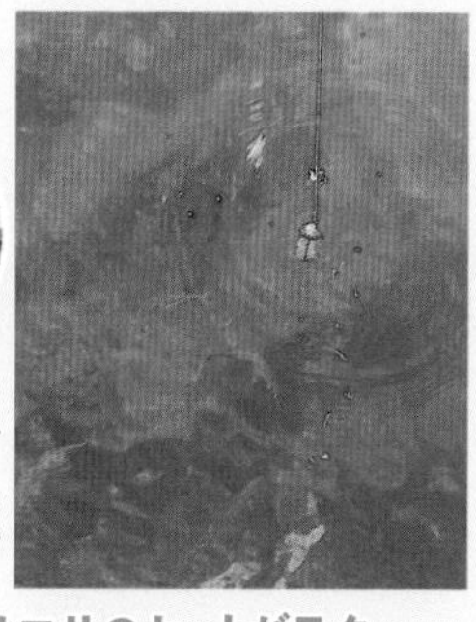

上／チューブタイプのオキアミは 1 パック 650 円
右／カゴに入れたオキアミにタカベが寄ってきた

サビキ釣りはエサのセットがラク

サビキ釣りは、手が汚れないチューブ入りのオキアミを小網に入れ、海中で上下させてエサを撒いて魚を呼び寄せる。

スズメダイやカワハギの仲間が集まってきた！

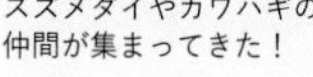

フィッシュウオッチングも満喫しよう♪

海中の魚を見通せるほど、魚影が濃く透明度が高い式根島。エサに集まる魚たちを見ているだけで楽しい。

ラッキーな日は爆釣も！

港に魚が回遊してくれれば、アジやタカベが釣れることも。何がかかるかわからないおもしろさも堤防釣りの醍醐味。

釣具店でクーラーボックスを購入できる

イサキやタカベは伊豆諸島を代表する魚

式根島の釣りなら何でもおまかせ

宮房釣具店（宮房商店）

式根島で唯一の釣具店。初心者向けから上級者向けまで、竿や仕掛けの販売を行っている。食品や日用品も扱っているほか、浮輪 500 円などマリングッズのレンタルも。

MAP 別冊 P.12-B1 住新島村式根島 982
TEL 04992-7-0023 営 9:00 ～ 18:00 休水（夏季はなし） 料竹竿 1 日 1500 円、リール竿 1 日 2500 円（餌、仕掛け別料金） CC 不可
P なし 交新島村観光案内所から車で 5 分または徒歩 20 分

しま通信 釣りにおすすめの時間帯は、魚が活発に動き回る朝方か夕方。ただし、日によって潮の干満が変化するため、最適な時間も日々異なる。貸し竿釣りをする際は、釣具店に連絡してベストな時間帯をリサーチするといい。

島内交通

レンタカー、レンタバイク

式根島の宿泊施設や商店は島の東側に集まっており、集落内の移動や温泉めぐりであれば徒歩で十分。ただし、西側の展望台へ足を運ぶなら、レンタカーやレンタバイク、レンタサイクルが便利。レンタカー会社は２軒、レンタバイク会社は３軒ある。

エコでコンパクトな電動自動車もレンタルできる

レンタサイクル

式根島では、レンタサイクルを利用する観光客が多い。温泉めぐりや各海水浴場への移動なら通常タイプでも問題ないが、西側の展望台へ行く場合は勾配が急な道もあるので、電動アシストタイプが便利。レンタサイクル会社は多く台数も充実しているが、念のため夏季は予約しておきたい。

多くの観光スポットに駐輪スペースが確保されている

連絡船

式根島にはバスとタクシーの運行はないため、島内の移動は徒歩かレンタカー、レンタバイク、レンタサイクルのみ。隣の新島へは村営の連絡船にしきが１日３往復、片道13分で運航しており、朝出発し夕方に戻ることも可能。新島から日帰りで式根島を楽しむ海水浴客も多い。

村営船の乗船券は式根島観光協会で購入する

レンタカー会社
- **●式根島モータース**
  MAP 別冊 P.12-A1
  住 新島村式根島 329-5
  TEL 04992-7-0146
- **●フジイレンタカーサービス**
  MAP 別冊 P.12-A1
  住 新島村式根島 610-2
  TEL 04992-7-0337

レンタバイク会社
- **●千代屋レンタサイクル**
  MAP 別冊 P.12-A1
  住 新島村式根島 607
  TEL 04992-7-0272
- **●レンタサイクルげんべい**
  MAP 別冊 P.12-A1
  住 新島村式根島 21-1
  TEL 090-4533-3437
- **●レンタサイクルステーションまんぼう**
  MAP 別冊 P.12-A1
  住 新島村式根島 281-2
  TEL 080-8808-4109

レンタサイクル会社
- **●浅野レンタサイクル**
  MAP 別冊 P.12-A1
  住 新島村式根島 329-5
  TEL 04992-7-0341
- **●島宿 清水屋**
  → P.197
- **●新屋レンタサイクル**
  MAP 別冊 P.13-C2
  住 新島村式根島 370-2
  TEL 04992-7-0003
- **●レンタサイクルげんべい**
  →上記
- **●レンタサイクルステーションまんぼう**
  →上記

連絡船
- **●連絡船にしき事務所**
  TEL 04992-7-0825

おもな見どころ

空飛ぶ豚のあのアニメに出てきそう？　MAP 別冊 P.13-C1　北部　ビーチ

泊海水浴場（とまりかいすいよくじょう）

岬に囲まれた扇形の湾が、アニメ映画『紅の豚』の飛行艇が停泊する隠れ家にそっくり。砂はガラス質を含む流紋岩でできているため、日光を浴びて輝く。沖に向かって海のブルーが深みを増す。

駐車場から湾全体を見渡すことができる。夏は海水浴客でにぎやか

泊海水浴場
P あり（小港園地）
交 式根島観光協会から徒歩６分

波打ち際では粒の粗い砂が波に揺られてサラサラと音を立てる

水着着用の露天温泉が充実している式根島では、水着の上にラッシュガードやＴシャツを羽織って、レンタサイクルでビーチめぐりをする観光客が多い。最後に憩の家（→ P.185）で汗を流して洋服に着替えるのが定番コース。

初心者向けのスノーケリングポイント

MAP 別冊 P.12-B2

西部

ビーチ

中の浦海水浴場（なかのうらかいすいよくじょう）

浅い場所に大小の岩が点在し、小魚やカニを探すことができる。小さなサンゴが群生しているポイントもあるので、傷つけないように観察しよう。奥まった入江のため波が穏やかで、安心して遊べる。

日陰が少ないのでパラソルやミニテントがあると便利

中の浦海水浴場

Ｐあり

交式根島観光協会から車で５分または徒歩25分

林の中にある階段を通ってビーチへアクセスする

宿から散歩がてら行ける手軽さが魅力

MAP 別冊 P.12-B1

集落内

ビーチ

石白川海水浴場（いしじろがわかいすいよくじょう）

宿泊施設が集まる集落の中心部からいちばん近い海岸。砂浜の沖には岩礁域があり、スノーケリングやフィッシュウオッチングを楽しめる。夕方や夜に風に当たって涼む場所としてもおすすめ。

木々の緑と白砂のコントラストが美しい穏やかな海岸

石白川海水浴場

Ｐあり

交式根島観光協会から車で５分または徒歩24分

波打ち際で足を浸しているだけでも気持ちいい

式根島で夕日を見るなら絶対にココ

MAP 別冊 P.12-B2

西部

ビーチ

大浦海水浴場（おおうらかいすいよくじょう）

砂浜の先にゴツゴツとした岩場が広がる、磯遊びに最適なビーチ。湾が北西に開けているため、サンセットスポットとして島民からも愛されている。水平線に沈む夕日を見られたらラッキー！

潮が引いて岩場が露出したときにカニや貝を探せる

大浦海水浴場

Ｐあり

交式根島観光協会から車で４分または徒歩20分

夕日を眺めに島の家族連れも集まるホッとする場所

ビッグなクジラにまたがってみよう♪

MAP 別冊 P.13-D2

東部

公園

小の口公園（このくちこうえん）

石造りの大きなクジラの像があり、背に乗って記念写真を撮る観光客が多い。晴れた日は海の向こうに新島が浮かび、白ママ断崖（→P.173）の裏側に当たる白い絶壁がくっきりと見える。

真っ青な海の向こうには新島南西部の美しい島影が

小の口公園

Ｐあり

交式根島観光協会から車で５分または徒歩24分

クジラのオブジェのほか、滑り台などの遊具がある

しま通信　式根島にはスノーケリング器材のレンタルを行っている商店もあるが、旅行前に自分に合ったものを購入するとベスト。マスク、スノーケル、フィン以外にも、ライフジャケットやブーツ、グローブがあると安心。

泊神社
住新島村式根島 80-2
TEL 04992-7-0106
営 参拝自由　Pなし
交式根島観光協会から車で 2 分または徒歩 12 分

11 月 8 日に例大祭が行われ、多くの島民が集まる

緑豊かな木々に守られた島の鎮守

MAP 別冊 P.13-C1
北部
神社

泊神社（とまりじんじゃ）

伊豆七島の開祖である事代主命の后神、久爾都比咩命を祀る、島でいちばん大きな神社。1687 年に社殿を造営し、1912 年に現在の場所へ転社。1953 年から泊神社と呼ばれている。

真っ白な鳥居の向こうに境内が続き、拝殿が鎮座

東要寺
住新島村式根島 11-1
TEL 04992-7-0133
営 参拝自由　Pあり
交式根島観光協会から車で 5 分または徒歩 22 分

樹齢 900 年のイヌマキの周囲には厳かな空気が漂う

貴重なナギとイヌマキの木をチェック！

MAP 別冊 P.12-B1
集落内
寺

東要寺（とうようじ）

島で唯一の寺院。東京都の天然記念物に指定された、御神木のナギと樹齢 900 年のイヌマキの木が立つ。ナギの木は伊豆諸島では式根島にのみ自生し、その葉は夫婦円満のお守りになるのだとか。

集落内にあり威風堂々のたたずまい。多くの島民が崇敬する

大王神社
営 参拝自由
Pなし
交式根島観光協会から車で 6 分または徒歩 23 分

島民からは猫神様と呼ばれて親しまれている

猫神様を祀る島の猫が集まる神社

MAP 別冊 P.12-A1
集落内
神社

大王神社（だいおうじんじゃ）

集落から松が下雅湯へ向かう道の途中、急峻な丘を見上げると小さな社がある。かつて島で悪事を働き、武者に退治されたという怪猫の伝説(→P.185)に由来し、猫の神様を祀っている。

神社を包む木々と石段を彩る苔が神秘的な雰囲気

高森灯台
Pあり
交式根島観光協会から車で 4 分または徒歩 17 分

海上安全や大漁を願う観音様が祀られている

島の女性が願いを込めて建立した灯台

MAP 別冊 P.13-D1
北部
景勝地

高森灯台（たかもりとうだい）

漁業の安全を見守る石油ランプ式の灯台。樹木に覆われた 200 段の階段を上がった高台にある。1930 年に当時 70 歳の女性が私財を投げ打ち作り上げたもので、孫や島民が山を切り開いて完成した。

昭和初期に建てられたレトロな雰囲気の灯台

しま通信
高森灯台を建立した女性は宮川タンさん。海の事故に心を痛め、5 年をかけて灯台が完成した際の年齢は 75 歳。それから 88 歳まで毎日火をともし続けたそう。石油を持って石段を上る姿は、多くの人に感銘を与えたとか。

歌碑を読みながら昭和初期の島を思う　MAP 別冊 P.13-D3　南部　記念碑

与謝野晶子記念碑（よさのあきこきねんひ）

1938年に島を訪れた与謝野晶子の歌「波かよう門をもちたる岩ありぬ式根無人の嶋なりしかば」が刻まれている。

記念碑は釜の下海岸を見下ろす高台に立っている

与謝野晶子記念碑
P あり
交 式根島観光協会から車で6分または徒歩28分

1986年に式根島開島100年を記念して建立された

井戸への道がカタツムリの殻のよう!?　MAP 別冊 P.12-A1　集落内　史跡

まいまいず井戸（まいまいずいど）

明治時代に掘られ島民の生活を支えた井戸。1888年から3年の歳月をかけて造られた。水が少ない式根島では命の泉だったそう。

まいまいとはカタツムリのことでらせん状の階段に由来

まいまいず井戸
P なし
交 式根島観光協会から車で5分または徒歩20分

式根島

食べる＆飲む

Eat&Drink

飲食店は少ないので、朝食や夕食は宿泊施設、昼食は商店の軽食も視野に。たたき丸や揚げパンなどB級グルメも。→ P.190

集落内
食事のあとは牛乳煎餅も忘れずに　MAP 別冊 P.12-B1　食堂

サンバレー

集落南部の海岸沿いにある島を代表する飲食店。ラーメン800円やポークカレー900円など、どこかほっとする食堂の味を楽しめる。牛乳せんべい5枚450円は、手軽なおみやげにぴったり。

天井が高く開放的な店内は居心地のよさが抜群！

サンバレー
住 新島村式根島4
TEL 04992-7-0149
営 10:00～14:00（L.O.）
休 水　CC ADJMV　P あり
交 式根島観光協会から車で5分または徒歩20分

ピリ辛で人気のネギトリラーメン950円

集落内
予約者限定で島の食材たっぷりの料理を　MAP 別冊 P.12-B1　イタリア料理

レストラン こころ

島産の食材を中心に使った式根カルパッチョ1450円や岩のりスパゲッティ1400円など、カジュアルなイタリア料理を楽しめる。仕入れがあれば刺身も提供し、ワインと一緒に楽しめる。

料理は彩り豊かでボリューム満点。リピーターも多い

レストラン こころ
住 新島村式根島979
TEL 04992-7-0807
営 18:00～22:00（L.O.）
休 不定休　予 前日までに必要
CC 不可　P あり
交 式根島観光協会から車で5分または徒歩20分

落ち着いた雰囲気の店内。必ず前日までに予約を

しま通信　式根島には川や湧き水がないため、水は貴重な資源。まいまいず井戸を掘ったり、海水を淡水化する装置を使ったりして水を確保していた。1976年には、新島からの海底送水施設が完成し、現在は安定供給されている。

レストラン大師
住新島村式根島 282-2
TEL 04992-7-0002
営 9:30 ～ 17:30（L.O.）※夏季のみ営業　休不定休
CC 不可　Pあり
交式根島観光協会から車で 5 分または徒歩 20 分

テーブル席が多く島のファミリーにも愛用されている

集落内
チャーハン＆ラーメンでガッツリ満腹に　MAP 別冊 P.12-A1
食堂

レストラン大師（れすとらんだいし）

中華や定食などのメニューが充実。島で取れた岩のりや明日葉を使った岩のりチャーハン 800 円が人気で、ラーメンと合わせて豪快に食べる旅行客も。夏季はかき氷も販売。

岩のりとアシタバの風味が口に広がる式根島ならではの一品

呑み食い処 えむじぇい
住新島村式根島 964
TEL 04992-7-5125
営 11:30 ～ 13:30（L.O.）、18:00 ～ 21:00（L.O.20:30）　休木
CCADJMV　Pなし　交式根島観光協会から車で 4 分または徒歩 18 分

2023 年 6 月にオープンしたばかりの新しい店舗

東部
気さくな女将とゆっくり旅の話を♪　MAP 別冊 P.13-D2
食堂・居酒屋

呑み食い処 えむじぇい（のみくいどころ えむじぇい）

昼はまぐろメンチカツ定食 1100 円、夜は焼き鳥盛り合わせなどの居酒屋メニューを味わえる。店名の由来はご主人の正雄さんと女将の純子さんのイニシャルから！

築地から取り寄せるマグロのメンチカツはホクホクでジューシー

式根島

買う

Shopping

集落内の商店や海へ向かう通りにおみやげ店が点在。式根島観光協会でもグッズを販売。式根島 T シャツが密かなブーム。

井上みやげ店
住新島村式根島 15-2
TEL 04992-7-0277
営 8:00 ～ 18:30（夏季～ 21:00）
休不定休　CC 不可　Pなし
交式根島観光協会から車で 5 分または徒歩 20 分

明日葉そば 756 円をおみやげに。自宅で島の味を

集落内
どの式根島 T シャツがお好み？　MAP 別冊 P.12-A1
おみやげ

井上みやげ店（いのうえみやげてん）

式根島と書かれたオリジナル T シャツ 1980 円～は、毎年新作も登場。明日葉を使ったお菓子や海産加工品、焼酎なども揃う。

式根島 T シャツを着て歩けば島民との話も盛り上がる

前岩商店
住新島村式根島 15-1
TEL 04992-7-0351　営 8:30 ～ 19:00　休不定休　CC 不可
Pなし　交式根島観光協会から車で 5 分または徒歩 20 分

リゾートホテルのような真っ白な外観が目印

集落内
島民向けの書店を兼ねたショップ　MAP 別冊 P.12-A1
おみやげ

前岩商店（まえいわしょうてん）

雑誌や本を扱うブックストア。棚にはキーホルダーやマグカップなどのおみやげも並んでいる。夏はアイスクリームも販売。

子供向けのファンシーみやげが充実している

しま通信　式根島の飲食店やおみやげ店は、夏季以外は不定期営業となる場合が多い。夏になると季節営業のカフェや居酒屋、マリンショップなどがオープンし、島全体が活気づく。

泊まる

宿泊施設は島の東側に点在し、飲食店やおみやげ店は徒歩圏内。民宿やゲストハウス、グランピング（→ P.188）などを選べる。

集落内

2022年リニューアルの一軒家宿　MAP 別冊 P.12-B1

ゲストハウス

ぬくもりの宿 亀吉大家

一軒家の部屋をシェア。10畳のダイニングキッチンには2台のコンロや大型冷蔵庫があり、島料理に挑戦することもできる。軽食やガーデンBBQの予約も可。

各部屋のスペースは広くのびのびと過ごすことができる

ぬくもりの宿 亀吉大家
住 新島村式根島 213-1
TEL 04992-7-0520
IN 船到着後～ OUT 9:00
料 素1万円～　CC ADJMV
部 6　P あり
交 式根島観光協会から車で4分または徒歩18分

集落内

名物女将が自慢の料理でおもてなし　MAP 別冊 P.13-C2

民宿

島宿 清水屋

話好きの女将が笑顔で迎えてくれる宿。広いロビーには囲炉裏が備わり、旅人のコミュニケーションスペースに。朝食や夕食に島の食材を使った旬の料理を味わうことができる。

心落ち着く昔ながらの島の民宿といったたたずまい

島宿 清水屋
住 新島村式根島 114-2　TEL 080-2656-5706　IN 11:00 OUT 9:00
料 素6500円～、朝7300円、朝夕1万500円～　CC DJMV
部 11　P あり　交 式根島観光協会から車で3分または徒歩13分

和室と洋室を選べる。レンタサイクルも扱っている

集落内

庭のテラス席で星空を見上げよう　MAP 別冊 P.13-C2

民宿

とうべえ

施設の前には広い庭が広がり、テラスでのんびりとくつろぐことができる。広々とした食堂で味わう季節の料理も楽しみ。商店が近いので、飲み物を買うときなど何かと便利。

部屋は和室タイプが用意されている。600冊のコミックが読み放題

とうべえ
住 新島村式根島 114-1
TEL 04992-7-0435
IN 10:00 OUT 8:00
料 素6000円～、朝夕8500円～
CC 不可　部 8　P あり
交 式根島観光協会から車で3分または徒歩13分

北部

泊海水浴場目当てのゲストから大人気　MAP 別冊 P.13-C2

ホテル

ラ・メール SHIKINE

集落から少し離れた野伏港寄りに立ち、泊海水浴場へのアクセスがよく便利。食事は島の食材を使った和食かイタリアンをチョイスでき、贅沢な気分で島旅を満喫することができる。

優雅に料理を楽しめる式根島のプチホテル

ラ・メール SHIKINE
住 新島村式根島 127-2
TEL 04992-7-0240
IN 13:00 OUT 9:00
料 朝夕1万8500円～
CC ADJMV　部 20　P あり
交 式根島観光協会から徒歩6分

しま通信　式根島の宿泊施設は、島に着発する船の時刻に合わせて送迎を行ってくれることが多い。チェックアウトより船の出港時刻が遅い場合は、荷物を預かってくれるかの確認を。式根島観光協会には300円～で預けられる。

海も山も短い移動で遊び尽くせるコンパクトな島

神津島（こうづしま）

人口　1776 人（2023 年）
面積　18.58㎢
周囲　約 22㎞

MAP 別冊 P.14・15

ウッドデッキから海へ飛び込むことができる赤崎遊歩道

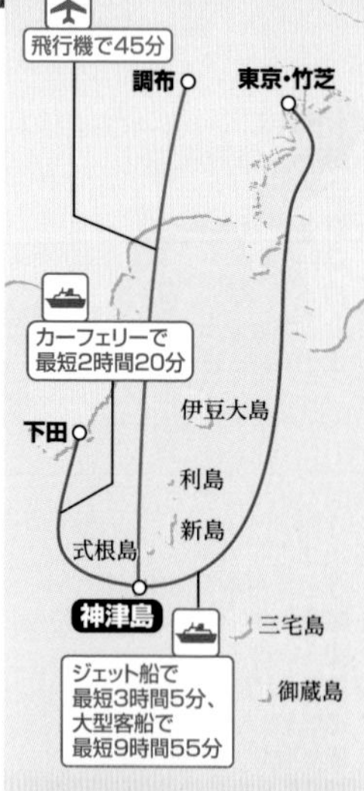

神津島への行き方

竹芝から大型客船とジェット船、熱海からジェット船、下田からフェリー、調布から飛行機が運航。

東京から南へ約 180㎞、伊豆諸島のほぼ中央に位置する神津島。黒潮の影響を受ける温暖な気候で、東京都心に比べて夏は涼しく、冬は暖かいのが特徴。島に点在する海水浴場は日本有数の透明度を誇り、天上山を中心とする山や森には季節の花が咲き乱れる。1 村 1 集落の小さな島として知られ、神津島港から徒歩数分ほどの地域に、民家や宿泊施設が集中。主要な海水浴場や山へは車で 5 ～ 15 分で行けるので、短い旅程でもたくさんの見どころを回ることができる。東京都で初めて星空保護区に認定された島でもあり、集落から少し歩けば天の川や季節の星座がはっきりと見え幻想的。古くから漁業が盛んで、キンメダイの煮付けや旬の刺身が絶品だ。明日葉やパッションフルーツなど、伊豆諸島らしい食材も味わえる。

天上山は標高 572m でなだらかなため初心者でも登頂できる

しま通信 神津島は宿泊施設の数が限られているので予約は早めに。昼食や夕食を島の飲食店で楽しみたい場合も予約が安心。不便に思えるが、見方を変えれば繁忙期でも混雑を感じずにのんびりと過ごせる島なのだ！

神津島の歩き方

神津島港から徒歩圏内の集落に滞在

旅の拠点は、神津島港から歩いて4～5分の集落。坂道が続く4㎢ほどのエリアに宿泊施設や飲食店、おみやげ店、商店などが集中しているため、集落内の移動であれば徒歩で十分。海を見下ろしながらのんびり散策し、ランチやおみやげ探しを楽しもう。午後になると涼やかな海風が吹き始め、夕方には神津島港や前浜海水浴場周辺から、空を赤く染めながら沈みゆく太陽を眺めることができる。日没時間をチェックして、夕食の前後に観賞したい。夜は前浜海水浴場や集落内のよたね広場から見上げる星空が美しい。

神津島港と集落をつなぐ坂。集落内には島民向けの商店も

村営バスのほか、レンタカーを活用！

神津島港から主要な観光スポットへは村営バスが運行している。初心者でも挑戦できる天上山の登山道入口や、天然の湾にウッドデッキが整備された赤崎遊歩道、海を眼前に天然温泉をたたえる神津島温泉保養センターなど、人気のエリアへ数分でアクセスできる。自由に動き回るならレンタカーが便利だが、台数が少ないので早めの予約をしておきたい。レンタバイクやレンタサイクルは充実していて、繁忙期以外は当日でも借りられることが多い。

村営バスは神津島港の待合施設であるまっちゃーれセンターの前から発着

神津島観光協会

まっちゃーれセンター内に窓口を設ける観光協会。施設の1階には和室タイプの休憩所、2階には島の自然について展示する神津島ミニビジターセンターがある。手荷物預かりは600円～。

MAP 別冊 P.15-C2
住 神津島村37-2 神津島港旅客船待合所（まっちゃーれセンター）1F
TEL 04992-8-0321
営 8:30 ～ 17:30
休 なし
P あり
URL kozushima.com

神津島港の待合所内にあるので旅の情報集めに最適

島トーク　荒天時の航路は多幸湾発着も

大型客船やジェット船は、通常は島の西側の神津島港に発着。しかし波が高い日には、東側の多幸湾三浦漁港に発着することもある。多幸湾まで送迎してくれる宿もあるが、場合によっては村営バスを利用する。多幸湾～神津島港はバスで10分。大人200円、子供100円。港までの送迎の有無は宿泊施設によって異なるので確認を。帰りの船が神津島港と多幸湾三浦漁港のどちらから出発するかは、当日の朝に島内放送で告知される。

伝言板

神津島が認定された星空保護区とは？

星空保護区とは、2001年から国際ダークスカイ協会によって始まった、暗く美しい夜空を保護するための取り組み。単に星がきれいに見える場所というわけではなく、夜空に光が漏れない工夫が施された屋外照明を使用するなど、光害への対策を行うことなどが認定の条件になっている。神津島が東京都で初めて星空保護区に認定されたのは2020年。雲のない日は集落内からも星を眺められるほか、観光協会などを通じてスターウオッチングツアーに参加することができる。

集落や海岸の周辺で満天の星に出合える

しま通信　星空観賞におすすめの場所は、集落内のよたね広場をはじめ、赤崎遊歩道、ありま展望台、三浦湾展望台など。いずれも見通しがよくスペースが広いため、スターウオッチングツアーにも利用されている。

鮮やかな風景とのどかな集落が旅行者を魅了

神津島エリアガイド

神津島港から徒歩圏内に広がる集落に、宿泊施設や飲食店、商店が集中している。赤崎遊歩道や天上山の入口など人気スポットは村営バスでアクセスできる。

神津島シーズンガイド

●旅行のベストシーズンは？

寒暖差の少ない島で、4月頃から気温が上昇。5～9月は薄着で過ごせる日が多い。朝夕は海風が吹いて涼しいことも。

●海で泳げるのは何月頃？

海水浴に適しているのは7月上旬～9月下旬。8月を中心に前浜海水浴場や赤崎遊歩道、多幸湾海水浴場などにライフガードが常駐する。

●冬の旅行の楽しみは？

冬でも10℃前後の日が多く、天上山トレッキングは一年を通して楽しめる。寒い季節の星空観賞も幻想的。魚介がおいしい季節でもある。

神津島で絶対にしたいこと BEST 3

1. 赤崎遊歩道で青い海にうっとり

赤崎遊歩道のウッドデッキは、散策するだけでも楽しい。岸壁頂上の展望スペースからは太平洋を一望できる。→P.204

2. 島の各所から星空観賞

東京都で初めて星空保護区に認定された神津島。晴れた夜は、集落内のよたね広場からも天の川が見られる。→P.216

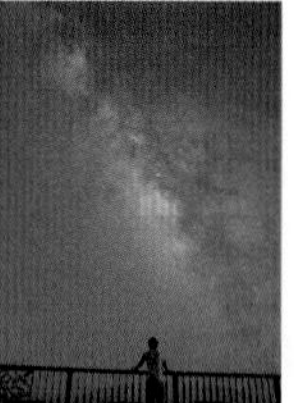

3. キンメダイ料理に舌鼓♪

神津島近海は古くからのキンメダイの好漁場。よっちゃーれセンター2F食堂の煮付定食が人気。→P.218

★レストランで食事もとれる

神津島温泉保養センター →P.217

海の目の前に立つ温泉施設。夏季は自然の岩場を利用した大露天風呂が開放され、水着着用で入浴できる。

★白砂が敷かれた境内が美しい

物忌奈命神社 →P.207

集落の北側にある高台に立つ神社。神津島の開祖と伝わる物忌奈命を祀っている。例年8月2日に例大祭を開催。

海を見下ろす丘の上の集落

神津島中心部

神津島港から続く坂の周辺に、民家や宿泊施設が並ぶ。集落内は徒歩で回れるが小道や坂道が入り組んでいるので時間には余裕をもって。神津島港から主要な観光スポットまでは村営バスで行ける。

★デッキから飛び込みも OK！

赤崎遊歩道 → P.204

海に張り出す岸壁に設置された木製の遊歩道。波がない日は湾のなかが穏やかなので、初心者でもスノーケリングを楽しめる。

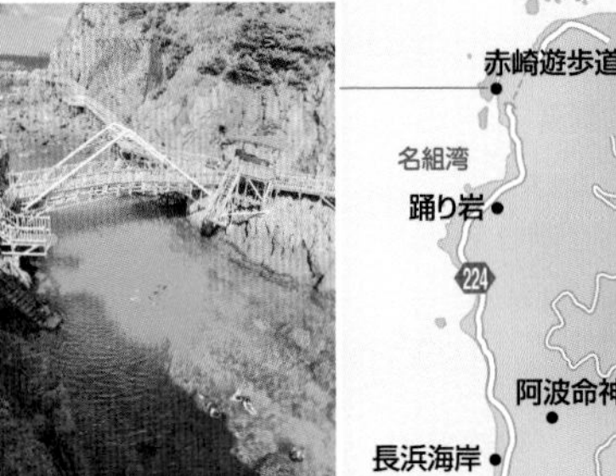

★池に砂漠に見どころたっぷり

天上山 → P.44、214

神津島を象徴する山。標高 572m の低山で、山頂付近には白砂の幻想的な光景が広がる。頂上までルートが整備されており登りやすい。

赤崎遊歩道
神戸山
名組湾
踊り岩
224
阿波命神社
宮塚山
長浜海岸
神津島温泉保養センター
沢尻湾
沢尻
天上山
黒島展望台
神津島港
物忌奈命神社
神津島観光協会
前浜海岸
宇高処山
多幸湧水
多幸湾三浦漁港
多幸湾・丸島
ありま展望台
秩父山
三浦
三浦湾
三浦湾展望台
神津島灯台
千両池
神津島空港
N
0
1km

★ファミリー向けの静かな湾

多幸湾・丸島 → P.215

護岸された湾のなかに丸島と呼ばれる小さな島が。水深が浅く穏やかなのでのんびり海水浴を楽しめる。

★島南部から神津島港を見渡す

ありま展望台 → P.216

前浜海岸や集落を一望できるビュースポット。島流しにされた、おたあジュリアの十字架が立つ。

★夕日スポットとしても人気

前浜海岸 → P.215

神津島港から南へ続くホワイトサンドビーチ。集落から歩いてすぐなので、散歩がてらの休憩スポットとしてもおすすめ。

徒歩&バスで神津島を満喫！ 2泊3日モデルプラン

神津島を往復する船は着発ともに正午前後なので、2泊3日以上のツアーを組むのが一般的。集落内の移動は徒歩で十分。おもな観光スポットを村営バスが結んでいるので上手に利用したい。

※前日夜発の大型客船での1泊は含めていません

1日目 人気海水浴場と温泉で極上の時

！ 夕食の予約は大丈夫？
神津島は飲食店が少ない。夜に外食するなら、旅行前から予約をしておくのが基本。どの店も満席の場合は、商店で弁当などを購入しよう。

！ 往路は大型客船がお得!?
大型客船は前夜発で移動時間は長いものの、到着は午前中。ジェット船は当日の朝発で正午前後着。神津島1日目をより長く遊べるのは大型客船。

10:00
大型客船で神津島港に到着
東京・竹芝桟橋を前日の夜に出航。海況によって多幸湾三浦漁港着となる。→P.82

↓ 徒歩3分

10:30
キンメダイサンドの朝ごはん
神津島港前の「よっちゃーれセンター 1F　海産物販売所」では、弁当も販売。朝食やおやつ用にゲット。→P.219

キンメダイのフライを挟んだ贅沢サンド

更衣室やシャワーが完備されている

↓ バス15分

11:15
バスで海上トレイルへ
木製デッキに囲まれた赤崎遊歩道は人気No.1スポット。神津島港からバスで15分。→P.204

11:30
青い入江へダイブ！
赤崎遊歩道にはジャンプ台が設置されており、約3mの高さから飛び込める。→P.204

必ずライフジャケットを着用しよう

12:00
小腹がすいたら売店へ
赤崎遊歩道入口の売店は夏季のみ営業。パンやカレーなどの軽食が買える。→P.204

海を眺めながら食べるのがいい♪

13:00
午後はまったり磯遊び
赤崎遊歩道の湾の奥に磯があり、貝やカニ、小魚などの生物を観察できる。→P.204

干潮時に現れるタイドプールで小さなナマコを発見！

↓ バス10分

14:30
温泉で汗を流そう
帰りは赤崎遊歩道からバスで10分の「神津島温泉保養センター」に寄り道。→P.217

夏は海水浴客でにぎやか

↓ バス5分

16:30
前浜海岸で夕涼み
集落から歩いてすぐの前浜海岸は、絶好の夕日スポット。→P.215

水配り像が茜色に染まる

季節によっては水平線に日が沈む

↓ 徒歩2分

18:00
珍味も揃う繁盛居酒屋へ
「居酒屋たつみ（ちょーちん）」は、島の常連客も多いにぎやかな店。→P.212

ウツボのから揚げをぜひ

2日目 大自然を満喫する山歩きと星空観賞

！ レンタバイク店が充実
神津島は多くのスポットを村営バスで回れるが、便数は限られている。集落内は狭い路地が入り組んでいるので、レンタバイクの利用が便利。

9:30
バスで天上山の入口へ
神津島港から白島登山口までバスで20分前後。白島登山道から天上山頂上まで、片道1時間30分程度。→P.44

↓ 徒歩1時間

白島登山口から頂上までを往復

山頂碑の上に龍神像が鎮座する

厳かな空気が漂う聖地

10:30

神々の聖地を眺めながら休憩
不入が沢は、伊豆諸島の神々が水を分ける相談をしたと伝わる神聖な場所。→P.45

↓🚶15分

11:00

天上山の最高地点に！
天上山の頂上は神津島最高峰の標高 572m にあり、海までぐるりと見渡せる。復路は白島登山道入口から神津島港まで徒歩 40 分。→P.45

カンムリウミスズメの剥製

島で取れた黒曜石に触れられる

↓🚶1時間30分

14:00

黒曜石の秘密に迫る
島の自然や歴史に関する展示が充実した「神津島郷土資料館」でお勉強♪ →P.211

↓🚶6分

15:30

集落をぶらり散策
神津島の集落はひとつのみ。徒歩圏内に濤響寺（とうこうじ）など、寺社や史跡が点在する。→P.208

島民の多くが親しむ菩提寺、濤響寺

↓🚶8分

17:30

海鮮自慢の食事処へ
漁業が盛んな神津島。水産会社直営の「山長」で取れたての魚介を味わう。→P.213

豪華な刺身盛りは必食

↓🚶16分

19:30

集落の高台で星空ウオッチ
夜空に光が漏れない街灯を使用している神津島。集落内のよたね広場からでも満天の星を楽しめる。→P.216

夜空に輝く天の川も見られる

3日目 おみやげも定食もキンメ尽くし！

復路はジェット船がお得!?

ジェット船は 12:45 に神津島を出発し 16:20 に竹芝桟橋着。大型客船は 10:30 に神津島を出発、19:00 に竹芝桟橋に到着する。最終日も観光を楽しめるのはジェット船。

9:00

ギョサン購入はマスト
前浜海岸近くのおみやげ店は朝から営業。「丸島土産店」には子供サイズのギョサンも揃う。→P.219

かわいい装飾付きのギョサンも

↓🚶2分

10:00

キンメダイの干物をクール便で
「よっちゃーれセンター 1F 海産物販売所」は、おみやげにぴったりな干物や煮付けの冷凍パックが充実。→P.219

全国にファンをもつ丸金商店の塩辛

キンメダイを 1 匹まるごと食べられる

↓🚶すぐ

11:00

開店すぐにキンメ定食！
「よっちゃーれセンター 2F 食堂」は、キンメダイの煮付け定食が大人気。1 日の数量に限りがあるので早めに。→P.218

↓🚶1分

12:00

港でのんびり船を待つ
神津島港船客待合所（まっちゃーれセンター）には、畳が敷かれた待合室も。→P.199

神津島観光協会はおみやげも販売している

船内はシート席のみ。全席指定

↓🚶1分

12:45

神津島からジェット船で東京へ
午後発のジェット船は、夕方には竹芝に到着する。→P.82

↓🚢3時間35分

16:20

東京・竹芝桟橋に到着

大興奮の海上アスレチック
魅惑の赤崎遊歩道にズームイン！

神津島を代表する人気海水浴場、赤崎遊歩道。
SNS でも話題の海水浴場の魅力や遊び方を徹底分析！

大人も子供も大はしゃぎ確実の ビューティフル＆エキサイティングな海

集落から北部へバスで15分ほど、岩礁に囲まれた湾におよそ500mのウッドデッキをめぐらせた赤崎遊歩道。飛び込みができるジャンプ台が目玉で、海水浴シーズンは多くの歓声に包まれる。遊歩道内には展望台や休憩所が設置されているので、散策スポットとしても魅力的。海中はダイビングスポットになるほど魚影が濃く、50㎝クラスのハマフエフキが現れることも。シャワーと更衣室を備えたトイレがあり、夏季は売店で軽食を販売。1日たっぷりと遊べる。

MAP 別冊 P.14-A1 住 神津島村神戸山1 交 神津島観光協会から車で11分または 🚌 赤崎遊歩道からすぐ P あり

光の角度によって海のブルーが変化する

❶湾をぐるりと囲む木製の遊歩道

赤崎遊歩道バス停からすぐに入口があり、約500mのデッキが湾を囲む。対岸の遊歩道の終点にあるのが③の展望台。

フレンドリーなイスズミがコンニチハ

❷海中をのぞけば魚のパラダイス♪

透明度抜群の海には多様な魚が行き交う。湾には大きな波が入らず穏やかなことが多いが、ライフジャケットは着用しておこう。

展望台からの飛び込みは禁止

❸岸壁の頂上から湾を見下ろす展望台

柵に囲まれた展望スペース。湾全体はもちろん、神津島の西海岸まで見渡すことができる。おすすめフォトスポット。

元気と勇気があれば子供も挑戦できる

❺ジャンプ台の高さは約3m！

水面から見上げた飛び込み台。足を揃えるのがポイント。海が浅くなる干潮時は水底に足がつきけがをする危険もあるので注意。

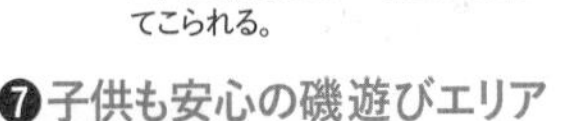

ここからジャンプするのも楽しい

❹水面に近いエントリー台

海に入ったり、出たりするスペース。遊泳後はラダーを上って戻ってこられる。

何かあったときに頼りになる存在

❻夏はライフガードの見守りが

海水浴シーズンはライフガードの監視付き。風が強く波が大きいときは、遊泳エリアの制限があるので必ず守って。

❼子供も安心の磯遊びエリア

マリンシューズやグローブでけがを予防

湾の奥には岩場が広がる。タイドプールには貝やヒトデ、小魚がたくさん。満潮時は海水に覆われるので干満の時間を確認したい。

海風が通るため夏でも涼しい

❽紫外線や熱中症を防ぐ休憩所

屋根付きの休憩スペースは夏場も快適。集落の商店や入口の売店で購入した軽食を持ち込んでくつろげる。紫外線対策は万全に。

❾太平洋を一望する見晴らし台

遊歩道は湾の向こう側まで続き、奥には展望デッキがある。新島をはじめ、伊豆半島や富士山まで眺めることができる。

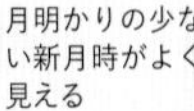

遊歩道全体を散策してみよう

赤崎遊歩道は星空もスゴイ☆

集落から離れた赤崎遊歩道は、星空観賞スポットとしても人気。晴れた日の夜は季節の星座や天の川を見ることができる。遊歩道内は真っ暗になるので、ハンディライトは必携。

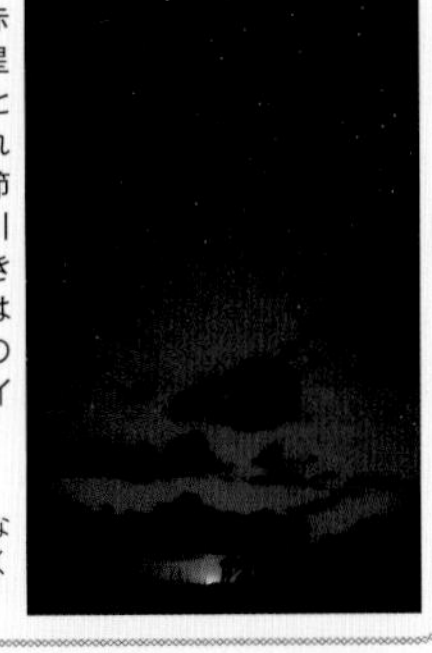

月明かりの少ない新月時がよく見える

しま通信 赤崎遊歩道の入口から一般道をさらに北へ進むと、赤崎トンネルの先に「みずがしりの泉」と呼ばれる湧水スポットがある。残念ながら飲むことはできないが、冷たい天然水で顔を洗えば暑さも吹っ飛ぶ！

スタンプラリーをして歩ける

神津島のパワースポットガイド

▲天上山

神津島港

神の集まる島として“神”の字を島名に冠する神津島。
島内には歴史ある神社など、神秘的なパワーがみなぎる場所が点在する。
ユニークなスタンプを押しながらめぐってみよう。

10種のオリジナル印を集めて手拭いをコンプリート！

伊豆諸島のなかで「神々が集いし伝説の島」と語られる神津島。漁業の神様を祀る神社や、複数の観音像が並ぶ堂など、神聖な場所が点在。神津島観光協会で神津百観音手拭い（1320円）を購入すれば、スタンプラリーを楽しみつつ巡礼できる。図柄は全10種類。2ヵ所で押せるものもあるので、行きやすい場所でゲットしよう。

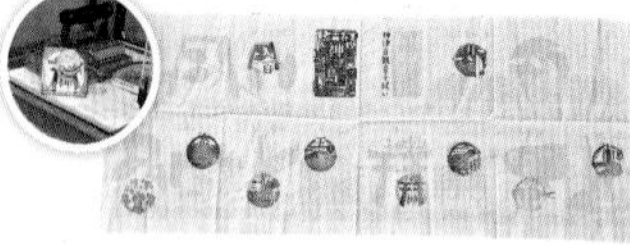

神社や建物の入口などにスタンプが設置してある。全部集めれば願いがかなうかも？

スタンプ制覇モデルプラン

- 8:30 観光協会で手拭い購入 START!
- 🚶1分
- 8:35 ⑩ビジターセンターで【椿】印
  ※神津島港からバス利用
- 🚶1分＋🚌20分
- 9:25 ⑪多幸湾客船待合所で【湧】印
  ※停車時間が短いので注意
  バスで神津島港に戻る
- 🚌10分＋🚶6分
- 9:50 ⑬物忌奈命神社で【神】印
- 🚶30分
- 10:50 ❶庵屋堂で【百】印
- 🚶30分
- 11:40 ❽黒潮商会で【像】印
- 🚶1分
- 12:00 ⑮丸島土産店で【金目】印
- 🚶3分
- 12:30 ❷上のあいらなで【月】印
  ※ランチタイム
- 🚶6分
- 13:20 ❺中豊商店で【天】印
- 🚶1分
- 13:35 ❻松村商店で【遊】印
  ※神津島港に戻りバス利用
- 🚶12分＋🚌5分
- 14:05 ❼温泉保養センターで【泉】印 GOAL!
  ※温泉や食事を楽しめる
  戻りのバス時刻を確認

スタンプの図柄と設置場所はこちら！

【百】印 全国の百観音が移された祠の名
❶庵屋堂→P.207

【月】印 二十三夜に月を待つための塔
❷上のあいらな×'AILANA→P.219 ❸秩父堂→P.207

【天】印 天上山の脇に不動池のアイコン
❹黒島登山口→P.44 ❺中豊商店→P.209

【遊】印 赤崎遊歩道の巨大なデッキ
❻松村商店→P.220

【泉】印 神津島温泉保養センターの露天風呂
❼神津島温泉保養センター→P.217

【像】印 前浜海岸に立つ水配りの像
❽黒潮商会→P.200 ❾みんなの別荘ファミリア→P.221

【椿】印 和服姿で名産の椿をつむ女性
⑩神津島ミニビジターセンター→P.207

【湧】印 水汲み場の多幸湧水
⑪多幸湾三浦漁船港船客待合所 MAP 別冊P.14-B3

【神】印 阿波命神社と物忌奈命神社の鳥居
⑫阿波命神社→P.207 ⑬物忌奈命神社→P.207

【金目】印 神津島の近海で釣られるキンメダイ
⑭よっちゃーれセンター1F→P.219 ⑮丸島土産店→P.219

神津島に伝わる水配りの神話

伊豆諸島を創生したとされる事代主命は、各島の神々を伊豆諸島の中心である神津島に集め、天上山で水の分配について会議したそう。翌朝に先着順で分けることとなり、最初に到着した御蔵島の神様にたくさんの水をやり、2番目に新島、3番目に八丈島、4番目に三宅島、5番目に大島と分けると、寝坊した利島の神様への水はほとんど残っていなかった。利島の神様は怒り、わずかな水に飛び込み暴れだす。この水が四方へ飛び散ったことで、神津島は各所で水が湧き出るようになったという。

集落からすぐの前浜海岸に立つ水配りの像

醍醐天皇の命によって、平安時代中期に編纂された延喜式。その神名帳において、神津島の阿波命神社と物忌奈命神社は、格式の高い名神大社として記されている。東京都の名神大社はこの2社のみ。

＼ あなたの声をお聞かせください！／

毎月合計３名様
読者プレゼント

1．地球の歩き方オリジナル御朱印帳

2．地球の歩き方オリジナルクオカード（500円）

いずれかおひとつお選びください 。

★応募方法

下記URLまたは2次元コードにアクセスして
アンケートにお答えください。

URL https://arukikata.jp/txkhyp

★応募の締め切り

2026年3月31日

Gakken

12 拝殿の前に広がる白砂が美しい

あわのみことじんじゃ
阿波命神社

伊豆諸島を創造した事代主命（ことしろぬしのみこと）の正后であり、神津島の開祖と伝わる阿波咩命（あわのめのみこと）を祀る。長浜様と親しまれ、豊漁や家内安全の祈願が行われる。石に砂を載せて石の花を作り、鳥居の下に供える風習が残る。

上／巨木に守られた神秘的な拝殿
右／鳥居の柱を囲むように石の花が供えられている

MAP 別冊 P.14-A1 住 神津島村長浜 1-2 営 参拝自由
P あり 交 神津島観光協会から車で 8 分＋徒歩 10 分

13 明神さまと親しまれる神津島の鎮守

ものいみなのみことじんじゃ
物忌奈命神社

神津島港からすぐの海沿いからふたつの鳥居をくぐり抜けると、両脇を神像が守る随神門が現れる。白砂が敷かれた境内は広く、重厚な拝殿が鎮座する。漁業の神様と信仰され、毎年 8 月 2 日にはかつお釣りと呼ばれる神事が奉納される。

上／拝殿に葺かれた朱色の瓦が美しい　右／右大神と左大神を配した随身門

MAP 別冊 P.15-D1 住 神津島村 41 営 参拝自由
P あり 交 神津島観光協会から徒歩 5 分

1 山道を抜けた先に 33 基の観音像が

あんやどう
庵屋堂

観音像がコの字型に並んでいる

神津島港から徒歩 15 分ほどの場所に入口があり、さらに木々に覆われた林道を 20 分ほど進んだ場所。坂東三十三観音を模した霊場で、縁結びや旅行運の観音様が祀られている。

MAP 別冊 P.15-D1 営 参拝自由 P なし
交 神津島観光協会から徒歩 35 分

3 山頂からの見晴らしも楽しめる

ちちぶどう
秩父堂

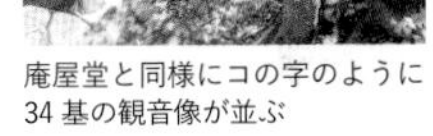

庵屋堂と同様にコの字のように 34 基の観音像が並ぶ

秩父山入口から山道を 40 分ほど歩いた山頂付近に、観音像が並ぶ。途中には海や集落を見下ろす場所も。秩父三十四観音を模した霊場で、金運や音楽の観音様が祀られている。

MAP 別冊 P.14-B3 営 参拝自由 P なし
交 神津島観光協会から車で 7 分＋徒歩 40 分

10 星空の写真にパワーがもらえる？

こうづしまみにびじたーせんたー
神津島ミニビジターセンター

神津島観光協会が入るまっちゃーれセンター 2 階の無料展示スペース。パワースポットではないが、神津島の風景や生物が美しい写真とともに紹介されている。

旅の情報集めにもぴったりの空間

MAP 別冊 P.15-C2 住 神津島村 37-2 営 8:30 ～ 17:30 料 無料 P なし 交 神津島観光協会と同じ施設内

神津島の神事、かつお釣りとは

物忌奈命神社で毎年 8 月 2 日の例大祭に奉納される、かつお釣り。鰹節が特産品だった江戸時代後期に、無事にカツオを釣って帰港できたことに感謝する神事として始まった。観衆をカツオに見立ててエサのように菓子をまき、大漁かつ高額で落札されるまでの寸劇が披露される。

島の若い漁師が行う

しま通信　関東の坂東三十三観音霊場と、近畿の西国三十三観音霊場、埼玉の秩父三十四観音霊場があり、すべて合わせた 100 観音を参拝すると願いがかなうとされる。庵屋堂と秩父堂はこれらを模したもので、落石で閉堂中の観音堂を合わせて 100 観音となる。

歴史と文化を学べて特産品も買える！

神津島集落ぶらぶら遊歩

神津島の集落は、神津島港から徒歩数分の場所にひとつだけ。歩いて移動できるエリアに宿泊施設や飲食店、商店が集まる。散策を楽しみながら集落を一周してみよう。

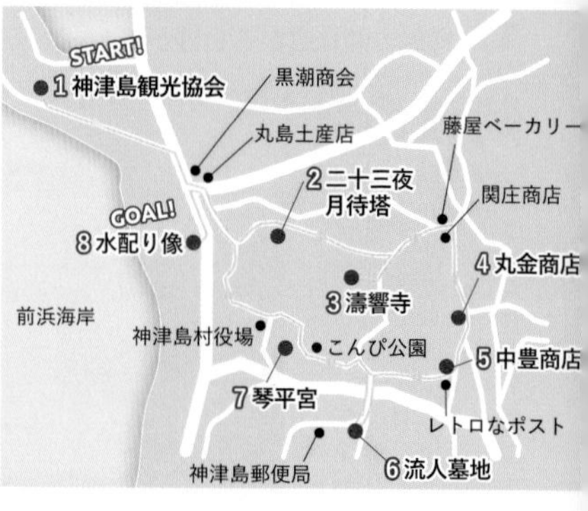

1時間程度で回れる範囲に見どころがギュッと凝縮！

神津島観光協会から海を背に、300m ほどの場所に開ける集落。どこか懐かしい路地を進むと寺社や史跡が点在している。途中には島民も利用する商店や飲食店があるので、島ならではのおみやげや食べ物を探して歩くのも楽しい。海を見下ろす坂道や苔に覆われた石壁など、心を和ませてくれる風景もたくさん。レンタカーやレンタサイクルを乗り入れることもできるが、道幅が狭く急な坂道も多いので徒歩で回るのがいいだろう。

散策START!

左／おみやげも販売　上／施設内にはざこ寝ができる休憩所も

1 島情報を集めて散策開始！

神津島観光協会

神津島港船客待合所（まっちゃーれセンター）内にある観光案内所。各種パンフレットが並び、窓口のスタッフから情報収集ができる。

→ P.199

5分

2 欠けた月を表す石碑が印象的

二十三夜月待塔（にじゅうさんやつきまちとう）

旧暦1月23日の夜更けに昇るのが、二十三夜の下弦の月。その月を待ちながら過ごす信仰が島に残る。秩父山山頂と神津島開発総合センター近くにも同様の塔がある。

MAP 別冊 P.15-D2　営 参拝自由　P なし
交 神津島観光協会から徒歩5分

道路から階段を上ってすぐの場所

3分

5分

3 四季折々の草木に彩られる花寺

濤響寺（とうこうじ）

島民のほとんどが菩提寺として親しむ、神津島で唯一の寺。境内に敷かれた白砂が美しい。緑が豊かで色とりどりの花を楽しめる。

上／頭貫には見事な彫刻が施されている　下／島民が手入れをしている地蔵尊

MAP 別冊 P.15-D2　住 神津島村 899　営 参拝自由
P なし　交 神津島観光協会から徒歩8分

路地の片隅に祀られた猿田彦大神

病魔や病鬼を祓う神として信仰されている、猿田彦大神。おもに集落内の三差路に祀られていて、神津島に 26 基あるそう。旧暦の1月23～26日には、島の神主が海から神を迎え入れて島内の猿田彦大神を拝礼する、二十五日様と呼ばれる神事が行われる。

島の暮らしに溶け込む猿田彦大神

神津島郵便局で郵便を出す際にリクエストすると、オリジナルの風景印を捺印してもらえる。モチーフは、事代主命が伊豆諸島の神々へ水を分け与える水配りの神話。天上山をバックに、5～6月に見頃を迎えるツツジがあしらわれている。

左／瓶詰めまでほぼ手作業で行われる
右／塩辛は島の商店やおみやげ店でも購入できる

4 辛さを選べる塩辛が全国的に大人気

丸金商店（まるきんしょうてん）

全国の塩辛ファンに愛される神津島名物。自家栽培の島唐辛子と合わせた甘口・中辛・辛口（各1000円）、激辛（1100円）、超激辛（1200円）ほか、沖漬け（1200円）を販売。→ P.63

MAP 別冊 P.15-D2 住 神津島村 872 TEL 04992-8-0048 営 8:00 ～ 17:00 休 不定休 CC 不可 P なし 交 神津島観光協会から徒歩 10 分

3分

5 手作りの和菓子を散歩のお供に

中豊商店（なかとよしょうてん）

6面をじっくりと焼いた六方焼（150円）が散策のお供にぴったり。黒糖まんじゅう（150円）などその日のおすすめをチェック。

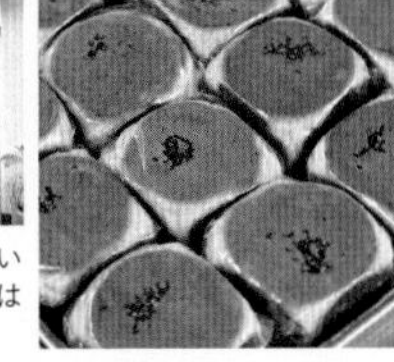

上／パンや食品も並んでいる　右／手作りあんこはしっかりとした甘味

MAP 別冊 P.15-D2 住 神津島村 986-2 TEL 04992-8-0102 営 6:30 ～ 20:30 休 第1・3水 CC 不可 P なし 交 神津島観光協会から徒歩 12 分

3分

6 おたあジュリアらが眠る墓所

流人墓地（るにんぼち）

路地から一段高くなった場所に白砂が敷かれている。神津島に流された流刑者について詳しい資料は残されていないが、おたあジュリアのものとされる墓が。

右上／現在も島民が花をたむけている　右／朝鮮様式の二重塔がおたあジュリアの墓と伝わる

MAP 別冊 P.15-D2 休 参拝自由 P なし 交 神津島観光協会から徒歩 10 分

3分

7 こんぴらさまと親しまれる漁業の神

琴平宮（こんぴらぐう）

島の漁師から深く信仰される宮。海の安全と豊漁が祈願される。境内を抜けると、高台から海を見渡せる場所もある。

拝殿には天狗の面が掲げられている

MAP 別冊 P.15-D2 営 参拝自由 P なし 交 神津島観光協会から徒歩 8 分

4分

8 伊豆七島の神様が集結 GOAL!

前浜海岸（水配り像）（まえはまかいがん（みずくばりぞう））

集落前の海岸。神津島で伊豆諸島の神々が水の配分を会議したという、水配りの神話をモチーフとした像が立つ。サンセットスポットとしても人気。

→ P.215

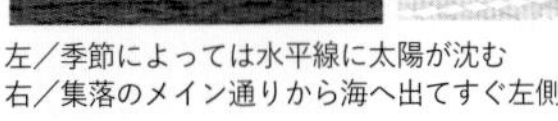

左／季節によっては水平線に太陽が沈む
右／集落のメイン通りから海へ出てすぐ左側

神津島に流刑となったおもな人物

◆ おたあジュリア

朝鮮半島出身の女性。1592～1598年の文禄・慶長の役で日本に連行され、小西行長から洗礼を受ける。徳川家康に寵愛されるが、禁制となったキリスト教を捨てず、大島と新島を経て1612年に神津島に。

◆ 日照大徳（にっしょうだいとく）

不受不施派の僧侶。邪宗門とされ1769年に三宅島へ。後に神津島へ島替えとなり、島の子供たちに読み書きを教えたと伝わる。

しま通信　神津島の神事として、旧暦の1月23～26日（新暦の3月頃）に行われる二十五日様。24～25日は神主が神を島に招き入れることから、島民は海や畑の仕事をせずに家にこもって過ごすという風習が伝わっている。商店や飲食店が休業や早仕舞いとなることもある。

神津島東部の砂糠崎。岬先端の黒い帯状の部分が黒曜石の層

旧石器時代のハイテク素材!?

黒曜石が語る古代日本人のロマン

神津島郷土資料館に展示されている巨大な黒曜石。触れることができる

黒色を放つガラス質で形成され、鋭利に加工できる黒曜石。
日本各所で採掘でき、太古には刃物の原料として重んじられた。
神津島の黒曜石についてひも解けば、日本人のルーツや流通技術が見えてくる！

人類史において注目される3万8000年前の神津島

黒曜石は、ガラス成分を多く含んだマグマが、空気や海水に触れることで急速に冷やされて生まれる火山岩。日本では北海道や長野、九州、箱根などでも採掘できるが、神津島産の黒曜石は極めて硬度が高く、その埋蔵量は日本一といわれている。

断面が露出した黒曜石。ガラス質で光沢がある

黒曜石を加工した鏃（やじり）の複製品。縄文時代は狩の必需品だった

黒曜石を割ると縁が薄く鋭利になるため、縄文時代頃から鏃（やじり）やナイフの材料として重宝された。神津島産の黒曜石は静岡や神奈川、能登半島、紀伊半島などの遺跡からも発見されており、最も古いものでは3万8000年前のものになる。日本列島にホモ・サピエンスが到達したのも同じ頃とされるので、私たちの先祖は日本に定住したときにはすでに、本州と神津島を行き来する高い航海技術をもっていたと考えられるのだ。

神津島の各所で採掘できる黒曜石。なかでも良質なのが、島の南西に浮かぶ恩馳島産のもの。不純物が少ないため壊れにくく刃物にするには最適なのだ。神津島郷土資料館では、黒曜石についてのさまざまな資料を展示している。知識を深めたい人はぜひ足を運んでほしい。

しま通信 神津島は、島全体が黒曜石を含む流紋岩質の火山岩からなり、地質は新島や式根島と似ている。しかし、同じ伊豆諸島でも伊豆大島や三宅島、八丈島は玄武岩・安山岩が主となるため、同じ火山岩ではあるが地質が異なる。→ P.392

黒曜石をもっと知りたい！

おすすめスポット＆体験はこちら

見る　多幸湾をまたいで眺める

砂糠崎（さぬかざき）

多幸湾を見下ろす道路の途中に展望スポットがある

第2の港として波浪時などに使用される多幸湾三浦漁港。その奥に広がる砂糠崎の先端部分に、黒曜石の層が露出している（左ページの上部の写真も同じ）。新島を行き来する船上からもよく見える。

MAP 別冊 P.15-C2　交 神津島観光協会から車で10分　P 多幸湾三浦漁港にあり

見る　前浜海岸の南西に浮かぶ

恩馳島（おんばせじま）

島には社が祀られ神事が行われる

集落の目の前に広がる前浜海岸から見渡せる無人島。ふたつの大きな岩礁と多数の小岩からなる。質のよい黒曜石が取れることで知られ、今でも島の工芸作家らが水中などから原石を採取している。

MAP 別冊 P.14-A3　交 公共交通機関はなし

知る　神津島の歴史や文化を学べる

神津島郷土資料館（こうづしまきょうどしりょうかん）

神津島に暮らす生物や神話に関するものなど、さまざまな資料を保存。なかでも島の成り立ちや黒曜石についての展示に多くのスペースを割いている。親切なスタッフが迎えてくれるので、なんでも聞いてみよう。

神津島の動植物について紹介されている

実際に触れることができる巨大な黒曜石

MAP 別冊 P.15-D2　住 神津島村118　TEL 04992-8-0947　営 9:00～16:00　休 9～6月の月（祝日の場合は翌日）　料 300円（小・中学生100円）　CC 不可　P あり　交 神津島観光協会から徒歩8分

買う　一点モノの黒曜石のアクセサリーが並ぶ

石蔵（いしくら）

向かいの松村商店が営むギャラリー兼雑貨店。黒曜石のネックレスをはじめ、島の作家が手作りしたアイテムを販売している。30年以上前に作られたという、黒曜石の恵比寿像と大黒像は必見！

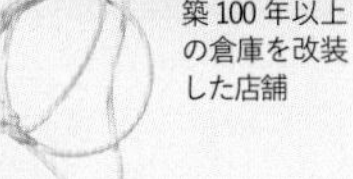
築100年以上の倉庫を改装した店舗

高さ30cmほどある立派な黒曜石像

黒曜石のネックレス（中）1200円

MAP 別冊 P.15-D2　TEL 04992-8-0055（松村商店）　営 9:00～17:00　休 第1・3水　CC ADJMV　P なし　交 神津島観光協会から徒歩12分

作る　友達や家族と一緒に作ろう！

黒曜石入りキャンドル作り

神津島産の黒曜石をはじめ、貝殻やシーグラスをちりばめて作るシーキャンドル。自由に色や形を組み合わせながら、世界にひとつだけのオリジナルアイテムを完成させることができる。できたキャンドルはそのまま持ち帰れるので、旅の思い出にぴったり。

屋内なので雨の日におすすめ

手前が黒曜石の粒。奥は貝殻とシーグラス

キャンドルの芯を入れてワックスで固めて完成

MAP 別冊 P.15-C2　催行事業者 神津島観光協会（→P.199）　所要 1時間30分　TEL 04992-8-0321　交 神津島港船客待合所（まっちゃーれセンター）内　時 15:30～　休 なし　料 3500円（3日前までに要予約。未就学児は保護者の同伴が必要）　CC 不可　P あり

黒曜石が語る古代日本人のロマン

しま通信　神津島郷土資料館では、カンムリウミスズメの剥製をチェック。神津島周辺で繁殖する体長25cmほどの海鳥で、白と黒のツートンカラーと、頭に冠状の羽をのせているのが特徴。神津島のPRキャラクター「かんむりん」のモデルになっている。

神津島産のピチピチ魚介に舌鼓♪

とれたて海鮮処 美食めぐり

取れたての魚を彩り豊かに盛りつけて

集落内 神津島 龍宮（こうづしま りゅうぐう）

料理の腕が評判の若い大将が、父親の釣り船・龍宮丸の名を継ぎ2020年にオープン。カウンターと個室を備えた広々とした店内で、刺身盛り合わせ1人前1200円～ほか、地魚や居酒屋メニューを味わうことができる。

MAP 別冊 P.15-D2
住 神津島村105
TEL 090-3012-3352
営 12:00～13:30(L.O.13:00)、18:30～22:00（L.O.21:00）
休 木　予 必要　CC 不可
P あり　交 神津島観光協会から徒歩4分

島産のもう一品！

赤いかバター炒め 1100円

アカイカの身やゲソを洋風の味付けに。肉がしっかりとしているので、噛むたびにイカの風味が広がる。

プリプリの逸品！

地金目の土鍋ご飯 2合3800円

島周辺で取れたキンメダイを、土鍋でじっくりと炊き上げてふっくら仕上げる。ご飯にうま味が染み込み箸が止まらない。予約時に頼んでおくとスムーズ。

天井が高く開放感のあるスペース

島人が集まる手軽でにぎやかな居酒屋

集落内 居酒屋たつみ（いざかやたつみ）（ちょーちん）

家族連れも多いアットホームな雰囲気に包まれた店。チャキチャキの女将が焼き鳥150円～や唐揚げ650円などの居酒屋メニューを提供してくれる。超人気店なので予約が確実。小アジくさや150円～もぜひ試してみて。

開店後はすぐに満員になる店内

プリプリの逸品！

季節の刺身 1人前800円～

オーダー時は、おすすめの刺身を聞いてみて。写真はアオダイ1人前800円、アカイカ1人前1000円の盛り合わせ。取れたては身がムチムチ。

島産のもう一品！

うつぼあげ 500円

ウツボをていねいにさばき、から揚げにした島の名物。白身でクセはなく、ほのかな甘味を感じる。

MAP 別冊 P.15-D2　住 神津島村74　TEL 04992-8-0289　営 17:00～23:30(L.O.22:30)　休 水　CC 不可　P なし　交 神津島観光協会から徒歩4分

しま通信　さまざまな魚が水揚げされる神津島で、漁獲量の約6割を占めるのが深海にすむキンメダイだ。網を使わない一本釣り漁法が守られ、身を傷つけず新鮮な状態で市場へ届けられる。漁は1年中行われるが、脂がのる旬は秋から春にかけて。

漁業が盛んな島として知られる神津島。
中心集落には海の幸が充実した飲食店が点在し、旬の味覚を楽しめる。
島に行ったら立ち寄りたい、おすすめの海鮮処を紹介！

麦焼酎「盛若」と一緒にどうぞ♪

魚介の仲買業者ならではの鮮度が自慢

集落内 山長（やまちょう）

　島の若夫婦が切り盛りする繁盛店。その日のおすすめを記したボードには、マグロやイカ、地魚ほか、刺身から煮付けまで海鮮メニューが充実している。揚げ物やご飯物など居酒屋メニューも扱う。名物のウツボのから揚げもチェック。

カウンターには話し好きな常連客が

島産のもう一品！

岩のり 500円

神津島産の岩のりは、身が厚く磯の上品な香りが漂う。島の麦焼酎のお供にぴったり。

MAP 別冊 P.14-A2　住 神津島村 347　TEL 04992-8-0332　営 17:30 ～ 22:30　休 日　CC 不可　P あり　交 神津島観光協会から徒歩 18 分

プリプリの逸品！

刺身盛り合わせ 2500円～

オナガやアカイカ、大トロなどを盛った豪快なひと皿。このボリュームでこの値段は水産会社ならでは。メカジキから揚げ 600 円やカンパチ煮付け 900 円もおすすめ。

究極の血抜き＆熟成を施した地魚を満喫

集落内 神津島 熟成魚工房（こうづしま じゅくせいぎょこうぼう）

　フレンドリーな夫婦がもてなす 1 日 1 組 2 人限定の店（2024 年 2 月現在改装予定。席数が増える場合も）。こだわりの技術で血抜きと熟成させた地魚を、寿司や焼き物で楽しめる。寿司のテイクアウトメニューも充実。

プリプリの逸品！

熟成魚寿司 BAR ディナーコース 1万4800円～

熟成魚のカルパッチョや寿司 15 貫、季節の料理などを堪能できるプレミアムコース。幻の深海魚などレアなネタが入ることも。大将との会話を楽しみながら味わって。

熟成魚握り寿司折 4600 円（ディナー限定テイクアウト。要予約）

島産のもう一品！

熟成魚ちらし寿司 4900円
（ランチ限定テイクアウト。要予約）

神津島産の地魚や高級魚を熟成させ、贅沢に盛りつけた究極のランチ弁当。

MAP 別冊 P.15-D1　住 神津島村 21　TEL 04992-7-5916　営 11:30 ～ 14:30、17:00 ～ 22:00（ディナーコースは 19:30 ～）　休 不定休　予 必要　CC ADJMV　P なし　交 神津島観光協会から徒歩 3 分

しま通信　伊豆諸島の焼酎で目にする四角瓶。四角い理由は、輸送時に箱詰めする際に隙間なく収められるからだそう。現在は、リサイクルの観点などから、ページ上部のような一般的な丸瓶へ移行している。四角瓶は幻のボトルとなる可能性が。

島内交通

レンタカー、レンタバイク

宿泊施設や飲食店が集まる集落内は徒歩で回れる。主要観光スポットまで村営バスで移動できるが、便数が限られるので自分のペースで過ごすなら車やバイクが便利。レンタカー会社は２軒あるが、台数は少ないので手配は早めに。レンタバイク会社も２軒で台数には余裕がある。

集落内の道路はかなり狭い。車の乗り入れはなるべく避けよう

レンタサイクル

２軒のレンタバイク会社が自転車も貸し出しており、台数も揃っている。赤崎遊歩道へはややアップダウンがあるものの、レンタサイクルでのアクセスが可能。多幸湾方面は急な坂道があるので注意したい。前浜海岸や長浜海岸付近は海を眺めながら走れ、気持ちいい。

ビーチ沿いの道路をサイクリング。車に注意して

バス、タクシー

村営バスが神津島港を起点に、赤崎遊歩道や神津島温泉保養センター、多幸湾、天上山の登山口などの主要スポットまで運行。本数は１日５便前後（夏季は増便される）と多くはないので、帰路に徒歩やタクシーを利用するのも一案。タクシー会社は２軒。電話で配車を依頼しよう。

計画的に利用すればバス移動でも島を満喫できる

レンタカー会社
●あーすレンタカー
MAP 別冊 P.15-D1
TEL 070-4128-4313
●アイラナレンタカー
MAP 別冊 P.15-D2
TEL 050-5361-4802

レンタバイク会社
●神津島オートサービス
MAP 別冊 P.15-D1
TEL 04992-8-0746
●レンタバイク・スズキ
MAP 別冊 P.15-D2
※夏季のみ営業

レンタサイクル会社
●神津島オートサービス
上記
●レンタバイク・スズキ
上記

村営バス
●神津島村役場
TEL 04992-8-0011

タクシー会社
●都島タクシー
MAP 別冊 P.15-D2
TEL 04992-8-0147
●神津島交通
MAP 別冊 P.15-D2
TEL 04992-8-0040

おもな見どころ

伊豆諸島の神々が集った神秘の峰　MAP 別冊 P.14-B2　中部　景勝地

天上山（てんじょうさん）

標高 572m の台形をした山。伊豆七島の神が水を分配する会議を行った場所と伝わる。真っ白な山肌が美しく、池や砂地などの見どころが点在。トレッキングも楽しめる。→ P.44

ピークに立つ山頂碑。島と海をパノラマで一望できる

天上山
時 日没までに下山すること
P なし
交 神津島観光協会から黒島登山口または白島登山口まで車で 20 分または❶黒島登山口入口、白島登山口入口からすぐ。徒歩の場合は 40 分

集落や神津島港、恩馳島をはるか眼下に眺める

しま通信　港や空港からの移動は宿泊施設の送迎を利用するのが一般的。送迎を行っていない宿に泊まる場合は、船や飛行機の到着時刻に合わせて運行している村営バスを利用する。送迎の有無について事前に確認を。

宿から歩いていける白砂ビーチ

MAP 別冊 P.15-C2

集落内　ビーチ

前浜海岸（まえはまかいがん）

集落の前に広がる海岸。白い砂浜が約800mにわたって続き、青い海と絶妙なコントラストを作り出す。晴れた日は夕日を眺めるにもぴったり。空と海を茜色に染めて沈む太陽が美しい。

ガラス質の石を含む白砂が日光を浴びてキラキラと輝く

前浜海岸
P あり
交 神津島観光協会から徒歩2分

神津島に伝わる神話をもとにした水配り像が立つ

映える巨大フォトフレームで記念写真

MAP 別冊 P.14-A2

中部　ビーチ

沢尻海岸（さわじりかいがん）

集落から南へ車で数分の静かなビーチ。大小の岩が転がる場所があり、磯遊びやスノーケリングを楽しめる。海岸のかたわらにあるフォトフレームから顔を出して、旅の思い出を写真に残そう。

前浜海岸に次ぐサンセットスポットとしても知られる

沢尻海岸
P あり
交 神津島観光協会から車で3分　または🚌沢尻海岸からすぐ

神津島の星空や海をモチーフにしたフォトフレーム

天上山を背景にたたずむ丸島が日本画のよう

MAP 別冊 P.14-B3

南部　ビーチ

多幸湾・丸島（たこうわん・まるしま）

松に覆われた丸島がシンボル。波浪時に船が発着する多幸湾の脇にあるため、一年を通して波が穏やかで、子供連れでも安心して海を楽しめる。近くには多幸湾ファミリーキャンプ場がある。

岬や防波ブロックに守られているため波が立ちにくい

多幸湾・丸島
P あり
交 神津島観光協会から車で10分　または🚌多幸湾からすぐ

北側を眺めると黒曜石の地層が露出する砂糠崎が

神津島の清らかな水を口に含んでみて

MAP 別冊 P.14-B3

南部　湧水

多幸湧水（たこうゆうすい）

多幸湾の船客待合所の奥にある湧水。取水口が整備されていて、手やコップに汲んで飲むことができる。東京の名湧水57選に選ばれている水は、クセのない滑らかな口あたり。

湧水を水筒やペットボトルに入れて持ち帰る人も

多幸湧水
P あり
交 神津島観光協会から車で10分　または🚌多幸湾からすぐ

澄んだ水は触れると冷んやりとしていて気持ちいい

しま通信　多幸湧水が選定されている東京の名湧水57選は、東京都の湧水の保護と回復を図るため2003年に発表された。伊豆諸島では神津島の多幸湧水とつづき湧水のほか、御蔵島の大島分川が選定されている。

純白無垢の十字架が見守る癒やしの丘

MAP 別冊 P.14-A3　南部　景勝地

ありま展望台（ありまてんぼうだい）

集落や前浜海岸を見下ろすビュースポット。高さ10mほどの十字架は、江戸時代にキリスト教を捨てず神津島へ流された、おたあジュリアをしのぶもの。星空観賞スポットとしても知られている。

集落に暮らす人々の安全を祈るようにたたずむ十字架

ありま展望台
P あり
交 神津島観光協会から車で 8 分

柵に囲まれた展望所は星空ウオッチングに最適

三宅島と天の川が一緒に見られるかも

MAP 別冊 P.14-B3　南部　景勝地

三浦湾展望台（みうらわんてんぼうだい）

島の南東部から御蔵島や三宅島を見渡せる。道路沿いにあるため、車を停めてそのままスターウオッチングができることでも人気。よく晴れた日には満天の星を見上げることができる。

駐車場のすぐ脇に三浦湾展望台と示された碑が立つ

三浦湾展望台
P あり
交 神津島観光協会から車で 8 分

車も停められる広々としたスペースが確保されている

潮風に吹かれ航海の安全を見届ける塔

MAP 別冊 P.14-A3　南部　灯台

神津島灯台（こうづしまとうだい）

断崖絶壁の上から青い海を見守る灯台。芝生が覆う敷地内から、ほおを撫でる潮風を感じることができる。前浜海岸からありま展望台を経て歩く、神津島灯台ハイキングコースが整備されている。

海抜 120m の場所に 1951 年に築かれた高さ 12m の灯台

神津島灯台
開 入場自由
P あり
交 神津島観光協会から車で 13 分 + 徒歩 5 分

灯台の向こうに小さな湾を見下ろすことができる

宿から徒歩圏内の天然プラネタリウム

MAP 別冊 P.15-D2

よたね広場（よたねひろば）

集落の高台にあり、星空観賞ツアーにも利用される公園。トイレや自動販売機が整備されているので気軽に足を運ぶことができる。夜は集落内も暗くなるので、懐中電灯を忘れずに。

神津島を覆う星空は息をのむほどの美しさ

よたね広場
開 入場自由　P あり
交 神津島観光協会から徒歩 18 分

広場内に置かれた、星を空へ掲げた人物のアート

島全体が星空観賞スポットといえる神津島。夜空の暗さを維持するために、屋外照明の明るさや色温度を調整するなどしており、2020 年に国際ダークスカイ協会の星空保護区に認定された。

夏はプールのような大露天風呂を開放！

MAP 別冊 P.14-A2　中部　温泉

神津島温泉保養センター（こうづしまおんせんほようせんたー）

打たせ湯やサウナを備えた内風呂をはじめ、7～9月には広さ275㎡を誇る水着着用・混浴の露天風呂を楽しめる。家族連れにも最適！

天然の海岸を利用した広々とした露天風呂

神津島温泉保養センター
住神津島村字錆崎1-1　TEL 04992-8-1376　営10:00～20:00（最終入館19:00）　休10～6月の水
料800円（小中学生400円）
CC ADJMV
P あり　交神津島観光協会から車で6分または❶温泉保養センターからすぐ
※営業時間や定休日は2024年4月以降変更になる場合もある

岸壁に築かれた王座から大海原を望む

MAP 別冊 P.14-A2　中部　景勝地

めいし遊歩道（めいしゆうほどう）

海岸沿いに整備された遊歩道。途中に王様の椅子と呼ばれる大きなベンチが登場。夕日スポットだが日没後は真っ暗になるので注意。

大小の石が転がる海岸沿いを歩いて行く

めいし遊歩道
P あり
交神津島観光協会から車で7分＋徒歩10分

木造のデッキの上に鎮座する王様の椅子

グルグルとうねる地層に目が回りそう

MAP 別冊 P.14-A1　北部　景勝地

踊り岩（おどりいわ）

地質変動で湾曲した流紋岩の地層が、踊っているかのように見える。近くには採石場から石を運び出したトロッコの廃線跡がある。

岩肌に大きなカーブを描く地層が露出している

踊り岩
P あり
交神津島観光協会から車で9分

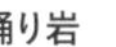

険しい道を越えた先のありがたい池

MAP 別冊 P.14-A3　南部　景勝地

千両池（せんりょういけ）

岸壁を越えると現れる入江。魚の群れを一網打尽にできることから千両池の名がついた。途中の道は険しいので運動靴の用意を。

噴火でできた瓢箪形の池はかなり水深がある

千両池
P あり
交神津島観光協会から車で13分＋徒歩15分

木製デッキや岩盤を歩いた先に神秘の池がある

歯を見せ笑うミステリアスなえんま像

MAP 別冊 P.15-C1　中部　祠

えんま洞（えんまどう）

えんま像は一般的に憤怒の表情をしているが、こちらは優しい笑顔をしているのが特徴。少し首を傾げた姿勢から、泣き顔に見えるともいわれる。

島民が花を供え真心込めて手入れしている

えんま洞
開参拝自由
P あり
交神津島観光協会から徒歩8分

奥行き5mほどのほら穴にえんま像や観音像が祀られている

しま通信　神津島港の前にある、よっちゃーれセンターの「よっちゃーれ」とは、神津島の方言で「寄っていってください」という意味。まっちゃーれセンターの「まっちゃーれ」は「待っていてください」という意味。

神津島

食べる＆飲む

Eat&Drink

集落は１ヵ所のみで、飲食店は宿泊施設から徒歩圏内に点在する。軒数が少ないので必ず予約を。キンメダイは外せない。

集落内

キンメダイが１尾まるまるこのお値段！ MAP 別冊 P.15-C1

食堂

よっちゃーれセンター 2F 食堂

港からすぐのよっちゃーれセンターの2階。キンメダイを1尾使った煮魚定食1000円は数に限りがあるので開店後の早い時間に注文を。カツオやキハダなど旬魚の刺身定食1000円も魅力的。

肉厚のキンメダイを甘味のあるタレで煮込んでいる

よっちゃーれセンター 2F 食堂
住 神津島村 37-2 TEL 04992-8-1342 営 11:00 ～ 14:30（L.O.14:00、7月下旬～8月はL.O.14:30） 休 9～7月中旬の火 CC 不可 P あり 交 神津島観光協会から徒歩1分

店内は広々。水着での入店はできないので注意を

集落内

自家製造のクラフトビールを飲み比べ MAP 別冊 P.15-D1

ビアレストラン

Hyuga Brewery

伊豆諸島唯一のビール製造所が運営するレストラン。明日葉入りのライトエール Angie などの生ビールや、季節限定ビールを味わえる。まずは5種類の飲み比べセット2200円を試してみて。

明日葉ピザや塩辛バゲットなど島食材の料理も

Hyuga Brewery
住 神津島村 142-2
TEL 04992-7-5335
営 17:30 ～ 22:30（変動あり）
休 火～木 CC ADJMV P なし
交 神津島観光協会から徒歩9分

木製のカウンターやテーブルが配置された店内

集落内

おまかせフレンチを和の空間で味わう MAP 別冊 P.15-D2

フランス料理

さわやコルドンブルー

シェフは京都で28年間フレンチレストランを経営した実力派。魚やチキンをメインにしたランチ2750円～や、ディナーコース4400円～などを味わえる。おすすめのワインを聞いてみて。

島の食材のうま味を引き出した盛り付けも美しいひと皿

さわやコルドンブルー
住 神津島村 676
TEL 090-3992-5241
営 12:00 ～ 13:30、18:30 ～ 19:30
休 火（不定休あり） CC 不可
予 必要 P あり
交 神津島観光協会から徒歩7分

旅館を改築した和モダンな雰囲気のレストラン

中部

温泉につかったあとにホッと島の味を MAP 別冊 P.14-A2

レストラン

れすとらん錆崎

神津島温泉保養センター（→P.217）の施設内。島産海鮮丼1800円や島天丼1300円など、島の魚介をリーズナブルに味わえる。営業時間をチェックしつつ、温泉と一緒に楽しみたい。

神津島で水揚げされた旬の魚が盛られた海鮮丼

れすとらん錆崎
住 神津島村字錆崎 1-1 TEL 04992-8-1211 営 11:30 ～ 14:00（L.O.13:30）、16:30 ～ 20:00（L.O.19:30） 休 10～6月の水 CC 不可 P あり 交 神津島観光協会から車で5分または❶温泉保養センターからすぐ
※営業時間や定休日は2024年4月以降変更になる場合もある

しま通信 神津島は良質なテングサが取れることで知られ、澄んだ水を使って仕込むところてんが評判。夏に飲食店で味わえるほか、商店でおみやげ用のパックも販売されている。

集落内

彩り豊かなハンバーガーで島ランチを　MAP 別冊 P.15-D2

レストラン

うえのあいらな×あいらな
上のあいらな× `AILANA

神津島の人気ハンバーガー店。昼はあいらなバーガー950円やフレンチフライセットなどを販売。夜はステーキやピザのほか、2人以上なら無煙ロースターを使用する焼肉などを楽しめる。

ジューシーなハンバーガーは種類が豊富

上のあいらな× `AILANA
住 神津島村 668-2　TEL 04992-8-0078　営 11:00 ～ 14:00（L.O.13:30）、18:00 ～ 22:00（L.O.20:30）※季節により変動あり
休 不定休　CC ADJMV　P なし
交 神津島観光協会から徒歩 7 分

ランチのハンバーガーはテイクアウトも可

神津島

買う

Shopping

おみやげ店は前浜海岸の前に2軒が並び、商店は集落内に点在。ギョサンが東京の島々のなかでも格安で買えると評判。

集落内

店頭に看板が立ったら焼きたて販売中　MAP 別冊 P.15-D2

ベーカリー

ふじやベーかりー
藤屋ベーカリー

島でパンを焼き続けること50年の老舗。コロッケバーガー260円などの総菜パンが充実し、島を代表する味として親しまれている。焼きたてパンをテイクアウトして海で食べるのも楽しみ。

クリームパンやジャムパンなど懐かしい味も

藤屋ベーカリー
住 神津島村 700
TEL 04992-8-0925
営 8:00 ～ 20:00
休 不定休　CC 不可　P なし
交 神津島観光協会から徒歩 10 分

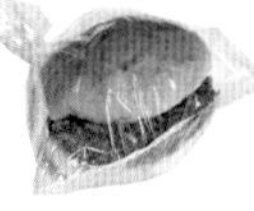
チキンカツバーガーやエビカツバーガーも人気

集落内

漁協女性部が加工した取れたて鮮魚　MAP 別冊 P.15-C1

海産物

よっちゃーれせんたー1かい かいさんぶつはんばいじょ
よっちゃーれセンター 1F 海産物販売所

名物のキンメダイの干物1500円～や焼き切り身500円、骨せんべい500円が人気。旬の魚のフライや練り物も要チェック。から揚げ用のうつぼ切り身やサメジャーキーなど珍味も買える。

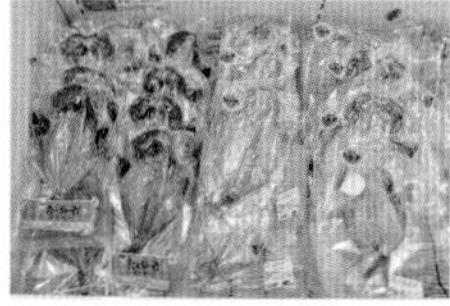
冷凍商品は購入窓口で宅配手配も

よっちゃーれセンター 1F 海産物販売所
住 神津島村 37-2
TEL 04992-8-1342
営 9:00～17:00（10～3月は～16:00）
休 月　CC ADJMV　P あり
交 神津島観光協会から徒歩 1 分

キンメダイのフライサンドや混ぜご飯も販売

集落内

貝やビーズでデコったギョサンが好評　MAP 別冊 P.15-D2

おみやげ

まるしまみやげてん
丸島土産店

ログハウス風の店舗に、海産物や菓子、キーホルダーなどが並ぶ。カラーやサイズが豊富なギョサンは、装飾をあしらったものも多い。買ったらすぐに履いて島を満喫しよう！

バラマキ用の個包装菓子も充実している

丸島土産店
住 神津島村 57
TEL 04992-8-0302
営 8:00 ～ 18:00（夏季～ 22:00）
休 なし　CC ADJMV　P あり
交 神津島観光協会から徒歩 2 分

前浜海岸の前に立つ三角の屋根の建物が目印

神津島の密かな名物がウツボのから揚げ。居酒屋では、小骨を除きひと口サイズに切り素揚げしたものが味わえる。「よっちゃーれセンター 1F 海産物販売所」では、おみやげ用の冷凍パックを販売している。

集落内

地のりや地酒など島の名物をチェック　MAP 別冊 P.15-D2

おみやげ

黒潮商会（くろしおしょうかい）

前浜海岸そばのおみやげ店。店内には色とりどりのアクセサリーや菓子が並び、にぎやかな雰囲気。岩のりなど海産物の加工品も扱う。神津島産の麦焼酎、盛若も販売している。

ギョサンも扱っているのでお気に入りを探そう

黒潮商会
住 神津島村 57
TEL 04992-8-0172
営 8:30～18:00(夏季8:00～22:00)
休 不定休（夏季は無休）
CC ADJMV　P あり
交 神津島観光協会から徒歩 2 分

夏季はスノーケリングセットの貸し出しも行う

集落内

併設のギャラリーには黒曜石製品も　MAP 別冊 P.15-D2

商 店

松村商店（まつむらしょうてん）

風邪薬や傷薬などを扱う島の薬局。日用品やアルコール類も販売している。路地の向かいに立つ石蔵（→ P.211）では、黒曜石の展示やアクセサリーの販売を行っている。

店の前の通り沿いにいくつか商店が点在する

松村商店
住 神津島村 985
TEL 04992-8-0055
営 6:30 ～ 20:30
休 第 1・3 水　CC ADJMV　P なし
交 神津島観光協会から徒歩 12 分

小さな黒曜石の塊を半分に割ったつがい石 1500 円

集落内

島寿司のパックは売り切れ御免　MAP 別冊 P.15-D2

スーパー

スーパーまるはん

海産加工品が充実した島の台所。総菜や弁当も豊富で、地魚を醤油漬けにした伊豆諸島の名物、島寿司 623 円が人気。島民のファンも多いので、なるべく早めの時間に購入を。

広い駐車場を完備し 1 日を通してにぎわっている

スーパーまるはん
住 神津島村 1445
TEL 04992-8-0043
営 9:00 ～ 19:00
休 月　CC ADJMV　P あり
交 神津島観光協会から徒歩 14 分

ワサビではなくカラシを薬味にする島寿司

集落内

神津島の郷土スイーツはいかが？　MAP 別冊 P.15-D2

商 店

関庄商店（せきしょうしょうてん）

食料品やビール、島の焼酎、塩辛などを広く扱う。サツマイモを練って揚げた神津島の名物あぶらき 550 円は、おやつとしてはもちろん、ランチに食べてもおなかを満たしてくれる。

おにぎり 480 円など軽く食べられる弁当も販売

関庄商店
住 神津島村 816
TEL 04992-8-0021
営 8:00 ～ 20:00
休 水（不定休あり）
CC ADJMV　P あり
交 神津島観光協会から徒歩 10 分

サツマイモの香りが口に広がるあぶらき

神津島の宿を探す際は、神津島観光協会が運営するオンライン予約サイト「神津ぃこぉやぁ」もチェック。プランが豊富で、荷物預かりサービスと多幸湾往復バスチケットも付く。URL reserva.be/kozushima

泊まる

Stay

宿泊施設は集落内に点在。飲食店やおみやげ店はもちろん、前浜海岸の夕日やよたね広場の星空も歩いて見にいける。

集落内

海辺の宿で島に暮らすように泊まる　MAP 別冊 P.15-D2

民宿

島宿浜の家（しまやどはまのや）

思わず「ただいま！」と言いたくなる懐かしい雰囲気の一軒家。食事や休憩用の広間は木のぬくもりに包まれ、ゲストの自然な笑顔が生まれる。予約制でケーキなどのカフェメニューも提供する。

あくせくせずにゆったりと過ごしたい人にぴったり

島宿浜の家
住 神津島村 54　TEL 04992-8-0631　IN 10:00　OUT 9:00
料 素 7000 円～、朝 7500 円～、朝夕 9500 円～　CC 不可
部 11　P なし
交 神津島観光協会から徒歩 3 分

海の青さを詰め込んだオリジナル神津島サイダー 400 円～を販売

集落内

宿から生まれるゲストの出会いも魅力　MAP 別冊 P.15-D2

B&B

みんなの別荘 ファミリア（みんなのべっそう ふぁみりあ）

ゲストが集まる居心地のよいラウンジが好評。感動の共有をきっかけに会話に花が咲き、いつの間にかみんな友達に。テラスから満天の星を観賞できるなど、ユニークな体験も提供。

海風がそよぐ高台のアットホームな雰囲気の宿

みんなの別荘 ファミリア
住 神津島村 1005
TEL 04992-7-5981
IN 15:00　OUT 10:00
料 朝 8851 円～（2 泊から受付）
CC ADJMV　部 6　P あり
交 神津島観光協会から徒歩 6 分

朝食は自家製パン。カフェバーでハンドドリップコーヒーを

集落内

全客室から神津島ブルーの海を一望　MAP 別冊 P.15-D3

ホテル

ホテル神津館（ほてるこうづかん）

全室オーシャンビューの老舗ホテル。部屋数が多く、バス・トイレ付きの客室が人気。大浴場からも水平線を眺められるので、空が赤く染まるサンセットタイムの利用がおすすめ。

洋室や和室などさまざまなタイプから選ぶことができる

ホテル神津館
住 神津島村 1593
TEL 04992-8-1321
IN 13:00　OUT 10:00
料 素 7700 円～、朝 8800 円～、朝夕 1 万 2100 円～
CC ADJMV　部 16　P あり
交 神津島観光協会から徒歩 16 分

集落内

海沿いに立つ神津島で唯一の温泉宿　MAP 別冊 P.15-C1

旅館

山下旅館 別館（やましたりょかん べっかん）

大中小と 3 つの内風呂で天然温泉を楽しめる。海に近いため湯の塩分が高く、体が芯まで温まる。キンメダイをはじめ島の魚介をふんだんに使った海鮮料理も定評あり。

温泉から海に沈む夕日を眺めることができる

山下旅館 別館
住 神津島村 2
TEL 04992-8-0131
IN 12:00　OUT 9:00
料 素 6050 円～、朝 7150 円～、朝夕 9350 円～
CC MV　部 14　P あり
交 神津島観光協会から徒歩 8 分

しま通信　みんなの別荘ファミリアが提供する神津島の観光アプリ「まるっと！神津島」が無料配信中。神津島を舞台にしたすごろくゲームと GPS 連動ドラマチック音声ガイドで、旅マエから旅ナカまで神津島を丸ごと楽しめる。

荒々しい海岸線や墳石丘などが生々しく残る天然の火山博物館

三宅島（みやけじま）

人口　2254人（2024年）
面積　55.5㎢
周囲　38.3km

MAP 別冊 P.16-17

北西の伊豆岬には明治に建てられた伊豆諸島最古の灯台がたたずむ

三宅島への行き方

竹芝桟橋から大型客船が毎日運航し最短6時間30分。調布からは飛行機が1日3便運航し50分。

東京都心から180kmほど南に浮かぶ三宅島は、山手線の内側とほぼ同じ大きさの楕円形の島。富士火山帯に含まれる活火山で、約20～70年周期で噴火を繰り返している。そのため海岸線は黒い溶岩で埋まり、ところどころ火口跡や噴火によってできた丘などが点在。溶岩や泥流に埋まった施設が残るなど噴火の爪痕を間近に見られる。一方で荒々しい溶岩を覆うように緑が茂っており、自然の生命力を感じられるのも火山島ならではだ。

周囲を流れる暖流、黒潮の影響で温暖な気候に恵まれ、魚種が多いのも魅力。島の民宿や居酒屋でも、シマアジやヒラマサなどの高級魚が味わえる。おしゃれなレストランやカフェもあり、明日葉や島のりといった島の食材を使ったメニューを楽しめるのがうれしい。

1983年の噴火で阿古地区をのみ込んだ溶岩流跡が見られる火山体験遊歩道

しま通信　2000年6月の噴火では、降灰や低温火砕流、火山ガス、泥流などが発生し、全島民が島外の避難生活を余儀なくされた。現在は島民の生活をはじめとした環境は回復し、噴火の跡も緑に覆われている。

三宅島の歩き方

定期船は3ヵ所の港を使用する

三宅島には定期船が接岸する港が3ヵ所ある。西の錆ヶ浜港と伊ヶ谷港、東の三池港で、風向きや海況などによって使い分けている。どの港に着くかは当日の早朝に決まるので、どの港に着いても移動できるようにしておきたい。竹芝からの大型客船は早朝5:00の到着なので、宿泊施設のアーリーチェックインを申し込んでおくといい。早朝の定期船到着時には、臨時バスが2台待機しており、時計回りと反時計回りに運行。八丈島や御蔵島からの昼の定期船到着時は最寄りのバス停から村営バスを利用する。また宿泊施設やレンタカー会社によっては送迎サービスがあるので確認を。タクシーを手配しておくこともできる。

西からの風が強く、三池港に着いた橘丸。三池港から錆ヶ浜港までは車で20分

海岸沿いの5つの集落からなる

島内には阿古、坪田、神着、伊豆、伊ヶ谷という5つの集落がある。三宅島観光協会がある阿古は、錆ヶ浜港から徒歩15分圏内に商店や食事処が点在しているが、できれば自転車などがあると便利。それ以外の地区はレンタカーやレンタサイクルで移動するのが一般的だ。島一周は約30kmなので、集落間の移動にはレンタカーや村営バスを利用するのが一般的だが、自転車でも3時間ほどで一周できる。

錆ヶ浜港に隣接した阿古漁港船客待合所。観光協会や三宅食堂が入っている

三宅島観光協会

阿古漁港船客待合所「ここぽーと」の1階。島内の地図や観光情報をまとめたガイドブックなどを配布している。電動アシスト自転車のレンタルも行っているので、利用予定の人は予約をして窓口へ。定番のおみやげも販売している。

MAP 別冊 P.17-D2
住 三宅島三宅村阿古 672-3
TEL 04994-5-1144
営 8:30 ～ 17:30
休 なし　P あり
URL www.miyakejima.gr.jp

待合所内にコインロッカーはあるが、大きい荷物は1個500円で観光協会で預かってもらえる

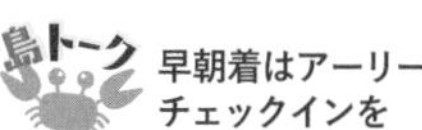

早朝着はアーリーチェックインを

大型客船が早朝5:00に到着する三宅島では、アーリーチェックインを申し込める宿泊施設が多い。スタッフが到着する港まで迎えにきてくれ、朝から部屋を使えるお得なプラン。料金は宿により異なるがプラス2000 ～ 6000円ほど。朝食を用意してくれる宿もある。

三宅島でもドルフィンスイムツアーを催行！

三宅島の南、約20kmに浮かぶ御蔵島はミナミハンドウイルカと泳げることで知られ、全国からイルカ好きが集まる。3月15日～11月15日のシーズン中は御蔵島の宿は予約が取りにくいが、実は三宅島からも御蔵島へのドルフィンスイムの船が出ている。三宅島から御蔵島までは船で約1時間かかり、2時間のドルフィンスイム＆ウオッチングを楽しむと4時間のツアーになる。三宅島のダイビングサービスが、ドルフィンスイムツアーを開催しているので確認を。

ルールとマナーを確認しておこう
URL www.miyakejima.gr.jp/dolphin

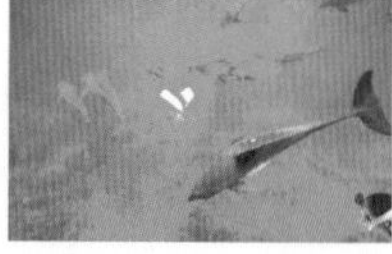

しま通信　三宅島を徒歩で一周すると8～9時間、歩けないことはないけれど現実的ではない。三池港から錆ヶ浜港まで歩くと2時間40分ほど。錆ヶ浜港から大路池は徒歩1時間30分ほど。

一周約 30kmの島はダイナミックな火山島景観の宝庫

三宅島エリアガイド

錆ヶ浜港がある阿古のほか、南東の坪田や北の神着に民宿やペンションが立ち飲食店も数軒ある。観光スポットへは車や自転車、バスを利用する。

三宅島シーズンガイド

●旅行のベストシーズンは？

海で遊ぶなら気温が上がる 5 ～ 10 月頃、トレッキングは暑すぎない 4 ～ 6 月や 10 ～ 11 月が快適。御蔵島へのイルカツアーは 3 月中旬～ 11 月中旬限定。

●海で泳げるのは何月頃？

水着で泳げるのは 7 ～ 9 月頃、ウエットスーツを着れば 5 ～ 10 月頃も温かい。主要な海水浴場には、7 月中旬～ 8 月中旬にライフセーバーが常駐している。

●冬の旅行の楽しみは？

脂がのった魚が食べられるなど冬ならではのグルメが楽しみ。また空気が澄んでいるため、晴れると展望台からの景観や星空がきれいに見える。

三宅島で絶対にしたいこと BEST 3

1. 火山島景観をめぐる

噴火によってできた噴石丘や玄武岩が広がる海岸線など、火山島ならではの景観めぐりは三宅島観光のハイライト。

→ P.228

2. 長太郎池で生物探し

溶岩に囲まれたタイドプールは、干潮になるとフィッシュウオッチングに最適。スノーケリングで観察できる。

→ P.234

3. おしゃれカフェでのんびり

海を望む高台のカフェや木のぬくもりに満ちたギャラリーカフェ、広い庭に面した一軒家カフェで癒やしのひとときを。

→ P.236

歴史的な見どころが集まる

伊豆・伊ヶ谷（いず・いがや）

島の北西部にあるエリアで、伊豆岬灯台がある伊豆、その南に伊ヶ谷港を擁する伊ヶ谷へと続く。神社や有名な流人の墓など歴史的な見どころが多い。

★噴火の脅威を目の当たりにする

火山体験遊歩道

阿古地区をのみ込んだ溶岩流の上に造られた木製の遊歩道。小・中学校の校舎跡などが生々しく残る。

観光客が最も利用する中心地

阿古（あこ）

錆ヶ浜港を中心に、観光協会や村役場、温泉施設、宿泊施設、飲食店などが集まる。中心部は徒歩で回れるが、七島展望台や富賀浜、火山体験遊歩道などへ行くなら車や自転車が必要だ。

島民御用達の食事処が点在

神着（かみつき）

伊豆諸島の開拓神、事代主命が最初に上陸したと伝わることからこの名がついた。東京都の文化財に指定された島役所跡や歴史ある神社が点在するほか、評判のバーや居酒屋などもある。

★島の中央にそびえる活火山

雄山

三宅島のシンボルともいえる、標高775mの活火山。一般開放はされていないが、今後、条件付きで登山が可能になる流れも。

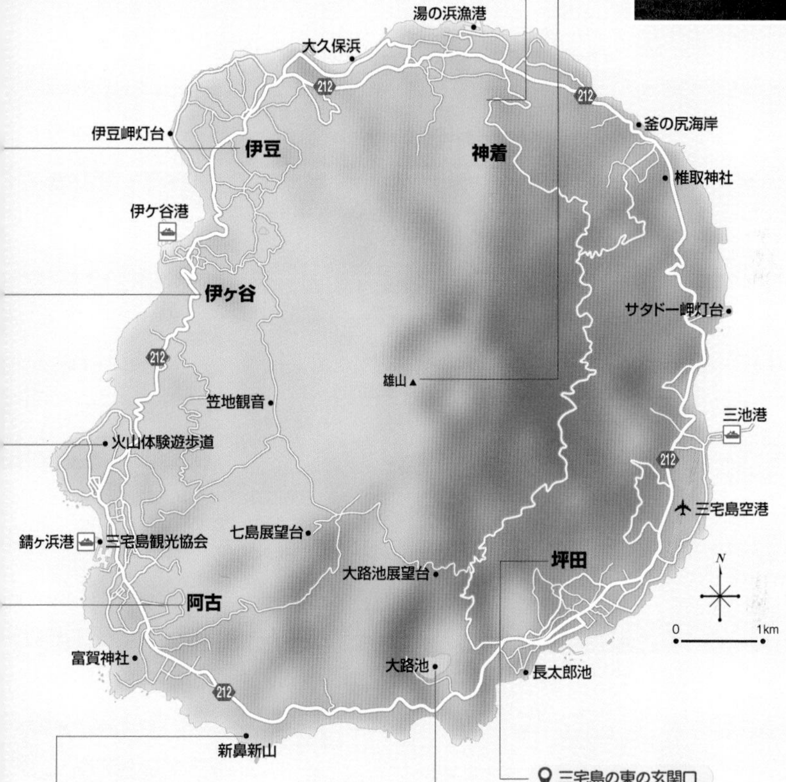

湯の浜漁港
大久保浜
212
伊豆岬灯台
伊豆
神着
釜の尻海岸
椎取神社
伊ケ谷港
伊ヶ谷
サタドー岬灯台
212
雄山
笠地観音
三池港
火山体験遊歩道
212
三宅島空港
錆ヶ浜港
三宅島観光協会
七島展望台
坪田
大路池展望台
N
阿古
0
1km
富賀神社
大路池
長太郎池
212
新鼻新山

★真っ黒な大地が異世界感を演出

新鼻新山

島一周道路から海側に入ると、真っ黒な大地が広がる。海側は火山の断面が露出している。

★照葉樹林が広がる鳥の楽園

大路池

2000年以上前の水蒸気爆発により誕生した火口湖。周辺はバードウオッチングの好スポットになっている。

三宅島の東の玄関口

坪田（つぼた）

三池港や空港があり、2000年の噴火前は最もにぎわうエリアのひとつだった。評判のいい民宿が点在しているほか、島民に人気のカフェもある。長太郎池や大路池など主要な観光スポットも多い。

雄々しい自然に圧倒される 2泊3日モデルプラン

三宅島への航路は大型客船のみで早朝に到着するため、初日も朝から観光を楽しめる。一周約 30㎞なので自転車でも回れるが、展望台など高台のスポットが多いのでレンタカーがあると便利だ。

※前日夜発の大型客船での 1 泊は含めていません

1日目 火山のパワーを知る島一周ドライブ

5:00

大型客船で三宅島に到着

大型客船の橘丸は東京・竹芝桟橋を 22:30 に出発し、翌 5:00 に三宅島に到着する。海況によって 3 つの港を使い分ける。

港からの移動手段を確保！

定期船がどの港に着くかは当日までわからない。到着に合わせて臨時村営バスが待機しているが、できれば送迎付きのアーリーチェックインを申し込んでおくと安心。

⬇ 🚗 1 分

6:00

アーリーチェックインで宿へ

三宅島の宿泊施設は、たいていアーリーチェックインが可能。港までの送迎があり、早朝から部屋に入れるのがうれしい。

⬇ 🚗 2 分

9:00

溶岩流に埋もれた阿古集落跡を歩く

1983 年の噴火で溶岩にのみ込まれた旧阿古地区。現在は火山体験遊歩道になっており小・中学校跡などが見られる。→ P.229

鼻のように突き出た丘が目印

噴火の恐ろしさと、自然の再生力を実感

⬇ 🚗 9 分

10:10

海に突き出した絶景の噴石丘へ

1983 年の噴火による岩石や火山灰が積もってできた新鼻新山。波や風で削られた赤い断面が観察できる。→ P.229

⬇ 🚗 17 分

11:00

断崖絶壁に立つサタドー岬灯台

海に流れ込んだ溶岩でできた、高さ 20m ほどの断崖絶壁。岬を見守るように無人灯台が立つ。→ P.239

海を見下ろすと泳ぐウミガメが見られることも多い

⬇ 🚗 3 分

11:30

三七山展望台から周囲を一望

1962 年の割れ目噴火で誕生した噴石丘、三七山。三宅一周道路沿いに山頂があり、展望スポットになっている。→ P.239

噴火が起きた昭和 37 年から三七山と呼ばれる

⬇ 🚗 1 分

12:00

海に面した砂漠のような噴石丘

1940 年の噴火で溶岩や火山弾、スコリアなどが噴出し、約 22 時間で生まれたひょうたん山。丘にも上れる。→ P.229

SF 映画を思わせる黒い大地が広がる

⬇ 🚗 1 分

12:30

火山泥流に埋もれた鳥居が……

2000 年の噴火による火山泥流で、社殿と鳥居がのみ込まれた椎取神社。現在は神殿と鳥居が再建されている。→ P.229

火山ガスにより立ち枯れた森も再生しつつある

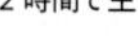

⬇ 🚗 2 分

13:00

弁当を持って釜の尻海岸へ

黒い小石の浜が延びる釜の尻海岸でランチタイム。スノーケリングの好スポットとして知られる。→ P.240

溶岩に含まれるペリドット（カンラン石）が見られる

⬇ 🚗 11 分

15:00

カフェで島食材のスイーツを

島民にもファンが多い「ギャラリーカフェ カノン」で優雅なカフェタイム。スイーツが充実♪→ P.237

自家製ところてんが評判のカノンあんみつ

三宅島の絵画が飾られた心地よい空間

お昼ご飯はどうする？

ランチ営業している食事処は少なく時間も短いので、集落を離れる場合は商店で弁当を買っておくといい。

岩のりたっぷりで大人気！「土屋食品」ののり弁当

⬇ 🚗 3 分

17:30

夕方の伊豆岬灯台を撮影

夕日や星空の観賞スポットとして人気の伊豆岬灯台。1909 年に建造されたレトロな灯台が印象的。→ P.239

海に向かって椅子が置かれ休憩にぴったり

⬇ 🚗 12 分

19:00

夜は人気のレストラン＆バーへ

島で取れた魚介や野菜を中心に、酒に合う創作料理を味わえる「リターノ」でディナー。人気なので予約を！→ P.236

料理はセットメニュー 3000 円を

2日目 タイドプールで海の生物探し♪

9:00 天然のプール長太郎池で遊ぶ

流れ出た溶岩に囲まれたタイドプールはフィッシュウオッチングにぴったり。周辺には小さな潮だまりも。→P.234

スノーケリングセットを持っていこう

茶色に濁ったナトリウム塩化物温泉

海遊びは潮の干満をチェック

タイドプールで生物探しをするなら、干潮を狙っていくこと。長太郎池も満潮時は波が入り深くなるので危険。

↓ 🚗 18分

12:30 海のあとはふるさとの湯へ

西側にある「ふるさとの湯」で海水を流しさっぱり。露天風呂からは海を眺めることができる。→P.241

↓ 🚗 3分

13:30 島魚のだしが香るラーメンを

阿古漁港船客待合所の2階にある「三宅食堂」で、うま味たっぷりの地魚だしラーメンを味わう。→P.58

地魚のアラを煮出したうま味スープが最高！

↓ 🚗 22分

15:00 展望台から伊豆諸島を一望！

雄山の中腹にある七島展望台は、その名のとおり伊豆大島から八丈島まで伊豆諸島を見渡す絶景スポット。→P.229

1983年の噴火ではこの付近にも火口があいた

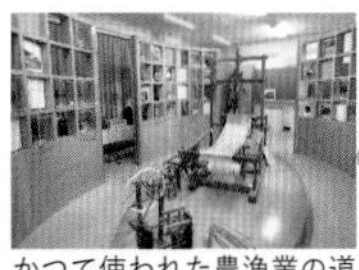
かつて使われた農漁業の道具などを展示

↓ 🚗 23分

16:00 郷土資料館で島の歴史を学ぶ

「三宅島郷土資料館」は、5つの展示室で火山の歴史や流人文化、信仰などについて解説している。→P.241

↓ 🚗 3分

17:30 夕日の好スポット、メガネ岩

西海岸のメガネ岩は、溶岩が波や風で削られた不思議な岩。岩の間に夕日が沈むことも。→P.228

もとはメガネ形だったが片方が崩れて今の形に

↓ 🚗 1分

19:00 居酒屋で島食材を味わう

「ふるさと味覚館　宙 -SOLA-」は地魚の刺身をはじめ、島食材を使った料理が揃っている。→P.242

まずはその日のおすすめメニューを

3日目 鳥たちがさえずる大路池の畔を散歩

9:00 アカコッコ館で島の自然を知る

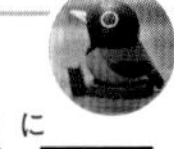

「三宅島自然ふれあいセンター・アカコッコ館」には、島で見られる鳥や魚、植物などの解説が。→P.232

望遠鏡で水を飲みにくる鳥を観察することも

大路池のふたつの桟橋から水鳥を観察

↓ 🚶 5分

9:30 池の周りの照葉樹林を散歩

大路池の周りは遊歩道になっていて、鳥の鳴き声を聴きながらスダジイの森を歩ける。→P.232

右上／香りのいいカブツはレモンの代わりに
右下／新鮮な明日葉も

↓ 🚗 9分

12:30 港周辺でおみやげをゲット

阿古漁港船客待合所から徒歩1分の「いきいきお魚センター」では島の魚や野菜などが買える。→P.243

キンメダイは鮮魚のほか冷凍や干物も買える

↓ 🚶 1分

13:45 大型客船で島を出発

ランチ用に島の商店で弁当を買っておくのもおすすめ。もちろん船内のレストランも営業している。

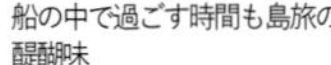
船の中で過ごす時間も島旅の醍醐味

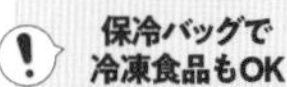

保冷バッグで冷凍食品もOK

鮮魚はクーラーボックス、冷凍食品は保冷バッグなどで持ち帰ろう。船内では冷蔵室や冷蔵ロッカーに入れて。

↓ 🚢 6時間5分

19:50 東京・竹芝桟橋に到着

ワイルドな火山島景観に圧倒される

噴火の痕跡をたどる

三宅島は島全体が海底から立ち上がっている活火山。明治に1回、昭和に3回、平成に1回の噴火が起きており、いたるところで噴火の跡が見られる島内は、あたかも火山博物館のようだ。

椎取神社
ひょうたん山
火山体験遊歩道
鉄砲場
雄山
今崎海岸
コシキの穴
七島展望台
メガネ岩
錆ヶ浜港
GOAL!
START!
八重間マール
富賀浜
新鼻新山

噴火の歴史から三宅島を知る

三宅島は海底火山が成長してできた火山島。海底噴火で噴出したマグマが溶岩となって堆積し、長い年月をかけて島になった。今でも地下でマグマが発生する活火山として知られ、直近では2000年6月に雄山（おやま）の山頂で大規模な噴火が起きている。2000年の噴火では、たび重なる噴火活動による降灰や低温火砕流、火山ガス、泥流などの被害が大きく、全島民が島外に避難。約4年半の避難生活を余儀なくされた。三宅島では、ここ100年の間に1940年、1962年、1983年、2000年と4回の噴火が起きており、島のいたるところで噴火の爪痕を目にする。泥流に埋まった鳥居や溶岩流をせき止めた小学校の校舎など、日常生活を断ち切った噴火の被害を目の当たりにすると、自然を脅威に感じることだろう。しかし溶岩を覆うように茂る森や、海岸に咲く花など生命力に満ちた自然の再生力にも感動させられる。

上／雄山の中腹あたりにある七島展望台。晴れた日は伊豆大島から八丈島まで見渡せる
左／三宅島最高峰の雄山。2000年の噴火で山頂にカルデラが形成された

噴火のパワーを実感する火山島のジオサイト

三宅島には噴火によって生まれた丘や火口、溶岩流の跡といった火山景観が点在し、間近に観察することができる。主要なスポットには成り立ちなどを説明した看板が立ち、実物を展示した博物館をめぐっているようだ。露出した地層、噴火で放出された火山岩塊や火山礫、五角形や六角形に割れた柱状節理など、噴火の痕跡から火山島の成り立ちに触れられる。噴火の痕跡を知ることで、三宅島の歴史を学べるのだ。

かつてはふたつのアーチがあったことからメガネ岩と呼ばれている奇岩。台風により片方が崩れてしまった

火山性ガスにより立ち枯れた真っ白な枯損木（こそんぼく）が独特の景観を見せている

火山島景観をめぐるなかで、よく聞くスコリアという言葉。スコリアとは噴出したマグマが冷えて固まったもの。マグマに溶け込んでいた水やガス成分が抜け、細かい穴があいている（多孔質）。

ドライブプラン

錆ヶ浜港から出発

4分

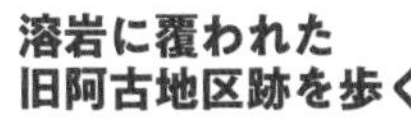

溶岩に覆われた旧阿古地区跡を歩く

1983年の割れ目噴火により流れ出た溶岩は、阿古地区の一部をのみ込んだ。2007年には溶岩の上に木製の遊歩道が敷かれ、溶岩流の威力を間近に感じることができる。

上／ところどころに解説が書かれ、噴火について学べるようになっている　下／溶岩流をせき止めた旧阿古小・中学校の校舎が残されている

阿古 火山体験遊歩道
MAP 別冊 P.17-D1　交 三宅島観光協会から車で4分

3分

小さな火口縁をプチトレッキング

1643年に噴火したコシキ火山の火口縁や火口底に遊歩道が整備されている。火口縁を一周し、火口底まで下りても20分ほど。西側の見晴らし台からは雄大な景色を眺められる。

かつて果樹が栽培されていた火口底

阿古 コシキの穴　MAP 別冊 P.16-A2
交 三宅島観光協会から車で6分

21分

泥流にのみ込まれた鳥居が残る神社へ

延喜式神名帳に記載された格式高い式内社のひとつ。2000年の噴火により発生した泥流に社殿と鳥居がのみ込まれ、今も鳥居の上部だけが地上からのぞいている。

現在の社殿と鳥居は噴火後に建てられたもの。周囲には立ち枯れた白木が林立する

神着 椎取神社
MAP 別冊 P.17-C1
交 三宅島観光協会から車で22分

上部の笠木だけを残して泥流に埋もれた鳥居。今では草木も再生している

1分

噴火により1日で生まれた丘

1940年の噴火で放出された溶岩や火山弾、スコリア、火山砂などにより、約22時間で形成された墳石丘。丘の上まで行くと小さな噴火口を一周できる。

もとはふたつの噴石丘がひょうたんのように並んでいたが、片方が波や風により削られてしまった

神着 ひょうたん山
MAP 別冊 P.17-C2
交 三宅島観光協会から車で23分

16分

海底火山でできたダイナミックな噴石丘

1983年の噴火により生まれた丘。一面、スコリアで埋め尽くされ、まるでSF映画を思わせる風景が広がる。波や風で海側が削られ、溶岩の赤と黒の断面が観察できる。

海に向かって鼻のように突き出した丘が名前の由来。島を代表する絶景スポットだ

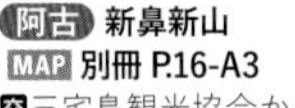

阿古 新鼻新山
MAP 別冊 P.16-A3
交 三宅島観光協会から車で6分

20分

晴れた日は富士山が見られることもある。サンセットスポットとしても知られている

雄山中腹から伊豆諸島を見渡す

その名のとおり伊豆大島から八丈島まで7つの島を見渡せる展望台。古い時代に形成された噴石丘だが、表層には1983年の割れ目噴火で放出された黒いスコリアが積み重なっている。

阿古 七島展望台　MAP 別冊 P.16-B3
交 三宅島観光協会から車で23分

ほかにもある火山島景観！

鉄砲場

1983年の噴火では溶岩流がこの場所を流れ、阿古の集落まで到達した。道路沿いの壁を見ると溶岩流の断面が観察でき、溶岩流にのみ込まれた自動車も見られる。

阿古 MAP 別冊 P.16-A2
交 三宅島観光協会から車で3分

八重間（やえま）マール

マグマ水蒸気爆発によってできた長径1000m、短径750mほどの爆裂火口（マール）。高さ200mほどの火口壁に囲まれており、火口の中には三宅高校が立っている。

坪田 MAP 別冊 P.16-B3
交 三宅島観光協会から車で12分

今崎海岸

1643年の噴火で放出された溶岩は海岸付近にまで到達し溶岩扇状地ができた。約380年がたっても海岸一帯は植生が乏しく、荒涼とした溶岩原が広がっている。

阿古 MAP 別冊 P.17-D1
交 三宅島観光協会から車で4分

富賀浜

ゴロタ石の海岸に面して切り立った崖が連なる。露出した地層は、近くの海岸線や海底で起きたマグマ水蒸気爆発により放出された岩塊から構成されている。

阿古 MAP 別冊 P.16-A3
交 三宅島観光協会から車で8分

しま通信　三宅島の海中には、陸上と同じように火山活動により形成された複雑な地形が広がっている。巨大アーチやトンネル、柱状節理群などが見られ、スクーバダイビングのスポットとしても有名。

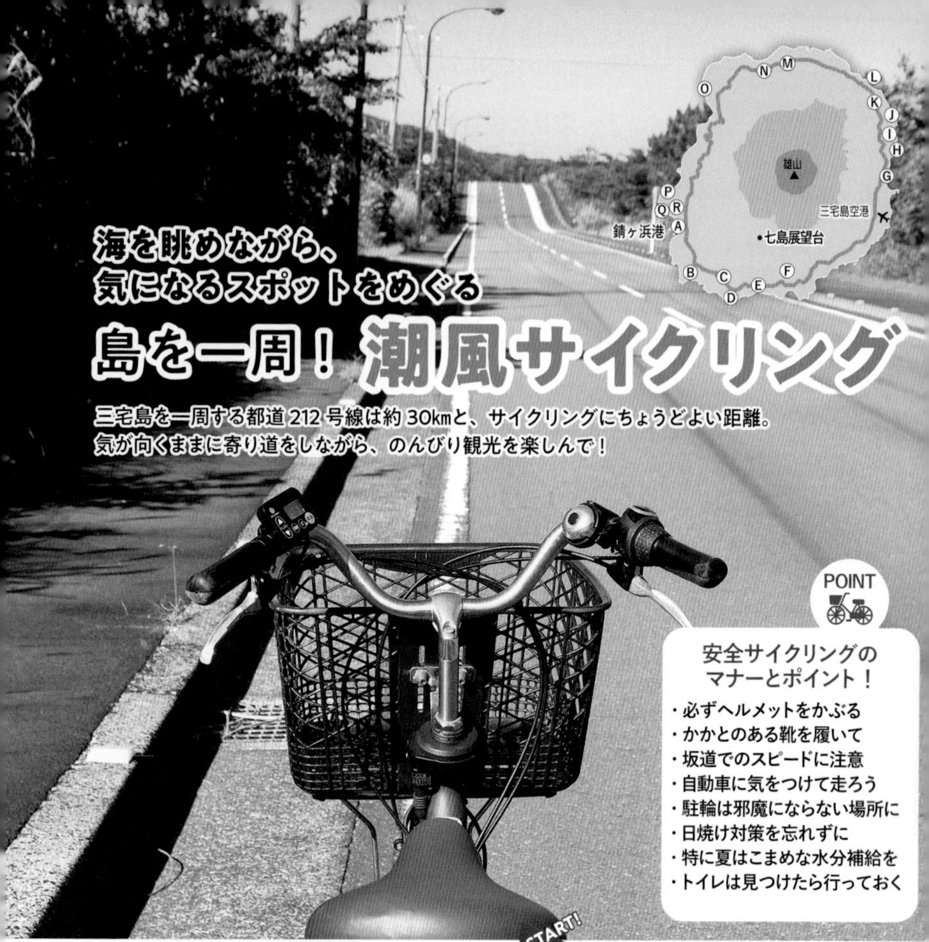

雄山
三宅島空港
錆ヶ浜港
七島展望台

海を眺めながら、気になるスポットをめぐる
島を一周！ 潮風サイクリング

三宅島を一周する都道 212 号線は約 30kmと、サイクリングにちょうどよい距離。気が向くままに寄り道をしながら、のんびり観光を楽しんで！

POINT

安全サイクリングのマナーとポイント！

- 必ずヘルメットをかぶる
- かかとのある靴を履いて
- 坂道でのスピードに注意
- 自動車に気をつけて走ろう
- 駐輪は邪魔にならない場所に
- 日焼け対策を忘れずに
- 特に夏はこまめな水分補給を
- トイレは見つけたら行っておく

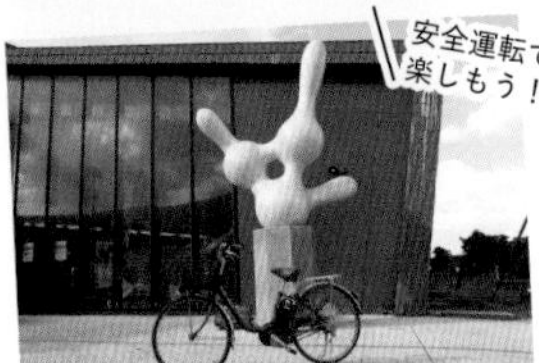

安全運転で楽しもう！

車だと素通りしてしまいそうな景色や小路にも立ち寄れる♪

三宅一周道路と呼ばれる都道 212 号線を走ると、島をぐるりと回れる三宅島。自転車でも 3 時間ほどで一周できてしまう。集落を結びながらの道路は、ときどき海岸線にも出るさわやかなコース。西側に大きな起伏があるが、それ以外は細かいアップダウンがある程度。途中、展望台や神社、小さな商店など、気になったスポットに立ち寄ってみよう。道をそれてビーチに寄り道するのも楽しそうだ。自転車は、三宅島観光協会とペンション花海月（→ P.245）で電動アシスト自転車を貸し出している。

しま通信 三宅一周道路は西側に急こう配の坂があるので、東回りは最後、西回りは最初にきつい坂を上ることになる。この特集では東回りのコースを紹介している。

❶都道はきれいに整備されており走りやすい ❷真っ白な四角い塔が目印の伊豆岬灯台 ❸富賀神社は、延喜式神名帳に記載された格式高い式内社のひとつ ❹道端には祠やお地蔵様などが祀られている ❺1940年の噴火で生まれた噴石丘、ひょうたん山 ❻島を一周すると、何度も路線バスとすれ違う ❼約1.5kmにわたって黒い小石の浜が延びる三池浜 ❽眼下に大久保浜を望むビュースポット、赤じゃり公園 ❾1983年の噴火で流れ出た溶岩の跡が見られる薄木溶岩流 ❿道路の先に海が見えるとテンションアップ！

島を一周！ 潮風サイクリング

▶ 2分
Ⓙ 海底から現れたひょうたん山 →P.229
▶ 4分
Ⓚ 椎取神社で噴火の威力を知る →P.229
▶ 16分
Ⓛ 坂を下って釜の尻海岸へ →P.240
▶ 5分
Ⓜ 式内社のひとつ御笏神社参り →P.241
▶ 11分
Ⓝ 大久保浜を見渡す赤じゃり公園
▶ 34分
Ⓞ 伊豆諸島最古の伊豆岬灯台 →P.239
▶ 1分
Ⓟ 溶岩に覆われた今崎海岸 →P.229
▶ 1分
Ⓠ 噴火で生まれたメガネ岩 →P.228
▶ 4分
Ⓡ ふるさとの湯で汗を流す →P.241
Ⓐ 阿古漁港船客待合所に到着

溶岩扇状地が広がる！

GOAL!

レンタサイクルは観光協会へ

三宅島観光協会では、電動アシスト自転車のレンタルを行っている。貸出と返却は阿古漁港船客待合所内の観光協会窓口。台数に限りがあるので基本的にウェブサイトからの予約制となっている。ほかに宿でも自転車を貸してくれることがあるので、確認してみよう。

バッテリーの充電器を設置している宿泊施設もある（利用は宿泊客のみ）

三宅島観光協会→P.223

電動アシスト自転車の料金は以下のとおり（ヘルメットのレンタルを含む）

半日（9:00～12:30、13:30～17:00）…… 1500円
1日（9:00～17:00、13:30～翌12:30）…… 2500円
1.5日（9:00～翌12:00）…… 3500円
2日（9:00～翌17:00）…… 4500円
※以降、半日ごとに1000円

しま通信　三宅島を一周するコースは、西側の急坂以外はそれほどきつくないが、それでも起伏は多く緩やかに長い坂道や、上り下りが続く場所がある。体力に自信がない人は途中まで行って戻るのもいいだろう。

小鳥のさえずりに満ちた照葉樹林

野鳥の楽園、大路池さんぽ

**多くの野鳥を観察できることから
バードアイランドと呼ばれる三宅島。
島内にはバードウオッチングを
楽しめるスポットがいくつもあるが、
なかでも南部の大路池（たいろいけ）は
遊歩道が整備され、
初心者の野鳥探しにぴったり。**

鳥の鳴き声を聴きながら照葉樹林を歩く

三宅島は野鳥の生息密度が高く、気軽にバードウオッチングを楽しめる島。島内で繁殖する留鳥はもちろん、渡り鳥も多いため季節ごとにさまざまな野鳥を観察できるのが魅力だ。伊豆諸島とトカラ列島にしか生息しない天然記念物のアカコッコやイイジマムシクイ、同じく天然記念物のカラスバト、沖に浮かぶ岩礁の大野原島（通称、三本岳）で繁殖するカンムリウミスズメなど貴重な鳥も見られる。

島内には野鳥の観察スポットがいくつもあるが、なかでも南部の大路池の周りはスダジイやタブノキなどからなる照葉樹林が広がり、島内屈指の野鳥観察スポットとして知られている。多くの種が見られるのは春から夏にかけて。特に5～6月の繁殖期に大路池の遊歩道を歩くと小鳥の鳴き声に包まれ「日本一のさえずりの小径」とも呼ばれている。大路池のほとりには、三宅島の自然観察の拠点となる「三宅島自然ふれあいセンター・アカコッコ館」が立ち、島の生物や環境について学ぶことができる。

大路池　MAP 別冊 P.16-B3
交 三宅島観光協会から車で13分+徒歩5分

大路池一周 野鳥ウオーキング

まずはアカコッコ館で島の自然について学ぶ

1993年にオープンした、三宅島の自然に親しむための施設。野鳥だけでなく、植物や海の生物を紹介する展示もある。観察コーナーからは水場にやってくる野鳥が見られる。

上／うっそうとしたスダジイの森の中にたたずむ
下／野鳥を観察するための望遠鏡が設置されている

三宅島自然ふれあいセンター・アカコッコ館
MAP 別冊 P.16-B3　住 三宅島三宅村坪田4188
TEL 04994-6-0410　時 9:00～16:30　休 月（祝日の場合は翌日）　料 200円（中学生以下と65歳以上は無料）
CC 不可　P あり　交 三宅島観光協会から車で13分

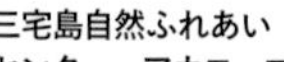

1分

スダジイの巨木が立つ照葉樹林を歩く

大路池の周辺にはスダジイやタブノキからなる照葉樹林が広がり、森に生息する野鳥が見られる。手つかずの森には樹齢数百年以上の巨木がそびえ、木漏れ日が心地よい。

大路池に沿って遊歩道が造られている

しま通信　三宅一周道路から大路池までは未舗装の車道が通っており、自動車で北側桟橋まで行くことができる。途中、大路池を一望する展望スポットや迷子椎も通るので、時間がない場合はこちらのルートもおすすめ。

野鳥の楽園、大路池さんぽ

❶伊豆諸島では伊豆大島から青ヶ島にかけて生息するアカコッコ ❷大路池の北側桟橋は開けており、上空を飛ぶ野鳥も観察できる ❸小鳥のさえずりのシャワーを浴びながら緑のトンネルの中を歩く ❹アカコッコ館から数分で遊歩道入口に到着 ❺大きく枝を伸ばしたスダジイの巨木が立つ

大路池で見られるおもな野鳥

天然記念物

アカコッコ
スズメ目　ツグミ科

伊豆諸島とトカラ列島だけで繁殖する日本の固有種。年間を通して生息するが、観察しやすいのは3～10月。特に4～6月によく見られる。

天然記念物

イイジマムシクイ
スズメ目　ムシクイ科

4～7月頃に伊豆諸島とトカラ列島に飛来し繁殖する夏鳥。この季節になると森に「チョリチョリチョリ」というさえずりが響く。

タネコマドリ
スズメ目　ヒタキ科

オレンジの頭がかわいいコマドリ。「ヒン・カラララ」という張りのある声で鳴く。年間を通して見られるが3～5月に観察しやすい。

オーストヤマガラ
スズメ目　シジュウカラ科

三宅島、御蔵島、八丈島だけに生息するヤマガラで、スダジイの森を好む。3～11月が観察のシーズンだが、特に4～6月に見つけやすい。

シチトウメジロ
スズメ目　メジロ科

比較的個体数が多く1年中観察できるが、特に3～7月によく見られる。本州のメジロに比べると、クチバシや羽が長いのが特徴。

天然記念物

カラスバト
ハト目　ハト科

おもに照葉樹林に生息する大型のハト。全身真っ黒な体色をしておりクロバトの異名も。「ウッ、ウーゥ」と鳴く。よく見られるのは4～7月頃。

池に突き出した南側桟橋から水鳥観察

樹木に覆われた桟橋からは、北側の斜面が一望できる。秋から冬にかけては水鳥が群れで泳ぎ、上空を滑空するタカなど大型の鳥が見られることもある。

徒歩でしかアクセスできないので観光客が少なく静か

5分

北側桟橋の先端で池を背景に記念撮影！

南側桟橋から400mほど歩くと北側桟橋に着く。車でもアクセスできるため、島の家族連れなども多い。大きなカメラを持ったバードウオッチャーの姿も。

トイレや休憩舎が建てられている

5分

神が宿ると伝わる巨木、迷子椎に圧倒される

樹齢600年以上といわれるスダジイの巨木。噴火をつかさどる神が宿ると伝わり、大切に守られてきた。道に迷ったときに、この木が目印になったことから、迷子椎と呼ばれている。

大路池の畔では最も大きいスダジイ

5分

高台の車道から大路池の全景を望む

階段で未舗装の車道に上ると、樹木の間から大路池を見渡すことができる。太陽の光を浴びて輝く水面が美しい。道路沿いでは、5月から9月にかけてガクアジサイとタマアジサイが見られる。

伊豆諸島で最大の湖

火口湖なのですり鉢のような形をしている

しま通信

アカコッコ館には日本野鳥の会のレンジャーが常駐し、三宅島の自然に関する展示や情報を提供している。水鳥観察などの自然観察会も開催しておりタイミングが合えば観光客も参加できる。そのほか島の動植物の調査・研究も行っている。

溶岩に囲まれた天然プールで海遊び

長太郎池でお魚ウオッチング

三宅島南部にある長太郎池は、岩に守られた大きなタイドプール。透明度が高く、干潮時にはさまざまな生物を観察できる。周辺には小さな潮だまりもあり安心して磯遊びを楽しめる。

長太郎池　MAP 別冊 P.16-B3　P あり　交 三宅島観光協会から車で 15 分

ミナミハコフグの幼魚が登場！

ミツボシクロスズメダイの幼魚

このラインに岩が連なり波よけになっている

階段がぬれていると滑るので注意

海の中は魚でいっぱい！

長太郎池の遊び方 1

タイドプールで生物探し！

溶岩質の岩でできた海岸には、干潮になるといくつものタイドプールができ、逃げ遅れた生物を観察するのにぴったり。黒潮の影響を受ける三宅島ではカラフルな南方系の海水魚が見られることもある。長太郎池の横には小さな潮だまりができており、子供でも安心して生物探しができる。ときには大きな魚や珍しい貝などが見られることも。

15㎝ほどのワタリガニの仲間を発見！

長太郎池の遊び方 2

見つけた生物の写真を撮って調べよう

タイドプールで捕まえた生物は、観察したら写真を撮って逃がしてあげよう。あとで図鑑などで種類を調べると、南の地域から卵の状態で渡ってきた魚だったりして驚くことも。網を 2 本用意しておくと、素早く泳ぐ魚も追い込んで捕まえることができるので便利だ。捕まえた生物は、棘や毒をもっていることもあるので、素手で触らないこと。

観察・撮影用のアクリルケースが便利

長太郎池の遊び方 3

スノーケリングで魚と一緒に泳ぐ

干潮時の長太郎池は、溶岩に囲まれており天然のプールのよう。沖側から海水は入ってくるが、タイドプールの中は波がなくスノーケリングでさまざまな生物が見られる。夏から秋にかけては南方系の魚も期待できる。満潮時は波が入るので、旅行前に三宅島の干潮の時間を調べておこう。また海況が悪いときは、干潮でも波が立つので注意。

タカノハダイなど大きな魚も見られる

穏やかな海でも、事故の可能性はある。溺れたり流されたりしたときに、ライフジャケットを着けているかどうかはとても重要だ。海遊びにはライフジャケットが必須、と考えておきたい。

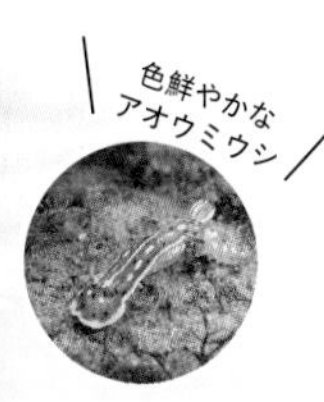

奥に行くと海水の出入りがある

❶干潮から3時間ほどたった長太郎池。取材時は海況がよくなかったので、うねりがある　❷長太郎池の奥（沖側）は波が入るので近づかないように　❸長太郎池の横にある小さなタイドプール。磯遊びには最適　❹ウツボが見られることも。手を出すと危険　❺きれいな模様の大きな貝を発見

長太郎池で見られるおもな魚

ソラスズメダイ
スズキ目
スズメダイ科

体長は7～8cm、コバルトブルーの体色が美しく、観賞用としても人気の魚。年間を通して見られる。

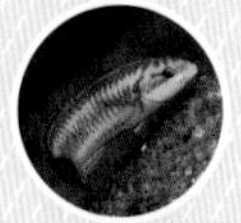

ニシキベラ
スズキ目
ベラ科

全長15～20cmほどのベラで、青や赤、緑が入り交じった体色が美しい。岩礁域でよく見られる。

オヤビッチャ
スズキ目
スズメダイ科

白地に黒い横帯が5本入ったわかりやすい模様。背が黄色っぽく華やか。1年中、よく見られる。

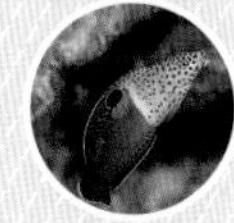

カンムリベラ
スズキ目
ベラ科

成魚は1m近く黒っぽいが、タイドプールで見られるのは5～8cmほどの幼魚。華やかな模様で人気。

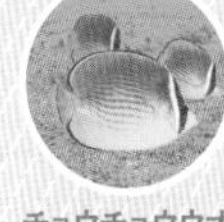

チョウチョウウオ
スズキ目
チョウチョウウオ科

鮮やかな黄色に茶の縦線が入る。目のあたりの黒帯と白帯が特徴的。潮だまりでは幼魚も見られる。

カゴカキダイ
スズキ目
カゴカキダイ科

黄と黒の縦縞が特徴的な、体長15cmほどの魚。岩礁域でよく見かけ、タイドプールには幼魚が多い。

長太郎池でお魚ウオッチング

磯遊びはこんな格好で！

ライフジャケット
体の大きさに合ったものを選ぼう。股ベルトを忘れずに。

帽子
つばのある帽子で紫外線をカット。首の後ろもカバーして。

網
網は2本あると、挟んで捕まえられるので効率的♪

グローブ
岩に手を付いたり、トゲのある生物を触ってしまうことがあるので着用がベター。

ロングスパッツ
気がつくと日焼けやけがをしている足を守ってくれる。

バケツ
日なたに置くと、海水が温まり生物が死んでしまうので注意。

マリンシューズ
ゴツゴツした磯を歩くときは、サンダルよりシューズが安心。

そのほか、あると便利なもの

☑飲料水　☑日焼け止め　☑タオル　☑カメラ（防水機能付き）
☑消毒液　☑絆創膏　☑虫よけスプレー

POINT 長太郎池で安全に遊ぶためのポイント！

- 岩でけがをしないような装備を
- 熱中症、日焼け対策は万全に
- 危険な生物について事前に調べておこう
- 海水の出入りがある奥には行かないように
- 波が入ってくるので満潮時は遊ぶのを避ける
- 波が高い日、風が強い日は危険なので遊ばない
- 周辺の道路が狭いので車で行く場合は注意しよう

三宅島では600種類以上の魚が見られ、黒潮にのってやってきた南方系の魚も多い。南から来た魚は季節来遊魚といわれ、基本的に冬を越すことはできないので、死滅してしまう。

居心地のいい空間で名物メニューを味わう

島でくつろぐカフェ＆ダイニング

島の人たちが通うカフェやレストランは、
集落から少し離れた小路や海を見渡す高台にある。
どの店も雰囲気がよく、思わず長居してしまう快適さ。
島の食材を使ったメニューも好評な実力店を紹介！

島の名物！

あしたばフラペチーノ 650円

濃厚な甘さのホワイトチョコと、ほろ苦い明日葉のバランスが心地よい大人のスイーツドリンク。

カフェ

御蔵島を望む高台に立つさわやかカフェ

チリドッグ 850円、季節限定のレモンスカッシュ 400円（右）

cafe NAGOLA（かふぇ なごら） 坪田

三宅一周道路から長太郎池へ向かう小路に、2023年8月にオープンしたカフェ。水色のかわいい建物に入ると、自然光が差し込む明るい空間で島の人たちがくつろいでいる。メニューは5種類の豆から選べるコーヒー500円のほか、フラペチーノやフルーツジュースなどドリンクが中心。島レモンなど旬の食材を使った季節限定メニューも用意されている。

MAP 別冊 P.16-B3　住 三宅島三宅村坪田 3245
営 10:00 ～ 16:00　休 水・木・日　※営業日はインスタグラムで確認を　CC ADJMV　P あり　交 三宅島観光協会から車で13分または🚌高校前から徒歩5分

右上／サーフボードが飾られて店内はリゾートのような雰囲気
左下／店名はすぐ近くに延びるナゴラ海岸から取った
右下／カウンターでオーダーするセルフサービススタイル

バー＆レストラン

島の野菜や魚を味わえる料理自慢のバー

リターノ 神着

神着の住宅地から少し離れた場所にひっそりとたたずむ隠れ家レストラン。店主の両親が営む農園のフルーツや野菜、島で揚がった魚介などを使った創作料理がおいしいと評判だ。ウイスキーやウオッカ、ジン、ラムなどが揃い、カクテルも充実している。現在、料理は3000円のセットメニューのみ。島民からの人気が高いので予約をして訪れよう。

その日揚がった魚介をさまざまな料理に

島の名物！

菊地農園とれたてサラダ（3000円のセットメニューの一品）

地元の菊地農園で収穫した旬の野菜やフルーツを使ったサラダは、オープン当時からの人気メニュー。

MAP 別冊 P.16-B1　住 三宅島三宅村神着 421-5
TEL 0499-42-1245
営 18:30 ～ 24:00
休 不定休
CC ADJMV　P あり
交 三宅島観光協会から車で19分

左／旬のフルーツを使った自家製ドリンクが飲めることも　右／島一周道路から入り組んだ路地を進んだ坂の上に立つ

島の飲食店は不定休だったり、営業形態が変わったりすることが多いので、行く前に電話で確認をしておくと安心。客がいないと早めに閉店することもあるので、昼でも夜でも念のため予約を。（編集部・T）

カフェ

三宅島の風景画に囲まれた上質な空間

ギャラリーカフェ カノン 伊豆

木のぬくもりが感じられるロッジ風の店内に、三宅島の風景を描いた画家、穴原甲一郎氏の作品が飾られたカフェ。島の野菜やフルーツを使った手作りのパンやお菓子、ドリンクを出しており、明日葉やところてんを使った個性的なメニューも揃う。店のスイーツにも使われている、三宅島産のフルーツソースはおみやげに大人気！

島の名物！

スフレパンケーキ ダブル 1000 円

水・木のカフェタイム限定。ふわふわのパンケーキに、自家製フルーツソースやチョコレートソースなど好みのソースをかけて。

スフレパンケーキのシングルは750 円。アイスのトッピングも可

左／三宅島の光と風と水を描いた作品が展示されている
右／季節のフルーツをあしらったカノンミニパフェ 600 円

自家製ところてんが評判のカノンあんみつ 600 円。4 〜 9 月頃限定

MAP 別冊 P.16-A1 住 三宅島三宅村伊豆 36 TEL 04994-2-1239 営 11:30 〜 16:00（水・木はカフェ営業、金・土はランチ営業。ただし 7 〜 9 月はカフェ営業休みで、ランチ営業のみ） 休 日・月・火 CC ADJMV P あり 交 三宅島観光協会から車で 12 分

カフェ＆レストラン

広々としたガーデンに面した一軒家カフェ

GIZMO（ぎずも） 坪田

真っ黒な玄武岩が広がる沖原海岸に面してポツンと立つ一軒家のカフェ＆レストラン。目の前には広々とした庭があり、その向こうに海を望む絶好のロケーションだ。ランチは平日がイートイン、休日がテイクアウトのみなので注意。断面の彩りが美しいサンドイッチの人気が高い。要予約の夜は、食事にも酒にも合う素材の味を生かした料理を楽しめる。

島の名物！

チキンのトマトソース煮 1200 円

三宅島産のナスとバジルを使った、鶏肉のうま味あふれる一品。トマトのほのかな酸味がさわやか。

厚めに切ったヅケマグロのカルパッチョ 1500 円（右）とバタフライピーティー 450 円

左／不揃いのテーブルやチェアが並ぶおしゃれな空間
右／ミュージシャンのポスターや楽器が飾られている

MAP 別冊 P.17-C3 住 三宅島三宅村坪田 2891 TEL 04994-8-5853 営 11:30 〜 14:00（L.O.13:30。土・日・祝は 12:00 〜）、18:00 〜 22:00（L.O. 料理 21:00、飲み物 21:30）※ランチは平日イートイン、土・日・祝テイクアウトのみ 休 月・火 予 夜は前日までに要予約 CC 不可 P あり 交 三宅島観光協会から車で 15 分

しま通信 伊豆諸島は、ところてんや寒天の原料になる海藻テングサの産地。赤紫色のテングサを水にさらして天日干しにしたものを使用する。テングサで作ったところてんは香りがよく、コシのある独特の食感を楽しめる。

島内交通

レンタカー

さまざまな見どころをめぐる場合は、三宅一周道路から中心部への坂道を上ったり、海岸に下りたりと起伏が激しいのでレンタカーの利用がおすすめ。2軒のレンタカー会社があり、軽自動車からワゴン車まで揃っている。台数が限られるので、繁忙期は早めに予約しておきたい。送迎が有料の場合もあるので確認を。宿泊施設がレンタカーを用意していることもある。

釣りをする場合は、専用の車が用意されている

レンタカー会社
●コスモレンタカー
MAP 別冊 P.17-C3
TEL 04994-6-1252
●三宅島交通
MAP 別冊 P.16-B1
TEL 04994-2-0291

レンタバイク、レンタサイクル

一周30kmほどの島なので、レンタバイクやレンタサイクルも使い勝手がよい。レンタバイクは3時間と1日のプラン、レンタサイクルは半日から借りられる。レンタサイクルは三宅島観光協会のほか、宿泊施設で借りられることもある。天気のよい日は海岸線を走るのが気持ちいいが、風が強い日はあおられないように注意しよう。

島を一周すると、電動アシスト自転車で2時間30分～3時間

レンタバイク会社
●レンタバイク朝信
MAP 別冊 P.16-A3
TEL 04994-5-0516

レンタサイクル会社
●三宅島観光協会→ P.231
●ペンション花海月→ P.245

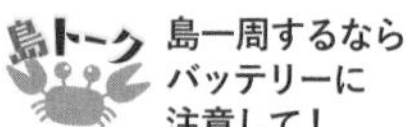

島一周するならバッテリーに注意して！
電動アシスト自転車は、バッテリーが満タンなら基本的に島を一周しても問題ない。ただし、バッテリーの年式や乗り手の体重、坂道での使い方などで消費電力が変わるので、ときどきチェックするのを忘れずに。

タクシー

港や空港から宿まで行ったり、食事処へ行くときなどに便利なのがタクシー。島内に2軒のタクシー会社があり、電話で呼ぶことができる。定期船が到着する早朝や深夜にも対応しているので安心だ。ただし船や飛行機の到着時にタクシーが出払っていると、迎えまでに時間がかかることがあるので利用するなら早めに連絡をしておこう。1時間からの貸し切りもできるので、島内観光に利用してもいいだろう。

タクシー会社
●三栄タクシー
MAP 別冊 P.17-D1
TEL 04994-5-0511
●さくまタクシー
MAP 別冊 P.17-C2
TEL 04994-8-5900

村営バス

村営バスは時計回り（右回り）と反時計回り（左回り）の2路線が運行しており、5つの集落を巡回している。1日5便の運行なので、上手に使えば観光をしながら島を一周することができる。11:30発の便は、左回り、右回りともに東京行きの定期船乗り場を経由するほか、早朝の定期船に合わせて臨時バスが運行される。

車体が高いバスは、車窓からの眺めがよいのも魅力のひとつ

村営バスの所要時間の目安
・左回り
伊ヶ谷港～錆ヶ浜港入口　21分
錆ヶ浜港入口～空港前　21分
・右回り
三池～錆ヶ浜港入口　24分
錆ヶ浜港入口～鉄砲場　7分

三宅村営バス
TEL 04994-5-0908（三宅村役場観光産業課企画係）
料 大人110～960円、子供60～480円
※2日券大人1000円・子供500円、3日券大人1500円・子供750円

レンタカーやレンタバイク、レンタサイクルは要予約。特にレンタカー会社に、空港や港まで迎えにきてもらいたい場合は、予約時にリクエストしておく必要がある。

おもな見どころ

噴石が積み重なってできたスコリア丘

MAP 別冊 P.17-C2
坪田
展望台

三七山（さんしちやま）

1962年に起きた割れ目噴火で放出された噴石が積み重なってできた丘。昭和37年の年号からこの名で呼ばれる。丘の上は展望台になっており、同じく噴石丘のひょうたん山が見える。

山頂から見えるひょうたん山は、1940年の火山活動で誕生した

三七山
P ありう
交 三宅島観光協会から車で20分またはℹ三七山からすぐ

一面にスコリアと呼ばれる軽石状の噴石が見られる

白亜の灯台が立つ溶岩に覆われた岬

MAP 別冊 P.17-C2
坪田
景勝地

サタドー岬（さたどーみさき）

海面から20～30mの高さで切り立つ絶壁。海まで達した溶岩でできており、無機質な玄武岩と、周辺を覆う緑のコントラストが美しい。雄大な海を見守るように無人の灯台が立つ。

14.4mのコンクリート造りの灯台は、1954年に初点灯された

サタドー岬
P なし
交 三宅島観光協会から車で22分またはℹ御子敷から徒歩3分

周辺の海はウミガメが見られることでも知られている

伊豆諸島最古の灯台がシンボル

MAP 別冊 P.16-A1
伊豆
景勝地

伊豆岬（いずみさき）

1909年に建てられた四角い無人灯台が目印。周辺では古い時代の地層が見られ、これにより過去1万年の三宅島の噴火史が解明された。夕日や星空の観賞スポットでもある。

昔から潮流が速いことで知られ、現在でも灯台が道しるべになっている

伊豆岬
P あり
交 三宅島観光協会から車で14分

村道を挟んだ反対側の高台に展望台が設置されている

野鳥がすむ豊かな森を望む

MAP 別冊 P.16-B3
雄山中腹
展望台

大路池展望台（たいろいけてんぼうだい）

雄山中腹の環状道路沿いに設置された木製の展望台。野鳥観察スポットとして有名な大路池や照葉樹林、天気がよい日は御蔵島や八丈島まで見える。

大路池は約2500年前の噴火による火口湖

大路池展望台
P なし
交 三宅島観光協会から車で21分

ウッドデッキにベンチが備わり、のんびり過ごせる

しま通信　夕日を眺めるなら、このページで紹介している伊豆岬のほか、雄山中腹にある七島展望台（→P.229）や、南西にあるメガネ岩（→P.228）が有名だ。

三宅一周道路から御蔵島を望む

MAP 別冊 P.16-B3 坪田 展望台

立根橋公園（たつねばしこうえん）

2000年の噴火で被害を受けた都道の、復旧工事に際し設置された仮橋を利用した展望台。晴れた日は海の向こうに御蔵島が見える。

島を一周する際の休憩スポットに最適

立根橋公園
P あり
交 三宅島観光協会から車で8分

2014年6月までは人道橋として利用されていた

多様な海洋生物が集まる砂利の浜

MAP 別冊 P.17-C1 神着 ビーチ

釜の尻海岸（かまのしりかいがん）

真っ黒な小石の浜が広がり、左右には溶岩の岩場が連なる。海中にはさまざまな生物が生息しスノーケリングがおもしろい。

緑のカンラン石（ペリドット）が観察できる

釜の尻海岸
P あり
交 三宅島観光協会から車で22分または🛈釜の尻からすぐ

複雑な地形の海中はダイビングのポイントでもある

約2kmのブラックサンドビーチ

MAP 別冊 P.16-B1 神着 ビーチ

大久保浜（おおくぼはま）

黒い砂利浜が約2kmにわたって延びる、ダイビングやスノーケリングにも最適な海岸。キャンプ場を併設し、バーベキューも楽しめる。

夏は家族連れが海水浴を楽しんでいる

大久保浜
P あり
交 三宅島観光協会から車で17分または🛈大久保浜から徒歩3分

トイレやシャワー、休憩施設（更衣室）が備わる

波のいい日はサーファーが集まる

MAP 別冊 P.17-C2 坪田 ビーチ

三池浜（みいけはま）

三池港から徒歩10分ほどで行ける、約1.5kmの黒砂利のビーチ。小石に混じって、カンラン石の結晶が見られることも。

近くにトイレ、シャワー、更衣室が備わる

三池浜
P あり
交 三宅島観光協会から車で18分または🛈三池からすぐ

日本最大級のボルダリングの公共施設

MAP 別冊 P.17-C3 坪田 体験施設

三宅村レクリエーションセンター（みやけむられくりえーしょんせんたー）

初級者から上級者まで楽しめる、本格的なボルダリング施設。廃校になった学校の体育館を再利用しており、雨の日の遊びにぴったり。

体育館の高い天上を利用し巨大なウオールが

三宅村レクリエーションセンター
住 三宅島三宅村坪田3034
TEL 04994-8-5681 営 13:00〜20:00（土・日・祝10:00〜17:00）
休 木（祝日の場合は翌日） 料 500円（12歳以下、65歳以上無料）、貸靴100円（チョーク、ハーネス無料） CC 不可 P あり 交 三宅島観光協会から車で13分または🛈坪田から徒歩2分

ここで紹介した以外に、約800mの錆ヶ浜や桟橋からの飛び込みが楽しい大船戸、大きなタイドプールになった長太郎池（→P.234）、スノーケリングに最適な富賀浜（→P.229）などの海水浴場がある。

島の歴史や自然、文化を知る　MAP 別冊 P.17-D1　阿古　資料館

三宅島郷土資料館（みやけじまきょうどしりょうかん）

廃校になった小学校を改修し、2階に5つの展示室を配した資料館。遺跡からの発掘品や、模型、映像などが展示されわかりやすい。

明治～昭和期の農漁業の道具などを展示

三宅島郷土資料館
住 三宅島三宅村阿古 497
TEL 04994-5-1454　時 10:00 ～ 17:00（最終入館 16:30）　休 水
料 200 円（12 歳以下、65 歳以上無料）　CC 不可　P あり
交 三宅島観光協会から徒歩 15 分または阿古から徒歩 2 分

夕日を眺める露天風呂が人気　MAP 別冊 P.17-D1　阿古　温泉

ふるさとの湯（ふるさとのゆ）

島民にも愛される温泉施設。露天と内湯のどちらも海を見渡せる。泉質は神経痛や筋肉痛を和らげるというナトリウム - 塩化物温泉。

露天風呂はぬるめなので、のんびりつかれる

ふるさとの湯
住 三宅島三宅村阿古 644
TEL 04994-5-0426　時 11:00 ～ 21:00（10 ～ 3 月は～ 20:00。最終入場閉館 30 分前）　休 水（祝日の場合は翌日。8 月は休みなし）
料 500 円（6 ～ 11 歳 250 円、5 歳以下無料）　CC 不可　P あり
交 三宅島観光協会から徒歩 14 分または二島から徒歩 5 分

延喜式内社に数えられる伊豆諸島の総鎮守　MAP 別冊 P.16-A3　阿古　神社

富賀神社（とがじんじゃ）

三宅島の神社信仰の中心となる古社。もとは雄山の中腹にあったが、噴火により本殿が消失し、二島ヶ山を経て現在の地に移された。

事代主命をはじめとした 3 柱を祀っている

富賀神社
営 参拝自由
P あり
交 三宅島観光協会から車で 4 分または富賀神社前から徒歩 5 分

隔年で開催される大祭では、神輿が島内をめぐる

多くの境内社が祀られる格式高い神社　MAP 別冊 P.16-B1　神着　神社

御笏神社（おしゃくじんじゃ）

伊豆諸島を造ったと伝わる事代主命の后である佐伎多麻咩命を祀った式内社。境内には天王宮をはじめとした14社が祀られている。

毎年 7 月に開催される天王祭は歴史ある大祭

御笏神社
営 参拝自由
P あり
交 三宅島観光協会から車で 17 分

境内社のひとつ、牛頭天王神社の牛頭天王祭も有名

子宝、良縁の御利益で知られる　MAP 別冊 P.16-A2　阿古　史跡

笠地観音（かさじかんのん）

雄山の中腹にたたずむ観音像。祈願により子宝に恵まれた夫婦が祀ったと伝わり、子授け観音、縁結び観音として知られている。

家内安全にも御利益があるといわれている

笠地観音
営 参拝自由
P なし
交 三宅島観光協会から車で 19 分

三宅島には平安時代にまとめられた延喜式の神名帳に記載された式内社が 12 社もある。富賀神社や御笏神社のほか、椎取神社（→ P.229）や后神社、御祭神社、二宮神社なども式内社に数えられる。

食べる＆飲む

Eat & Drink

飲食店は少なく早めに閉まることもあるので、訪れる前に営業しているか確認しておきたい。昼食は弁当を購入するのも一案。

レストラン 海楽
住三宅島三宅村阿古 1878
TEL 04994-5-0131　営 5:30 ～ 9:00、11:00 ～ 14:00（L.O.13:30）、18:00 ～ 22:00（L.O.21:00）
休なし　CC ADJMV　P あり
交三宅島観光協会から徒歩 2 分または❶錆ヶ浜港入口からすぐ

宿泊客以外の利用も多い

阿古

毎朝仕入れる新鮮な魚介が楽しみ　MAP 別冊 P.17-D2

和食

レストラン 海楽（れすとらん かいらく）

旬の地魚を中心とした和食を味わえる、ホテル内のレストラン。朝食は 5:30 から営業しており、定期便で早朝に到着した際に利用できる貴重な存在。夜はお酒に合う一品料理も多い。

朝食は和食のバイキング 1000 円。予約がなくても利用できる

ふるさと味覚館　宙 -SOLA-
住三宅島三宅村阿古 644
TEL 04994-5-0630　営 11:30 ～ 14:00、18:00 ～ 22:00（L.O.21:00）
休火・水　CC 不可　P あり
交 三宅島観光協会から徒歩 14 分または❶二島から徒歩 5 分

島レモンサワーなど、クセになるドリンクメニューも

阿古

島の食材を使った一品料理も味わえる　MAP 別冊 P.17-D1

居酒屋

ふるさと味覚館（ふるさとみかくかん）　宙（そら） -SOLA-

温泉施設の隣に立つ広々とした食事処。昼は日替わり、夜は一品料理が充実し、島魚の刺身をはじめ島の食材を使った料理も揃っている。島の幸を味わえる御膳 2200 円～が人気。

まずは旬の食材を使ったおすすめメニューをチェック！

テス
住三宅島三宅村坪田 3150
TEL 04994-6-0530
時 17:00 ～ 22:00
休日　CC 不可　P あり
交三宅島観光協会から車で 12 分

焼き鳥やイカゲソなどの居酒屋メニューが揃っている

坪田

島の人たちに愛される居酒屋　MAP 別冊 P.17-C3

居酒屋

テス

靴を脱いで座敷でくつろぐ居酒屋。鶏や豚、海鮮などの串焼き 230 円～のほか、酒のつまみになる一品料理が揃う。麺やご飯物も充実。多彩なソースのフライドポテト 700 円も名物だ。

カウンター越しに店主との会話も楽しめる居心地のいい店

ココナッツガーデン
住三宅島三宅村阿古 531
TEL 04994-5-0006
時 11:00 ～ 13:30（L.O.）
休月・火　CC 不可　P あり
交三宅島観光協会から徒歩 15 分または❶二島から徒歩 5 分

レストランと同じ建物で、ペンションも併設している

阿古

香りのよいピリ辛チャーハンが名物　MAP 別冊 P.17-D1

ラーメン

ココナッツガーデン

ランチ営業のラーメン店。人気の南国チャーハンセットは、島トウガラシと豆板醤で味付けしたピリ辛のチャーハンが好評。ラーメンはシンプルな醤油味で、コクのあるチャーハンとの相性がいい。

南国チャーハンセット 950 円のほか、普通のチャーハンセットも

島魚の刺身が食べられる食事処は多いが、漁がないと出せないので、予約時に確認しておくといい。早めに予約をすると、仕入れておいてくれることもある。

買う

Shopping

各地区にある商店では、手作りの弁当や総菜などが買える。また焼酎や島の野菜、魚介の加工品などが置いてあることも多い。

阿古

島民にもファンが多いのり弁当は必食　MAP 別冊 P.17-D2

商店

土屋食品（つちやしょくひん）

生鮮品や日用雑貨のほか、お菓子や焼酎なども並ぶ商店。店内で作る弁当や総菜が充実しており、特に島のりを敷き詰めたのり弁当600円は、早めに買わないと売り切れてしまう人気の逸品。

三宅一周道路沿い、錆ヶ浜港から徒歩2分ほどの好ロケーション

土屋食品
住 三宅島三宅村阿古683
TEL 04994-5-0331
時 7:00～19:00
休 月　CC 不可　P あり
交 三宅島観光協会から徒歩2分または❶錆ヶ浜港入口からすぐ

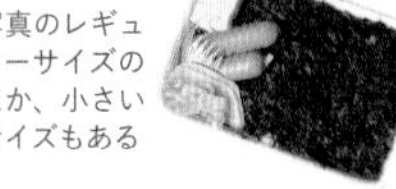
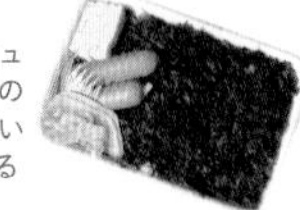

写真のレギュラーサイズのほか、小さいサイズもある

神着

定番みやげ、優しい味の牛乳煎餅　MAP 別冊 P.17-C1

銘菓

岡太楼本舗（おかたろうほんぽ）

伊豆諸島の銘菓、牛乳煎餅の製造元。店頭には煎餅を焼く機械が置かれ、タイミングがよいと焼きたてが食べられることもある。まろやかな甘味のせんべいは、子供にも大人にも喜ばれる。

店の前でくつろぐ大きな乳牛のオブジェが目印

岡太楼本舗
住 三宅島三宅村神着1168
TEL 04994-2-0051
時 8:00～17:00
休 不定休　CC 不可
P あり
交 三宅島観光協会から車で20分または❶ナダードからすぐ

1枚×15袋入りの小箱800円。バラマキみやげにも

阿古

旬の魚介や野菜、フルーツが並ぶ　MAP 別冊 P.17-D2

生鮮品

いきいきお魚センター（いきいきおさかなせんたー）

鮮魚をはじめ、キンメダイやアジの干物、明日葉などの野菜、果物など島の名産品を販売。クーラーボックスも販売しているので、鮮魚や冷凍品も持って帰れる。定番みやげも扱っている。

錆ヶ浜港の目の前にあるので、乗船前におみやげを購入できる

いきいきお魚センター
住 三宅島三宅村阿古680
TEL 04994-5-0019
時 10:00～15:00
休 火　CC 不可　P あり
交 三宅島観光協会から徒歩1分または❶錆ヶ浜港入口から徒歩1分

新鮮な農産物と海産物が並ぶ。自宅でも島の味を！

阿古

定番みやげが揃う便利な店　MAP 別冊 P.17-D2

おみやげ

一休の店（いっきゅうのみせ）

島内で純粋なおみやげ店といったらこちらの店。店内にはお菓子や水産加工品、雑貨などが並んでいる。錆ヶ浜から徒歩1分という好ロケーションにあり、定期便に乗る前に寄るにもちょうどいい。

店の前には三宅島の文字が書かれ、記念撮影をする人も多い

一休の店
住 三宅島三宅村阿古682
TEL 04994-5-0210
時 9:00～17:00（途中、休憩あり）
休 不定休　CC 不可　P あり
交 三宅島観光協会から徒歩1分または❶錆ヶ浜港入口から徒歩1分

船に乗る前に、買い忘れたものがないかチェックしよう

魚介などの生鮮食品は、氷を詰めたクーラーボックスで持って帰るか、宅配便で送るのが一般的。冷凍品は、真夏でなければ新聞紙などに包み、船内では冷蔵ロッカーに入れておくといい。

正大ストア
住三宅島三宅村神着 1823
TEL 04994-2-0178　時 9:00～20:00
休なし　CC ADJMV　P あり
交三宅島観光協会から車で 18 分
または🅘土佐から徒歩 1 分

島の焼酎に合いそうな、刺身などの海産物が揃う

神着
広い店内には弁当や総菜も並ぶ
MAP 別冊 P.16-B1
商店

正大ストア（せいだいすとあ）

神着地区で 20:00 まで営業している貴重な商店。生鮮品や飲み物、お菓子などが並ぶ。キンメダイをはじめ三宅島産の食材も買える。

品揃えが豊富な大きい商店として知られる

ベーカリー花海月
住三宅島三宅村神着 893
TEL 04994-8-5676　時 11:00 ～13:00
休日　CC 不可　P あり
交三宅島観光協会から車で 17 分
または🅘焼場から徒歩 5 分

総菜パンのほか雑貨などおみやげも並ぶ

神着
香りのいい焼きたて総菜パンが並ぶ
MAP 別冊 P.16-B1
ベーカリー

ベーカリー花海月（べーかりーはなみづき）

ペンションの 1 階がベーカリーになっており、島トウガラシや明日葉など島の食材を使った総菜パンが買える。土曜はカフェ営業も。

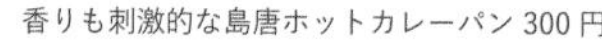
香りも刺激的な島唐ホットカレーパン 300 円

三宅島

泊まる

Stay

宿泊施設は阿古、坪田、神着の 3 地区に集まっており、民宿やペンションが多い。アーリーチェックインの可否は要相談。

ホテル海楽
住三宅島三宅村阿古 1878
TEL 04994-5-0131
IN 15:00　OUT 10:00
料素 7500 円～、朝 8500 円～、朝夕 1 万 500 円～　部 22
CC ADJMV　P あり
交三宅島観光協会から徒歩 2 分
または🅘錆ヶ浜港入口からすぐ

阿古
施設が充実した快適ホテル
MAP 別冊 P.17-D2
ホテル

ホテル海楽（ほてるかいらく）

本館、別館、新館を合わせ 70 人以上が泊まれる島内最大の宿。トイレ付きと、トイレ共同の部屋を用意している。施設が充実しており、宿泊客以外も浴場やレストランを利用できる。

館内には釣り具店があり釣り人の利用も多い

三宅島ゲストハウス島家
住三宅島三宅村阿古 2117-1
TEL 04994-8-5866
IN 15:00　OUT 10:00
料素 1 万 2000 円～（1 人で利用した場合の貸し切り料金。2 人 1 万 4000 円、4 人 2 万 6000 円、10 人 5 万円）　部 1 棟（3 室）
CC ADJMV　P あり
交三宅島観光協会から徒歩 7 分
または🅘二島からすぐ

阿古
プチ移住気分で過ごす島の家
MAP 別冊 P.17-D1
一棟貸し

三宅島ゲストハウス島家（みやけじまげすとはうすしまや）

3 部屋に 10 人まで泊まれる一棟貸しの宿。キッチンで料理をし、居間でくつろぐ島暮らし気分を味わえる。温泉施設「ふれあいの湯」まで徒歩 2 分で行けるロケーションも魅力。

友達や家族と過ごせる居心地のいい空間

しま通信
商店は 18:00 頃に閉まることが多く、遅くまで開いている店でも 20:00 頃には閉店してしまう。必要なものがあるなら、夕食の前に買っておくほうがいいだろう。

神着

自家製パンたっぷりの朝食が評判 MAP 別冊 P.16-B1

ペンション

ペンション花海月

（ぺんしょんはなみづき）

花をモチーフにした快適な部屋にファンも多いペンション。1階でベーカリーを経営しており、朝食は自家製のおいしいパンが楽しみ。

和室と洋室を用意している

ペンション花海月
住 三宅島三宅村神着 893
TEL 04994-8-5676
IN 15:00 OUT 11:00
料 素 5500 円～、朝 7000 円～、朝夕 1 万円～ 部 6
CC ADJMV P あり
交 三宅島観光協会から徒歩 17 分または🅘焼場から徒歩 5 分

阿古

地魚中心の豪華な夕食がうれしい MAP 別冊 P.17-D1

民 宿

民宿 夕景

（みんしゅく ゆうけい）

広々とした庭に面してテラスを配した開放的な宿。プロの釣りガイドが経営し、釣り好きが集まる。トイレと風呂付きの部屋もあり。

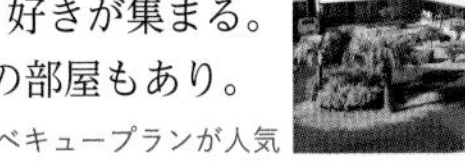

7～10 月は夕食バーベキュープランが人気

民宿 夕景
住 三宅島三宅村阿古 541-1
TEL 04994-5-0118
IN 15:00 OUT 10:00
料 朝夕 1 万円～ 部 11
CC MV P あり
交 三宅島観光協会から徒歩 17 分または🅘焼場から徒歩 5 分

坪田

釣り好きの主人がおもてなし MAP 別冊 P.17-C3

民 宿

民宿 姉妹

（みんしゅく しまい）

坪田地区の中心に立つ、釣り客に人気の民宿。夕食は旬の地魚を中心とした家庭料理を味わえる。全和室でトイレ、風呂は共同。

ご主人が釣った珍しい魚が出ることも

民宿 姉妹
住 三宅島三宅村坪田 3041-1
TEL 04994-8-5655
IN 15:00 OUT 10:00
料 素 5500 円～、朝 6600 円～、朝夕 8800 円～ 部 4
CC 不可 P あり
交 三宅島観光協会から徒歩 13 分または🅘坪田から徒歩 1 分

阿古

ビジネスルームが快適な眺めのよい民宿 MAP 別冊 P.17-D2

民 宿

共栄荘

（きょうえいそう）

2階のバルコニーから錆ヶ浜港を望む民宿。スタンダードな和室と、デスクを備えたビジネスルームを用意している。トイレ、風呂共同。

ひとり用のビジネスルームでワーケーションも

共栄荘
住 三宅島三宅村阿古 1819-1
TEL 04994-5-0660
IN 13:00 OUT 12:30
料 素 6500 円～、朝 7500 円～、朝夕 1 万 300 円～、ワーケーションプラン朝夕 1 万円（1 人 1 室）
部 8 CC ADJMV P あり 交 三宅島観光協会から徒歩 6 分または🅘錆ヶ浜港入口から徒歩 3 分

坪田

割烹料亭も営む料理自慢の宿 MAP 別冊 P.17-C3

民 宿

民宿 いけ吉

（みんしゅく いけよし）

島内でも「いけ吉は料理がおいしい」と評判。共用テラスで海や星を眺めながら過ごすのが気持ちいい。海側の部屋からの眺めも◎。

和室と洋室を用意。トイレ、風呂は共同

民宿 いけ吉
住 三宅島三宅村坪田 3069
TEL 04994-8-5743
IN 15:00 OUT 10:00
料 素 6000 円～、朝 6900 円～、朝夕 9900 円～
部 8 CC ADJMV P あり
交 三宅島観光協会から車で 13 分または🅘坪田小学校前から徒歩 2 分

しま通信 民宿 いけ吉に併設された割烹料店は、要予約で宿泊客以外も利用できる。昼食はにぎりセットとちらしセット（各 1650 円）、夕食は 3000 ～ 5000 円のコースでネタにこだわった寿司も楽しめる。

巨樹の森とイルカがすむ海。豊かな自然が残る島

御蔵島（みくらしま）

人口　292人（2023年）
面積　20.51㎢
周囲　16.4km

MAP 別冊 P.18-19

御蔵島への行き方

竹芝桟橋から大型客船を利用するのが一般的。所要7時間25分。八丈島と三宅島からはヘリコプターも運航

港まで見送りにきてくれた人たちに手を振り、再会を誓ってお別れ

東京都心から南へ約200kmに浮かぶほぼ円形の島。断崖絶壁に囲まれた島はほとんどが原生林に覆われ、地下に豊富な水を蓄えている。かつては水力発電により電気を賄っていたというのも、水源に恵まれた島ならではだ。周囲にはミナミハンドウイルカが生息し、ドルフィンスイムを楽しめる島として全国からイルカ好きが集まる。300人弱が暮らす小さな集落に、数件の宿があるだけなので、シーズン中は極端に予約が取りにくくなる。

御蔵島観光協会
（みくらしま観光案内所）

集落に立つ御蔵島観光資料館内に、みくらしま観光案内所があり、パンフレットや地図などを配布している。森や山のガイドツアーも手配が可能。バンガロー施設の窓口にもなっている。

MAP 別冊 P.19-D1
TEL 04994-8-2022　営 8:30～17:00
休 11月16日～3月14日の土・日・祝
URL mikura-isle.com

入口の扉が閉まっていることもあるが、営業時間内ならば扉を開けて中に入って OK

御蔵島の歩き方

以前は南部にも集落があったが、現在、人が住むのは北西部の1ヵ所だけ。大型客船は同じく北西部の御蔵島港に着き、目の前の急坂を5分ほど上ったところが集落になる。1時間もあれば歩いて回れる規模だが、斜面を切り開いたため坂が多く散策は意外と疲れる。集落は島民のほとんどが暮らす生活の場なので、観光客にも節度をもった行動が望まれる。公共交通機関がないので、集落以外に足を延ばす場合は、徒歩またはガイドツアーに参加する。

高台にある集落は眺めがよく、散策途中に海も見える

しま通信　御蔵島に海水浴場はないが、船客待合所南の桟橋の付け根あたりにある遊泳可能区域で泳ぐことができる。スノーケリングの練習もできるので、詳しくは宿泊施設やイルカ船のスタッフに確認しよう。

港周辺の集落以外は、ほとんどがうっそうとした森！

御蔵島エリアガイド

北西部の集落に宿泊施設が集まり、坂は多いが歩いて散策できる大きさ。中部や南部のトレッキングを楽しむ場合はガイドの車で移動する。

御蔵島のシーズンガイド

●旅行のベストシーズンは？

ドルフィンスイムツアーに参加するなら、下記のシーズン中。8～10月は台風に注意したい。トレッキングは春や秋がおすすめ。

●イルカと泳げるのは何月頃？

ドルフィンスイムのツアーが開催されるのは3月15日～11月15日。宿や船によって開催時期が異なることもある。

●冬の旅行の楽しみは？

冬は休業する宿も多く観光客は少ない。天候がよければトレッキングツアーは快適に楽しめるだろう。ただし船の接岸率は低め。

御蔵島で絶対にしたいこと BEST 3

1. イルカと一緒に泳ぐ

御蔵島といったらドルフィンスイム！　島の周辺に住むミナミハンドウイルカと一緒にスノーケリングで泳ぐことができる。→P.250

2. 巨樹の森をトレッキング

御蔵島には幹回り5m以上の巨樹が491本もある。なかでも南郷エリアにあるスダジイは幹回り約14mと国内最大級を誇る。→P.252

3. 高台からの夕日観賞

高台に広がる集落からは夕日がよく見える。特に「ふれあい広場」からの眺めがよく、水平線に沈む夕日が美しい。→P.256

急坂が入り組むこぢんまりとした集落

御蔵島中心部

御蔵島の集落は、港から坂を上った高台に広がる。断崖絶壁の森を切り開いたため坂が多いのが特徴。宿泊施設から神社や商店、観光案内所などを回っても30分ほど。

★島民に愛される島の古社

稲根神社拝殿 →P.257

玉石の階段の上にたたずむ小さな拝殿。本殿は島の南部の森の中にあり、ガイド同行のトレッキングで訪れることができる。

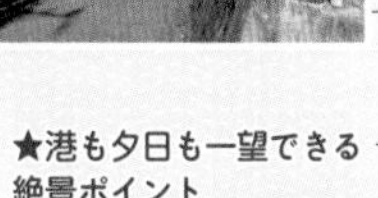

★港も夕日も一望できる絶景ポイント

ふれあい広場 →P.256

村営のバンガロー施設に隣接する広場。眼下に桟橋が延び、出入港する橘丸が見られる。

御蔵島港
みくらしま観光案内所
御蔵島観光資料館
ふれあい広場
稲根神社拝殿
223
大島分川
ボロ沢の滝
御山
長滝山
御蔵島大橋
南郷
えいご川
黒崎高尾展望台
乙女峠
稲根神社本殿
平清水川
御代が池

★天然のツゲが茂る山

長滝山 →P.254

標高850mの長滝山は、爽快なトレッキングを楽しめる人気の山。天然のツゲ林を抜けて山頂から眺める海と森の景観が美しい。

★好奇心旺盛な海の住人

イルカのすむ海 →P.250

森の土壌に染み込んだ雨は、豊富な養分とともに海に流れ出す。豊かな海は小魚を育み、それを餌とする魚、さらにそれを捕食するイルカという食物連鎖が生まれる。

イルカと泳ぐ御蔵島 2泊3日モデルプラン

御蔵島を訪れる観光客の大半は、ドルフィンスイム＆ウオッチングを楽しみに来ている。イルカのツアーは基本的に1日2回なので、2泊3日の場合は、最終日の1回を合わせて最大5回のツアーに参加できる。

※前日夜発の大型客船での1泊は含めていません

1日目 イルカと遊ぶ至福のひととき

6:00 大型客船で御蔵島に到着

22:30に東京・竹芝桟橋を出発した大型客船は、翌朝6:00に御蔵島に到着。港には宿の車が迎えにきてくれる。

船の中ではしっかり寝ておきたい

朝食を買っておこう
御蔵島には朝食を買える店がないので、前日に竹芝桟橋周辺で購入するか、船内でパンなどを買っておく。

↓ 🚗3分

6:30 宿に入ってひと休み

宿に到着したら広間などで休憩。部屋にはまだ入れないので、スノーケリング器材や水着などドルフィンスイムに使うものは、取り出しやすいようにまとめておくといい。

↓ 🚗3分

8:30 ドルフィンスイムを満喫

小さな漁船でイルカ探し。島の周りを泳ぐイルカを観察したり、一緒に泳いだり、約2時間のツアーを楽しもう。 →P.250

約150頭のミナミハンドウイルカが生息

↓ 🚗3分

10:00 宿に戻ってのんびり

約2時間のイルカツアーが終わるとヘトヘト……。移動の疲れもあるので、無理をせずひと眠りするのもあり。

初心者は練習も!?
船によっては、初心者向けにスノーケリングレッスンをしてくれることも。初めての人は予約時に相談してみて。

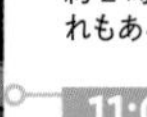

海だけでなく、豊かな山についても学べる

↓ 🚶10分

11:00 観光資料館に行ってみよう

「御蔵島観光資料館」には、島の自然や産業についての展示が充実。館内の観光案内所で里中マップをもらっておくと便利。 →P.246

地下には郷土資料館も！

↓ 🚶5分

12:00 予約しておいたお弁当で昼食

ランチ営業をしている食事処はないので、昼食は弁当を購入するのが一般的。基本的に予約が必要なので注意して。

眺めのいいふれあい広場で弁当ランチ

↓ 🚗3分

14:00 午後のドルフィンスイムへ

同じ日でも、午前と午後でイルカの雰囲気が異なることは多い。午前はそっけなかったのに、午後は人懐っこく近寄ってきてくれる、なんてことも。

群れの大きさや構成もその日によって、また時間によって異なる

↓ 🚗3分

16:00 宿に戻ったら自由時間

宿でシャワーを浴びて、すっきりしたら周辺を散策してみよう。使った器材は洗って干しておく。

常連客の動きをチェック
初めてドルフィンスイムツアーに参加すると、どう動けばいいかわからないことも多い。そんなときは常連客に教えてもらったり、彼らと同じように動くといい。

ふれあい広場は夕日の好スポット→P.256

↓ 🚶10分

17:30 集落から夕日を眺める

高台に広がる集落からは夕日がよく見える。赤く染まった空と海を眺めているだけで幸せな気分になれる。

↓ 🚶10分

18:00 団らんしながら楽しい夕食

御蔵島の宿は1泊2食が一般的。ドルフィンスイムを一緒に楽しんだ人たちとテーブルを囲み、会話が弾む。

島で取れた魚や野菜が出されることが多い

22:00 明日に備えて早めの就寝

ドルフィンスイムは体力を使うので、いつもより早く眠くなるはず。夜更かしせずに寝てしまうのが正解！

2日目 体調万全でイルカと遊ぼう

8:00

朝からイルカにごあいさつ☆

海面に浮かんでいるだけでもイルカは観察できるが、 スキンダイビングができると一緒に泳げて楽しみ倍増！

イルカの興味を引くような動きをしてみよう

⬇ 🚗3分

10:00

宿に戻ってリラックス

⬇ 🚶5分

11:00

坂道だらけの集落散歩

断崖の森を切り開いた集落は坂道が多いのが特徴。 小さな集落なので、 歩きでも1時間ほどで見て回れる。

上／高台に位置するので、いたるところから海が見える　右／石の階段を上ると稲根神社拝殿が立つ

昼食は持ち込みも OK
昼食用にカップ麺やパンなどを持ってきている人も多い。ほとんどの宿で湯沸かし器などが使える。

⬇ 🚶5分

12:00

好きな場所でランチタイム

予約をしておくと弁当を用意してくれる宿もあるので確認を。 眺めのいい場所を探して優雅にランチ。

⬇ 🚗3分

14:00

最後のドルフィンスイム

3日目の午前にイルカツアーに参加しないなら、 これが最後のドルフィンスイムになる。 存分に楽しんで。

海から眺める御蔵島の絶壁は迫力満点

⬇ 🚗3分

16:00

宿に戻って器材の片づけ

借りた器材は洗って返却。 自分の器材も水洗いして、 なるべく乾くように干しておく。

カブツの調味料がおすすめ

明日葉や柑橘系のカブツを使ったジェラートも名物

⬇ 🚶10分

17:00

商店でおみやげゲット

おみやげが充実している「ふくまる商店」 →P.258 へ。 オリジナルの雑貨や調味料などが揃っている。

⬇ 🚶10分

18:00

お待ちかねの夕食

伊豆諸島の名物、くさやを！

夜は星空を楽しんで
集落内でも街灯が少ないので、空を見上げると星がいっぱい。少し離れると、きらめく星に感動するはず。

⬇ 🚶5分

19:30

居酒屋で乾杯～♪

島で唯一の居酒屋「camburi」 に行ってみる。 木のぬくもりが心地よい、 快適な空間でくつろげる。 →P.257

初めて会った人でもイルカの話で盛り上がる

3日目 生命力に満ちた原始の森トレッキング

8:00

ガイドの車で森ツアーへ

うっそうとした森に覆われた御蔵島には、 ガイドと一緒に山や森を歩くトレッキングツアーが用意されている。

山に入る前に、草祀り神様に無事を祈願

⬇ 🚗1時間+🚶30分

10:00

神秘的な大ジイに圧倒される

南部の南郷地区には、 幹回り約14mという日本最大級のスダジイがそびえる。 四方に枝を伸ばした姿は神秘的。 →P.252

島では古くから神木としてあがめられてきた巨樹

遠ざかる島を眺めながら、思い出に浸る……

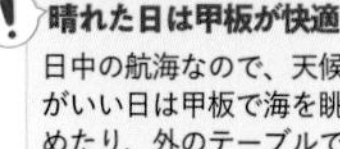

⬇ 🚗1時間

12:40

大型客船で島を出発

桟橋まで見送りにきてくれる宿のスタッフに手を振って御蔵島をあとにする。 昼食は船内のレストランで。

晴れた日は甲板が快適
日中の航海なので、天候がいい日は甲板で海を眺めたり、外のテーブルで過ごすのが気持ちいい。

⬇ 🚢7時間10分

19:50

東京・竹芝桟橋に到着

野生のイルカと泳げる貴重な海
夢をかなえる! ドルフィンスイム

御蔵島の周りには野生のイルカが生息しており、
ドルフィンスイムのツアーに参加して一緒に泳ぐことができる。
海の中を自在に泳ぐイルカたちは優雅で美しい。

好奇心旺盛なイルカが近寄ってくることも

島から小さな船で数分、イルカが泳ぐ海へ

好奇心旺盛なミナミハンドウイルカと泳げることで知られる御蔵島。シーズン中は全国からイルカ好きが訪れるため、なかなか予約が取れない幻の島でもある。御蔵島のドルフィンスイムは、小さな漁船で島の周りを泳ぐイルカを探すスタイル。イルカを見つけたらスノーケリングセットを身に着け、船長の合図で海の中へ。イルカの群れが目の前を通り過ぎ、なかにはこちらに興味をもって近づいてくる個体も。しなやかに泳ぐイルカの姿は美しく、上手に泳げない自分がもどかしい……。そんな気持ちを知ってか知らずか、イルカたちは何度か周りをクルクルと泳いだあと、優雅に泳ぎ去っていった。

Q. どうやって予約する?
A. まずは宿をおさえよう

宿とドルフィンスイム船が提携しているので、宿を予約した際にイルカのツアーも申し込むのが基本。ただし御蔵荘とバンガローに宿泊する場合は、自分でイルカのツアーを予約する必要がある。

Q. ドルフィンウオッチングは何回できる?
A.1 日 2 回が基本

ドルフィンスイムのツアーは、基本的に午前（8:00 ～ 10:00 頃）と午後（14:00 ～ 16：00 頃）の 2 回開催される。1 泊 2 日の旅行なら、初日に 2 回、2 日目に 1 回参加できるが、船が満席の場合は回数が減ることもある。

Q. 器材がない場合はどうする?
A. レンタル器材が揃っている

スノーケリングに必要な 3 点セット（マスク、フィン、スノーケル）やウエットスーツはドルフィンスイム船がレンタルしてくれる。ただし数やサイズが限られるので問い合わせを。またウエイトや防寒具も船で借りられる。

使いやすい自分の器材があると上達も早い

Q. どんな船に乗る?
A. 十数人乗りの漁船を使う

ドルフィンスイムには小回りが利く小型の漁船を使う。波をかぶることになるので、防水機能のないカメラなどは持っていかないこと。トイレはないので注意。

海からはハシゴを使って船に上がる

Q. スノーケリングの経験は必須?
A. 船の上からのウオッチングも可

泳ぎに自信がないなら、船上から見て楽しむこともできる。またスノーケリング初心者は、予約時に相談しておけば練習の時間をとってくれることもある。水面に浮かんでいるだけでもイルカは見られるし、寄ってきてくれることも！

ツアー参加前に練習をしておくと安心

Q. 子供でも楽しめる?
A. 泳げるなら小学生から OK

船上からのウオッチングは 4 ～ 5 歳くらいから楽しめる。ある程度泳げるなら、小学生からスノーケリングもできる。ただし流れが強いこともあるので、保護者も子供をサポートできるくらいの泳力が必要。またドルフィンスイム船によっては年齢制限を設けていることがあるので予約時に相談を。

御蔵島の周辺には約 150 頭のミナミハンドウイルカが生息している。1994 年から個体識別調査が行われており、ヒレの欠け方や傷、くちばしの形などが目印になっている。特徴から名前がつけられているイルカも！

船からの景色もきれい！

ドルフィンスイムの基本スケジュール

1 水着に着替えて宿を出発

集合時間までに水着に着替え、スノーケリング器材などを準備しておく。7～9月は水温が高いので水着+ラッシュガードで泳げるが、4～6月と10～11月は5㎜のウエットスーツ+ラッシュガードを着ておきたい。

事前に集合時間を確認しておこう

2 桟橋から乗船

宿から桟橋までは車で2～3分。桟橋のハシゴを使って乗船する。船に乗ったら、次の人が乗りやすいように奥に移動して、シートに座って待つ。

船が揺れることもあるので、動きをよく見て

3 スノーケリング器材の準備

いつイルカに遭遇してもいいように、フィンやマスク、スノーケルの装着準備をしておく。ウエットスーツを着ている場合は、必要に応じて腰にウエイト（おもり）ベルトを装着。

器材の装着に手間取っていると、イルカが通り過ぎてしまうことも！

4 船長の合図で海に入る

船長の合図があるまでは船上で待機。イルカの進路を見ながら「右から入って」「左右どちらから入ってもいいです」などと声をかけてくれるので、船べりから海に入る。

海に入ったらすぐに船から離れること

5 イルカと一緒に泳ごう

水面からイルカを観察してもいいし、スキンダイビングで海中から見てもいい。イルカが興味をもって一緒に泳いでくれることもある。イルカに夢中になってしまうが、ときどき船の位置を確認して、船から離れすぎないように。

イルカが興味をもちそうな動きをしてみよう

6 船長の指示で船上に上がる

イルカが行ってしまったら、船長が船べりにハシゴをかけてくれるので船に上がる。スムーズに次のイルカを探すため、譲り合いながらも速やかに戻りたい。スクリューがむき出しになった船の後部には近づかないように。

船に上がったら奥から詰めてスタンバイ

7 約2時間でツアー終了!

ドルフィンスイム船はイルカを探しながら、島の周りを移動する。イルカは野生動物なので必ず出会えるとは限らず、遭遇できても反応はそのときどきでまったく異なる。それだけに、一緒に泳いでくれたときの感動はひとしお。忘れられない思い出になる。
スイムツアーはおよそ2時間。桟橋に上がったら車で宿に戻り、順番にお風呂に入る。

イルカが暮らす海にお邪魔させていただく、という気持ちで

イルカに優しい！ 持続可能なドルフィンスイムのルール

- ◉イルカの食事や交尾、出産などの自然な行動を妨げない。
- ◉小さい子供を連れた群れにはこちらから近づかない。
- ◉水中で寄ってこないイルカのグループには、再エントリーしない。
- ◉イルカに触らない、触ろうとしない。
- ◉ホイッスルなどの人工音を発する器具は使わない。
- ◉水中で撮影する際はフラッシュを使わない。
- ◉自撮り棒を使わない。

御蔵島を訪れる旅行者は、ほとんどがリピーター。10年、20年と通っている常連も多く、港に到着して船を降りると、あちこちから「久しぶり！」という声が聞こえる。みんな御蔵島、そしてイルカに魅了されているのだ。

御蔵島の森を歩く

オオミズナギドリがすむ原生林へ

太古の森で巨樹に出合う

島の南東部にある南郷エリアには、
幹回り 14m という国内屈指のスダジイの巨木が立つ。
古くから大切に守られてきた御神木を見るため、
ガイドと一緒に生命力に満ちた森を歩いた。

御蔵島港
里
草祀り神様
御蔵島の大ジイ
トレッキングコース
都道終点口
（トレッキングコース入口）

巨樹が林立する生命の森で 御蔵島の自然の循環を知る

港周辺の集落以外、ほとんどがうっそうとした森に覆われている御蔵島。雄大な自然のなかを歩けるトレッキングコースが用意され、環境保護のため一部のコースを除いて東京都認定のガイドの同行が義務づけられている。いくつかあるトレッキングコースのなかでも人気なのが、幹回り 14m という巨大なスダジイ（御蔵島の大ジイ）を見にいく南郷コース。かつては南郷集落があった島の南東部に広がる森は、アップダウンが少なく初心者でも気軽に楽しめる。

標高 800m 級の山をもつ御蔵島は、上空に雲がたまりやすく雨が多いことで知られる。雨は森を育て、また森が天然の貯水池となって島の豊富な水源を支えているのだ。そこかしこに幹回り 5 m を超える巨樹がそびえ、低木や蔦、シダ類なども繁茂する森を歩くと、生きいきとした植物の勢いに圧倒されるほど。足元にぽこぽことあいた穴は、オオミズナギドリの巣穴。御蔵島で繁殖する海鳥の糞も、生命力に満ちた森に欠かせない栄養分になっている。

上／コースのハイライトは 1997 年に発見された日本最大級のスダジイ　下／足元に開いたオオミズナギドリの巣穴。ここで子育てをする

遊歩道入口から 30 分ほど歩くと、四方に枝を伸ばした巨大なスダジイが現れる。大きな板根を盛り上げ、枝にオオタニワタリを寄生させた巨樹は樹齢 800 年以上といわれる。古くから神木としてあがめられたスダジイは、豊かな森の象徴として今なお大切に守られている。

南郷コース　MAP 別冊 P.19-C2　TEL 04994-8-2022（御蔵島観光協会。要予約）　時 午前または午後の 2 ～ 3 時間。集合時間は応相談　休 なし。ただしガイドの都合がつかない場合は催行しない　料 半日コース 5000 円（2 人から催行。1 人の場合は 8000 円）　CC 不可　交 御蔵島観光協会から遊歩道入口まで車で 40 分　※ガイド 1 人につき 7 人まで。1 コースの 1 日最大利用人数は 50 人

しま通信　御蔵島の豊かな海は、森から流れ出た栄養豊富な水によるところが大きい。つまり、森を守ることが海を守ることにつながるのだ。御蔵島の森を知ると、自然環境が循環していることが実感できる。

遊歩道が整備されており歩きやすい

※取材時は片道30分のショートコースを歩いたが、南郷集落跡などを通る片道1時間ほどのルートもある

START!

- 8:00 ガイドさんと待ち合わせて車で出発！ （車 20分）
- 8:20 草祀り神様の祠にお参り。無事に山登りができるようお願いする。 （車 25分）
- 8:50 トレッキングルート入口に到着。森の中に入る。 （徒歩 10分）
- 9:00 さまざまな植物が繁茂する、養分豊富な森を歩く。 （徒歩 20分）
- 9:20 日本有数の巨樹、御蔵島の大ジイの迫力に圧倒される！ （徒歩＋車 1時間）
- 10:30 来た道を戻る。道すがら、時間があればガイドさんが水源や花などの話もしてくれる。 （車 30分）
- 11:30 宿泊施設の近くでツアー終了。ツアー料金は直接、ガイドさんに払おう。

GOAL!

御蔵島環状線の終点から出発

大ジイは柵で守られている

豊かな水源に恵まれた島

太古の森で巨樹に出合う

❶傾斜には階段が整備されるなど全体的に歩きやすい ❷野生化したネコの調査のために自動カメラが設置されている ❸倒木からほかの植物が生え、自然の生命力を実感 ❹オオミズナギドリは自力で飛び立てず、写真のような上りやすい木の上から飛び降りる

入山を知らせる先達の知恵

草祀り神様に、登山の無事を祈願

東の都道と西の林道沿いに、草祀り神様の祠がたたずんでいる。入山するときに、祠の前につんだ葉を置き上に石をのせて、安全に山に登れるよう祈る。帰りに葉を取って無事に戻れたことの感謝を伝えるのだ。昔は葉が残っているかどうかが、遭難者がいるかどうかの確認になっていたそう。

きれいに掃除されたこぢんまりとした祠

しま通信

東側の草祀り神様の脇には「嘉永八年」と刻まれた碑が立つ。実は嘉永は7年までしかなく、御蔵島には限られた情報しか入っていなかったことがわかる。実際に船の行き来は年に数回だったそう。

御蔵島の森を歩く

ツゲの木のトンネルをくぐって山頂を目指す
長滝山から紺碧の海を望む

都道沿いの入口から標高 850m の長滝山山頂を目指すトレッキングルート。
遊歩道が整備されており歩きやすい。
山頂付近の樹木は海からの強風を受けて樹高が低く、
左右に真っ青な海を眺めながら歩ける。

ツゲ林を抜け、低木が広がる山頂付近まで登ると絶景が！

島の中央部にそびえる標高 850m の長滝山は、登山口から片道１時間ほどで登ることができる。ルート上には多くのツゲが自生しており、ツゲのトンネルを通って山頂を目指す。もともと御蔵島は、薩摩と並ぶ最高品質のツゲ材の産地。特にツゲ櫛が流行した江戸時代には、ツゲ材の生産が島の経済を支える一大産業だったそう。今でも木目が細かく美しい島ツゲは、高級な将棋の駒などに使われ重宝されている。ガイドさんから、そんな歴史や環境の話を聞きながら、のんびりと登山道を歩く。

階段を上っていくと急に視界が開け、目の前に真っ青な海が広がる。強風のため、山頂付近のツゲやツツジは大きくなれず、変形しているのが特徴だ。島という特殊な立地や気候のせいか、通常なら標高 1000m 以上にしか生えない高山植物が見られるというのもおもしろい。

長滝山の三角点を越えて廠ヶ原まで行くと、緑深い山々や渓谷、海などがパノラマで広がる。御蔵島最高峰の御山（851m）の山頂も拝め、豊かな森に覆われた島の自然を一望できる。

道沿いに小さな祠がある

変形したツゲの木が茂る山

山と海が織りなす絶景！

長滝山から紺碧の海を望む

❶ツゲの原生林に囲まれた御代ヶ池は、約5000年前の噴火で川が堰き止められてできた　❷半日以上のコースなら、長滝山の山頂から御山頂上まで歩ける　❸変形した天然ツゲに覆われた階段を上っていく

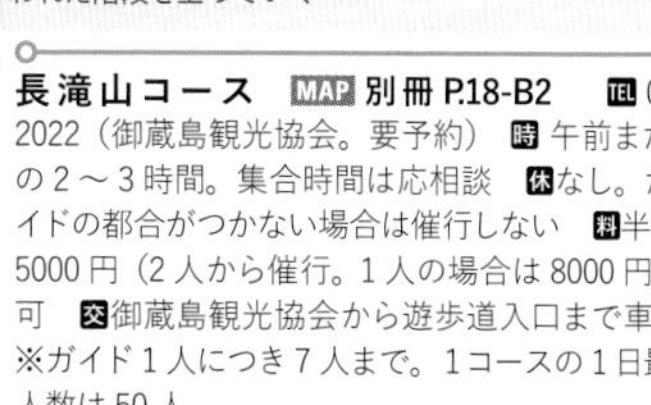

長滝山コース　MAP 別冊 P.18-B2　TEL 04994-8-2022（御蔵島観光協会。要予約）　時 午前または午後の2～3時間。集合時間は応相談　休 なし。ただしガイドの都合がつかない場合は催行しない　料 半日コース5000円（2人から催行。1人の場合は8000円）　CC 不可　交 御蔵島観光協会から遊歩道入口まで車で40分　※ガイド1人につき7人まで。1コースの1日最大利用人数は50人

自然に恵まれた山と森を歩く

トレッキングコースは10ルート

御蔵島には10本のトレッキングコースが用意され、眺めのいい山から巨樹が立つ森までさまざまな自然を楽しめる。10本のコースのうち8本は東京都認定ガイドの同行が必要なので、予定が決まったらガイドさんを予約しよう。コースの相談やガイドの紹介は観光案内所で行っている。

ガイドなしで歩けるタンテイロの森は、集落から約30分で往復できる

しま通信　トレッキングツアーには水と雨具、虫よけを持っていこう。また汗をかくと体が冷えるので、羽織るものを1枚持っていくと安心。長ズボンがおすすめだ。足元は履き慣れた靴で。

島トーク 島に到着後は宿の車で移動

御蔵島に到着したら、宿泊施設のスタッフが桟橋で待っているので、車で宿に向かうのが一般的。チェックインまでは、ロビーや休憩室などが使える。ドルフィンスイムツアーに参加する人は、1時間ほど休憩して出発するので、器材などを用意しておこう。

島内交通

徒歩またはガイドツアー

公共交通機関をはじめレンタカー、レンタバイク、レンタサイクルなどはなく、自転車の持ち込みは禁止されている。集落内は徒歩でも1時間ほどで見どころを回ることができる。島の南部などへ行きたい場合は、ガイドツアーに参加するのが一般的だ。

おもな見どころ

ガイドなしでも歩ける手軽な森林体験コース MAP 別冊 P.19-D1 中心部 森林

タンテイロの森（たんていろのもり）

ガイドの同行が必須のトレッキングコースが多いなか、自由に歩けるのがタンテイロの森。片道15分ほどの森にはシダ類が茂り、シイの大木が枝を伸ばす。バードウオッチングにも最適。

都道から階段を上って森に入ると、緑の濃い手つかずの自然が広がる

タンテイロの森
交 みくらしま観光案内所から徒歩15分（森の入口）

村役場から50mほど歩いた所に入口の看板がある

眼下に御蔵島港を眺める展望スポット MAP 別冊 P.19-C1 中心部 広場

ふれあい広場（ふれあいひろば）

バンガロー施設が立つ広場。三宅島を一望できる高台にあり、大型客船の発着時間には、桟橋に接岸する橘丸が見られる。水平線に沈む夕日を眺められるサンセットスポットでもある。

汽笛を鳴らして桟橋に近づく橘丸を眺めるのに最適なビュースポット

ふれあい広場
交 みくらしま観光案内所から徒歩5分

広場の入口周辺もサンセットを眺めるのにぴったり

きれいに丸く削られた玉石を積んだ石垣 MAP 別冊 P.19-D1 中心部 史跡

玉石の壁（たまいしのかべ）

御蔵島の海岸には、波にもまれて丸くなった玉石がたくさん転がっている。島では昔から小道や石垣に玉石を活用しており、今でもところどころに玉石の階段や石垣が見られる。

ふれあい広場の前の坂道を上ると、玉石を積んだ見事な石垣が！

玉石の壁
交 みくらしま観光案内所から徒歩6分

ふれあい広場の入口には海に面してベンチが設置され、風がない日は海を眺めながらのんびりするのが気持ちいい。お弁当を食べるのにもちょうどいい。（編集部・T）

島の氏神様を祀った由緒正しい古社

MAP 別冊 P.19-D1
中心部
神 社

稲根神社拝殿

いなねじんじゃはいでん

御祭神に伊太氐和気命(いたてわけのみこと)を祀った神社の拝殿。本殿は南部の稲根ヶ森にあり、ガイドツアーで行くことができる。8月第1土・日曜に例大祭が開かれる。

玉石の階段を上ると木々に守られるようにして拝殿がたたずむ

稲根神社拝殿
営参拝自由
休なし
交みくらしま観光案内所から徒歩15分

江戸時代に座礁したバイキング号のいかりも見られる

島をもっと詳しく知る解説展示が充実

MAP 別冊 P.19-D1
中心部
資料館

御蔵島観光資料館

みくらしまかんこうしりょうかん

観光案内所の奥に、御蔵島の里・山・海をテーマにした解説展示がある。オオミズナギドリやミナミハンドウイルカをはじめ、島で見られる動植物や昆虫、鳥などを紹介している。

標本や現物展示もあり、楽しみながら島を知ることができる

御蔵島観光資料館
TEL 04994-8-2022
営 8:30 ～ 17:00
休 11月16日～3月14日の土・日・祝
交みくらしま観光案内所と同じ建物

石垣や階段に利用された玉石も展示されている

御蔵島

食べる & 飲む

Eat & Drink

飲食店は2軒。居酒屋の camburi と、ふくまる商店のカフェ(食事は冬季のみ)だけなので、食事は宿で取るのが一般的。

中心部

夕食後に飲みにいくのも楽しい!

MAP 別冊 P.19-D1
居酒屋

camburi

かんぶり

靴を脱いでフローリングの店内でくつろぐ、島内唯一の居酒屋。御蔵島で取れた魚の刺身(時価)のほか酒に合うつまみが揃う。ドリンクは島産の果実を使ったウオッカベースのカブツタルハイやパッションタルハイ(どちらも650円)が人気。

右上/隣の席のお客さんとイルカの話で盛り上がる、なんていうことも　右下/奥にはカウンターもある

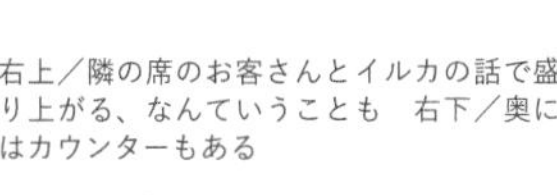

camburi
TEL 04994-8-2071
営 18:00～22:00(L.O. 料理 21:00、ドリンク 21:30)
休火・水
CC 不可
交みくらしま観光案内所から徒歩3分

地魚の刺身は漁があったときだけのお楽しみ

しま通信 御蔵島観光資料館の1階は御蔵島郷土資料館(入館料100円)になっており、古い山道具や生活用品を展示。江戸時代末に御蔵島に漂着したアメリカ商船、バイキング号漂着事件についての展示も詳しい。

買う

Shopping

おみやげが充実したふくまる商店のほか、農協・漁協でツゲ細工などが買える。商店が2軒あるが18:00に閉店するので注意。

中心部

かわいいデザインの雑貨がうれしい　MAP 別冊 P.19-D1

おみやげ

ふくまる商店（ふくまるしょうてん）

イルカをあしらったTシャツや手ぬぐい、かわいいパッケージのお菓子、島の食材を使った調味料などオリジナルみやげが揃う。当日8:00までの予約でのり弁当950円も購入できる。

人にあげるのはもちろん、自分用に欲しくなるかわいい小物が充実

ふくまる商店
TEL 04994-8-2292
営 10:00～13:00、16:00～18:00（午後は7～9月および土・祝のみ）
休 水　CC ADJMV
交 みくらしま観光案内所から徒歩1分

島の柑橘、カブツを使ったポン酢550円が好評

中心部

当日予約もできる弁当がうれしい　MAP 別冊 P.19-D1

商店

西川商店（にしかわしょうてん）

眺めのいい高台に立つ商店。生鮮品やカップ麺、お菓子、飲み物などを購入できる。火・木以外は不定期で弁当や総菜が並ぶことも。弁当は当日9:00まで電話か来店で予約ができる。

ビールやワインなども揃っているので、旅行客の姿も多い

西川商店
TEL 04994-8-2247
営 8:00～18:00（13:00～15:00は休憩の場合あり）
休 不定休　CC 不可
交 みくらしま観光案内所から徒歩5分

弁当1000円は、朝、立ち寄って予約しておくと安心

中心部

散策途中に寄るにも便利な立地　MAP 別冊 P.19-D1

商店

丸一商店（まるいちしょうてん）

海を望む坂の途中にある商店。ここで菓子パンやカップ麺を買って昼食にしている人も多い。お菓子やアルコールなどが揃うほか、歯ブラシやタオルなどの日用品も購入できるので便利。

眺めのよい坂沿い、左側の建物の少し奥まったところに入口がある

丸一商店
TEL 04994-8-2287
営 8:00～18:00
休 月
CC 不可
交 みくらしま観光案内所から徒歩3分

中心部

島の名産品や加工品が手に入る　MAP 別冊 P.19-D1

日用品

御蔵島村農協・漁協（みくらしまむらのうきょう・ぎょきょう）

日用品が揃う店。島で取れたカブツ（ダイダイ）の調味料や、ツゲやクワを使った木工製品、印鑑などが買える。滑りにくいギョサンは島の人たちも愛用している海遊びの必需品だ。

御蔵島のツゲの木を使った将棋の駒は、日本随一の高級品

御蔵島村農協・漁協
TEL 04994-8-2212（農協）
04994-8-2151（漁協）
営 8:00～17:00
休 土・日・祝　CC 不可
交 みくらしま観光案内所から徒歩5分

御蔵島のツゲを使った高級印鑑は自分のおみやげに！

御蔵島リピーターが楽しみにしているのが、ふくまる商店のジェラートやシャーベット。カブツや明日葉といった島食材フレーバーもあり、ドルフィンウオッチング後に最適。シングル420円、ダブル500円。

泊まる

Stay

宿が7軒とバンガローが6棟だけなので、必ず宿の予約を取って来島すること。イルカのシーズンは非常に予約が取りにくい。

中心部

大浴場でくつろげる美景ホテル　MAP 別冊 P.19-D1

ホテル

村営宿泊施設　御蔵荘（そんえいしゅくはくしせつ　みくらそう）

高台から海を望む、設備が調ったホテル。洋室と和室のほか団体用の特別室がある。魚から野菜まで島の食材をふんだんに使った料理がおいしいと評判だ。イルカ船は複数から選べる。

窓から集落と海を眺められる洋室。シンプルなインテリアで快適

村営宿泊施設 御蔵荘
TEL 04994-8-2555
IN 15:00 OUT 9:00
料 朝夕 9700 円〜（1 人利用は 1 万 700 円〜） CC 不可 部 9
交 みくらしま観光案内所から徒歩 10 分

島の食材を見た目も美しい料理にして出してくれる

中心部

イルカ船の常連客も多い人気の宿　MAP 別冊 P.19-D1

民宿

お宿　山じゅう（おやど　やまじゅう）

和室を5室用意し、明るい食堂や談話室なども利用できる居心地のいい宿。イルカ船も経営しているため、宿とイルカ船を一緒に予約できる。島の野菜を中心とした和食は心やすらぐ味。

居心地のいい和室。1 人利用の場合は相部屋になることもある

お宿　山じゅう
TEL 04994-8-2525
IN 10:00 OUT 8:00 料 朝夕 9300 円（1 人利用は 1 万 500 円、7 〜 9 月は 1 万 1000 円）、ドルフィンスイム 9500 円 CC 不可
部 5 交 みくらしま観光案内所から徒歩 5 分

イルカの話で盛り上がる夕食が楽しい

中心部

個性的なドームハウスは心地いい空間　MAP 別冊 P.19-D1

民宿

ココソラ

ゆったり過ごせる2階建てのドームハウス。全室ツインベッドの洋室で、海側のウッドデッキからは夕日を眺められる。島の食材をふんだんに使った料理も楽しみ。イルカ船も経営。

ふくまる商店の隣に立ち、いつでもおみやげを買えるのも便利

ココソラ
TEL 04994-8-5560
IN 12:00 OUT 10:00
料 朝夕 1 万 2000 円（1 人利用は 1 万 3000 円）、ドルフィンスイム 1 万円
CC 不可 部 4
交 みくらしま観光案内所から徒歩 1 分

中心部

開放的な気分で過ごせる素泊まりの宿　MAP 別冊 P.19-C1

バンガロー

御蔵島村　村営バンガロー（みくらしまむら　そんえいばんがろー）

アウトドア気分を味わえるリーズナブルな宿泊施設。板の間だがマット 200 円やタオルケット 100 円などをレンタルできる。外の炊事場では調理も可。イルカ船は複数から選べる。

4 人まで泊まれる 5 棟と、8 人まで泊まれる 1 棟の全 6 棟

御蔵島村 村営バンガロー
TEL 04994-8-2022（みくらしま観光案内所）
IN 随時 OUT 11:30
料 素 4000 円（4 人定員の棟を 1 〜 2 人で利用した場合）
CC 不可 部 6 棟
交 みくらしま観光案内所から徒歩 5 分
※ 4 月 1 日〜 10 月 31 日の営業

しま通信　宿泊施設は「宿泊2ヵ月前の1日から予約開始」など、予約のルールが決められている。このタイミングが最も予約を取りやすいが、その後も日程を限定しなければところどころ空室が出ることもある。

黒潮暖流の恵みを受けた温暖なリゾートアイランド

八丈島（はちじょうじま）

人口　6968 人（2023 年）

面積　69.11㎢

周囲　51.3 km

MAP 別冊 P.20

大坂トンネルからの眺望

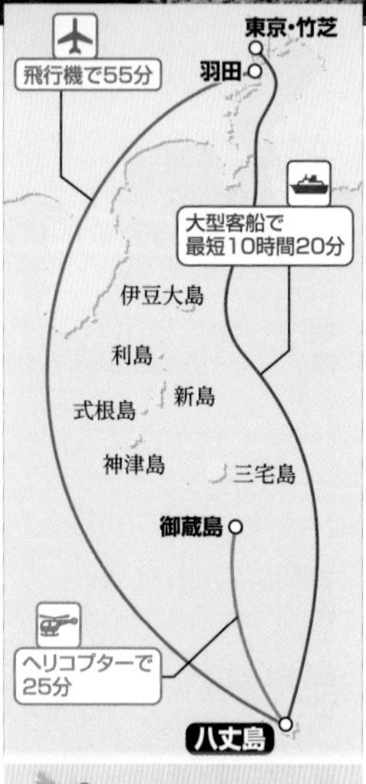

東京・竹芝
羽田
飛行機で55分
大型客船で
最短10時間20分
伊豆大島
利島
新島
式根島
神津島
三宅島
御蔵島
ヘリコプターで
25分
八丈島

八丈島への行き方

竹芝桟橋から東海汽船の大型客船で 10 時間 20 分。羽田空港から ANA で 55 分。

東京都心から約 280㎞。黒潮の影響を受け、1 年中温暖な気候に恵まれた八丈島。北西部にそびえる標高 854 m の八丈富士と、南東部を占める標高 700 m の三原山の間の平地に三根と大賀郷のふたつの集落と八丈島空港があり、島の中心地となっている。三原山の南部に時計回りに末吉、中之郷、樫立の集落が点在する。

島の基幹産業は農業、漁業、観光業。特に観葉植物栽培は、江戸時代にはすでに有名で、現在もフェニックス・ロベレニーの生産は全国シェア 95% を誇る。観光では八丈富士のお鉢巡りや、伝統工芸黄八丈の見学、海のアクティビティなどがメイン。島内各地から温泉が湧き旅の疲れを癒やしてくれる。近年は冬場にザトウクジラが回遊し、新たな観光資源となっている。

八丈島は流人の島でもある。玉石垣はその流人が造った代表的存在だ

しま通信　八丈島の北西に浮かぶ八丈小島は最盛期には 500 人の住人がいたが、上下水道や電気などのインフラ設備が整わず、八丈島との生活水準の差が開いてきたため 1969 年に集団離島を行い、無人となった。

八丈島の歩き方

大賀郷、三根を中心に5つの集落が点在

八丈島には5つの集落があり、八丈富士と三原山の間にある平地に開けた、大賀郷と三根がメインエリア。三根には船の発着する底土港があり、大賀郷には八丈島空港がある。

八丈富士から見下ろした町並み。中央が八丈島空港の滑走路。左手の桟橋が底土港だ

八丈島空港は大賀郷の集落に隣接しているが、見所や商店は点在しているため、歩いて回るのはなかなか辛い。レンタカーかバスでめぐるのが一般的だ。2023年12月現在、八丈島のタクシーは深刻な人手不足に陥っており、飛行機到着時でもタクシーは常駐していないことが多い。タクシーを利用したい場合は、到着後電話で手配するが、すぐに来るかはわからない。レンタカーを借りない場合は、宿に送迎を頼むなど到着後の移動手段を確保しておいたほうがいい。底土港に到着した場合も同様だ。

にぎわう坂下と静かな坂上地区

5つの集落からなる八丈島だが、大賀郷、三根エリアを坂下（さかした）、樫立、中之郷、末吉エリアを坂上（さかうえ）と呼ぶ。その名のとおり坂下は海抜10～60m程度のところに集落があり、坂上は海抜90m～140m程度。この間をつなぐのが西側の大坂トンネルと、東側の登龍峠だ。地元の人はよく使うので覚えておこう。

大賀郷と樫立を結ぶ全長1325mの逢坂橋。集落を結ぶ大切な道路だ

八丈島観光協会
アクティビティや交通など観光情報全般を提供。八丈島空港、船客待合所にも観光案内窓口があるが、こちらは到着便に合わせて窓口が開く。

MAP 別冊 P.22-B3
住 八丈町大賀郷2345-1
TEL 04996-2-1377
営 9:00～17:00
休 なし
P あり
URL www.hachijo.gr.jp

観光マップなどが手に入る

島トーク　行きは船、帰りは飛行機が人気!?
八丈島まで船で行くと片道10時間20分。行き22:30に船に乗って翌朝8:55に八丈島到着、帰りは1日3便ある飛行機で帰るのが、島旅気分も味わえるうえ、時間的にも体力的にもラク。

島トーク　空港の島寿司は予約必須
八丈島空港のレストランでは島寿司を販売しており、帰りの飛行機で食べよう♪と楽しみにしている人が多いかもしれないが、数に限りがあるのか、なかなか手に入らない。早めに予約を！

伝言板　さまざまな交通機関の実証実験を実施中

八丈島は公共交通機関の人手不足に悩まされている。本数の少ない町営バスは観光にはやや不便。レンタカーが便利だが、借りられない場合もあるだろうし、何より島民にとっても公共交通機関の不足は死活問題だ。そこで八丈町では、折りたたみ電動バイクのシェアリングサービス「Shaero（シェアロ）」や、AIデマンドタクシー、自動運転バスの試験走行など、さまざまな取り組みを行っている。まだ試験期間のためそれぞれのサービスは不定期だが、滞在中利用できるサービスがないか確認してみよう。

無人運転バスの実証実験

八丈島のおみやげにいつも買って帰るのが黄八丈サブレ。素朴な牛乳せんべいと違い、こちらはバターたっぷりでリッチな味わい。黄八丈の着物の形もかわいく、喜ばれますよ♪（編集部・F）

亜熱帯植物が繁茂する、花と緑と温泉の島

八丈島エリアガイド

年平均18℃という温暖な気候でフリージア、ハイビスカスなどの亜熱帯の植物が彩る島。5つの集落に見どころが点在する。

八丈島のシーズンガイド

●旅行のベストシーズンは？

海で遊ぶなら水温が上がる7～9月いっぱい、トレッキングなら3～6月、10～11月がおすすめ。フリージアの開花は3月中旬から4月中旬。

●海で泳げるのは何月頃？

気持ちよく泳げるのは7月あたりから。10月に入っても水温が高ければ海で遊べるが、海水浴場に監視員はいないので、自己責任で楽しもう。

●冬の旅行の楽しみは？

11～4月頃にかけて八丈島近辺にザトウクジラが訪れる。ボートに乗って見に行くホエールウオッチングツアーがあるほか、陸上からも見ることができる。

八丈島で絶対にしたいこと BEST 3

1. 八丈富士トレッキング

八丈島のシンボル、八丈富士。火口をぐるりと一周するトレッキングで360度のパノラマを堪能して！ → P.42

2. 島寿司を食べる

地魚をヅケにして甘めの酢飯にのせて食べる島寿司。八丈島ではワサビではなくカラシを使うのが特徴。 → P.274

3. 温泉を楽しむ

島には6ヵ所の温泉がある。絶景や野趣あふれる混浴露天風呂（水着着用）など、個性あふれる温泉が楽しめる。 → P.266

★現在は無人の鳥の楽園

八丈小島

八丈島の7.5km沖合に海からそびえ立つ島。かつては有人島だったが、1969年に集団離島し、現在は無人島。鳥の営巣地となっている。

空港や役場がある島の中心地

大賀郷（おおかごう）

八丈島空港の南側に飲食店やスーパー、宿泊施設が点在する島のメインエリア。入園無料の八丈植物公園は亜熱帯の植物が茂り散策にもいい。

★正面に八丈富士を望む絶景スポット

大坂トンネル展望台 → P.286

坂の下にある大賀郷と高台にある樫立を結ぶトンネルと、八丈富士、八丈小島を望むスポット。夕日の名所としても知られる。

★標高 854 mの、島のシンボル

八丈富士

東京諸島最高峰の山。富士山に似た美しい容姿から富士という名が付けられた。登山口から 1280 段の階段が整備されている。→ P.283

島の玄関口となる底土港がある

三根（みつね）

客船が着く底土港がある。大賀郷と隣接し、飲食店や宿泊施設が立ち並ぶ島の中心地。

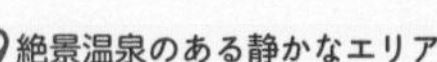

絶景温泉のある静かなエリア

末吉（すえよし）

いちばん人気の温泉、みはらしの湯やダイナミックな景観を一望する名古の展望台など風光明媚なスポットが点在する。

大坂トンネルを抜けると現れる集落

樫立（かしたて）

郷土芸能公演が観賞できる服部屋敷や、夏季限定で海水プールが登場する乙千代ヶ浜海水浴場がある。

★森の奥にたたずむ神秘的な沼

硫黄沼 → P.268

遊歩道を 30 分ほど歩くと現れるミルキーブルーの沼。森林浴を楽しみながら気軽にトレッキング。

3カ所の温泉が湧く

中之郷（なかのごう）

島の南部に位置するエリア。足湯きらめきや裏見ケ滝温泉など個性豊かな温泉が湧く。黄八丈の「めゆ工房」もこのエリアにある。

八丈富士の絶景と温泉めぐり 2泊3日モデルプラン

羽田空港から飛行機で1時間弱で到着する八丈島。地方出発でも羽田空港で乗り換えれば同日到着できる、アクセスのよさも魅力だ。亜熱帯の雰囲気漂う島の休暇を満喫しよう。

1日目 八丈富士に登り絶景を楽しむ

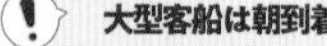

大型客船は朝到着

東京・竹芝桟橋発の大型客船22:30発、八丈島8:55着。寝ている間に島に到着するので、時間が有効に使える。行きは船を利用するのもいい。

八丈富士のお鉢巡りは結構ハード！

八丈富士のお鉢めぐりをする場合はそれなりの準備をしておいたほうがいい。西側は風が強く、足場が悪いところも。滑落事故もあるので状況を見て判断して。

8:25 飛行機で八丈島空港に到着

羽田発の1便は7:30発、8:25到着。各地からの乗り継ぎの場合は2便の12:15発、13:10着を利用する。

↓ 🚗5分

9:30 レンタカーで八丈植物公園へ

レンタカーを借りて、まずは亜熱帯の植物が茂る八丈植物公園へ。ビジターセンターで八丈島の自然や歴史を学ぼう。→P.284

広大な植物園。入園は無料

↓ 🚗10分

11:00 南原千畳岩海岸で噴火を感じる

八丈富士の噴火で流出した溶岩が冷え固まってできた溶岩台地。沖に浮かぶのは八丈小島。→P.283

尾根まで登ったら引き返してもいい

↓ 🚗10分

11:30 島の魚介類のランチに舌鼓

島民も通う人気店「魚八亭」で昼食。ランチタイムはお得なセットが登場。→P.287

「魚八亭」の人気メニュー、島寿司定食

↓ 🚗20分

13:00 八丈富士に登る！

島のシンボル、八丈富士に登ってみよう。登山口の7合目から頂上までは階段が整備されている。→P.42

お鉢めぐりをすれば絶景が見られる

↓ 🚶2時間

14:00 八丈富士最高峰に到達

体力があれば八丈富士お鉢めぐりに挑戦!ただし、風の強い日は危険なので注意。

八丈小島もきれいに見える

↓ 🚗20分

15:30 展望台から八丈富士を見る！

登龍峠展望台から先ほど登った八丈富士の絶景を見る。自然の造形にあらためて感動。→P.286

登龍峠展望台から雄姿を望む

↓ 🚗15分

16:00 絶景温泉で疲れを癒やす

島の断崖絶壁を望む露天風呂が自慢の「末吉温泉 みはらしの湯」へ。登山の疲れも引き飛ぶ。→P.266

海に面した露天風呂でのんびり

↓ 🚗30分

19:00 島の名店で郷土料理を堪能

ディナーは島随一の人気店「梁山泊」で島の味を楽しむ。混み合うので必ず予約を。→P.276

島の絶品料理を味わう

2日目 ウミガメスノーケリングと黄八丈体験

ビーチ遊びだけでも楽しい

もちろんビーチで遊ぶのもいい。有名なのは、底土海水浴場。中心地から近くて便利だ。乙千代ヶ浜(おっちょがはま)は夏場は海水プールがオープンする。

9:00 野生のウミガメとランデブー

スノーケリングツアーでウミガメに会いにいこう。遭遇率は98%以上！→P.270

ウミガメがすぐそばに！

12:00 ⬇ 🚗 10分

伝統的な郷土料理でランチ

風情のある古民家で島の伝統料理が味わえる「いそざきえん」へ。 → P.277

いちばん人気の黒潮料理

「めゆ工房」は黄八丈の小物が豊富

14:00 ⬇ 🚗 2分

めゆ工房で黄八丈に触れる

島の伝統工芸である黄八丈を製造販売をする「めゆ工房」へ。 黄八丈の小物を手に入れて♪ → P.291

15:00 ⬇ 🚗 6分

島の野菜やお菓子などをチェック

島の野菜やおやつを売る「えこ·あぐりまーと」へ。珍しい野菜や果物が並ぶ。 → P.291

えこ・あぐりまーとの温室

16:30 ⬇ 🚗 5分

足湯でのんびり

無料の「足湯きらめき」は、 夕日の名所。 冬場はクジラが見られることもある。 → P.267

足湯からは夕日がキレイ!

19:00 ⬇ 🚗 20分

気軽な居酒屋で乾杯

2日目の夜はリラックスできる居酒屋で。 明日葉や島寿司も忘れずに味わって。

島の焼酎片手に楽しもう♪

3日目 サイクリングとおみやげ探し

黄八丈の体験もできる

「八丈民芸やました」(→ P.290)では黄八丈の織り体験ができる。サイクリングの代わりに体験をしてみてもいい。

10:00

サイクリングで名所を巡る

八丈島観光協会の敷地内にあるレンタサイクルを借りてサイクリングスタート。 → P.269

サイクリングで玉石垣へ

10:20 ⬇ 🚲 10分

流人が造った苦労の結晶

美しく石が積まれた玉石垣は、 かつてこの地に流された流人が造ったもの。 → P.283

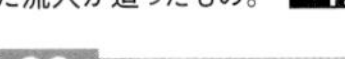

11:00 ⬇ 🚲 20分

ソフトクリームでひと休み

自転車を返し八丈島乳業直営の「ジャージーカフェ」へ。 なめらかなソフトクリームが絶品。 → P.279

明日葉を使ったパフェもどうぞ

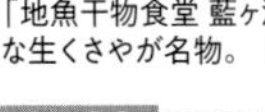

12:00 ⬇ 🚗 5分

生くさやランチ

「地魚干物食堂 藍ヶ江水産」 は半生でジューシーな生くさやが名物。 → P.276

軟らかな生くさやはやみつきに!

14:00 ⬇ 🚗 5分

島のおみやげ探し

最後はおみやげ探し。「スーパーあさぬま」や「山田屋」 などで豊富に揃う。 → P.290

山田屋のくさやソフトにもチャレンジ!

時間が余ったらカフェでひと息

17:30 ⬇ 🚗 10分

飛行機で羽田空港へ

18:30 ⬇ ✈ 1時間

羽田空港到着

オーシャンビューも森の中の隠れ家温泉も！

6つの温泉めぐり

火山の恵みを受けた八丈島は温泉の宝庫。絶景足湯や森の中の露天風呂など、それぞれが個性的で温泉めぐりが楽しい。島の極楽温泉を求めて、出発！

みはらしの湯の露天風呂から海と山景色を一望

大海原と切り立つ岸壁の絶景を望む

末吉温泉 みはらしの湯（すえよしおんせん みはらしのゆ） 末吉

高台の断崖上にあり、露天風呂からの眺望が自慢。水平線と切り立つ岸壁、そして灯台を見下ろすことができる人気の温泉だ。満天の星が広がる夜もおすすめ。奇数日と偶数日で男女が入れ替わり、異なる景色を楽しむことができるため、毎日訪れても楽しむことができる。

上／露天風呂と広々とした内風呂がある　左／冬はザトウクジラの潮吹きが見られることも

MAP 別冊 P.21-D3 住 八丈町末吉 581-1 TEL 04996-2-5570 営 10:30～21:30 休 火 料 500 円 CC 不可 P あり 交 底土港から車で 27 分 🚌末吉温泉前下車すぐ ※バスは 2 時間に 1 本程度

臨時休業もあるので、八丈町のウェブサイトを確認

森に抱かれた隠れ家露天風呂

裏見ヶ滝温泉（うらみがたきおんせん） 中之郷

亜熱帯植物に囲まれた、南国気分を味わえる秘境感たっぷりの露天風呂。三原川に落ちる滝のせせらぎを聴きながら、湯に浸れる癒やしの空間だ。水着着用で男女混浴。海帰りに寄る人も多いが、温泉に入るときは体を湯で流してから入るのがマナー。

下／石鹸やシャンプーの使用はできない　右／緑の香りに包まれる癒やしのひととき

MAP 別冊 P.20-B3 住 八丈町中之郷 TEL 04996-2-5570 営 9:00 ～ 21:00 休 なし 料 無料 P あり 交 底土港から車で 21 分 🚌中田商店前下車、徒歩 9 分

更衣室は男女兼用。鍵をかけて使用する

しま通信　温泉めぐりには、温泉周遊券 600 円がお得。1 日有効で、各温泉 1 回ずつ使用できる。各温泉施設と町役場福祉健康課で販売。また、2 日間バス乗り放題・温泉入り放題のチケット 1000 円も。町営バス営業所とバス車内で販売している。

上／あたりが黄金色に染まるサンセットタイム　右／藍ヶ江の景色は八丈島の絶景ポイントのひとつ

夕日を眺めながら足湯でほっこり

足湯きらめき（あしゆきらめき）

中之郷

海に面した高台にある無料の足湯。夕日の名所として知られ、夕暮れ時は多くの客でにぎわう。冬場は回遊してくるクジラの姿が見られることも。湯温は 44.8°Cと高めなので、心地よい場所を探して。

MAP 別冊 P.20-A3　住 八丈町中之郷　TEL なし　営 11:00 ～ 21:00　休 なし　料 無料　P あり　交 底土港から車で 22 分　ⓘ中田商店前から徒歩 15 分

タオルを持参しよう

露天風呂もある島人の憩いの場

樫立向里温泉 ふれあいの湯（かしたてむかいざとおんせん ふれあいのゆ）

樫立

宿や飲食店が集まる大賀郷や三根地区からいちばん近い温泉施設。総ヒノキ造りの内風呂と、屋根付き露天風呂がある。源泉掛け流しで泉質がよく、島人も多い。観光客が比較的少ないので、島人とローカルトークが楽しめるのもこちらの醍醐味だ。

上／ヒノキや八丈島のスギを使った施設　右／緑豊かな露天風呂でほっとひと息

ヤシの木が見える南国ムードの休憩所

MAP 別冊 P.21-C3　住 八丈町樫立 1812-3　TEL 04996-2-5570　営 10:00 ～ 22:00　休 月　料 300 円　CC 不可　P あり　交 底土港から車で 16 分　ⓘ樫立温泉入口下車すぐ

上／さらさらとしたナトリウム－塩化物温泉の湯が気持ちいい　下／湯上がりは休憩所でのんびり

海を望む小さな温泉

中之郷温泉 やすらぎの湯（なかのごうおんせん やすらぎのゆ）

中之郷

ヒノキの浴槽から海が望める温泉。天気がよければ青ヶ島まで見えることも。内湯のみのこぢんまりとした温泉で、島の人の御用達。毎日訪れる島人もいるので、ローカル話が聞けるかも。筋肉痛や疲労回復の効能が期待できるので、ハイキングのあとにもおすすめだ。

MAP 別冊 P.20-A3　住 八丈町中之郷 1442　TEL 04996-2-5570　営 10:00 ～ 21:00　休 木　料 300 円　CC 不可　P あり　交 底土港から車で 21 分　ⓘ中田商店前下車、徒歩 10 分

島民に愛される素朴な温泉

島内最古のディープな温泉

洞輪沢温泉（ぼらわざわおんせん）

末吉

洞輪沢港の目の前に位置し、漁師のために造られた温泉。都道を下りきった断崖絶壁の下にある温泉で、ほかの温泉とは泉質が異なるのも特徴。温泉マニアの心くすぐるひなびた外観もたまらない。シャンプーや石鹸の使用は禁止。秘湯ムードを楽しもう。

上／湯温は 38 度とぬるめ　左／バスは 1 日に 1 本のみなのでレンタカーや自転車で

MAP 別冊 P.21-D3　住 八丈町末吉　TEL なし　営 9:00 ～ 21:00　休 月　料 無料　P あり　交 底土港から車で 28 分

ロッカーがあるので貴重品はそこへ

しま通信　島にはもうひとつ「ブルーポート・スパ ザ・BOON」という温泉がある。打たせ湯、水風呂、サウナなど、充実した設備を備えていたが、現在は休業中。再開のめどは立っていない。再開を願いつつ、ほかの温泉を楽しもう。

自然のなかでリフレッシュ♪

神秘の硫黄沼（いおうぬま）と秘境唐滝（からたき）トレッキング

MAP 別冊 P.21-C2

三原山の麓に広がる森の中には神秘的に輝く沼や、島内最大の落差を誇る滝など、訪れたいスポットがいっぱい！

所要時間 2時間　歩行距離 約4.5km　高低差 約250m

START!

駐車場から舗装道路を歩く

駐車スペースがあるので車を停めてスタート。最初は舗装道路で歩きやすい。

トイレや自動販売機はないので注意

10分

しばらくは緩やかな上り坂

鳥のさえずりを聴きながら、登山道は緩やかな坂で歩きやすい。のんびり森林浴気分でハイキングを楽しもう。

左手にはロベ畑

野鳥も多く、バードウオッチングも楽しい

20分

木々の間に隠された、硫黄沼に到着

硫黄沼の看板に従って下ると、木々の間に青緑色に輝く沼が現れる。ここで引き返してもOK。

看板を見逃さないで！

水に硫黄成分が混ざっているため青緑色なのだとか

5分

唐滝まではややハードな山道

硫黄沼から先は、一転してハードな山道に。急な斜面を登ったり、川を横切ったり、岩をよじ登る。軍手があると便利。

道に迷いやすいので注意して

20分

GOAL!

落差36.3mの唐滝の雄姿に感動!!

石の堤防をよじ登り少し進むと流れ落ちる滝が現れる。降り注ぐ滝の飛沫には虹が。美しい光景に疲れも吹き飛びそう。

MAP 別冊 P.21-C2
交 底土港から車で20分
P あり

岩肌をぬらしながら落ちる清らかな滝

しま通信 硫黄沼までは歩きやすいハイキングルートになっており、初心者でもOK。硫黄沼を過ぎると道がわかりづらく、携帯も圏外になる。なるべく複数人で、心配ならガイドを手配しよう。

島の魅力を凝縮！
絶景サイクリング

青く透き通った海、島ならではの歴史的景観、そして火山が生み出したダイナミックな景色など、島の見どころを凝縮したルートをご紹介。海風を感じながら気分爽快サイクリング！

所要時間 1時間　走行距離 約9.2km　高低差 約74m

❶観光協会
❷玉石垣
❸ヤケンヶ浜
❹南原千畳岩海岸

START!
電動アシスト自転車で出発！

10分

八丈島観光協会横にある自転車貸出所（HJPレンタカー→P.282）で予約していた電動アシスト自転車を借りよう。

八丈島観光協会→ P.261

無料貸出のヘルメットを着用しよう

かつての島の中心地の歴史的景観を望む

約500年前の政治の中心地に作られた玉石垣が続く道。丸石の周りに6つの石を積む六方積みという独自の方法で造られた垣根は、八丈島を代表する景観だ。

坂の上から玉石垣を見下ろす風景も美しい

大里の玉石垣→ P.283

3分

島を繁栄させた祖先神が祀られる神社

927年に完成した神名帳に記録される島内最古の神社。拝殿の後ろには石造りの本殿が、境内には樹齢700～800年ほどのソテツがあり、この神社の歴史を物語る。

優婆夷宝明神社→ P.284

八丈島、八丈小島、青ヶ島の総鎮守

8分

八丈島ならではの景観を一望！

西海岸へ向かいヤケンヶ浜海水浴場に到着。小さな展望台があり、海に流れ冷え固まった溶岩や八丈小島、八丈富士、そして大坂トンネルを見渡すことができる。

8分

黒々とした溶岩台地から大海原を望む

GOAL!

さらに北へ向かい、八丈富士が噴火した際に流れ出た溶岩の台地・南原千畳岩海岸へ。長さ500m、幅100mの漆黒の台地が海へと広がる、火山島らしい景観を楽しめる。

断崖絶壁の無人島を背景に写真撮影！

比較的平らな溶岩の上を歩くことができる

南原千畳岩海岸
MAP 別冊 P.20-B2
住 八丈町大賀郷
交 八丈島空港から車で7分

海水浴場を通り過ぎた先に展望台がある

ヤケンヶ浜海水浴場
MAP 別冊 P.21-C2
住 八丈町大賀郷 7921
交 八丈島空港から車で5分

しま通信　電動アシスト自転車は最高速度が約30～40km出ることがある。八丈富士や大坂トンネル方面は急な坂が多く事故が起きやすいため、坂を下るときは必ずアシスト機能を切って走行しよう。

八丈島の海で
ウミガメと泳ぐ！

ウミガメ スノーケリング体験

八丈ブルーといわれるほど、深く濃い青が特徴的な八丈島の海。
このきれいな海で、アオウミガメと一緒に泳いでみよう！

上／珊瑚礁の上を泳ぐアオウミガメと記念撮影　左／ガイドの合図でゆっくりと泳ごう

アオウミガメ遭遇率はなんと 98％！

東京からいちばん近い南国、八丈島。その特徴は、透明度 30m 以上にもなる透明な海。ダイビングはもちろん、スノーケリングでもその美しい海を満喫することができる。八丈島の海の魅力のひとつが、アオウミガメに出会えること。しかも初心者でもスノーケリングで簡単に見ることができるのだ。

ウミガメに会うには、ツアーに参加するのがおすすめ。器材は無料で貸し出してくれるので、用意するのは水着だけ。器材の使い方やスノーケリングの講習なども行ってくれるので安心だ。ガイドがアオウミガメや魚が多いポイントに連れていってくれるので、八丈島の海の魅力を存分に楽しめるだろう。水面撮影した写真のデータをプレゼントしてもらえるのもうれしい。さあ、青い海を探検してみよう。

カラフルな海の世界に飛び込もう

スイスイと泳げて楽ちん♪

水中スクーターでしか行けない場所へ！

ダイビングショップアラベスクでは、期間限定で、スクータースノーケリングツアーを開催している。実はこの水中スクーター、2023 年の劇場版『名探偵コナン 黒鉄の魚影（サブマリン）』でコナンが八丈島の海で使用したサメヘッドの水中スクーターにそっくり。コナンが体験した水中の世界をのぞいてみよう。

ウミガメスノーケリングツアー　MAP 別冊 P.22-A3

催行会社 ダイビングショップ アラベスク　住 八丈町大賀郷 363-1　TEL 04996-9-5838　時 スノーケリングツアー 9:00 ～ 12:00、14:00 ～ 17:00（夏季は 1 日 3 回催行）　スクーター・スノーケリングツアー 9:00 ～ 12:00、14:00 ～ 17:00　休 荒天時　料 スノーケリングツアー 7480 円～、スクーター・スノーケリングツアー 1 万 3500 円～（要予約、ツアー代、器材レンタル代、保険料、GoPro(ウェアラブルカメラ) レンタル代、バスタオル、飲み物含む）　交 集合場所は催行会社に要確認　CC ADJMV　P あり　交 八丈島空港から車で 5 分、底土港から車で 12 分

スノーケリングツアーでは、混み合う夏場は海水浴場に現地集合・解散、それ以外のシーズンはショップで集合解散するケースが多い。荷物はショップの車に置くことができるが、なるべく荷物は少ない方が動きやすい。

スケジュール

START!

9:00 集合場所に到着。まずは申込書の記入

事前に服の下に水着を着用し、集合場所へ向かおう。到着したら、まずは申込書に記入して、ウエットスーツを着よう。

事前にショップが集合場所を教えてくれる

9:15 スノーケリングスキルを習おう

動画でスノーケリングや海で出会える生物について学習しよう。スノーケリング器材の使い方も学んで、準備が整ったら海の近くへ移動する。

上／マスクに水が入らないようにしっかりと装着　右／器材はショップが準備してくれる

10:00 潜るポイントの確認をし海の世界へ！

潜るポイントをチェック。ガイドと一緒に泳ぐので問題ないが、水面での移動範囲は事前に把握しよう。海に入る前に記念撮影♪

GoProの無料貸し出しサービスもある

10:15 足元に気をつけて、いざエントリー！

フィンやマスクを装着して海へ。階段は滑りやすいので、足元に気をつけて。海に入ったら浮輪につかまり、呼吸を整えよう。

上／手すりがあるのでしっかりとつかまって水中へ
下／水温は冷たく感じるが徐々に体が慣れてくる

10:30 アオウミガメと一緒にスイム！

水面では、ガイドと常にコンタクトを取りながら泳ごう。アオウミガメを発見したらさっそく写真撮影。海底に広がるテーブルサンゴもきれい！

上／水中カメラで自撮りも楽しい　下／生物やサンゴには触らないように気をつけて

11:30 海から上がって体験終了

約40分間のスノーケリング体験が終わったら車に戻って、レンタル器材などを返却。着替えの場所はツアー開催時期によって異なる。

ツアー後は十分に水分を補給しよう

八丈島では、スノーケリングツアーを開催しているダイビングショップが多い。効率よく安全にポイントを回りたいなら、ツアーに参加がベター。レンタル用品はショップによって異なるので事前確認を。

青い海と空に抱かれた
酪農王国復活への道

ピーク時には約 2000 頭の乳牛が飼育される酪農王国と呼ばれた八丈島。しかし現在島で酪農を営むのは、八丈島乳業ただひとつ。島の産業を守り抜く唯一の牧場とチーズ農家を訪ねた。

雨や日差しを受けて育つ島ならではの放牧酪農

明治時代に始まった酪農は島の基幹産業として栄えたが、輸送技術の発達により安価な乳製品が島に入ってくると島の酪農家は次々に廃業に追い込まれた。

2013 年、ついに島の牧場は 1 軒に。そこで 2014 年、現在リードパークリゾートを経営している歌川さんが島の産業を守るため八丈島乳業を設立した。島に自生するマグサを与えたり、放牧して育てる山地酪農を取り入れることでコストを抑え経営を改善。自社ホテルでバターや牛乳を提供したり、「八丈島ジャージーカフェ」を開き、新鮮な牛乳やソフトクリームを提供し、販路を拡大。現在は島を代表するブランドのひとつとして、島民にも観光客にも愛されている。

牧場長の岡田恵奈さんと月ヶ瀬匠さん

八丈島乳業

購入は八丈島ジャージーカフェ（→ P.279）、スーパーあさぬま（→ P.291）や八丈島空港などで。

MAP 別冊 P.21-C1（ゆーゆー牧場）

URL hachijo-golden-milk.stores.jp

ジャージー牛乳
250 円（180㎖）
低温殺菌の牛乳。濃厚ながら後味はすっきり

ジャージープリン
445 円
牛乳と卵の風味が生きる、とろりとしたプリン

ヨーグルトドリンク
250 円
じっくり発酵させており、コクと酸味が絶妙

ジャージーバター
1500 円
濃厚なジャージー牛のうま味が凝縮

濃厚ながら後味のいいジャージー牛乳は、5 歳の子供も大のお気に入り。滞在中は毎日ジャージーカフェに通い、牛乳を飲みました。スーパーで売り切れでも直営店ならいただける可能性があります！（編集・S）

❶放牧はリードパークリゾート八丈島から少し北に行ったあたりで行われている　❷現在は 40 頭のジャージー牛が飼育されている　❸生まれたばかりのかわいい子牛　❹名前を呼ぶと自ら搾乳室に入ってくる　❺搾乳は 6:30 と 16:30 開始の 2 回。見学もできる

＼島に生まれた新たな食文化／

できたてモッツァレラチーズが食べたい！

八丈島乳業の生乳を使った新たな八丈島名物がモッツァレラチーズだ。チーズを作るのは魚谷孝之さん。横浜で育ち、大学は農学部に進学。千葉県のミルクブランドの立ち上げに参画し、チーズ作りの基礎を学んだ。ふと訪れた八丈島に牧場があることを知り、移住を決意。酪農に携わりながらチーズ作りをスタートした。１年半後にその会社は潰れてしまったが、前述のリードパークリゾートが経営を引き継いだ。現在、魚谷さんはチーズ専門の会社を設立し、チーズ作りに注力している。目指すのは島の個性が生きたチーズ。フレッシュでみずみずしい味わいは、島外にもファンが多い。島の料理店で見かけたら、ぜひ味わってみてはいかが？

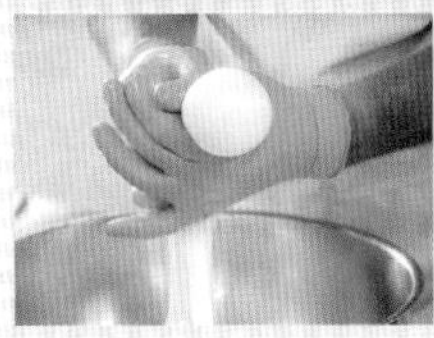

上／八丈島乳業の工場の一角でひとり黙々とチーズを作る魚谷さん
左／生まれたばかりのモッツァレラチーズは真珠のよう

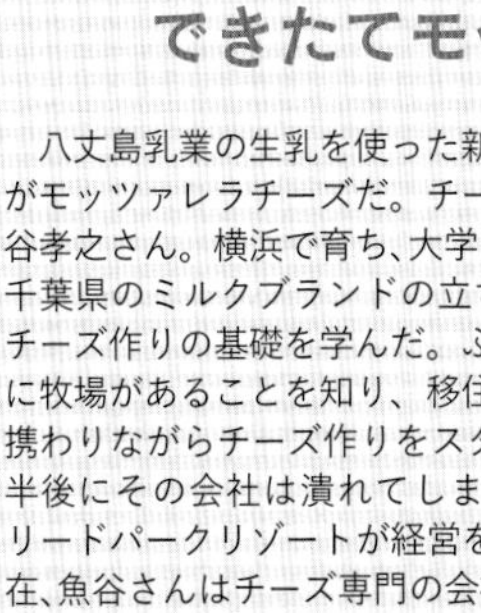

「梁山泊」で、エンケルとハレのチーズが味わえる

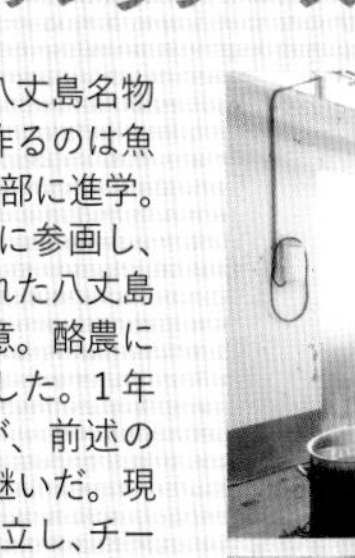

モッツァレラやリコッタ、マスカルポーネなどを販売

エンケルとハレ
島で味わうなら、梁山泊（→ P.276）、リードパークリゾート八丈島（→ P.280）、ステーキチャーリー（→ P.289）などで。商品の購入は通信販売を利用。
URL enkeltohare.stores.jp

チーズ工房「エンケルとハレ」はスウェーデン語で「ちょうどいい」を意味するという。今はまだ、牛乳の生産コストが高く給食では出せないが、夢は島の牛乳を給食に出せるようにすることだそう。

メダイにマダイ、キンメダイ！

島寿司が食べタイ！

八丈島を代表する郷土料理といえば島寿司。
旬の魚のヅケにピリリと利かせた和ガラシがベストマッチ！

ネタ
薄くスライスした魚を醤油ベースのたれに漬けたもの

シャリ
酢飯はやや甘めの味付け

練りカラシ
ワサビではなく、練りカラシを使用

岩のり
岩のりの佃煮が１～２貫入ることが多い

島寿司の歴史

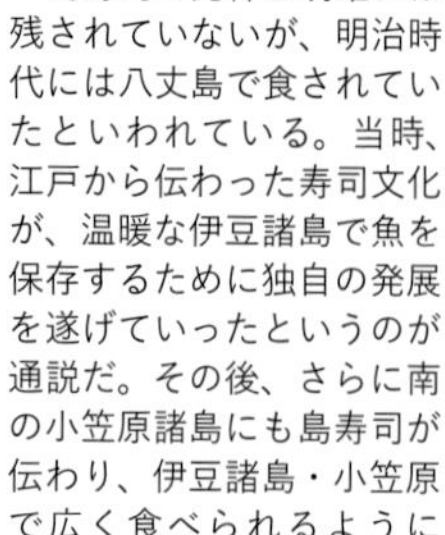

島寿司の発祥は明確には残されていないが、明治時代には八丈島で食されていたといわれている。当時、江戸から伝わった寿司文化が、温暖な伊豆諸島で魚を保存するために独自の発展を遂げていったというのが通説だ。その後、さらに南の小笠原諸島にも島寿司が伝わり、伊豆諸島・小笠原で広く食べられるようになった。島で微妙に味わいが異なるのも興味深い。

島寿司の特徴

一般的に寿司にはワサビが用いられるが、伊豆諸島や小笠原諸島ではワサビが手に入らなかったため、八丈島では練りカラシ、伊豆大島では、青唐辛子を漬け込んだ醤油を使い殺菌力を高めている。八丈島のシャリは甘めの味付けが特徴。当初は保存食として広まったが、現在では島の郷土料理として、各店がそれぞれ自慢のレシピで島寿司を振る舞っている。

どんな魚を使う？

島で取れる魚なら、なんでも島寿司にする。タイ、マグロ、カツオ、カジキ、シイラ、トビウオ、メダイ、イサキ、カンパチなどが用いられるが、八丈島ではハマトビウオ、小笠原ではサワラをそれぞれ春トビと呼び、節分の日に食べる風習があったという。

春トビ（ハマトビウオ）は春を告げる魚

島寿司は家庭でも作れる。醤油と酒、みりんを煮立てたたれに刺身を 15 ～ 30 分ほど漬け、寿司酢を合わせたご飯に乗せて完成。家庭では握りにせず、丼ぶりで食べるのが簡単♪

どれを食べる？ 島寿司コレクション

八丈島の飲食店では専門店でなくても島寿司を用意している
ところが多い。それぞれに個性が違うので、食べ比べも楽しい。

島寿司
900円
メダイやマダイなどの旬の魚に、岩のりが一貫入りいろいろな味が楽しめる。

創彩島割烹 粋や→ P.277

島寿司
2000円
メダイ、アオダイ、カンパチ、岩のりの4種類が味わえて贅沢！（要予約、季節により異なる）

梁山泊→ P.276

島寿司５貫定食
1500円
島寿司５貫に吸い物、サラダが付くランチタイム限定のセット。

魚八亭→ P.287

島寿司
1540円
島寿司７貫と岩のりの寿司が盛られたひと皿。シャリとネタのバランスが◎。

居酒屋 大吉丸→ P.287

島寿司 1000円と
炙り島寿司 1100円
珍しい炙り島寿司が食べられる。やや甘めで大ぶりなシャリも島ならではだ。

地魚干物食堂 藍ヶ江水産→ P.276

スーパーの島寿司もおすすめ！

島のスーパーのお総菜コーナーにも島寿司が並ぶことがある。もちろん地魚が使われており、カラシの効き具合も本格的。

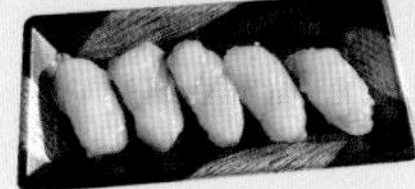

スーパーあさぬまの「島寿司めだい」650円

八丈島以外にも！ 各島の島寿司の特徴

八丈島以外の東京の島々でも島寿司は味わうことができ、島によって味付けが異なる。
さらに遠く離れた沖縄の大東諸島でも島寿司があった！

伊豆大島
伊豆大島では、漬けた刺身がつややかなべっこう色をしていることから「べっこう寿司」といわれる。ワサビやカラシではなく、島唐辛子を漬けた醤油に漬けるのが特徴。

小笠原
八丈島から南に700㎞にある小笠原でも八丈島と同じスタイルの島寿司が食べられるが、よりカラシが効いているものが多い。魚はオキサワラや高級魚のハマダイが使われることも。

大東島
八丈島出身の開拓移民が沖縄諸島の東部にある大東島に持ち込み、島を代表する郷土料理として今に伝わっている。漬ける時間は短めで、こちらではワサビを使用する。

東京の島々では、どの島でも島寿司が食べられるが、岩のりの寿司は八丈島以外ではあまり見かけない。食べ慣れてくると、この岩のりがないと物足りなくなってくるから不思議だ。

ここに来れば間違いなし！
旬食材を堪能できる至福の島料理店

刺身盛り合わせ1人前1500円（写真は2人前）やうみかぜしいたけの天ぷら1100円など

初めてならばまずはここ！島人も太鼓判を押す名店

梁山泊（りょうざんぱく）

島料理の名店は？と尋ねると必ず名前が挙がる人気店。厳選した島の食材のなかでも用いるのは旬のおいしい時期のみ。他店では通年味わえる明日葉も旬の時期にしか提供しないこだわりようだ。やや甘めのシャリにヅケにした魚がのった島寿司8貫2000円は要予約。値段はやや高めだが、その価値を十分に感じられる名店だ。

左／八丈ジャージー牛乳のモッツァレラチーズとトマト1800円　上／テーブル席、小上がりのほか、個室もある

左／数々の政治家やVIPを迎えてきた店　上／焼酎はもちろん、明日葉ビール900円（ジョッキ）もおすすめ

MAP 別冊P.22-A1　住 八丈町三根1672　TEL 04996-2-0631　営 17:30～22:00（L.O.21:20）　休 不定休　CC AJMV　P なし　交 八丈島空港から車で4分

くさや製造会社直営の食堂＆居酒屋

大賀郷

地魚干物食堂 藍ヶ江水産（じざかなひものしょくどう　あいがえすいさん）

島の伝統料理、くさやの製造を行う藍ヶ江水産が運営。ランチは、くさやや島寿司の定食が、夜は島の魚を中心に和洋の創作料理が味わえる。島寿司は4貫1000円。炙り島寿司4貫1100円は店のオリジナルメニュー。うみかぜ椎茸焼き880円など島の素材を使った料理が豊富に揃い、目移りするほど。店内の一角には販売スペースがあり、くさやはおみやげに購入できる。

上／ランチの人気ナンバーワンは熟成！生くさや定食1630円。ふっくらジューシーなくさやだ　下／倉庫を改築した店内。大人数でもOK（要予約）

上／島らしくやや大ぶりなシャリが特徴の島寿司と、飛魚のフライ1280円など　下左／タコや貝をオリーブオイルで煮た島の恵みアヒージョ1320円　下右／明日葉天ぷら780円はサクッとした食感が美味

MAP 別冊P.22-B3　住 八丈町大賀郷2333　TEL 04996-2-2745　営 11:30～14:00、17:00～21:00　休 日、第2・第4月曜　CC ADJMV　P あり　交 八丈島空港から車で5分

梁山泊は、島に要人が訪れた際に利用されることが多い。八丈ビューホテルの支配人も、まずはここで島料理というものを味わってみて、それから自分好みの島料理の店を探してみるのがいい、とおすすめするほどだ。

せっかく島を訪れたら、おいしい島料理を思う存分味わいたいもの。
島人も自信をもっておすすめする4軒をご紹介。どこも人気店なので、予約してから訪れて。

元祖・島料理が味わえる

いそざきえん 樫立

ガジュマルの巨木が目印の築100年を超す古民家を改築した郷土料理屋。「鳥も通わぬ島」といわれていた時代の島の家庭料理を提供。今ではここを除いて島内で味わえる店はほぼないだろう。自家製の野菜や島魚などの地の素材をふんだんに使った黒潮料理1870円が人気。島の歴史を感じる料理だ。

麦雑炊や煮魚、刺身など12品がセットになった黒潮料理

左／黒潮料理に姿造り、塩釜などが付く、御赦免（ごしゃめん）料理5720円は要予約　中／満席になることが多いので予約をして行こう　右／運がよければ、石垣のある部屋に通されるかも

MAP 別冊 P.21-C3
住 八丈町樫立347　TEL 04996-7-0041　営 11:00～14:00（夜は予約のみ、15:00までに連絡）　休 不定休　CC 不可　P あり　交 八丈島空港から車で12分　ⓘ 樫立出張所前から徒歩3分

落ち着いた珠玉の島料理を味わう

創彩島割烹 粋や（そうさいしまかっぽう いきや） 大賀郷

モダンな店内で和洋にアレンジされた島の素材を味わうことができる。料理は日替わりだが、お造り盛り合わせは1600円～程度、アシタバやうみかぜ椎茸などの天ぷらを青ヶ島産のひんぎゃの塩で味わう島天盛990円もおすすめ。一品料理が豊富なのであれこれ食べながら飲みたい人には最高だ。

店の雰囲気も味もいい、覚えておきたい店

島寿司は5貫900円、ムロアジのくさや600円～。島の青レモンを使ったサワー750円とともに

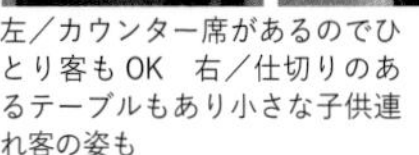

左／カウンター席があるのでひとり客もOK　右／仕切りのあるテーブルもあり小さな子供連れ客の姿も

MAP 別冊 P.22-A3　住 八丈町大賀郷2434-3　TEL 04996-9-5611　営 17:30～22:00(L.O21：00)　休 水　CC ADJMV　P あり　交 八丈島空港から車で4分

しま通信　八丈島では米が取れず、麦雑炊を食べていたという背景がある。いそざきえんの黒潮料理には、サツマイモと小豆を煮付けた「きんぼ」や雷のような形の「雷大根」など、昔の島の味を楽しめる。

ドライブの途中に寄りたい！

癒やしの島カフェ

風光明媚な八丈島。島の空気に溶け込むようにすてきなカフェが点在している。ドライブ途中に立ち寄りたい、おすすめカフェはこちら！

緑と木のぬくもりを感じるカフェ

空間舎（くうかんしゃ）

大賀郷

木のぬくもりあふれる、ゆっくりくつろげるカフェ。緑に包まれた隠れ家のような空間で、手作りのケーキを味わうことができる。3階は展望台になっており、八丈富士をはじめ、360度のパノラマビューが楽しめる。夏季はかき氷も登場。パッションフルーツなど季節の素材を使った、ふわふわのかき氷が好評だ。繁忙期は混み合うため、電話で空き状況の確認を。

これをオーダー

あしたばケーキセット
900円
明日葉の風味が香る手作りケーキにアールグレイティーがベストマッチ

テラスでいただく手作りスイーツは格別

左／林道を進むとポツンとたたずむ一軒家カフェ　中／オーナーのこだわりが詰まった店内
右／自然の音を聴きながら、心身ともに癒やされる

MAP 別冊 P.20-B2
住 八丈町大賀郷 8144-1
TEL 04996-2-4154　営 13:00～17:00　休 火・金（臨時休業あり）　CC 不可　P あり
交 八丈島空港から車で7分

これをオーダー

アイスカフェラテ
550円と
クッキー 各240円
本格的なエスプレッソマシンで入れるコーヒーとパティシエの原田ちはるさんコラボのクッキー

マンゴー
パッションティー
680円

大賀郷

巨大な園芸店の隣のおしゃれカフェ

八丈島ボタニカル&カフェ DRACO（はちじょうじまぼたにかるあんどかふぇ どらこ）

倉庫のような大きな建物は八丈島の特産である観葉植物を販売する園芸店。実は八丈島は江戸時代から続く園芸王国。暖かい気候を生かし、世界各国から集めてきた珍しい植物を栽培し本土に出荷していたのだ。そんな歴史を知ったオーナーが、園芸文化を見直したいとオープン。隣接のカフェは、Wi-Fiや電源もあるのでワーケーションもできる。

上／倉庫をリノベーションしてカフェに　中／カウンターでオーダーするセルフスタイル　下／購入した植物は配送可能

MAP 別冊 P.22-B3
住 八丈町大賀郷 2265-1　TEL 04996-9-5586　営 12:00～18:00　休 月・木
CC ADJMV　P あり　交 八丈島空港から車で7分

しま通信　雑貨の販売や物作り体験ができるカフェがある。「空間舎」では流木で簡単な明かりを作る体験 4000円が、「古民家喫茶 中之郷」では黄八丈を使った手作り雑貨などの販売を行う。

コーヒーでひと休みしてね

オーナーの大金あやさん

これをオーダー

チョコアンジェリカフラッペ 700円(左)
八丈島産の明日葉とチョコを使ったスイーツ系ドリンク
トロピカルソーダ 500円(右)
マンゴーやパッションベースの色合いがきれいなソーダ

島民に愛される移動式カフェ

島内

ぶるぶるーかふぇすたんど

Bulblue cafe stand

青いワゴンで島をめぐり、おいしいコーヒーやドーナツを提供するカフェ。一杯ずつていねいに入れるコーヒーをはじめ、フラッペや色合いの美しいソーダ、ドーナツなどを販売。島の人たちも次々に購入に訪れる人気店。出店場所や営業日はSNSをチェックして。

住 その日により異なる TEL なし 営 SNSを確認 休 不定休 CC ADJMV P あり 交 その日により異なる インスタグラムのID：@bulblue_cafe で場所などを確認して

八丈島乳業の直営のカフェでひと休み

大賀郷

はちじょうじまじゃーじーかふぇ

八丈島ジャージーカフェ

放牧酪農でジャージー牛を飼育する八丈島乳業の乳製品が味わえるセルフスタイルのカフェ。八丈島ジャージー牛乳300円～はもちろん、ジャージー牛乳のソフトクリームやフロート、フレンチトーストなども。牛乳煎餅やフィナンシェなどのおみやげも手に入る。

これをオーダー

あしたばパフェ 600円(右)
明日葉の苦味とアイスの甘みが絶妙
パッションソーダフロート 650円(左)
パッションのさわやかな酸味にアイスがマッチ

スーパーあさぬま隣接のカフェ

MAP 別冊 P.22-B3

住 八丈町大賀郷2370-1 TEL 04996-2-5922 営 10:00～17:00 休 なし CC ADJMV P あり 交 八丈島空港から車で5分

南国情緒あふれる古民家でくつろぐ

中之郷

こみんかきっさ なかのごう

古民家喫茶 中之郷

玉石垣に囲まれた築160年以上の伝統家屋を活用したカフェ。暖かい季節には縁側の雨戸が開放され、外からのやわらかな風が心地よい。島の旬の素材を使ったスイーツや飲み物が人気。ロベやヤシの木など南の島ならではの植物が、家屋を守るかのように生い茂る様子を眺めながらくつろぎたい。

島時間に心が緩んでいくのを感じる

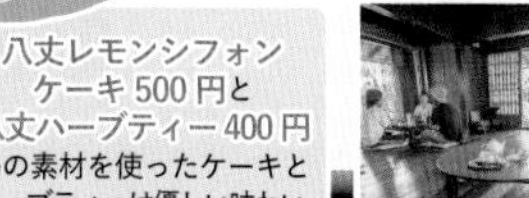

これをオーダー

八丈レモンシフォンケーキ 500円と八丈ハーブティー 400円
島の素材を使ったケーキとハーブティーは優しい味わい

MAP 別冊 P.20-A3

住 八丈町中之郷1642 TEL 04996-7-0502 営 10:00～17:00 休 木 CC 不可 P あり 交 八丈島空港から車で15分 バス 中田商店前下車、徒歩2分

八丈島で100年以上栽培されている植物フェニックス・ロベレニーは、全国シェアほぼ100%を誇る。通称ロベと呼ばれ島民に親しまれており南国らしい風情が人気だ。

時間を忘れてリラックス

リゾートホテルでのんびりステイ

日常を忘れて自然と島時間を満喫するならリゾートホテルがおすすめ。老舗リゾートホテルから最新のプライベートヴィラまで、居心地のよいホテルをセレクト。

海を見渡せる高台の上のホテル　三根

りーどぱーくりぞーとはちじょうじま

リードパークリゾート八丈島

八丈富士の麓にたたずむホテル。客室はオーシャンビューとマウンテンビューからチョイス。レストランや露天風呂からは海を見渡せる眺望のよさも魅力だ。島の食材を生かした料理にも定評あり。島の魅力をまるごと満喫できるリゾートホテルだ。

❶夏には海を一望できる屋外プールが開放される　❷清潔に整えられた客室　❸太平洋の大パノラマが眼下に広がる露天風呂

MAP 別冊 P.21-C1　住八丈町三根 5392　TEL 04996-2-7701　IN15:00　OUT10:00　料朝夕 1 万 7600 円～　CC ADJMV　部 74　P あり　交八丈島空港から車で 8 分、底土港から車で 8 分

ここが魅力的！

牧場も運営しているため、フレッシュなジャージー牛乳や牛乳を使った料理が楽しめるほか、島の旬の食材を取り入れた料理が自慢。

郷土料理が楽しめる朝食のバイキングが人気

進化を続ける八丈島きっての老舗ホテル　大賀郷

はちじょうびゅーほてる

八丈ビューホテル

1976 年創業の老舗ホテル。時代のニーズとともに変化を続け、オーシャンビューの洋室や、アクセシブル対応の客室を用意。島のホテルでは唯一エレベーターがあるのも好評だ。人気は 1 室限定でテラス付きのデラックスツイン。ホテルは EV のカーシェアがあり、好きなときに利用できるのも便利だ。

ここが魅力的！

デラックスツインの客室。広々とした専用テラスがあり、冬場はここからクジラが見られることも。

海も山も望む大パノラマが楽しめる

❶八丈富士の麓に広がるリゾートホテル　❷広々とした和室はファミリーに好評　❸スーペリアツインの客室。上品な色彩でまとめられている

MAP 別冊 P.21-C2　住八丈町大賀郷 4422-1　TEL 04996-2-3221　IN15:00　OUT10:00　料朝 1 万 3200 円～　CC ADJMV　部 46　P あり　交八丈島空港から車で 5 分、底土港から車で 12 分

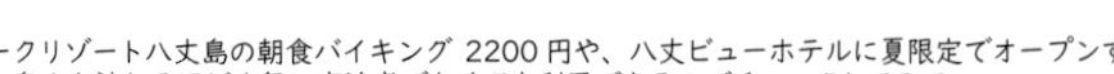

しま通信　リードパークリゾート八丈島の朝食バイキング 2200 円や、八丈ビューホテルに夏限定でオープンするレストランは、島人も訪れるほど人気。宿泊者でなくても利用できるのでチェックしてみて。

サウナ三昧のプライベートヴィラ　三根

らゔぁ　さうな　あんど　ゔぃら
LAVA SAUNA&VILLA

2023 年オープンのヴィラ。敷地内にドーム型のサウナがあり、本格的なサウナが楽しめる。こだわりのサウナは床暖房も完備され、全身がじんわり温まる。その後庭のプールに飛び込んでクールダウン。専用休憩室も設けられており、のんびり過ごすことができる。ヴィラはフルキッチンや 120 インチのテレビを備えており、快適なステイが約束されている。

MAP 別冊 P.22-B1　住八丈町三根 1412-1　TEL 04996-2-1745　IN 16:00　OUT 12:00　料 1 棟 6 万 6000 円（4 人まで）　CC ADJMV　部 4　P あり　交八丈島空港から車で 7 分、底土港から徒歩 4 分

❶緑の庭に設置されたサウナ　❷45㎡のヴィラにはダブルベッド 2 台が置かれ定員 4 名　❸基本的な調理道具、調味料は用意されている

ここが魅力的！

サウナ休憩室には、O_2 ルームがあり高濃度酸素を吸入できる。サウナ後に入れば心身ともにすっきり！

肉体疲労や集中力アップに効果的

バリ島を彷彿させるしつらえ　三根

リゾートシーピロス

底土海水浴場から徒歩 1 分という好立地のホテル。バリ島を思わせるインテリアが特徴。平屋タイプで開放的。客室には畳スペースを備えた部屋もあり、くつろげる空間に。心身のストレスから解き放たれる、至福の時間を過ごせる。

❶客室に囲まれた南国感漂う中庭でのんびりと　❷ファミリー向けの一戸建て離れ　❸八丈島の食材を生かした食事が人気

MAP 別冊 P.22-B1　住八丈町三根 1304-3　TEL 04996-2-5757　IN 15:00　OUT 10:00　料朝夕1 万 3750 円～　CC ADJMV　部 27　P あり　交八丈島空港から車で約 7 分 、底土港から車で約 3 分

ここが魅力的！

客室とロビーの家具や調度品は、バリ島から直輸入したインテリアで合わせている。本物のバリの家具で、よりバリ・リゾート感を感じられる。

光を多く取り入れられ、明るい雰囲気

しま通信　リードパークリゾート八丈島が運営するゆーゆー牧場では、柵越しに搾乳の見学ができる。 搾乳時間は 6:30 ～ 7:20 または 16:30 ～ 17:20。予約は不要。

島内交通

レンタカー

島内には11社ほどレンタカー会社がある。軽自動車、普通自動車のほか、ワゴン車を用意している会社も。基本的には空港や港から少し離れたところに店舗があり、各店舗のスタッフが送迎してくれる。レンタカーの交通事故が増えているので、運転には十分注意しよう。

チャイルドシートなどオプションもある

レンタバイク、レンタサイクル

レンタサイクル・レンタバイクはレンタカー会社で貸し出しをしていることが多い。レンタサイクルは、ホテルで用意していることもあるので問い合わせてみよう。島は高低差が激しいため電動自転車がおすすめ。坂道のスピードの出しすぎには注意しよう。

3時間から借りられるショップが多い

また、リードパークリゾート八丈島では、電動キックスクーターの貸し出しを行っている。風を切りながらスクーターで島巡りも楽しい。料金は1時間2000円、2時間以降は1時間当たり1000円（貸し出しは16歳以上）。

タクシー

現在の八丈島は、タクシー不足が深刻だ。飛行機の到着時間でも、空港に待機していないことが多い。タクシー乗り場にタクシーがいない場合は、直接タクシー会社へ電話で連絡して来てもらう。夜間営業のタクシー会社は少なく、混み合う時間帯は待つことも多い。

現在島のタクシーは10台に満たない

町営バス

路線バスは三根から末吉行き、末吉から三根行き、町役場から大賀郷・空港・三根を巡る循環路線の3ルートがある。料金は距離によって異なり、130円から。本数は1時間に1本以下なので、バス移動の場合は時間を調べておくのが大切だ。循環路線は日曜運休。三根―末吉往復のみとなる。

夜間運行のバスはないので、タクシーを利用

レンタカー会社
●舟山レンタカー
MAP 別冊 P.22-A1
TEL 04996-2-3166
●フリーダムレンタカー
MAP 別冊 P.21-C2
TEL 04996-2-3711
●松代自動車工場
MAP 別冊 P.20-A3
TEL 04996-7-0141

レンタバイク会社
●モービルレンタカー八丈島店
MAP 別冊 P.22-B3
TEL 04996-2-0148
●赤松自動車工場
MAP 別冊 P.22-A1
TEL 04996-2-1131

レンタサイクル会社
● HJPレンタカー
MAP 別冊 P.22-A3
TEL 04996-2-5651

電動キックスクーター
●リードパークリゾート八丈島
MAP 別冊 P.21-C1

タクシー会社
●愛光観光
MAP 別冊 P.22-B3
TEL 04996-2-0392
● SE7EN TAXI
MAP 別冊 P.20-A3
TEL 04996-7-0216

町営バスの所要時間の目安
町営バス(観光協会前)～底土　10分
八丈島空港～スーパーあさぬま 17分
町営バス～中田商店前 25分
町営バス～末吉温泉 28分

八丈町営バス営業所
住 八丈町大賀郷 2345-1
TEL 04996-2-1126
料 大人 130円～　子供 70円～
※大人が同伴する1歳以上6歳未満は、大人1につき1人が無償
※1歳未満は無料

八丈島は石垣に囲まれた狭い道が多い。車体を擦らないように、運転には注意しよう。自転車の場合、八丈富士からの下りや大坂トンネルは坂が急なので、スピードの出しすぎに注意。（編集部・F）

おもな見どころ

北西部にそびえる島のシンボル

MAP 別冊 P.20-B1 大賀郷 景勝地

八丈富士（はちじょうふじ）

標高854mと東京諸島の中では最も高い山。火口は直径400m、深さ50m、さらに火口底には中央火口丘がある二重式火山となっている。火口丘に整備された歩道を一周するお鉢巡りが人気。

1605年の噴火後、活動を停止している

八丈富士
P ありり
交 八丈島空港から7合目にある登山口まで車で20分、底土港から車で30分

火口の中には森や池、浅間神社がある

のんびり草を食む牛に癒やされる

MAP 別冊 P.20-B1 大賀郷 景勝地

八丈富士ふれあい牧場（はちじょうふじふれあいぼくじょう）

八丈富士の中腹に広がる牧場。牧草地のなかに遊歩道が設けられており、放牧中の牛を間近に眺めることができる。正面にそびえる三原山をはじめ、絶景が楽しめる。高台にあるので町の見晴らしもいい。

海からのさわやかな風が吹き抜ける

八丈富士ふれあい牧場
営 9:00～16:00
休 無休
料 無料
P あり
交 八丈島空港から車で15分、底土港から車で30分

夏場はアイスやプリンの販売がある

冷え固まった真っ黒な溶岩の上を歩く

MAP 別冊 P.20-B2 大賀郷 景勝地

南原千畳岩海岸（なんばらせんじょういわかいがん）

1605年に八丈富士が噴火した際、流れ出た溶岩が冷え固まってできた黒い岩の連なる大地。向かいにある切り立った島は、八丈小島。海に沈む夕日を望む、サンセットスポットとしても知られている。

長さ500m、幅100mにもわたる溶岩の大地

南原千畳岩海岸
P あり
交 八丈島空港から車で7分、底土港から車で14分

近くにある宇喜多秀家と豪姫の碑

六法積みで美しく積まれた玉石

MAP 別冊 P.21-C2 大賀郷 景勝地

大里の玉石垣（おおざとのたまいしがき）

かつて政治の中心地だった大里集落に残る玉石の塀。1km離れた横間海岸から玉石を運びひとつの石の周囲を6つの石が取り囲む六法積みという手法で積み上げげた。島らしい情緒ある景観だ。

島の歴史を肌で感じられる場所。写真スポットとしてもおすすめ

大里の玉石垣
開 24時間
休 無休
料 無料
P あり
交 八丈島空港から車で6分、底土港から車で10分

歴史民俗資料館まで馬路と呼ばれる散策路がある

しま通信 大里は、江戸時代に役所が置かれ島の政治の中心地となったが、1908年に島庁が移転し、戦国時代から明治時代まで続いた八丈島の政治の中心地には玉石垣だけが残されることとなった。

玉石垣に囲まれた八丈島の総鎮守

MAP 別冊 P.21-C2
大賀郷
神社

優婆夷宝明神社（うばいほうめいじんじゃ）

八丈島の祖先神として島を守り続ける神社。神社が成立した年は不明だが、927年にまとめられた「延喜式神名帳」には記載されている。樹齢700～800年のソテツも必見。

在社時間が短いため御朱印をいただく場合は注意

優婆夷宝明神社
住 八丈町大賀郷660-1
TEL 04996-2-1440
営 8:00～9:00（土・日・祝は8:00～10:00）（社務所）
休 なし　料 なし　P あり
交 町営バス「大里商店前」から徒歩3分、八丈島空港から車で6分

拝殿の奥には石造りの本殿がひっそりとたたずむ

南国ムードあふれる公園で散策を

MAP 別冊 P.22-A2
大賀郷
植物園

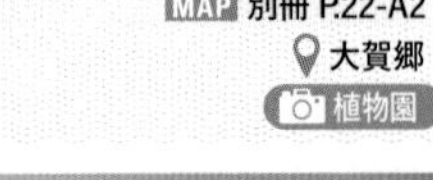

八丈植物公園（はちじょうしょくぶつこうえん）

広大な敷地に熱帯、亜熱帯性の植物が茂る植物園。温室、遊具広場、展望台、キョンの飼育施設などが点在し、ハイビスカスやブーゲンビリアなどを眺めながら散策するのが楽しい。

園内はとても広大。歩きやすい靴で行こう

八丈植物公園
住 八丈町大賀郷2843
TEL 04996-2-4811
営 温室は9:00～16:30
休 なし　料 なし　P あり
交 八丈島空港から車で3分、底土港から車で12分

キョンの飼育スペースがあり、近くで観察できる

植物公園内にあるビジターセンター

MAP 別冊 P.22-A2
大賀郷
展示施設

八丈ビジターセンター（はちじょうびじたーせんたー）

植物園内にある施設。島の成り立ちや自然、生き物、暮らしについてわかりやすく展示。島の紹介ビデオの放映もある。常駐の解説員が、島の自然や生き物について教えてくれる。

パネルやジオラマを使った解説がある

八丈ビジターセンター
住 八丈町大賀郷2843
TEL 04996-2-4811
営 9:00～16:45
休 なし　料 なし　P あり
交 八丈島空港から車で3分、底土港から車で12分

塗り絵などのペーパークラフトは雨の日にもいい

島の郷土芸能が楽しめる施設

MAP 別冊 P.21-C3
樫立
体験施設

八丈服部屋敷（はちじょうはっとりやしき）

樫立踊りや八丈太鼓が見られる施設。樫立踊りは、流人によって伝えられた唄や踊りを島人が盆踊りに綴り合わせたもの。ショーは10:00～（不定期で開催）。黄八丈グッズも販売。

公演スケジュールはホームページでチェック

八丈服部屋敷
住 八丈町樫立2010
TEL 04996-7-0231
営 9:00～12:00（土・日・祝は～15:00）
休 不定休
料 350円／子供200円　CC 不可
P あり
交 八丈島空港から車で約12分、底土港から車で約17分

甘酸っぱい生パッションフルーツジュース600円

しま通信　八丈服部屋敷の舞台でも唄われるショメ節は、島でいちばん知られている民謡。盆踊りや宴会の際によく聴くため、唄える島人も多い。東京都無形民俗文化財に登録されている。

島の南東に位置する火山

三原山（みはらやま）

MAP 別冊 P.21-C2
八丈町
景勝地

約10万年前から始まった海中火山の噴火によって生まれた成層火山。約3700年前の噴火以降は活動を休止している。裾野の海岸線は浸食により断崖絶壁が続いている。

いくつか登山道が整備されている

三原山
P あり
交 八丈島空港から唐滝遊歩道駐車場まで車で20分、底土港から車で25分

樫立地区から上る場合は途中に硫黄沼がある

さわやかなしぶきを浴びる

裏見ヶ滝（うらみがたき）

MAP 別冊 P.20-B3
中之郷
景勝地

駐車場から亜熱帯植物の茂る遊歩道を5分ほど歩くと現れる滝。三原川が中之郷の水田用水路と交差するときにできる滝の裏に遊歩道があり、しぶきを浴びながら裏側から見ることができる。

雨のあとは水量が増えて迫力が増す

裏見ヶ滝
P あり
交 八丈島空港から車で17分、バス停「中田商店前」から徒歩9分

遊歩道の途中にハート形の岩がある

八丈八景のひとつ

名古の展望台（なごのてんぼうだい）

MAP 別冊 P.21-D3
末吉
景勝地

1866（慶応2）年に選定された島の名所「八丈八景」に選定された場所。断崖絶壁と青い海のコントラストが美しい。島では初日の出の観賞スポットとしても知られている。

『名古の秋月』として八丈八景に数えられた

名古の展望台
P あり
交 八丈島空港から車で20分

何万年もの年月をかけて形成された甌穴群

ポットホール散策路（ぽっとほーるさんさくろ）

MAP 別冊 P.21-D2
末吉
景勝地

ポットホールとは、岩盤を流れる水路にできる窪みのことで、何万年の年月をかけて徐々に穴が広がり今の状態へと変化した。大きいものだと直径または深さが1mを超える。

2016年に天然記念物に指定された

ポットホール散策路
P あり
交 八丈島空港から車で35分、底土港より車で30分

ガイドと一緒に登山道を探索するのも楽しい

しま通信　優婆夷宝明神社には家の形をした石造の小さな祠がある。「イシバ様」という屋敷神で、新築建設の際の安全祈願や病気治癒祈願で作られ、各家庭にあったものが神社に集められた。

八丈富士と町並みを見渡す絶景を楽しむ

登龍峠展望台（のぼりょうとうげてんぼうだい）

MAP 別冊 P.21-D2
三根
景勝地

三原山の北東にある標高312mの峠。峠付近の道路は曲がりくねった急坂で「天に昇る龍のような道」に由来しその名がついた。展望台からは、八丈富士と八丈小島などを一望できる。

晴天の日は三宅島が見えることも

登龍峠展望台
P あり
交 八丈島空港から車で 20 分

難読地名の多い島でも特にレベルが高い

登龍峠展望台と双璧をなす絶景スポット

大坂トンネル展望台（おおさかとんねるてんぼうだい）

MAP 別冊 P.21-C2
大賀郷
景勝地

大賀郷と樫立を結ぶ東京都道 215 号の大坂トンネルの展望台。雄大な八丈富士と八丈小島、そして全長1325 mの逢坂橋の壮大な景観が一望できる、島を代表する景勝地。

夕日の時間に合わせて来てもいい

大坂トンネル展望台
P あり
交 八丈島空港から車で 10 分、底土港から車で 15 分

交通量が多いので横断に気をつけて

伝言板

島の生活にとけ込む芸能・八丈太鼓

太鼓の両面を使い、ふたりで叩く八丈太鼓。ひとりの奏者が基本のリズムを叩き、もうひとりの奏者がそのリズムに合わせて自由にたたくのが八丈太鼓の特徴だ。太鼓の伝来時期は定かではないが、江戸時代にはすでにあり、女性たちが木に太鼓をつるして気晴らしに叩き始めたのが始まりだといわれている。八丈太鼓は華やかなパフォーマンスとしてではなく、宴会や日常などで演奏される生活にとけ込んだ楽器。当時、鳥も通わぬ絶海の孤島と呼ばれていた島だからこそ、人々の楽しみとして広まり、島に根付いたと考えられている。娯楽が増えた現在は、八丈太鼓をたたける人が少なくなってきた。そこで公民館やお店に太鼓を設置し、いつでも太鼓を叩けるような環境づくりや「24 時間太鼓」という 24 時間太鼓をたたき続けるイベントなどを開催したりと、継承に向けてさまざまな取り組みを行っている。

昔のように夜な夜な太鼓を叩き酒を交わすような文化は少なくなっているものの、太鼓のグループがいくつかあり、八丈太鼓を楽しむ若者も増えてきているという。

千両（→ P.288）では、太鼓を親子や客とたたき交流している

自由にたたけるよう太鼓を設置する店もある

しま通信 登龍峠三根地区、末吉地区それぞれの登龍道路区間の途中には、登龍峠の名前にちなんだ「龍」の壁面オブジェがある。龍になった気分で曲がりくねった急坂を上りきろう。

八丈島 食べる & 飲む Eat&Drink

食通が多い八丈島には飲食店が約 120 軒もある。オーナーのこだわりが詰まった、居酒屋からカフェまでさまざまな店が勢揃い！

大賀郷

島料理や島酒が豊富な大衆居酒屋 MAP 別冊 P.22-A3

居酒屋

居酒屋 大吉丸（いざかや だいきちまる）

島の素材を使ったメニューや島焼酎が豊富な大衆居酒屋。くさやチーズやメカジキ和風グラタンなどのオリジナル料理も。ねりと呼ばれる軟らかな食感の島おくらの天ぷら 1100 円は絶品。

島寿司 1540 円、島のりチャーハン 990 円など島素材を堪能

居酒屋 大吉丸
住 八丈町大賀郷 2634-13
TEL 04996-2-5080
営 17:30 ～ 22:00
休 火・水 CC 不可 P あり
交 八丈島空港から車で 4 分、底土港から車で 8 分

テーブル、座敷、カウンターと 80 席ある広い居酒屋

三根

地魚を存分に味わえる MAP 別冊 P.22-A1

海鮮

魚八亭（うおはちてい）

島の魚を使った料理ならここ。ランチは定食を、夜は豊富な一品料理とともにお酒が楽しめる。島寿司 780 円（5 貫）や明日葉天ぷら 680 円など郷土料理も豊富。

ランチの島寿司 5 貫定食 1500 円

魚八亭
住 八丈町三根 198-1
TEL 04996-2-2807
営 7:00 ～ 10:00、11:00 ～ 15:00、17:00 ～ 22:00 休 火
CC ADJMV P あり 交 八丈島空港から車で 4 分、底土港から車で 7 分

モーニング営業もあり便利

大賀郷

明日葉を練り込んだ手打ちうどん MAP 別冊 P.22-B3

明日葉そば

名代 一休庵（なだい いっきゅうあん）

行列ができる人気のうどん・そばの店。明日葉を練り込んだそばと、手打ちでコシのある明日葉うどんが自慢だ。うどんメニューにはカラッと揚がった明日葉の天ぷらが入っている。

鰹節が香り高い海老天入り冷やしたぬきうどん 1550 円

名代 一休庵
住 八丈町大賀郷 2472-2
TEL 04996-2-3369
営 11:30 ～ 14:30、17:30 ～ 20:00（L.O.19:30） 休 不定休
CC 不可 P あり 交 八丈島空港から車で 7 分、底土港から車で 14 分

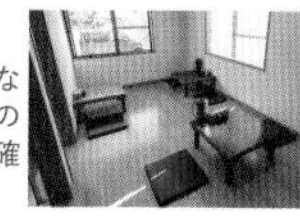

夜は営業しない日もあるので、電話で確認を

大賀郷

島の海風で育った椎茸が味わえる MAP 別冊 P.20-B2

レストラン

男メシ食堂「うみかぜテラス」（おとこめししょくどう「うみかぜてらす」）

2023 年 11 月に移転した、島特産の肉厚の椎茸をふんだんに使ったレストラン。ジューシーで食べ応えのある椎茸のフライが人気。夜は椎茸を使った多国籍料理を。

ボリューミーなうみかぜ椎茸肉詰めフライ 1617 円

男メシ食堂「うみかぜテラス」
住 八丈町大賀郷 7488
TEL 04996-9-5808
営 11:30 ～ 14:00、17:30 ～ 20:30
休 月 CC ADJMV P あり 交 八丈島空港から車で 4 分、底土港から車で 11 分

うみかぜ椎茸（生）3 袋セット 3900 円などのおみやげも人気

しま通信 魚八亭は島の人にも人気。唐揚げなども揃えているので子連れにもいい。島唐チャーハンや島唐辛子入りだし巻き玉子はピリリと辛い唐辛子がクセになる！

樫立

家族で営む手打ちそばやうどんのお店　MAP 別冊 P.21-C3

そば・うどん

千両（せんりょう）

島にそばがない時代に上野にある老舗そば屋から学び1961年に開業。今は3代目が店を営む。そば、うどん、冷やし中華はすべて手打ち。お酒を飲みながら食べるのが通の過ごし方だ。

明日葉とうみかぜ椎茸が入った天ざるミックス　1210円

千両
住 八丈町樫立2056
TEL 04996-7-0040
営 11:00～14:00（L.O. 13:30）、17:00～19:00（L.O. 18:45）
休 月（夜は不定休）
CC ADJMV　P あり
交 八丈島空港から車で約15分、底土港から車で約18分

夜は不定休のためSNSで事前に営業日をチェック

中之郷

20年以上続く、島人でにぎわう居酒屋　MAP 別冊 P.20-A3

居酒屋

居酒屋むらた（いざかやむらた）

昼は定食屋、夜は居酒屋として営む店。その時期に取れる島の旬の魚を使ったフライの定食が観光客に人気。昼も夜もにぎわうが、夜に足を運べば島の人と仲よくなれるかも。

ランチは地魚のフライ定食や肉ニラ炒め1000円などさまざま

居酒屋むらた
住 八丈町中之郷3379-4
TEL 04996-7-1022
営 11:30～13:00、17:00～21:00（L.O. 20:00）
休 木・日
CC ADJMV　P あり
交 八丈島空港から車で約18分、底土港から車で約21分

夜は串焼きなど気軽に楽しめる居酒屋メニューが中心

三根

オリジナルソースが決め手の絶品バーガー　MAP 別冊 P.22-B1

ハンバーガー

SEA SIDE KITCHEN 環（しーさいどきっちんわ）

数種類の自家製ソースのなかから好みのソースを選び、パテの枚数、トッピングを選び、好みのバーガーを組み立てるハンバーガーが人気。ワインやビールを片手にかぶりつこう。

八丈レモンソースバーガー990円に追加パテ350円

SEA SIDE KITCHEN 環
住 八丈町三根1309-13
TEL 080-9686-0527
営 SNSで確認
休 不定休
CC 不可　P あり
交 八丈島空港から車で10分、底土港から徒歩2分

海の目の前の開放的な雰囲気

三根

自前でさばく、新鮮な鶏のうま味を堪能　MAP 別冊 P.22-A2

焼鳥

焼き鳥 三年目 J-Soul Brothers（やきとりさんねんめじぇいそうるぶらざーず）

島外の有名店で修業を積んだ大将が、満を持して島でオープン。1羽まるごと仕入れるから希少部位も多数。極上の焼き鳥が自慢だ。鶏を使った一品料理もビールが進む味。

串は1本200円～。希少部位は300円～で味わえる

焼き鳥 三年目 J-Soul Brothers
住 八丈町三根1940-14
TEL 04996-9-5566
営 17:30～翌4:00（L.O. 翌3:00）
休 木　CC ADJMV　P あり
交 八丈島空港から車で3分、底土港から車で4分

周辺は"親不孝通り"と呼ばれる飲み屋街だ

ランチタイムを逃したら洋食レストラン「ポケット」へ。14:00以降もオープンしていて、ポテト付きバーガー700円～やパスタ800円～などが食べられる。MAP 別冊 P.22-A3

📍三根

知る人ぞ知る絶品ステーキレストラン　MAP 別冊 P.22-A1

レストラン

ステーキチャーリー

島人や通が通うステーキ屋。軟らかい赤身肉のチャーリーステーキ 200g 1870 円が看板メニュー。牛肉を豪快にかぶりつく幸せをかみしめたい。平日も混み合うので夕食時は予約を。

島唐ガーリックライス 700 円も常連客に人気

ステーキチャーリー
住 八丈町三根 333-5
TEL 04996-2-5733
営 18:00 ～ 22:00 (L.O. 21:30)
休 水・木
CC ADJMV
P あり
交 八丈島空港から車で約 6 分、底土港から車で約 5 分

ヒレや国産サーロインステーキなど種類が豊富

📍大賀郷

ビジターセンター内にあるジェラテリア　MAP 別冊 P.22-A2

ジェラート

Gelateria365（じぇらてりあさんろくご）

八丈島乳業の直営店。ジャージー牛の濃厚なミルクで作るジェラートが並ぶ。明日葉や島の塩などここでしか味わえない島素材のジェラートも。牛乳や飲むヨーグルトもある。

抹茶のようにほのかにビターな明日葉ジェラート

Gelateria365
住 八丈ビジターセンター(→ P.284)内
TEL 04996-2-0024
営 10:30 ～ 15:30
休 なし
CC MV　P あり
交 八丈島空港から車で 3 分、底土港から車で 11 分

サイズで値段が異なりシングル 300 円、ダブルは 400 円

📍三根

2022 年にオープンしたベーカリー&パティスリー　MAP 別冊 P.22-A1

ベーカリー

パティスリー & ブーランジェリー Pamon（ぱてぃすりーあんどぶーらんじぇりー ぱもん）

パン職人とパティシエの夫婦が営む店。大人気店で、午前で商品がなくなることも。一番人気はメロンパン 198 円。島のレモンを使ったレモンケーキ 250 円もファンが多い。

クロワッサン 253 円ほか 70 以上の品揃え

パティスリー & ブーランジェリー Pamon
住 八丈町三根 4631-8
TEL 04996-9-5390
営 9:00 ～ 17:00
休 水・不定休
CC ADJMV　P あり
交 八丈島空港から車で 3 分、底土港から車で 5 分

島レモンの焼きドーナツ 250 円はおみやげに

📍大賀郷

穏やかな時を過ごすクラシカルな喫茶店　MAP 別冊 P.20-B2

カフェ

カフェトリスタン

コントラバスやバイオリンを飾ったシックな店内に、クラシックが流れる喫茶店。ゆっくりと穏やかな時間を過ごすことができる。自家焙煎のこだわりコーヒーでほっとひと息。

21:00 までオープン。夜のデザートにも OK

カフェトリスタン
住 八丈町大賀郷 7647-2
TEL 04996-2-2227
営 13:00 ～ 21:00
休 火
CC 不可
P あり
交 八丈島空港から車で約 4 分、底土港から車で約 11 分

プライベートな雰囲気を感じられる空間

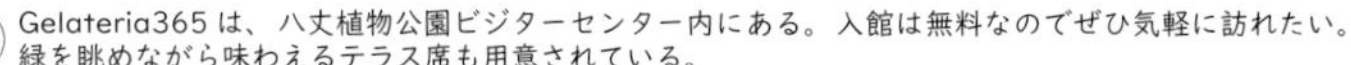
Gelateria365 は、八丈植物公園ビジターセンター内にある。入館は無料なのでぜひ気軽に訪れたい。緑を眺めながら味わえるテラス席も用意されている。

買う

伝統文化や特産品、それらを生かした商品が揃う八丈島。店によってラインアップが異なるので、買い物めぐりが楽しい！

三根

品揃えが自慢のおみやげ屋　MAP 別冊 P.22-A1

みやげ屋

民芸あき 本店（みんげいあき ほんてん）

古民家風のおみやげ屋。黄八丈で作る小物など民芸品をはじめ、島で作られる商品が多く並ぶ。八丈島空港施設内にも店舗がある。くさやや焼酎、八丈島のTシャツもずらり。

島内最大のおみやげのラインアップを誇るお店

民芸あき 本店
住 八丈町三根 1542
TEL 04996-2-2093
営 8:30 ～ 17:30　休 なし
CC ADJMV　P あり
交 八丈島空港から車で 8 分、底土港から車で 4 分

島素材で作る調味料やお菓子などもたくさん

三根

雑貨作り体験もできるアトリエと雑貨屋　MAP 別冊 P.22-A1

雑貨屋

雑貨屋ラミ（ざっかやらみ）

島のフリージアを使ったアクセサリー 1300 円～など、おしゃれな雑貨が揃う店。島のお花ハーバリウム作り 2500 円などの体験も。黄八丈を使った雑貨 600 円～はおみやげに。

ぎょさんにデコレーションができるのはここだけ

雑貨屋ラミ
住 八丈町三根 4594-1
TEL 090-5438-1187　営 13:00 ～ 17:00（土・日・祝 10:00 ～）　休 水　予 体験は必要（ぎょさんデコレーションは不要）　CC ADJMV　P あり　交 八丈島空港から車で 4 分、底土港から車で 7 分

かわいいアイテムがずらり

三根

黄八丈織り体験もできるみやげ品店　MAP 別冊 P.22-A1

黄八丈

八丈民芸やました（はちじょうみんげいやました）

八丈島伝統の絹織物、黄八丈製品をはじめ、黄八丈サブレなどおみやげを扱う。店内に置かれた機織り機では織物体験も可能。八丈島空港にも売店があり、お菓子などが手に入る。

織物体験は 3300 円～。要予約

八丈民芸やました
住 八丈町三根 1029-7
TEL 04996-2-3476
営 9:00 ～ 17:00（体験は 9:30 ～ 16:30）　休 不定休　予 体験は必要　CC ADJMV　P あり
交 八丈島空港から車で 5 分、底土港から車で 6 分

店頭に並ぶレトロな遊具が目印

三根

焼酎をはじめ、気の利いたおみやげも揃う　MAP 別冊 P.22-A2

食品

山田屋（やまだや）

八丈島はもちろん、東京の島々の焼酎の品揃えは抜群。お菓子や雑貨など、おみやげも揃うので一度はのぞいてみるといい。そのほか、日常に必要な食品も豊富に揃う。

木樽が目印。輸入食品の品揃えもいい

山田屋
住 八丈町三根 1952-1
営 10:00 ～ 19:00　休 月
CC ADJMV　P あり
交 八丈島空港から車で 6 分、底土港から車で 7 分

くさやソフト 1200 円にもトライして！

山田屋にはお昼時、お弁当が並ぶ。これは山田屋が島の有名レストランと提携し始めたもの。日替わりで極立の人気店のお弁当などが並ぶのでチェック。

大賀郷

島寿司が人気の地元密着型スーパー　MAP 別冊 P.22-B3

スーパー

すーぱーあさぬま おおかごうてん
スーパーあさぬま 大賀郷店

総菜や弁当が豊富に揃うスーパー。島寿司のほか、島のりを使ったハンバごはん 380円などのお弁当は地元の人にも人気で、早めに売り切れる。総菜や生鮮食品は午前中が豊富。

特産品が揃う「八丈 DAY！」を毎月第2土曜に開催予定

スーパーあさぬま 大賀郷店
住 八丈町大賀郷 2370-1
TEL 04996-2-3113
営 9:00～20:00
休 1月2日
CC ADJMV
P あり
交 八丈島空港から車で6分、底土港から車で11分

購入した総菜をビーチで食べるのもいい

樫立

豊富なカラバリのぎょさんが揃う休憩所　MAP 別冊 P.21-C3

休憩所

むかしのとみじろう

約1万冊の本や、八丈太鼓が置かれ、自由に楽しめる休憩所。八丈島マスキングテープやオリジナルTシャツなどおみやげも充実している。アイスクリームなどカフェメニューも販売。

ぎょさんは幅広いサイズ展開。お気に入りを選んで

むかしのとみじろう
住 八丈町樫立 186
TEL 070-4411-7928
営 11:00 ～ 17:00
休 なし
CC ADJMV
P あり
交 八丈島空港から車で15分、底土港から車で18分

甘酸っぱい島のパッションフルーツを使ったソーダフロート 550円

中之郷

新鮮な島の野菜やフルーツが勢揃い！　MAP 別冊 P.20-A2

農産物直売所

えこ・あぐりまーと

朝取れ新鮮野菜や特産フルーツが揃う農産物直売所。島の名産、明日葉や島で育てた苗木も手に入る。敷地内のカフェでは、パスタやピザなどの軽食も用意。

品数がいちばん多いのは午前中。工芸品の販売も行う

えこ・あぐりまーと
住 八丈町中之郷 3201-2
TEL 04996-7-1808
営 10:00 ～ 16:00
休 なし
CC 不可
P あり
交 八丈島空港から車で約19分、底土港から車で約24分

四季折々の島の農産物が手に入る

中之郷

製造工程を見ながら黄八丈製品が買える　MAP 別冊 P.20-A3

黄八丈

めゆこうぼう
めゆ工房

黄八丈の製作工房。八丈島に自生する草木の煮汁で染め上げた糸を用いて黄八丈を織る工程が見学できる。黄八丈の雑貨も豊富に並び、直営店ならではの価格もうれしい。

黄八丈の紹介ビデオを観賞できる

めゆ工房
住 八丈町中之郷 2542
TEL 04996-7-0411
営 9:00 ～ 12:00、13:00 ～ 17:00
休 なし
CC ADJMV
P あり
交 八丈島空港から車で15分、底土港から車で約19分

目の前で織子さんが織る様子が見られる

しま通信　黄八丈の着付け体験をするなら八丈民芸やましたへ。着付け込みで1万3000円で半日レンタルすることができる。大里の玉石垣など、歴史的景観が残る町並みで記念写真を撮ろう。

八丈島

泊まる

八丈島にはリゾートホテル以外にも、居心地のいい宿が点在する。島ならではの魅力が詰まった宿をピックアップ！

三根

"わが家"のように時を過ごせる宿　MAP 別冊 P.22-A1

一軒家貸切

わげえ

実家に戻ったように過ごしてほしい、という思いが詰まった貸切宿。宿を拠点にゆっくりしてもらえるように、チェックインは朝 9:00 ～。あたたかなもてなしが人気の秘密。

右手にある古民家では朝食 900 円が食べられる

わげえ
住 八丈町三根 1739
TEL 090-8850-0262　IN 9:00
OUT 15:00　料 一棟貸切 3 万6000 円
CC ADJMV　部 3
P あり　交 底土港から車で 3 分、八丈島空港から車で 6 分

緑に囲まれた空間。テラスからは山の景色が望める

大賀郷

屋上から景色が 360 度見渡せる貸切宿　MAP 別冊 P.21-C2

一軒家貸切

サンオーシャン八丈島
さんおーしゃんはちじょうじま

2023 年 11 月にオープンした貸切宿。青を基調とした内装で、リゾート感を味わえる。キッチン完備で自炊も可能。アウトドアテーブルを使って、外で朝食を食べるのも楽しい。

シングルと 2 段ベッド、ソファベッドがある

サンオーシャン八丈島
住 八丈町大賀郷 7887
TEL なし　IN 16:00 ～ 22:00
OUT 10:00　料 一棟貸切 2 万円～
CC ADJMV　部 1　P あり
交 八丈島空港から車で約 10 分、底土港から車で約 12 分

リビングにはくつろげるソファを用意

末吉

月と朝日を望む丘の上のコテージ　MAP 別冊 P.21-D3

コテージ

TinyCampHouse 月海
たいにーきゃんぷはうす つきうみ

2023 年にオープンした丘の上にたたずむ 2 棟のコテージ。海や月、星空、朝日が望め、みはらしの湯が徒歩圏内と絶好のロケーションだ。海や風の自然の音に癒やされよう。

冬にはクジラが泳ぐ姿も見られることも

TinyCampHouse 月海
住 八丈町末吉 586-1
TEL 04996-9-5935　IN 12:00
OUT 10:00　料 一棟貸切 3 万円～
CC ADJMV　部 1　P あり
交 八丈島空港から車で 25 分、底土港から車で 29 分

携帯の電波はつながりにくいが、Wi-Fi は完備されているので安心

中之郷

名物女将が出迎えるあたたかな宿　MAP 別冊 P.20-A3

民宿

ガーデン荘
がーでんそう

57 年続く民宿。島に民宿がない時代に宿を始めた、名物女将「えいこばぁ」が切り盛りする。話好きの女将がつくる、わきあいあいとした雰囲気でリピーターが多い。

えいこばぁとのおしゃべりが楽しい！

ガーデン荘
住 八丈町中之郷 3376
TEL 04996-7-0014　IN 15:00 ～
OUT 11:00　料 朝夕 9350 円～
CC 不可　部 10　P あり
交 八丈島空港から車で 20 分、底土港から車で 25 分

2023 年にシャワー室をリニューアル

魅力的な宿はまだまだある。大坂トンネルの入口付近に位置する「満天望」は、窓からの眺望と島の素材をふんだんに使った食事が自慢の宿で、リピーターも多い。素 6050 円～（2 名の場合）。

大賀郷

アーティストが手がける森の中の秘密基地 MAP 別冊 P.20-B2

ゲストハウス

銀河荘（ぎんがそう）

アーティスト一家が住む家で過ごせるゲストハウス。森の中にたたずむ隠れ家のような宿には、アート作品がちりばめられている。リピーターも多い。テラスから満天の星を眺めよう。

オーナーのアート作品も飾られている

銀河荘
住 八丈町大賀郷 4783
TEL 04996-9-5765 IN 13:00 ～ 20:00 OUT 6:00 ～ 11:00
料 素 6500 円～ CC 不可 部 3
P あり 交 八丈島空港から車で 6 分、底土港から車で 12 分

銀河をイメージした客室

三根

地産地消の食事が人気の老舗民宿 MAP 別冊 P.22-B1

民宿

そこど荘（そこどそう）

ビーチまで徒歩圏内の老舗民宿。島の旬の魚を取り入れた食事が人気。清潔な和室でゆっくりとくつろいで。10 人が一緒に泊まれる大部屋もあるので、団体も歓迎。

広々とした畳の部屋は居心地抜群

そこど荘
住 八丈町三根 1307
TEL 04996-2-0092 IN 14:00
OUT 10:00 料 素 7150 円～、朝夕 1 万 1000 円～
CC ADJMV 部 10 P あり
交 底土港から徒歩 2 分、八丈島空港から車で 9 分

海を望む庭ではバーベキューもできる

三根

彩り豊かな朝食が人気の民宿 MAP 別冊 P.22-A1

民宿

Guest house sasaosou（げすとはうす ささおそう）

女性オーナーが実家の民宿を改装し、2020 年に再オープンした民宿。少人数でのんびり過ごすのにおすすめ。共有スペースはゲスト同士、話が弾む。約 10 品の朝食 800 円が人気。

居心地がよくひとり旅も多い

Guest house sasaosou
住 八丈町三根 1549
TEL 04996-2-0547
IN 14:00 ～ 19:00 OUT 11:00
料 素 6000 円～
CC ADJMV P あり 交 八丈島空港から車で 6 分、底土港から車で 4 分

離島前に買える島寿司のお弁当 1350 円を予約販売

伝言板 ダイバー天国、八丈島でダイバーが営む宿たち

透明度が高く、地形がユニークな八丈島は、ダイビングスポットとしても人気。ダイビングサービスを営む宿が多く、ダイバーはもちろん、ひとり旅にも便利だ。「シーダイブゲストハウス」（MAP 別冊 P.22-B1）は全室オーシャンビュー。ドミトリーもありリーズナブルに泊まれるのがうれしい。「八丈島ロッジオーシャン」（MAP 別冊 P.22-B1）では和室や洋室、さらに新築のシングル用の部屋が用意されている。レグルスダイビング提携の「アイル八丈」（MAP 別冊 P.22-A1）はシングル・ツインルームのみの宿で、少人数なら最適だ。ダイビングベース・ブリーズの宿「ケンチャ・ルマ」（MAP 別冊 P.22-B3）は、2 ～ 6 人の部屋があるコンドミニアムタイプの宿。美しい海と心地よい宿泊先で、の魅力を存分に楽しもう。

上／アイル八丈の客室。広めのベッドが心地いい
下／シーダイブゲストハウス。ドミトリーがある宿は島内では数少ない

八丈島の海はダイナミック！ 溶岩が生み出す海底アーチやドロップオフの雄々しい景観や、深く透き通った青い海を悠々と泳ぐ魚の姿を見ることができる。ぜひダイビングで体験してみて。（編集・F）

絶海に浮かぶ美しき二重カルデラの孤島

青ヶ島（あおがしま）

人口　157人（2023年）
面積　5.96㎢
周囲　9.4km

MAP 別冊 P.23

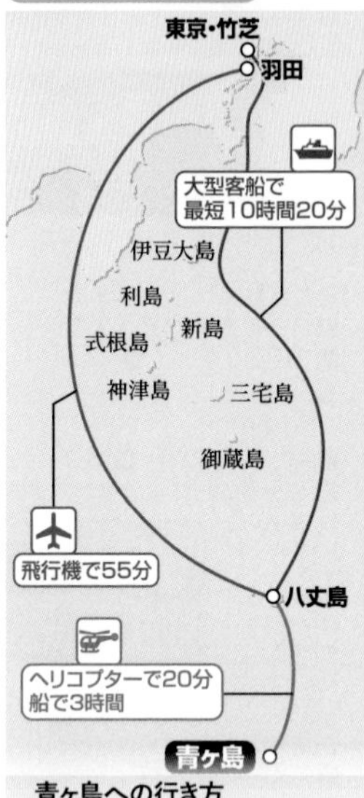

青ヶ島への行き方

八丈島空港からヘリコプターで20分、八丈島底士港から定期船くろしお丸で3時間。

左側の高台が岡部地区、右端が三宝港だ

都心から約360㎞の海上に浮かぶ、日本でいちばん人口の少ない村、青ヶ島。周囲は断崖絶壁で、さながら堅牢のような要塞。訪れる者を拒むかのような威厳に満ちた風情を漂わせ、実際、訪れるのは容易ではない。船の就航率は高くなく、定期船のヘリコプターの定員は9名。「選ばれた者しか訪れることはできない」といわれるのは交通アクセスの悪さゆえだ。しかしその困難を乗り越えてでも訪れたい魅力が島にある。世界にも珍しい二重カルデラの絶景、地熱蒸気が噴き出す不思議な大地、世界に名だたるソムリエも驚く、類いまれなる焼酎「あおちゅう」……。魅力を挙げればキリがない。さあ、東京最強の秘境に出かけよう。

青ヶ島観光情報

青ヶ島のヘリポートや三宝港には観光案内所はない。観光パンフレットは事前に青ヶ島村役場のホームページからダウンロードしておくのがいい。

URL www.vill.aogashima.tokyo.jp

青ヶ島の歩き方

青ヶ島の中心地は岡部地区。ここに村役場、ヘリポート、島唯一の商店、同じく唯一の居酒屋、郵便局などが集まっている。集落はだいたい標高250～300mのところにあり、集落のはずれにある標高423mの大凸部は島の最高地点。ここから島の南部分に広がる二重カルデラを見渡すことができる。カルデラ内は池之沢地区といい、標高100m程度。地熱蒸気の噴き出すひんぎゃや、地熱を利用したサウナなどの見どころがある。八丈島からの定期船の着く三宝港は、池之沢を囲む外輪山の西の絶壁の下に造られており、長いトンネルで結ばれている。

三宝港のくろしお丸乗船券販売所。ひっそりとしている

しま通信　島内唯一の港、三宝港は岡部地区から池之沢を経由して島をぐるっと回るため、車で15分程度かかる。歩くと1時間30分ほど。公共交通機関がないので、船で到着する場合、交通手段を確保しておこう。

絶海の孤島に浮かぶ秘境中の秘境

青ヶ島エリアガイド

日本一人口が少ない自治体、青ヶ島。観光施設も飲食店もごくわずかだが、とてつもなくダイナミックな景観が人々を惹きつけてやまない。

青ヶ島シーズンガイド

●旅行のベストシーズンは？

観光客に人気が高いのは7～8月だが、ヘリコプターや宿はほぼ常に満室、満席状態。なかなか思うように予約ができないのが難点だ。

●船の就航率はいつがいい？

5～6月は凪の日が多く、比較的船の就航率がいい。12～2月はぐっと就航率が下がり、50％を下回る。島の物資も少なくなるので観光客は注意が必要だ。

●梅雨の濃霧に注意

5～7月上旬の梅雨時期、青ヶ島を襲うのは驚くほどの濃霧。島全体がすっぽりと白い霧に覆われる。視界が悪いとヘリコプターは運航できず、梅雨時の就航率は下がる。

青ヶ島で絶対にしたいこと BEST 3

1. ひんぎゃで地熱体験

ひんぎゃとは、地熱により水蒸気が噴出する穴のこと。青ヶ島ではその熱を利用して調理ができる地熱釜がある。イモや卵を蒸して食べてみよう。→ P.302

2. 大凸部で絶景を見る

標高423ｍの島の最高峰からは、青ヶ島の二重カルデラを一望できる。ややきつい道のりだが必見だ。→ P.300

3. あおちゅうを飲む

青ヶ島で造られる焼酎あおちゅう。杜氏により作り方が異なり、まったく違う味わいが楽しめる。飲み比べてお気に入りを見つけよう。→ P.51

★岡部地区にある空の玄関口

ヘリポート

八丈島からのヘリコプターが発着。定員9名だが就航率がよいため島の重要な交通手段だ。

島唯一の集落

岡部（おかべ）

宿泊施設、商店（1軒）、居酒屋（1軒）、役場などが集まる島の中心地。

ヘリポート
青ヶ島村役場
岡部
236
尾山展望公園
大凸部
地熱釜
ふれあいサウナ
池之沢
青宝トンネル
青ヶ島港（三宝港）
N
0 500m

カルデラ内にひんぎゃとサウナがある

池之沢（いけのさわ）

内輪山の裾野に広がるエリア。地熱による噴気孔群ひんぎゃがあり、地熱釜で料理をしたり、サウナが楽しめる。

★生活必需品が届く唯一の港

青ヶ島港（三宝港）

八丈島からの定期船の着く港。コンクリートで覆われた崖の下にあり、要塞の様相だ。

秘境、青ヶ島を楽しみ尽くす 1泊2日モデルプラン

船の就航率が悪く、たどり着くのが困難な青ヶ島。しかしヘリコプターを使えば1泊2日で訪れることもできる。まずは、激戦のヘリコプターのチケットを入手しよう。

1日目 ヘリコプターで青ヶ島に上陸

船で行く場合は余裕をもったスケジュールで

八丈島と青ヶ島を結ぶ定期船は就航率が悪い。船で行くなら八丈島で数泊、青ヶ島でも数泊する覚悟で。日程に余裕がないと厳しいだろう。船の予約は不要。

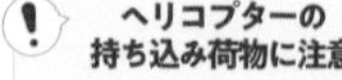

ヘリコプターの持ち込み荷物に注意

ヘリコプターの持ち込み荷物は5kgまで。それを超すと課金される。大きな荷物は八丈島空港のコインロッカーに入れておくのも手。

7:30

飛行機で八丈島空港に到着

羽田 7:30 発、八丈島 8:25 着の飛行機で八丈島空港に到着。

9:55

ヘリコプターで青ヶ島へ

八丈島空港で東京愛らんどシャトルのヘリコプターに乗り、 青ヶ島へ。

ヘリコプターは八丈島空港から出発

20分

10:15

青ヶ島に到着

20 分のフライトで青ヶ島に到着。レンタカーはヘリポートに持ってきてくれる。

青ヶ島のヘリポート。集落近くにある

10分

11:00

宿にチェックイン

青ヶ島ではまず宿にチェックインする。 宿のルールを聞いておこう。

シンプルだけど快適な客室

ひっそりとした島の集落

10分

11:30

集落を散策

昼食まで集落を散策。 静かで勾配の多い、島の風情を満喫しよう。

大凸部から二重カルデラを眺める

10分

12:00

宿でお昼ごはん

島に飲食店はないので、 お昼ごはんも宿泊する宿で食べる。

星空観賞スポットとしても有名な尾山展望公園

5分＋25分

13:00

青ヶ島最高峰へ

島の最高峰は標高 423m の大凸部。 頂上からは二重カルデラの絶景を見ることができる。 →P.300

大凸部に行く場合は歩きやすい靴で

まだかにゃ～

10分＋15分

14:00

もうひとつの絶景スポットへ

続いて2番目に高い尾山展望公園へ。 大凸部よりも歩きやすいので体力が心配な方はこちらへ。 →P.301

ひんぎゃの食材は「十一屋酒店」で。バラ売りしてくれる

カゴに食材を入れて釜にセット

20分

14:30

ひんぎゃの地熱釜で蒸し料理♪

地熱釜でジャガイモや卵を蒸してみよう。 材料は島唯一の商店「十一屋酒店」で買える。 →P.308

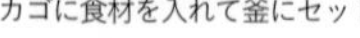

ひんぎゃランチも楽しい♪

宿によっては昼食をひんぎゃのランチ用の食材セットにしてくれるところも。ピクニック気分で楽しめる。

14:45

蒸し上がるまで遊歩道散策

蒸し上がるまでだいたい 30 ～ 40 分。 その間、丸山遊歩道を散策しても。 →P.306

丸山遊歩道はなだらかで歩きやすい

蒸し上がった食材はホクホク♪

近くのテーブルとベンチで召し上がれ

15:20

蒸したてをいただきまーす♪
ゆで上がったアツアツの野菜をいただこう。 ひんぎゃの塩も忘れずに持参。

16:00

地熱蒸気のサウナでさっぱり
ひんぎゃの隣にある地熱蒸気を利用したふれあいサウナへ。 60℃程度の中温が心地いい！ →P.307

サウナで汗を流そう♪

↓ 🚗 20分

18:00

あおちゅうの神髄に触れる
青ヶ島で作られる焼酎あおちゅうは同じ名前でも造り手により味がさまざま。 試飲体験でその秘密を知ろう。 →P.51

仕込みの時期は見学させてもらえるかも

すべてあおちゅうだがそれぞれ味が違う

↓ 🚶 5分

19:00

島唯一の居酒屋で盛り上がる
夜は青ヶ島唯一の居酒屋へ繰り出すのも楽しい。 遅くまでやっているので宿で夕食を食べたあとのぞいてみても。 →P.304

居酒屋は今日も満員御礼

↓ 🚶 5分

22:00

星空を見ながら帰る
島はどこも星空観賞スポット。

2日目 ヘリコプターで八丈島へ

! 八丈島の交通手段

八丈島の空港にはタクシーが待機していない。レンタカーを借りない場合、電話をしてタクシーを呼ぶか徒歩がメイン。試験的にレンタサイクルやオンデマンドバスが運行していることがあるのでチェックしてみて。

7:00

宿で朝ごはん
朝食を食べたら、 荷物をまとめてチェックアウト。

↓ 🚗 5分

8:30

神子の浦展望広場へ
晴れていれば八丈島まで望める展望広場へ。 昔はこの下が船乗り場だった。

神子の浦展望広場からの眺め

↓ 🚗 5分

9:30

ヘリポートで搭乗手続き
搭乗手続きの締め切りは 9:50 まで。 遅れないように注意して。

ヘリポートの待合室

名残惜しいお別れ

↓ 🚁 20分

10:40

八丈島空港に到着
コインロッカーに荷物を預けて、 八丈島の観光に出発。

↓ 🚗 3分 or 🚶 20分

11:30

空港近くでランチ
空港にいちばん近い人気店は「魚八亭」。 島寿司や地魚の料理が食べられる。 →P.287

「魚八亭」の地魚ランチ♪

↓ 🚗 3分 or 🚶 20分

13:45

八丈島を出発
次の便なら 13:45、 その次の便は 17:30 発。 都合のよいほうを予約しよう。

ヘリから見る八丈島の町

↓ ✈ 55分

14:40

羽田空港に到着

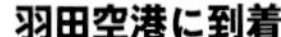

絶海の孤島、青ヶ島上陸への道

厳しい自然環境のなかにある青ヶ島はふと思い立って行ける気軽な島ではない。しかし、だからこそよりいっそう旅情をかき立て、人々を魅了するのだ。

定員９名。狭き門をくぐり抜けた者だけがたどり着ける秘島

八丈島から南に 70km。晴れた日には八丈島から青ヶ島をはっきりと望むことができるが、両島の間には大きな隔たりがある。八丈島と青ヶ島は連絡船かヘリコプターで結ばれているが、ここに難関がある。まず、連絡船。週 4 ～ 5 往復運航が予定されているくろしお丸の就航率は年間平均 50 ～ 60％程度。つまり 2 回に 1 回は欠航だ。時間に余裕があるならば、八丈島でのんびりと船の就航を待つのもいいが、無事青ヶ島にたどり着いたとしても帰りの船が出る保証はない。それほど日程に余裕をもって旅できる人は少ないだろう。そこで活躍するのがヘリコプターだ。ヘリコプターの就航率は霧の発生する 6 月以外はおおむね 90％を超え、頼れる交通手段だが、1 日 1 往復で、わずか 9 席というのが難点だ。この搭乗券を手にするには、人気アーティストのライブチケット以上の争奪戦を勝ち抜けなければならない。果たしてそのプラチナチケットを手に入れるか、天気の神様がほほえんでくれた者だけが訪れることができるのが青ヶ島。しかしそんな苦労を乗り越えて到達した島には、息をのむほどの絶景と、ここにしかない魅惑の体験が待っているのだ。

❶青ヶ島のヘリポート。到着後すぐに折り返す　❷離陸すると眼下に見送りの人々の姿が　❸八丈島空港には専用乗り場がある　❹窓の外に見える青ヶ島の景観に心浮き立つ　❺ヘリコプターの発着を見学に来ていた地元の保育園の子供たち

羽田発の 7:30 の飛行機にのれば、その日のうちに乗り継いで青ヶ島に行ける。ただし八丈島空港のレストランは 10:00 オープン。売店にもサンドイッチやおにぎりは販売されていないので、羽田空港で調達しておこう。

ヘリコプターの予約方法

八丈島と青ヶ島を結ぶのは東京愛らんどシャトルと呼ばれるヘリコプター。予約は搭乗1カ月前の9:00からだが、開始と同時に電話をかけてもすぐにつながることは珍しく、つながったと思ったら満席ということも多い。その際は空席待ちをしよう。ネットでの受付は12:00からなので、受付開始日のネット予約は難しいだろう。ただ、仮予約後、3日以内に運賃を支払わない場合キャンセルとなるので、ネットでこまめに空席をチェックしてみると、ポツポツと空きがあることも。またキャンセル料は4日前までは440円、3日前までは2940円、出発日当日のキャンセル料は5740円となるため、4日前あたりにキャンセルが出ることが多い。初日の争奪戦に負けた場合は、空席状況をこまめにチェックして、空席があったらすぐにおさえるのがポイントだ。

東京愛らんどシャトル　東方航空予約センター
TEL 04996-2-5222（9:00～16:00）　休 日　料 八丈島－青ヶ島間片道1万1750円　URL tohoair-tal.jp

青ヶ島のヘリコプターのチェックインカウンター

ヘリコプターが取れたら

① 宿を取る

ヘリコプターが取れたら宿を押さえよう。宿によって考え方は異なるものの、基本的に青ヶ島では往復のヘリコプターを押さえなくては宿の予約ができない。島には飲食店がほぼないため基本的に3食付きだ。

② レンタカーを手配する

公共交通機関はないため、自由に移動するならレンタカーが必須。台数が限られているので宿と同時に予約しよう。軽自動車で1日4000円～。

ヘリコプターの乗り方

① 搭乗手続きをする

八丈島のヘリコプター乗り場は八丈島空港内にある。出発の50～30分前に搭乗手続きを済ませよう。遅れるとヘリコプターに乗れないので注意。

1階の一角にカウンターがある

② 荷物の重量をチェック

手荷物は縦25㎝、横40㎝、厚さ20㎝以内で重量5kgまで。5kgを超える場合は1kgごとに超過手荷物料金240円がかかる。

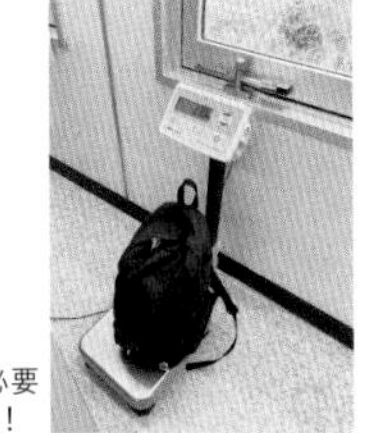
荷物は必要最小限に！

③ ヘリコプターに乗り込む

セキュリティチェックを済ませたら出発まで待合室で待機。ヘリコプターの準備ができたら歩いてヘリポートに向かう。座席は指定ではなく来た順番だ。

20分の空の旅に出発

くろしお丸で行く

くろしお丸で行く場合、当日の7:00に就航か欠航かが決まる。八丈島発9:30、青ヶ島着12:30。到着後は八丈島に折り返し基本的に青ヶ島発12:50、八丈島着15:50。予約は不要。運航日はホームページで確認。片道3130円程度（燃料油価格により変動）。八丈島は底土港、八重根港、青ヶ島は三宝港出港。

生活物資を運ぶライフライン

伊豆諸島開発株式会社　URL izu-syotou.jp

しま通信　ヘリコプターは当日キャンセル待ちもできる。カウンターに訪れた順番に整理券が配布され、空きがあれば搭乗できる。当日のキャンセルも一定数あるというので、諦めずにキャンセル待ちをしてみるのもいい。

要塞の島で出合う奇跡の景観

唯一無二の絶景スポットへ

2014年、アメリカの環境保護NGOの「One Green Planet」に、死ぬまでに見るべき絶景に選ばれたことから、一躍注目を集めた青ヶ島。世界でも珍しい二重カルデラ構造の景観や、町なかからでも見られる満天の星。唯一無二の絶景を眺めにいこう。

島の最高地点から眺める二重カルデラ

大凸部（おおとんぶ）

島の最高峰、423 mの地点にある展望台で眼下に島の特徴的な二重カルデラを一望できる。正面に見えるのは内輪山の丸山。カルデラ内は池之沢と呼ばれ、山肌部分にひんぎゃの地熱釜やサウナがある。大凸部展望台は、遊歩道手前の駐車スペースから徒歩20分ほど。歩きやすい靴で、夏場は飲料水を忘れずに持っていこう。

東台所神社の鳥居。この先は険しい山道になる

上／カルデラの反対側は集落のある岡部地区が見える
左／遊歩道は整備されているがところどころ歩きにくいところも

MAP 別冊 P.23-C1
交 青ヶ島村役場から車で5分の駐車スペースから展望台まで徒歩10分
P 駐車スペースあり

しま通信 車がない場合、集落から徒歩で行くことになる。青ヶ島郵便局から遊歩道入口までは、緩やかな上り道を15分程度。そこからさらに10分ほどで山頂に着く。

大凸部から見たカルデラ内。特殊な地形がよくわかる

上／池之沢にはオオタニワタリの群生地があるほか、大杉と呼ばれる巨大な杉が自生する　下／島はどこでも星空観賞スポット。小中学校のグラウンドからも天の川が見える

360 度のパノラマが楽しめる星空スポット

尾山展望公園（おやまてんぼうこうえん）

大凸部に比べると比較的容易に上ることのできる展望台。標高 400 mにあり、池之沢と岡部地区両方を見渡すことができる。遊歩道が舗装されているので、星空観測にもぴったりだが、街灯はまったくないため懐中電灯を持参して。円形の広場に座って天の川を楽しみたい。

天気がよければ八丈島まで見渡せる

大凸部の東台所神社まで行くことができる

上／都区内では見られないカノープスという星が見られることも　左／展望スポットにある休憩スペース

MAP 別冊 P.23-C1　交 青ヶ島村役場から車で 5 分の駐車場から展望台まで徒歩 15 分　P あり

しま通信　尾山展望公園から大凸部の東台所神社は遊歩道で結ばれている。東台所神社周辺は雑草が多いので、尾山展望公園からスタートするほうがわかりやすい。

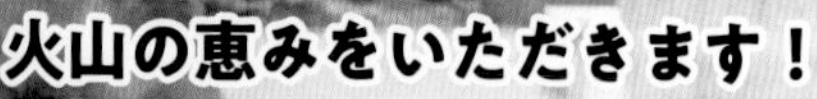

火山の恵みをいただきます！

ひんぎゃで地熱体験

アツアツを召し上がれ♪

島の言葉で火の際を意味する、ひんぎゃ。
丸山付近の斜面からは
ところどころから蒸気が上がり、
島が活火山であることを物語っている。
古くから島民たちが活用してきた地熱と蒸気。
ちょっと拝借させていただいて、
ランチを楽しもう。

ひんぎゃ、それは島の生んだ奇跡

カルデラ内の池之沢地区。丸山の斜面を見上げると、ところどころから蒸気が噴出している。これは地熱によって温められた水蒸気。1966（昭和 41）年に島に発電所ができる前は、この地熱を調理や暖房に利用してきたという。現在も地熱を利用した塩作りが行われるほか、サウナ施設や地熱釜が設置されており、ひんぎゃが島民の生活に深く根差していることが分かる。

島の人々は、この地熱釜を利用してイモなどの野菜を蒸したり、赤飯やプリンなどを作ったりもするという。観光客も無料で利用できるので、食材を持って訪れて、ひんぎゃランチを楽しんでみよう。地熱釜は 3 基あり、それぞれに 3 ～ 5 ヵ所蒸しカゴが付いているので、どれかは空いているだろう。どうやら、蓋の上に石がのっていたら使用中の合図のよう。地熱釜の近くに石ころが転がっているのでそれに倣って使用中は石を置こう。できたてアツアツの蒸し料理は絶品。ひんぎゃの塩を付ければ、おいしさが引き立つ。

地熱釜 MAP 別冊 P.23-C2
営 24 時間　休 なし　料 無料　P あり　交 青ヶ島村役場から車で約 10 分

❶斜面から水蒸気が上がる　❷島で取れたサツマイモを釜に入れて 40 分。ふかふかに蒸し上がる　❸ふれあいサウナの近くと、少し離れた東屋に合計 3 基の地熱釜が設置されている

ふれあいサウナの隣の建物は、ひんぎゃの塩の製塩所だ。この地熱でじっくり温められてひんぎゃの塩ができあがる。残念ながら製塩所では買えないので、事前に手に入れておこう。

How to Enjoy? ひんぎゃでランチ

それでは実際にひんぎゃを使ってみよう。使用する方法や必需品もご紹介！

1 食材を手に入れる

島で食材を手に入るのは、岡部地区にある十一屋酒店。ジャガイモや卵はバラ売りもしてもらえるが、船の就航状況によっては品数が乏しいことも。くさやなどは八丈島で手に入れてくるといい。八丈島空港の売店でも販売。

＜おすすめ食材＞
・ジャガイモ　・サツマイモ
・ソーセージ　・卵　・くさや

島唯一の商店。民宿でひんぎゃ用のセットを用意してくれるところもある

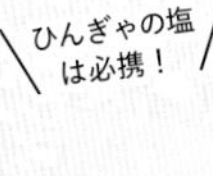

2 食材を入れて蒸気を出す

地熱釜の蓋を開けると蒸しカゴが入っている。そこに食材を入れて蓋をして、下部にある栓を開けると蒸気が出る。先に栓を開けるとヤケドをするので注意！

＜あると便利なもの＞
・軍手（タオルでも代用可）
・紙皿　・ウエットティッシュ

カゴに材料を入れて釜に戻す

左／地熱釜の下にある管の栓をタテにすると蒸気が出る
右／蒸している間は石を蓋に置いておこう。使用中の目印だ

3 30～40分待つ

食材によるが蒸し上がりまでは30～40分。待っている間はふれあいサウナで汗をかいたり（営業は16:00～）、丸山を一周する遊歩道を歩いてくるのもいい（→P.306）。

地熱釜のすぐ近くにあるサウナ。50～60度の心地よい温度だ

丸山遊歩道は1週30分程度。時計回りがおすすめ

4 できあがり♪

必ず栓を閉めてから蓋を開けて食材を取り出そう。蒸しカゴも熱くなっているので、軍手やタオルがあるといい。近くにあるテーブルでいただきまーす！

蒸気で蒸された食材はうま味が凝縮されている

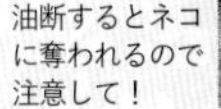
油断するとネコに奪われるので注意して！

地熱釜がない時代は直接地面に食材を入れて蒸していた。水も貴重なので、取り出した食材は手で土を払い食べていたという。ジャリジャリしておいしくなかったのよ、と島のお年寄りが教えてくれた。（編集部・S）

島の人口の１割が集う！

島唯一の居酒屋でディープナイト

ひっそりと静まり返る島の夜。
そんななかで１ヵ所だけ熱気と笑いにあふれた場所がある。
島唯一の居酒屋一人（とり）だ。
島のディープな夜を体験してみよう。

夜な夜な常連が集まる島唯一の社交場

人口 160 人ほどの日本一小さな自治体、青ヶ島。この島で唯一の飲食店であり、居酒屋が岡部地区にある居酒屋一人だ。一人と書いて読み方はとり。青ヶ島の方言だ。もともとこの場所には居酒屋があったのだが廃業。その一角に自由に集い食べ、飲んでいたのだが、料理好きだったオーナーが店をオープンした。現在は、島唯一の居酒屋として島民に愛されている。店のオープンは 17:00 頃。徐々に常連が集まり始め、ボトルキープの白岳を片手にいつもの会話が始まる。時がたつにつれて場があたたまり、皆饒舌に。21:00 をまわる頃にはカラオケタイムのスタートだ。当然ながら、みんな顔見知り。絶妙な合いの手が入りつつ、マイクが次々に回っていく。旅人でもカウンターに座って飲んでいると、隣に座った常連さんと話が弾み、いつの間にか輪に入っている。そんなあたたかな雰囲気だ。閉店は 23:00 だが、休みの前はエンドレス……とか。料理は島ならではのものも交えて「その日にあるもの」。小さな店なので満席のこともあるが、予約は可能。直接訪れるか宿を通じて予約、というのも実に島らしくていいではないか。

居酒屋 一人（とり） MAP P.23-C3

住 青ヶ島村無番地
TEL 非公開
営 基本的に 17:00 ～ 23:00
休 不定休（詳細は X @Aogashima_tori を確認）
CC 不可　P なし

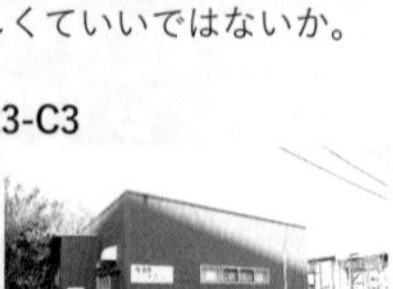

❶小さな店が毎晩ほぼ満席。ここに来れば人口 170 人ほどの村の 1 割の人々に会える　❷この日の集まりは職場の懇親会だそう　❸毎晩同じメンバーで集い、しゃべり、笑う　❹カラオケタイムのスタート♪なかなかムーディだ　❺本日のおすすめは黒板をチェック　❻メニューは日替わり。おすすめは島唐だし巻き卵 600 円　❼青酎も飲めるがボトルキープは白岳　❽刺身の盛り合わせ（時価）と明日葉コーンバター 700 円

居酒屋は楽しい。宿でごはんを食べたあと、つまみとお酒を飲みに訪れるのもいい。ただし、帰り道は驚くほど暗い。懐中電灯を持っていくと安心だ。

島内交通

レンタカー

島には公共交通機関がないため、自由に移動したいならレンタカーを手配しよう。島にはふたつのレンタカーサービスがあり、いずれもヘリコプター利用の場合はヘリポートへ、定期船の場合は三宝港に車を持ってきてくれる。返すときもどちらかの駐車場で返却する。台数が少ないので早めに予約しよう。また、宿泊先が未定の場合は原則借りられない。

坂道が多いので運転には注意

料金は軽自動車で1日4000円（保険料込み）～。ガソリン代は込みと別の場合があるので予約時に確認。

レンタカー会社

●青ヶ島レンタカー
TEL 04996-9-0088

●池之沢レンタカー
TEL 04996-9-0151

徒歩

島にはレンタバイク、レンタサイクルはない。車を借りない場合は歩くことになる。ヘリポートは集落にあるので民宿まで歩けるが、三宝港から岡部へは1時間30分程度かかるので宿に送迎可能か確認を。岡部から池之沢まで、徒歩で1時間程度。

青ヶ島還住物語

苦難に満ちた、青ヶ島還住への道

青ヶ島が歴史に登場するのは15世紀に入ってから。当時の青ヶ島についての記述は、船の遭難や海難事故にまつわるものがほとんどで、島近辺が交通の難所であったことがよくわかる。島の最大の危機は1785（天明5）年に起きた大噴火だ。島民327人のうち140人ほどが死亡するという甚大な被害をもたらし、生き残った島民は命からがら八丈島に避難した。

あくなき帰島への挑戦

しかし避難先の八丈島の暮らしは楽ではなかった。数年前から八丈島も飢饉が続き、餓死者が出る苦しい状況。そこに居候という形で生活する青ヶ島の人々の生活の苦しさは、想像するにあまりある。青ヶ島への帰還は全島民の悲願だった。

1789（寛政元）年から、帰島のために飲料水の確保や耕作地の状況調査が行われたが、特にひどいのがネズミの被害で、作物を試作してもほぼすべてがネズミに食い尽くされてしまったという。さらに、青ヶ島周辺の海は難所としても知られている。何隻もの調査の船が島にたどり着くことなく失われたという。

50年の時を経て帰島が実現

そんな状況を変えたのが、島の名主となった佐々木次郎太夫だ。佐々木は帰島のための船の建造、島の復興要員の養成など、綿密な帰島計画を立て、ついに1824（文政7）年、生き残ったほぼすべての島民の帰還を実現した。この歴史を島では還住（かんじゅう）と呼び、島民を導いた名主をたたえて、還住像が立てられている。島の特異な景観を眺めつつ、この島で生きた人々に思いをはせてみよう。MAP 別冊P.23-D3

村に立つ還住像

青ヶ島の住所は無番地だ。島内のすべての住所は東京都青ヶ島村無番地と表記される。郵便番号は〒100-1701。これで郵便物や宅配物がきちんと届くのも日本一小さい村ならでは。

おもな見どころ

青ヶ島港（三宝港）
交 ヘリポートから車で 20 分
P あり

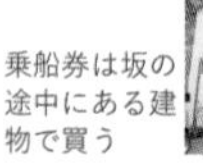

乗船券は坂の途中にある建物で買う

"要塞"と形容される島唯一の港

MAP 別冊 P.23-C2
島南部
港

青ヶ島港（三宝港）（あおがしまこう（さんぼうこう））

島の南部の海岸に作られた港で、定期船が発着する。船着場が陸にあるため、巨大なクレーンで船をつり上げる様子が見られることもある。

崩落防止のため、山肌はコンクリートで固められている

神子の浦展望広場
交 ヘリポートから徒歩 5 分

展望スペースは休憩スポットになっている

八丈島まで望めるかつての島の玄関口

MAP 別冊 P.23-C1
岡部
展望台

神子の浦展望広場（みこのうらてんぼうひろば）

岡部地区から歩いていける海沿いの展望台。晴れている日は八丈島まで望める。三宝港ができる前は、島の玄関口として利用されていた。

冬場はクジラを見ることができる

カルデラ内の気軽なトレッキングコース

中央の山が丸山。この尾根沿いに遊歩道がある

丸山遊歩道を歩こう

カルデラ内にそびえる丸山は、1785 年の噴火で誕生した標高 223m の内輪山。遊歩道が整備されているのでぜひ歩いてみよう。

車の場合、地熱釜周辺の駐車場に車を停める。ふれあいサウナの入口に自動販売機があるので飲み物も忘れずに。

蒸気が噴き出る斜面を眺めながら山のほうへ進むと「尾根道」と「御富士様」の看板が現れる。どちら向きに回ってもいいが、島の人は、尾根道（時計回り）で回るのがおすすめだそう。遊歩道は整備されており、歩きにくい場所はない。時計回りの場合、ゴール手前で池之沢を見下ろせるポイントがある。内輪山から外輪山を望む少し変わった体験ができる。

一周 30 分程度なので、ひんぎゃの地熱釜に食材をセットして、ハイキングから帰ってくるとちょうどよい塩梅に蒸し上がっている。アツアツの蒸し料理をおなかに入れたら、ふれあいサウナで汗を流して帰るというのがおすすめだ。MAP 別冊 P.23-D2

噴火を恐れる人々を慰めるため立てられた御富士様

噴火前の池之沢には大池、小池と呼ばれる真水の池があり、稲作ができるほど水が豊かだったという。池之沢という地名は、その時代に由来している。

恋に狂った魂を鎮める

東台所神社（とうだいしょじんじゃ）

MAP 別冊 P.23-C1
岡部
神社

1757（宝暦7）年、島の名主の息子の朝之助が、失恋により錯乱し島民7人を殺害したうえ、自らも入水自殺。その霊を鎮めるために建てられた神社。大凸部に上る途中にある。

色恋沙汰の伝承にはいくつかバリエーションがある

東台所神社
交ヘリポートから車で5分の駐車スペースから徒歩5分
P あり

島の再興を果たした名主の屋敷跡

名主屋敷跡（なぬしやしきあと）

MAP 別冊 P.23-D1
岡部
史跡

江戸時代の名主で、島民の帰島を成功に導いた佐々木次郎太夫の屋敷跡。現在は屋敷は残っていないが、玉石垣やソテツの大木が残り、往事をしのぶことができる。

階段を降りてしばらく歩くと美しい玉石垣が現れる

名主屋敷跡
交ヘリポートから車で5分
料無料
P あり

今はソテツの大木に囲まれひっそりと静まりかえる

秘島のサウナ情報

天然サウナでリフレッシュ

池之沢地区にあるひんぎゃの地熱釜に隣接する「ふれあいサウナ」。1992年に島民のためのふれあいの場として開設され、島民はもちろん、観光客にも愛されている。地熱を利用したサウナは、日により異なるが60°C程度。湿度が高く、ドライサウナというよりミストサウナに近いので、"整う"というよりも、モイストな温かい空気に包まれてほっと癒やされるという感じ。それでも10分も入っていればじんわりと汗をかく。水風呂はないが、洗い場にはシャンプーやボディソープがあり、サウナ用のバスタオルも1枚ついているので手ぶらでもOK。広々とした脱衣所や休憩スペースも用意されており、予想外に居心地がいい。

ふれあいサウナ
MAP 別冊 P.23-C2
TEL 04996-9-0203　営 16:00～20:00（土・日・祝は14:00～、最終入館は19:00）
休水　料300円　P あり

窓から入ってくる地熱蒸気で温められる

洗い場の浴槽は小さめなので譲り合いを

ふれあいサウナの営業時間は16:00～のため、帰りは日が暮れてからになることもある。青ヶ島の夜の暗さは想像以上。懐中電灯を持っていこう。本当に真っ暗で何も見えない。

オオタニワタリ群生地
交ヘリポートから車で 20 分

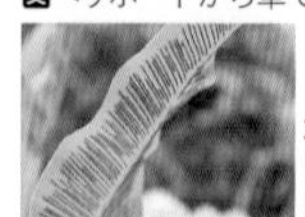
3～5月に出る新芽は食用にする

長さ1mにもなる葉を広げるシダ

MAP 別冊 P.23-D2
池之沢
自然

オオタニワタリ群生地（おおたにわたりぐんせいち）

池之沢に群生する植物。南方系シダの一種で、大きな葉を伸ばす様子は圧巻。葉はあおちゅうの製造にも使われる。

切り葉として出荷される

ジョウマン共同牧場
交ヘリポートから徒歩 10 分

あたりは星空観賞スポットにもなっている

幻の黒毛和牛の生まれ故郷

MAP 別冊 P.23-C1
岡部
牧場

ジョウマン共同牧場（じょうまんきょうどうぼくじょう）

古くから畜産が盛んだった青ヶ島。今も黒毛和牛を飼育しており、岡部集落の外れにある牧場でのんびり牛が草を食む姿が見られる。

8月10日に牛祭りという島の一大イベントが開催される

大里神社
交ヘリポートから車で5分
P なし

青ヶ島の総鎮守

MAP 別冊 P.23-D1
岡部
神社

大里神社（おおさとじんじゃ）

なだらかな参道を上ると鳥居が現れ、その先は目を疑うほどの急坂だ。頂上には社殿と斎場があり、神聖な場所であったことがうかがえる。

敷き詰められている石は参拝する人が海から運んできたもの

青ヶ島の「島唯一」

青ヶ島ではほとんどのものが島唯一だ。唯一の商店は、岡部地区にある十一屋酒店（MAP 別冊 P.23-D3 営 8:30～19:30 休日）だ。店内には生鮮食品、調味料、日用雑貨、飲み物、アルコールなどあらゆるものが揃う。生鮮食品は船の就航状況によって品薄のこともあるが、日持ちのするものを中心に肉類なども並ぶ。ニンジンやジャガイモなどはばら売り。ひんぎゃの地熱で調理したい場合はここで食材が手に入る。

十一屋酒店ではひんぎゃの塩や焼酎も販売

ガソリンスタンド、郵便局も1軒ずつ。ちなみに村役場の向かいには図書館があり、蔵書数は3000冊程度と少ないが、島民1人当たりの蔵書数は18冊。東京23区の1位である千代田区の5冊の、3倍以上となる。

郵便局には ATM も設置されており便利

しま通信
青ヶ島の黒毛和牛は年間10頭程度しか出荷されないことから幻のビーフといわれている。軟らかくきれいなサシが入った赤身はグルメに絶賛されており、東京の有名店では入荷を心待ちにしている人も多い。

泊まる

Stay

青ヶ島では基本的にヘリコプターが取れてから宿を予約する。ただし季節や宿により異なるのでまずは電話でたずねてみて。

岡部

清潔で食事もおいしい人気宿 MAP 別冊 P.23-C3

民宿

あおがしま屋

11部屋ある青ヶ島のなかでは比較的規模の大きな民宿。シングルから3ベッド、和室までありひとり旅にもグループにも対応。食事は別棟のカフェで提供され、手作りの食事も評判だ。

テレビとデスク、ベッドがコンパクトにまとまる

あおがしま屋
TEL 0499-69-0185
料 朝夕1万1000円～
部 11
交 ヘリポートから車で2分、徒歩8分
P あり

離れにあるカフェで3食提供する（要予約）

岡部

2020年オープンの新しい宿 MAP 別冊 P.23-C3

民宿

民宿 かいゆう丸

新しく清潔な宿。洗面所やトイレは男女別で安心して滞在できる。明日葉や島寿司など、なるべく島らしいものをと出してくれる料理がおいしい。

ランチをひんぎゃのお弁当にしてもらうこともできる

民宿 かいゆう丸
TEL 04996-9-0093
料 朝昼夕1万2000円～
部 6
交 ヘリポートから車で1分、徒歩5分
P あり

岡部

常連に人気の老舗民宿 MAP 別冊 P.23-C3

民宿

民宿 杉の沢

1970（昭和45）年創業の老舗。夕食にはオーナーが近海で釣ってきた魚がでることもあり、これが好評だ。常連が多く、食後は島トークで話しが弾むことも。

施設は清潔で居心地がいい

民宿 杉の沢
TEL 04996-9-0137
料 朝夕9000円～
部 3
交 ヘリポートから車で2分、徒歩5分
P あり

地元の食材を使った食事がうれしい

池之沢

青ヶ島唯一のキャンプ場 MAP 別冊 P.23-C2

キャンプ場

村営キャンプ場

池之沢にはキャンプ場がある。予約制で前日までにFAXかメールで申請する。当日の予約はできないので注意。またレンタルなども一切ないので持参すること。

ハードルが高いが猛者はチャレンジしてみても

村営キャンプ場
FAX 04996-9-0001
✉ kankou@vill.aogashima.tokyo.jp
料 無料
交 ヘリポートから車で20分
P あり

しま通信 なんと青ヶ島にもコワーキングスペースがある。10:00～18:00の営業で1時間500円、フリータイム2500円。Wi-Fi、電源完備。コワーキングスペース NYAYA。MAP 別冊 P.23-D3

地熱蒸気が育んだ
絶海の孤島の奇跡、ひんぎゃの塩

地熱に熱せられた水蒸気が、大地の隙間から立ち上る池之沢地区。そこに世界で唯一、火山の地熱蒸気を直接釜の下に引き込んで塩を作る製塩所がある。自然エネルギーだけで生まれるひんぎゃの塩。その正体とは？

青ヶ島の海水と火山の地熱で作る塩

海水と地熱水蒸気で1カ月かけて作る「ひんぎゃの塩」

地熱蒸気が立ち上る池之沢地区。ふれあいサウナの隣に小さな小屋がある。青ヶ島の特産品のひとつ「ひんぎゃの塩」の工場だ。塩を作っているのは山田アリサさん。まだ製塩所が村営事業だった頃から塩作りに携わり、その後事業を引き継いだ。

「塩作りのプロセスはとてもシンプルなんです。海水を汲み上げ、製塩所に運んで、地熱蒸気で温めた釜に入れます。海水は60～80℃でゆっくりと蒸発し、結晶化して塩になります。それを乾燥して選別して、製品として完成するのは約1ヵ月後です」

60℃を超す熱気のなかでの作業は、過酷とはいえ、耐えることができる。それよりも難しいのが360km離れた本土に塩を売ることだ。

「味に自信はありました。でも営業のことは何も知らなかった。商社に売り込みにいって打ちのめされたことも(笑)。目の前のことに精いっぱいで魅力がわかっていなかったんです」。

あらためて島のことを調べているうちに青ヶ島の自然のすごさを知った。

「地熱蒸気自体は珍しいものではないのですが、多くは硫黄臭がして生活には使えないんです。青ヶ島の地熱蒸気はなぜか無味無臭。これだけでもまず奇跡でしょう？」

左／ひんぎゃの塩は100g 520円。粒感がありうま味を感じる　右／昔、醤油代わりに使われた塩水。野菜や刺身に振りかけると美味

さらに青ヶ島近海の海水はミネラルが豊富。ゆっくりと結晶化させた塩は通常よりもカルシウム豊富で甘味が強い。そんなことをひとつずつ伝えているうちに、クチコミで塩の評判が広まっていった。今、山田さんが力を入れているのが子供たちを島に招く島留学。

「島民の数は減る一方。島で育つ子供たちを増やしていき、もしも将来、島で暮らしたいと言ってくれるなら、その子たちに何か産業を残してあげたいんです」

山田さんはそう笑いながら、今日もカルデラの製塩所で、黙々と塩を作り続ける。

青ヶ島製塩事業所　MAP 別冊 P.23-C2
URL hingyanoshio.com
見学は不可。購入は十一屋酒店、民宿、東京竹芝の「東京愛らんど」などで。

左／海水をタンクに入れて、およそ13日目に結晶化が始まる　中／にがりの量がほどよくなったところで釜揚げ。脱水後、地熱蒸気で乾燥させる　右／周囲は地熱蒸気が噴き出す地域。夏場の作業場は60℃を超える

できあがった塩は、袋詰め前に不純物チェック作業がある。塩を混ぜ、ひっくり返し、木くずや小さな砂を見つけて取り出す作業だ。不純物チェックが完璧にできるようになるまでに2ヵ月以上かかることもあるという。

第3章

小笠原諸島 エリアガイド

24時間の船旅でたどり着く島好きの楽園

小笠原諸島エリア早わかり

小笠原諸島は東京から約1000～1800kmの海域に浮かぶ島々。聟島列島、父島列島、母島列島からなる小笠原群島を中心に30あまりの島々から構成される。人が暮らしているのは父島と母島で、この2島が観光の拠点になる。

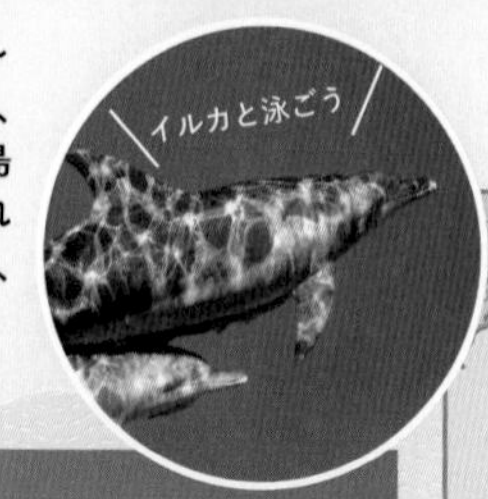

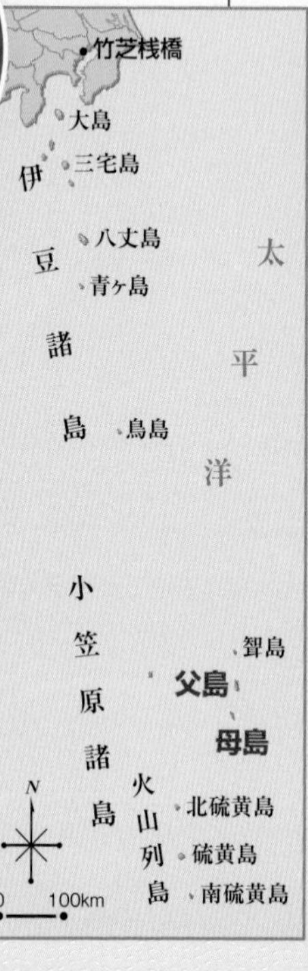

1 おがさわら丸が発着する観光の中心地

父島（ちちじま） P.320

おがさわら丸が入出港する二見港を擁した小笠原諸島の玄関口。港周辺の大村に宿や食事処、おみやげ店など観光客向けの施設が並ぶ。展望台やビーチなどの見どころが多く、自然を楽しむオプショナルツアーも充実している。

左上／旭山から望む二見港と大村。海の色が美しい　左／二見港からすぐの大村海岸は島民の憩いの場

食事処やおみやげ店は大村中心部に集まっている

2 魚影の濃い海に囲まれた無人島

兄島（あにじま）

父島の北に浮かぶ無人島。父島との間にある海峡は兄島瀬戸と呼ばれ、魚影の濃さで知られている。兄島海域公園はスノーケリングツアーで人気。

兄島海域公園ではさまざまな魚が見られる

しま通信　小笠原諸島は1972年に国立公園に指定されている。範囲は父島と母島の集落および農業地域、立ち入り制限されている北硫黄島と南硫黄島、孤立島である南鳥島と沖ノ鳥島を除いた全域。

3 世界遺産エリアに浮かぶ絶景の地

南島（みなみじま）

父島の南西に浮かぶ南島は、珊瑚礁の隆起と沈降によりできた沈水カルスト地形が特徴。切り立った岩に囲まれた島に上陸すると、真っ白な砂浜に囲まれた扇池が見られる。

箱庭のような扇池は、小笠原を代表する景勝地

4 460 人ほどが暮らすのどかで素朴な島

母島（ははじま） P.360

港にはザトウクジラが♪

父島からさらに約 50㎞南に浮かぶ、のどかな空気が漂う島。ひときわ濃い手つかずの自然に包まれ、のんびりとした休日にぴったり。人口は 460 人ほどで、小さな集落は住みたくなる居心地のよさ。海の美しさも抜群！

上／素朴な元地集落を散歩。ヤシが連なり南国気分　左／小剣先山からこぢんまりとした集落を一望　右／島の南に延びる南崎のビーチは島内随一の美しさ

ほかにもある！ 小笠原諸島の島々

噴煙を上げる活火山が話題

西之島（にしのしま）

父島の西、約 130㎞に浮かぶ西之島は、硫黄島などと同じ火山列島のひとつ。2013 年に噴火により陸地を増やし、2020 年には噴火前の約 15 倍にまで面積を広げた。2023 年にも小規模な噴火が。→ P.391

大洋にぽっかり浮かぶ激戦の地

硫黄島（いおうじま）

太平洋戦争の激戦地として知られ、多くの犠牲者を出した硫黄島も小笠原諸島のひとつ。北硫黄島、南硫黄島も含めて火山列島（硫黄列島）と呼ばれている。年に 1 回、クルーズが開催される。→ P.374

1 日ツアーで人気！　海鳥の楽園

聟島（むこじま）（ケータ島）

ダイビングやアイランドツアーで、海況が穏やかな日にしか行けない聟島は、父島の北 65㎞ほどに浮かぶ無人島。アホウドリやカツオドリ、クロアジサシなど海鳥の繁殖地になっている。

小笠原にはアオウミガメやアカウミガメ、タイマイなどのウミガメが来遊する。おもに見られるのはアオウミガメで、5 ～ 8 月頃の夜間に砂浜に上陸して産卵。ふ化した子ガメは 7 ～ 10 月頃に海へ戻る。

1航海で父島遊び！ 5泊6日モデルプラン

小笠原への旅は、船中2泊、現地3泊の6日間が基本的なスケジュール。3日目と4日目はまるまる1日使えるので、時間がかかる海や山への1日ツアーに参加するといい。あまり予定を詰めすぎず、のんびり過ごすのが◎。

1日目 何もしない贅沢！ 船の旅を満喫

11:00
竹芝桟橋から出発
おがさわら丸に乗って24時間の船旅の始まり。東京湾の風景や夕日、星空を楽しんで。→P.94

船上から東京湾を眺められる貴重な体験

2日目 初日は宿の周りでのんびり過ごす

11:00
島の玄関口、二見港に到着
島の西側にある二見港に到着。港まで宿の人が迎えにきてくれるので、宿泊先の看板を探そう。

港は迎えの人たちが集まりにぎやか！

↓ 5分

12:00
ビーチでお昼ごはん
荷物を宿に預けて、商店やスーパーでお弁当を購入。大村海岸でのランチが気持ちいい。

大村海岸でさっそく泳いじゃう!?

↓ 1分

13:00
まずはビジターセンターへ
大村海岸に面して立つビジターセンターで、小笠原の歴史や文化、自然についてお勉強。→P.352

周辺には観光協会や世界遺産センターも

↓ 30分

18:00
サンセットに感動♪
三日月山園地にあるウェザーステーション展望台は、夕日観賞のベストスポット！ →P.349

冬はザトウクジラが見られることもある

19:00
宿の夕食

3日目 小笠原を象徴する美しい景色に感激！

9:00
イルカ＆南島ツアーに参加
イルカと泳ぎ、世界遺産エリアに浮かぶ南島にも上陸する人気ツアー。早めの予約を！ →P.324

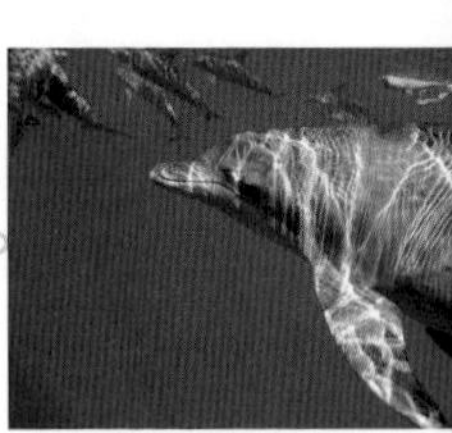

ミナミハンドウイルカを探して海へ！

↓ 1時間

10:00
極上ビーチの南島に上陸
南島は石灰岩が沈降した沈水カルスト地形が特徴。白砂が広がる扇池の美しさはため息もの。

高台からビーチまで下りて記念撮影♪

！ランチは自分で用意して
小笠原では、1日ツアーであっても自分でランチを用意する。お弁当やパンなどを買っておこう。

↓ 1時間

14:00
スノーケリングも楽しみ
イルカを探しながら北上し、兄島海域公園でスノーケリング。魚影が濃く、固有の魚も。

父島と兄島の間は漁場としても有名

↓ 1時間＋ 5分

18:00
宿で夕食

島の食材を使った料理が用意されている

↓ 15分

18:45
夜の父島を探検！
夜行性の動植物を観察する夜のツアー。天然記念物のオガサワラオオコウモリが見られる。→P.336

羽を広げると約80cmにもなるオオコウモリ

光るキノコ、グリーンペペ

！星空ツアーも人気
夜の遊びでは、星空観察のツアーも人気が高い。ウェザーステーション展望台などで星を眺める。→P.36

4日目 ガイドと一緒に固有植物の森を歩く

8:30

ハートロック登山に出発
ガイドの同行が必須の森林生態系保護地域を歩くプレミアムツアー。頂上からの眺めは最高！ →P.40

森では靴を洗浄
森に種子や生物を持ち込まないよう、入口で服や靴の泥を落とし、靴底をお酢スプレーで洗う。

春から夏にかけては植物が花を咲かせる

9:30 ↓🚶1時間

固有種の森を抜けて！
小笠原固有の植物も多い乾性低木林を歩く。ガイドによる地形や生態系などの話も興味深い。

12:00 ↓🚶2時間30分

絶景の頂上に到着～♪
ハートロックの上に立つと、ボニンブルーの海に浮かぶ南島や母島をパノラマで一望できる。

風が強い頂上には植物はほとんど生えない

18:00 ↓🚶2時間＋🚗20分

居酒屋でディナー
大村の居酒屋では、小笠原の食材を使った料理が味わえる。島魚の刺身や島野菜がおいしい。 →P.354

島民にも人気の居酒屋「まんた」

20:00 ↓🚶5分

バーで夜を愉しむ
大村や奥村に雰囲気のいいバーがあり、大人の時間を過ごすのもいい。バーだが料理も充実。 →P.355

二見港の前にある「パーラーMAKANAI」

5日目 船の出航まで港周辺で過ごす

8:30

もっとウミガメを知る！
出港日の午前に開催される「小笠原海洋センター」のウミガメ教室。かわいい子ガメに癒やされる。 →P.352

ウミガメ教室は入港日の午後にも開催

長い階段を上ると現れる大神山神社

11:00 ↓🚌10分

中心地、大村を散策
大村海岸を中心に広がる集落を散歩。大神山神社や聖ジョージ教会など見どころも豊富！ →P.350

12:00 ↓🚶5分

ランチは名物の島寿司を
島魚の刺身を醤油に漬け、甘めのシャリと合わせた島寿司は、一度は食べたい名物料理。 →P.355

割烹料理店「丸丈」の島寿司は絶品

大村中心部はぶらぶら歩けるのどかな雰囲気

13:00 ↓🚶5分

出発までおみやげ探し
おがさわら丸の出港までに、おみやげをチェック。島食材を使った調味料やお菓子がおすすめ。

欲しいものは早めにゲット
小笠原では、売り切れると再入荷までに時間がかかるので、気になるものは早めに買うのが鉄則。

どんな料理にも合う！

15:00 ↓🚶5分

父島を出発
おがさわら丸の中にも食堂や売店はあるが、父島で弁当やパンを買っておくのもおすすめ。

小笠原名物、船の見送りに感動

6日目 優雅なクルージングで東京・竹芝桟橋を目指す

15:00

24時間の旅で竹芝へ
甲板から海を眺めながら船旅を楽しんで。旅の疲れを癒やすため、ひたすら寝るのも贅沢。

2航海で父島＆母島を満喫 11泊12日モデルプラン

おがさわら丸が２回往復する２航海の滞在なら、ゆったりとした時間が流れる母島にも宿泊したい。おがさわら丸出港中の父島は、観光客が少なく静か。より島らしい雰囲気を味わえるのも２航海ならでは。

1日目 P.314の5泊6日プラン、1日目と同じ

2日目 のどかな母島で島時間に浸る

乗船券は船客待合所で購入。予約は必要なし

11:00 父島に到着後、母島へ

おがさわら丸入港日は、そのまま母島行きのははじま丸に乗り継げる。船客待合所へ向かおう。

大村でお弁当をゲット

ははじま丸出港までは１時間しかないので、昼食は大村で弁当やパンを購入しよう。

揺れが少ない日は甲板に出て海をチェック！

徒歩2分

12:00 ははじま丸に乗って出発

父島から母島までは約２時間。冬から春にかけては甲板からザトウクジラが見られることもある。

船2分

14:00 母島に到着

母島・沖港の船客待合所には「母島観光協会」があるので、島内地図などをもらっておくといい。

まずは観光協会で母島の情報をゲット

徒歩8分

15:00 小剣先山から集落を一望

元地集落のすぐ近くから登れる小剣先山。15分ほどで頂上に着き、沖港や集落を眺められる。→P.371

距離は短いが標高差は約100mあるので注意

徒歩15分

18:00 鮫ヶ崎から夕日を眺める

沖港の端にある鮫ヶ崎展望台は夕日のベストスポット。10～3月頃は水平線に夕日が沈む。→P.368

冬はザトウクジラを探そう

飲食店が少ない！

母島には飲食店が３～４軒しかなく、臨時休業も多いので、外で食べたいときは予約をしておこう。

19:00 宿の夕食

3日目 母島きっての極上ビーチで遊ぶ

8:30 南崎の極上ビーチを目指す

母島を代表する景勝地、南崎と小富士まで歩く、片道１時間ほどのトレッキングツアー。→P.364

南崎はサンゴが元気でスノーケリングもおもしろい

車10分

14:00 小さな集落を散歩

人口450人ほどの母島は、ゆったりと時間が流れる居心地のいい島。のんびり散歩が楽しい。

すれ違った子供たちがあいさつをしてくれる♪

徒歩1分

18:30 宿の夕食

4日目 集落から歩いて絶景登山に挑戦！

シダ類が繁茂しジュラ紀を思わせる

車10分

8:30 母島最高峰の乳房山登山

元地集落から徒歩５分に登山口がある乳房山。固有の植物が茂る森は、生命力に満ちている。→P.362

徒歩5分

18:30 宿の夕食

レンタカーで島内観光も

母島は北部にも集落跡などの見どころが点在しているので、レンタカーやレンタバイクでめぐってみるのもいい。

5日目 2時間の船旅で母島から父島へ

12:00 ははじま丸出港

午前中はのんびり過ごして、ははじま丸で父島へ。おみやげは父島のほうが充実している。

船2時間

14:00 父島に到着！お見送りも

父島に戻る日がおさがさら丸の出港日なら、港で島民と一緒にお見送りを。なんだか感動！

迫力ある見送り太鼓の音が響く

徒歩7分

18:30 宿の夕食

6日目 人気の海ツアーでイルカと泳ぐ夢体験

透明度の高い海で見るイルカ

9:00 イルカ＆南島ツアーに参加

好奇心旺盛なミナミハンドウイルカと泳ぎ、ビーチが美しい南島にも上陸する大人気ツアー。→P.324

7日目 アップダウンのある本格ハイキングに挑戦

苦労してたどり着く美しいビーチ

9:00 ハイキングでジョンビーチへ

白砂が延びるジョンビーチを目指す父島最長のハイキングルート。標高差がありキツイ！→P.332

水平線に夕日が沈むことも

18:00 展望台で夕日に包まれる（車19分）

夕方になると多くの観光客と島民が集まるウェザーステーション展望台。夕日の美しさに感動。→P.349

食事が評判の「オーベルジュサトウ」

19:00 絶品イタリアンを堪能（車7分）

大村にはイタリア料理店もあり、島の食材をアレンジしたハイレベルな料理が揃っている。→P.354

多彩なハイキングルート

父島にはいくつもハイキングルートがあり、時間やレベルに合わせて選べる。どこも絶景を楽しめるのが魅力！→P.332

8日目 自分のペースで島内の名所をめぐる

きめの細かい白砂が延びる

10:00 スクーターで島内観光

スクーターを借りて、ビーチや展望台に行ってみよう。スノーケリングをするならふたり以上で。

本格中華の「海遊」

18:00 名物！島魚のラーメン

島で取れた高級魚、アカバの切り身がのったラーメンに舌鼓。スープもアカバからだしを取る。→P.59

天然記念物のオカヤドカリ

18:45 冒険気分のナイトツアー（車11分）

夜の父島は意外とにぎやか。オオコウモリが空を舞い、浜辺ではオカヤドカリが見つかる。→P.336

幻想的な夜のビーチを歩く！

9日目 森に残された戦跡から戦争と平和を考える

壕の中に状態のよい大砲が

8:30 歴史を学ぶ戦跡ツアー

父島の森の中に残された、第２次世界大戦時の大砲や壕などをめぐるガイドツアーに参加。→P.335

東屋や石段に座ってランチをとれる

13:00 大村海岸で海遊び（車12分）

大村でランチを食べたら、そのまま大村海岸へ。島の人たちもビーチでくつろいでいる。→P.350

18:00 おしゃれダイニングで夕食（徒歩5分）

島食材を使った料理が充実しているダイニングバー「Bonina」で夕食。島のお酒も豊富。→P.344

暖かい日はテラスで食事を

10日目 海を間近に感じられるシーカヤック体験

半日ツアーと１日ツアーが開催されている

8:30 シーカヤックで海へ

透明度抜群の海を滑るように進むシーカヤック。初心者でもレクチャーがあるので安心。→P.328

席数が少ないので行きたい店は予約がおすすめ

18:00 ディナーは島素材の創作料理

島食材を中心にした創作料理が揃う「茶里亭」で夕食。炉端焼きが名物！→P.345

11・12日目 P.315 の5泊6日プラン、5・6日目と同じ

初寝浦展望台からアカガシラカラスバトの保護区になっている中央山東平を望む

独自の進化を遂げた
海洋島の貴重な生態系を守る

世界遺産の島 小笠原諸島

小笠原諸島は日本では数少ない世界自然遺産に登録された島。
大陸から孤島に渡ってきた生物が独自の環境下で進化し、特異な生態系を見せている。
島では、そんな貴重な生態系や環境を守る活動が続けられている。

小笠原諸島が世界遺産に登録された理由は？

小笠原諸島は2011年6月24日に世界自然遺産に登録された。大陸と一度も陸続きになったことのない海洋島には、独自の進化を遂げた数多くの動植物が生息している。その証拠として、小笠原では固有種の割合が植物36%、昆虫類28%、陸産貝類94%を占めている。この世界的にも希有な生態系が、海洋島における生物の進化を示す見本として評価され、世界遺産登録へとつながった。

世界遺産登録を受けて小笠原諸島には世界中から観光客が訪れている。今後は、世界に誇る貴重な自然環境をどのように保持して未来へ残していくかが、小笠原の島民と訪れる観光客の課題となる。

降水量が少ない父島の山陵を覆う乾性低木林。乾燥を防ぐため小さく厚い葉をもつなど、葉の形も植物ごとに進化している

雨が多い母島には湿性高木林が広がる。雨や湿気を好むシダ類などが繁茂し南国の熱帯林らしい雰囲気

ここが貴重1 自然環境に適応した生物

山の標高が低く雲ができにくい父島や兄島には、乾燥した気候に適応した植物からなる乾性低木林が広がっている。対して、雨が多い母島は雲や霧に包まれがちなため、湿性高木林を見ることができる。

このように、同じ小笠原諸島のなかでも、それぞれの樹木が環境に合わせて進化し、世界的にもまれな固有植物の森林を形成。小動物や昆虫も固有種が多く、独自の生態系を支えている。

母島の固有種であるメグロ。その名のとおり目の周りが黒い

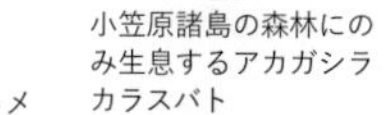

小笠原諸島の森林にのみ生息するアカガシラカラスバト

ここが貴重2 さまざまな進化の形

もともと同じ種類の生物が、環境の違いによって適した形や色へ進化し、多くの種に分かれることを適応放散という。ここに挙げる動植物は小笠原で見られる顕著な例だ。

陸産貝類の多様性

小笠原にたどり着いた陸産貝類は、島内のさまざまな場所へ分布。天敵や競争相手が少ない環境下で独自の進化を遂げた。特にカタマイマイの仲間は木の上へと生活環境を移す種も現れ、多くの種類へと分化した。樹上性の種の殻は背が高く小型で葉に似た色、半樹上性の種は扁平、地上性の種は背が高く地面に似た色であることが特徴。小笠原世界遺産センターでは希少なマイマイを保護・増殖しており、その様子を観察できる。

樹上性のヒメカタマイマイ。殻が小さく淡い色に進化している

地上性のカタマイマイは樹上性に比べて大型で、土の色に合わせた殻の色になる

父島の固有種であるムニンノボタン。花弁は白く4枚

独自に分化した植物

父島にはムニンノボタン、母島にはハハジマノボタン、北硫黄島にはイオウノボタンが分布するが、それぞれ花弁の数や色が異なる。また、ウラジロコムラサキやムニンアオガンピは、ひとつの花に雄しべと雌しべがある両性花だったが、オスの花をつける株とメスの株をつける株に分かれたものが見つかっている。安全に多様な子孫を残すためと考えられる。

ハハジマノボタンの花弁は薄紅色で5枚

草から木へと進化した植物

もともと草である植物が、海洋島という特殊な環境のもとで木へと進化することもある。キキョウの仲間のオオハマギキョウ、キクの仲間のワダンノキやヘラナレンが、その代表的な植物だ。

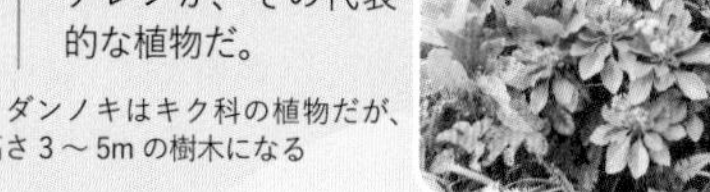

ワダンノキはキク科の植物だが、高さ3～5mの樹木になる

固有種の保護と外来種対策

観光客にできること

小笠原固有の自然を守るためには、外来種の拡散と侵入を防ぐことが大切。拡散防止や駆除をはじめさまざまな対策が取られており、観光客の協力も求められる。また独自のエコツーリズムのルールも設けられている。

増えすぎた外来種

巨大なアカギの森は、薪炭材として植林された木が自生したもの。アカギの繁殖力が強く在来の樹木を追いやった。食用として持ち込まれたノヤギや、貨物に紛れて侵入したグリーンアノールによる食害も問題となっている。

外来種拡散の防止

カタマイマイの天敵であるニューギニアヤリガタリクウズムシなどの侵入を防ぐため、森に入る前に靴底を酢で洗浄し、粘着テープで服を掃除する。ノネコやグリーンアノールを捕獲するための罠も仕掛けられている。

しま通信 小笠原諸島のなかで世界遺産の区域になっているのは聟島列島、父島列島、母島列島と火山（硫黄）列島のうちの北硫黄島と南硫黄島、西之島。父島と母島は、集落地などを除いた陸域と、周辺海域の一部が指定されている。

24時間の船旅を経てたどり着く小笠原諸島の玄関口

父島（ちちじま）

人口　2078人（2023年）
面積　23.45㎢
周囲　約52㎞

MAP 別冊 P.24

二見港近くの大村海岸は、観光客にも島民にも人気のビーチ

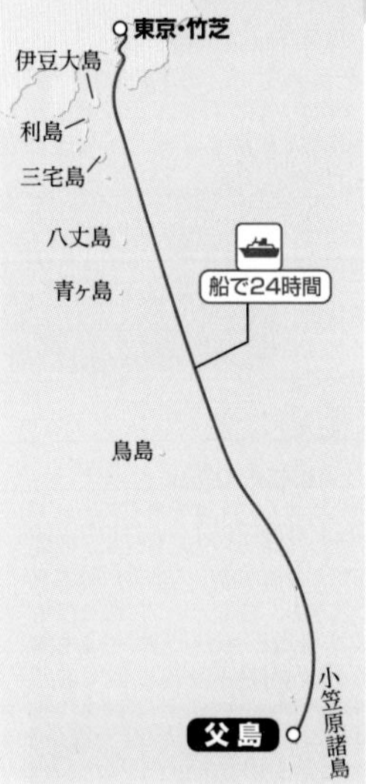

東京・竹芝
伊豆大島
利島
三宅島
八丈島
青ヶ島
船で24時間
鳥島
父島
小笠原諸島

東京の竹芝から、定期船のおがさわら丸で24時間。約1000㎞の船旅を経て、小笠原諸島の旅のスタート地点となる父島・二見港に到着する。中心地は港周辺の大村地区で、飲食店や宿泊施設が集まる。村営バスでアクセスできる島の西側には、境浦や扇浦、小港などの集落があり、どこもビーチに近く宿泊施設もある。いちばん遠い小港地区でも大村地区から車で20分程度の距離だが、町なかから少し離れるだけで、圧倒的な自然と緩やかな時間の流れを感じられる。島の東側にある絶景スポット、旭山や旭平展望台へは、レンタカーやレンタバイクでアクセスしよう。紺碧の海に浮かぶ無人島の兄島や東島などをパノラマで眺められる。父島のシンボルでもあるハートロック（千尋岩）に登るなら、ガイド付きのトレッキングツアーに参加を。

透き通った海でカヤックやダイビング、スノーケリングなどを楽しんで

父島への行き方

東京からのアクセスは基本的に1週間に1往復の船便のみ。おがさわら丸に乗り24時間で到着する。

しま通信 二見港の青灯台～大村海岸を結ぶ親水護岸は、多種多様な南国の魚に出合えるスノーケリングスポットだ。冬季には釣りをする人の姿も多く見られる。

父島の歩き方

散策の中心は港がある大村地区

おがさわら丸が入港するのは大村地区の二見港。港の前から西へと延びるメインストリートにはカフェや商店、おみやげ店、スーパーなどが並び、小笠原諸島の観光と生活の中心地になっている。とはいえ、中心部は30分もあれば歩いて回れる規模だ。小笠原村観光協会が入るB-しっぷ周辺は、村役場や郵便局などの行政施設が集まるエリア。南側には、南国の植物に包まれた大神山公園と、休憩舎やシャワーなどの施設を備えた大村海岸がある。園内の小笠原ビジターセンターで、小笠原の自然や文化、歴史を学ぶのもいいだろう。夕食のあとは、メインストリートの北側に続く小道へ入ってみよう。島食材のメニューを味わえる居酒屋が並んでおりにぎやかだ。大神山公園内のお祭り広場で星空観察をするのもいい。

メインストリートの名称は「海岸通り」、おしゃれなデザインの建物が並ぶエリアだ

バスやレンタバイクでその他のエリアへ

大村地区から、よりダイナミックな自然を体感できるビーチや展望台にも足を延ばそう。村営バスは、1時間に1本程度の運行。境浦、扇浦を経て小港へと向かう。島の東側や、時間を気にせず移動したい人は、レンタサイクルやレンタバイク、レンタカーが便利だ。

どのビーチも個性的、お気に入りの場所を探しにいってみよう

小笠原村観光協会

B-しっぷ（商工観光会館）と呼ばれるクジラが描かれた建物の1階。ホエールウォッチング協会を併設している。おがさわら丸の入港・出港日には、二見港船客待合所内の窓口も営業する。

MAP 別冊 P.26-B2
TEL 04998-2-2587
営 8:00～12:00、13:30～17:00
休 なし
P あり
URL www.ogasawaramura.com

父島と母島のパンフレットの配布や、各種ガイドツアーの案内などを行っている

島トーク 出港日は手荷物一時預かりを利用しよう

おがさわら丸の出港日のみ、二見港船客待合所の観光案内所で手荷物の一時預かりサービスを行っている。預かり時間は8:00から出港前までで、1個500円。

島トーク 船の入港は6日間周期が基本

おがさわら丸は、通常時は6日に1便往復している。ただし繁忙期のGWと夏休みには、父島入港当日に竹芝に折り返す着発便を運航する。

父島の電子マネー事情

父島では、現金とクレジットカードのほか、PayPayなどの電子マネーや交通系ICカードで支払いができる飲食店や商店、アクティビティ会社が増えている。ただし、島内に電子マネーをチャージできるATMはないので、乗船前にチャージしておくか、オートチャージを利用しよう。交通系ICカードのチャージ機は、二見港船客待合所の小笠原海運受付窓口に設置してある。事業者によって利用可能な決済方法は異なるので、事前に確認しておきたい。

交通系ICカードはおがさわら丸の船内でも使える

しま通信 小笠原の生活の暦は、船の周期に合わせた6日が基準。飲食店は出港日翌日や出港中を定休日とすることが多い。2航海で滞在する人は、商店や飲食店の定休日をチェックしておこう。

色鮮やかな花が咲く南国風景が魅力

父島エリアガイド

食事処やおみやげ店が並ぶ大村を中心に、小さな集落が点在する父島。島の大部分は緑豊かな森に覆われ、雄大な自然を眺められる美景スポットが多い。

父島シーズンガイド

● **旅行のベストシーズンは？**

年間を通して温暖だが、特に過ごしやすい 5 ～ 10 月頃が旅行のベストシーズンといわれている。

● **海で泳げるのは何月頃？**

ウエットスーツを着れば年間を通して海で遊べる。水着で快適に過ごすなら 5 ～ 10 月頃がよい。

● **冬の旅行の楽しみは？**

1 年で最も寒い 1 ～ 2 月でも最低気温は 15 度ありトレッキングが快適。ザトウクジラウオッチングも冬季ならではの楽しみ。

父島で絶対にしたいこと BEST 3

1. 南島のビーチで記念撮影

世界遺産区域に浮かぶ南島は、ソーダ色の波が寄せる扇池など美しい景色が魅力。まぶしいほどの白い砂浜は楽園風景そのもの。→ P.324

2. イルカと一緒にスイム♪

父島周辺では数種類のイルカが見られ、なかでも好奇心旺盛なミナミハンドウイルカは、一緒に泳いでくれることも！ → P.324

3. ホエールウオッチング

12 月から 5 月上旬にかけて、小笠原近海ではザトウクジラが見られる。ウオッチングツアーのピークは 2 ～ 3 月頃。→ P.326

観光客でにぎわう中心地

大村（おおむら）

おがさわら丸が入港する二見港に面し、宿泊施設やレストラン、カフェ、おみやげ店などが集まる。観光協会など重要な施設もある。

常連客に人気ののどかなエリア

扇浦（おおぎうら）

大村の対岸にある、施設が調った扇浦海岸を中心としたエリア。周辺には個性的な宿が点在し、のんびりとした休日を過ごせる。

広々とした白砂ビーチが魅力

小港（こみなと）

こだわりの宿が数軒あるほかは、自然に包まれた静かなエリア。小笠原でいちばん広いといわれる小港海岸は、星空観察の定番スポット。

おがさわら丸でほかの乗船客と話すと、小笠原渡航歴 10 回、20 回という人がざらにいてびっくり！ リピーターに愛されている島なんだな、と実感します。（編集部・T）

★ドラマチックな夕日に感激

ウェザーステーション展望台 → P.349

三日月山の中腹にある父島を代表するサンセットスポット。冬はザトウクジラが見られることもある。

★港から歩いてすぐの白砂ビーチ

大村海岸 → P.350

集落の前に延びるので、前浜とも呼ばれる島民の憩いの場。穏やかな海はのんびり過ごすのに最適。

栈橋は海ツアーの出発地

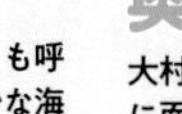

奥村（おくむら）

大村の東にある小さな集落。二見漁港に面していて、小型船が停泊する「とびうお桟橋」は、海ツアーの出港地として使われることが多い。

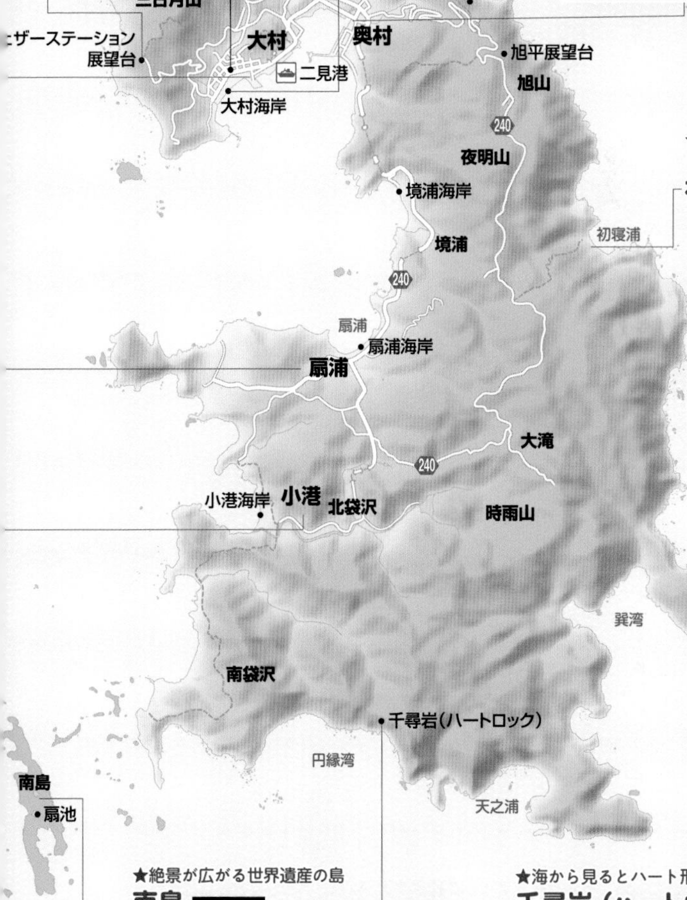

小笠原村観光協会
宮之浜
釣浜
三日月山
長崎展望台
ウェザーステーション展望台
大村
奥村
旭平展望台
二見港
大村海岸
旭山
東島
240
夜明山
境浦海岸
初寝浦
境浦
240
扇浦
扇浦海岸
扇浦
大滝
240
小港海岸
小港
北袋沢
時雨山
巽湾
南袋沢
巽島
千尋岩（ハートロック）
円縁湾
南島
扇池
天之浦
N
1km

★ウミガメが訪れる美しいビーチ

初寝浦 → P.333

片道1.1kmの遊歩道でアクセスする手つかずのビーチ。緑色のウグイス砂が混じった砂浜が美しい。

★絶景が広がる世界遺産の島

南島 → P.324

石灰岩の隆起と沈降によりできた特殊な地形の無人島。イルカやクジラのツアーの途中に立ち寄ることが多い。

★海から見るとハート形♪

千尋岩（ハートロック） → P.40

島の南部、円縁湾に面した巨岩。船で海側から眺めると、赤い岩肌がハートに見えることからハートロックと呼ばれる。

しま通信　ウェザーステーション展望台は風通しがよく、真夏以外は肌寒く感じられることも。特に夕方以降はウインドブレーカーなど羽織るものを持っていると安心。

小笠原の海を堪能する人気 No.1 体験！

ドルフィンスイム＆南島ツアー

紺碧の海でイルカと泳ぎ、
世界遺産エリアの南島にも上陸する贅沢ツアー。
人気が高いので早めに予約しよう。

\ 海水で洗うよ！ /

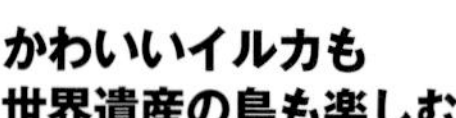

上／ソーダ色の海が広がる扇池は、小笠原諸島を代表する絶景スポット　左上／砂浜ではヒロベソカタマイマイの殻の化石が見られる　左下／南島上陸前に、履物に付いたプラナリアやその卵を洗い落とす

かわいいイルカも世界遺産の島も楽しむ

父島の南西、約 1kmの海域に浮かぶ南島は、真っ白な砂浜が広がる無人島。隆起した石灰岩が雨や波による浸食・風化で沈降した、沈水カルスト地形が見られる。島内にはすり鉢状のくぼ地であるドリーネや、鋭くとがった岩が続くラピエなど特殊な地形が広がり、周囲の海域とともに世界遺産区域になっている。

ツアーでは南島に上陸し、ソーダ色の波が打ち寄せる扇池やその周りの真っ白な砂浜など美しい風景を堪能する。貴重な自然を守るため、島では決められたルート以外は立ち入り禁止になっている。

南島上陸の前後には、周辺に生息する野生のイルカを探し、一緒に泳げるチャンスも。好奇心旺盛なミナミハンドウイルカは近くまで寄ってきてくれることもある。

岸壁の穴から泳いで扇池に入る人も

カヤックやスイムで上陸することもできる！

南島は、ここで紹介したように小型ボートで鮫池から上陸するほか、シーカヤックで扇池を目指したり、近くにボートを停めて泳いで渡ることもできる。

ミナミハンドウイルカの群れを探してスイム！

ドルフィンスイム＆南島ツアー

催行事業者 → P.337　時間の目安 半日ツアー／おがさわら丸出港日 8:30 ～ 12:00、おがさわら丸入港日 13:30 ～ 16:00　1 日ツアー／ 9:00 ～ 16:00　休 荒天時　料金の目安 半日 8000 円、1 日 1 万 3000 円（要予約。ドルフィンスイム、南島上陸、海域公園でのスノーケリング含む）アクセス 集合場所は催行会社に要確認

※おがさわら丸入出港日以外の停泊日は 1 日ツアーのみの催行が多い。南島のガイド 1 人当たりの利用者は 15 人まで。イルカの出没状況によりスケジュールは変わる。

しま通信　南島の砂浜にはカタツムリの殻のようなものが無数に散らばっている。これは 1000 ～ 2000 年前に絶滅したとされるヒロベソカタマイマイなどの殻が半化石化したもの。これだけの数が見られるのは貴重。

スケジュール

START!

8:30

港から乗船し出発！

20分

船と並走するように泳ぐハシナガイルカ

10分

9:00

まずはスノーケリングの練習！

ツアー会社や参加者のレベルにもよるが、穏やかな浅瀬でスノーケリングの練習をさせてくれることが多い。

フィンキックは上手な人のまねをしてみよう

9:30

イルカの群れに大興奮

港周辺でイルカに遭遇することも。大きな群れはアクロバティックな動きをするハシナガイルカのことが多い。

30分

10:30

楽園風景が広がる南島に上陸

小型ボートで南島に接岸し、素早く上陸。高台から見下ろす扇池はまさに絶景だ。ビーチに下りて眺める景色も美しい。

15分

11:30

イルカを探しながらクルーズ

イルカを探しながら移動。好奇心旺盛なミナミハンドウイルカを見つけたら、スノーケリングセットを着けて海へ！

船の上からみんなでイルカを探して

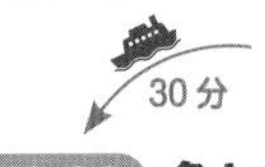

30分

扇池の周りにはウミガメが産卵に訪れるビーチもある

鮫池からビーチまで散策路が整備されている

12:00

魚と一緒にスノーケリング

父島の北にある兄島海域公園の湾内に停泊し、船の上でランチ。食事のあとは魚影の濃い海域公園でスノーケリングを楽しめる。

兄島海域公園には色とりどりの魚が生息する

30分

14:00

イルカと泳ぐ夢のような時間♪

港へ向かう途中もイルカを探す。発見したらスノーケリングの用意をし、スタッフの合図で静かに海へ。イルカを追いかけないように注意！

左／イルカは興味をもつと、向こうから近づいてきてくれる
右／イルカを追いかけないように！ 寄ってくるのを待とう

20分

GOAL!

16:00

港に戻りツアー終了

南島の自然を守るための4つの規則

南島に上陸するには、東京都から認定を受けた自然ガイドの同行が必須。また貴重な動植物を保護するために、下記の規則が設けられている。

・何も持ち込まず、何も持ち帰らない
動植物はもちろん、石やサンゴ片など自然に存在するものはそのままにする。

・決められたルートを歩く
ルートには足場となる石が埋め込んであるので、植物を踏まないようにその上を歩く。

・ガイド1人につき利用者の上限あり
植生を守るため、ガイド1人が担当する利用者は15人までになっている。

・靴やサンダルの裏を海水で洗う
南島にすむカタツムリなど陸産貝類を天敵のプラナリアから守るため、乗船前や上陸前に履物の裏を海水で洗う。

しま通信 南島周辺は海底にも白砂が広がり、明るい海で地形やフィッシュウオッチングを楽しめるダイビングスポットとしても人気。ミナミハンドウイルカとの遭遇率も高く、ドルフィンスイムにも最適。

ダイナミックなジャンプに感激

ホエールウオッチング

小笠原の冬の風物詩といえば、海面から巨体をせり出すザトウクジラ。体長 10 m以上のクジラが繰り広げるジャンプや潮吹きは大迫力！

上／ブリーチと呼ばれるジャンプは大迫力　左／クジラが船のすぐ近くに浮上することも　右／潜水する前に尾ビレを持ち上げるフルークアップダイブ

冬のウオッチング、主役はザトウクジラ

小笠原近海では 12 月から 5 月上旬にかけて、北太平洋のロシアやアリューシャン列島などから暖かい海を目指して回遊してくるザトウクジラが見られる。彼らは温暖なこの海で交尾や出産、子育てを行う。ウオッチングツアーのベストシーズンは、クジラの数がピークとなる 2 月から 3 月。この時期はかなりの高確率でザトウクジラの雄姿を拝むことができる。豪快な潮吹きやジャンプをはじめ、生まれたばかりのクジラを守るように泳ぐ母クジラや、メスのクジラをめぐって競い合うオスのクジラなどのネイチャーシーンは感動モノ。船上から水中へマイクを入れると、ソングと呼ばれる鳴き声を聴くこともできる。運がよければ船の間近まで寄ってきてくれることもある。

船の近くまで寄ってきたザトウクジラ。皮膚にはフジツボがびっしり

7 ～ 8 倍程度の双眼鏡があるとよく見える

陸からクジラが見られるチャンスも！

陸からもホエールウオッチングを楽しめるのが小笠原のすごいところ。父島ならウェザーステーション展望台、母島なら御幸之浜展望台や鮫ヶ崎展望台がベストスポット。

ホエールウオッチングツアー

催行事業者 → P.337 時間の目安 半日ツアー／おがさわら丸出港日 8:30 ～ 12:00、おがさわら丸入港日 13:30 ～ 16:00　1 日ツアー／ 9:00 ～ 16:00　休 荒天時、おがさわら丸出港中　料金の目安 半日 8000 円、1 日 1 万 3000 円(要予約。ドルフィンスイム、南島上陸、海域公園でのスノーケリング含む)　アクセス 集合場所は催行会社に要確認

※ 12 ～ 5 月はおもにザトウクジラ、ほかの時期はマッコウクジラを観察。おがさわら丸入港日以外の停泊日は 1 日ツアーのみの催行が多い。

船の上では方向をクロックシステムと呼ばれる時計に見立てた方法で示す。船首は 0 時または 12 時となり、右は 3 時、左は 9 時、船尾は 6 時になる。「11 時にクジラ！」などと使われるので覚えておこう。

スケジュール

8:30 START!
港に集合して乗船準備

30分

8:45
ボートに乗って出発～！

ボートの使い方やウオッチング中の注意点についてブリーフィングがある。不安なことは確認しておこう。

船酔いしやすい人はスタッフに伝えておくとよい

9:30
小笠原ならではの地形に注目

父島の沿岸には火山活動によってできたゴツゴツとした岩が点在している。溶岩が急激に水で冷やされてできた枕状溶岩など貴重な地形も見られる。

30分

10:00
イルカの群れがお出迎え！

移動中にイルカが登場することも。船と一緒に泳ぐイルカは躍動感にあふれる。時間が許せばドルフィンスイムも楽しめる。

30分

上／ミナミハンドウイルカやハシナガイルカが多い
下／船の舳先などについて一緒に泳ぐことも

クジラは気分によってさまざまな動きをする

10:30
ザトウクジラの親子が登場！

クジラのブロー（潮吹き）を見つけたらゆっくり近づく。大人のクジラは20分以上潜水できるが、子クジラは5分ほどで浮上してくる。

船からは近づかないが、クジラから寄ってくることも

30分

11:30
島陰でコーヒーブレイク

しばらくウオッチングを楽しんだら、波が穏やかな島陰に船を停めて休憩タイム。飲み物やお菓子でリラックス♪

ゲスト同士もクジラの話で盛り上がる

30分

12:00 GOAL!
帰りもたっぷりクジラを観察

クジラを探しながら港へ向かう。この頃になると、自分でもクジラのブローがわかるはず。スタッフと一緒に探してみよう。

9時の方向にアクティブなクジラを発見！

守ろう！ ホエールウオッチングの自主ルール

20トン未満の小型船の場合

- 船はクジラから300m以内に近づいたら減速する。
- ザトウクジラは100m、マッコウクジラは50m以内には船のほうから近づかない。

※適用クジラ類：ザトウクジラなどのヒゲクジラ亜目全種とマッコウクジラ

※適用海域：小笠原諸島の沿岸20マイル以内

MAP 別冊 P.26-B2

問 小笠原ホエールウォッチング協会　TEL 04998-2-3215

しま通信　小笠原村ではドルフィンスイムにも自主ルールを設けている。「船の大小を問わず、ひとつの群れにアプローチできる船は4隻まで」「ひとつの群れに対する水中エントリー回数は1隻につき5回以内」としている。

海を身近に感じるヒーリングタイム！

シーカヤック体験

海面を滑るように進むシーカヤックは、
エンジンを使わないエコなマリンスポーツ。
BGM は波の音！　自然に包まれている感覚が魅力だ。

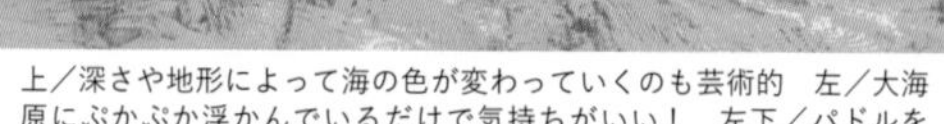

上／深さや地形によって海の色が変わっていくのも芸術的　左／大海原にぷかぷか浮かんでいるだけで気持ちがいい！　左下／パドルを使っての準備体操がシーカヤックスタイル

＼しっかり筋を伸ばして／

天候やレベルなどを見て、ガイドがコースを決めてくれる

小笠原の海を舞台にエコスポーツを堪能

自然との一体感を味わえるシーカヤックは、初心者から楽しめる気軽さも魅力のひとつ。体験半日コースは、パドルの漕ぎ方や安全対策など、ていねいなレクチャーからスタートする。穏やかな湾を出発し、小笠原ならではの変化に富んだ海岸線や美しい砂浜などを眺めながら進む。ガイドさんが固有生物や地形といった、島の自然についての話をしてくれるのがうれしい。最初はパドルさばきに苦労するかもしれないが、コツさえつかめばすぐに真っすぐ進めるようになるはず。1時間もすれば行きたい方向に自由に動いたり、方向転換したりできるようになる。小さな入江でひと休みしたら、透明度抜群の海でスノーケリングを楽しもう。

シーカヤックで無人島を目指そう

「自然体験ガイド ソルマル」では、初心者向けの体験半日コースと1日コースのほか、経験者向けの無人島アドベンチャーコースも用意。南島やビーチ、洞窟などをめぐり小笠原の自然を満喫できる。

シーカヤックツアー

催行事業者 自然体験ガイド ソルマル　TEL 04998-2-3773　時 8:30 ～ 12:00 ／ 13:30 ～ 16:00（半日コース）、9:00 ～ 16:00（1日コース）　休 不定休　料 半日コース 9000 円、1日コース1万 5000 円（要予約）　URL ogasawara-solmar.com　※その他の催行会社→ P.337

シーカヤックツアーに参加する場合は、レインウエアやウインドブレーカーなどの羽織るものを用意しておくと安心。足元はマリンシューズがいいだろう。また1ℓ程度の飲み水を持っていくこと。

スケジュール

8:30 START!
迎えの車に乗って出発

15分

9:00
まずは装具の着け方から！

出発地の扇浦に着いたら、ツアーの申込書に記入。スタッフからツアー中の注意点などの話を聞いたあと、ライフジャケットなどの装具を着ける。

水着の上にTシャツや短パンを着るなどぬれてもいい恰好で

9:15
陸上でパドルの使い方を練習

パドルを持って、漕ぎ方のレクチャーを受ける。どうやって曲がるか、止まるかを覚えておこう。準備体操もしっかり！

水に落ちたときの対処法なども覚えておきたい

10:00
穏やかな湾で練習したらさらに沖へ

地図でコースの確認をしたあと、シーカヤックに乗り込み海へ。周辺で練習をし、カヤックの扱いに慣れたところで目的地に向けて出発！

乗るときはガイドさんがサポートしてくれるので安心

30分

10:30
水面を滑るようスイスイ進む

シーカヤックは船よりも小回りが利き、自由に動ける。地上からは見えない島の地形や海の生物を間近に観察できるのも魅力。

上／ガイドが島の自然や生態系などの話をしてくれる
下／海岸線にシーカヤックを走らせると巨岩が目の前に

30分

11:00
無人島に上陸してティータイム

出発から1時間弱で目的のビーチに到着。紅茶を飲みながら楽しく過ごす休憩タイム。ビーチの散策やスノーケリングをしてもOK。

スノーケリングセットは貸してもらえる

30分

12:00 GOAL!
半日コースは終了～

帰りはカヤックの扱いにも慣れ、スイスイ進むはず。扇浦まで戻ったら、カヤックを陸に上げてツアー終了。お疲れさまでした！

次の日のために終了後のストレッチも忘れずに

しま通信　シーカヤックは日陰のない海上を移動するので紫外線対策が必須。また海からの照り返しにも注意したい。肌の保護はもちろん、サングラスと帽子も忘れずに。スノーケリングをするならラッシュガードが便利。

自分でビーチにアクセスし手軽に海を満喫！

父島スノーケリングガイド

スノーケリングは、ビーチで気軽に楽しめるアクティビティ。基本装備はマスクとスノーケル、フィンの３点セット。カラフルな小魚や、ときには回遊魚も見られる。

日本の固有種ユウゼン！

ビーチで楽しむお手軽スノーケリング

小笠原の海は透明度が高く、海の中が明るいのでスノーケリングに最適。ツアー会社がスノーケリングツアーを催行（→P.337）しているほか、点在するビーチでもスノーケリングを楽しめる。父島にはレンタバイクやバスで行けるビーチが多いのがうれしい。シンプルな装備で気軽に遊べるのがスノーケリングの魅力だが、あくまで自然が相手。気を抜かないように注意したい。例えば、岸からは穏やかに見える海も中に入ると流れが速いということもある。万一のことを考え、必ずふたり以上で行動しよう。

小笠原の海は透明度抜群！

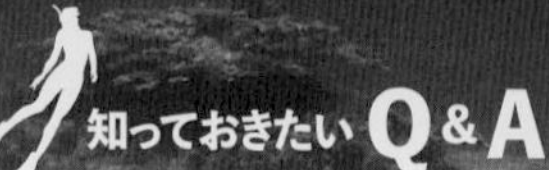

Q. コンタクトレンズをしたままでOK？

A. 近眼用のマスクを用意し、コンタクトレンズは外したほうが安全。つけたまま泳ぐ場合は、流れてもいいように使い捨てにしたい。

Q. スポットまではどうやって行く？

A. 徒歩で行けるビーチ以外は、バスかレンタバイクを利用するのが一般的。ジョンビーチや初寝浦海岸はかなり歩いてアクセスする。

Q. 器材はレンタルできる？

A. 自分に合った器材を買ってもいいが、アクティビティ会社で貸してくれることが多い。レンタル器材を用意している宿もある。

Q. もしものときの連絡先は？

A. 救急・遭難はTEL 119、海難事故はTEL 118に電話。けがの場合はTEL 04998-2-3800（小笠原村診療所）へ。不測の事態に備えてふたり以上で行動しよう。

マイギアがあるともっと楽しい！

スノーケリンググッズ

マスク
海の中でクリアな視界を保つ。一眼と二眼タイプがある。使う前に曇り止めをしておこう。

ラッシュガード
撥水加工された体にぴったりしたシャツ。体の保温や保護、紫外線対策にも有効。

ライフジャケット
泳ぎに自信がない人は、ライフジャケットで浮力を確保しておこう。楽に浮かんでいられる。

ブーツ
岩場ではブーツを履いておくと安心。フィンもブーツタイプのものを選んでおくといい。

スノーケル
水面に顔をつけた状態で筒が上を向くようになっており、海に浮かびながら楽に呼吸ができる。

ウエットスーツ
体の保温と保護のために着ておきたい。小笠原では３～5mmの厚さが一般的。若干の浮力もある。

グローブ
手の保護に着けておくと安心。グローブを着けていてもサンゴや生物には触らないように。

フィン
効率的な推進力を得るための器材。素材や硬さに違いがあるので脚力に合ったものを選びたい。

ほかにもあると便利なもの

- ☑髪を結ぶゴム ☑飲料水 ☑ギョサン
- ☑日焼け止め（環境にいいもの）
- ☑帽子 ☑タオル ☑島内マップ
- ☑カメラ（防水機能付き）
- ☑防水機能付き小物入れ

海では環境に優しい日焼け止めを使うのがマナー。海外では、特定の有害物質を含んだ日焼け止めを禁止しているリゾートエリアもあるほど。日焼け止めを購入する際は、水質やサンゴに配慮して選んでみよう。

父島スノーケリングマップ

トイレ　シャワー　休憩所　P 駐車場

❶宮之浜 Miyanohama

兄島に面した小さな海岸で、ビーチの左右にサンゴが発達している。海域公園に面しており、さまざまな魚が見られる。 交B-しっぷから車で5分または徒歩20分。または❶宮之浜入口から徒歩10分

固有種が見られるかも⁉

❷釣浜 Tsurihama

上級者向けの好スポット

海岸線は大きな石で埋め尽くされ、見事なサンゴが点在している。カラフルな小魚はもちろん、カンパチなどの大物が見られることも。 交B-しっぷから車で5分＋徒歩6分。または❶清瀬から徒歩25分

❸大村海岸（前浜） Omura Kaigan(Maehama)

アクセスのよさは父島随一！ 砂地なのでそれほど生物は多くなく海水浴向き。スノーケリングの練習にはよい。 交B-しっぷから徒歩2分

お手軽度No.1

❹製氷海岸 Seihyo Kaigan

小笠原海洋センター前に広がるビーチ。スギノキミドリイシという枝状のサンゴが群生し、スズメダイやチョウチョウウオが群れる。 交B-しっぷから車で5分または徒歩35分

海中には楽園風景が

❺境浦海岸 Sakaiura Kaigan

湾内には座礁した濱江丸が沈み、11～5月にはアオリイカが見られる。海岸の左右に珊瑚礁が広がり、周辺を色とりどりの魚が泳ぐ。 交B-しっぷから車で6分＋徒歩3分。または❶境浦海岸から徒歩3分

座礁した船が天然の魚礁に

❻初寝浦海岸 Hatsuneura Kaigan

アオウミガメの産卵地でもある美しい海岸。ビーチの左右にサンゴが発達し、ウメイロモドキの群れや回遊魚が現れることも。 交B-しっぷから車で20分＋徒歩40分（帰りは70分）

トレッキングでアクセス

❼扇浦海岸 Ougiura Kaigan

泳ぎやすい遠浅の砂浜が広がる。天狗の鼻、要岩、扇浦崎を結ぶ湾内はサンゴがきれいで魚も多い。海底には沈船もある。

交B-しっぷから車で12分。または❶扇浦海岸からすぐ

❽コペペ海岸 Kopepe Kaigan

小港海岸まで泳ぐことも

海岸からすぐにサンゴが点在しており、特に海に向かって左側に広がるテーブルサンゴの群生は見事。海に向かって左に行くと小港海岸が延びる。 交B-しっぷから車で14分または❶扇浦海岸から徒歩25分

❾小港海岸 Kominato Kaigan

真っ白な砂地が続く遠浅のビーチ。生物はそれほど多くないが、海に向かって右側の岩沿いにはサンゴが点在し魚も見られる。 交B-しっぷから車で16分＋徒歩2分または❶小港海岸から徒歩2分

陸の生物観察もおもしろい

❿ブタ海岸 Buta Kaigan

黒い砂浜が個性的！

岬に守られた入江になっており、海底にはサンゴがびっしり。2本のチャネル（水路）が通り、周辺ではエイや小さなサメも見られる。 交B-しっぷから車で17分＋徒歩40分または❶小港海岸から徒歩40分

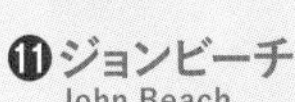

⓫ジョンビーチ John Beach

海岸近くまで珊瑚礁が広がり、イスズミやアオブダイなどが見られる。沖は流れが速く船も通るので、海岸沿いで泳ぐこと。飲み水は必携。 交B-しっぷから車で16分＋徒歩2時間30分または❶小港海岸から徒歩2時間30分

シーカヤックでも行ける！

⓬ジニービーチ Jinny Beach

海からしかアクセスできない！

魚はあまり多くないが、真っ白な砂浜とエメラルドのように輝く海のコントラストが美しい。沖に出ると流れが速いので注意して。 交二見港とびうお桟橋から船で15分

しま通信 ジョンビーチや初寝浦海岸など歩いてアクセスするビーチは、帰りの体力を考えて遊ぶこと。全力で遊んでしまうと、帰りの上り坂でバテてしまうので注意。

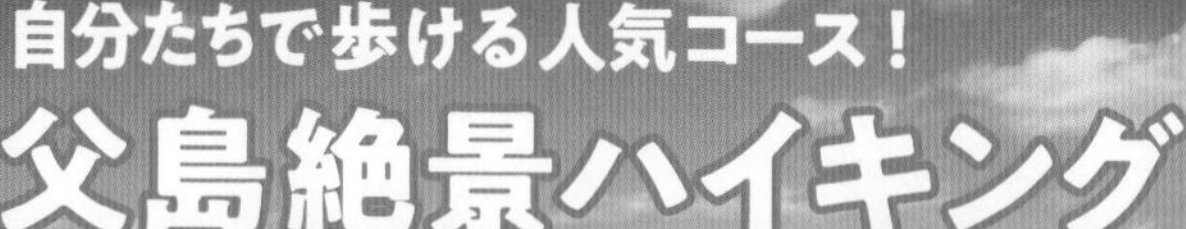

自分たちで歩ける人気コース！
父島絶景ハイキング

宮之浜
長崎展望台
B-しっぷ
二見港
旭山
初寝浦
中央山
小港海岸
中山峠展望台
ブタ海岸
ジョンビーチ
千尋岩

父島には美景を楽しむハイキングコースがいくつも用意されている。環境保護の観点からガイドの同行が必須のコースもあるが、ここでは自分で歩けるコースを紹介。自分の体力に合ったコースを選んで、海洋島の美しい自然を堪能しよう。

中山峠から眺める小港海岸は、白砂と深い青とのコントラストが美しい

ハイキングはこんな格好で

帽子
サングラス
脱着できる服
両手があくバッグ
ロングパンツ
歩きやすい靴

ガイド同行ならもっと楽しい！

持ち物は？
・日焼け止め　・水
・弁当　・タオル　・雨具

安全ハイキングのポイント
事前に地図でハイキングルートを確認。ガイドを頼まない場合はふたり以上で行動し、宿の人に行き先を告げておこう！

ルートⒶ 見どころ豊富な父島の最長ルート

小港～ジョンビーチ

レベル 健脚　所要時間 約4時間30分（往復）
歩行距離 約9km（往復）　高低差 約130m

地元の人たちも「ジョンビーチはキツイ」と口を揃えて言うほど、アップダウンの激しい往復9kmのルート。遊歩道入口から20分ほどの中山峠からの眺めがいちばんよく、そこまで来て帰る観光客も多い。ジョンビーチを目指す場合は、中山峠からブタ海岸まで下り、再び山道を上る。遊歩道を覆うようにタコノ木やオガサワラビロウが茂り、つづら折りの山道を歩きながら小笠原らしさをたっぷり感じられるはず。途中の分岐点からさらなる絶景を目指し、標高228mの高山を経由することも可能。終点のジョンビーチは観光客も少なく、秘密の隠れ家のような真っ白な砂浜を独占できる。

アクセス 小港海岸までB-しっぷから車で16分またはⓘ小港海岸までバスで20分。小港海岸手前に駐車場があるほかバイクや自転車なら海岸入口まで行ける。バスは本数が限られるので時刻表を確認しよう。

ハイキングコース

START!

小港海岸の手前から出発
固有のカタツムリ保護のため、入口で靴底や服を掃除。ジョンビーチと書かれた筒に石を入れて出発！
18分
急な階段を一気に上る！

中山峠からの眺めにため息
潮風が心地よい中山峠でひと休み。眼下には真っ白な小港海岸、その向こうにコペペ海岸が延びる。
20分
低木林の中をとにかく下る

ブタ海岸で疲れをリセット
かつて船乗りがブタを飼っていたというブタ海岸。黒い砂浜沿いでは小さなサメが見られることもある。
20分
ビーチを縦断して森の中へ

アップダウンが続きます
小笠原の固有植物が繁茂する森は、上りが続く下半身にきついルート。自分のペースで上っていこう。
40分
整備された遊歩道を進む

階段をひたすら下る
2～3ヵ所、眺めのいい場所を通り過ぎたら、あとは階段を下るだけ。ただし帰りの上りは覚悟して……。

20分
石の階段は滑るので注意

ジョンビーチに到着♪
石灰岩が削られてできた真っ白なビーチでのんびり過ごす。湾内にはサンゴが点在しカラフルな魚が多い。

ジョンビーチの波打ち際には、板状の岩が連なっている。これはビーチロックと呼ばれる石灰質の砂礫岩。堆積物が炭酸カルシウムの作用により固まったもので、長い時間をかけて形成されたものだ。

魚影が濃い兄島瀬戸！

緑に囲まれた二見湾の美しさがよくわかる

ルートⒷ 潮風が心地よい尾根筋を歩く

電信山遊歩道

レベル 初級　所要時間 約1時間30分（片道）

歩行距離 約2.7km（片道）　高低差 約160m

長崎展望台から宮之浜へ尾根を下っていくさわやかなルート。右手にサンゴの美しい兄島瀬戸、左手に二見港を眺めながら気持ちのいいハイキングを楽しめる。ところどころ狭い山道や上りにくい岩などはあるが、全体的に緩やかで歩きやすい。ただし終点の宮之浜から戻ろうとするとかなりきつい上りになるので、下りだけの片道にするのが賢明だ。

アクセス 長崎展望台までB-しっぷから徒歩55分または車で8分。宮之浜からB-しっぷまで徒歩20分または車で5分。できれば行きの長崎展望台まで宿の人に送ってもらえると楽。

ハイキングコース START!

まずは長崎展望台を堪能

遊歩道入口から階段を上って右側が展望台。目の前に乾性低木林に覆われた兄島と珊瑚礁を眺められる。

18分 ↓ やや急な上り坂

高台から見る二見港に感激！

高台の左手に見えるのは二見港と大村集落。人工物は集落周辺にしかなく、父島の豊かな自然を実感。

30分 ↓ ルート上のれんがが目印

なだらかな下り坂が続く

ところどころ急な下り階段や軽い上りもあるが、全体的にはなだらかなコースなので安心。

40分 ↓ かなり急な階段を下る

終点は穏やかな宮之浜

地元の家族連れも多い宮之浜に到着。低木の多いルートなので、日焼けや水分不足に注意して歩こう。

波に削られた奇岩に注目！

小さな入江に真っ白な砂浜が延びる初寝浦

ルートⒸ ウミガメが訪れる真っ白な砂浜へ

初寝浦遊歩道

レベル 健脚　所要時間 約1時間50分（往復）

歩行距離 約2.2km（往復）　高低差 約230m

眺めのいい高台まで上ったら、あとは初寝浦ビーチまで220mをひたすら下る標高差の激しいルート。緑色のウグイス砂が混じった砂浜は手つかず感満載で、ウミガメの産卵地としても知られている。周辺では固有種のオオヤドカリもよく見られる。往復2.2km、所要1時間50分ほどと短いが、帰りは急な階段を上ることになるので体力が必要。

アクセス 遊歩道入口までB-しっぷから車で20分。レンタカーやレンタバイクなどでアクセスするのが一般的。入口の横に駐車するスペースがある。

ハイキングコース START!

軽い上りでウオームアップ

遊歩道の入口付近は、小笠原の固有植物が茂る乾性低木林。遊歩道が整備されていて歩きやすい。

10分 ↓ ほとんど上りはなし

見張らしのいい休憩所へ

高台に休憩所やベンチがあり、眼下には鬱蒼とした森とその向こうに広がる紺碧の海が見える。

30分 ↓ 幅の広い階段が連なる

目の前に白砂の初寝浦！

展望台からは初寝浦ビーチまで長い階段を下るのみ。帰りの上りはかなりきついので体力を温存！

10分 ↓ 滑るので足元に注意

終点は穏やかな宮之浜

森を抜けるとまぶしい白砂ビーチが広がる。岸壁に囲まれた小さな入江ではスノーケリングも楽しめる。

しま通信 ハイキングは、アクセスを考えるとガイドツアーに参加するのが楽。小笠原の植生や環境の話を聞けるのもガイドツアーならではの楽しみ。

ボニンブルーが美しい二見湾と集落を眺める

眼下には珊瑚礁が♪

アクセス 遊歩道入口までB-しっぷから車で12分または徒歩1時間20分。遊歩道入口までの移動手段がない場合は、送迎付きのガイドツアーに参加するといい。

ルートⒹ **二見港と集落をパノラマで眺める**

旭山遊歩道

レベル 初級　所要時間 約1時間（往復）

歩行距離 約1.6km（往復）　高低差 約70m

往復1時間ほどのルートなので、夜明道路の遊歩道入口までレンタバイクなどで行けば、時間があるときに気軽に歩ける。入口付近は樹木の生い茂る森で、山頂に向かうにつれ父島らしい乾性低木林が広がる。山頂の先にある展望ポイント（旭山展望台）からは二見港を一望できる。

ハイキングコース

START!

道路脇から遊歩道へ

遊歩道の入口は夜明道路に面し、テリハマボウなどの高木に覆われたジャングルのような雰囲気。

10分 緩やかな上り

分岐を山頂方面に進む

旭山南峰との分岐点は標識に従って山頂方面へ。体力に余裕があれば復路は南峰経由でもOK。

15分 やや急な上り階段

さわやかな山頂でひと休み

江戸幕府の巡検隊が国旗を立てたという旭山山頂。ムニンネズミモチなどの乾性低木林が広がる。

5分 低木が茂る尾根を少し上る

展望台から二見湾を望む

山頂の先にある展望ポイントから見る二見湾と港、大村集落が美しい。おがさわら丸が見えるかも!?

周辺の島の方角に合わせて説明が書かれている

山頂に展望台が！

アクセス 遊歩道入口までB-しっぷから車で19分。遊歩道の入口は夜明道路沿い。徒歩で行くには遠すぎるので、車かガイドツアーに参加して。

ルートⒺ **360度、グルリと小笠原の島々を眺める**

中央山遊歩道

レベル 初級　所要時間 約15分（往復）

歩行距離 約0.8km（往復）　高低差 約50m

標高差が少なく距離も短いので、誰もが気軽に楽しめるコース。中央山は標高319mあり、山頂の中央山展望台からは360度の美しい景色を堪能できる。天気がいいと南の母島や北の聟島まで見えることもあり、展望台に描かれた説明図と合わせてみるとわかりやすい。

ハイキングコース

START!

父島の中央からスタート

名称どおり父島のほぼ中央にそびえる中央山。夜明道路沿いから遊歩道へ入っていく。

5分 入口付近は高木が茂る

森の中を散策気分で歩く♪

ところどころ急な上りもあるが、標高差は50mなので全体的には緩やか。遊歩道も整備されている。

2分 山頂付近はやや急な上り

山頂では戦跡も見られる

森を抜けると目の前には水平線！　展望台手前には戦時中に使われた電波探信儀の台座が残る。

2分 開放感のある山頂へ

360度見渡せる展望台

強風にさらされる山頂付近には、父島らしい固有の低木が広がる。展望台からは島々を見渡せる。

ここで紹介している以外に小港海岸～コペペ海岸のハイキングコースも人気。0.8kmの距離を約30分で歩く。標高差は70mだがアップダウンが続くので意外とハード。

森の中に残る大砲や施設跡をめぐる

歴史を語る戦跡ツアー

小笠原諸島には、第２次世界大戦時に日本軍の基地が築かれた。
平和の大切さを考えながら、当時をしのばせる戦跡を訪ねる。

大砲や砲台、トロッコなどから当時の様子がうかがえる

豊かな森に秘められた、忘れてはならない歴史

第２次世界対戦時、小笠原諸島は日本の重要な戦略拠点であり、本土決戦に備えた最後の砦でもあった。激戦地となった硫黄島では多くの兵士が犠牲になり、父島や母島も上陸はされなかったものの激しい空爆にさらされた。森には現在も日本軍が築いた壕や大砲が残り、当時使用されていたと思われる食器や瓶が無造作に散らばっている。戦後80年近くたった今、戦争と平和について再考しながら歩いてみよう。

戦跡ツアー
MAP 別冊P.26-B2（ボニンブルーシマ）
催行事業者 ボニンブルーシマ
TEL 090-4968-1258　時 8:30～11:30
休 荒天時　料 6000円（要予約）
URL boninblue.com
※その他の催行会社→P.337

スケジュール

8:30 ボニンブルーシマ集合

15分

8:45 夜明山から探検ツアースタート

ツアー前に第２次世界大戦に向かって日本が歩んだ歴史をおさらい。激戦地となった硫黄島の話も聞かせてもらえる。

ガイドと一緒に戦争について振り返る

15分

9:15 大きな壕は海軍の電信施設

硬い岩盤を削って築かれた壕の入口から真っ暗な内部へ入っていくと、かなり奥までトンネルが続いている。

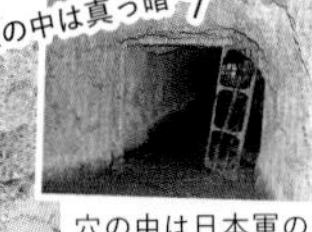

穴の中は日本軍の電信施設だった

30分

9:45 保存状態のよい山砲や高射砲も

アメリカ軍の上陸を阻止するために設置された大砲が、いたるところに残っている。使用目的や製造秘話も聞ける。

細い窓から突き出た大砲の砲身

30分

10:10 当時の生活をしのばせる生活雑貨

壕や草むらに無造作に置かれた食器や調理器具は、戦争中に兵士が使用していたもの。急に戦争が身近なものに……。

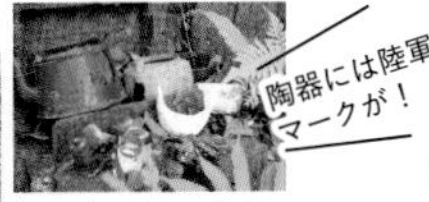

金属製の器具や陶器の食器が点在

30分

11:00 山頂から周囲の島々を一望

森林を抜けると急に視界が開ける。高台からは、二見港や兄島、嫁島を見渡すことができる。

敵船を監視する場所だったと考えられる

15分

11:45 ショップに到着

島の各所に大砲や壕が残る小笠原。詳しく見学するなら戦跡ツアーがいちばんだが、森や山のツアーでも戦跡を見ながら説明を受けられる場合がある。ガイドに質問すれば、より詳しい話を聞かせてもらえる。

冒険心を刺激する夜の小笠原探検

神秘のナイトツアー

夜の小笠原は、夜行性の生物が活動的になり意外とにぎやか。
ガイドさんの案内で日中とは異なる夜の世界をのぞいてみよう。

じっと耳を澄ますと、風の音に交じって生物の鳴き声や羽音が聞こえる

希少な動植物を観察する人気ツアー

水平線に日が沈みあたりが暗くなると、日中とは違った小笠原の顔が見えてくる。主役は昼間には息をひそめていた生物や見えなかった植物たち。オガサワラオオコウモリが音もなく上空を舞い、森から出てきたオカヤドカリは浜辺を目指す。可憐な光を放つキノコ、グリーンペペも幻想的だ。静かな夜に繰り広げられる生命の営みが心を打つ。

ナイトツアー
催行事業者 マルベリー
TEL 04998-2-3423　時 18:45 ～ 20:45
休 不定休　料 4000円（要予約）
URL Ogasawara-mulberry.net
※その他の催行会社→ P.337

スケジュール

18:45 迎えの車に乗って出発

15分

19:00 夜空を飛翔するオオコウモリ探し

父島には300 ～ 400頭前後しか生息しない天然記念物のオガサワラオオコウモリ。月夜を飛び交う姿が見られる。

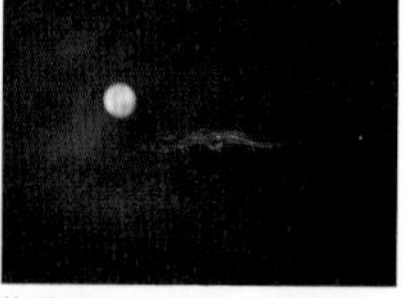

体長は20 ～ 25㎝。絶滅危惧種に指定されている

5分

19:30 餌場に集まるオオコウモリを観察

オガサワラオオコウモリは果物が大好き。食事に夢中なので、近くからじっくり観察できる。

小笠原諸島では唯一の固有種の哺乳類

5分

19:40 幻想的に光るグリーンペペに感激

グリーンペペは正式名称をヤコウタケという、1㎝ほどの発光するキノコ。高温多湿の時期に見られる。

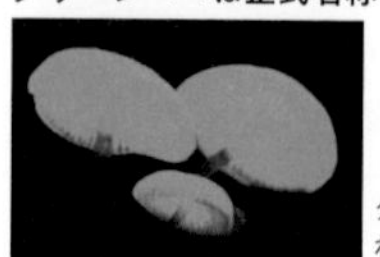

グリーンペペが見られるのは4 ～ 11月頃

5分

20:00 ビーチを歩いて夜行性の生物を探す

昼間は草むらや木のうろに隠れているオカヤドカリも夜は活動的になる。暖かい日に多く出没！

静かな夜のビーチを探検気分で歩く

すぐ

20:30 天気のいい日は星空がとってもきれい♪

星空をじっと眺めていると流れ星が！

街灯の少ない小笠原では、天気さえよければ美しい星空が見放題！ きらめく星座に感動する。

12分

20:45 宿泊施設に到着

暖かいイメージが強い小笠原だが、冬はもちろん春や秋も夜はかなり冷え込むことが多い。特に風が強い日は、日中が暑くても要注意。ウインドブレーカーなどの上着や足元の防寒対策を忘れずに。

父島アクティビティ事業者リスト

会社名	電話番号	URL	サービスの内容
アイランダー・ツアーズ	080-2945-5977	islander.localinfo.jp	SK SN MT IT BS NT YG
アキビーチ シーカヤッククラブ	04998-2-3304	www.akibeach.jp	SK
ウラシマン　ダイビングサービス	04998-2-7072	urashiman.com	DV CB
エスティツアー	090-6933-6858	sttour2018.com	DV
O.O.C.C サップツアーズ	080-1237-3369	oocc.jp	SP
Ocean Magic	080-1171-6676	oceanmagic.blue	DW CB NT
小笠原観光(有)	04998-2-3311	www.ogasawarakanko.com	DW CB IT
小笠原観光ガイドブルーム	090-4728-3168	www.facebook.com/profile.php?id=100054489307798	SK MT BS NT
小笠原自然探検隊ONE	04998-2-7057	www.ogasawara-one.com	DW CB MT NG NT
小笠原ダイビングセンター	04998-2-2021	ogasawara-dc.com	DV
小笠原ダイビングベース聲-coe-	04998-2-2100	www.coeogasawara.com	DV CB
小笠原父島 翔雄丸 ひゆうまる	050-3561-1240	bonin-island.com	FS CB
小笠原ツーリスト	04998-2-7771	www.ogasawara-tourist.com	MT NT
小笠原プリンセスクルーズ	080-8849-7307	chichijimadolphin.com	DW CB
小笠原ボニネンシストラベル	04998-2-2020	bonitra.jp	IT MT
小笠原ボニンアイランド観光	04998-2-3577	なし	CB
小笠原マリン	04998-2-2917	なし	CB
オガツアー	04998-2-3292	ogatour.p1.bindsite.jp	MT BS NT
語りベマスオ	04998-2-3427	masuo-san.jimdofree.com	SN MT BS NG NT
Come・クルーズ	090-5195-3994	www.come-cruise.com	DW CB
グレース・オーシャンツアーズ	04998-2-7711	graceoceantour.sakura.ne.jp	SK SP BS
SURFSHOP RAO	04998-2-2081	raosurf.com	SP
サンダンス　フィールドガイド	04998-2-2787	なし	MT
シートピア(ひょうたん丸)	04998-2-2714	seatopia.moo.jp	DW DV CB
自然体験ガイド ソルマル	04998-2-3773	ogasawara-solmar.com	SK MT
シャンティボビーズ	04998-2-7266	shantibungalow.com	SK MT NT
SAY!GO!アウトリガーカヌーツアー	090-1116-7143	boninsaygo.wixsite.com/saygo	SP SN CB
戦跡ガイド 板長	04998-2-2795	hakara-me.com	BS
戦跡ガイド　佐九	080-2010-3917	sakugaido.web.fc2.com	BS
ダイビングサービス KAIZIN	04998-2-2797	www.kaizin.com	DW DV
太陽の染物nesia	090-2481-9329	nesia-bonin-island.com	CF
竹ネイチャーアカデミー	04998-2-3305	www.take-na.com	DW SN CB MT BS NT ST CF
たびんちゅ	090-7275-7576	tabinchu55.com	SN MT ST YG
父島ガイド・SAN	04998-2-3509	chichijimaguidesan.web.fc2.com	MT IT NT
父島ガイド Polaris	04998-2-2233	polaris-ogasawara.com	DW SN MT NT
父島パラセール	080-4599-3501	parasail.tokyo	CB PS
ディープブルーオーシャンガイドサービス	04998-2-7280	www.d-blue.info	DW DV SN
トミーGワールド	090-5431-4159	tommygworld.com	SK MT NT
ネイティブ カラー	04998-2-3707	nativecolor.u-me.jp	DW DV SN
パットイン ツアー	04998-2-3711	patinn.com	MT NG NT
パパスダイビングスタジオ	04998-2-2373	papasds.com	DW DV SN MT NT CF
HARUKAI	090-2657-7710	www.instagram.com/harukai.o	CF
バンブーイン	04998-2-2503	bamboo-inn.tokyo	CB
フィッシング JIGGER	04998-2-3615	pension-jigger.com	FS CB
フィッシングボート山ちゃん	04998-2-3015	fishingyamada.web.fc2.com	FS CB
風覧プーランシーカヤッククラブ	04998-2-3386	www.pelan.jp	SK YG
Huu Rin Sanpo(ふうりんさんぽ)	090-4671-3203	www.huurinsanpo.com	MT NT
ブルーレース	04998-2-3660	bluelace08.web.fc2.com	DW SN CB MT BS NT
Poco FISHING STUDIO	04998-2-7777	www.poco-fs.com	FS
ボニンウェーブ	04998-2-2178	boninwave.com	DW DV SN
ボニンブルーシマ	090-4968-1258	boninblue.com	MT BS NT
マッチの星空屋さん	090-2531-5799	hoshizorayasan.com	DW SN ST
マリンコンダクターエスコート	04998-2-3824	www.do-escort.com	DW DV NT
マルベリー	04998-2-3423	ogasawara-mulberry.net	MT BS NG NT
Milphin あいland Guide(みるふぃんあいらんどがいど)	080-7849-7004	ogasawara-milphin.com	MT NG
ワンダーツアー	080-4093-0719	wondertour-ogasawara.com	FS CB

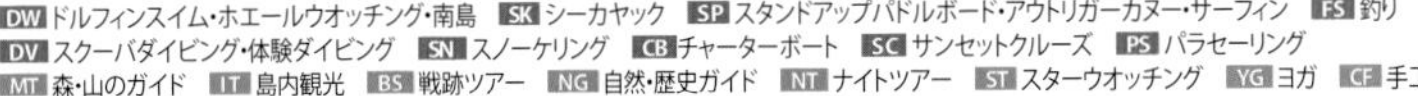

到着日は島の中心エリアを散策
大村"入港日"の半日ぶらり歩き

おがさわら丸の二見港入港時刻は 11:00。宿に荷物を預けたら、港周辺の大村地区を散策しよう。絶景ビーチや見晴らしのいい展望台、飲食店などが歩いて回れる範囲に集まっている。

朝から夜まで楽しめる小笠原諸島随一の繁華街

二見港周辺に並ぶ飲食店の多くは、おがさわら丸入港日にランチ営業を行う。父島に到着したら宿に荷物を預け、まずは南国ムード漂うカフェでランチを楽しもう。食後はメインストリートを西に進み、緑豊かな大神山公園に隣接する小笠原ビジターセンターへ。ここで島の自然や歴史を学んでおくと、小笠原の旅がより楽しめる。裏手には透明度抜群の大村海岸が広がっている。クリスタルブルーの海でひと泳ぎしたら、ドリンクやかき氷をテイクアウトして、海を望むベンチでリラックス。少し日差しが和らいだ頃に、聖ジョージ教会や大神山神社まで足を延ばすといい。大神山公園の展望スポットからは海と大村地区を一望できる。夜は島食材や島酒を味わえる居酒屋で、島民と肩を並べて南国の夜を過ごしたい。

① 港を望むカフェで優雅なランチ

二見港に面したカフェで、島食材を味わうランチタイム。ガジュマルに包まれたハートロックカフェは、南の島に来たことを実感できる華やかロケーション。長旅の疲れが癒やされる空間だ。→P.342

巨樹に守られたテラスは森の中のような雰囲気

軽めのランチにぴったりのサメバーガー 550円

🚶 5分 →

② ビジターセンターで島を知る

小笠原諸島が誕生してからの歴史や島の自然環境について解説する施設。到着当日に訪れることで、島の自然がより身近に感じられるようになる。花の開花などリアルタイムな情報も多い。→P.352

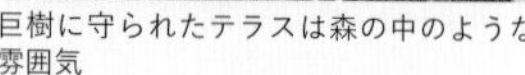

アメリカ統治下時代の生活の様子を展示している

🚶 2分 →

③ 大村海岸でひと泳ぎ

町なかなのに驚くほどの透明度を誇る、島民にも愛されているビーチ。陸を背にして左側の親水護岸沿いにはさまざまな魚が集まってくる。更衣室やシャワー、ウッドデッキなどもあり利用しやすい。→P.350

眺めているだけでも心地よい時間が過ぎていく

🚶 1分 →

④ 大神山公園でテイクアウトおやつ

メインストリートでテイクアウトのドリンクやスイーツを買って、ビーチに面したベンチでおやつタイム。大神山公園内には、雰囲気のいいベンチや休憩舎がいくつも設置されている。→P.351

「チャラ日和」の島パッションティー氷 950円→ P.343

海を望むベンチに座れば絶景カフェ気分！

🚶 5分 →

小笠原ビジターセンターで配布している月刊の『NEWS LETTER』には、イベントや特別展の情報のほか、園内で見頃の植物やウミガメの上陸情報などが掲載されている。公園歩きが楽しくなるので要チェック！

START!

- 12:00 ① 港を望むカフェで優雅なランチ（5分）
- 13:00 ② ビジターセンターで島を知る（2分）
- 14:00 ③ 大村海岸でひと泳ぎ（1分）
- 15:15 ④ 大神山公園でテイクアウトおやつ（5分）
- 16:00 ⑤ 青空に映える聖ジョージ教会（11分）
- 16:45 ⑥ 大神山神社＆展望スポットへ（5分）
- 18:00 ⑦ 人気の居酒屋で乾杯！

GOAL!

出港日の過ごし方

滞在最終日は、おがさわら丸が出港する15:00まで時間がある。午前のツアーに参加したあとは、大村地区でおみやげを探そう。島食材を加工したお菓子やカラフルなＴシャツ、民芸品のタコノ葉細工のアクセサリーなど、小笠原らしいおみやげを扱う店が並ぶ。弁当を販売する店で、船内用の食事を購入してもいい。

出港日の午後は、おみやげを求める人の姿が目立つ

おみやげの品揃えが豊富なショップ「まるひ」→ P.356

大村"入港日"の半日ぶらり歩き

⑤ 青空に映える聖ジョージ教会

大村地区の西側に立つ、真っ白な外観が印象的なキリスト教の教会。20世紀初頭に欧米系の入植者によって建立された。周辺は宿泊施設や島民の住宅が並ぶ閑静なエリアだ。→ P. 352

日曜にはミサが行われている

11分

⑥ 大神山神社＆展望スポットへ

創建1593年の、天照大神が祀られている神社。集落の奥から長い階段を上ると、鮮やかな朱色の社殿が現れる。さらにメイン展望台に続く階段を上ると、港と集落を一望できる。→ P. 351

神社の境内からは二見湾を見晴せる

トレッキング気分を味わえる尾根沿いの散策路

5分

⑦ 人気の居酒屋で乾杯！

GOAL!

飲食店が集まる大村地区は、夜遅くまで島民や観光客でにぎわっている。大衆的な居酒屋から、おしゃれなバーまでさまざまな雰囲気の店があり、その日の気分によって選べるのがうれしい。

島魚から焼肉までメニューが豊富な「洋風居酒屋 CHARA」→ P.344

居酒屋では旬の島魚を味わえる

しま通信　おがさわら丸入港中は活気のある大村地区だが、船が出港すると雰囲気は一変。シャッターを閉める店もあり、町はおやすみモードに。静かな町を体感したいなら、ぜひ２航海で訪れよう。

上／5曲に共通する腕を前に出す動作
下／内地で開催されるイベントにも出演

異国情緒を感じる不思議なリズム♪♪

南洋踊りはどこから伝わった？

「♪ウワドロフィ イッヒヒ イヒヒ」異国の言葉の不思議な歌詞、南国の日差しのように元気な踊り。小笠原の地理的環境や交易の歴史、そして島を愛する人々の心を体現した伝統芸能「南洋踊り」を紹介する。

南洋踊りとは？

カカのリズムと素朴な歌声が、島の大自然と融合する

小笠原と交流があった南洋諸島にルーツ
島の歴史を今に伝える無形民俗文化財

南洋踊りは、南洋諸島（ミクロネシア）にルーツをもつエキゾチックな伝統芸能だ。木製の打楽器カカが刻むシンプルなリズムと、異国の言葉で歌われる曲に合わせて、南国風の衣装に身を包んだ島民が、明るく素朴な踊りを披露する。日本の南進政策の歴史や、東京の最南端という地理的環境、そして南洋諸島からの文化伝播を伝える踊りは、2000年に東京都指定無形民俗文化財に指定されている。

神社のお祭りでの演目や座興として定着した

由来は？

欧米系住民が小笠原で広め、
戦後は日本系住民が伝承した文化

小笠原に南洋踊りが伝わったのは、日本が南洋諸島を統治していた大正末期から昭和初期だ。サイパンに働きに出ていた欧米系住民のジョサイア・ゴンザレスが、現地で南洋の歌や踊りを覚えて帰島後に広めたといわれる。その後太平洋戦争時の強制疎開により島での伝承は途切れたが、帰島できない日本系住民によって内地で継承された。そして1968年の小笠原返還を機に、再び島で踊られるようになった。

南洋踊りは、2年に1度竹芝で開催される「島じまん」のステージでも披露されている。なかなか小笠原に行けない人も観賞できるチャンス！（編集部・N）

特徴は？

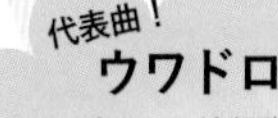

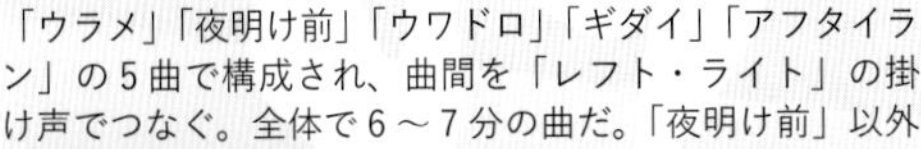

曲　素朴なリズムと不思議な響きの歌詞

「ウラメ」「夜明け前」「ウワドロ」「ギダイ」「アフタイラン」の5曲で構成され、曲間を「レフト・ライト」の掛け声でつなぐ。全体で6～7分の曲だ。「夜明け前」以外の歌詞は南洋諸島の言葉で、カタカナで伝承されており意味は未解明。日本語歌詞の「夜明け前」は、南洋諸島で日本語教育を受けた人が作ったと考えられている。

リズムを刻むカカは、島のタマナの木をくり抜いて作った打楽器。ギンネムの木を削って作ったバチでたたいて演奏する。

返還20周年の内地での舞台を機に生演奏になった

代表曲！
ウワドロ

ミクロネシアの流行歌を基にした男性が若い女性に声をかける歌

ウワドロフィ イッヒヒ イヒヒ
ウワドロフィ イッヒヒ イヒヒ
ウワドロフィネーミネ
ウェゲルガ アラーレンガ
リワツゥグラ
ウェゲルガツゥグラ
ゲッセメデネキント
サヴウェンダ リッヒウェンダ
イッヒヒ イッヒヒ イヒヒ ホホ
サヴウェンダ リッヒウェンダ
イッヒヒ イッヒヒ イヒヒ

［こんな意味♡］
もうつかまえた。つかまえた。
若い娘さんつかまえた。
なぜ、あなたは嫌と言う？
私のいい人はほかにいる。

男女ともに素朴でカラフルな衣装

衣装　勇ましさと優雅さを併せもつ衣装

ミクロネシアの民族舞踊を思わせる衣装。動くたびに揺れる腰ミノは、小笠原に縁のある人を通じてパラオから入手しているもので、繊維植物のイチビの木の幹をかんなで削って編んだもの。頭飾りのヘッドバンドは、島に自生するタコノ木を加工して自作したもので、踊る際には季節の花や葉を飾る。首飾りはフラダンス用のレイを使用し、女性は南国風のプリントの上着やワンピースを着ている。足元は裸足が基本。

タコの木の樹皮から腰ミノを作っていた時期もある

踊り　勇猛なダンスから優美さも感じさせる舞踊へ

南洋踊りは5曲とも基本的な動作が共通している。左足から始まる足踏みや、手足を大きく振り出す、腕を大きく回す、体をたたくなどの動きが、曲ごとに含まれている。全部の曲に共通するのは、ひじから下を地面と平行に前に出す動きだ。

もともとは男性だけの激しい踊りだったが、南洋踊り保存会の初代会長が日本舞踊を習っていたことや、女性の踊り手が増加したことから、優しさを感じさせる踊りへと変化したという。

南洋踊りの基礎になる「ウラメ」の一部。手をしっかり振って元気よく踊る

貴重な芸能を未来につなぐ　南洋踊り保存会とは

南洋踊り保存会 会長
渋谷正昭さん

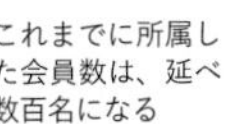

小笠原独自の文化を守り次世代に伝える

東京都指定無形民俗文化財である「南洋踊り」の保護と継承を目的に1989年に発足。現在の会員数は父島27人、母島15人。返還祭などで披露するほか、島の小学校の総合学習で子供たちに教えたり、南洋諸島のパラオや、同じルーツの踊りが伝承される沖縄県うるま市との交流事業なども行っている。

これまでに所属した会員数は、延べ数百名になる

7～8月の夏休み期間中、父島で開催される「サマーフェスティバル」で、南洋踊りを体験できるイベントを実施している。踊りのほか打楽器のカカの体験も可能だ。

日常から遠く離れて島気分に浸る

潮風に吹かれるさわやかカフェ

父島のカフェは、南国の風景と調和した居心地のいい空間が魅力。島で収穫された新鮮なフルーツやハチミツなど、旬の食材を使ったメニューを楽しめる。潮風を肌に感じながら、緩やかに流れる島時間に身を委ねよう。

二見港を望むテラスでのんびり

PIR HALE（ぴーあいあーる　はれ）　大村

メインストリートに面した、明るいテラス席が印象的なカフェ。パッションフルーツや島レモンなど、島の果物を使ったドリンクや手作りスイーツを味わえる。11:00 ～ 13:30 のランチタイムには食事メニューも提供し、メカジキやアオリイカなど小笠原の旬の魚介を、オリジナルのたれに漬けた海鮮丼1400 円が人気。焼きたてパンも好評。

南国の香り！

開放的な店内はハワイのカフェのような雰囲気

島気分に浸る♪

太陽の恵み、島の果物を贅沢に使ったドリンクやスイーツは、ビジュアルも風味もさわやか！

上／島レモンのチーズケーキとパッションフルーツのシフォンケーキ各 550 円
左／潮風と町のにぎわいを感じられるテラス席

MAP 別冊 P.27-C2　TEL 04998-2-2265　営 9:00 ～ 18:00(L.O. 17:30)　休 おがさわら丸出港翌日　CC 不可　P なし　交 B- しっぷから徒歩 4 分

大きなガジュマルの木に包まれて

ハートロックカフェ　大村

深海のような色のバタフライレモンソーダ 650 円

サメのフライが絶品

ガジュマルの木陰のテラスでくつろげるカフェ。自社農園で取れた島バナナや野菜など、島食材を使ったメニューが充実している。人気のサメバーガー550 円は、小笠原で取れたオナガザメのフライを挟んだ個性派バーガー。サクッと揚げた白身は食べやすく上品な味わい。雑貨が揃うショップも併設。

島気分に浸る♪

ウッドデッキのテラス席は木陰になっているので、日中でも快適に過ごせる。

左／ハートロックヴィレッジ（→ P.347）併設のカフェ
右／テラス席のほか、カウンターや室内にも席がある

MAP 別冊 P.27-C2　TEL 04998-2-3317　営 9:00 ～ 18:00(L.O. 17:30)　休 なし　CC 不可　P なし　交 B- しっぷから徒歩 4 分

しま通信　大神山公園や二見港周辺には、ベンチなどの休憩スポットが充実している。カフェのメニューをテイクアウトして、自分だけの絶景カフェポイントを探すのもいい。

島民率９割の隠れ家的カフェ

曼茶羅（まんだら こーひー） COFFEE　奥村

島民の生活を感じられるローカルエリア奥村の路地にあるカフェ。常時4種を揃える自家焙煎のコーヒーや、島のフルーツを使ったドリンク、ケーキなどを味わえる。島レモンサンセットスカッシュ600円（夏季限定）は、島レモンを発酵させたシロップにラズベリーをプラスしたさわやかな風味が評判。

島気分に浸る♪

コーヒー好きの島民に人気のカフェ。季節のケーキを目的に訪れる人も多い。

上／レモンをのせた島レモン酵素のチーズケーキ580円（右）　左／コーヒーの香りが満ちている店内　右／大村地区からは徒歩15分、散歩がてら行くのもいい

MAP 別冊 P.25-D2　営 11:00～17:30　休 不定休　CC 不可　P なし　交 B-しっぷから車で5分または徒歩15分

オリジナル自家製かき氷が豊富

チャラ日和（ちゃらびより）　大村

コンセプトは「季節を問わず冷たいおいしさ」。島の果物を使ったかき氷や自家製アイス、ポテトなどのホットスナックといったおやつを販売している。島レモンティー氷950円と島パッションティー氷950円は、氷の中に紅茶味のゼリーが入っており、味の変化を楽しめるうれしいサプライズも。出港日には島魚の丼や島寿司なども販売しランチにぴったり。

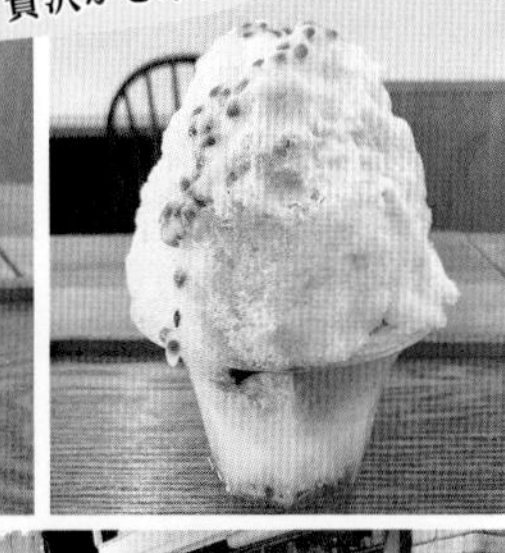

島気分に浸る♪

ボリュームのあるかき氷は常時40種類。焼酎を使ったフローズンドリンクも。

左上／島レモンティー氷には島レモンの輪切りをトッピング　右上／島パッションティー氷は種の食感が楽しい　下／イートインコーナーもある何度も通いたくなる店

MAP 別冊 P.27-C2　TEL 04998-2-3101
営 10:30～17:30　休 不定休　CC 不可　P なし　交 B-しっぷから徒歩3分

鮮やかなピンクの日よけが目印

マーメイドカフェ　大村

島食材を使ったケーキやドリンクを提供するキッチンカー。大神山公園のお祭り広場や扇浦に出店している。島キャラメルふらぺちーの650円には、島内の製塩所で作られた「小笠原の塩」を使用。小笠原アイランズ農協直売所（→P.356）では季節のチーズケーキも購入可能だ。出店場所は事前確認を。

住 移動販売　TEL 090-5820-2422
営 12:00～16:00頃　休 不定休

島気分に浸る♪

食用ハイビスカスのローゼルやマンゴーなど、さまざまな島食材スイーツを味わえる。

左／まろやかな塩が、甘いキャラメルの味を引き締める　上／店主は元ダイビングインストラクター

しま通信　メインストリートには、手軽に味わえるおやつを販売する店が並ぶ。スーパー小祝に隣接するMERIENDAのいち押しは米粉を使ったサクサクの「島塩からあげ」。島塩がアクセント！

島食材を楽しむ

南国気分で食事&島酒を味わう時間

居酒屋ディナー探訪

夜は小笠原の味覚を楽しめる居酒屋へ。島魚や旬の島野菜を使った料理のほか、パッションフルーツなどの島食材をアレンジした島酒も楽しみ。どの店も席数が少ないので、予約して訪れたい。

島魚をアイデア料理で味わう！

洋風居酒屋 CHARA（ようふういざかや ちゃら）

大村

定番のメカジキやマグロから珍しい魚まで、島の漁港で買い付けた新鮮な島魚を多彩な料理法で食べられる。釣った魚を調理してくれるサービスも。カウンター席や、島で唯一焼肉ができるテラス席もあり、人数やシーンに合わせて利用できる。入港中は予約してから来店するのがおすすめ。

映える島魚料理

上／左は父島産釣物ソデイカリングフライ 1200 円、右は半生の食感を味わう島マグロのレアカツ 850 円
左／飛び出し坊やの看板が目印

MAP 別冊 P.27-C2　TEL 04998-2-3051
営 17:00 ～ 24:00(L.O.22:00)　休 不定休
CC ADJMV　P なし　交 B- しっぷから徒歩 3 分

南国の風が吹くテラスへ

Bonina（ぼにーな）

大村

港を望む開放的なテラス席でリゾート気分を感じられるダイニングバー。鮮魚のカルパッチョやサクっと揚げた島魚フライなど、島食材を使ったメニューはもちろん、自家製ピザやシュウマイなどのおつまみも充実している。日本酒やワイン、島のフルーツを使ったカクテルなど、お酒の種類も豊富。

上／島魚のポキ丼 1200 円　左／入出港日はランチタイムも営業する

MAP 別冊 P.27-C2　TEL 04998-2-3027
営 11:30 ～ 14:00(L.O. 13:30)、17:30 ～ 23:00(L.O. 21:30) ※入港日は 18:00 ～
休 不定休　CC ADJMV
P なし　交 B- しっぷから徒歩 4 分

多くの居酒屋が食事メニューも提供している。ラーメンやうどん、パスタや定食などを出す店もあるので、食事を目的に訪れるのもいい。

和風空間でゆったり

大村

茶里亭（ちゃーりーてい）

島野菜や島魚、島唐辛子などの小笠原の食材を使った料理のほか、厳選された干物などを目の前で焼く炉端焼きも提供する。麻薬味玉は、半熟卵と島ラー油をあえたクセになる辛さの人気メニュー。冬季は名産の島トマトも味わって。カウンター席や小上がり席のほか、落ち着ける半個室の部屋もある。

上／麻薬味玉 660 円、アオリイカのユッケ 1000 円、島トマト 660 円　左／地元客でもにぎわう人気店

MAP 別冊 P.26-B2　TEL 04998-2-3535
営 17:00 ～ 22:30（L.O.21:30）　休 不定休
CC ADJMV　P なし　交 B- しっぷから徒歩 3 分

おすすめ島酒

父島初のクラフトビール、島のフルーツを使った BONIN CRAFT680 円が飲める。

二見港に面した和風居酒屋

大村

うわべ家（うわべや）

魚料理のおいしさで定評がある居酒屋。刺身や焼き物は、その日入荷した新鮮な島魚で作る。島魚のカマはインパクトがある人気メニューで、魚の種類は当日のお楽しみ。サクサク食感の島天ぷらは、ミディトマトや四角豆など、小笠原の旬の野菜を楽しめる。11:30 ～ 13:30 には、丼や幕の内弁当などのお弁当販売も行う（要予約）。

左／島魚のカブト焼き 800 円、島野菜天ぷら盛り合わせ 770 円　下／気軽に入れる店構え

MAP 別冊 P.27-C2　TEL 090-2252-5096
営 18:00 ～ 22:00（L.O.21:00）　休 不定休
CC ADJMV
P なし　交 B- しっぷから徒歩 4 分

おすすめ島酒

季節限定の生パッションフルーツサワー 990 円は、甘酸っぱい香りと種の食感が特徴。

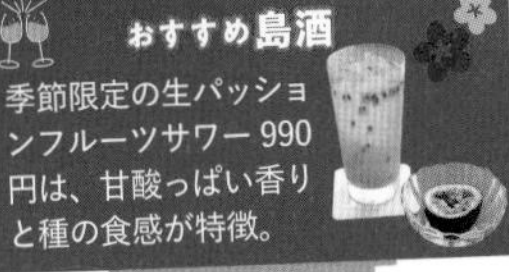

個性豊かな島のお酒を飲もう！

小笠原の居酒屋の多くは、生のパッションフルーツや島レモンなどの果物を使ったサワーを提供している。PAPA'S BREWING COMPANY（パパスアイランドリゾート内 MAP 別冊 P.26-A3）で製造する、果物を使ったクラフトビールも人気だ。母島の水深 15m の海底で熟成させた海底熟成ラム Mother4500 円はおみやげに！

島のフルーツ風味のクラフトビール

程よい揺れで熟成させたまろやかなラム

しま通信　申し込みを受けてから「海底熟成ラム Mother」をダイバーが手作業で海底に沈め、1 年間熟成させてから自宅に送る「ラムオーナー制度」が人気。詳しくは母島観光協会（→ P.360）へ。

優雅な空間で島時間を楽しむ♪

リゾート気分で過ごすデザインホテル

大自然と調和したデザインの宿泊施設が増えている父島。スタイリッシュな建築や南国情緒を感じさせるインテリアが置かれた客室で、ゆったりリゾート気分に浸りたい。

島の空気に溶け込むように滞在する　小港

ふうどのいえ　てつや

風土の家 TETSUYA

小港海岸まで徒歩７分の、自然環境に恵まれたエリアに立つラグジュアリーな宿。広々とした母屋と、メゾネットタイプの離れがあり、それぞれが独立した空間になっている。全室にキッチンと洗濯乾燥機を備えており、暮らすように滞在できる。アメニティは自然環境に配慮した商品をセレクト。夕食付きプランでは、長年、島で料理に関わってきたオーナーが島懐石を提供する。

MAP 別冊 P.25-D2

TEL 04998-2-7725　IN 12:00　OUT 11:00　料 素１万5000円〜、朝１万7000円〜、朝夕２万3000円〜　CC ADJMV　部 4　P あり　交 B-しっぷから車で16分

❶柔らかな日差しに包まれる寝室（母屋）　❷充実のダイニングスペース（母屋）　❸島食材を豊富に使用した夕食　❹緑に包まれた宿の全景

ここがリゾート気分

夜は満天の星に包まれる宿。各部屋のアウトドアデッキから夜空を見上げて過ごそう。

客室設備　施設

❶フィリピンのセブ島から輸入した家具を配置　❷青空に映えるオレンジ色の建物が目印　❸南国風インテリアを配した広いロビー

扇浦の海を望むリゾートホテル　扇浦

ホテル・ホライズン

白砂の扇浦海岸を望む島内屈指の高級ホテル。客室内のインテリアには、南国情緒を感じさせる自然素材を使用し、リゾートムードを演出している。夕食は海が見えるレストランで、自家菜園のフルーツや野菜、島魚を使った和洋折衷のコース料理を味わえる。夏は夕日を眺めながらのガーデンバーベキューも楽しみ。ショップでは島みやげやアクセサリーを購入できる。

ここがリゾート気分

眼下に穏やかな扇浦海岸が広がり、泳ぐにも眺めるにも最高のロケーション！

MAP 別冊 P.25-D1　TEL 04998-2-3350　IN 14:00　OUT 10:00　料 朝１万7600円〜、朝夕２万5300円〜　CC ADJMV　部 14　P あり　交 B-しっぷから車で10分

客室設備　施設

　マークの見方……トイレ　シャワー　バスタブ　冷蔵庫　コインランドリー　ショップ

風景になじむシンプルな建築が魅力

パットイン

奥村

民家が集まる奥村地区に立つ、家族経営のスタイリッシュなホテル。古きよき小笠原を思わせるたたずまいは、海外のB&Bのような雰囲気だ。シンプルなインテリアを配した客室は居心地がいいと評判。1階の開放感あふれるレストランでは、島の食材を使った朝食を提供する。小笠原の激動の歴史を伝えるヒストリーツアーやナイトツアーも開催している。

❶島民が生活するエリアにある、ナチュラルな雰囲気のホテル　❷デザイン性と居住性を兼ね備えた客室　❸柔らかな光が差し込むレストラン

ここがリゾート気分

開放的な中庭にはビーチベッドやテーブルがあり、リラックスした時間を過ごせる。

MAP 別冊 P.25-C2　TEL 04998-2-3711　IN 11:00　OUT 10:00（着発期間は 9:00）　料 朝 1 万 5000 円～　CC ADJMV　部 13　P あり　交 B-しっぷから車で 5 分

客室設備　施設

アジアンリゾートのような空間

ハートロックヴィレッジ

大村

小笠原の自然とのつながりを感じられる、ナチュラルなデザインのホテル。チークやウォールナットなどの無垢材の家具を配した客室は、柔らかな照明に包まれたくつろぎの空間だ。全室に海や森を望むプライベートテラスが備わるのもうれしい。食事はガジュマルの巨木に覆われたテラスで、自家菜園で栽培した島野菜や果物を使った料理を味わえる。

❶ライトアップされた夜のカフェは大人の雰囲気　❷オーシャンビューのデラックスルーム　❸島食材をふんだんに使った食事を提供する

ここがリゾート気分

1 階のカフェは南国情緒に満ちた空間。木漏れ日の下でゆったり過ごそう。→ P.342

MAP 別冊 P.27-C2　TEL 04998-2-3317　IN 11:00　OUT 10:00　料 素 1 万 3000 円～、朝 1 万 4500 円～、朝夕 1 万 7000 円～　CC ADJMV　部 8　P なし　交 B-しっぷから徒歩 4 分

客室設備　施設

森の中で過ごす優雅な時間

カナカヴィレッジ

小港

豊かな森の中にたたずむコテージは、小港などのビーチにも近く山も海も満喫できる立地。夜は満天の星に包まれ感激！　室内にはホテル並みの設備が調っている。敷地内の農園でのコーヒー豆＆島野菜の収穫や、広場やウッドデッキでの BBQ も楽しめる。

❶快適で居心地のよい室内　❷童心に帰ってガジュマルの森で遊ぼう　❸小笠原の大自然に溶け込むコテージ

客室設備　施設

MAP 別冊 P.25-D2　TEL 04998-2-3317（ハートロックヴィレッジ）　IN 11:00　OUT 10 :00　料 1 万 5000 円～　CC ADJMV　部 6　P あり　交 B-しっぷから車で 20 分

父島の宿泊施設は大村地区に集中しているが、星空観察や静寂を求める人は扇浦や小港地区に滞在しよう。中心地からは車で 10 ～ 20 分しか離れていないが、ゆったりとした時間が流れている。

レンタカー会社
●小笠原整備工場レンタカー
MAP 別冊 P.25-D2
TEL 04998-2-2626
●ササモクレンタカー
MAP 別冊 P.26-A3
TEL 04998-2-2987
アイランダー・ツアーズ
MAP 別冊 P.27-C2
TEL 080-2945-5977

レンタバイク会社
●小笠原観光（有）
MAP 別冊 P.26-B2
TEL 04998-2-3311

レンタサイクル会社
●小笠原観光（有）→上記

ウェザーステーション送迎
●小笠原ボニネンシストラベル
MAP 別冊 P.26-B2
TEL 04998-2-2020

タクシー会社
●小笠原観光（有）→上記

村営バスの所要時間の目安
村役場前〜奥村　3 分
村役場前〜境浦海岸　6 分
村役場前〜扇浦海岸　9 分
村役場前〜小港海岸　20 分

小笠原村営バス営業所
MAP 別冊 P.26-B2
TEL 04998-2-3988
料 大人 200 円、小学生 100 円※ 1 日券大人 500 円、小学生 250 円

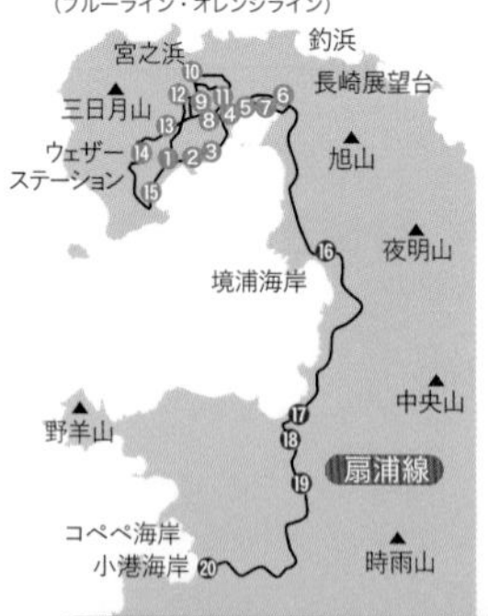

島内交通

レンタカー

父島のレンタカー会社は 3 社。どこも台数が限られているので、旅行の日程が決まったら早めに予約しておきたい。コンパクトな軽自動車から普通車、9 人乗りのワゴン車まで人数に合わせて選べる。料金は軽自動車で 24 時間 7000 円〜。

バスではアクセスできないビーチや展望台に行くのに便利

レンタバイク、レンタサイクル

集落から離れると勾配がきつい小笠原ではレンタバイクが便利。普通免許で運転できる 50cc は 3 時間 1700 円〜。ふたり乗りの 125cc もある。バイクに慣れていない人は、電動アシスト付きの自転車を借りて移動しよう。奥村エリアまでならシティサイクルでも OK。

爽快なレンタサイクルは 3 時間 1000 円〜、電動は 1700 円〜

タクシー

ひとりから利用できる乗合タクシーは、半日や 1 日で島内の見どころを案内してもらえる。1 日ツアーはひとり 4000 円〜。グループ旅行に便利な貸切タクシーもある。日没時に宿からウェザーステーションへの送迎を行うサービスも便利だ（2 月下旬〜 9 月下旬のみ）。

乗合タクシーでの観光は、効率的に見どころを回れる

村営バス

島民の生活と観光客の移動を支える村営バス。大村を起点に、住宅地の清瀬と奥村、境浦と扇浦、終点の小港海岸を結ぶ。平日の運行時間は 7:00 〜 18:00 で 1 時間に 1 本程度、休日はやや少ない。大村以外の区間は乗り降り自由、道路で手を挙げれば停車してもらえる。

カーブ、トンネル内などの駐停車禁止場所での乗り降りは不可

大村〜奥村循環線
①村役場前
②青灯台入口
③旅客待合所
④清瀬交差点
⑤福祉センター
⑦奥村運動場 ⑥奥村
⑥奥村 ⑦奥村運道場
⑤福祉センター
④清瀬交差点
⑧診療所
⑨二見台新都住
⑩清瀬西
⑪清瀬
⑩清瀬西
⑫宮之浜入口
⑬小中学校裏
⑭三日月山入口
⑮西町

扇浦線
①村役場前
②青灯台入口
③旅客待合所
④清瀬交差点
⑤福祉センター
⑥奥村
⑯境浦海岸
⑰扇浦海岸
⑱交流センター
⑲農業センター
⑳小港海岸

父島のガソリンスタンドは、大村地区西町の小笠原商事と、奥村地区の小笠原島漁業組合内の 2 ヵ所のみ。ガソリン輸送コストがかかっているので、内地よりもかなり高い。

おもな見どころ

父島を代表するサンセットスポット

MAP 別冊 P.24-A2

三日月山

景勝地

ウェザーステーション展望台

うぇざーすてーしょんてんぼうだい

西側に広がる紺碧の海を望む、三日月山園地の展望台。夕方には雄大な水平線に沈むサンセットが見られる。夜は星空観賞スポットとしても人気。冬はクジラが見られることも。

刻々と変化する空の色は、大自然が生み出すアートのよう

ウェザーステーション展望台
Pあり
交B-しっぷから車で7分または❶三日月山入口から徒歩20分

通称「ウェザー」からの眺めは島の人たちにも愛されている

紺碧の海が広がるダイナミックビュー

MAP 別冊 P.24-B2

旭平

景勝地

旭平展望台

あさひだいらてんぼうだい

島の東側を走る夜明道路沿いにある展望台。目の前には海から空へと続く壮大なパノラマが広がる。夜は満天の星が見もの。朝日のスポットとしても人気で、初日の出の名所で知られる。

左側には兄島、右側に無人島の東島を望む

旭平展望台
Pあり
交B-しっぷから車で11分+徒歩1分

道路沿いにあり、気軽に立ち寄れる絶景スポット

白砂の小港海岸を望む爽快な遊歩道

MAP 別冊 P.25-C2

小港

景勝地

中山峠展望台

なかやまとうげてんぼうだい

小港海岸とジョンビーチをつなぐ遊歩道の途中にある絶景スポット。手前に白砂の小港海岸、奥にコペペ海岸が広がり、二見港まで見晴らせる日もある。南にはブタ海岸や南島が見える。

白砂と遠浅の海とのコントラストが美しい

中山峠展望台
Pあり（小港園地）
交B-しっぷから車で17分+徒歩18分または❶小港海岸から徒歩20分

森林生態系保護地域なので靴底を洗浄してから入る

希少な生物を育む豊かな森を望む

MAP 別冊 P.25-D1

初寝浦

景勝地

初寝浦展望台

はつねうらてんぼうだい

緑色の砂浜が延びる初寝浦や、アカガシラカラスバトの保護区がある中央山東平を望む。大きな軍用施設跡が立ち、周辺の森には戦跡が残されている。

眼下に紺碧の海と手つかずの大自然が広がる

初寝浦展望台
Pあり
交B-しっぷから車で17分

駐車場から展望台の途中に残る旧日本軍の施設

しま通信　ウェザーステーション展望台の駐車場脇から続く遊歩道を15分ほど歩くと、町と港を一望できる三日月山展望台に到着する。途中には休憩舎もあり、ちょっとしたハイキングにおすすめ。

長崎展望台
P あり
交 B- しっぷから車で 8 分＋徒歩 1 分

森の中の階段を上って展望台へ

兄島瀬戸の珊瑚礁や潮流を望む

長崎展望台（ながさきてんぼうだい）

MAP 別冊 P.24-B2
長崎
景勝地

島の北西に位置する展望台は、兄島と兄島瀬戸を見晴らすビューポイント。周辺の崖には枕状溶岩が見られる。尾根伝いに宮之浜に続く遊歩道が整備されている。→ P.333

荒々しい岩肌と乾性低木林に覆われた兄島が見える

大村海岸
P あり
交 B- しっぷから車で 11 分＋徒歩 1 分

ベンチが設置され、町歩きの休憩にもぴったり

島の中心部にある透明度抜群のビーチ

大村海岸（前浜）（おおむらかいがん（まえはま））

MAP 別冊 P.26-B3
大村
海岸

二見港のすぐ西側に延びるビーチ。大神山公園内の芝生の広場を抜けると、白い浜と穏やかで澄んだブルーの海が広がる。前浜とも呼ばれており、島民にも愛されている。

気軽さナンバーワン、滞在中何度でも泳ぎたくなる

宮之浜
P あり
交 B- しっぷから車で 4 分または徒歩 20 分。または❶宮之浜入口から徒歩 10 分

休憩スペースなどが整備され島の人たちの姿も多い

スノーケリングに最適！

宮之浜（みやのはま）

MAP 別冊 P.24-A1

宮之浜
海岸

島の北側にある風光明媚なビーチ。海の透明度が高く、波打ち際からサンゴが点在するので魚影が濃いのが魅力。ナンヨウブダイやタテジマキンチャクダイなど大型の魚も見られる。

沖は潮が速いので、ブイの外には出ないように注意

扇浦海岸
P あり
交 B- しっぷから車で 12 分または❶扇浦海岸からすぐ

沖合の要岩には、日本軍が造ったトーチカが残る

きめ細かな白浜が続く素朴な海岸

扇浦海岸（おうぎうらかいがん）

MAP 別冊 P.25-D1
扇浦
海岸

シャワーやトイレを備えた屋根付きのレストハウスがあり、地元の家族連れにも人気のビーチ。3月下旬～8月は美しい夕日が見られる。沖には第2次世界大戦で沈んだ船が鎮座する。

休憩舎や腰を下ろせる場所が多く、のんびり過ごせる

しま通信
扇浦海岸から徒歩 25 分のコペペ海岸（→ P.331）は、観光客が少なく静かなプライベート感を味わえる場所。白浜とエメラルドグリーンの海の色の対比が美しくスノーケリングに最適だ。

夜は星空観賞スポットとして人気

MAP 別冊 P.25-C2

小港

海　岸

小港海岸

こみなとかいがん

タマナやハマギリなどの南国の木々が茂る防風林を抜けると、見渡すかぎりの白砂と遠浅の海が広がる。夜はスナガニやムラサキオカヤドカリが現れ、輝く満天の星に感動するはず。

岩がほとんどないので、子供でも安心して泳げる

小港海岸

P あり

交 B- しっぷから車で 16 分＋徒歩 2 分または❶小港海岸から徒歩 2 分

岸壁にはマグマが固まった枕状溶岩が見られる

小笠原の自然を身近に感じられる

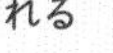

MAP 別冊 P.26-B3,27-C1

大村

公　園

大神山公園

おおがみやまこうえん

二見港に面した大村中央地区と、丘陵地で散策路を備えた大神山地区の２ヵ所からなる公園。どちらの地区も小笠原らしい多様な亜熱帯植物を観察しながら散策できる。

大神山地区のメイン展望台からは海と集落を一望できる

大神山公園

P あり

交 B- しっぷから徒歩 15 分（大神山地区のメイン展望台）、徒歩 1 分（大村中央地区）

大村中央地区の園内では小笠原らしい植物が見られる

青空と深い緑に映える朱色の社殿

MAP 別冊 P.27-C1

大村

神　社

大神山神社

おおがみやまじんじゃ

創建 1593 年の天照大神を祀る神社。集落から長い階段を上ると、鮮やかな社殿が現れる。11 月は例大祭、2 月は節分行事でにぎわう。さらに階段を上ると大神山公園のメイン展望台へ。

境内にも展望台があり二見港と海を一望できる

大神山神社

TEL 04998-2-2251

営 参拝自由

P なし

交 B- しっぷから徒歩 20 分

集落からは階段を上ってアクセスする

静かな夜のビーチは幻想的

晴れた夜は海岸へ星空観察に出かけよう。人工光が見えない小港海岸やコペペ海岸は、星座が判別できないほど多くの星が輝く。5～8 月の夜には、産卵のために砂浜に上陸するウミガメに出会うことも。遭遇したら小笠原海洋センター（→ P.352）に連絡を。7～9 月には子ガメの放流会が開催される。

宝石をちりばめたような星空は圧巻

放流会の詳細は小笠原海洋センターへ

星空を詳しく知りたい人は、アクティビティ事業者（→ P.337）が開催するナイトツアーやスターウオッチングツアーへの参加がおすすめ。レーザーポインターを使い、南国の星座について解説してもらえる。（編集部･N）

小笠原神社
営参拝自由
P あり
交 B- しっぷから車で 12 分＋徒歩 3 分または❶ 扇浦海岸から徒歩 3 分

小笠原の名前を冠した由緒正しき神社 MAP 別冊 P.25-D1
扇浦
神 社

小笠原神社（おがさわらじんじゃ）

小笠原を発見したと伝わる小笠原貞頼を祀った神社。境内には開拓小笠原島之碑が立つ。毎年 7 月に例大祭が開催される。

社殿は父島の日本返還後に再建されている

聖ジョージ教会
営外からの見学は自由
P あり
交 B- しっぷから徒歩 3 分

激動の歴史を象徴する小笠原唯一の教会 MAP 別冊 P.26-A3
大村
教 会

聖ジョージ教会（せいじょーじきょうかい）

緑に包まれた白い教会は、欧米系の入植者により 1909 年に建てられた。第 2 次世界大戦の空襲で焼失したが戦後に再建された。

毎週日曜にミサが開催されている

小笠原ビジターセンター
TEL 04998-2-3001 営 8:30 ～ 17:00（ハイシーズンは～ 21:00） 休おがさわら丸出港中（ハイシーズンは無休） 料 無料 P あり
交 B- しっぷから徒歩 2 分

大神山公園の散策ルートマップも配布

島に着いたらまず訪れたい展示施設 MAP 別冊 P.26-B3
大村
資料館

小笠原ビジターセンター（おがさわらびじたーせんたー）

大神山公園にある、パネルや模型などの展示物、映像で小笠原の歴史や文化、自然を多角的に紹介する施設。特別展も開催する。

戦前戦後の島の生活に関する資料も展示する

小笠原世界遺産センター
TEL 04998-2-7174
営 9:00 ～ 17:00
休おがさわら丸出港中
料無料 P あり
交 B- しっぷから徒歩 2 分

山ツアーに参加する前に訪れるといい

世界遺産の自然の価値を紹介 MAP 別冊 P.26-A3
大村
研究施設

小笠原世界遺産センター（おがさわらせかいいさんせんたー）

小笠原の自然と保全について、パネルや企画展で紹介する施設。絶滅危惧種の小笠原の固有種や希少なマイマイなどを飼育している。

実物大のアホウドリの人形なども展示する

小笠原海洋センター
TEL 04998-2-2830
営 9:00 ～ 12:00、13:30 ～ 16:00
休おがさわら丸出港中（展示館）
料無料 P あり
交 B- しっぷから車で 5 分または徒歩 35 分

世界遺産の自然の価値を紹介 MAP 別冊 P.25-D3
奥村
研究施設

小笠原海洋センター（おがさわらかいようせんたー）

アオウミガメとザトウクジラの生態調査、研究を行う施設。調査内容や資料を展示するほか、数百頭のウミガメを飼育している。

かわいいウミガメに餌をあげられる

しま通信 小笠原海洋センターでは、ウミガメの生態や現状についてのレクチャーと、水槽の見学や餌やりができる約 2 時間の体験を開催している。料金は 3480 円（小学生 2480 円）、ウェブサイトで要予約。

父島

体験＆ツアー

Activities

小笠原の自然をさまざまな形で楽しめる体験＆ツアー。ハンドメイド体験は、雨の日のアクティビティとしてもおすすめ。

宮之浜など

海のパワーでエナジーチャージ！ MAP 別冊 P.24-A1（宮之浜）

ヨガ

◎アイランドヨガ

白浜の海岸で潮風を受けながら行うビーチヨガ。初心者向けなので、体が硬い人でも十分に楽しめる。小笠原の大自然を全身で感じたあとは、ビーチでリラックス♪

宮之浜やコペペ海岸などの浜辺で開催する

たびんちゅ
TEL 090-7275-7576
時 おがさわら丸出港日の 8:30 ～ 11:00（体験）
料 5000 円（要予約）
CC 不可
交 B- しっぷ集合（送迎可能な宿もあり）

おがさわら丸出港日の午前中を有効活用できる

長谷

希少な国産コーヒーを栽培する農園 MAP 別冊 P.25-D1

農園体験

◎コーヒーツアー

小笠原のコーヒーの歴史や、収穫した実が芳醇な一杯になるまでの工程をレクチャー。収穫期(8・9 月から 3 カ月くらい）にはコーヒー収穫体験、それ以外の時期は脱穀・抽出の体験が可能。

オールシーズン小笠原産コーヒーの試飲ができる

野瀬農園
TEL 090-4025-8553（予約）
時 10:00 ～（体験） 休 おがさわら丸入出港翌日と出港日以外
料 4500 円（要予約）
CC 不可 交 B- しっぷから車で 15 分

赤い実の中には 2 粒のコーヒー豆が入っている

大村

小笠原の伝統工芸に触れる MAP 別冊 P.27-C2

工芸

◎タコノ葉細工（たこのはざいく）

小笠原に伝わる工芸品のタコノ葉細工を、短時間で気軽に体験できる。好きな色のタコノ葉を組み合わせて編んで作るブレスレットは、カジュアルなファッションにぴったり。

ていねいに教えてくれるので、初心者でもすてきな作品ができる

ギフトショップハートロック
TEL 04998-2-3305
時 9:00 ～ 18:00（体験。最終受付 16:30） 休 なし 料 ブレスレット 2500 円（要予約） CC ADJMV
交 B- しっぷから徒歩 4 分

タコノ葉細工アクセサリーの販売も行っている

大村など

南国の植物を瓶に詰めて思い出に MAP 別冊 P.27-C2

工芸

◎ハーバリウム

プリザーブドフラワーにした島の植物を瓶に詰め、シリコンオイルに浸して保存。小笠原の美しい風景のような作品が完成する。香りを楽しめるディフューザー作り体験も。

小笠原の自然をイメージして染めたプルメリアなど、島の植物を使う

HARUKAI
TEL 090-2657-7710
時 9:00 ～ 14:30（体験※要相談）
休 土・祝 料 ミニハーバリウム 3300 円、ミニディフューザー 3300 円（前日の 17:00 までに要予約）
CC 不可 交 B- しっぷから徒歩 4 分（うわべ家→ P.345 ※変更あり）

しま通信 タコノ葉とは、小笠原の固有種であるタコノ木の葉のこと。刈った葉をゆでて干し、細く割いてカゴやアクセサリーにする。母島のロース記念館（→ P.371）でもアクセサリー作りの体験ができる。

食べる＆飲む

Eat&Drink

飲食店が集まるのは二見港にも近い大村地区。島食材を使った料理はもちろん、定番の居酒屋メニューも充実している。

大村

二見港を一望する絶好のロケーション　MAP 別冊 P.27-C2

創作料理

ボーノホライズン

旬の島野菜や新鮮な島魚を使った、東京最南端の多国籍バル。心地よい潮風を感じられる空間で、島魚のラグーパスタ1300円や、手作りフライドポテト900円などを味わえる。

島タコのガリシア風850円はスペイン風の味付け

ボーノホライズン
TEL 04998-2-2022
開 17:00～23:00(L.O.22:00)
休 不定休
CC JV　P なし
交 B-しっぷから徒歩4分

半オープンテラスの店内は眺望抜群

大村

島の食材とお酒を楽しむ純和風空間　MAP 別冊 P.26-B2

居酒屋

まんた

気さくな店主が、漁協直送の鮮魚や島野菜をていねいに調理。島魚のお造りや、島塩だれの唐揚げ770円が人気。厳選された日本酒を片手に、ゆったり島の夜を過ごせる店。

いちばん人気のメニューは島魚のお造り

まんた
TEL 04998-2-3552
開 17:30～22:30(L.O.22:00)
休 日
P なし　CC 不可
交 B-しっぷから徒歩3分

掘りごたつのほかカウンター席もある

大村

島魚を使った本格的なイタリアンを提供　MAP 別冊 P.27-C2

創作料理

オーベルジュサトウ

旬の食材を斬新にアレンジした料理が評判の、島民にも人気のレストラン。特に新鮮な魚介を使った料理が充実。ワインに合う前菜やおつまみ、パスタ、ご飯物も食べられる。

島魚料理のコース5500円が人気（料理例）

オーベルジュサトウ
TEL 04998-2-2136
開 11:00～13:30(L.O.13:00、おがさわら丸入出港日のみ)、18:00～23:00(L.O.21:30)　休 不定休
CC ADJMV　P なし　交 B-しっぷから徒歩5分

リラックスして過ごせるモダンな店内

大村

目の前の鉄板で食材が踊る　MAP 別冊 P.26-B2

洋風居酒屋

チャーリーブラウン

島の食材を中心にした創作料理を提供。オリジナルハンバーグ1450円やメカジキのステーキ1200円など、鉄板でダイナミックに焼くメニューは観光客にも地元客にも好評だ。

混雑する日もあるので予約をしておくと確実

チャーリーブラウン
TEL 04998-2-3210
開 17:30～22:30(L.O.22:00)
休 不定休
CC ADJMV　P なし
交 B-しっぷから徒歩3分

ライブハウス風のナチュラルな店内

島民に根強い人気を誇る「南国酒場 こも」（MAP 別冊 P.27-C2、TEL 04998-2-3337）は、旬の食材を使った創作料理がおいしいと評判。不定休なので事前に営業の確認を

大村

上品な味わいの島寿司が名物　MAP 別冊 P.27-C2

和食

丸丈（まるじょう）

カウンターと小上がりが2卓だけの割烹料理店。刺身盛り合わせ1650円やアカバ味噌汁660円など、島の食材を使った料理が充実している。店主や地元客との会話も楽しい。

オキサワラなどを使った島寿司1050円はテイクアウトも可

丸丈
TEL 04998-2-2030
開 11:00 ～ 14:00、17:30 ～ 22:00(L.O.21:15)
休 おがさわら丸出港中
CC 不可
P あり
交 B-しっぷから徒歩3分

地元客の姿も多く、島気分を満喫できる

大村

島魚や島野菜を使ったメニュー　MAP 別冊 P.27-C2

食堂

あめのひ食堂（あめのひしょくどう）

季節の島食材を使った定食が充実しており、夜は居酒屋としても利用できる。素材のよさを生かした優しい味が特徴。船客待合所の近くにあり、入出港日のランチにもおすすめ。

島魚のカツカレー1600円（魚の入荷状況による）

あめのひ食堂
TEL 04998-2-2006
開 11:30 ～ 14:00(L.O.13:30)、18:00 ～ 21:00(L.O.20:30)
休 不定休
CC 不可
P なし
交 B-しっぷから徒歩4分

小上がりとカウンター席がある

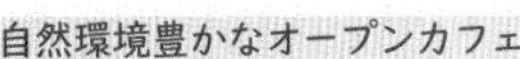

小港

自然環境豊かなオープンカフェ　MAP 別冊 P.25-D2

カフェ

USK COFFEE（ゆーえすけーこーひー）

自家焙煎コーヒーと、手作りスイーツを提供するオープンエアの島民にも人気のカフェ。小笠原産コーヒーのボニンアイランドコーヒー1100円も期間数量限定で用意している。

コーヒー栽培も手がける宮川さん夫妻

USK COFFEE
TEL 04998-2-2338
開 土・日およびおがさわら丸入港中の10:00 ～ 17:00(L.O.16:45)
休 上記以外
CC 不可
P あり
交 B-しっぷから車で12分

貴重な国産コーヒーは収穫量が限られている

父島のナイトライフ

父島は24:00頃まで飲める店が多いので、宿での食事のあとに一杯飲みにいくのも楽しい。店は大村地区に集まるが、少し離れた奥村にもすてきなバーがある。

奥村

ヤンキータウン　MAP 別冊 P.25-C2

奥村にあるカントリー調のバー。島の初代住民の子孫ランス氏との会話が楽しい。

TEL 04998-2-3042
開 20:00 ～ 24:30(L.O.24:00)
休 日・月　CC 不可　P なし
交 B-しっぷから徒歩15分

大村

パーラー MAKANAI（ぱーらーまかない）　MAP 別冊 P.27-D2

二見港に面した開放的な空間。島食材を使った季節のメニューなど料理も揃う。

開 11:30 ～ 14:00（入出港日、土・日のみ）、18:00 ～ 23:00（L.O.22:30）
休 不定休　CC 不可　P あり
交 B-しっぷから徒歩7分

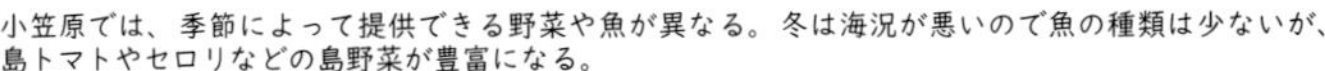
小笠原では、季節によって提供できる野菜や魚が異なる。冬は海況が悪いので魚の種類は少ないが、島トマトやセロリなどの島野菜が豊富になる。

買う

小笠原の生物をモチーフにした雑貨、島の食材を使った調味料やお菓子など、島オリジナルのおみやげが充実している。

大村

品揃え豊富なマルチショップ MAP 別冊 P.27-C2

おみやげ

フリーショップまるひ

白い建物に大きな時計が目印。調味料やお菓子、タコノ葉細工など、さまざまな特産品が揃い、おみやげをまとめ買いするにもおすすめの店。文具や生活用品なども扱っている。

小笠原に関する書籍も扱っている

フリーショップまるひ
TEL 04998-2-2042
開 8:00 ～ 18:00
休 おがさわら丸入港前日
CC ADJMV
P なし
交 B- しっぷから徒歩 2 分

大村

小笠原の農産物やおみやげが並ぶ MAP 別冊 P.26-B2

小笠原アイランズ農協直売所（おがさわらあいらんずのうきょうちょくばいじょ）

パッションフルーツや島トマト、レモンなど、小笠原の旬の野菜や果物、ジャムなどの加工品を扱う店。島の果物を使ったドリンクやスイーツを楽しめるカフェも併設している。

商品のゆうパックによる内地発送も可能

小笠原アイランズ農協直売所
TEL 04998-2-2940
開 8:00 ～ 17:30（カフェは L.O. 17:00） 休 おがさわら丸出港翌日 CC ADJMV P なし
交 B- しっぷから徒歩 3 分

ソフトクリーム 400 円などが味わえる

大村

南国ムードあふれるセレクトショップ MAP 別冊 P.26-B2

おみやげ

lululani（るるらに）

島民にも人気のおみやげ店。ショップオリジナルのトートバッグやお菓子、島内の作家が作ったアクセサリーやガラス製品などを販売している。定番の島みやげも並ぶ。

南国の植物や魚をイメージした雑貨が多い

lululani
TEL 04998-2-2225
開 10:00 ～ 18:00（おがさわら丸出港日は 9:00 ～ 14:00）
休 おがさわら丸出港中
CC ADJMV（3000 円以上で利用可）
P なし
交 B- しっぷから徒歩 3 分

大村

オリジナルの個性派 T シャツが人気 MAP 別冊 P.27-C2

雑 貨

バンガロウル

ショップオリジナルデザインの T シャツや、ワンピース、帽子や水着などを扱う。島内外の作家の工芸品やアクセサリーも豊富、宝探し気分で好みの商品を探してみよう。

すぐに着られるアパレル商品が揃っている

バンガロウル
TEL 04998-2-3366
開 9:00 ～ 19:00
休 おがさわら丸入港前日
CC ADJMV
P なし
交 B- しっぷから徒歩 3 分

ハートロックカフェ（→ P.342）併設のショップでもおみやげが購入できる。オリジナル T シャツや間伐材を活用したアクセサリーがおすすめ。

扇浦

島民にも人気のシルバーアクセサリー MAP 別冊 P.25-D1

アクセサリー

ボニンクラフトナリナリ

扇浦のショップで、小笠原の生物がテーマのアクセサリーを販売。奥村の雑貨店フローラ(MAP P.25-D2)でも購入できる。

不定休なので連絡をしてから来店を

ボニンクラフトナリナリ
TEL 080-2380-1806
開 13:30 ～ 17:00
休 不定休 CC ADJMV
P なし 交 B- しっぷから車で10 分

シルバー 925 を使用したカメのチャーム 3300 円

大村

小笠原デザインの手ぬぐい MAP 別冊 P.27-C2

手ぬぐい

小笠原海豚屋(おがさわらいるかや)

アオウミガメやザトウクジラなど、小笠原の自然がモチーフの手ぬぐいを販売。伝統的な染色方法「注染」で染めている。

手ぬぐいは 1210 円から購入できる

小笠原海豚屋
TEL 04998-2-7280
開 17:00 ～ 18:30(要問い合わせ)
休 不定休
CC ADJMV
P なし
交 B- しっぷから徒歩 4 分

大村

ツアー参加時のお弁当にぴったり! MAP 別冊 P.27-C2

デリ

アイランド・デリ

1 日ツアーの集合時間に間に合う 8:00 にオープン。お米には冷めてもおいしいミルキークイーンを使用している。

海辺でのテイクアウトランチにもおすすめ

アイランド・デリ
TEL 04998-2-3530
開 8:00 ～ 14:00 休 おがさわら丸入港前日 CC 不可 P なし
交 B- しっぷから徒歩 4 分

持ち歩いても崩れにくい日替わり丼 880 円が人気

清瀬

地元で愛されるパン屋さん MAP 別冊 P.24-A2

ベーカリー

ローカルベーカリー

中心街から離れているが、散歩がてら行くにはちょうどいい立地。総菜パンからおやつ系まで豊富な品揃えが魅力。

予約をすれば早朝受け取れるパンもある

ローカルベーカリー
TEL 04998-2-3145
開 9:00 ～ 15:00(日～ 12:00)
休 月・火 CC 不可
P なし 交 B- しっぷから徒歩20 分

白身魚フライを挟んだフィッシュサンド 400 円

便利なスーパーマーケット

自炊宿での食材の調達や、散策中のおやつの購入に重宝するスーパー。

スーパー小祝(すーぱーこいわい)

大村 MAP 別冊 P.27-C2

島民の食生活を支える商店。

TEL 04998-2-2337 開 8:00 ～ 18:30(おがさわら丸入港日は～ 19:00) 休 おがさわら丸入港前日(臨時休業あり) CC 不可 P あり 交 B- しっぷから徒歩 3 分

佐藤商店(さとうしょうてん)

大村 MAP 別冊 P.26-B3

お弁当やパンも販売している。

TEL 04998-2-2510 開 6:30 ～ 22:00(日によって変更) 休 不定休 CC 不可 P なし 交 B- しっぷから徒歩 2 分

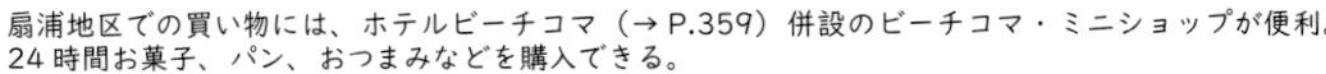
扇浦地区での買い物には、ホテルビーチコマ(→ P.359)併設のビーチコマ・ミニショップが便利。24 時間お菓子、パン、おつまみなどを購入できる。

泊まる

父島には小規模な宿泊施設が多く、ペンションや民宿、コンドミニアムタイプがメイン。多くが大村、扇浦、小港に集まる。

大村

ボニンブルーの海を独占する宿　MAP 別冊 P.26-B3

ペンション

ウエスト ANNEX

目の前に白砂のビーチが広がるロケーションが魅力。3階のスイートルームの客室とバスルームからは真っ青な海を一望できる。旬の島野菜や島魚を使った料理も評判。

二見湾を見晴らすスイートルーム

ウエスト ANNEX
TEL 04998-2-2331
IN 入港時　OUT 10:00　料 素1万1500円～、朝1万2500円～、朝夕1万4000円～　CC ADJMV
部 5　P なし　交 B-しっぷから徒歩1分

屋上からは大村海岸を一望できる

扇浦

客室のプライベート感が魅力　MAP 別冊 P.25-D1

ペンション

アイランドリゾート父島南風

自然豊かな扇浦に立つナチュラルな雰囲気の宿。2階の客室は独立したヴィラタイプで、プライベートな空間。ファミリールームには、バルコニーから続く半露天の浴室がある。

天井が高く清潔感がある室内

アイランドリゾート父島南風
TEL 04998-2-2112　IN 15:00
OUT 12:00（着発時は9:00）　料 素1万1500円～、朝1万2700円～、朝夕1万5200円～　CC ADJMV
部 6　P あり　交 B-しっぷから車で10分

扇浦海岸まで歩いて5分で行ける

扇浦

静かな扇浦で島生活を体験する　MAP 別冊 P.25-D1

シェアハウス

シェアハウス海

扇浦海岸に面した、島民気分で滞在できる宿。共用キッチンで自炊ができる。海を一望するカウンターはワーケーションに最適（→ P.53）。海用品やバイクのレンタルあり。

海を眺めながら仕事やコーヒータイムを

シェアハウス海
TEL 090-5100-8500
IN 11:00　OUT 11:00（着発便は9:00）　料 素9000円　部 5　CC 不可　P あり　交 B-しっぷから車で10分

目の前に砂浜が広がる抜群のロケーション

大村

港に面したハワイ風の客室でリゾート気分　MAP 別冊 P.27-C2

ペンション

パパスアイランドリゾート HALE

オイル仕上げのウッディな内装は落ち着いた雰囲気。すべての部屋にテラスが備わっており、二見港と旭山を一望できる。食事には島の新鮮素材を使っている。1階はカフェ。→ P.342

快適なゆったりサイズのベッド

パパスアイランドリゾート HALE
TEL 04998-2-2265（予約は TEL 04998-2-2373）　IN 11:00　OUT 13:00（着発便は9:00）　料 朝1万7820円～、朝夕2万900円～
CC ADJMV　部 3　P あり
交 B-しっぷから徒歩3分

宿泊施設はどこも客室数が少なく、繁忙期には宿の予約が取れないケースも多い。船の予約と共に、宿も早めに確保しよう。空き状況は、電話で確認するのが確実。

大村

島食材を使った料理が楽しみ MAP 別冊 P.26-A3

ペンション

AQUA（あくあ）

ミニマルなデザインのスタイリッシュホテル。スペースを広く取った贅沢な造りで快適さを追求。ペット OK の部屋も 1 室あり。

広いベランダもあるシックな空間

AQUA
TEL 04998-2-7731
IN 入港時 OUT 10:00（繁忙期は 8:30 または 9:00） 料 素 1 万 3000 円～、朝 1 万 4000 円～、朝夕 1 万 7000 円～ CC ADJMV
部 5 P なし 交 B- しっぷから徒歩 2 分

大村

島暮らし気分で滞在できる部屋 MAP 別冊 P.26-B2

コンドミニアム

コンドミニアム ポートロイド

長期滞在にも便利なコンドミニアム。全室にキッチンを完備、浴室とトイレはセパレート。テーブルが設置された庭もある。

すべての客室に朝の日差しが入る

ポートロイド
TEL 04998-2-3733
IN 11:00（着発便は 16:00 頃）
OUT 13:00（入れ替え掃除がない場合は 14:00）※着発便を除く
料 素 8500 円～
CC ADJMV
部 6
P なし
交 B- しっぷから徒歩 1 分

大村

広々とした一軒家でのんびり過ごす MAP 別冊 P.26-B2

コンドミニアム

ボニンブルーシマの宿ちどり（ぼにんぶるーしまのやどちどり）

大村地区の中心にあるコンドミニアム。広々としたスペースで、島暮らし気分を味わえる。周辺の食事処に行くにも便利。

自宅気分で過ごせる居心地のよい空間

ボニンブルーシマの宿ちどり
TEL 04998-2-2328
IN 入港後すぐ（着発便は 14:00）
OUT 9:00
料 素 7000 円～（長期割引あり）
CC 不可
部 3
P なし
交 B- しっぷから徒歩 2 分

扇浦

静かな扇浦エリアでリゾート気分 MAP 別冊 P.25-D1

ホテル

ホテルビーチコマ

扇浦海岸の目の前に立つホテル。敷地内に 24 時間営業の自販機ミニショップを併設している。郷土料理中心の食事が評判。

アットホームな雰囲気のプチホテル

ホテルビーチコマ
TEL 04998-2-2941（予約は TEL 03-3336-7769）
IN 入港時
OUT 10:00（着発便は 9:00）
料 素 7000 円～、朝 8200 円～、朝夕 1 万 500 円～
CC ADJMV 部 14
P あり
交 B- しっぷから車で 10 分

大村

コミュニケーションが生まれる宿 MAP 別冊 P.26-A3

ユースホステル

小笠原ユースホステル（おがさわらゆーすほすてる）

アットホームな雰囲気のユースホステル。畳敷の広間や開放的な庭でくつろげる。出港前日の夜は送別会（会費 4000 円）を開催。

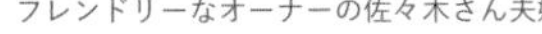

フレンドリーなオーナーの佐々木さん夫婦

小笠原ユースホステル
TEL 04998-2-2692
IN 入港時 OUT 10:00
料 素 5000 円、夕 6700 円（会員価格）、1 人で個室利用の場合は + 2000 円 CC ADJMV
部 4（男女別相部屋 3、個室 1）
P なし
交 B- しっぷから徒歩 1 分

しま通信 おがさわら丸は 5 月に約 3 週間のドック期間に入る。通常の旅行はできないが、長期滞在ツアーが催行されることも。宿は限定されるが割安に滞在できる。詳細は小笠原海運のウェブサイトをチェック。

本土から船で 26 時間、日本でいちばん遠い有人島

母島（ははじま）

人口　456 人（2023 年）
面積　19.88km²
周囲　約 58km

MAP 別冊 P.28

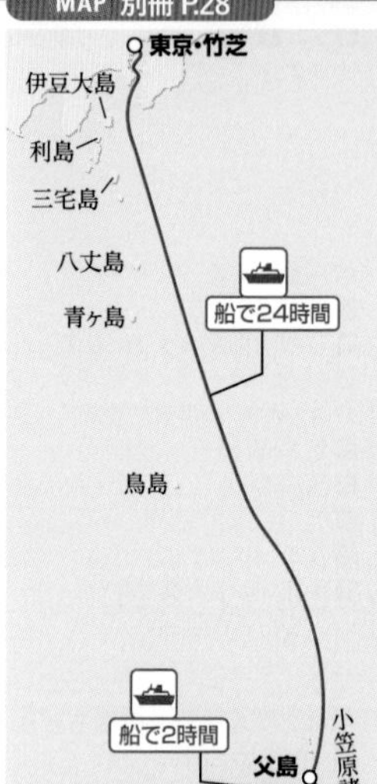

母島への行き方

父島の二見港から、ははじま丸で 2 時間。週に 5 ～ 6 便運航され、おがさわら丸入出港日は当日乗り継ぎができる。

小笠原母島観光協会

沖港船客待合所内にある観光案内所。母島に到着したらまず立ち寄って、情報収集をしよう。島内観光の相談や、母島に関する書籍やオリジナルグッズの購入もできる。

MAP 別冊 P.29-C2
TEL 04998-3-2300
営 8:00 ～ 12:00、13:00 ～ 17:00
休 なし
P あり

ガイドツアーの紹介も行う。ツアーは基本的に要予約なので、来島前に電話で相談を

元地集落から手軽に登れる小剣先山。眼下に集落を一望！

父島から南へ 50km、ははじま丸で 2 時間。急峻な崖に囲まれた母島は、島の大半が豊かな森に包まれており、独自に進化した生物が生息している。アクティビティも、自然を体感できるトレッキングツアーが多い。冬はホエールウオッチングが楽しみ。水平線を望む展望スポットからはもちろん、往復の船上からもクジラを見られる。父島が都会に思えるくらい穏やかな時間が流れる島で、自然のリズムに身を委ねてゆったりと過ごそう。

母島の歩き方

母島の集落は、ははじま丸が入港する沖港周辺の徒歩圏内に集まる。生活の中心となるのは、農協などの 3 つの商店や小中学校がある元地集落。集落の入口にあるガジュマルの木陰は島民憩いの場だ。港の西側は遠浅のビーチや漁港がある静沢集落で、さらに 10 分ほど歩けば雄大な海を望む鮫ヶ崎展望台に到着する。島の南北に点在する観光スポットへは、島内観光ツアーに参加したり、レンタカーやレンタバイクを借りてアクセスしよう。

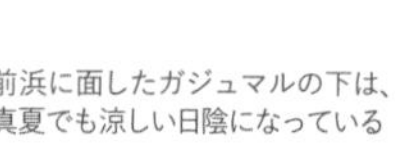

前浜に面したガジュマルの下は、真夏でも涼しい日陰になっている

しま通信　母島観光協会では、旅を楽しくするグッズをレンタルしている。ホエールウオッチングに便利な双眼鏡（1 日 300 円）のほか、ハンモック（1 日 300 円）やエアベッド（1 日 200 円）なども。

雄大な海と亜熱帯の植物に包まれた島

母島エリアガイド

ははじま丸が入港する沖港周辺に集落があり、宿泊施設や商店が集まる。
公共交通機関はないので、その他のエリアへはツアーやレンタカーなどを利用しよう。

母島シーズンガイド

●旅行のベストシーズンは？

亜熱帯気候に属する母島は、年間を通して温暖。海で遊ぶなら5～10月がベストシーズンだが、冬季も過ごしやすい気候だ。

●海で泳げるのは何月頃？

元日に「日本一早い！海びらき」が開催されるが、海水浴に適しているのは5～10月。ウエットスーツを着れば年中泳げる。

●冬の旅行の楽しみは？

水平線を望む眺望スポットからホエールウオッチングを楽しもう。気温が低い時期なのでトレッキングにもいい。

母島で絶対にしたいこと BEST 3

1. 乳房山トレッキング

父島・母島最高峰の乳房山は、固有の植物や生物の宝庫。ツアーに参加すれば、ガイドの解説を聞きながら歩ける。→P.362

2. サンセットシアターで夕日

刻々と変化する空の色、水平線に沈む夕日。集落から歩いていけるスポットで、ドラマチックな時間を過ごそう！→P.371

3. ホエールウオッチング

12～5月はザトウクジラのシーズン。展望スポットやははじま丸の船上から、海面に姿を現すクジラが見られる。→P.326

店や施設が集まる島の中心地

元地（もとち）

沖港の北東部に位置する、前浜に面した集落。島の生活の中心地で、宿や商店、小中学校、村役場などの主要な施設が集まっている。

★母島の北端にある入江

北港 →P.368

沖港から車で30分、スノーケリングでエダサンゴの群生を見られる港。アオウミガメが現れることも。戦前には600人が暮らす集落があった。

遠浅の美しい海岸で泳ごう

静沢（しずかさわ）

沖港の西側にある漁港に面した集落で、数件の宿が点在。脇浜なぎさ公園はのんびり過ごすのに最適だ。少し歩くと緑に包まれた森が広がる。

★標高463mを誇る母島の最高峰

乳房山 →P.362

固有植物や生物が生息する山で、元地集落から登山口までは徒歩5分。山頂からは、島の東側に広がる海と岬を一望できる。

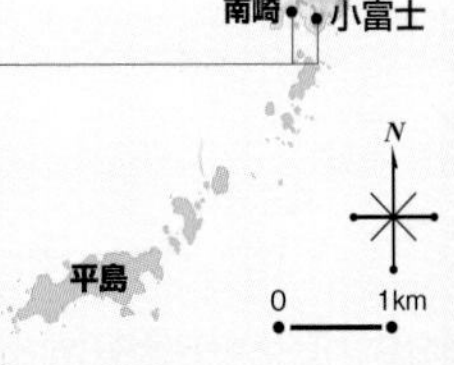

★母島でも指折りの景勝地

南崎・小富士 →P.364

都道最南端から、珊瑚礁が広がる南崎と標高86mの小富士を目指そう。亜熱帯の自然を堪能できるハイキングルートだ。

集落から登山口まで歩いていける

母島の最高峰、乳房山トレッキング

カタマイマイなどカタツムリの仲間に会えるかも!?

上／ジュラ紀を思わせるシダ類が繁茂する
左／島ではハカラメと呼ばれるセイロンベンケイ

集落の奥にある登山口を起点に、母島で最も高い乳房山に登る。固有の植物が茂る生命の森では、貴重な生き物にも出会える。

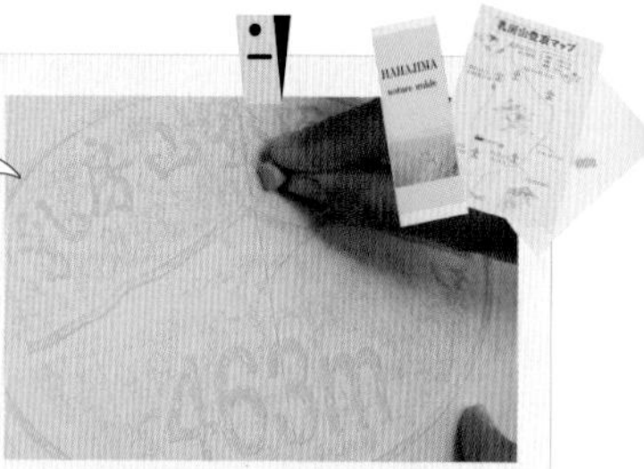

乳房山登頂記念証のキットには、乳房山の簡単な地図と説明も付いている

固有動植物が生息する高低差 453m の美しい山

乳房山は高低差 453m（標高 463m）を誇る父島および母島の最高峰。宿泊施設が集まる元地集落から登山口まで、徒歩約 5 分という好アクセスが魅力だ。急な上り坂もあるが、遊歩道が整備されているので自分のペースで登ればそれほど難しいコースではない。ただし歩行距離が約 5kmと長いので体力は必要。歩きやすい靴や紫外線対策などしっかり準備して、母島の大自然を満喫しよう。典型的な湿性高木林の中は固有植物の宝庫。メグロやカタマイマイなど固有生物も姿を現す。ガイドさんから母島の地形や生態系についての話を聞きながら、のんびりと登山を楽しみたい。頂上の展望台から眺める東側の海は息をのむほど美しい。

※ 2019 年の台風の影響で一部ルートが通行止めになっており、頂上まで行けるのは西ルートのみ（2024 年 2 月現在）

登頂記念証がもらえる！

乳房山と小富士（→ P.364）は、母島観光協会に申し込むと登頂記念証が発行される。登頂前に観光協会（→ P.360）でキット 300 円を購入し、頂上にある看板をクレヨンで写し取って提出。記念証には名前と登頂日が印字される。

※母島観光協会の営業日のみ

乳房山コース MAP 別冊 P.28-A2

催行事業者 フィールドエスコート hilolo　交 元地集落から登山口まで徒歩 5 分　TEL 04998-3-2316　時 8:30 ～ 13:30
休 不定休　料 1 万円～（送迎付き。要予約）　P なし　URL www.hahajima-hilolo.com

しま通信　母島は父島に比べて雨が多いのが特徴。晴れの予報だったとしても雨具は必ず持っていったほうがいい。また時間帯・時期によって肌寒いこともあるので、羽織るものを忘れずに。

母島の最高峰、乳房山トレッキング

スケジュール

8:30 START!

元地集落から出発！

5分

8:45

集落の外れに遊歩道の入口が

登山口は集落の奥にあり、宿から歩いていける。遊歩道が整備されているので自力でも迷わないが、ガイド同行のほうが安心して楽しめる。

登山口は2ヵ所。西ルートは奥の登山口から登る

30分

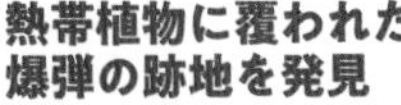

9:15

熱帯植物に覆われた爆弾の跡地を発見

帰還する戦闘機が、余った爆弾を落とした跡が残っている。大きくえぐられた地面にはマルハチやシダの仲間などが繁茂し幻想的な雰囲気。

右／ほぼ手つかずの湿性高木林が見られる　左／葉を広げたマルハチは、小笠原固有のシダの仲間

45分

10:00

大きく枝を伸ばす圧巻のガジュマル

存在感のある大きなガジュマルは外来の植物。かつてこの周辺にはサトウキビ畑と製糖場があり、その時代に持ち込まれたといわれる。

人間が持ち込んだ外来植物だが、島の生態系の一部になっている

ジュラ紀を思わせるシダ類が茂る

30分

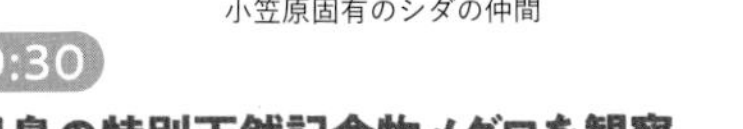

10:30

母島の特別天然記念物メグロを観察

有人島では母島にしかいない鳥、メグロ。乳房山での遭遇率は高く、特に人工水飲場では水浴びする姿が見られることもある。

遊歩道に設置された水飲み場にはさまざまな鳥が

30分

11:00 GOAL!

頂上から東崎と石門崎を一望する

山頂からは東の海を一望できる。深い蒼をたたえた海と、緑豊かな岬というフォトジェニックな景観。下山途中の展望台かガジュマルの木陰でランチにしよう。

乳房山山頂の展望台から紺碧の海を見下ろす

緑に囲まれた集落を望む東ルート

東ルートは頂上までは行けないが、景観がいいので気持ちのいいトレッキングを楽しめる。特に山に囲まれた集落が見もの。家が集まるのはほんの一部で、あとは広大な自然に包まれていることがよくわかる。

展望台からは山に囲まれた集落が見える

しま通信　母島簡易郵便局から手紙を出すとき「風景印をお願いします」と言うと切手の横に風景印を押してもらえる。メグロとザトウクジラ、乳房山が描かれた風景印は母島オリジナル。

きれいに弧を描く南崎は、母島を代表する美ビーチ

海も山も楽しむ 贅沢トレイル

南崎・小富士ネイチャーウオーク

母島の南にそびえる小富士と、島で随一の美しいビーチ、南崎を目指すハイキング。アップダウンが少ない道なので初心者でも安心。

南崎はスノーケリングスポットとしてもハイレベル

＼鳥の巣を発見！／

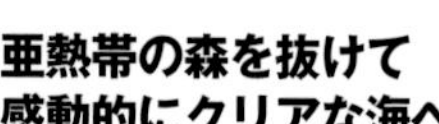

亜熱帯の森を抜けて感動的にクリアな海へ

母島でも指折りの景勝地、南崎と小富士を目指すトレッキングルート。遊歩道に沿ってヤシ科のオガサワラビロウやタコノ木が生え、その脇をオガサワラトカゲが走り抜けるなど、南国気分を味わいながら歩ける。歩行距離は片道約2km。自分で行くなら1時間ほどの平坦なコースだが、植物や環境の話を聞きながらのんびり歩くのがガイドツアーの魅力だ。高台からの景観もよく、南崎を見下ろす小富士からは乳房山や平島を望むパノラマビューを満喫できる。珊瑚礁が広がる南崎はスノーケリングがおもしろいので、時間に余裕があればスノーケリングセットを持っていってもいい。ただし沖の岩より先は流れが速いので湾内で泳ごう。

固有植物が生息する石門。10～2月は入林禁止

認定ガイドの同行が必須のコースも

母島にはいくつかのトレッキングルートが用意されている。ここで紹介している南崎・小富士や、P.362の乳房山はセルフでも歩けるルート。一方で石門と堺ヶ岳は東京都認定ガイドの同行が義務づけられている。希望者はガイドツアーに参加しよう。

南崎コース MAP 別冊 P.28-B3

催行事業者 フィールドエスコート hilolo　交 元地集落から登山口まで車で12分　TEL 04998-3-2316　時 8:30～13:30
休 不定休　料 8000円～（送迎付き。要予約）　P あり　URL www.hahajima-hilolo.com

小富士の向かいに浮かぶ鰹鳥島はカツオドリの繁殖地になっており、春から夏の間はカツオドリの飛び交う姿が見られる。小富士山頂から観察するなら双眼鏡を持っていくといい。

スケジュール

START!

8:30
宿泊施設から出発！

12分

8:45
都道最南端からのんびりスタート

車で南崎ロータリーまで行くと遊歩道の入口がある。遊歩道は起伏が少なく、整備されているので歩きやすい。

遊歩道入口は看板がありすぐわかる

5分

8:50
気持ちのいい散歩コース

ヤシ科の固有植物が茂る森を散歩気分でゆっくり歩く。メグロやオガサワラトカゲが登場する豊かな森だ。

オガサワラトカゲ登場〜♪

森の中に光が入り明るい雰囲気

25分

9:15
ガイド必須のエリアも

裏高根を望む崖は、ガイドが同行しないと入れない保護地域。オオハマボッスなどの固有植物が花を咲かせていることも。

秘密の草原に可憐な花が咲く

45分

10:00
子供たちの遊び場、すり鉢展望台で休憩

赤土がむき出しになった、すり鉢状の地形が印象的。かつて島の子供たちは、滑り台のようにして遊んでいたそう。

休憩所ではこまめに水分をとろう

30分

10:30
小富士の頂上から360度の景色を堪能！

小富士は標高 86m。南に浮かぶ島々から南崎や乳房山まで、360 度の絶景が広がる。12 ～ 5 月頃はクジラも見られる。

南崎も一望！

小富士からのパノラマビューに感激！

30分

GOAL!

11:00
珊瑚礁が広がる南崎ビーチに到着

透明度抜群の南崎ビーチは、スノーケリングの好スポット。元気なサンゴと魚の群れが見られる。沖に浮かぶ岩の外には出ないこと。

砂浜でのんびり過ごす人の姿も

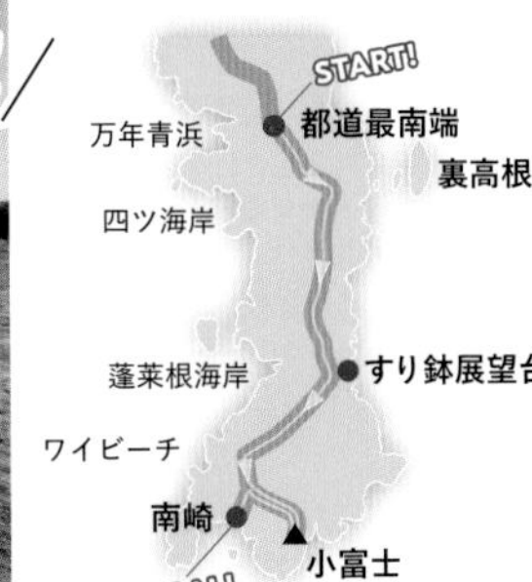

しま通信 1日ツアーに参加する場合、お弁当は自分で用意すること。とはいえ弁当を販売しているレストランや商店が少ないので、宿にお願いして作ってもらうのが一般的だ。

歩くだけで癒やされる素朴な集落

母島集落 1Day 散歩

ははじま丸が入港する沖港周辺には、元地と静沢というふたつの集落がある。コンパクトなエリアに、宿泊施設や商店のほか、夕日の名所やプチ登山を楽しめる山も。穏やかな時間の流れに合わせてぶらぶら散策してみて。

母島で見られる固有種のメグロ

沖港のシンボルはザトウクジラのモニュメント

9:30 沖港到着

観光協会で地図や資料をゲット！

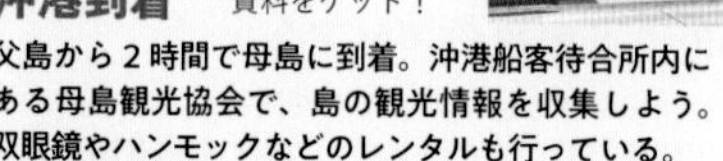

父島から2時間で母島に到着。沖港船客待合所内にある母島観光協会で、島の観光情報を収集しよう。双眼鏡やハンモックなどのレンタルも行っている。

→ P.360

山に囲まれた素朴な港は母島の玄関口

10分

10:30 小剣先山プチ登山

元地集落の中心地から徒歩数分の場所に登り口がある。標高約112mの山頂までは15分ほどで到着するが、急勾配なので意外にハード。頂上からは緑に囲まれた港と集落を一望できる。

→ P.371

澄んだ海とコンパクトな集落が目下に広がる

岩山なので足元に注意して登ろう

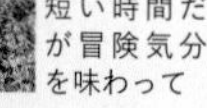

短い時間だが冒険気分を味わって

5分

12:00 ガジュマルの下でランチ

元地集落にある「BOOTERS」で、テイクアウトの手作り弁当を購入。前浜を望むガジュマルの木陰に腰を下ろし、海風に吹かれながら島魚や島野菜を味わおう。

→ P.372

ガジュマルの木陰は島民憩いの場

観光客にも島民にも人気の気軽なデリ

5分

14:00 ロース記念館で民芸品作り

母島特産のロース石で造られた郷土資料館で、タコノ葉を使った素朴なアクセサリー作りを体験。かつては砂糖収納庫だった建物内には、戦前の生活用品などが展示されている。

→ P.371

古い捕鯨道具なども展示

素朴なシュロ葉葺きの屋根

15分

16:00 脇浜なぎさ公園でひと休み

静沢にある海浜公園でビーチを眺めて過ごそう。母島でいちばん大きなビーチは、遠浅で透明度が高く、海水浴やスノーケリングにも最適だ。シャワーやトイレもある。→ P.371

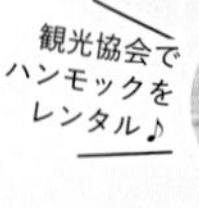

夕方にひと泳ぎするのもいい

5分

GOAL!

17:00 鮫ヶ崎展望台でサンセット

冬はザトウクジラを探してみよう

脇浜なぎさ公園の奥の階段を5分ほど上ると、沖港を一望する展望台に到着する。12～3月は水平線に沈む夕日を見られる。ザトウクジラウオッチングにも最適のスポットだ。

→ P.368

夕方になると島民も集まってくる

しま通信　母島に到着したら、漁港売店で売っている母島のギョサン、通称「ハハギョ」を購入しよう。足裏全体に付いた凹凸が心地よく、細い鼻緒なので靴ずれしにくい。シックなカラーリングもいい。

夢と挑戦心でカカオ栽培を実現
小笠原産チョコレートはどんな味？

小笠原産のカカオを使った「TOKYO CACAO」は、日本初の純国産チョコレート。原料の栽培から製造まで、すべてが国内で行われている。商品化のプロジェクトを実現した創業123年の菓子メーカー、平塚製菓代表取締役の平塚正幸さんに話を聞いた。

❶果実が幹にもなる不思議な植物 ❷現在ビニールハウス5つで500本を栽培する
❸1年中花をつけ、通年収穫できる ❹「TOKYO CACAO」1944円（8枚入り）

平塚製菓株式会社 代表取締役 **平塚 正幸**さん

「チョコレート屋のおやじの夢」がプロジェクトの原点

平塚正幸さんによる日本初の純国産チョコレートの発案は、2003年に遡る。きっかけは業界団体の視察で訪れたガーナで、カカオの木を見たこと。チョコレート製造が専門の会社なのに、身近にカカオの木がないことを疑問に感じたのが発端だ。

「商品を作れる量のカカオを育ててみたい。“チョコレート屋のおやじの夢”の始まりでした」と平塚さんは当時の思いを話す。

2006年に社内で「東京カカオプロジェクト」のチームを発足、2010年に本格的に始動した。まずは栽培の場所の選定だ。東京都内にあり温暖な小笠原なら、世界的な都市・東京ブランドとしての付加価値も出る。小笠原の農協を通じて、地元農家とともに栽培に挑戦したが、発芽後に全部枯れてしまった。潮風による塩害が原因だった。

再挑戦のきっかけは、母島の農家、折田一夫さんとの出会いだ。さまざまな果樹の生産に挑戦してきた折田さんは、カカオ栽培にも関心を示した。ともにインドネシアに足を運んで栽培方法を学び、帰島後には土壌づくりから始めて、苗木を塩害や強風から守るビニールハウスも設置した。試行錯誤を経て、2013年、ついにカカオがひとつ結実した。

「折田さんがカカオの実を持って、直接工場に見せにきましたよ」と平塚さんは笑う。

※「TOKYO CACAO」はおがさわら丸売店、父島・母島の商店、平塚製菓のネット通販やファクトリーショップで販売

唯一無二のチョコレートの誕生

カカオの収穫を機に、平塚さんの発酵への挑戦も始まった。カカオをチョコレートにするには実を割り、甘いパルプに包まれた種を発酵・乾燥させる工程が必要だ。しかし、日本では加工済みのカカオが輸入されてくるので前例がない。独学で発酵の研究を重ねた。

折田さんの栽培、平塚さんの発酵……それぞれの挑戦が熟し、カカオの結実から6年が経過した2019年に「TOKYO CACAO」の商品化が実現した。ワインを思わせるフルーティな酸味と強いコクが特徴だ。チョコレートの味を決めるのは発酵。平塚さんが生み出した唯一無二のチョコレートは、南国で育ったカカオの生命力を感じさせる。

「TOKYO CACAO」の販売は2023年に5期目を迎えた。折田農園では年間11トンのカカオを生産できるようになった。夢と挑戦心によって実現したプロジェクトは、これからも続く。

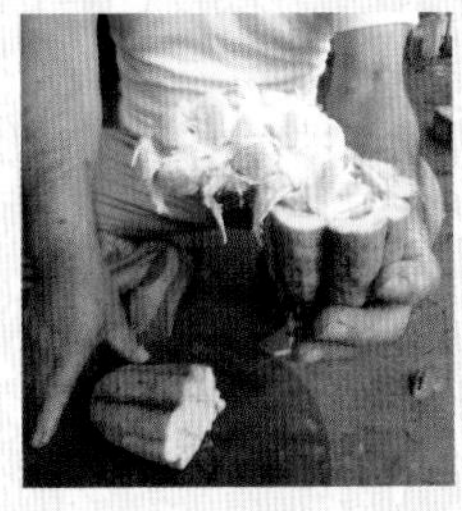

左／実の中には、ほのかに甘いカカオポッドが詰まっている
上／カカオの実は300～500gほど、色は赤や黄色などさまざま

平塚製菓ファクトリーショップ

住 埼玉県草加市八幡町628 TEL 070-2196-2011 営 9:30～16:30 休 日・祝（6～9月は日・月）。その他休業日あり CC 不可 交 日比谷線・東武伊勢崎線新田駅東口から徒歩8分

しま通信 「TOKYO CACAO」は毎年カカオマスの比率やチョコレートの形状をリニューアルしている。2023年バージョンは個性を生かしつつ、例年よりもマイルドで親しみやすい味に仕上げた。

島内交通

レンタカー・レンタバイク

母島には公共交通機関がないので、レンタカーやレンタバイクで移動する。レンタバイクは50ccが充実、レンタカーは軽自動車とミニバンがある。半日や一航海など、さまざまな料金設定があり、スケジュールに合わせて利用できる。数に限りがあるので早めに予約を。

レンタカーの台数には限りがあるので、早めに予約しておこう

有償運送

2km 1000円～を目安に有償運送と呼ばれる乗合タクシーが運行。予約しておくと安心。

レンタカー会社
●小笠原サービスレンタカー
MAP 別冊 P.29-D3
TEL 04998-3-7030
●民宿しまてらす
MAP 別冊 P.29-D2
TEL 04998-3-5333

レンタバイク会社
●ダイブリゾート母島
MAP 別冊 P.29-C2
TEL 04998-3-2442
●アンナビーチ母島
MAP 別冊 P.29-C2
TEL 04998-3-2468
●民宿しまてらす
→上記

有償運送
●小笠原母島観光協会
MAP 別冊 P.29-C2
TEL 04998-3-2300

※ガイドが案内する2.5時間5000円～の島内観光ツアーもある

おもな見どころ

夕日とホエールウオッチングの名所　MAP 別冊 P.29-C3　静沢　景勝地

鮫ヶ崎展望台（さめがさきてんぼうだい）

沖港の端にある、雄大な海を望む展望台。10～3月の夕方にはサンセットを眺めに島の人たちも集まってくる。

冬はザトウクジラの観察スポットにもなる

鮫ヶ崎展望台
P なし
交 沖港から徒歩3分

脇浜なぎさ公園の裏手にあり、集落から行きやすい

南国の植物に覆われた風情ある社殿　MAP 別冊 P.29-C2　静沢　神社

月ヶ岡神社（つきがおかじんじゃ）

船客待合所の裏手の階段を上った所にある小さな神社。拝殿の背後は遊歩道になっており、カルスト地形特有のラピエが見られる。

毎年11月23日は例大祭が開催されにぎわう

月ヶ岡神社
P なし
交 沖港から徒歩5分

海を一望できるスペースからは、沖港を見渡せる

美しい珊瑚礁が広がる北端の港　MAP 別冊 P.28-A1　北港　史跡

北港（きたこう）

母島北部にある入江。戦前には600人が住む集落があった。スノーケリングに最適で、左側にはエダサンゴの群生が見られる。

海中ではアオウミガメに出会えることも

北港
P あり
交 沖港から車で30分

穏やかな港に、壊れた石造りの桟橋が残っている

父島から日帰りで母島を訪れる人に便利なのが、レンタバイクの4時間コース。ガソリン代も込みなので利用しやすい（民宿しまてらす、ダイブリゾート母島）。

プライベート気分で過ごせる海岸

MAP 別冊 P.29-D3

元地

ビーチ

いしじろうかいがん
石次郎海岸

沖港の向かいにある小さな浜。岸壁に囲まれており、隠れ家のような雰囲気だ。サンゴが美しいのでスノーケリングにもいい。

母島では珍しい白砂のビーチ

石次郎海岸
P なし
交 沖港から徒歩 15 分

浜からは沖港に出入りする船が見られる

ザトウクジラウオッチングも楽しめる

MAP 別冊 P.28-B2

評議平

景勝地

みゆきのはまてんぼうだい
御幸之浜展望台

御幸之浜と南京浜の間にある展望台。周辺は特別保護地域に指定されており、美しい珊瑚礁や貨幣石という珍しい化石が見られる。

昭和天皇が行幸の際に生物採取をした場所

御幸之浜展望台
P あり
交 沖港から車で 15 分

展望台からはサンゴが点在する美しい海を一望

戦跡が点在する森の中を散策

MAP 別冊 P.28-A2

静沢

遊歩道

しずかさわのもりゆうほどう
静沢の森遊歩道

沖港の西にある、集落から気軽に歩いてアクセスできる遊歩道。3エリアに分かれており、森の中には砲台や壕、海軍施設跡が残る。

道路側は島でも有数のサンセットスポット

静沢の森遊歩道
P あり
交 沖港から徒歩 20 分

コンクリートで造られた弾薬庫や砲座が点在

光に照らされた幻想的な世界

MAP 別冊 P.29-C2

元地

鍾乳洞

きよみがおかしょうにゅうどう
清見が岡鍾乳洞

洞窟探検気分を味わえる小さな鍾乳洞。山の上のガジュマルの気根が天井から垂れている。見学したいときは観光協会に申し込む。

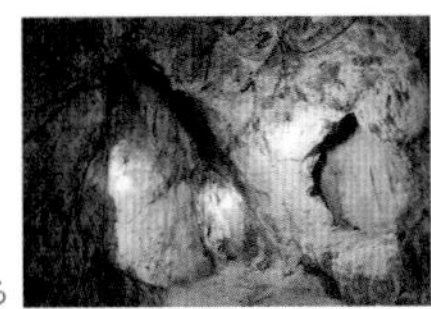
洞窟内では借りたヘルメットを着用する

清見が岡鍾乳洞
TEL 04998-3-2300（母島観光協会）
営 8:00 ～ 12:00、13:00 ～ 17:00
休 母島観光協会の定休日
料 無料　P なし　交 沖港から徒歩 3 分

緑に包まれた小さな扉を開けて洞窟内に入る

巨大なガジュマルに包まれた小学校跡

MAP 別冊 P.28-A1

北村

史　跡

きたむらしょうがっこうあと
北村小学校跡

1887 年開校の北村集落の小学校跡地。当時、周辺には 600 人が生活していた。入口には製糖圧搾機のローラーを重ねた門柱が残る。

当時は北村地区と沖港の 2 ヵ所に小学校があった

北村小学校跡
P なし
交 沖港から車で 30 分

大きなガジュマルの木が立ち、メグロの姿も見られる

ダイブリゾート母島（TEL 04998-3-2442）では、スノーケリング 3 点セット（スノーケル、マスク、フィン）のほか、ライフジャケットのレンタルもしている。子供サイズもあるので借りておくと安心。

アカギが林立する植物群落保護林

MAP 別冊 P.28-A2

西浦

遊歩道

桑ノ木山（くわのきやま）

背の高い樹木が生い茂るさわやかな遊歩道。外来植物のアカギの地道な除去と、固有植物の植生復活が行われている。

ホシツルランなどの固有植物が保護されている

桑ノ木山
P あり
交 沖港から車で 15 分

戦前はオガサワラグワの巨木が繁っていたという

森の中にたたずむ小さなお地蔵さま

MAP 別冊 P.28-A1

東港

仏 像

六本指地蔵（ろっぽんゆびじぞう）

小さな祠に祀られる 2 体の地蔵尊。右側の地蔵尊の右手指が 6 本あることから、この名で呼ばれる。近くには探照灯の残骸がある。

都道脇の森の中にある古い祠

六本指地蔵
P あり
交 沖港から車で 25 分

森の中で静かに眠る 3 門の大砲

MAP 別冊 P.28-A1

東港

戦 跡

東港探照灯下砲台（ひがしこうたんしょうとうしたほうだい）

標識板の脇から道を下ったジャングルの中に残る、旧日本軍が設置した高角砲。先端は破壊されているが形をとどめている。

砲台に向かう道は遊歩道になっている

東港探照灯下砲台
P なし
交 沖港から車で 20 分＋徒歩 7 分

砲台は草木に覆われ、脇に手作りの看板が立っている

母島有数のサンセットポイント

MAP 別冊 P.28-A2

西浦

景勝地

新夕日ヶ丘（しんゆうひがおか）

坂道の途中ある展望スペースから、水平線に沈む夕日を眺められる。平島、向島、姉島などの周辺の島々も一望できる。

冬はホエールウオッチングにも最適

新夕日ヶ丘
P なし
交 沖港から車で 10 分

緑に覆われるようにして立つ看板が目印

メグロが生息する森の中の遊歩道

MAP 別冊 P.28-B2

船木山

遊歩道

船木山の滝（ふなきやまのたき）

遊歩道を 20 ～ 30 分ほど歩くと、周囲に樹木が密集した小さな滝がある。大きなガジュマルや、水場に集まるメグロなども見られる。

固有植物のヤシやシダが茂っている

船木山の滝
P なし
交 沖港から車で 8 分＋徒歩 20 分

遊歩道が整備され、季節ごとに咲く花も見られる

しま通信　桑ノ木山の北側からは、猪熊湾（ビッグベイ）と呼ばれる青く澄んだ湾を見晴らせる。八丈島からの移住者がつけた名前で、イグマと呼ばれるシダ植物が見られることから、猪熊の字が当てられた。

スターウオッチングの名所

MAP 別冊 P.28-B2

評議平

景勝地

旧ヘリポート（きゅうへりぽーと）

2003年まで災害と急患の搬送に使われていた、直径30mのヘリポート。360度視界が開けているので星を眺めるのにいい。

野鳥観察のポイントにもなっている

旧ヘリポート
P あり
交 沖港から徒歩15分

道路脇からドラマチックな夕日を望む

MAP 別冊 P.28-A2

静沢

景勝地

サンセットシアター

静沢の森遊歩道の入口付近の道は、夕日の名スポット。太陽が水平線に沈む際に、一瞬緑に光るグリーンフラッシュが見られることも。

集落から歩いていける夕日の名所

サンセットシアター
P あり
交 沖港から徒歩20分

集落を一望するビュースポット

MAP 別冊 P.29-D2

元地

景勝地

小剣先山（しょうけんさきやま）

元地集落の裏にある標高112mの山。山頂付近は険しい岩場になっているので、足元に注意。山頂からは集落と海を見渡せる。

急勾配の登山道には柵が設置されている

小剣先山
P なし
交 登山口まで沖港から徒歩5分

登山口から15分ほど歩くと山頂に到着する

母島特産のロース石で造られた建物

MAP 別冊 P.29-D1

元地

資料館

ロース記念館（ろーすきねんかん）

1913年築の砂糖倉庫を移築復元した建物。戦前に島で使われていた民具や漁具などを展示しているほか、タコノ葉細工体験もできる。

当時の島の様子を伝える写真や資料も展示

ロース記念館
TEL 04998-3-2064
営 8:30～16:00
料 入場自由 休 ははじま丸運休日
P なし 交 沖港から徒歩10分

タコノ葉細工体験開催日は母島観光協会へ→P.360

のんびり過ごせる母島一大きなビーチ

MAP 別冊 P.29-C3

静沢

ビーチ

脇浜なぎさ公園（わきはまなぎさこうえん）

集落に近い海水浴やスノーケリングを楽しめる海浜公園。アオウミガメの人工産卵場があり、季節によって産卵やふ化を観察できる。

春にはネムリブカの大群が見られる

脇浜なぎさ公園
P なし
交 沖港から徒歩5分

湾内にあるので風の影響を受けにくく穏やか

しま通信 父島から母島に日帰りで訪れる場合は、父島発7:30→母島着9:30、母島発14:00→父島着16:00のスケジュール。滞在時間は4時間半と短いので、どう過ごすか事前に決めておこう。

食べる＆飲む

Eat&Drink

食事処は少ないが、島民にも人気の雰囲気のよいカフェや飲食店、デリなどがある。営業日は来島前に確認しておこう。

静沢

滞在中何度でも訪れたい南国カフェ　MAP 別冊 P.29-C2

カフェ

88cafe

だぶるえいとかふぇ

漁港のすみにあるオーシャンビューのカフェ。営業時間内はいつでもランチのオーダーが可能。島の果物やはちみつを使ったパンケーキもおすすめ。オリジナルグッズやサンダルも販売。

海を見晴らす2階のテラスは風が通り心地よい

88cafe
TEL 04998-3-2442
営 9:00～17:00(L.O.16:00)
休 無休　CC ADJMV
P あり
交 沖港から徒歩3分

辛さにファンが多い、人気のガパオライス1400円

元地

地元の人にも人気のレストラン　MAP 別冊 P.29-D1

創作料理

お食事処めぐろ

おしょくじどころめぐろ

島野菜や島魚を使った、和・洋・中の創作料理を味わえる一軒家レストラン。人気メニューは島唐辛子が刺激的なチャーハン1300円、島ミニトマトスパゲッティ1600円。

島レモンやハチミツを使ったビールなども提供

お食事処めぐろ
TEL 090-8103-8840
営 11:30～14:00（L.O.13:00。おがさわら丸出港日前日のみ）、17:00～22:00（L.O.21:00）
休 不定休
P なし
交 沖港から徒歩5分

元地

日替わりでおいしいデリを提供　MAP 別冊 P.29-D1

デリ

BOOTERS

ぶーたーず

朝夕にオープンする島民御用達のテイクアウトデリ。さわやかなテラスでも食べられる。島魚フライやから揚げなどの総菜、いなり寿司や丼物などの食事、ビールなども販売している。

店舗脇のテラス席で休憩もできる

BOOTERS
営 6:00～13:00、16:30～18:30
休 火・木・日　P あり
交 沖港から徒歩4分

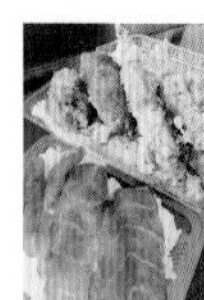

天丼や漬け丼などのご飯類も販売

母島の売店＆おみやげ店

母島には3つの商店があり、食料品や日用品を扱っている。農協では定番みやげも販売。漁協では父島のものよりも軟らかい母島ギョサンを販売している。

前田商店／農協売店／漁協売店　MAP 別冊 P.29-D2

おみやげはプチホテルLeCiel併設のおみやげコーナーや、88cafeなどで購入可能。

南国風アイテムが揃うLeCiel　MAP 別冊 P.29-D2

しま通信　1日ツアーなどでお弁当が必要な場合は、宿に頼むのが一般的。アイランドリゾート母島南風併設のレストラン、アウストロ（MAP 別冊 P.29-D1、TEL 04998-3-2877）では前日18:00までにおにぎり弁当の予約が可能。

泊まる

Stay

元地と静沢の集落に、ペンションや民宿が十数軒集まっている。いずれも客室数は少なく、のんびりした雰囲気の宿泊施設だ。

元地

全室バス、トイレ付きの快適な宿泊施設 MAP 別冊 P.29-D1

ペンション

アイランドリゾート母島南風

あいらんどりぞーとははじまなんぷう

島内随一の高級ペンション。木のぬくもりを感じさせるナチュラルな内装で、設備も充実している。小上がりに布団を敷く部屋は子供連れに人気だ。レストラン「アウストロ」も併設。

ツインルームは小さいデスクも備わる快適空間

アイランドリゾート母島南風
TEL 04998-3-2462
IN 15:00 OUT 9:00（※応相談）
料 素1万1000円～、朝1万2000円～、朝夕1万5000円～
CC ADJMV 部 12
P あり 交 沖港から徒歩5分

食事は併設のレストランで

静沢

緑豊かな環境で優雅な休日を MAP 別冊 P.29-C2

ペンション

クラフトインラメーフ

庭に色とりどりの花が咲く、自然との共生がテーマのペンション。建物全体に無垢材を使用している。母島で水揚げされた魚や無農薬・低農薬野菜を使った料理が好評。

自然のなかにいるような気分で滞在できる

クラフトインラメーフ
TEL 04998-3-2140
IN 随時 OUT 9:00
料 朝夕1万2000円～
CC ADJMV 部 11
P あり 交 沖港から徒歩3分

ツインルームや和室、コテージなどの部屋がある

元地

海と緑を体感できる小さな宿 MAP 別冊 P.29-D2

民宿

民宿しまてらす

みんしゅくしまてらす

アオウミガメが上陸する海岸から徒歩1分のロケーションにある、シンプルで過ごしやすい民宿。共有キッチンで自炊ができる。レンタカー、レンタバイクあり。

ファミリーやグループ向けの4人部屋もある

民宿しまてらす
TEL 04998-3-5333
IN 14:00 OUT 10:00
料 素2万円（ルームチャージ）
CC ADJMV
部 3
P あり
交 沖港から徒歩5分

静沢

食堂での旅行者同士の交流も楽しい MAP 別冊 P.29-C2

ペンション

ペンションりゅう

港から近い静沢集落の高台にあるペンション。食堂は広々としており、島食材を使った家庭料理が人気。シャワー・トイレ共同の部屋のほか、ユニットバス付きの部屋も1室ある。

緑豊かなエリアにあり、のんびり過ごせる

ペンションりゅう
TEL 04998-3-2051
IN 14:00 OUT 10:00
料 素6600円～、朝7700円～、朝夕8800円～
部 6
P あり
交 沖港から徒歩3分

しま通信 母島の宿泊施設は数が限られており、仕事で長期滞在する人で予約が埋まってしまうことも多い。旅の予定が決まったら早めに予約をしておこう。

年に１回のスペシャルトリップ

はるかなる島々へ、硫黄三島クルーズ

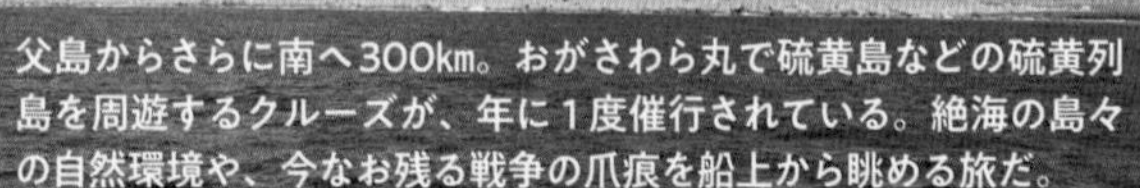

父島からさらに南へ300㎞。おがさわら丸で硫黄島などの硫黄列島を周遊するクルーズが、年に１度催行されている。絶海の島々の自然環境や、今なお残る戦争の爪痕を船上から眺める旅だ。

左／第２次世界大戦の激戦地となった硫黄島　右上／火山活動が盛んな硫黄島から立ち上る噴気　右下／船の上からも岩肌や鳥の姿が見える

定期航路のない島々へ 未知なる風景への 24 時間の旅

年に１度、おがさわら丸は定期航路のない島へと旅立つ。原生的な自然をとどめる「南硫黄島」、戦争の激戦地「硫黄島」、太古の遺跡が残る「北硫黄島」を洋上から眺めるツアーだ。

船は入港日の日没後に父島を出港する。街灯がしだいに遠ざかり、暗闇の大海原を南へ。船内では食堂やシャワーなどを、通常の航海同様に利用できる。

翌朝明け方にデッキに出ると、父島よりも熱気を帯びた空気に包まれる。刻々と明るくなる風景のなかに、海蝕崖に囲まれた南硫黄島が現れる。人の定住記録がなく、原初の小笠原の自然環境が保たれた島には、希少な動植物が生息している。船の周囲を悠々と飛ぶアカアシカツオドリは、日本では南硫黄島でのみ営巣が確認されている絶滅危惧種の鳥だ。

開拓と戦争の歴史を記憶する島々 孤島の命に思いをはせる

その後、船は北上して硫黄島へ。島が見えてくると、風に乗り硫黄の匂いが漂ってきた。最高峰の摺鉢山からなだらかな地形が広がる島には、硫黄の噴気や、駐留する自衛隊の施設が見える。明治時代に開拓が始まり移民でにぎわった島だが、第２次世界大戦の激戦地となったあとは、荒涼とした風景のまま時を止めている。船は島を一周したあと、慰霊の長い汽笛を鳴らし、波間に漂う花を残して北へと進む。

正午に近づく頃、北硫黄島が見えてきた。現在は無人島だが、明治時代には八丈島出身の入植者が生活し、海産物などで生計を立てていた。小笠原との定期便も年６便運航されていたという。緑豊かな島を２周して、船は父島に戻る。

先人の開拓、戦争の悲劇、命をつなぐ生物の姿。年に１度のクルーズは、孤島を間近に見せてくれるとともに、島々の物語を伝える役割も担う。

クルーズのスケジュール

19:00　二見港出港

おがさわら丸入港日の当日の夜に出発。見送りの人が少ない出港は貴重な体験。

6:00　南硫黄島を通過

硫黄三島最南端にある島。海底からそそり立つ急峻な地形で、海上に見えるのは一部のみ。

8:40　硫黄島

戦前は移民で栄えた島。太平洋戦争時は激戦地となり、海岸線には朽ちた船の残骸が残る。

11:25　北硫黄島

緑豊かな島は、戦前には集落や製糖工場もあり賑わった。先史時代の遺跡も発見されている。

18:30　二見港帰港

上／硫黄島を離れる前に菊の花が配られて、献花と黙祷が行われる　左／晴れていれば、水平線から昇るダイナミックな朝日を眺められる

硫黄三島クルーズの問い合わせ：小笠原海運 → P.85

硫黄三島へのクルーズには解説員が乗船し、島々の歴史や自然環境に関するレクチャーを行う。島々の古い地図や写真といった貴重な資料の展示や、船内テレビでは動画の放映もある。

第4章

歴史・文化と地理

年表で見る東京の島々の歴史

時代	西暦	和暦	島名	島のできごと
旧石器時代	約200万年前		伊豆大島	北部の岡田火山、東部の行者窟火山、南部の筆島火山が生まれる。
	約3万7000年前		神津島	黒曜石が採取される。※沼津市の井出丸山遺跡で発掘された石器などから
縄文時代	紀元前8000年頃		伊豆大島	伊豆大島にて最古の人の暮らしの痕跡。※下高洞遺跡から
	紀元前6000年頃		御蔵島	御蔵島縄文人の生活の痕跡。※ゾウ遺跡の土器から
	紀元前6500年頃		式根島	式根島に生活の痕跡。※吹之江遺跡、石白川遺跡から
	紀元前5000年頃		八丈島	八丈島に生活の痕跡。※湯浜遺跡から
	紀元前4500年頃		新島	新島に集落ができる。※田原遺跡で発掘された土器などから
	紀元前4000年頃		利島	利島にて縄文中期の竪穴式住居跡や、土器、石器、骨角器が発見される。
	紀元前3500年頃		八丈島	倉輪の集落遺跡から各地の縄文土器や装飾品、人骨などが出土。
	紀元前3000～2000年頃		青ヶ島	マグマ水蒸気爆発が発生し、最終的に池之沢火口を形成。 **池之沢→P.302**
	紀元前2000年頃		神津島	神津島に集落ができる。※菊若遺跡で発掘された土器などから
	紀元前1500～紀元前500年頃		新島	縄文人の新島への渡島が盛んになる。※渡浮根遺跡で発掘された土器や石器などから
飛鳥時代	620年	推古天皇28年	伊豆大島	屋久島の掖玖人が2人、伊豆の島に流されてきたと『日本書紀』に記される。
	699年	文武天皇3年	伊豆大島	修験道の開祖とされる役小角（役行者）が伊豆大島に流されたと『日本書紀』に記される。**行者祭り→P.383**
奈良時代	701年	大宝元年	伊豆諸島	大宝律令で国郡制がしかれ、伊豆諸島は伊豆国加茂郡に属すと『下田市史』に記される。
	719年	養老3年	三宅島	多治比真人三宅麻呂が伊豆に配流されたことで、三宅島と名付けられたという伝説がある。
	724年	養老8年	伊豆大島・利島	伊豆、安房、常陸、佐渡、隠岐、土佐の六国を流罪の中で最も重い遠流の国と定めると『続日本紀』に記される。
平安時代	800年頃		式根島	式根島に大規模な集落ができる。※野伏西遺跡で発掘された鏡などから
	838年	承和5年	神津島	神津島の天上山が噴火したと、『続日本後紀』に記される。
	852年	仁寿2年	神津島	神津島の阿波命神社と物忌奈命神社が正五位下の神階を得たと『文徳天皇実録』に記される。**物忌奈命神社→P.207**
	886年	仁和2年	新島	新島の向山が噴火したと、『日本三代実録』に記される。
	927年	延長5年	神津島	神津島の阿波命神社と物忌奈命神社が格式高い大社として『延喜式』の神名帳に記される。**物忌奈命神社→P.207**
	1156年	保元元年	伊豆大島	源為朝が捕らえられ、伊豆大島に流されると『尊卑分脈』に記される。
鎌倉時代	1208年	承元2年	八丈島	源為朝の子、為宗が八丈島の西山の麓に宗福寺を創建したと伝わる。
南北朝時代	1338年	延元3年	伊豆諸島	関東管領・上杉憲顕が初めて代官制をしき、島治機関を創設と『神津島村誌』に記される。
室町時代	1395年	応永2年	三宅島	伊豆地区の日蓮宗善陽寺が創建される。
	1493年	明応2年	伊豆諸島	伊豆国が北条早雲に平定される。北条氏の時代から、八丈島の絹織物が貢船「鬼丸」「蛇丸」で租税として定期的に納められる。
	1518年	永正15年	八丈島	1518年から1523年にかけて西山で噴火が続いた。
	1543年	天文12年	小笠原諸島	スペインの探検船サン・ファン・デ・レトラン号に火山（硫黄）列島が発見される。
安土桃山時代	1593年	文禄2年	小笠原諸島	信州深志（松本）城主の小笠原長時の曽孫、貞頼が小笠原を発見したと伝わる。
江戸時代	1603年	慶長8年	伊豆諸島	伊豆諸島が江戸幕府の直轄地である天領となる。
	1605年	慶長10年	八丈島	西山（八丈富士）の南東斜面で発生したマグマ噴火が起こり、溶岩流が発生。

神津島の往路航海が旧石器時代にはすでにあったことがわかる

旧石器時代には神津島への航海技術があったことがわかる

伊豆大島の泉津・行者浜辺りで行われる、行者祭りにつながった

流罪の源為朝が上陸した大島・岡田の八幡神社に源為朝が祀られる

ヤケンヶ浜は1605年に起こった西山の噴火で流れ落ちた溶岩によりできた

しま通信　伊豆大島の元町・湯の浜近辺にある下高洞遺跡は、伊豆諸島および小笠原諸島の中で、人の生活に関する最も古い痕跡。そこでは神津島産黒曜石も発見されており、島々間の往来があったことがわかる。

年表で見る東京の島々の歴史

時代	西暦	和暦	島名	島のできごと
江戸時代	1606 年	慶長 11 年	八丈島	関ヶ原の戦いに負けた宇喜多秀家父子主従 13 人が八丈島に流される。八丈島初の流人。 **宇喜多秀家→ P.383**
	1606 年	慶長 11 年	八丈島	八丈島付近で海底噴火が発生し、火山島が生成されたがすぐに消失した。
	1612 年	慶長 17 年	伊豆大島	波浮「オタイネの碑」にて讃えられる朝鮮婦女・ジュリアが伊豆大島に流される。**おたぁ・ジュリア→ P.383**
	1639 年	寛永 16 年	神津島	伊豆下田の海善寺の末寺として、濤響寺が神津島で開山される。
	1639 年	寛永 16 年	小笠原諸島	オランダ船のエンゲル号とフラフト号が父島と母島を発見するものの、上陸はせず。
	1642 年	寛永 19 年	式根島	新島から塩釜が移され、式根島の釜下海岸で製塩が始まる。
	1652 年	承応元年	式根島	式根島の製塩所が新島に戻されたことで、式根島は無人となる。
	1668 年	寛文 8 年	新島	出羽国(山形県)羽黒山の第 50 代別当·天宥法印が初の流刑人として、新島に流された。
	1670 年	寛文 10 年	利島	利島にて行政機構改革により、島代官が廃止。代官の下役である手代による支配が始まる。
	1670 年	寛文 10 年	小笠原諸島	阿波国（現在の徳島県）のミカン船が母島に漂着。本土に戻り母島について幕府に報告。
	1675 年	延宝 3 年	小笠原諸島	幕府の命で嶋谷市左衛門らが上陸し、方位測定や鉱石・動植物の採取を行う。
	1689 年	元禄 2 年	三宅島	年貢が塩の現物納から金代納に替わる。
	1687 年	貞享 4 年	式根島	式根島に泊神社が造営される。**泊神社→ P.194**
	1690 年	元禄 3 年	伊豆大島	塩の現物納だった年貢が金代納に替わる。
	1694 年	元禄 7 年	伊豆大島	現存する伊豆大島最古の古文書『大島浦竃百姓証文』が作成される。
	1703 年	元禄 16 年	伊豆大島	大地震に次ぐ大津波により、伊豆大島の波浮の池が港となることが『伊豆國大嶋差出帳』に記される。
	1703 年	元禄 16 年	新島・式根島	大地震に次ぐ大津波により、新島と式根島が分離したという伝説が残る。
	1706 年	宝永 3 年	利島	『古代より差出し帳』にて、江戸幕府に年貢として上納していた絹織物を廃止すると記される。
	1724 年	享保 9 年	利島	在島手代制が廃止され、利島では名主・年寄を中心に島内の行政が運営される。
	1729 年	享保 14 年	御蔵島	三宅島から独立し、代官所の直轄となる。
	1763 年	安政 3 年	三宅島	噴火により、水面が七色に変化するといわれた新澪池ができる。
	1766 年	明和 3 年	伊豆大島	伊豆大島流罪が廃止されると『七島巡見志』に記される。
	1777 年	安永 6 年	伊豆大島	安永の大噴火が起こる。
	1783 年	天明 3 年	青ヶ島	池之沢から噴火。島内の 61 戸が焼失、7 名の死者がでる。
	1785 年	天明 5 年	青ヶ島	マグマ噴火が起きる。327 名の居住者のうち、130 ～ 140 名が死亡したと推定される。生き残った島民は八丈島に避難し、以降、約 50 年間、無人島となる。
	1785 年	天明 5 年	小笠原諸島	林子平が記した地理書『三国通覧図説』に「本名小笠原嶋ト云」と記載される。
	1796 年	寛政 8 年	伊豆大島·利島・神津島・御蔵島	伊豆大島・利島・神津島・御蔵島が流刑地から外される。
	1796 年	寛政 8 年	御蔵島	「二十八軒衆」が創設。自給自足生活する上で人口が増加しないよう、当時居住していた 28 戸以外の転入を制限。
	1800 年	寛政 12 年	伊豆大島	伊豆大島にて秋広平六により崖を切り崩し、波浮港が開港される。 **波浮港→ P.114**
	1815 年	文化 12 年	伊豆諸島	伊能忠敬の仲間が伊豆諸島に来島し、測量を行う。『大日本沿海輿地全図』に記す。
	1824 年	文政 7 年	青ヶ島	幾度とない困難を乗り越え、還住（全島民帰還）を果たし、再度有人島となる。→ P.298

生成された火山島の位置は不明だ

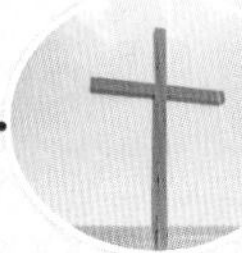
伊豆大島と神津島におたぁ・ジュリアの十字架がある

伊豆七島の開祖神である事代主命の后神が祀られる

役人による搾取や不当な支配があり、三宅島からの独立を果たした

天明の噴火によって青ヶ島の二重カルデラが誕生した

湖のように穏やかな湾だったため、「風待ちの港」として大いに栄える

1787 年何度も還住を試み、ついに帰還した

しま通信 小笠原諸島は発見当初、無人島（ぶにんじま）と呼ばれていた。その後移住した欧米系島民の間でぶにんがボニンと訛り、小笠原諸島はボニンアイランドと呼ばれるようになった。

年表で見る東京の島々の歴史

時代	西暦	和暦	島名	島のできごと
江戸時代	1830年	天保元年	父島	父島の最初の定住者である欧米人5人と太平洋諸島民約25人が父島に上陸し、奥村に住居を建てる。
	1835年	天保6年	青ヶ島	幕府によって、青ヶ島の再興が公に認められる。
	1848年	嘉永元年	新島	植松三良平が餌をまいて魚群をすくい上げる漁法・謀計網を開発。この漁法は現在にも残る。（棒受網）
	1853年	嘉永6年	八丈島	鹿児島の商人、丹宗庄右衛門が八丈島に流罪となり、実家から蒸留器を取寄せて島民に焼酎造りを教えた。→ P.48
	1853年	嘉永6年	父島	ペリー提督率いる米国東インド艦隊が、浦賀へ向かう途中に父島へ来航。
	1862年	文久2年	小笠原諸島	幕府が咸臨丸を派遣し、島民に領有宣言と開拓を伝える。これで日本領土であることの同意を得る。
	1862年	文久2年	八丈島	小笠原諸島開発のため、八丈島からの移民男女38名を選抜し小笠原諸島に向かう。
	1863年	文久3年	御蔵島	アメリカ船籍の商船ヴァイキング号が漂着し、島民が全員を救出。
	1863年	文久3年	小笠原諸島	アメリカで西洋式捕鯨を学んだジョン万次郎の指導により、父島周辺で捕鯨開始。
	1868年	慶応4年	伊豆諸島	韮山県（現在の静岡県、神奈川県、埼玉県、山梨県、東京都多摩地域）に伊豆諸島が属す。
明治時代	1868年	慶応4年	伊豆諸島	大赦令により流人の大半が赦免される。
	1869年	明治2年	新島	火災が起こり、長栄寺など１１２戸が焼失。
	1871年	明治4年	伊豆諸島	足柄県（現在の神奈川県西部、静岡県伊豆半島）に伊豆諸島が属す。
	1876年	明治9年	伊豆諸島	静岡県に伊豆諸島が属す。
	1876年	明治9年	小笠原諸島	国際的に日本領土と認められる。
	1878年	明治11年	伊豆諸島	東京府（現在の東京都）に伊豆諸島が属す。
	1878年	明治11年	小笠原諸島	父島の北袋沢に設けられた試験場でコーヒー栽培が始まるも、事業としては長続きしなかった。
	1880年	明治13年	小笠原諸島	東京府（現在の東京都）の管轄となり、東京府小笠原出張所を設置。
	1882年	明治15年	小笠原諸島	外国籍を持つ先住民を日本に帰化させる。
	1886年	明治19年	小笠原諸島	小笠原出張所を廃止し、小笠原島庁を設置。
	1888年	明治21年	新島	東京から新島への定期船が就航する。
	1889年	明治22年	式根島	新島から式根島へ4戸8名が移住する。
	1889年	明治22年	新島	くさや製造元（いさばや）の老舗である吉山商店創業。吉山商店→ P.167
	1891年	明治24年	御蔵島	東京湾汽船（現・東海汽船）が東京から御蔵島の航路を開始。
	1891年	明治24年	大島、新島、三宅島	東京から三宅島・新島・大島への定期船航路の契約が終結。
	1891年	明治24年	小笠原諸島	火山（硫黄）列島が小笠原島庁の管轄として、硫黄島が正式に日本領になる。
	1898年	明治31年	小笠原諸島	南鳥島が小笠原島庁の管轄となる。
	1899年	明治32年	神津島	火災が起こり、全世帯約３１０戸のうち約３００戸を焼失する大災害となる。
	1899年	明治32年	小笠原諸島	横浜～父島便が年12便、その後24便となり、小笠原への入植者は4000人を超える。父島～母島便は月2便が就航。
	1902年	明治35年	鳥島	鳥島が噴火。全家屋埋没し無人島となる。
	1907年	明治40年	利島	静岡から利島に来島した炭焼き職人高藤常吉の指導により、良質な木炭が生産できるようになる。
	1908年	明治41年	伊豆大島	島嶼町村制が施行。伊豆大島の岡田村、新島村、泉津村、野増村、差木地村、波浮港村が単独村制施行。
	1908年	明治41年	八丈島	八丈島の三根村、大賀郷村、樫立村、中之郷村、末吉村に島嶼町村制が施行。
	1909年	明治42年	伊豆大島	伊豆大島内の新島村を元村（現在の元町）と改称する。
	1910年	明治43年	八丈島	東京湾汽船によって八丈島航路が開始。
	1911年	明治44年	青ヶ島	東京湾汽船によって青ヶ島航路が開始。これで、伊豆諸島全域の定期航路を完成させた。

父島の奥村にあった外人住家。現在も欧米系の人々が暮らす

現代も伊豆諸島と静岡県のつながりは強く、定期航路もある

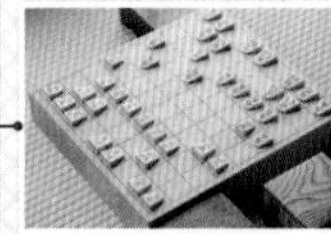
将棋の駒の材料である柘植材輸送を目的に御蔵島航路を開始した

定期航路の確立により、明治末から文人墨客が大島に訪れた

別名、伊豆鳥島。八丈支庁だが、どの市町村にも属さない。現在は、鳥島は島全体が国の天然記念物に指定されている。特別天然記念物アホウドリの棲息地としても有名

しま通信 1781～89年に繰り返し起きた大噴火で青ヶ島を離れた島民は、当時の名主、佐々木次郎太夫らを中心に帰還事業を始めたことから、1824年、島へと帰還できた。島には佐々木次郎太夫の像がある。

時代	西暦	和暦	島名	島のできごと
大正時代	1912年	大正元年	伊豆大島	伊豆大島で「大正元年より4年まで5年間、噴火が続く」と『日本噴火史』に記される。
	1915年	大正4年	八丈島	八丈島最古の焼酎蔵、八丈島酒造が創業。八丈島酒造。→ P.50
	1918年	大正7年	神津島	大暴風雨襲来。旧暦9月24日に通過した台風によるもので、現在も十五夜時化と語り継がれる。
	1918年	大正7年	三宅島	三宅島でスペイン風邪が蔓延し、多数の死者が出る。
	1918年	大正7年	伊豆大島	昭和天皇（皇太子時代）の来島に際し、歓迎の意を込めて牛乳煎餅が誕生した。→ P.64
	1920年	大正9年	伊豆大島・利島	大島島庁が、利島・新島・神津島・三宅島・御蔵島を管轄下に置く。
	1920年	大正9年	父島	父島大村に陸軍築城部父島支部を設置。
	1921年	大正10年	小笠原諸島	マリアナ諸島が日本の委任統治領となったことで、中継基地となる。
	1922年	大正11年	伊豆大島	伊豆大島の元村、差木地村間に大紛争が起こる。野増村消防組の仲介により流血は免れる。
	1923年	大正12年	利島・新島・神津島・三宅島・御蔵島	本土における町村制とは別に、利島、新島、神津島、三宅島、御蔵島で島嶼町村制が施行。
	1926年	大正15年	伊豆大島・小笠原諸島	大島島庁が大島支庁に、小笠原島庁が小笠原支庁、八丈島庁を廃し八丈支庁が設置となる。
昭和時代	1926年	昭和元年	伊豆大島	酪農の最盛期。1200頭あまりの牛が飼育され「ホルスタイン島」と呼ばれた。**大島牛乳→ P.62**
	1926年	昭和元年	御蔵島	昭和御大典に再び、東京府は御蔵島の桑材を献上。
	1927年	昭和2年	小笠原諸島	昭和天皇が戦艦山城で父島と母島に行幸する。
	1929年	昭和4年	伊豆大島・八丈島	昭和天皇が伊豆大島、八丈島に行幸する。
	1931年	昭和6年	伊豆大島	内モンゴル自治区のゴビ砂漠などからラクダとロバが送られ、内輪山を遊覧する観光アクティビティとなった。
	1931年	昭和6年	小笠原諸島	沖ノ鳥島が小笠原支庁の管轄となる。
	1935年	昭和10年	伊豆大島	伊豆大島の「桜株」国の天然記念物に指定される。**桜株→ P.127**
	1935年	昭和10年	伊豆大島	外輪山赤ダレ付近から砂の浜方面に900mのスライダーを作り、観光客が楽しんだ。
	1935年	昭和10年	利島	明治末頃から始めた酪農が本格化。酪農が利島で大きな産業となるが、第2次世界大戦後に衰退する。
	1935年	昭和10年	伊豆大島	東京湾汽船（現・東海汽船）が、都立大島公園動物園を開設。→ P.124
	1938年	昭和13年	伊豆大島	8月11日、伊豆大島の三原山噴火。同年、ドイツのヒットラーユーゲント一行28名が来島する。
	1939年	昭和14年	小笠原諸島	父島西町と洲崎飛行場に海軍航空隊を配置する。
	1940年	昭和15年	三宅島	雄山北東山腹の標高200m付近から噴火し、約22時間で「ひょうたん山」を形成。**ひょうたん山→ P.229**
	1940年	昭和15年	青ヶ島	東京都八丈支庁の管轄下となり、青ヶ島村が置かれる。
	1942年	昭和17年	伊豆諸島	東京湾汽船が東海汽船に改名。
	1943年	昭和18年	伊豆諸島・小笠原諸島	「東京都制案」が可決され、伊豆諸島・小笠原諸島ともに東京都に属す。
	1943年	昭和18年	新島	新島に陸軍特設警備中隊が駐屯する。終戦時には7部隊7000～8000人が駐在。
	1944年	昭和19年	小笠原諸島	島民6886人が本土に強制疎開。残留者は825人。
	1944年	昭和19年	三宅島・八丈島	本土防衛のため陸海軍部隊が八丈島に約2万人、三宅島に1500人駐屯し、島民は強制疎開。
	1945年	昭和20年	伊豆諸島	伊豆大島・新島・神津島などの島民が強制疎開。
	1945年	昭和20年	伊豆諸島	新島・式根島へアメリカ軍戦闘機編隊による機銃掃射。
	1945年	昭和20年	硫黄島	硫黄島で米軍と国内最初の陸上戦闘。3月に硫黄島が陥落。

海軍からの要請により測量・砲台設計に着手。しかし、1922年2月、ワシントン軍縮会議による太平洋防備制限条約によって工事は中止となった

牛の食料となる明日葉などが自生していたため、育てやすかった

昭和天皇は要塞地域の視察として、小笠原諸島を訪れている。現在、父島のお祭り広場には、昭和天皇行幸碑と、上皇・上皇后行幸啓記念碑が建てられている

オオシマザクラはソメイヨシノの交配親でもある

昭和12年、東京湾汽船から東京市に大島公園施設と営造物が寄付された

しま通信　八丈島には第2次世界大戦の跡が残っており、人間魚雷「回天」の基地や、山中には陸軍の最終司令部を築こうとした跡があるという。もしかしたら八丈島が、戦地になっていたかもしれない

時代	西暦	和暦	島名	島のできごと
昭和時代	1946 年	昭和 21 年	伊豆諸島	1 月 29 日から 3 月 21 日まで GHQ の信託統治下に置かれる。
	1946 年	昭和 21 年	三宅島	伊ヶ谷、伊豆、神着の 3 村が合併して三宅村が成立。
	1946 年	昭和 21 年	小笠原諸島	米軍の直接統治の下に置かれる。欧米系の島民 129 人のみ父島へ帰島する。
	1946 年	昭和 21 年	伊豆諸島	伊豆諸島、日本国に復帰する。※伊豆諸島が独立国家だったのは 1946 年 1 月 29 日から 3 月 22 日まで
	1952 年	昭和 27 年	小笠原諸島	各村役場および小笠原支庁が、対日講和条約の発効により廃止。
	1954 年	昭和 29 年	八丈島	八丈島航空輸送農業協同組合が発足し特産の切花の空輸を開始。さらに翌 1955 年から東京〜八丈島間に定期航空路が開設。
	1955 年	昭和 30 年	伊豆大島	伊豆大島六ヶ村合村により、大島町となる。
	1955 年	昭和 30 年	八丈島	八丈村・大賀郷村・宇津木村が合併し、八丈町になる。
	1955 年	昭和 30 年	新島	新島の新島灯台が、日本初の無人灯台として竣工。
	1958 年	昭和 33 年	利島	医師確保のためヘリコプター路線の開発が進められ、ヘリポートが完成。
	1962 年	昭和 37 年	三宅島	割れ目噴火で、このときの大量な噴石が積み重なり三七山ができる。
	1964 年	昭和 39 年	伊豆諸島	伊豆諸島が富士箱根伊豆国立公園に編入。
	1965 年	昭和 40 年	小笠原諸島	東京都による硫黄島での墓参事業を開始。
	1966 年	昭和 41 年	青ヶ島	伊豆諸島で最も遅く、青ヶ島に電気が開通。
	1967 年	昭和 42 年	小笠原諸島	佐藤・ジョンソン会談で、小笠原諸島返還について合意がなされる。
	1968 年	昭和 43 年	小笠原諸島	小笠原諸島返還協定が調印され返還。小笠原村発足。東京都小笠原支庁等の行政機関を設置。
	1969 年	昭和 44 年	八丈島	八丈小島の島民が集団離島。無人島になる。
	1972 年	昭和 47 年	新島・式根島	新島と式根島間に、村営船にしきが就航。**連絡船にしき→ P.192**
	1972 年	昭和 47 年	小笠原諸島	東京〜父島に定期航路が就航。東京〜父島を 44 時間で結ぶ。
	1972 年	昭和 47 年	小笠原諸島	小笠原諸島が国立公園に指定される。小笠原支庁母島出張所および小笠原村役場母島支所を設置。
	1972 年	昭和 47 年	青ヶ島	村営連絡船「あおがしま丸」が就航。
	1975 年	昭和 50 年	小笠原諸島	南硫黄島が日本初の原生自然環境保全地域に指定される。
	1977 年	昭和 52 年	八丈島	「本場黄八丈」の名で、国が黄八丈を伝統的工芸品に指定。**めゆ工房→ P.291**
	1979 年	昭和 54 年	新島	新中央航空株式会社によって、調布飛行場から新島空港を結ぶ不定期航路が運行を開始。
	1979 年	昭和 54 年	小笠原諸島	初代おがさわら丸が就航し、東京〜父島を 28 時間で結ぶ。初代ははじま丸の就航。
	1983 年	昭和 58 年	三宅島	阿古地区の噴火。阿古小・中学校が埋没する。新澪池に溶岩が流入し、激しいマグマ水蒸気爆発を起こした後、池の水がなくなる。
	1984 年	昭和 59 年	伊豆大島	新中央航空株式会社によって、調布から大島を結ぶ不定期航路が運行を開始。
	1984 年	昭和 59 年	青ヶ島	焼酎の生産者（杜氏）が集まり昭和 59 年に青ヶ島酒造を設立。**青ヶ島酒造→ P.51**
	1986 年	昭和 61 年	伊豆大島	伊豆大島火山が噴火し全島民が避難。約 1 カ月後には避難が解除され島民は帰還した。
	1988 年	昭和 63 年	小笠原諸島	戦前から重要産業であった捕鯨が商業捕鯨禁止により撤退となる。
平成時代	1989 年	平成元年	小笠原諸島	小笠原ラム・リキュール株式会社が設立。**小笠原ラム・リキュール株式会社→ P.49**
	1990 年	平成 2 年	新島	世界アマチュアサーフィン選手権が、アジア初の開催場として開催される。
	1992 年	平成 4 年	神津島	新中央航空株式会社によって、調布飛行場から神津島空港を結ぶ不定期航路が運行を開始。
	1993 年	平成 5 年	小笠原諸島	小笠原諸島発見 400 年・返還 25 周年記念式典を開催。

急激な過疎化や生活の厳しさがあり、集団離島を決意

現在も 1 日 3 回の往来があり、ふたつの島をつないでいる

結城紬、大島紬とともに日本三大紬として親しまれている

しま通信 1984 年に公開された映画『ゴジラ』では、ゴジラが伊豆大島の三原山火口へ落ちるという結末だ。その 2 年後に三原山が噴火、まるでゴジラが復活したように、溶岩で形成されたゴジラ岩が生まれた。

年表で見る東京の島々の歴史

時代	西暦	和暦	島名	島のできごと
平成時代	1994 年	平成 6 年	利島	利島の八幡神社を改築時に、集石遺構が検出される。
	1994 年	平成 6 年	小笠原諸島	上皇・上皇后両陛下が硫黄島と父島、母島を行幸される。
	1995 年	平成 7 年	伊豆諸島・小笠原諸島	竹芝客船ターミナル全ゾーン完成。
	1997 年	平成 9 年	小笠原諸島	2 代目おがさわら丸就航。東京～父島は片道 25 時間 30 分となる。
	1999 年	平成 11 年	青ヶ島	村営青ヶ島村製塩事業所が開所。「ひんぎゃの塩」誕生。
	2000 年	平成 12 年	伊豆大島	伊豆大島の波浮港開港 200 周年を記念し、事業開催。
	2000 年	平成 12 年	三宅島・新島・式根島・神津島	三宅島・新島・式根島・神津島に伊豆諸島北部群発地震が発生。
	2000 年	平成 12 年	三宅島	三宅島噴火で全島民避難する。
	2002 年	平成 14 年	伊豆大島・利島・新島・式根島・神津島	伊豆大島・利島・新島・式根島・神津島に高速ジェット船が就航。
	2005 年	平成 17 年	三宅島	全島避難指示が解除され、多くの島民が戻る。
	2010 年	平成 22 年	大島	伊豆大島が日本ジオパークに認定される。
	2011 年	平成 23 年	青ヶ島	村営の製塩事業を、（株）青ヶ島製塩事業所として民営化。**青ヶ島製塩事業所→ P.310**
	2011 年	平成 23 年	小笠原諸島	小笠原諸島がユネスコ世界自然遺産に登録される。
	2014 年	平成 26 年	伊豆諸島	東海汽船株式会社が運航する橘丸が就航。
	2014 年	平成 26 年	三宅島	新中央航空株式会社によって、調布飛行場から三宅島空港を結ぶ定期航路が運行を開始。
	2014 年	平成 26 年	青ヶ島	アメリカの環境保護 NGO・One Green Planet が、「死ぬまでに見るべき世界の絶景 13 選」で日本で唯一、青ヶ島を選出。
	2016 年	平成 28 年	小笠原諸島	3 代目おがさわら丸就航。東京～父島は片道 24 時間となる。
	2018 年	平成 30 年	小笠原諸島	小笠原諸島日本復帰（返還）50 周年記念式典を開催。
令和時代	2020 年	令和 2 年	伊豆諸島	3 代目さるびあ丸、新ジェット船のセブンアイランド結が就航。
	2020 年	令和 2 年	神津島	東京都で初の星空保護区®に認定される。アメリカに本部を置く非営利団体・国際ダークスカイ協会によるもの。→ P.199
	2021 年	令和 3 年	式根島	式根島開島 135 周年。
	2022 年	令和 4 年	青ヶ島	八丈島～青ヶ島定期航路の新造船・くろしお丸が就航。
	2023 年	令和 5 年	神津島	神津島村制定 100 周年。

ジェットエンジンで海水を吹き出し、海水から揚力を得て飛ぶ

全日空の羽田撤退による代替のため、定期航路が開通

3代目さるびあ丸は、排気ガス中のCO_2などを減少させたスーパーエコシップ

伊豆諸島の変遷

伊豆諸島は東京都、伊豆半島は、静岡県。少しややこしいと思う方も多いのではないだろうか。伊豆諸島の管轄の変遷はめまぐるしい。江戸時代、伊豆諸島は江戸幕府の直轄地だった。島の人々は海産物や塩などを江戸に送り、そこで得たお金で生活必需品を購入していた。江戸と島は密接な関係を築いていたのだ。明治維新後は、当時の韮山県や足柄県の一部となり、度重なる管轄変更を経て、1876 年に静岡県に編入されたが、以前として東京との経済の結びつきの強い島からは、東京への移管への声が上がっていた。静岡県としても、東京と島々の間でたびたび起こった品物と代金を巡る訴訟裁判のたびに東京に出向くなど、負担が大きく、静岡県に編入して 2 年後の 1878 年、伊豆諸島は東京府の管轄に。1943 年、東京府は東京都となり、今にいたるまで東京都の管轄下に置かれている。

今も熱海や下田と伊豆諸島は船で結ばれている

しま通信 2014 年は橘丸のほかに、青ヶ島と八丈島を結ぶ定期貨客船のあおがしま丸や、下田から神津島、式根島、新島、利島を結ぶ貨客船兼自動車航送船のフェリーあぜりあも就航した。

江戸から東京府、東京都へ――
伊豆諸島 流人の歴史

江戸から明治初期まで続いた伊豆諸島への流罪

東京都とは思えないほどの大自然が広がり、観光地としてもにぎわう伊豆諸島。しかしかつては流刑地としてその名が知られていた。流罪は少なくとも飛鳥時代から法制度の大改革があった明治初期まで続いた。特に江戸時代、幕府の直轄領になったことによって本格的な流刑地となった伊豆諸島には流罪が廃止されるまでに5700人以上の流人が渡ったといわれる。

新島の流人が子供に寺小屋を開いている様子

流罪の始まりは明確ではないが、674年に「壱の子を伊豆の島に流す」という記述が日本書紀に、703年に発行された大宝律令に、遠流地として伊豆が明記されている。年に数度の帆船による往来があるのみだった島々は、たびたび食不足に陥り、厳しい生活だったようだ。そのなかでも流人がもつ医療や建築技術、読み書きなどの知識は島の人々の暮らしをおおいに向上させた。伊豆諸島に流された流人とはどのような人々だったのだろうか。

流人墓地がある島も。写真は八丈島の宇喜多秀家の墓

源　為朝（みなもとのためとも）

巨人で剛弓の使い手と恐れられた、平安時代の武将。破天荒なため九州へ追放されたが、九州を制覇。1156年、皇位継承問題である保元の乱に参戦したが敗れ、弓を引けないように肘の腱を切断。伊豆大島へ流された。しかしその後、伊豆大島、新島、神津島、三宅島、御蔵島と伊豆諸島を支配していった。1170年に乱暴狼藉を訴えられた討伐軍が派遣されたが、軍船を1本の矢で沈めたという伝説が残る。その後、八丈島に渡り八丈小島で自害したといわれる。さまざまな伝説を島に残した武将だ。

上／源為朝が大島で住んでいたといわれる屋形跡地
下／大島から188km離れた八丈島にも為朝を祀る史跡が多い

島々には流人の墓地が点在する。神津島にはおたあジュリアの墓地が、新島には、新撰組最後の隊長であった相馬主計の碑などもある。流人の歴史を知ってから島を訪ねると、より感慨深いものになるだろう。

宇喜多秀家（うきたひでいえ）

戦国時代に岡山城主・宇喜多家次男として生まれ、豊臣秀吉の政権下で徳川家康と同じ五大老に最年少で選ばれた宇喜多秀家。朝鮮での軍功や岡山城の改修によって岡山発展の基礎を築くなど、数々の功績でその名を高めた。しかし関ヶ原の戦いで敗れ、息子とともに八丈島へ流刑。武人というより、文人や学者のようなタイプだったといわれている。八丈島では84歳で人生を閉じるまで、50年を過ごした。ともなうことが許されなかった妻・豪姫からの願いで始まった前田家から八丈島への仕送りは、一族が赦免になる明治元年まで続いた。

秀家と豪姫をしのび造られた碑 MAP 別冊 P.20-B2

おたあジュリア

豊臣秀吉の朝鮮出兵が行われた1592年に、日本に連れてこられた朝鮮貴族のおたあジュリア。豊臣亡きあとも幕府の大奥に仕えたが、1612年に発布されたキリスト教の禁教令により改宗を求められたが拒み続けたため、大島、新島、そして神津島へと流刑にされた。深い薬草の知識があり多くの島民の命を救ったことから、島の人に慕われていたという。おたあジュリア没後、大島と神津島には大きな十字架が建てられ、しのばれていた。神津島では、おたあジュリアの遺徳をたたえるジュリア祭が2019年まで行われていた。

伊豆諸島に残る流人の行事・芸能

新島の大踊

お盆に本村と若郷で披露される踊り。踊りの得意な流人が手ほどきをしたといわれる。踊り手が顔を布で隠すのは流人が踊るからという説もある。ユネスコ無形文化遺産に登録された。

行者祭り

大島に流された山伏修験道の開祖役の行者・役小角を祀る儀式が、毎年6月15日に行われる。役小角が修行に使っていた役行者窟の周辺で、護摩焚きなどを行う。

手踊

流人が故郷をしのんで八丈島の島人に踊りを披露したものが変化し、島の芸能になった。今では服部屋敷で定期的に手踊が披露されている。

左／大島に作られたおたあジュリアの十字架
右／神津島では命尽きるまでの約40年間を過ごした

しま通信 大奥御年寄との密会疑惑「絵島・生島事件」が理由で三宅島に流刑となった、2代目市川團十郎の師匠のひとり・生島新五郎。この事件は2006年に映画化された『大奥』の題材ともなった。

共通するのは深い郷土愛
島に響く太鼓のリズム

力強く打ち込む姿は、祭りに訪れる人々を魅了する

大海原に囲まれた雄大な自然環境をもつ東京の島々では、それぞれ個性的な太鼓文化が育まれてきた。活火山がある島では情熱的でダイナミックな太鼓が、温暖な島では自然体で打つ娯楽としての太鼓が伝承されている。新住民が多い島では、より自由な太鼓文化も生まれた。共通するのは自然環境との調和と郷土愛だ。大地の鼓動を思わせる音は、島に暮らす人々をつなぎ、祭りやイベントを盛り上げている。地域の重要なコミュニティとしての役目も担う、各島の太鼓を紹介する。

神輿のための情熱的な太鼓、三宅島

三宅島の太鼓は神事との関係性が深い。島の北部にある御笏神社では、毎年7月、江戸時代から続く「牛頭天王祭」が行われている。この祭りを盛り上げるのが「神着木遣太鼓」だ。祭りの開始を伝える「寄せ太鼓」、神輿の巡行時の「神楽太鼓」、神輿が鳥居をくぐるまで境内各所で長時間打ち続ける「打ち込み太鼓」の3種類を「三宅島神着郷土芸能保存会」が打つ。

打ち込み太鼓の特徴は、低い位置に横に据えた太鼓を両面から打つこと。片面は地打ち、もう片面では「ドンツク、ドンツク、ドンドンツク……」という独特なリズムを打ち込み続ける。保存会会長の前田誠さんは「一定のリズムのなかに、打ち手の表現がストレートに反映されるのが特徴です」と説明する。

三宅島神着郷土芸能保存会

1970年に発足、会員数約20人。東京都無形民俗文化財に指定されている。毎週日曜17:00～見学可（Facebook「三宅島神着木遣太鼓」で事前確認）

太鼓で噴出する炎を表現する伊豆大島

自然への畏怖を和太鼓で表現するのが、伊豆大島の「御神火太鼓」だ。「島では古くから、三原山の火口から噴出する炎を御神火としてあがめてきました」と、「大島御神火太鼓保存会」代表の牧姿子さんは説明する。「揃い打ち」と「乱れ打ち」という2種類の打法で、三原山の噴火＝御神火の様子を表現する。

「揃い打ち」は、いくつかのパートに分かれて複数の打者が同じ曲を打つ。団体オリジナルの「乱れ打ち」は、間隔をあけた2台の太鼓の間にひとりの打ち手が入り、同時に2台を舞うように打つのが特徴だ。

大島御神火太鼓保存会

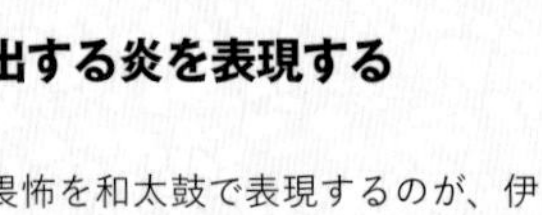

1972年に「御神火太鼓愛好会」として発足し、指導員を含めて90人で活動。体験可（欄外参照）。

伊豆大島の体験／「大島ふるさと体験館」（TEL 04992-2-3991）で体験可（要電話確認・予約、1人1620円）。八丈島の見学／連絡先 hachijodaiko@gmail.com

八丈島は即興太鼓を自然体でたたく

江戸末期に描かれた「婦人盆中太鼓打図」

宴席の余興としての太鼓文化が根付くのが八丈島だ。江戸時代から太鼓をたたいて余暇を過ごす習慣があった八丈島では、女性がたたく資料も残る。八丈太鼓「よされ会」代表の奥山善男さんは「この時代、女性が太鼓をたたくことはほかの地域では考えられません。八丈島の自由さを反映しています」と言う。

八丈太鼓は、太鼓を台座の上に横置きして、太鼓の両面からふたりでたたくスタイル。ひとりが下拍子と呼ばれるリズム、もうひとりは即興で自由にフレーズを打ち込む。自然体で自由に創作し、自分の曲として楽しむ。華麗なバチさばきとスピード感、ノリのよさが醍醐味だ。

小笠原の太鼓のルーツは八丈島に

小笠原には八丈島由来の太鼓文化が伝わっている。母島で活動する「小笠原太鼓同好会」の代表・綱島修さんは「明治中期に八丈島から開拓者が移住してきた際に、太鼓も伝来しました」と言う。第2次世界大戦で途切れるも、1972年の小笠原日本返還とともに太鼓の音が島に戻ってきた。娯楽のない父島で、会の創設者の佐々木政治さんが、ドラム缶やバケツをたたいたのが復活の始まりだ。その後佐々木さんは故郷の母島で会を創設した。

母島の太鼓は、八丈太鼓同様にふたり一組で、横向きの太鼓を両面からたたく。着物姿の女性が打つように体を立ててひざを揃え、ひとりが下拍子、もうひとりが即興でたたく。八丈太鼓をベースに独自のフレーズを加え、母島独自のスタイルを生み出した。

日常に太鼓の音がある父島の生活

父島ではふたつの団体が活動。おがさわら丸の出港時に、勇ましい出港太鼓「マッコウ太鼓」を披露するのは「ぼにん囃子」だ。軽快な締め太鼓で始まり、横置きの太鼓を力強く打ち込む曲は、雄大に泳ぐマッコウクジラをイメージ。航海の安全と島での再会の祈りを込めた。

代表の高嶺春夫さんは「敷居の高い郷土芸能ではなく、小笠原の自然のように、身近な文化でありたい」と話す。祭りでのお囃子や盆太鼓など、年間を通じて島の行事を盛り上げる。

同じく父島で活動する「太鼓会」は、子供たちに島の文化を伝え、大人もともに音楽を楽しむ団体だ。小笠原太鼓を基本に、さまざまな楽器も取り入れた柔軟なスタイルを特徴とする。「音楽は世代も言葉も関係なくつながれるすばらしいツールです。世界を広げることで、人生が豊かになります」と代表の小田川明子さんは話す。八丈島や島外の音楽団体との交流も深く、島やジャンルの垣根を超えた活動を行う。

次世代に新しい文化を伝える利島

次世代の子供たちのために、新たな太鼓文化を創り出したのが利島だ。1993年に村の教育長が「子供たちに伝承できることを始めたい」と提案し、長野県伊那市の太鼓団体「まつり工房」の指導で「利島太鼓の会」が誕生した。

太鼓を斜めに設置し、バチを回したり移動しながら打つ。「利島三部作」は、夜明けの静けさや夏祭りなど、利島の生活をイメージした曲だ。島内外のイベントに積極的に参加しており、長野まで遠征することもある。

各島の太鼓は「島じまん」などのイベントでも観賞できる。郷土愛を体現する各島の太鼓文化は、次世代へと受け継がれていくだろう。

よされ会

1996年に発足、会員数50人。24時間太鼓を打つ「24時間チャレンジ八丈太鼓」主宰。見学可（欄外参照）。

利島太鼓の会

1993年結成。大人16人、子供9人の計25人で活動。体験＆見学可（欄外参照）。

小笠原太鼓同好会

1980年代に発足、会員数20人。練習の見学可（月・木19:00～20:30、沖港船客待合所）。

ぼにん囃子

1997年発足、会員数30人。小学校の総合学習で太鼓の指導も行う。体験＆見学可（欄外参照）。

太鼓会

2012年発足、会員数30人。打楽器を通じて、島外とも交流する。体験＆見学可（欄外参照）。

父島の体験＆見学／ぼにん囃子→出港中の19:00～21:00（二見港船客待合所）、太鼓会→連絡先 taiko.ogasawara@gmail.com、利島の体験＆見学／連絡先TEL 04992-9-0046（利島村役場産業観光課）※要事前確認

1000kmの距離を超えて 11島をつなぐフラ

東京の島々では、ハワイ発祥の伝統的な舞踊「フラ」が盛んだ。大海に囲まれた地理的環境、歌詞で表現される自然環境、島に住む仲間との関係性など、東京の島々とハワイとの共通点は多い。2020年には海を越えて、11島のフラ団体をつなぐプロジェクトも実現した。

歌や踊り、それぞれの形で全島が参加した

フラと歌で島々を結ぶプロジェクト 11島フラ『ことばの贈りもの』とは？

2020年のコロナ禍中に実現した、東京11島のフラ団体が参加した映像プロジェクト。テーマソングは、シンガーソングライターの藤井恵さんが歌う『ことばの贈りもの』だ。各団体がオンラインでつながり、それぞれ撮影した踊りや歌から映像作品を制作。東京の島々が距離を超え、フラという共通項で結びつくきっかけとなった。

YouTubeで動画を公開している

※動画はNiijima&Shikinejima LOCATION BOX【TOKYO】のYouTubeチャンネルで視聴可能

プロデューサー
西胤輝之進（にしつぐ てるのしん）さん（新島村商工会）

新島村在住。藤井恵さんが歌う『ことばの贈りもの』に、すべての島に共通する望郷の想いを感じ、東京諸島のシンボルになる映像作りを起案。藤井さんや新島フラチーム代表の植松朋江さんとともに、オンラインで11島のフラ団体を結んだ。観光などの地域振興においても、島々が協力し合える未来を目指している。

シンガーソングライター
藤井 恵さん

島を離れる人の心を表現した楽曲『ことばの贈りもの』を作詞作曲。11島フラのテーマソングであり、東海汽船の新造船就航記念イメージソングでもある。船は島民や旅行者にとって、それぞれの大切なシーンを担う空間。島に関わる人々の心に寄り添える曲になってほしい、という思いを込めている。

伊豆大島 フラカモアナ with ウルカマイレケイキ

ハワイ島とは姉妹島、似た景色も多い

団体名は、ハワイの言葉で「大海に囲まれた島のフラ」。ハワイ島とは1962年から長きにわたり姉妹都市の関係にあり、同じ火山島であることなど縁が深い。自然環境も似ており、季節の植物、海や風の音など、フラの歌詞に出てくる表現を体感しながら踊れる。メンバーは32人で、赤ちゃん連れのお母さんから60代まで幅広い。島内のイベントなどで披露する。

幅広い年齢層で、家族のように活動する

新島 ヌーキマ

自然と調和した島はハワイに近い環境

団体名は新島のハワイ語表記。ハワイと近い自然環境で、曲の表現に共感しながらフラ文化を伝承している。2006年にサークルを結成、赤坂にメインスタジオをもつ上原まき先生が指導する。メンバーは保育園児から80代まで約30人。島民だけでなく赴任者も在籍している。島内では夏祭りなどのイベントで披露、島外では「島じまん」などに出演することもある。

フラを踊ることで島への愛着が深まる

11島のフラは、現地でのイベントのほか「島じまん」や「アイランダー」などの内地で開催されるイベントでも観ることができる。

八丈島
コウ・リマ・ナニ・エ

島の植物で手作りしたレイで踊る

団体名の意味は「あなたのすてきな手」。2005年、ハワイと似た環境でフラを踊りたいと思ったメンバーで結成、現在は28人で活動する。自然を感じながら海や山で踊る機会も多い。年に1度、ハワイの師が来島し直接指導を受ける。島とハワイは植生が似ており、フラの神の化身とされている植物のティやシダもある。レイを作るための植物のほとんどは、メンバーの手によって育てられている。

自然が季節を教えてくれる環境

三宅島
アイラナ オハナ

ハワイと似た自然環境の火山島

団体名の意味は「島の家族」。2017年、島内でのフラの体験会を機会に設立した。三宅島はハワイと同じ火山島であり、曲や振り付けで表現される自然環境のなかで踊る。メンバーは30代から70代までの18人。クラス分けはせず、幅広い年代がひとつの家族のように活動する。島の夏祭り「マリンスコーレ」などで踊りを披露している。

ダイナミックな風景とフラが調和する

父島
ナア・プア・ナニ・オ・マァクア

多くの島民が参加するフラの島

1997年に創設、メンバー数は約250人。団体名は「どんなことがあっても、いつまでも美しい花々のように咲けるように」という意味。小笠原の最初の定住者はハワイアンで、今も文化や言葉が残る。小笠原古謡や子供歌集など、島を歌った曲を取り入れたことによりフラの文化が根付いた。年に1度、練習の集大成となるイベントを開催している。

西洋、南洋、東洋の文化を融合

母島
ナア・マカナ・ノ・マクアヒネ

島民の10人にひとりが参加

団体名の意味は「お母さんからの贈りもの」。子供から大人まで、和気あいあいと活動している。秋に「母島オハナ」という発表会を開催する。

夜に踊るフラは幻想的

利島
ナニオハナ

親しい仲間が集まり踊る

2010年頃に活動を開始。団体名の意味は「美しい家族」。現在のメンバーは女性6人。自然に囲まれた環境で和やかに活動している。

緑に映える鮮やかな衣装が印象的

式根島
マハナ ホアロハ

島民の生活に溶け込むフラ

団体名の意味は「あたたかい仲間たち」。2016年、開島130周年記念祭を機に結成。小学生から70代までの20人で活動している。

衣装やレイはできるかぎり自作する

御蔵島
御蔵島フラサークル WaiWai

小さな島でにぎやかに活動

Waiはハワイ語で「水」。水の豊富な島でみずみずしく、ワイワイ活動する。メンバーは12人、イベント時は男子を含む子供や中学生も参加。

海や船を題材にした曲を踊る

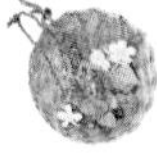

そのほかの島のフラ団体　神津島　ワイオラ

※青ヶ島にもフラ団体あり

しま通信　八丈島ではレイのワークショップを開催している。詳細はコウ・リマ・ナニ・エ hanalimapono@gmail.com（代表の栗田ともみさん）に問い合わせを。

今なお語り継がれる

伊豆諸島の神話・伝説

神話から始まった 伊豆諸島に広まる伝承

活発な火山活動の結果生まれた伊豆諸島は、本土と陸続きにないことも影響し、独自の神話や伝説が多い。神々が島づくりを行ったという神話や、水の分配を伊豆諸島の神々が会議した結果が、今の水の豊かさにつながっている話などが今もなお語り継がれている。またこれらは単なる伝承ではなく、今の生活や習わしに深く影響しているのも島ならではだ。数ある神話や伝説のなかで、今も島で多くの人が知る伝承をご紹介しよう。

水分けの会議をしたといわれる神津島の不入が沢

伊豆諸島の誕生「島焼き」

伊豆諸島の創成神話が記された「三宅記」によると、伊豆諸島は、在所を求めてインドから渡ってきた王子（名は三島神）によって造られたという。日本の神々は三島神に大地ではなく海を与え、「**龍神が海底から大石を拾い上げて積み置く。その大石を雷神が焼く**」という、**島々を焼き出す事業を告げた**。三島神は、初島をはじめ、神津島、大島、新島、三宅島、御蔵島、八丈島、八丈小島、青ヶ島、利島を造り出すと、各島に后たちと御子たちを配置。その后神と御子神は、古代の「延喜式内社」として、今も伊豆諸島に祀られている。

島を造った三島神の子・物忌奈命が祀られる神社

水分けの神話

伊豆諸島が誕生したあと、**神々によって水をどのように分配するかの会議が開かれた**。会議が開かれたのは神津島の天上山（→ P.214）にある不入が沢。先着順で水を分配することになり、最初に訪れたのは御蔵島の神。その後、新島、八丈島、三宅島、大島の神と続いたが、この時点でほとんど水がなくなったため、**出遅れた利島の神様は憤怒し、残りわずかな水に飛び込み大暴れした**。そのときの水が神津島に飛び散ったことから、神津島では湧き水があちこちから出るようになったといわれる。水が豊富な御蔵島に対し、利島がたびたび水不足に悩まされるのは、そのような神様たちのやりとりがあったからかもしれない。

神津島にある水分けの会議を表す像

しま通信

「水分けの神話」にいわれるように、神津島は湧水が豊かだ。多幸湾にある多幸湧水をはじめ、つづき堂までの道中にある東京都名湧水57選に選ばれたつづき湧水など、これほどまでに水が豊富な島は珍しい。

日忌様（ひいみさま）・海難法師（かんなんぼうし）

伊豆大島、利島、新島、式根島、神津島には、決して海に出てはならない日がある。

事は昔、伊豆大島の泉津という集落に暴政を行う悪代官がいたことから始まった。徐々に怒りを募らせた村民たちは、ついに1月24日に行動を起こす。諸説あるが泉津の若者25人が集まり悪代官を殺害、罪を免れるため、波治加麻神社の杉の巨木で丸木舟を作り、大島を離れた。若者たちは利島、新島、神津島へ向かい上陸を懇願したものの許されず、最後は遭難してしまったといわれる。その後、**毎年1月24日の夜中に無念を抱えた若者たちの魂を乗せた船が海上をさまよっているといわれるようになり、いつしか彼らを追悼するようになった。**この伝説を伊豆大島では日忌様、神津島では二十五日様、そのほかの島々では海難法師と呼び、儀式は簡素化されながらも、神津島では旧暦の2月23～26日に、そのほかの島々は1月24日に行われている。夜に海を見ると不幸にみまわれるといわれているため、この期間に島へ行く場合は絶対に海を見ないようにしよう。

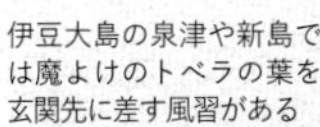
伊豆大島の泉津や新島では魔よけのトベラの葉を玄関先に差す風習がある

徐福伝説（じょふくでんせつ）

徐福伝説は、中国の王朝・秦から八丈島や青ヶ島にたどり着いた人々とそれにまつわる物語のことをいう。 徐福は、不老長生術や医術、祈祷、占いなどに長けた方士として知られた人物だ。秦の始皇帝は徐福に、仙人が住むといわれる東海の三神山で不老不死の仙薬を探すよう命じた。徐福は、数千人の童男童女とさまざまな技術をもつ百工を連れ、東海への航海を始める。日本では弥生時代のことだ。徐福は仙薬を探すものの見つけ出すことができず、和歌山県の熊野にとどまり、童男童女は八丈島と青ヶ島にたどり着いた。**その際、男女がともに住むと海神の祟りがあるという言い伝えに従い、童女は八丈島に、童男は青ヶ島に分かれて住み、それから八丈島は女護ヶ島（にょごがしま）、青ヶ島は男島と呼ばれるようになった。**その後、年に1度だけ、南風が吹く日は海神の許しがあり、男たちは八丈島にやってこられるようになった。女性たちは草履を浜に並べ、その草履を履いた男性と契りを交わしたそうだ。**島の民謡・ショメ節に「南風だよ　皆出ておじゃれ　迎え草履の紅鼻緒」という詩句があるが、これは野口雨情が「女護ヶ島の人は南風が吹くと孕む」という伝説を詠んだもの。**童男童女たちは持ってきた五穀を栽培し、蚕を養い絹を織り、明日葉をつんで命をつないだという。その絹織物は、今日の八丈島の伝統工芸・黄八丈の源流となったともいわれている。

若者が逃げる際に大島の波治加麻神社の木で舟を作った

伊豆諸島で神社めぐり

伊豆諸島の神話や伝説について、より理解を深めるならば神社めぐりがおすすめだ。島には神話にまつわる神々が祀られる神社や、日忌様など霊を祀る祠が設置された神社が点在している。例えば東京都にある名神大社として知られる神津島の物忌奈命神社（→ P.207）は、三島神の長子・物忌奈命が、阿波命神社は物忌奈命の母、阿波咩命が祀られている。神話や伝説を知ることで、神社めぐりが楽しくなるに違いない。

現代につながる伝説はほかにもある。「大蛇伝説」では、差出命が大蛇を退治するために3つに刻み、尾は大島、頭は八丈島に飛ばした。その際三宅島には胴体が残らなかったため、今も蛇がいないといわれている。

地殻変動で生まれた島々

伊豆諸島・小笠原諸島の成り立ち

地殻変動や火山活動の影響を受けて誕生した、東京の島々。島の起源を知って足を運べば、旅がもっと楽しくなる！

伊豆大島では、カルデラの中に高さ約150mの三原山がそびえる。周囲には1986年の噴火による溶岩流の跡が

太平洋上に連なる火山活動で生まれた島々

東京から南へ、100～2000㎞の洋上に連なる伊豆諸島と小笠原諸島。どの島もフィリピン海プレートの東端に位置しており、5200万年前から始まった太平洋プレートの沈み込みをきっかけに、数千万年を経て海底に誕生した火山が隆起したもの。その後も長い歳月をかけて噴火や海蝕を繰り返し、現在の姿となった。つまり東京の島々は、海面に顔を出した「海底火山の頂上」と言い換えることができるのだ。

伊豆諸島から小笠原諸島にかけては、海底火山を含めて21の活火山がある。本誌で紹介した有人島では、伊豆大島と利島、新島、神津島、三宅島、御蔵島、八丈島、青ヶ島が含まれ、利島と御蔵島以外は常時観測火山として24時間体制の監視が続けられている。なかでも現在も火山活動が頻繁に起こっているのが、伊豆大島と三宅島。この100年間で、伊豆大島は28～36年間隔、三宅島は17～22年間隔で噴火を繰り返しており、近年も大きな火山災害が発生している（→P.391）。

とはいえ、天然温泉や特徴的な景観を楽しめるのも、火山島だからこその恩恵。防災情報などに耳を傾けつつ、楽しい旅を満喫しよう。

1783年と1785年の噴火で大きな被害を受けた青ヶ島。島全体で海底からの比高が1100m以上の火山の頭頂部にあたる

伊豆諸島最南端に位置する孀婦岩（そうふいわ）。水深約1500mの海底から約100mの岩の頂上が露出している

出典：海上保安庁ホームページ（海域火山データベース）

各島の起源と火山の歴史

伊豆大島 3万年前に海上に現れたとされる。富士山のような円錐形をしていたが、400～700年の噴火で山頂部が陥没し、現在のカルデラ地形となった。三原山は1777～1778年の噴火の際に生まれた。

利島 詳しい資料はないが、宮塚山の北に位置するカジアナ火口付近の溶岩は、8000～4000年前に噴出したものと考えられている。

新島 10万年～数万年前に誕生。若郷火山が3000～2000年前、阿土山火山が840年頃に噴火。886年には向山火山が噴火し、現在の島の姿になったとされる。

式根島 成り立ちに関する資料はないが、886年の新島の向山噴火で、島全体が火山灰に覆われたと伝わる。古くは新島と陸続きだったが、1703年の大津波で分離したとの説も。

神津島 10万年前から噴火開始。じょうご山火山が1万年前、神戸山火山が3000年前に噴火。838年の天上山火山の噴火で、天上山が現れたとされる。

三宅島 15万～1万年前の海底噴火を経て誕生。2500年前の噴火でカルデラが発生。その後に繰り返された噴火で埋め戻されたものの、2000年の噴火で山頂部が陥没し、改めてカルデラが形成された。

御蔵島 詳しい資料はないが、ツブネヶ森やヤスカジヶ森に、6300年前の形成と考えられる溶岩ドームがある。

八丈島 東山（三原山）は10数万年前から3000年ぐらい前まで複雑な火山活動をした。西山（八丈富士）は1万3000年ほど前から活動し、最終噴火は1605年。

青ヶ島 成り立ちに関する資料はないが、1783年と1785年に大きな噴火が発生。島民の半数近くが死亡したとされる。島民は八丈島に避難し、50年ほど無人島となった。

父島 太平洋プレートの沈み込みにともない4800万年前に誕生。浸食で消滅した後、海底に残った堆積層が170万年前以降に隆起したといわれる。

母島 父島と異なり、4500万～3800万年前に起きた火山活動によって形成された。父島に見られるボニナイト（→P.393）は存在しない。

伊豆・小笠原諸島の活火山はほかに、ベヨネース列岩、須美寿島、伊豆鳥島、孀婦岩、西之島、硫黄島、海形海山、海徳海山、噴火浅根、北福徳堆、福徳岡ノ場、南日吉海山、日光海山がある。

近年における大きな火山活動

伊豆大島

1986年　三原山の噴火

1986年11月15日17:25頃から、三原山の南壁で噴火が始まる。溶岩や火山弾を高さ200～500mまで噴き上げ、噴煙は高さ3000mに達した。深さ約230m、直径約300mの火口からあふれた溶岩は、19日10:35頃に溶岩流となって流れ出る。21日16:15頃には北部のカルデラ床、17:46頃にカルデラ外の北西斜面で噴火が始まり、溶岩流が元町に向かって流れ下る。21日夜、全島民に島外避難命令を勧告。22日昼過ぎまでに、約1万1000人の島民と約2000人の観光客が下田や稲取、伊東、熱海、東京に到着。島民は約1ヵ月の避難生活を強いられることとなる。1987年11月16日と18日にも山頂で爆発が起こり、火口を満たしていた溶岩などが飛び散り、直径350～400m、深さ約150mの火口が再び現れた。

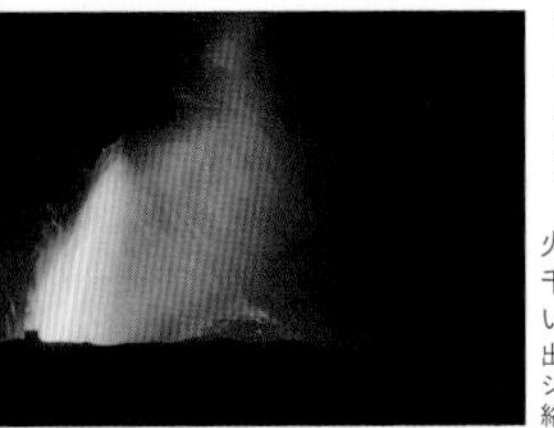

火山噴出物量は6千万～8千万トンといわれる
出典：気象庁ホームページ（伊豆大島火山防災連絡事務所）

三宅島

2000年　雄山の噴火

2000年6月26日18:30頃から火山性地震を観測。その後、海底噴火とみられる海水の変色や、新島・神津島近海で群発地震が発生。一時は落ち着くものの、7月4日頃から再び地震が活発になり、8日18:41頃に雄山山頂で小規模な噴火を記録。それから断続的に噴火が起こり、8月10日には噴煙の高さが8000m、18日には1万4000mに達し、29日には低温で低速の火砕流が発生する。9月1日に全島避難が決定。約4000人の島民が避難生活を余儀なくされる。9月からは大量の火山ガスが放出され、9～10月には1日2万～5万トンもの二酸化硫黄放出量が観測された。その後は火山活動は低下し、火山ガスの放出量も減少するものの、避難指示が解除されたのは2005年2月1日であった。

2000年8月18日の大規模な噴火で立ち上った噴煙
出典：気象庁ホームページ（三宅島火山防災連絡事務所）

小笠原

2013年　西之島の噴火

西之島は、父島から西へ約130㎞に位置する無人島。古くは1973年4月頃から始まった海底火山の活動によって新たな島（新島）が形成された。その後、2013年11月20日の噴火でも新たな陸地が誕生した。

2013年12月26日
新島が西之島に結合

絶えず噴火を繰り返しながら拡大を続ける新島。ついに溶岩流の先端が西之島に到達。間の海水をのみ込みひとつの島となる。

2014年7月23日
溶岩に覆われる西之島

複数の火口が噴火を繰り返し、従来の西之島の大部分が溶岩に覆われる。新たな陸地の広さは東西約1550m、南北約1070m、高さ約75mに。

2015年11月17日
火山活動が縮小傾向に

新島誕生から2年。噴火は続くものの、溶岩の流出などはしだいに収まっていく。新たな陸地の広さは東西約1900m、南北約1950mに。

2016年10月20日
噴火後初の調査団が上陸

外来種を持ち込まないなどの配慮から、調査団が島の沖合約30mから泳いで上陸。カツオドリなど飛来した海鳥の生息が確認された。

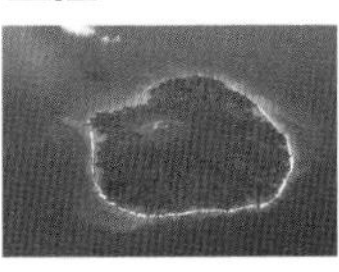

2023年10月4日
中央部分で小規模な噴火

定期的に噴火を繰り返し、現在も火山活動を続ける西之島。太古の地球や生態系の進化を知ることができる島として、注目を集めている。

出典：海上保安庁ホームページ（海底火山データベース）

東京の島々は国内でも有数の強風地帯。冬の季節風が厳しい日本海側と比べても、年間平均風速が大きく上回る。特に三宅島では、秒速10m以上の風の発生率が年間200日を超える。

砂質や地形から違いが見える

東京の島々の地質と景観

火山の噴火や波風の浸食によって形成された、伊豆諸島と小笠原諸島。海や山の特徴から、それぞれの島の個性が見えてくる！

新島の白ママ断層。向山の噴火で発生した流紋岩からなる

溶岩には白っぽい流紋岩と黒っぽい玄武岩・安山岩がある

海底火山が隆起して誕生した、伊豆諸島と小笠原諸島（→ P.390）。おもに火山岩から成る島という点では共通しているが、各島の砂や岩を見比べてみると、大きな違いがある。

マグマは一般的に、地表へ噴き出すときの温度や、その際に含まれる成分によって、大きく「流紋岩」「玄武岩」「安山岩」に分けることができる。流紋岩は噴出時の温度が850～1000°Cで、ガラス質を多く含むため白っぽい見た目となるのが特徴。玄武岩・安山岩は、850～1200°Cで、鉄やマグネシウムを含み黒っぽい見た目となるのが特徴といえる。

伊豆諸島では、新島と式根島、神津島がおもに流紋岩で形成されているため、白い砂や岩で覆われた美しい海岸や山が人気を集める。一方で、伊豆大島と利島、三宅島、御蔵島、八丈島、青ヶ島はおもに玄武岩・安山岩で形成されるため、黒い海岸や岸壁など、ワイルドな景観が広がっている。

伊豆大島の裏砂漠。たび重なる三原山の噴火で降り積もった、玄武岩・安山岩質の火山岩から成る

小笠原諸島の父島や母島は、サンゴや貝の欠片が堆積した白いビーチが印象的だが、山や岩肌に目を向けると、玄武岩・安山岩質の黒い溶岩が露出しているのがわかる。

各島のおもな岩石

伊豆大島	玄武岩・安山岩
利島	玄武岩・安山岩
新島	流紋岩、玄武岩
式根島	流紋岩、玄武岩
神津島	流紋岩
三宅島	玄武岩・安山岩
御蔵島	玄武岩・安山岩
八丈島	玄武岩・安山岩、デイサイト
青ヶ島	玄武岩・安山岩
父島	ボニナイト、安山岩、デイサイト、流紋岩
母島	玄武岩・安山岩

黒いのに流紋岩？ 黒曜石のヒミツ

基本的に黒っぽい溶岩が玄武岩・安山岩。しかし、真っ黒なのに組成上は流紋岩に区別されるのが、神津島で産出される黒曜石（→ P.210）。実は流紋岩の色は、生成されるときに内部に残る結晶の量やガラスの色などによって変化する。結晶が少なく鉄分を含むガラス質からなる黒曜石は、光を吸収し、深い黒色となる。

断面が鋭く鏃や石刃に加工されたのも、ガラス質を多く含む流紋岩ならでは

溶岩の欠片を持ち帰ることは厳禁。伊豆諸島は富士箱根伊豆国立公園、小笠原諸島は小笠原国立公園に指定されており、自然や景地を維持するためのルールが定められている。

各島の特徴的な景観

伊豆大島 砂の浜や溶岩の海岸

伊豆大島の海岸には玄武岩質の火山噴出物が露出。砂の浜にはブラックサンドビーチが1kmにわたって続く。ほかにも、秋の浜遊泳場やトウシキ遊泳場など黒い溶岩に覆われた海水浴場があり、ゴツゴツとした岩場でフィッシュウオッチングを楽しめる。

砂の浜の砂は真っ黒なため夏は裸足で歩けない熱さに

式根島 海岸に湧く天然温泉

式根島には、茶色く濁った硫化鉄泉の地鉈温泉と、透明に澄んだ炭酸泉の足付温泉の、ふたつの天然温泉が湧く。豊富な湯量は火山の島ならでは。泊海水浴場や中の浦海水浴場では、流紋岩質の白砂に覆われた穏やかなビーチで海遊びを楽しむことができる。

水着着用で24時間いつでも入浴できる地鉈温泉

三宅島 メガネ岩と雄山噴火の跡

1643年の噴火で流れ出た玄武岩質の溶岩で形成されたメガネ岩。長い年月にわたる海蝕を受け、現在の姿となった。三宅島の各所で溶岩質の荒々しい地形が見られる。泥流によって飲み込まれた鳥居が残る椎取神社など、2000年噴火の痕跡も点在する。

1959年の伊勢湾台風でメガネ岩の片穴が崩れた

青ヶ島 二重カルデラをもつ秘境

島の大部分をカルデラが占める青ヶ島。1785年の噴火で大小ふたつの火口ができ、外輪山の中に丸山という内輪山をもつ、世界的にも珍しい二重カルデラ構造が生まれた。島は風や波によって大きく削られた断崖絶壁に囲まれ、絶海の孤島とも呼ばれる。

尾山展望公園からは二重カルデラの全景を見渡せる

新島 向山とコーガ石

886年に噴火したとされる新島の向山(石山)。白砂が美しい羽伏浦海岸や白ママ断崖は、この際に流紋岩質の火山灰が堆積したと考えられる。向山で採掘されるコーガ石と呼ばれる黒雲母流紋岩は、容易に加工できるためモヤイ像や建築物の原材料に。

向山に露出するコーガ石。建材として利用された

神津島 天上山や前浜海岸の白砂

トレッキングスポットとして知られる神津島の天上山は838年の噴火で現在の姿になったとされる。頂上が平なのは噴火口の名残で、流紋岩質の白い砂が山肌を覆っている。島内ではほかにも、前浜海岸や多幸湾・丸島などの白いビーチが人気を集めている。

神津島港から続く前浜海岸。流紋岩質の砂が輝く

八丈島 西山と東山のふたつの火山

1万3000年ほど前から活動を始めた西山（八丈富士）にはコニーデ火山で玄武岩質溶岩が発達。東山（三原山）は10数万年前から複雑な活動をした安山岩の浜が多い火山。伊豆諸島では珍しく性質が違う2つの火山がくっついたひょうたん形の島。

伊豆諸島最高峰を誇る八丈富士。頂上には火口が

父島 緑色に輝くボニナイト

父島の誕生とともに生まれたとされる岩石が、世界で唯一のボニナイト（無人岩)。おもに緑色を帯びたガラス質の安山岩で、単斜エンスタタイトという珍しい鉱物を有する。千尋岩の周辺などに大きく露出し、釣浜では砂状になった粒子を観察できる。

釣浜ではボニナイトが風化したうぐいす砂が見られる

出典：環境省ホームページ（小笠原国立公園）

母島の御幸之浜などで見られる貨幣石は、数千万年前に絶滅した有孔虫の化石。九州南方の海底からも見つかることから、数千万年以上前の小笠原は、現在の九州付近に位置していたと推測できる。

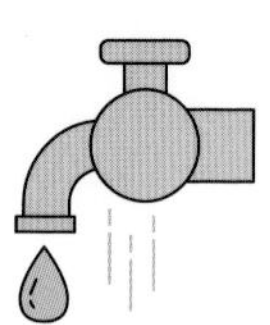

島の暮らしを支えるライフライン
島の水・電力事情

離島にとって大きな課題となるのが、上下水道や電力の確保だ。それぞれの島のインフラ事情と、取り組みを紹介。

島の水事情

ひと口に東京の島といっても、それぞれに水の事情は異なる。どのように飲料水を確保しているかを知っておこう。

伊豆大島

伊豆大島では、島内に掘られた井戸と湧水をポンプや導水管を使って浄水施設に運び水道水として使用している。浅い井戸の地下水は、一度に多量の水を揚水すると、海水の影響を受けて塩濃度が高くなるので、浄水能力に負荷がかからないよう、多数の井戸で揚水量を調整しながら取水する。

利島

河川がなく湧水も期待できない利島は昔から水に悩まされてきた。1963 年、ろ過施設と貯水池の建設が始まり、翌年から給水が開始されたが、水質に不安があった。1976 年に南ヶ山貯水池が、1978 年に赤坂山浄水場が建設され、ようやく良質な水が供給できるように。1994 年の異常気象で渇水となり、急遽簡易海水淡水化装置を、1996 年に海水淡水化装置を建設することで、雨水だけに頼る給水方式から脱却し、安定した給水量を確保できるようになった。

新島

伊豆諸島のなかで 3 番目に水に恵まれているといわれる新島。島は多雨で、土壌は雨水が地層に滞留しやすい特性があり、自然にろ過されたミネラル豊富な水が地下にたまっている。地下水に恵まれた新島は、たとえ干ばつの年でも水が枯れることはなかったという。地下水を浄水し、配水している。

清らかなせせらぎが涼やかな親水公園。豊かな水の象徴だ

式根島

式根島は、水に悩まされていた島だ。井戸か雨水で生活用水をかろうじて確保するという生活が長らく続いた。1970 年に脱塩交換装置を用いた簡易水道が設置されたが、夏場は渇水も多かった。そこで 1976 年、新島からの海底送水施設が完成し、今日の安定供給にいたっている。

神津島

神津島は、天上山に伊豆七島の神々が集まり、水の分配の会議が行われたという「水配り伝説」も残るほど、水の豊かな島だ。水源は天上山から供給される湧水で賄なわれ、浄水処理を施したあと配水されている。

多幸湧水は島の人々の生活用水としても使われる

御蔵島

水に恵まれた御蔵島。島内の湧水を利用した簡易水道が整備されており、基本的な上下水道設備は調っている。

三宅島の大路池。野鳥の生息域となっている

三宅島

かつては雨水に頼っていたが、1963 年に大路池を水源として送水管を通し全戸に給水ができるように。2000 年の噴火で大きな被害を受けた三宅島のライフライン施設だが、大路水源の水質変化に対応するため「膜ろ過処理」を導入。本格的な浄水処理によって、現在も安全な水を供給している。

八丈島

八丈島は水に恵まれた島。河川も地下水も多く、温泉も湧く。島では河川の水や、湧水を取水し浄水処理をして各家庭に配水している。

青ヶ島

かつては各家の水槽に天水を貯めていたが、1979 年に向沢取水場が完成し、給水事情は大きく改善した。青ヶ島は雨が多く、梅雨時期には濃霧が島を覆う。この雨や霧の水を防水加工した山の斜面の集水面に集め、浄水して使用している。

正面の山の斜面にある部分が集水面

小笠原

小笠原の降水量は本土と比べて約 70%と低く、水はとても貴重な資源だ。現在は父島、母島ともにダムがあり、浄水場を通して各家庭に上下水道が整備されている。

青ヶ島に電気が通ったのは東京の島で最も遅い 1966（昭和 41）年。困難を極めることが予想された電力敷設事業は引き受け手がおらず、見かねた京浜電設が事業を引き受け、難工事を完成させた。

東京の島々の電力は火力発電で賄われている。再生可能エネルギーへの切り替えが、これからの島の課題だ。

島の自然を生かして脱・化石燃料を目指す

東京の島しょ部のほとんどに発電所があり、東京電力パワーグリッドが火力発電方式のひとつである内燃力発電で電力を得ている。内燃力発電とは、ディーゼルエンジンなどの内燃機関で発電する方式で、離島などの小規模発電では一般的な方法。唯一、式根島には発電所がなく、新島からの送電で電力を賄なっている。燃料となる重油は船舶で運ばれてくるため、必然的に離島の電気代金は高くなってしまうのが悩みのタネだ。

そこで注目されているのが再生可能エネルギーの利用だ。

八丈島ビューホテルに設置されたEVカーステーション

太陽光や地熱は島で期待されるクリーンエネルギーだ

母島では東京都と小笠原村と東電PGの3社で連携し、母島に太陽光パネルと蓄電池などを設置。昼間は、太陽光発電で電力を供給し、余った部分は蓄電することで、エネルギー自給100%を目指した持続可能な島を目指して実証実験が始まった。

また老朽化のために廃止された八丈島地熱発電は、オリックスが新たに地熱発電所を建設しようとしている。八丈町と協力し、クリーンアイランドを目指す。

行政だけでなく、再生可能エネルギーの導入に取り組む企業もある。八丈島ビューホテルでは太陽光パネルを設置し、給湯などに利用。また、EVカーシェアリングも導入。島の2次交通の解決にも取り組んでいる。

水問題の解決に向けて利島でオフグリッド化住環境を検証

貯水池と海水を淡水化して使用している利島は、水が非常に高価だ。水道水1㎥当たりの造水コストはなんと2800円。島民に請求する水道代は200円ほどで、残りは村が支払っており、村の財政を圧迫している。また淡水化装置の故障による断水、渇水リスク、保守管理を担う人材の不足など、さまざまな問題も深刻だ。そこで、上下水道や電力会社の送電網につながっていない状態で、電力や水を自給できるオフグリッド型住宅を設置し、一定期間暮らす実証実験が始まった。これはソフトバンクとWOTAと北良の3社と利島村が協力して行っている事業で、北良の製作したオフグリッド型住宅モジュールにWOTAの世界最小規模の水再生システムと、ソフトバンクの通信機器を搭載した住宅を希望する職員や住民に一定期間提供し実際に暮らしてもらうもの。直近の報告では、WOTAの水循環再生技術で生活排水のほぼ100%が再利用可能だそう。また電力についても89%を太陽光発電で賄えているという。

インフラに縛られない住環境を目指すオフグリッド化住宅

この実証実験が成功すれば、住宅建設費の高騰から生じている慢性的な住宅不足も解消される。移住希望者の多い利島にとって、また日本各地で生じている過疎地のインフラ整備にとっても大きな一歩となるかもしれない。

電気が開通する前の青ヶ島では、暖房・調理に地熱蒸気を活用していたという。石の釜の中に蒸気を閉じ込め、中のカゴに入れた食材を蒸し上げる地熱釜は現在も島民に使用されている。(→P.302)

東京の島で暮らしたい！
島暮らしをかなえる方法、教えます

魅力的な東京の島々に、すっかり魅了された方のために、島で暮らす方法をご紹介！

＼教えてくれた人／

ふるさと回帰支援センター
東京多摩島しょ移住定住相談窓口
移住定住相談員 **柳沢 寿樹**さん

移住先としての東京の島の魅力

地方移住を検討する人は年々増えている。移住先として、東京の島々のメリットは何だろうか？

「やはり。東京都だという点です」

そう語るのはふるさと回帰支援センターで移住相談を担当する柳沢さん。

「東京の島々は、アクセスひとつ取ってもとても便利です。小笠原こそ船しかありませんが、そのほかの島にはジェット船、飛行機、ヘリコプターなど複数の経路があります。ヘリコプターの定期航路があるのは日本で唯一でしょう。電気、水道はもちろん、超高速ブロードバンドも本土と同水準の環境が整うほか、道路、公共の施設なども充実しています。学校授業料の負担軽減など子育て家庭への支援についても東京都の規定が適用されます」

もちろんデメリットもある。あらゆる製品が手に入るわけではないし、台風が甚大な被害をもたらすことも。また冬場は海が荒れ物資が乏しくなることも多い。そして、都会とは異なる島ならではの人間関係になじめるかというのも移住の成功を左右する。

「移住者も島民も幸せになれるのがいちばん。慎重に、とはいえある程度の大胆さが必要です。まずは気軽に相談に訪れてください」

八丈島の逢坂橋。道路のほか、港湾や空港などの施設の整備も進んでいる

島しょ部を結ぶヘリコプター。1区間5870円～で乗れる希有な定期ヘリだ

ふるさと回帰支援センターに行こう

全国の自治体の移住情報が手に入る

島に移住したいと思ったら、東京都の有楽町にある東京交通会館8階「ふるさと回帰支援センター」を訪ねてみよう。全国の自治体の移住関連情報がずらりと並ぶ、日本最大級の移住相談窓口だ。フロアには全国44都道府県1政令指定市のブースが並び、相談員が配置されており、各エリアの基本的な情報から、仕事、住まい、教育に関することなど、さまざまな情報を手に入れることができる。東京の島々の相談は、東京都（多摩島しょ）ブースで受け付けており、予約しておくと安心だ。相談時に具体的に島が決まっていなくてもOK。もちろん、相談せずにパンフレットなどをもらいにいくだけでもいい。また、移住に関するセミナーも随時開催されているので、ホームページをチェックしてみよう。

上／全国の情報が揃う。資料を眺めるだけでも楽しい　右／親身に相談にのってくれるので何でも相談してみて　下／島しょ部の情報コーナー

ふるさと回帰支援センター
住 東京都千代田区有楽町2-10-1 東京交通会館8階
TEL 03-6273-4401
営 10:00～18:00　休 月・祝
URL www.furusatokaiki.net

しま通信　旅行で訪れるのと住んでみるのとではイメージが違うこともしばしば。各島で、体験ツアーや比較的長期の滞在ができる移住体験を実施していることも。それらを利用してみるのもいい。

島移住の実現までのステップ

島に移住したい、と思ったら、大まかに下記のステップを想定してみよう。

ステップ1

島暮らしのイメージを描いてみる

まずは、島に移住してどのような暮らしをしたいのかをイメージしてみよう。島暮らしの目的をはっきりとさせることで、どの島に移住するのか、どんな仕事をするのかなど、島暮らしの具体的なプランができてくる。

島暮らしに求めることを明確にしよう

- 喧騒から離れて静かに暮らしたい
- 島でしかできない仕事をしたい
- 家族と過ごす時間を増やしたい

……など

ステップ2

移住する島を決める

東京の島といってもさまざま。本土までジェット船ですぐに帰れる島もあれば、小笠原のように船で1日近くかかる島もある。アクセスが悪いぶん、島らしさが感じられるということも。ある程度絞れたら、実際に行ってみよう。

暮らし体験ツアーに参加してみよう

東京都や各島の町村が主催となって島暮らし体験ツアーを開催している。実際に島に行き、島の暮らしや仕事を体験したり、地元の担当者や移住者に直接話を聞いたりできる。

都の暮らし体験ツアー URL tokyo-tamashima-iju-fair-tour.metro.tokyo.lg.jp

ステップ3

島について調べる

移住する島が決まったら、その島についてリサーチしよう。スーパーマーケットや日用品などの手に入れやすさや、島内の移動手段、年間をとおしての気候（冬場は荒れる島も多い）など、自分にとっての必要なものが揃っているかをチェック。

Check Point

- 保育園の入園状況
- 高校は島内にあるか
- 必要な医療機関はあるか

……など

ステップ4

仕事を見つける

ごく一部の人を除いて、仕事をしながら島で暮らすのが一般的だろう。移住してから現地で探す手もあるが、それでは不安だ。ハローワークや各島のホームページに求人情報が掲載されているのでチェックしてみよう。

移住の仕事スタイル

- 島で就職する
- 島でビジネスを始める
- 島でリモートワークする
- 地域おこし協力隊として参加する

ステップ5

住居を見つける

意外とハードルが高いのが住居探しだ。そもそも島には住居が少ない。新しい家を建てようと思っても、資材を運んでこなくてはならないし、建築業者も限りがある。各島のホームページには空き家情報などが掲載されているのでチェックしてみよう。

どうやって家を借りる？

空き家があっても他人にはなかなか貸してくれないのが島。島暮らしツアーなどに参加して紹介してもらったり、島の知人を介して家を貸してもらえることも。まずは信頼関係を築くのが大切だ。

ステップ6

移住する

すべてクリアしたら晴れて島に移住！　必要な家財道具などは、伊豆諸島なら東海汽船、小笠原では小笠原海運で荷物を運ぶ。量によって値段が変わるので問い合わせてみよう。

島民割引が受けられる！

島に住民票を移すと東海汽船や小笠原海運、東京愛らんどシャトル（ヘリコプター）など、さまざまな場面で島民割引が適用される。島民割引カードの申請を忘れずに行おう。

東京の島々では、意外にも公務員の募集が多い。各村のホームページに募集が掲載されているので、チェックしてみよう。安定した収入が得られるという点では、公務員は最も安心な仕事のひとつだ。

仕事は？ 学校は？ 島移住にまつわるQ&A

東京の島々に移住するにあたり、よくある質問・疑問をご紹介。

Q 仕事はある？

A 選ばなければいろいろある

島は基本的に人手不足だ。漁業や農業だけでなく、公務員、看護師、放射線技師、保育士、ホテルスタッフなど、資格や試験が必要なものからそうでないものまでさまざまな求人がある。最初から高望みせず、まずはできる仕事から始めて徐々に立ち位置を築いていくというのも手。

特技を生かしたチーズ作り

Q 学校は充実している？

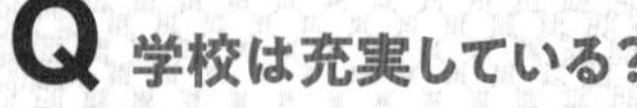

A 島によっては高校がない

利島、式根島、御蔵島、青ヶ島、母島には高校がない。高校は島外に出ることになるので、子供がいる場合、考えておこう。

Q 病院や歯医者はある？

A 各島に医療機関がある

利島、御蔵島、青ヶ島などの小さな島にも診療所はあるが、入院が必要となる病気や出産などは、島外の病院に行く必要があることも。

利島の診療所！

Q どんな人が移住に向いている？

島民に愛される移動式カフェ

A コミュニケーションが取れる人

島での人付き合いは、都会とは違い、濃いと言っていいだろう。話がうまい必要はないが、近所付き合いに必要なコミュニケーション能力はある程度必要だ。

Q 必要な資格は？

A 運転免許はあったほうがいい

仕事によっては資格が必要だが、取り立てて必要というものはない。だが、移動のメインは自家用車となるので、運転免許はあったほうがいい。仕事にもほぼ必須だろう。

Q 移住手当はある？

A さまざまな手当がある

各島の町村が、さまざまな移住・定住手当を実施している。移住補助や、空き家利用手当、結婚、出産手当など、利用できるものがないか確認しよう。

各島の移住・定住情報問い合わせ窓口

島名	名称	電話番号	ホームページ
伊豆大島	大島町役場　政策推進課	04992-2-1444	www.town.oshima.tokyo.jp
利島	利島村役場　総務課	04992-9-0012	www.toshimamura.org
新島・式根島	新島村役場企画財政課企画調整室	04992-5-0204	flowlife.tokyo
神津島	神津島村役場（代表）	04992-8-0011	www.vill.kouzushima.tokyo.jp
三宅島	三宅村役場企画財政課　企画情報係	04994-5-0984	www.vill.miyake.tokyo.jp
御蔵島	御蔵島村役場（代表）	04994-8-2121	www.vill.mikurasima.tokyo.jp
八丈島	八丈町役場企画財政課企画情報係	04996-2-1120	www.town.hachijo.tokyo.jp
青ヶ島	青ヶ島村役場（代表）	04996-9-0111	www.vill.aogashima.tokyo.jp
小笠原諸島	小笠原村役場（代表）	04998-2-3111	www.vill.ogasawara.tokyo.jp
東京多摩島しょ移住定住相談窓口（ふるさと回帰支援センター内）		080-8719-4073（直通）	tokyo-tama-shima@furusatokaiki.net（メール）
東京たましま移住定住ポータルサイト		tokyo-tamashima-iju.metro.tokyo.lg.jp	

しま通信　残念ながら、移住したものの離島してしまうケースもある。理由はさまざまだが、人間関係や冬場の悪天候が原因ということも。十分なリサーチは必要だが、失敗もまた経験と捉えるのもいいではないか。

先輩移住者に聞きました！ 私の移住ヒストリー

島移住を成功させた、ふたりの経験者に移住のきかっけ、成功の秘訣を教えてもらった。

圧倒的な自然に惹かれ家族で八丈島に移住

鈴木 進吾 さん

ワークライフバランスを考え家族で八丈島に移住

現在八丈町役場で働く鈴木さん。都内でパッケージデザインなどの仕事をしていたが、仕事に忙殺される毎日だった。子供の誕生をきっかけに、家族で過ごす時間をつくりたいと移住を決意。都内から飛行機で１時間というアクセスのよさと総合病院があることから、八丈島に決めた。移住後に第２子が誕生。都会と違い、皆で子育てをしている安心感があるという。島暮らしのポイントは「遠慮しないこと」。島の人はときにおせっかいなほど親切だが、それはありがたく受け入れ、草刈りや伝統行事に参加するなど、物でなくてもいいが何かしらを返すことを心がけて。そうして島の人との信頼関係を築くことが、島で幸せに暮らしていく秘訣だ。

左／移住前は島に知り合いをつくりいろいろ尋ねてみるのも大事という　右／マイホームの庭でバナナが成った♪　上／庭での果樹栽培も楽しみのひとつ

別荘を買ったつもりが島に魅せられ移住を決意

竹内 英 さん

トントン拍子で移住を果たし今は移住者のサポートも

都内でデザイナーとして活躍していた竹内さん。御蔵島でのドルフィンスイムをきっかけに、週末は伊豆諸島に魅せられて通うようになった。ある日、伊豆大島で売りに出ていた家を発見。都内よりも安く手が出る価格で、別荘にしようと思いきって購入した。ところがリフォームのために通ううちに住みたくなり移住することに。１室を自室に、残りを宿泊エリアとして宿をオープンした。島に暮らすうちに、大島の未来についても考えるように。島の人口減少は深刻だ。宿を増やせば観光客も増え、雇用も生まれる。そこで２軒目の宿に着手。明治元年に建てられた古民家を２年かけて自分で改築し「島☆家」として一棟貸しの宿にした。今後は移住を考える人のサポートなども考えている。

上／順風満帆に見えるが移住にあたっては、やはりさまざまな葛藤があった　右／元町にある一棟貸しの「島☆家」

アイランドスターハウスの外観。アパレルデザイナーのセンスが生きる

移住する前に、移住した人に話を聞いてみるのがいい。移住体験ツアーなどに参加すれば、先輩移住者との交流の場があることが多い。連絡先を交換しておこう。島暮らしの本音がいろいろと聞けるはずだ。

20～40代の8割がIターン！
移住したくなる島、利島の魅力に迫る

船の就航率70%の渡難な島が移住地として人気を誇る理由

断崖絶壁に囲まれ、厳しい自然環境下にある利島が、今、移住先として人気を集めているのをご存知だろうか。冬場、船の就航率は60%を下回る。島々を結ぶヘリコプターもあるが、9席のみ。また川がなく古くから水は貴重な資源で、渇水の危機に直面したこともある。一見、住むには難しそうな島だが、島外から移住したIターンの割合は人口全体の60%。なんと20～40代においては80%を占めているのだ。2003年の人口は304人だったが、20年間で人口が3%増え、生産人口は全国平均より多い。村役場の総務課で移住定住を担当する隅智孝さんと中川晃介さんによると、移住定住の取り組みを本格的に始めたのは2023年になってからだという。ではなぜ、人口が増えたのか。

関係人口増加が移住者増加に自然と繋がる

利島に移住者が増えた理由は、10年以上前から関係人口を増やした結果ではないかと隅さんと中川さんはいう。椿産業の人材解消を目指し、2013年から学生ボランティアの受け入れを始めた。また、他地域との連携や交流の強化、本島で行われる催事への積極的な参加を続けたことで島の認知度も上がった。そのなかで、島を好きになってくれた人に島の仕事を紹介するなど地道な努力を続けた結果、移住者増加につながったという。今では村役場の9割の職員はIターンだ。

利島は子育てにもやさしい。給食費・教材費・学童クラブ・修学旅行・海外短期留学などは無料。そして何より子は宝だと考え、島民みなが子供をあたたかく見守るのだ。現在利島の15歳未満の人口が全国平均を上回る約14%となっている。

島全体で子供を育てるという雰囲気がある

島で育つ子供の帰りたい場所になるのが次の課題

そんな利島だが、村が持続し続けるためには、さまざまな課題を解決していくことが不可欠だ。仕事はあるが住宅が足りず、移住できないというのは利島の課題だ。またUターンが少なく、椿農家の高齢化や放置林の増加も深刻な問題だ。これらの課題を解決すべく役場では、水循環を搭載した住宅の供給、子供の遊び場を併設したサテライトオフィスの建設計画、そして産業の担い手の確保を始めている。

つねに未来を見据えた環境づくりを行う島の姿勢が、人々を魅了し呼び寄せる。おおらかな島のよさを残しつつ、次世代につなげるのは容易ではない。しかし知恵を出し合いしなやかに実現する島に、明るい未来が見えるようだ。

上／島の人々が参加する大運動会は一大イベント　下／島民だけでなく島の子供たちが来島者を案内することも

断崖絶壁の地形がゆえに住宅を増やすのが難しい利島だが、2016年にはログハウスを6棟建設し、2023年には雨水を活用する水循環システムを搭載したトレーラーハウスを導入するなどの取り組みを行っている。

第5章

旅の準備と技術

旅のプランニング

■東海汽船
東海汽船は、インターネット割引や早期購入割引、学生割引、シルバー割引などさまざまな割引の乗船券を販売している。
また、期間限定の特別運賃も随時発表している。ホームページに掲載されるPDFをチェックしよう。特別価格はツアー扱いとなり、電話で申し込むことが多い。
URL www.tokaikisen.co.jp

ジェット船で行くか大型船で行くかによっても時間、値段が変わる

■小笠原海運
おがまるパックは宿によって値段が変わる。最安で7万8000円〜。追加料金で船の等級のアップグレードもできる。インターネットではなく電話で予約する。
TEL 03-3451-5171
URL www.ogasawarakaiun.co.jp

春休みや夏休みに合わせたコースも発売される

東京の島々への旅は、まずどの島を訪れるのか決めるところから始まる。島によって旅に必要な日数は大きく異なるのでアクセスのリサーチから始めよう。行きたい島が決まったら、次は船や飛行機、ヘリコプターのスケジュールをチェック。頻繁に船のある島もあれば、小笠原のようにほぼ週1便しかない島もある。また青ヶ島のように就航率が50%を切る島もあるし、御蔵島のように宿が満室続きの島もある。本書の各島の歩き方を読んで、プランニングの参考にしてほしい。

旅のスタイル

◆船会社が提供するツアーや割引運賃をチェック

東海汽船は、往復のジェット船と大島温泉ホテル1泊2食が付いたパッケージをはじめ、期間限定の特別運賃を提供していることも。小笠原海運は往復の2等寝台乗船券と宿、現地のショップなどで使えるクーポンが付いた「おがまるパック」を販売。個別で予約するよりお得になる。

◆パッケージツアー

島によっては添乗員が同行するツアーも開催されている。大島、八丈島などは比較的多くのツアーがあり、現地では観光バスで移動するので便利だ。現地での送迎が含まれているので、免許がない、レンタカーを借りるのをためらうという人にもおすすめだ。

◆個人旅行

東京の島々の主流は個人旅行だ。インターネットが普及した今、旅の手配の主流はインターネット経由だと思いがちだが、島への旅の手配は電話がメイン。船や飛行機、大型ホテルはネットで予約できるが、民宿、レンタカーは電話での予約のみというところが多い。

旅のプランニングのヒントと注意点

◆余裕をもったスケジューリングが大切

東京の島々のプランニングのコツは、スケジュールに余裕をもつことだ。島旅最大のハードルは荒天による船の欠航。海の荒れる秋〜冬場はもちろん、それ以外にも海流や風の影響を受け欠航となることがある。可能な限り、日程に余裕をもってプランニングしよう。

島での移動手段によっても現地の時間の使い方がずいぶ

大型船とジェット船はそれぞれ魅力があるが、行きは大型船、帰りはジェット船を利用するという人が多い。行きは夜、竹芝桟橋を出発し、翌早朝に島に着くので時間が有効に使えるのだ。

ん変わってくる。自由に移動したいならレンタカーやレンタバイクが基本。島のバスは、本数が少ないので時間の制約が多い。利島、御蔵島はレンタカーだけでなくレンタサイクルもない。島により交通事情はかなり異なるので要チェックだ。

●まずは往復の交通と宿を確保

夏休みなどの繁忙期は早めに往復の交通と宿を手配しておこう。青ヶ島、御蔵島、利島はなかなかたどり着けないため、"幻の島"といわれている。船の就航率が悪い、宿が少なく予約が取りづらいというのがその理由だが、一回のチャレンジで諦めず、複数回トライするのが上陸成功の唯一の方法だ。

◆体調管理は万全に

島を訪れる際、体調管理には十分に注意したい。島には医療機関が少なく、薬局も都心のように長時間営業ではないし、そもそも薬局のない島もある。船の欠航に備えて必要な薬は少し多めに持っていくと安心だ。

船で行く場合、揺れることもある。通常船酔いをしない人でも荒天時に外洋に出たときの揺れはかなりのもの。酔い止めの薬は船内では売っていないため持参しよう。竹芝客船ターミナルの売店でも酔い止めは手に入る。

■そのほかのパッケージツアー

いくつかの旅行会社がパッケージツアーを企画している。船やホテル、現地での移動、食事などがすべてセットになっているものもあれば、船とホテルだけがセットというフリー型のプランもある。また、クルーズ船を使った周遊クルーズや、島によっては飛行機を使ったツアーなども。

●東京の島々へのツアーを開催しているおもな旅行会社

オリオンツアー
URL www.orion-tour.co.jp

阪急交通社
URL www.hankyu-travel.com

西鉄旅行
URL www.nishitetsutravel.jp

HIS
URL eco.his-j.com/eco

JTB
URL www.jtb.co.jp

ビッグホリデー
URL bigs.jp

各島の交通手段とプランニングのポイント

	大型船(竹芝発)	ジェット船(竹芝発)	飛行機	ヘリコプター	日数の目安	プランニングのポイント	温泉	海水浴	ハイキング	グルメ	子連れ
伊豆大島	6時間	1時間45分	調布飛行場から25分	三宅島から20分	日帰り～	日帰りも可能。ジェット船の本数も多い。	○	△	○	○	○
利島	7時間35分	2時間25分	―	大島から10分	1泊2日～	船の欠航が多い。宿が少なく予約が困難。	×	△	○	△	△
新島	8時間30分	2時間20分	調布飛行場から40分		2泊3日～	大型船は早朝着なので滞在時間が長い。	○	○	△	○	○
式根島	9時間	2時間20分	―		2泊3日～	新島と式根島間には連絡船があり行き来が便利。	○	○	△	△	○
神津島	9時間55分	3時間5分	調布飛行場から45分		2泊3日～	主要な観光地に行く路線バスがあり便利。	△	○	○	○	○
三宅島	6時間30分	―	調布飛行場から50分	御蔵島から10分 大島から20分	2泊3日～	早朝着なので宿のアーリーチェックインを利用するといい。	△	△	△	○	△
御蔵島	7時間25分	―	―	八丈島から25分	2泊3日～	宿の予約が困難。ひとりの場合、相部屋も多い。	×	×	○	△	△
八丈島	10時間20分	―	羽田空港から55分	御蔵島から25分 青ヶ島から20分	1泊2日～	大型船の場合は2泊3日～。	○	△	○	○	○
青ヶ島	八丈島から3時間	―	―	八丈島から20分	1泊2日～	船の欠航が多い。ヘリコプターは激戦。	×	×	○	△	△
父島	24時間	―	―		5泊6日～	基本的に1航海5泊6日、2航海11泊12日必要。	×	○	○	○	○
母島	父島から2時間	―	―		5泊6日～	父島との組み合わせ滞在も可能。	×	○	○	△	○

※船の所要時間は最短時間

船の場合、東京湾を出ると携帯は通じなくなるが、島に近づくと電波が入る。送りたいメッセージや調べ物があるときは、この時間がチャンスだ！

東京とその先の島への道

■主要航空会社問い合わせ先
●日本航空（JL）
TEL 0570-025-071
URL www.jal.co.jp

●全日空（NH）
TEL 0570-029-222
URL www.ana.co.jp

●スカイマーク（BC）
TEL 0570-039-283
URL www.skymark.co.jp

●日本トランスオーシャン航空（NU）
TEL 0570-025-071（日本航空と同じ）
URL jta-okinawa.com

●エア・ドゥ（HD）
TEL 03-6741-1122
URL www.airdo.jp

●ソラシドエア（6J）
TEL 0570-037-283
URL www.solaseedair.jp

●スターフライヤー（7G）
TEL 0570-07-3200
URL www.starflyer.jp

●ジェットスター・ジャパン（GK）
TEL 0570-550-538
URL www.jetstar.com

●スプリング・ジャパン（IJ）
TEL 0570-666-118
URL jp.ch.com

●ピーチ・アビエーション（MM）
TEL 0570-001-292
URL www.flypeach.com

東京の島々への旅は、東京を目指すことから始まる。島に渡る交通手段に合わせて、飛行機、鉄道、高速バスなどのなかから、予算とスケジュールに合わせて選択しよう。島の起点となるのは竹芝桟橋、羽田空港、調布飛行場がメイン。どの交通手段を選択するかで、出発地点が異なるので注意が必要だ。また、季節によっては神奈川県の横浜大さん橋や久里浜、静岡県の熱海、伊東、稲取、下田、千葉県の館山から船が出ることもある。大型客船は1時間前、ジェット船は30分前、飛行機の場合は30分前あたりで手続きが締め切られる。大型連休や夏休みなどの繁忙期は、きっぷ売り場や搭乗手続きに予想以上に時間がかかるので、余裕をもって乗り場に到着できるよう逆算してスケジュールを立てよう。

飛行機で東京へ

調布飛行場からプロペラ機で行ける島もある

竹芝桟橋に近い羽田空港は全国50都市と結ばれている。また成田空港発着便にはピーチ・アビエーションやジェットスター・ジャパンなどLCCが札幌や大阪、福岡、沖縄などの路線を運航している。LCCは非常に低価格で航空券を入手できることがあるが、東京から先、各島に行く船や飛行機は天候の影響を受けやすい。乗る予定の便が欠航になる、遅延するということは珍しいことではないので、なるべくなら変更、キャンセル可能な航空券が安心だ。

航空券は早めの予約がお得

航空券は早期割引運賃を設定しており、早く買えば得なことが多いが、不定期でスーパーセールなどを実施するので早く買えば100％得とはいいれきれない。年末年始やゴールデンウイークなどの繁忙期は、間際になればなるほど正規運賃に近い料金となる。

航空会社が販売するフリーツアーが狙い目

航空会社が販売している往復航空券＋宿泊というフリーツアーは個人旅行に便利だ。JALの「JALダイナミックパッケージ」、ANAの「ANAトラベラーズダイナミックパッケージ」、スカイマーク「たす旅」がある。宿泊施設までは自費移動となるが個別で手配するよりも割安になる場合が多い。出発から帰着までは14日間のなかでの好

しま通信　JALやANAの株主優待券を使用して予約すると正規運賃の半額になるうえ、出発前の変更手数料はかからない。株主優待券を活用するのも手だ。

きな日に任意の期間で設定できて自由度が高い。宿泊施設には、伊豆大島、三宅島、八丈島のホテルも含まれているのでチェックしてみよう。予約は各社の公式サイトで行う。

特に八丈島に行く場合、全国のANAの発着する空港から羽田乗り継ぎで八丈島に行くツアーは、個別で手配するよりかなりお得に予約できるケースが多い。

ANAが発着する空港の近くに住んでいるなら、八丈島へのアクセスが便利だ

新幹線で東京へ

全国に張り巡らされたネットワークと安全性の高さには定評がある日本の新幹線。北海道からは乗り換えなしで、鹿児島からも1回の乗り換えで東京へ来ることが可能。青森から約3時間、博多からなら約5時間、2024年3月には北陸新幹線が延伸し、福井からのアクセスも向上した。新幹線はJRの5社により運営されており、割引プランは会社により異なるので、利用予定の新幹線の公式サイトで確認しよう。

バスで東京へ

東京の主要なバスターミナルは東京駅の「バスターミナル東京八重洲」と新宿駅の「バスタ新宿」だ。「バスターミナル東京八重洲」は東京ミッドタウン八重洲の地下にあり、全国各地からのおよそ50社のバスが発着。地下1階に発券窓口やインフォメーションが、地下2階に乗り場がある。JR高速バスは乗り場が異なるので注意。また「バスタ新宿」は新宿駅新南改札直結のバスターミナル。乗り場は4階、降り場は3階。そのほか、池袋や渋谷にも高速バス乗り場があるが、東京駅や新宿に比べると小規模だ。また池袋はサンシャインシティ内にあり、池袋駅からだと徒歩15分ほどかかる。最寄り駅は東池袋駅だ。

調布飛行場へのアクセス

伊豆大島、新島、神津島、三宅島へのフライトをもつ調布飛行場は、東京都調布市にある。JR中央線武蔵境駅南口、京王線調布駅北口からそれぞれタクシーで 約15分(約2000円)。調布駅から小田急バス調布飛行場行きで約15分。駐車場は1時間100円、1日最大1000円。繁忙期は駐車場が満車になることもあるので注意。

■航空会社のフリーツアー

JALダイナミックパッケージ
URL www.jal.co.jp/domtour

ANAトラベラーズパッケージ
URL www.ana.co.jp/ja/jp/domestic/dp

スカイマーク「たす旅」
URL www.skymark.co.jp/ja/

■航空券の子供運賃

各航空会社によって異なり、例えばスカイマークでは3～11歳は普通運賃の半額、3歳未満の幼児はひざの上に抱く場合は大人ひとりにつきひとり無料。座席を占有する場合は子供運賃と同額となる。割引運賃では子供割引が設定されていない場合や、設定されていても割引率が異なることが多い。

■調布飛行場

調布飛行場はこぢんまりとした空港だ。ターミナル内に飲食店はないが、飲み物やパン、お菓子を扱う自動販売機はある。最寄りのコンビニは徒歩15分ほど。

住 東京都調布市西町290-3
TEL 0422-31-4191
URL www.kouwan.metro.tokyo.lg.jp/rito/tmg-airport/chofu

新中央株式会社
URL www.central-air.co.jp

調布飛行場の待合エリア

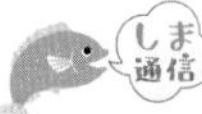

しま通信 JALやANA、スカイマーク、エア・ドゥ、ソラシドエア、スターフライヤーなど各社に高齢者を対象とした飛行機の割引制度がある。対象年齢は航空会社によって異なるがおおむね65歳以上。

旅の予算

東京の島旅では、どの程度の予算が必要なのだろうか。島までの距離や滞在する日数によって変わるのはもちろん、船から船、船からヘリコプターなど、乗り継ぎが必要な島に行く場合は、島に渡るまでに追加費用がかかることを認識しておこう。

訪れる島や、往復の交通手段、アクティビティに参加するか否か、宿のグレードによっても大きく異なるが、往復大型船2等船室を使用して、朝夕食付き民宿に泊まった場合、伊豆大島1泊2日2万円～、三宅島2泊3日（船中1泊）2万5000円～、八丈島2泊3日（船中1泊）3万円～、小笠原父島5泊6日（船中2泊）7万8000円～。これらの価格に船のランクアップ、ジェット船や飛行機に変更した場合の追加代金、食事代、レンタカー代、ガソリン代、アクティビティ代、おみやげ代などがプラスされる。24時間の長旅となるおがさわら丸では快適な特等室もある。値段は2等和室の3倍近いが、バス・トイレ、専用ラウンジなどがあり優雅な旅ができる。

特等室は4室のみのため、すぐに予約でいっぱいになる

また、島での過ごし方によって予算は大きく異なる。海水浴や島内散策などはあまりお金のかからない楽しみ方だが、スクーバダイビングやシーカヤック、ホエールウオッチングなどのマリンアクティビティ、ガイドの案内が必要な本格的なトレッキングなどは別途料金が必要。各自の旅のスタイルを想定し、シミュレーションしてみよう。なお青ヶ島は天候や海況によって欠航となることも多いので、八丈島や青ヶ島で足止めされることも想定しておく必要がある。竹芝から八丈島、八丈島から青ヶ島までの交通費に加え、八丈島および青ヶ島での宿泊代や食事代も自己負担なので、予算には余裕をもっておきたい。

リゾートホテルに泊まれば快適な休日が過ごせる

宿泊費

宿泊費は、民宿やゲストハウス、リゾートホテル、貸切宿など、タイプによりかなり異なる。また、繁忙期となる

■島の宿の探し方
島の宿は、各島の観光協会のホームページに掲載されている。まずはそこで探してみるといいだろう。予約は、楽天トラベルやじゃらん、一休などの予約サイトからできるホテルもあるが、数は多くない。自社のホームページの予約フォームがある場合もあるが、小規模なホテルやペンション、民宿の多くは電話で予約する。

■家族旅行なら自炊もいい
自炊ができる宿も多く、島の食材を買ってきて部屋で食べるのも楽しいものだ。キッチン付きの宿といっても、調理器具や調味料がどの程度揃っているかは宿により大きく異なる。予約時に問い合わせてみよう。

一棟貸しの宿では自宅のようなフルキッチンが使えるところも

■アクティビティ代の目安
小笠原でほとんどの人が参加する父島出発の南島上陸ツアーは半日で8000円ほど。三原山や八丈富士などのトレッキングガイドは6500円～。各島で開催されているスノーケリングツアーは5500円～。御蔵島のドルフィンスイムは8500～9500円程度が目安。

小笠原の南島は一度は行きたい絶景のひとつ

近年、島でもクレジットカードやキャッシュレス決済が使用できる場所が増えてきた。しかし、基本は現金決済。通信が不安定でキャッシュレス決済が使えないこともある。現金を多めに用意していこう。

夏場や年末年始、土曜などはハイシーズン料金を設定しているところが多い。

一般的には民宿は朝食付き7000～8000円、朝夕食付き8000～1万2000円くらい。リゾートホテルは時期によりかなり異なり、最安シーズンは1泊素泊まり7000円～。ただしホテルの場合は1室料金が適用されることが多くツインルームに1人で泊まった場合、2人分かかるか、割増料金となることがほとんど。それぞれのホテルにより対応は異なるので、確認しよう。

飲食費

宿の夕食もいいが島の居酒屋には抗いがたい魅力がある

東京の島々の飲食費は、おおむね東京都内と同じくらいだ。ファストフードやコンビニがなく、リーズナブルな選択肢がないぶんやや高めに感じるかもしれない。島によっては飲食店自体が少ないため、朝と夜（場合によっては昼も）は宿で食べるということもある。

朝食

数は少ないが、朝食を提供している飲食店もある。モーニングは500～1000円程度。自炊の宿でなければ、朝食は宿で付けておいた方が安心だ。

昼食

地魚の刺身定食は1200～2000円が目安。ラーメンや丼物などは800円～と一般的な価格だ。ランチタイムは11:00～14:00頃で、確実に行きたい店や食べたいメニューがある場合は予約しておくのがいい。14:00を過ぎるとほとんどがクローズする。食べそびれないよう注意しよう。

夕食

食べたり飲んだりする量でまったく異なるが、居酒屋で2～3杯ビールか焼酎を飲み、料理を数品オーダーして1人3000～6000円程度。地元の郷土料理が味わえるうえ、島の人々と話す機会もあり楽しい。

観光関連費

各島の郷土資料館は島の概要を知るのにぴったり。ぜひ足を運ぼう

島の観光施設で高額な入園料を取られることはほぼない。郷土資料館などの入館料は200円程度。駐車場料金がかかるところもほぼない。アクティビティに参加する場合、その予算を確保しておこう。

魚のアラでだしを取ったラーメンなど地元グルメもおさえておきたい

■おみやげ代の目安

おみやげ代も確保しておこう。伊豆大島名物の牛乳煎餅は16枚で800円程度。椿油は40mℓで1100円程度。神津島の人気商品赤イカ塩辛は1100円、新島のくさやは450円～。青ヶ島のひんぎゃの塩は300円～。小笠原産カカオを使ったTOKYO CACAOチョコレートは1944円。各島で製造されている焼酎は1200～4500円程度。そのほか、島のアーティストによるハンドメイドアクセサリーやTシャツなど、魅力的なアイテムがある。

リピーター率が異様に高い、神津島の赤イカ入塩辛

しま通信　伊豆大島と八丈島にはみずほ銀行のATMがあるが、そのほかの島には都市銀行のATMはない。どの島にもゆうちょのATMはあるので、島を頻繁に訪れる人は、ゆうちょの口座をつくっておくのもいい。

旅のシーズン

春の訪れを告げる椿の花

■伊豆大島椿まつり
毎年１月下旬～３月下旬に開催される祭り。島の各地でイベントも行われる。
URL www.tokaikisen.co.jp/tsubaki_festival/

ステージイベントも楽しい

■伊豆大島のおもなスポーツ大会
●カメリアマラソン
参加費無料のマラソン大会。
URL www.mspo.jp/camellia/
●伊豆大島マラソン
フルマラソン、ハーフマラソンのある人気マラソン大会。
●伊豆大島トライアスロン大会
35回続く、歴史あるトライアスロン大会。

竹芝桟橋から約120㎞の伊豆大島から約1000㎞の小笠原父島まで、東京の島々は広範囲に点在している。島により気候もさまざまだ。島ごとに紹介していこう。

<伊豆大島・利島>

春　伊豆大島で春の訪れを告げるのは椿。椿の開花に合わせて１月下旬から３月末まで「伊豆大島椿まつり」が開催され、椿を愛でる観光客でにぎわう。椿が最盛期を迎えるのは２月下旬～３月中旬で、椿のシーズンが終わる頃には大島桜が開花。３月下旬は椿と大島桜が同時に楽しめる。

夏　島が最もにぎわうシーズン。伊豆大島では６月の梅雨入りと同時に約３万本のアジサイが開花する。トライアスロンやサイクリングなどさまざまなスポーツイベントが開催されるのもこの季節。梅雨が明けると本格的な観光シーズンが到来するので、宿も往復の交通も早めにおさえておこう。海水浴場がオープンし、夏祭りや花火大会も催される。気をつけなくてはならないのが台風。船や飛行機が欠航になり、現地で足止めされることもある。これぱかりは仕方がないが、天気予報をこまめにチェックしておこう。

秋　10月に入ると空気が澄み、秋の気配が感じられるようになる。夏ほど暑くなく、虫も少ないのでトレッキングを楽しむならベストシーズン。ただし、天気の急変には気をつけよう。

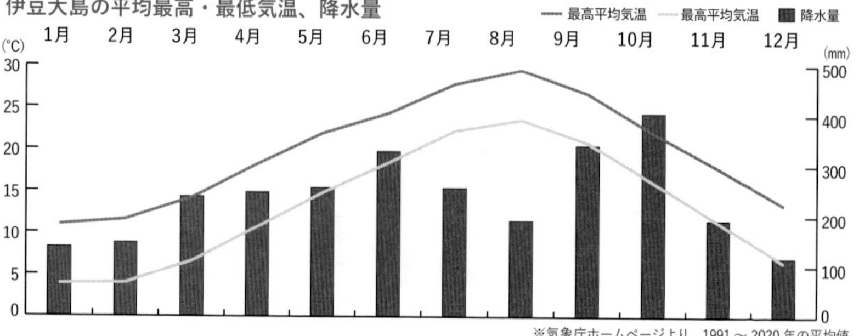

※気象庁ホームページより　1991～2020年の平均値

しま通信　利島最大のお祭りといえば８月13日と14日に開催される盆踊り大会と花火大会。初日に盆踊り、２日目に花火大会があり島民、観光客、帰省客みなが参加する。

冬場の海は荒れやすく、船の欠航が多くなる。特に港がひとつしかない利島は、船の欠航が多い。訪れる場合は余裕をもったスケジューリングが必要だ。また、冬場の民宿は工事関係者が長期で宿泊しているため、満室ということもあるので注意。1月下旬からは椿が開花し始める。

<新島・式根島・神津島>

春　4月は肌寒い日が多いが、5月中旬から気温が上がり6月になると平均気温が21℃を超える。朝夕を除きTシャツでも快適。神津島の天上山にはさまざまな花が咲き、トレッキングが楽しい季節だ。

夏　平均気温が24～26℃と、海水浴に最適なシーズン。観光客が増え、観光のハイシーズンだ。夏休み期間中の宿の予約は早めに。新島では本村前浜海岸に浮島が設置され、人気のアトラクションに。神津島の赤崎遊歩道もエメラルドグリーンに輝き、海らしさを増す。台風さえ来なければ、天候も安定していて、旅しやすい季節だ。

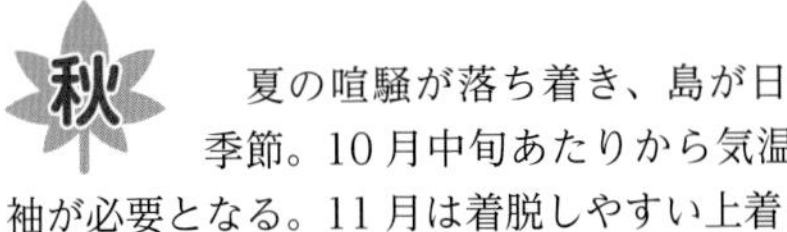

秋　夏の喧騒が落ち着き、島が日常を取り戻す季節。10月中旬あたりから気温が下がり、長袖が必要となる。11月は着脱しやすい上着を持参しよう。トレッキングやサイクリングなど陸上のアクティビティを満喫するのに最適。

冬　北風が冷たく、コートやマフラーが必要だ。船の就航率もやや落ちる。冬になると旬を迎えるのがイセエビや岩のりなど島ならではの食材。式根島では温泉めぐりが気持ちいい。

■新島・式根島・神津島のおもなスポーツ大会

●新島トライアスロン大会
風光明媚な新島を舞台に繰り広げられるトライアスロン。

● JPSA ジャパンプロサーフィンツアー（新島）
ショートボードやロングボードを操る迫力の技が披露される。

●式根島マラソン
6～18kmのコースが設定され小学生の部、駅伝部門などがある。

美しい海を舞台にさまざまなスポーツイベントが行われる

島トーク　夏以外にも楽しみいっぱい

新島、式根島、神津島は、白砂のビーチが印象的。なので夏の旅をイメージしがちだが、神津島は天上山トレッキングや、新島ガラスの絵付け体験、式根島の温泉めぐりなど、四季折々の楽しみがある。混み合う夏場をあえて外してこれらのアクティビティを楽しむのもいい。

神津島の天上山。春か秋が歩きやすい

神津島の平均最高・最低気温、降水量

— 最高平均気温　— 最高平均気温　■ 降水量

1月　2月　3月　4月　5月　6月　7月　8月　9月　10月　11月　12月

(℃) 30 / 25 / 20 / 15 / 10 / 5 / 0　　(mm) 500 / 400 / 300 / 200 / 100 / 0

※気象庁ホームページより　1991～2020年の平均値

しま通信　神津島で10月下旬に開催される村民大運動会は、島民が楽しみにするイベントだ。保育園児から高校生まで参加する出し物や、職場対抗リレー、親子競技など、全島民が参加してにぎやかに開催される。

■八丈島フリージアまつり
約35万株のフリージアが彩る島でさまざまなイベントが開催される。
URL www.freesiafesta.com

ひとり10本まで花をつむこともできる

■御蔵島のイルカウオッチング
御蔵島のイルカツアーの開催期間は3月15日～11月15日。予約する前に御蔵島観光協会のウェブサイトでルールを確認しておこう。
URL mikura-isle.com/ocean

御蔵島のイルカはとてもフレンドリー

■八丈島のクジラ情報
近年クジラが回遊してくるようになった八丈島。SNSで目撃情報を発信&募集している。下記のサイトでチェックしてみよう。
URL www.hachijo.gr.jp/whale

<三宅島・御蔵島・八丈島・青ヶ島>

八丈島では3月中旬から4月上旬まで「八丈島フリージアまつり」が開催され、約35万株の色鮮やかなフリージアが八丈富士をバックに咲き誇る。御蔵島のドルフィンスイムは3月15日からスタート。予約開始早々にいっぱいになるので、とにかく早めに予約しよう。

年間をとおして就航率のよい青ヶ島―八丈島間のヘリコプターだが、6月の就航率は60%、7月は72%程度と低くなる。これはこの時期、青ヶ島に霧が発生しやすくなるからだ。視界を遮る霧はヘリコプターの大敵。この時期だけは船の就航率がヘリコプターを上回る。

梅雨が明けると旅のハイシーズンに。三宅島、八丈島とも東京都心より雨が1000㎜程度多いエリアだが、8月は比較的降水量が少なく晴れの日が多い。

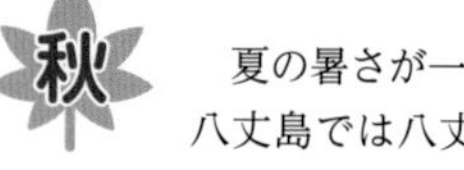

夏の暑さが一段落し、山歩きに最適な季節に。八丈島では八丈富士のトレッキングが楽しい。御蔵島のドルフィンスイムは11月15日まで。ドルフィンスイムはシーズンを通して人気が高いが、9月以降は空きが見つかることも。水温はまだまだ高いので、この時期にドルフィンスイムにチャレンジしてみるのもいいだろう。

気温がぐっと下がり、きちんとした防寒対策が必要になる。雪が降ることはまずないが、北風が冷たいのでダウンジャケット、マフラー、手袋などがあるといい。冬の青ヶ島の船の就航率はぐっと落ちる。船を移動手段として頼るのは諦めたほうが無難。八丈島には12～4月の間、子育てのためにクジラが訪れる。ツアーのほか、陸上からも見ることができる。

八丈島の平均最高・最低気温、降水量

— 最高平均気温　— 最高平均気温　■ 降水量

1月　2月　3月　4月　5月　6月　7月　8月　9月　10月　11月　12月

(℃) 30 25 20 15 10 5 0

(mm) 500 400 300 200 100 0

※気象庁ホームページより　1991～2020年の平均値

しま通信　青ヶ島は湿度が年間平均85%と伊豆諸島のなかでも特別高い。特に梅雨時の霧は深く島全体をすっぽりと覆ってしまう。霧というより雲のなかにいるような感覚だ。

＜小笠原（父島・母島）＞

春 小笠原とはいえ、4月いっぱいは日陰や夜は肌寒いので長袖があると安心だ。風の強い日もあるので、羽織り物を持っていこう。5月に入ると気温はぐんぐんと上がり、半袖で快適に過ごせる暖かい日が増える。4月いっぱいはザトウクジラウオッチングシーズン。

夏 7～8月は気温、水温ともに上昇する海遊びのベストシーズン。台風を避ければ雨が少なく波も穏やかなので、聟島（むこじま）まで遠征するツアーが催行されることもある。1ヵ月にわたり小笠原サマーフェスティバルが開催され、盆踊りやウミガメ放流、小笠原フラなどが披露される。夏休み期間中のおがさわら丸は混み合う。特にお盆前後は予約開始と同時に席をおさえよう。

秋 9～10月は引き続き半袖、短パンで快適に過ごせる真夏の陽気。夏の暑さが一段落し、ハイキングもベストシーズンだ。11月下旬になると朝晩は肌寒く感じる日が増えてくるが、日中は25℃を上回る日も多い。ただ、11月は雨が多く、湿度も高い。

冬 12月に入ると、北風が冷たく感じる日も。天候によって体感温度ががらりと変わり、半袖で気持ちのよい日もあれば、ダウンジャケットが欲しいと思う日も。寒さに対応できる服装を用意しておこう。12月に入るとホエールウオッチングシーズンに。2月は赤ちゃんクジラの姿が見られることもある。元日に父島と母島で日本一早い海開きが行われるが、水着で泳ぐには覚悟が必要だ。母島の特産であるミニトマトの旬は1～4月。真っ赤に熟した糖度の高いミニトマトは、驚きの甘さ。この時期に小笠原を訪れたら、ぜひ味わってみて。

■日本でいちばん早い初日の出
母島は日本の有人島で最も早い初日の出が見られる島。日の出時刻はだいたい6：20頃で、東京23区よりも30分弱、早い日の出が見られる。

■小笠原のクジラ情報
小笠原のホエールウオッチングシーズンは12～4月。クジラ、イルカの情報は、小笠原ホエールウォッチング協会のホームページに詳しい情報が載っている。
URL www.owa1989.com

間近で見るクジラの姿に感動！

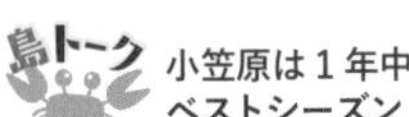

小笠原は1年中ベストシーズン
多くの島は夏がハイシーズン。もちろん小笠原も夏が最も旅行客の多い季節だが、そのほかのシーズンも意外なほど混み合っている。春と秋はトレッキング、冬はホエールウオッチングと1年中魅力がいっぱい。特に大晦日のカウントダウンは人気で、年末年始の小笠原は大にぎわいだ。

小笠原は海も山も楽しい

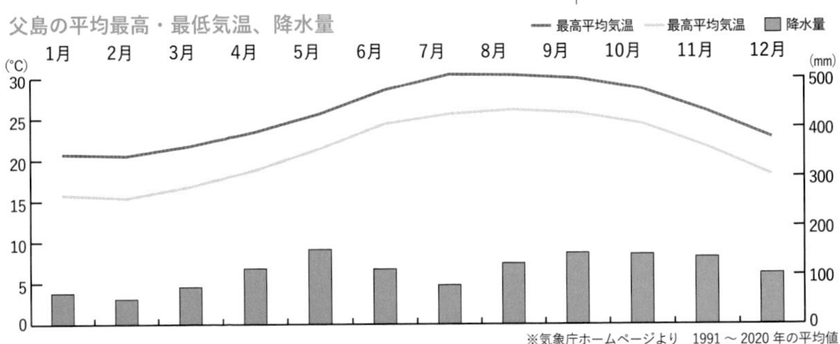

※気象庁ホームページより　1991～2020年の平均値

しま通信　小笠原では1月1日に日本一早い海びらきとなるが、実際は寒い。水着で泳ぐにはかなりの覚悟が必要だ。冬場の海遊びにはウエットスーツを着用するのが一般的。ボートで沖に出た場合はさらに寒い。

旅のお役立ち情報

東京の島々への旅を思い立ったら、まずは情報収集をしよう。どの島に行くか決まっているならその島についての情報を、決まっていないならアクセスを調べたり、島の特徴を把握して、どの島に行くか決めよう。ここでは役立つ情報収集先と活用法について紹介する。

旅立ち前

◆パンフレットを手に入れる

東京の島々のパンフレットは東京都や各島が発行しており、竹芝客船ターミナルで各島のパンフレットが手に入るがすべて並んでいるわけではない。また、ふるさと回帰支援センター（→ P.396）にも島の情報があるので、のぞいてみるのもいいだろう。

ダウンロード用のパンフレットを用意している観光協会のサイトもあるので、行きたい島のウェブサイトをチェックしてみよう。

空港や港の観光案内所は飛行機、船の発着時以外は無人のことが多い

◆インターネットで情報収集

事前の情報収集にいちばん適しているのは、各島の観光情報サイト。代表的な見どころや楽しみ方が掲載されている。各島や船会社のSNSも便利な情報源だ。最新情報だけでなく、船や飛行機の運航情報も発信されているのでぜひフォローしておきたい。

島に到着後

観光案内所

空港やフェリーターミナルには観光案内所が併設されていることが多く、パンフレットが手に入る。係員がいる場合、観光の相談にものってもらえる。御蔵島、青ヶ島、利島などは、船乗り場にはガイドブックなどを設置しているスペースがなく、観光案内所や村役場などでパンフレットを用意している。

荷物を預ける

島に到着後、宿のチェックイン前、チェックアウト後も荷物を預けたい場合、通常は宿が無料で荷物を預かってく

■情報収集に役立つウェブサイト

Tokyo 11 Island
URL www.tokyo-islands.com

伊豆大島観光協会
URL izu-oshima.or.jp

利島村役場
URL www.toshimamura.org

神津島観光協会
URL kozushima.com

式根島観光協会
URL shikinejima.tokyo

新島村観光案内所
URL niijima-info.jp

三宅島観光協会
URL www.miyakejima.gr.jp

御蔵島観光協会
URL mikura-isle.com

八丈島観光協会
URL www.hachijo.gr.jp

青ヶ島村役場
URL www.vill.aogashima.tokyo.jp/tourism

小笠原村観光協会
URL www.ogasawaramura.com

島外のイベントは情報の宝庫

毎年11月頃、東京の池袋サンシャインシティで開催される、全国の島々が集まる祭典「アイランダー」や、東京の島々の特産品が集まる「東京愛らんどフェア」には、各島の観光協会のほか、特産品販売やキッチンカーが登場。島の情報や特産品を手に入れるチャンスだ。

島民が発信するSNSも便利な情報源だ。「AOGASHIMA Channel」はチャンネル登録数13万5000を超える人気チャンネル。青ヶ島のさまざまな日常がアップされている。

れる。八丈島空港や各島の港にはコインロッカーがあるので、荷物を預けることも可能（一部の島の港にはない）。コインロッカーがない場合、手荷物預かり所などがないか尋ねてみよう。

荷物の配送

伊豆大島、八丈島、小笠原父島にはヤマト運輸の営業所があり、宅急便が利用できる。それ以外の島で荷物を送る場合は、ゆうパックを利用する。小笠原からの場合、船が週1便程度なので、手元に届くまでに1週間程度かかることを覚悟しておこう。なお、父島出航の場合、前日、当日の締め切り時間までの受付で、自分が帰りに乗るおがさわら丸に荷物を載せてもらえる。締め切り時間を確認しておこう。

電子機器の充電

地図アプリを見たり、船の運航情報をチェックしたり、写真を撮ったりと、旅行中はスマホを活用することが多い。当然、バッテリーの消費も早いので、モバイルバッテリーは必需品だ。空港や客船ターミナルには充電スポットが設けられていることが多いのでこれらを活用するのも手。

またモバイルバッテリーのレンタルサービスも便利だ。設置されているスポットでモバイルバッテリーを借りて、充電が終わったら別のスポットで返却することができる「ChargeSPOT」は東京の島々にも設置されている。利用は事前にアプリをダウンロードするか、PayPay、d払い、au PAYなどのスマホ決済アプリがあれば、すぐにレンタルできる。3種類のケーブルを内蔵していて、たいていのスマホに対応している。

八丈島空港に設置されたChargeSPOT

しまぽ通貨をチェック

東京都と公益財団法人東京観光財団が東京の島しょ地域への旅行者誘致の取り組みとして発売する、プレミアム付き宿泊旅行商品券「しまぽ通貨」。あらかじめ、本人認証を行い登録することで、1万円分の商品券を7000円で購入できるお得な商品券だ（令和5年度）。令和6年度分については未発表だが、発売されればかなりお得に島が旅できる。こまめにチェックしておこう。URL shimapo.com

■島専門の雑誌やウェブサイトもチェック！

日本で唯一の島マガジン『島へ。』もチェックしておきたい。定期的に東京の島も特集されている。島旅情緒あふれる一冊だ。奇数月の15日発売。

東京の島々の特集も多い

有人離島専門フリーペーパー『季刊ritokei』やritokeiのウェブサイトでも日本全国の島の情報が手に入る。観光だけでなく移住や伝統文化など幅広いジャンルの情報が満載。

URL ritokei.com

■離島に荷物を送ると高い？

ヤマト運輸もゆうパックも離島に送るための追加料金を徴収していない。東京都区内から島に送る場合、同一料金で送ることができる。

ヤマト運輸

URL www.kuronekoyamato.co.jp

ゆうパック

URL www.post.japanpost.jp

■バッテリーレンタル

ChargeSPOT

URL chargespot.jp

アプリをダウンロードしておけば、レンタルスポットや在庫が確認できて便利。

島トーク 小笠原で農産物を買うなら夕方が狙い目!?

父島と母島間を行き来する定期船「ははじま丸」。「おがさわら丸」の父島出港日を除き、「ははじま丸」が父島に戻ってくる時間は夕方の16：00頃。この船には母島で取れた島トマトや島レモンなどたくさんの農産物が積み込まれていることが多い。父島二見港に到着した農産物の多くは、大村にあるJA農産物観光直売所へ運ばれる。南国ならではの珍しい野菜や果物をゲットしたい人はこの時間を狙ってみて。

しま通信 東京の島々が一堂に会する「愛らんどフェア」は、東京の島ファンなら必訪だ。島々の情報だけでなく、音楽ライブやトークイベントなども開催される。また、島の生産者が自ら持参した島の特産品も手に入る。

安全情報とトラブル対策

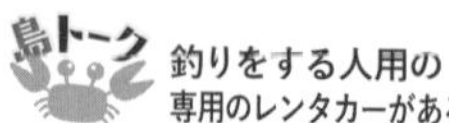

釣りをする人用の専用のレンタカーがある

釣りの予定がある人は、釣り用の車を手配してくれるので、予約の際に告げておこう。釣り可能車両ではなく通常のレンタカーで釣りに出かけると、クリーニング代や、休業補償費などを請求されることがあるので注意。

島のレンタカーは軽自動車が多い

■電動アシスト自転車のバッテリー切れに注意

サイクリング中に電動アシスト自転車のバッテリーが切れるという悲劇も報告されている。借りるときに、どの程度バッテリーがもつのか確認しておこう。

安全のためにヘルメットも忘れずに

遊泳は海水浴場で。流れは想像以上に強い

東京の島々はのどかで治安のよい場所だ。島で盗みを働くなど罪を犯しても、逃げ場がなくて捕まるだけだし、隣人の目もあるので非常識な行動は極力慎むようにしているからだ。それよりも荒天による交通の乱れや、インフラの不通などのほうが心配だ。事前に取れる対策は取っておこう。

東京の島々の治安

基本的に安全だと考えていい。ただし伊豆大島や八丈島では犯罪がゼロではない。車上荒らしや空き巣が発生しているというデータはあるので、通常の社会生活を営むうえで最低限のことは気をつけよう。例えば、携帯電話・スマホや財布を車内の見えるところに置いて車を離れない、鍵をかけるなどの基本的なことに注意しておけば、トラブルに巻き込まれることはあまりないだろう。

トラブル対策

◆レンタカーでのトラブル

狭い道路に入ってこすってしまった、舗装されていない道路に進入しスタックしてしまったというのが最も多い。車両進入禁止と書いてあるところには絶対に車で入らないというのが鉄則だ。事故を起こしてしまったら、まずは警察に電話する。その後レンタカー会社にも報告。ささいな事故でも連絡を怠ると補償が適用されなくなるので注意。

◆レンタサイクルでのトラブル

最近は電動アシスト付きの自転車も多く、アップダウンのある島でも比較的ラクに移動できるようになった。しかし、伊豆大島、八丈島を自転車で一周しようとするとなかなか大変だ。安易な気持ちで始めてしまい、途中で疲れ果てている観光客の姿を目にすることもある。事前に距離と高低差を把握して、無理のないプランを立てよう。自転車は基本的に左側通行。島の道路に自転車専用レーンは少ないので、車の往来には十分に注意すること。

◆海の事故

黒潮の影響を受ける東京の島々。海の中は、見た目以上に潮の流れが速い場所があるので、海水浴場以外での海水浴は危険。また海水浴場でも急に深くなる場所があるので注意したい。水に入る前には準備体操を入念に。いうまでもないが、飲酒後の遊泳は厳禁だ。

信号や交差点の少ない島ではついついスピードを出しがちだが、交通量が少ないからこその歩行者の飛び出しや、お年寄りののんびりとした運転も多い。急いでも何もいいことはない。安全運転を心がけよう。

◆山の事故

島ではトレッキング、ハイキングを楽しむ人も多いだろう。初心者でも登りやすい山が多いが、島では天候の急変が多い。濃霧や突風も発生するので、雨具や防寒具を持参して。また登山道がわかりにくいことも。携帯電話・スマホが圏外のこともあるので、事前にルートを確認しておこう。登山届がある場合は提出するのを忘れずに

危険を知らせる看板。自分の体力と相談し引き返す勇気も必要

◆熱中症、脱水症状

島の日差しは強い。海水浴、ハイキングに行くときは必ず飲み物を持参すること。近くに自動販売機がないことも多いので、事前に用意しておこう。夏場に長時間太陽の下にいると、日焼けを通り越してやけど状態になることも。帽子やサングラス、日焼け止めに加え、海で遊ぶ場合はラッシュガードなどを活用し、紫外線対策を抜かりなく。

◆磯釣りの事故

東京の島々は黒潮が通過する日本有数の漁場。しかし、毎年高波にさらわれる事故が発生している。ライフジャケット、磯靴などを着用し、高波や強風注意報が出ているときは釣りには行かないように。また単独での行動は避け、万が一に備えて宿の人に行き先を告げておくなど、所在がわかるようにしておこう。

船内での貴重品管理

長時間過ごす船内では貴重品管理にも気を配りたい。東海汽船の大型客船には、個室以外は鍵付きコインロッカーが用意されている（個室は部屋のドアに鍵がかかる）ので、貴重品はここに入れておく。おがさわら丸は、4デッキに指紋認証と暗証番号でロックするタイプの貴重品ロッカーがある。小型のものが78個、大型のものが20個あり、料金は無料。財布やスマートフォンなどは、肌身離さず携帯しよう。

また橘丸、さるびあ丸、おがさわら丸ともに、冷蔵コインロッカーも用意されている。釣った魚のほか、購入した魚介類、野菜や果物、乳製品などを冷蔵保管できるので、夏場の長時間移動でも安心だ。

おがさわら丸の貴重品ロッカー。指紋を登録して開閉する

■緊急時の電話番号

交通事故…110（警視庁）
海難事故…118（海上保安庁）

●海の事故に遭ったら

万が一海の事故に遭い、緊急通報が必要になった場合は「118」に通報する。
これは海上保安庁の電話番号だ。離岸流で沖に流されたり、防波堤などから転落したなど、海の事故を見かけたら118に救助を要請。

■登山届け

八丈島では下記のサイトで事前に登山届けを出すことができる。
URL www.hachijo.gr.jp/blogs/hiking-registration

滑落事故も報告されている。単独行動は避けよう

島トーク　冷蔵ロッカーで魚をおみやげに

島で購入した魚や干物も、冷蔵ロッカーに入れて持って帰ることができる。冬場なら冷凍の魚も持ち帰り可能。

おがさわら丸内にも冷蔵ロッカーがある

しま通信　島の潮の流れは複雑だ。海水浴場でも浅瀬から急に深くなったり、流れが強くなることも。海水浴場であっても十分に注意して遊ぼう。ライフジャケットはシーズン中はレンタルもあるが、持参したほうが確実だ。

島トーク 登山中の捜索・救助費用は自費

登山やハイキング中の捜索・救助費用は自費になる。そうした出費をカバーする国内旅行傷害保険があるので、検討してみてもいいだろう。国内旅行傷害保険の適用範囲は保険により、携行品や航空機や船の遅延、留守中の家の盗難被害をカバーしてくれるものまでさまざま。内容をしっかり確認して自分に合ったものを選ぼう。

■キャンセル保険は必要？

急なケガや病気、出張などで旅行に行けなくなり、ツアー・航空券・ホテルの予約をキャンセルした際のキャンセル料が保険金として戻ってくる保険。補償対象の旅行は、国内旅行、海外旅行、日帰りツアー、航空券などだが、海外旅行は対象外であったり、航空券のみの予約を対象にしたものがあったりするなど、各社保険商品によって補償対象範囲や補償対象となるキャンセル理由が異なる。まずはキャンセル保険の概要や注意点を十分理解したうえで、自分にとって必要かどうか判断し、加入するかどうかを決めよう。また、加入をする場合には自分に合った保険が選べるよう、商品ごとの特徴をしっかりとリサーチすることが大切。航空券や旅行商品を購入する際に申し込みができる。

条件付き運航（天候によって現地に到着しない可能性もある）もよくある

搭乗券は取り出しやすいところに入れておこう

◆体調不良やけが

島には薬局が少ないので、必要な薬は持参しよう。急に体調が悪くなったときやけがをしたときは、宿泊施設のスタッフなどに相談して。近隣の薬局や診療所を教えてくれるだろう。ただし、島は病院の数が少ない。小さな島では医師１名、看護師２名程度で島民すべての健康を担っていることも。通常の風邪程度ならなるべく迷惑をかけたくないものだ。

島で手当てができないほどの重体と判断された場合は、ヘリコプターか自衛隊の救難飛行艇で都内に搬送されることになる。伊豆諸島（大島・利島・新島・式根島・神津島・三宅島・御蔵島・八丈島・青ヶ島）は、ヘリコプターが出動する。搬送の所要時間は例えば八丈島の場合、急患要請を受けてからヘリが出動し、島に到着し、患者を乗せて再び都内に戻り病院に搬送するまでだいたい４時間程度かかる。小笠原の父島の場合は、要請を受けたあと、収容病院の医師を乗せた海上自衛隊の救難飛行艇が厚木基地もしくは羽田空港から出発。父島で患者を乗せたあと、都内に戻り収容病院に搬送。母島の場合は救難飛行艇が着陸できる滑走路がないため、まずは海上自衛隊のヘリで硫黄島に搬送し、そこで都内からやってきた救難飛行艇に受け渡し病院まで運ぶことになる。病院到着までの平均所要時間は9時間30分程度。島での急救搬送はかなり大変だ。

大事故はめったに起こることではなく、またいかに個人が気をつけていても不運にして起こってしまうものではあるが、ヘリコプターや救難艇を利用することになるとかなりの大事だ。くれぐれも無茶な行動はせず、安全第一で旅を楽しもう。

乗船券・搭乗券・航空券の紛失

◆乗船券の紛失

東海汽船、小笠原海運ともに、乗船当日に窓口で搭乗券に引き換える必要がある。ネットや電話で予約した場合、予約番号の控えや予約確認メールをプリントアウトしたものを持参すればいいが、旅行会社で申し込んだ場合、乗船券をなくしてしまうと再度購入し直す必要がある。乗船から半年以内に紛失した乗船券が見つかれば払い戻し手続きができるが、手数料がかかる。払い戻しの条件は船会社によって異なるので問い合わせを。

◆搭乗券の紛失

乗船の際に係の人に見せた搭乗券は、下船時に回収される。なくしてしまった場合、船内の窓口で申告し、必要な書類を作成してもらう。

令和４年度、小笠原から本土に救急患者が搬送された件数は19件。また小笠原は近海で操業する他県船籍の漁船や調査船、実習船などの急患にも対応する、重要な拠点なのだ。

◆航空券の紛失

現在はほとんどがデジタルの航空券となっているので、紛失のトラブルは少ない。ネットや電話で予約した場合、当日搭乗券に引き換える。引き換えたあとの紙のチケットは搭乗までなくさないように注意しよう。

自然災害

●悪天候のときは

東京の島々は、島という特性上、台風や低気圧の影響を受けやすい。交通機関にも影響が出やすいので、天気予報と運航状況はこまめにチェックしよう。搭乗・乗船予定だった飛行機や船が欠航となってしまった場合、次の便に振り替えるか、旅行自体をいったんキャンセルするか、状況に応じて決断する。

また東京の島々のなかには火山活動が活発な島もある。三宅島の雄山火口外周部は、火山ガス（二酸化硫黄）の濃度が高くなりやすく、立ち入りは認められていない。安全のため、ルールを守って観光を楽しもう。

●地震に遭ったら

赤と白の旗を見かけたら即、海から出よう

強い揺れ（震度４程度以上）、また弱くてもゆっくりとした揺れを感じたら、海岸付近から離れ、できるだけ高い所へ避難する。気象庁が地震を観測してから津波警報を発表するまでには数分程度かかる。特に、相模トラフを震源とする地震の場合、伊豆大島までは数分で津波が到達する可能性があるので、海水浴や釣りは即、中止してすぐに高台へ。津波は沿岸の地形により、局所的に予想より高くなる場合がある。また２波３波と繰り返し発生し、1波より高くなることも。ここなら安全と思わずに、できるだけ高い所に避難しよう。赤と白の旗は大津波警報、津波警報、津波注意報が発表されたことを知らせる「津波フラッグ」だ。波音や風で音声が聞き取りづらいときにも視覚で警報の発令を知ることができるため、2020年から導入されている。覚えておくといいだろう。

防災無線を聞こう

島ではその日の出帆港や、船の入港、欠航などが防災無線で放送される。しかし慣れていないとなかなか聞き取りづらいもの。八丈町や大島は、防災無線のテキストをＸでも配信している。旅の前にフォローしておくといいだろう。

■忘れ物、落とし物

それぞれ利用した船会社や航空会社、空港に問い合わせる。

東海汽船竹芝支店
TEL 03-3433-1251
小笠原海運
TEL 03-3451-5171
ANA
TEL 03-6428-3799（羽田空港）
TEL 04996-2-3823（八丈島空港）
ウェブサイトのメールフォームでも問い合わせ可能
URL acis-cs-ana.web.app/lostitem/ja
新中央空港
TEL 0422-31-4191（調布飛行場）
TEL 04992-2-1651（伊豆大島）
TEL 04992-8-1116（神津島）
TEL 04992-5-0180（新島）
TEL 04994-6-0006（三宅島）
東京愛らんどシャトル(東邦航空)
TEL 04996-9-0031(青ヶ島ヘリポート)
TEL 04996-2-5200（八丈島空港内ヘリカウンター）
TEL 04994-8-2124(御蔵島ヘリポート)
TEL 04994-8-5720（三宅島空港内ヘリカウンター）
TEL 04992-2-1781（大島空港内ヘリカウンター）
TEL 04992-9-0125(利島ヘリポート)

各島で忘れ物をした場合は、それぞれ管轄の警察署に問い合わせを。警視庁のホームページでも検索できる。

警視庁落とし物検索
URL www.keishicho.metro.tokyo.lg.jp/sodan/otoshimono/kensaku.html

■さまざまな災害に備える

東京都では、地震、台風、大雨、大雪、感染症、テロなどさまざまな災害を想定した注意喚起を行っている。旅立つ前に東京都防災ホームページの「災害時や事前の備えに役立つ状況」をチェックしておこう。万一に備えて東京都が提供する東京都防災アプリも、スマホにインストールしておきたい。

東京都防災ホームページ
URL www.bousai.metro.tokyo.lg.jp
東京都防災アプリ
URL www.bousai.metro.tokyo.lg.jp/1005744/

しま通信 船の搭乗券は下船時に回収されるのでなくさないように注意しよう。回収する理由は、途中で海に転落したなどの事故の可能性がないかチェックするため。乗船時と下船時の人数が一致しなければ、大問題なのだ。

習慣とマナー

■写真撮影のマナー
島の美しい写真は存分に残してほしい。ただし店内撮影NGと書かれた場所では控えよう。また店内を撮影したい場合は、ひと声かけるのがマナーだ。

混み合うシーズンはレストランもゆずり合おう

■飲酒について
ビーチや公園などの飲酒は制限されていないが、節度をもって楽しみたい。当たり前だが、飲酒後の運転は厳禁。また海に入るのも危険だ。出たゴミは必ず持ち帰ること。

共同のキッチンのある宿も。簡単な自炊ができる

島といっても、基本的なルールはほかの地域と変わらない。常識の範囲内で過ごしていれば、トラブルに発展することはないはずだ。ただ、東京の島々は基本的にリゾートではなく、人々の生活の場だ。度を越してはしゃぎすぎないよう注意したい。

船の中のマナー

乗船時間の長い大型客船。2等船室は、隣の人との距離も近い。混雑時にはラウンジの座席を長時間独占しない、電源はひとり占めしないなど、お互いに譲り合いの精神をもとう。また、グループで乗るときは、開放感からついつい声が大きくなりがち。飲酒は禁止されていないが、迷惑にならない程度に楽しもう。消灯後もおしゃべりを続けるのはNGだ。

橘丸の2等船室。頭の部分に仕切りがあるのみ

宿のマナーと習慣

東京の島々では、宿泊先が民宿ということも多い。民宿はホテルと違い、隣に音が響きやすいので、夜間や早朝は静かに。朝早く出かけるときの目覚ましの音にも注意を払いたい。

宿泊施設の予約がないと来島できない島が多い

また最近はほとんどないが、かつては繁忙期にひとりで旅する場合、同性の相部屋になることもあった。現在も繁忙期のひとり客は歓迎されないこともあることを頭に入れておこう。その場合、ゲストハウスかシングルユースできるホテルが活躍する。なお御蔵島では現在でも相部屋システムが根付いており、島好き同士、楽しく過ごしている。

ひと昔前は、予約なしで気の向くままに島旅を楽しむ人も多かったが、コロナ禍以降、人手不足もあり予約のない日は閉めている宿も多い。突然訪れた客の対応ができないことも多いので、必ず宿は予約してから島を訪れよう。

しま通信　八丈島には100円ショップのCan doとWattsがある。日用品や文房具、レジャーシートや海遊びグッズなどもあり、何かと便利だ。Can doは大賀郷のスーパーあさぬま近く、Wattsは三根の八丈ストア内にある。

宿の食事

民宿の朝ごはんは和食が多い。朝食の時間は6:30～8:00あたり。ほとんどがセットメニューでビュッフェというところは少ないだろう。もちろん宿によっては洋食が選べたり、ビュッフェというところもある。夕食は魚を中心に、さまざまな郷土料理が味わえる。漁師が経営していたり、オーナーが釣りが趣味だと期待大だ。追加料金で料理をグレードアップできる宿もある。また、最近は夕食を提供しない民宿も増えてきた。その場合、近隣に食事が取れる宿があるか確認しておこう。また、飲食店が少ない利島、青ヶ島では昼食も用意してくれる宿も。御蔵島も飲食店は少ないが、お弁当は予約制。常連はパンやおにぎり、カップラーメンを持参する。

青ヶ島の民宿のランチ。ほっとする味わいだ

キャンプ場のマナー

島のキャンプ場は、ほとんどが予約制だ。また用具レンタルのない島もあるので事前に確認しておこう。島では食材の調達が難しい場合もあるので島でのキャンプは本土のキャンプ以上に入念に準備＆下調べを。キャンプ場以外の野営は禁止だ。また、小笠原は島のほとんどが世界遺産に登録されているためキャンプや野営は厳禁だ。

伊豆大島の海のふるさと村には、設営済みのテントサイトがあり便利

キャンプ場により設備はかなり異なる。確認しておこう

島内のマナー

水着のまま町を歩かない

島内は人々の生活の場だ。水着OKと書いてある場合を除いて、水着のまま商店や飲食店に入るのはNGだ。公共の交通機関やタクシーなども同様。また許可なく私有地に立ち入ってはいけない。写真撮影のため、うっかり私有地に入りトラブルになる例もある。

島の食料品の常識

悪天候が続き、何日も船が欠航した場合、島のスーパーからは生鮮食品が消えることがある。賞味期限が近いもの、あるいは賞味期限が切れているものが並んでいることも。しかしこれは島という立地上仕方のないことだ。賞味期限はおいしく食べられる期限であって、期限を過ぎても食べられないわけではない。郷に入っては郷に従えの精神をもとう。

しばらく入港がなく、ややさびしくなった島の商店の棚

■消費期限と賞味期限について
賞味期限については農林水産省のページも参考にしたい。
URL www.maff.go.jp/j/syokuiku/kodomo_navi/featured/abc2.html

しま通信　島の暮らしを支えているのがAmazonだ。内地よりも時間はかかるが必要なものは手に入るので、島に住んでいる人の生活は内地の人とあまり変わらない。ゴミの日にはAmazonの段ボールでいっぱいなのだそう。

島トーク 島で出産は大変？

現在、出産が可能な島は伊豆大島と八丈島だけ。そのほかは、島外での出産となる。特に小笠原の場合、臨月に近い妊婦の長時間の乗船は推奨できないため、8ヵ月程度で内地に行く妊婦さんが多く、出産までしばらくの間、内地で過ごさなくてはならない。精神的・経済的な負担が大きいため、村では内地での出産に対し財政的支援を行っている。

べっこう寿司、島寿司は唐辛子や練りカラシ抜きでオーダーできる

■**島の保育園事情**

伊豆大島から小笠原の母島まで、すべての島に保育園はある。一方で高校は伊豆大島、新島、神津島、三宅島、八丈島、父島のみで、そのほかの島は高校から島外に出なくてはならない。

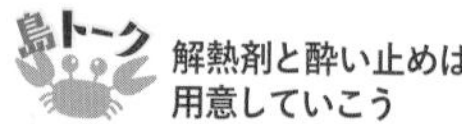

島トーク 解熱剤と酔い止めは用意していこう

島での子供の発熱に備えて、子供用の解熱剤を持っておくといざというときに安心。また、往復が船なら、子供用の酔い止めも用意しておこう。

子連れ旅行のマナー

授乳室やオムツ交換台はある？

島は基本的に子連れウエルカムだ。ただし子供用の設備は少ないと思っていいだろう。例えば、オムツ交換台や授乳室などは、空港や船の中にはあるが、島内ではあまり見かけない。授乳ケープやオムツ替えマットを持参しよう。

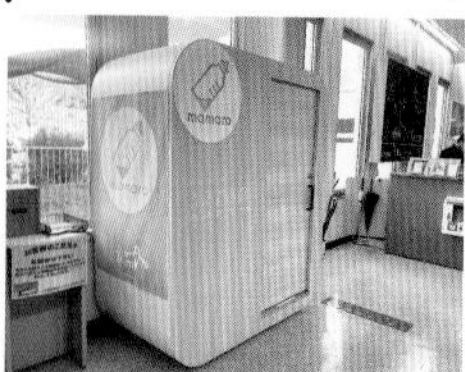

八丈島空港のロビーには授乳室が設置されている

子連れ向けの宿泊施設は？

子連れNGの宿はほとんどないが、基本的にベッドはシングルサイズが多い。未就学児の添い寝の場合シングルサイズのベッドは子供の年齢によっては手狭。ベビーガードを用意している宿も少ないので、布団敷きの和室のほうが快適だろう。また、自炊が可能な一棟貸し切りの宿も家族連れにはおすすめだ。多くの宿にコインランドリーや洗濯機があるのはうれしい。

子供向けの食事はある？

子供向けのメニューやカトラリーの用意がないことが多い。好き嫌いが多い場合、ふりかけやレトルトカレー、パックご飯などを用意しておくと安心だ。宿に利用可能な電子レンジがあるか確認しておこう。島寿司のカラシを抜く、子供用に少なめの量にしてくれるなど、多くの飲食店では基本的に快く対応してくれる。

もちろん子供向けのメニューを用意している店もある

オムツやベビーフード、粉ミルクは手に入る？

伊豆大島、八丈島ではスーパーやドラッグストアがあるので手に入る。ほかの島では、あることはあるが、商品数が限られているので希望のブランドやサイズなどが手に入るかわからない。持参するのが安心。

子供向けアクティビティはある？

催行会社により異なるが、スノーケリングツアーやホエールウオッチングツアーなどのアクティビティは、小学生からということが多い。プラベートツアーを催行している会社では未就学児でもOKというところもあるが、アウトドア系のアクティビティツアーは小学生以上のほうが楽しめるだろう。

島人Voice 子供連れで神津島に行きました。海で泳ぐよりも磯遊びに夢中に。ライフジャケットだけでなく、マリンシューズ、子供用軍手も持参してよかったです。（編集・T）

船の中ではどう過ごす？

東海汽船、小笠原海運ともに、授乳室、オムツ交換台などが調っており、船内は子供連れでも快適に過ごすことができる。おがさわら丸、橘丸にはキッズルームがあり、小さな子供が少々騒いでも気兼ねないので、安心だ。船内のレストランメニューには特に子供用メニューはないが、カレーライス、うどん、スパゲティなどはある。心配ならばおにぎりなどを持ち込むのもいい。調乳用のお湯は船内で手に入る。

橘丸のキッズルーム。柔らかいブロックなどがある

島トーク 船の中でスマホはNG

長い船の時間。退屈だろうと子供にスマホで動画を見せていたところ、すっかり船酔いしてしまいました。船の中でスマホはNG。本やゲームなども酔ってしまう可能性があるので気をつけて。

島のあるあるストーリー

隔絶された島という環境ならではのあるある話を一挙公開。

● 歩けると思ったら意外と遠い

小さな島だから歩けると思ったら意外と遠い！　ちょっとそこの商店までと思っても片道20分とかざらにある。ちなみに島の人はすぐ目の前の商店も車で行く。

● ゴミが捨てられない

特に小さな島の場合、ゴミ箱がなくて困ることが多い。移動中、ゴミの処理のために空港に立ち寄ったことも。青ヶ島では結局捨てられず、ペットボトルなどを八丈島まで持ち帰った。

● 初対面はよそよそしいが

意外にシャイな島の人。初対面だとよそよそしい人が多いが、その晩居酒屋で偶然会って一杯飲むと、もう一緒にカラオケを歌う仲に。翌日の旅のプランまで組んでくれたりする。

● 基本的にみんな同じ観光ルート

同じ船で到着した人は、別々に行動していても、同じ観光ルートになることが多い。行く先々で出会うので、ちょっと照れくさいやらうれしいやら？

● 飲食店に行く前に電話で確認する

島の人たちは、飲食店に行く前に電話で確認する。理由は、閉まっているかもしれないから。営業時間内でも人が少なければクローズする店もある。ここは、島の人に倣って行く前に電話！が吉。

● 基本的にギョサン

小笠原では、地元の人も旅人もギョサン率が高い。ギョサンとは漁業従事者の履くサンダルのことで、着用率が非常に高い。滑らず丈夫でもちろんぬれてもOK。左右で異なる色のギョサンを履くのもオシャレ。

● 台風が来ると商店から酒が消える

島には漁師が多いため、台風が来ると休業せざるを得ない。そのためか、悪天候になると商店から酒が消えるとか！？

● 常連度具合が半端ない

民宿などに泊まったときに、あまりにも宿や地元のことに精通しており、てっきり宿のスタッフだと思っていたら、常連だったということがよくある。船で乗り合わせた人に「何回目ですか？」と尋ねると「18回目です」なんて答えもザラ。東京の島々には何度でも通いたくなる魅力があるのだ。

● 小笠原丸で友情が芽生える

片道24時間かかる小笠原丸の船内。たいていの人が1航海で帰るため、行きも帰りも同じ船、ということがよくある。旅の高揚も手伝って、いきなり親友みたいになることもよくある。

● 島名が書かれたTシャツを着よう

島に行くと島の名前の書かれたTシャツを着ている人をよく見る。地元の人も島をこよなく愛しているので、Tシャツにして身にまとうのだ。われわれも到着したらギョサンと島名Tシャツに即、着替えるべし。

しま通信　東京の島々にも方言はあるが、若者が使うのは基本的に標準語。伊豆大島のあんこさん（お姉さん）、青ヶ島の居酒屋の名前であるとり（一人）など、一部で方言を知ることができる。

索引 INDEX

か

索 引

な

は

索引

ま

や

ら

わ

地球の歩き方 シリーズ一覧

2024年3月現在

＊地球の歩き方ガイドブックは、改訂時に価格が変わることがあります。＊表示価格は定価（税込）です。＊最新情報は、ホームページをご覧ください。www.arukikata.co.jp/guidebook/

地球の歩き方 ガイドブック

A ヨーロッパ

A01	ヨーロッパ	¥1870
A02	イギリス	¥2530
A03	ロンドン	¥1980
A04	湖水地方&スコットランド	¥1870
A05	アイルランド	¥1980
A06	フランス	¥2420
A07	パリ&近郊の町	¥1980
A08	南仏プロヴァンス コート・ダジュール&モナコ	¥1760
A09	イタリア	¥1870
A10	ローマ	¥1760
A11	ミラノ ヴェネツィアと湖水地方	¥1870
A12	フィレンツェとトスカーナ	¥1870
A13	南イタリアとシチリア	¥1870
A14	ドイツ	¥1980
A15	南ドイツ フランクフルト ミュンヘン ロマンチック街道 古城街道	¥2090
A16	ベルリンと北ドイツ ハンブルク ドレスデン ライプツィヒ	¥1870
A17	ウィーンとオーストリア	¥2090
A18	スイス	¥2200
A19	オランダ ベルギー ルクセンブルク	¥2420
A20	スペイン	¥2420
A21	マドリードとアンダルシア	¥1760
A22	バルセロナ&近郊の町 イビサ島／マヨルカ島	¥1760
A23	ポルトガル	¥2200
A24	ギリシアとエーゲ海の島々&キプロス	¥1870
A25	中欧	¥1980
A26	チェコ ポーランド スロヴァキア	¥1870
A27	ハンガリー	¥1870
A28	ブルガリア ルーマニア	¥1980
A29	北欧 デンマーク ノルウェー スウェーデン フィンランド	¥1870
A30	バルトの国々 エストニア ラトヴィア リトアニア	¥1870
A31	ロシア ベラルーシ ウクライナ モルドヴァ コーカサスの国々	¥2090
A32	極東ロシア シベリア サハリン	¥1980
A34	クロアチア スロヴェニア	¥2200

B 南北アメリカ

B01	アメリカ	¥2090
B02	アメリカ西海岸	¥1870
B03	ロスアンゼルス	¥2090
B04	サンフランシスコとシリコンバレー	¥1870
B05	シアトル ポートランド	¥2420
B06	ニューヨーク マンハッタン&ブルックリン	¥2200
B07	ボストン	¥1980
B08	ワシントンDC	¥2420
B09	ラスベガス セドナ&グランドキャニオンと大西部	¥2090
B10	フロリダ	¥2310
B11	シカゴ	¥1870
B12	アメリカ南部	¥1980
B13	アメリカの国立公園	¥2640
B14	ダラス ヒューストン デンバー グランドサークル フェニックス サンタフェ	¥1980
B15	アラスカ	¥1980
B16	カナダ	¥2420
B17	カナダ西部 カナディアン・ロッキーとバンクーバー	¥2090
B18	カナダ東部 ナイアガラ・フォールズ メープル街道 プリンス・エドワード島 トロント オタワ モントリオール ケベック・シティ	¥2090
B19	メキシコ	¥1980
B20	中米	¥2090
B21	ブラジル ベネズエラ	¥2200
B22	アルゼンチン チリ パラグアイ ウルグアイ	¥2200
B23	ペルー ボリビア エクアドル コロンビア	¥2200
B24	キューバ バハマ ジャマイカ カリブの島々	¥2035
B25	アメリカ・ドライブ	¥1980

C 太平洋／インド洋島々

C01	ハワイ オアフ島&ホノルル	¥2200
C02	ハワイ島	¥2200
C03	サイパン ロタ&テニアン	¥1540
C04	グアム	¥1980
C05	タヒチ イースター島	¥1870
C06	フィジー	¥1650
C07	ニューカレドニア	¥1650
C08	モルディブ	¥1870
C10	ニュージーランド	¥2200
C11	オーストラリア	¥2200
C12	ゴールドコースト&ケアンズ	¥2420
C13	シドニー&メルボルン	¥1760

D アジア

D01	中国	¥2090
D02	上海 杭州 蘇州	¥1870
D03	北京	¥1760
D04	大連 瀋陽 ハルビン 中国東北部の自然と文化	¥1980
D05	広州 アモイ 桂林 珠江デルタと華南地方	¥1980
D06	成都 重慶 九寨溝 麗江 四川 雲南	¥1980
D07	西安 敦煌 ウルムチ シルクロードと中国北西部	¥1980
D08	チベット	¥2090
D09	香港 マカオ 深圳	¥2420
D10	台湾	¥2090
D11	台北	¥1980
D13	台南 高雄 屏東&南台湾の町	¥1980
D14	モンゴル	¥2420
D15	中央アジア サマルカンドとシルクロードの国々	¥2090
D16	東南アジア	¥1870
D17	タイ	¥2200
D18	バンコク	¥1980
D19	マレーシア ブルネイ	¥2090
D20	シンガポール	¥1980
D21	ベトナム	¥2090
D22	アンコール・ワットとカンボジア	¥2200
D23	ラオス	¥2
D24	ミャンマー（ビルマ）	¥2
D25	インドネシア	¥1
D26	バリ島	¥2
D27	フィリピン マニラ セブ ボラカイ ボホール エルニド	¥2
D28	インド	¥2
D29	ネパールとヒマラヤトレッキング	¥2
D30	スリランカ	¥1
D31	ブータン	¥1
D33	マカオ	¥1
D34	釜山 慶州	¥1
D35	バングラデシュ	¥2
D37	韓国	¥2
D38	ソウル	¥1

E 中近東 アフリカ

E01	ドバイとアラビア半島の国々	¥2
E02	エジプト	¥1
E03	イスタンブールとトルコの大地	¥2
E04	ペトラ遺跡とヨルダン レバノン	¥2
E05	イスラエル	¥2
E06	イラン ペルシアの旅	¥2
E07	モロッコ	¥1
E08	チュニジア	¥2
E09	東アフリカ ウガンダ エチオピア ケニア タンザニア ルワンダ	¥2
E10	南アフリカ	¥2
E11	リビア	¥2
E12	マダガスカル	¥1

J 国内版

J00	日本	¥3
J01	東京 23区	¥2
J02	東京 多摩地域	¥2
J03	京都	¥2
J04	沖縄	¥2
J05	北海道	¥2
J06	神奈川	¥2
J07	埼玉	¥2
J08	千葉	¥2
J09	札幌・小樽	¥2
J10	愛知	¥2
J11	世田谷区	¥2
J12	四国	¥2
J13	北九州市	¥2
J14	東京の島々	¥26

地球の歩き方 aruco

●海外

1	パリ	¥1650
2	ソウル	¥1650
3	台北	¥1650
4	トルコ	¥1430
5	インド	¥1540
6	ロンドン	¥1650
7	香港	¥1320
9	ニューヨーク	¥1320
10	ホーチミン ダナン ホイアン	¥1650
11	ホノルル	¥1650
12	バリ島	¥1320
13	上海	¥1320
14	モロッコ	¥1540
15	チェコ	¥1320
16	ベルギー	¥1430
17	ウィーン ブダペスト	¥1320
18	イタリア	¥1760
19	スリランカ	¥1540
20	クロアチア スロヴェニア	¥1430
21	スペイン	¥1320
22	シンガポール	¥1650
23	バンコク	¥1650
24	グアム	¥1320
25	オーストラリア	¥1760
26	フィンランド エストニア	¥1430
27	アンコール・ワット	¥1430
28	ドイツ	¥1430
29	ハノイ	¥1650
30	台湾	¥1650
31	カナダ	¥1320
33	サイパン テニアン ロタ	¥1320
34	セブ ボホール エルニド	¥1320
35	ロスアンゼルス	¥1320
36	フランス	¥1430
37	ポルトガル	¥1650
38	ダナン ホイアン フエ	¥1430

●国内

東京	¥1540
東京で楽しむフランス	¥1430
東京で楽しむ韓国	¥1430
東京で楽しむ台湾	¥1430
東京の手みやげ	¥1430
東京おやつさんぽ	¥1430
東京のパン屋さん	¥1430
東京で楽しむ北欧	¥1430
東京のカフェめぐり	¥1480
東京で楽しむハワイ	¥1480
nyaruco 東京ねこさんぽ	¥1480
東京で楽しむイタリア&スペイン	¥1480
東京で楽しむアジアの国々	¥1480
東京ひとりさんぽ	¥1480
東京パワースポットさんぽ	¥1599
東京で楽しむ英国	¥1599

地球の歩き方 Plat

1	パリ	¥1320
2	ニューヨーク	¥1320
3	台北	¥1100
4	ロンドン	¥1320
6	ドイツ	¥1320
7	ホーチミン／ハノイ／ダナン／ホイアン	¥1320
8	スペイン	¥1320
10	シンガポール	¥1100
11	アイスランド	¥1540
14	マルタ	¥1540
15	フィンランド	¥1320
16	クアラルンプール マラッカ	¥1650
17	ウラジオストク／ハバロフスク	¥1430
18	サンクトペテルブルク／モスクワ	¥1540
19	エジプト	¥1320
20	香港	¥1100
22	ブルネイ	¥1430
23	ウズベキスタン サマルカンド ブハラ ヒヴァ タシケント	¥1650
24	ドバイ	¥1320
25	サンフランシスコ	¥13
26	パース／西オーストラリア	¥13
27	ジョージア	¥15
28	台南	¥14

地球の歩き方 リゾートスタイル

R02	ハワイ島	¥16
R03	マウイ島	¥16
R04	カウアイ島	¥18
R05	こどもと行くハワイ	¥15
R06	ハワイ ドライブ・マップ	¥19
R07	ハワイ バスの旅	¥13
R08	グアム	¥14
R09	こどもと行くグアム	¥16
R10	パラオ	¥16
R12	プーケット サムイ島 ピピ島	¥16
R13	ペナン ランカウイ クアラルンプール	¥16
R14	バリ島	¥14
R15	セブ&ボラカイ ボホール シキホール	¥16
R16	テーマパークｉｎオーランド	¥18
R17	カンクン コスメル イスラ・ムヘーレス	¥16
R20	ダナン ホイアン ホーチミン ハノイ	¥16

地球の歩き方　御朱印

1	御朱印でめぐる鎌倉のお寺　三十三観音完全掲載　三訂版	¥1650
2	御朱印でめぐる京都のお寺　改訂版	¥1650
3	御朱印でめぐる奈良の古寺　改訂版	¥1650
4	御朱印でめぐる東京のお寺	¥1650
5	日本全国この御朱印が凄い！　第壱集 増補改訂版	¥1650
6	日本全国この御朱印が凄い！　第弐集 都道府県網羅版	¥1650
7	御朱印でめぐる全国の神社 開運さんぽ	¥1430
8	御朱印でめぐる高野山　改訂版	¥1650
9	御朱印でめぐる関東の神社　週末開運さんぽ	¥1430
10	御朱印でめぐる秩父の寺社　三十四観音完全掲載　改訂版	¥1650
11	御朱印でめぐる関東の百寺 坂東三十三観音と古寺	¥1650
12	御朱印でめぐる関西の神社　週末開運さんぽ	¥1430
13	御朱印でめぐる関西の百寺 西国三十三所と古寺	¥1650
14	御朱印でめぐる東京の神社 週末開運さんぽ　改訂版	¥1540
15	御朱印でめぐる神奈川の神社 週末開運さんぽ　改訂版	¥1540
16	御朱印でめぐる埼玉の神社 週末開運さんぽ　改訂版	¥1540
17	御朱印でめぐる北海道の神社 週末開運さんぽ	¥1430
18	御朱印でめぐる九州の神社 週末開運さんぽ　改訂版	¥1540
19	御朱印でめぐる千葉の神社 週末開運さんぽ　改訂版	¥1540
20	御朱印でめぐる東海の神社 週末開運さんぽ	¥1430
21	御朱印でめぐる京都の神社 週末開運さんぽ　改訂版	¥1540
22	御朱印でめぐる神奈川のお寺	¥1650
23	御朱印でめぐる大阪 兵庫の神社　週末開運さんぽ	¥1430
24	御朱印でめぐる愛知の神社 週末開運さんぽ　改訂版	¥1540
25	御朱印でめぐる栃木 日光の神社　週末開運さんぽ	¥1430
26	御朱印でめぐる福岡の神社 週末開運さんぽ　改訂版	¥1540
27	御朱印でめぐる広島 岡山の神社　週末開運さんぽ	¥1430
28	御朱印でめぐる山陰 山陽の神社　週末開運さんぽ	¥1430
29	御朱印でめぐる埼玉のお寺	¥1650
30	御朱印でめぐる千葉のお寺	¥1650
31	御朱印でめぐる東京の七福神	¥1540
32	御朱印でめぐる東北の神社 週末開運さんぽ　改訂版	¥1540
33	御朱印でめぐる全国の稲荷神社 週末開運さんぽ	¥1430
34	御朱印でめぐる新潟 佐渡の神社 週末開運さんぽ	¥1430
35	御朱印でめぐる静岡 富士 伊豆の神社 週末開運さんぽ　改訂版	¥1540
36	御朱印でめぐる四国の神社 週末開運さんぽ	¥1430
37	御朱印でめぐる中央線沿線の寺社 週末開運さんぽ	¥1540
38	御朱印でめぐる東急線沿線の寺社 週末開運さんぽ	¥1540
39	御朱印でめぐる茨城の神社 週末開運さんぽ	¥1430
40	御朱印でめぐる関東の聖地 週末開運さんぽ	¥1430
41	御朱印でめぐる東海のお寺	¥1650
42	日本全国ねこの御朱印＆お守りめぐり 週末開運にゃんさんぽ	¥1760
43	御朱印でめぐる信州 甲州の神社 週末開運さんぽ	¥1430
44	御朱印でめぐる全国の聖地 週末開運さんぽ	¥1430
45	御船印でめぐる全国の魅力的な船旅	¥1650
46	御朱印でめぐる茨城のお寺	¥1650
47	御朱印でめぐる全国のお寺 週末開運さんぽ	¥1540
48	日本全国 日本酒でめぐる 酒蔵＆ちょこっと御朱印〈東日本編〉	¥1760
49	日本全国 日本酒でめぐる 酒蔵＆ちょこっと御朱印〈西日本編〉	¥1760
50	関東版ねこの御朱印＆お守りめぐり 週末開運にゃんさんぽ	¥1760
52	一生に一度は参りたい！ 御朱印でめぐる全国の絶景寺社図鑑	¥2479
53	御朱印でめぐる東北のお寺 週末開運さんぽ	¥1650
54	御朱印でめぐる関西のお寺 週末開運さんぽ	¥1760
D51	鉄印帳でめぐる全国の魅力的な鉄道４０	¥1650
	御朱印はじめました 関東の神社　週末開運さんぽ	¥1210

地球の歩き方　島旅

1	五島列島　３訂版	¥1650
2	奄美大島　喜界島　加計呂麻島（奄美群島①）4訂版	¥1650
3	与論島　沖永良部島　徳之島（奄美群島②）改訂版	¥1650
4	利尻　礼文　４訂版	¥1650
5	天草　改訂版	¥1760
6	壱岐　４訂版	¥1650
7	種子島　３訂版	¥1650
8	小笠原　父島　母島　３訂版	¥1650
9	隠岐　３訂版	¥1870
10	佐渡　３訂版	¥1650
11	宮古島　伊良部島　下地島　来間島　池間島　多良間島　大神島　改訂版	¥1650
12	久米島　渡名喜島　改訂版	¥1650
13	小豆島～瀬戸内の島々１～　改訂版	¥1650
14	直島　豊島　女木島　男木島　犬島～瀬戸内の島々２～	¥1650
15	伊豆大島　利島～伊豆諸島１～　改訂版	¥1650
16	新島　式根島　神津島～伊豆諸島２～改訂版	¥1650
17	沖縄本島周辺１５離島	¥1650
18	たけとみの島々　竹富島　西表島　波照間島　小浜島　黒島　鳩間島　新城島　由布島　加屋	¥1650
19	淡路島～瀬戸内の島々３～　改訂版	¥1760
20	石垣島　竹富島 西表島 小浜島 由布島 新城島 波照間島	¥1650
21	対馬	¥1650
22	島旅ねこ　にゃんこの島の歩き方	¥1344
23	屋久島	¥1760

地球の歩き方　旅の図鑑

W01	世界２４４の国と地域	¥1760
W02	世界の指導者図鑑	¥1650
W03	世界の魅力的な奇岩と巨石１３９選	¥1760
W04	世界２４６の首都と主要都市	¥1760
W05	世界のすごい島３００	¥1760
W06	地球の歩き方的！ 世界なんでもランキング	¥1760
W07	世界のグルメ図鑑 １１６の国と地域の名物料理を食の雑学とともに解説	¥1760
W08	世界のすごい巨像	¥1760
W09	世界のすごい城と宮殿３３３	¥1760
W10	世界197ヵ国のふしぎな聖地＆パワースポット	¥1870
W11	世界の祝祭	¥1760
W12	世界のカレー図鑑	¥1980
W13	世界遺産　絶景でめぐる自然遺産　完全版	¥1980
W15	地球の果ての歩き方	¥1980
W16	世界の中華料理図鑑	¥1980
W17	世界の地元メシ図鑑	¥1980
W18	世界遺産の歩き方　学んで旅する！ すごい世界遺産190選	¥1980
W19	世界の魅力的なビーチと湖	¥1980
W20	世界のすごい駅	¥1980
W21	世界のおみやげ図鑑	¥1980
W22	いつか旅してみたい世界の美しい古都	¥1980
W23	世界のすごいホテル	¥1980
W24	日本の凄い神木	¥2200
W25	世界のお菓子図鑑	¥1980
W26	世界の麺図鑑	¥1980
W27	世界のお酒図鑑	¥1980
W28	世界の魅力的な道	¥1980
W29	世界の映画の舞台＆ロケ地	¥2090
W30	すごい地球！	¥2200
W31	世界のすごい墓	¥1980
W32	日本のグルメ図鑑	¥1980

地球の歩き方　旅の名言＆絶景

ALOHAを感じるハワイのことばと絶景100	¥1650
自分らしく生きるフランスのことばと絶景100	¥1650
人生観が変わるインドのことばと絶景100	¥1650
生きる知恵を授かるアラブのことばと絶景100	¥1650
心に寄り添う台湾のことばと絶景100	¥1650
道しるべとなるドイツのことばと絶景100	¥1650
共感と勇気がわく韓国のことばと絶景100	¥1650
人生を楽しみ尽くすイタリアのことばと絶景100	¥1650
今すぐ旅に出たくなる！ 地球の歩き方のことばと絶景100	¥1650
悠久の教えをひもとく 中国のことばと絶景100	¥1650

地球の歩き方　旅と健康

地球のなぞり方 旅地図 アメリカ大陸編	¥1430
地球のなぞり方 旅地図 ヨーロッパ編	¥1430
地球のなぞり方 旅地図 アジア編	¥1430
地球のなぞり方 旅地図 日本編	¥1430
脳がどんどん強くなる！ すごい地球の歩き方	¥1650

地球の歩き方　旅の読み物

今こそ学びたい日本のこと	¥1760
週末だけで70ヵ国159都市を旅したリーマントラベラーが教える自分の時間の作り方	¥1540
史跡と神話の舞台をホロホロ！ ハワイ・カルチャーさんぽ	¥1760

地球の歩き方　BOOKS

BRAND NEW HAWAII とびきりリアルな最新ハワイガイド	¥1650
FAMILY TAIWAN TRIP #子連れ台湾	¥1518
GIRL'S GETAWAY TO LOS ANGELES	¥1760
HAWAII RISA'S FAVORITES 大人女子はハワイで美味しく美しく	¥1650
LOVELY GREEN NEW ZEALAND 未来の国を旅するガイドブック	¥1760
MAKI'S DEAREST HAWAII	¥1540
MY TRAVEL, MY LIFE Maki's Family Travel Book	¥1760
WORLD FORTUNE TRIP イヴルルド遙華の世界開運★旅案内	¥1650
いろはに北欧	¥1760
ヴィクトリア朝が教えてくれる英国の魅力	¥1320
ダナン＆ホイアン PHOTO TRAVEL GUIDE	¥1650
とっておきのフィンランド	¥1760
フィンランドでかなえる１００の夢	¥1760
マレーシア 地元で愛される名物食堂	¥1430
やり直し英語革命	¥1100
気軽に始める！大人の男海外ひとり旅	¥1100
気軽に出かける！ 大人の男アジアひとり旅	¥1100
香港　地元で愛される名物食堂	¥1540
最高のハワイの過ごし方	¥1540
子連れで沖縄　旅のアドレス＆テクニック１１７	¥1100
食事作りに手間暇かけないドイツ人、手料理神話にこだわり続ける日本人	¥1100
総予算３３万円・９日間から行く！ 世界一周	¥1100
台北　メトロさんぽ　MRTを使って、おいしいとかわいいを巡る旅	¥1518
北欧が好き！ フィンランド・スウェーデン・デンマーク・ノルウェーの素敵な町めぐり	¥1210
北欧が好き！２ 建築＆デザインでめぐるフィンランド・スウェーデン・デンマーク・ノルウェー	¥1210
地球の歩き方ＪＡＰＡＮ ダムの歩き方　全国版 初めてのダム旅入門ガイド	¥1712
日本全国　開運神社 このお守りがすごい！	¥1522
地球の歩き方　ディズニーの世界 名作アニメーション映画の舞台	¥2420

地球の歩き方　スペシャルコラボ BOOK

地球の歩き方　ムー	¥2420
地球の歩き方　JOJO ジョジョの奇妙な冒険	¥2420
地球の歩き方　宇宙兄弟 We are Space Travelers!	¥2420
地球の歩き方　ムーJAPAN ～神秘の国の歩き方～	¥2420

地球の歩き方 関連書籍のご案内

東京をくまなく旅してみよう!

J01 地球の歩き方 東京 23区 2024~2025 ¥2200

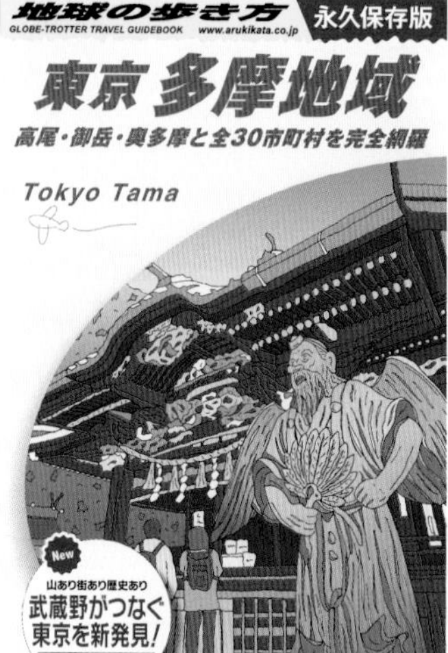

J02 地球の歩き方 東京 多摩地区 ¥2020

東京の島々をもっと知りたくなったならやっぱり「地球の歩き方」

08 島旅 小笠原 父島 母島 3訂版 ¥1650

15 島旅 伊豆大島 利島（伊豆諸島①）改訂版 ¥1650

16 島旅 新島 式根島 神津島（伊豆諸島②）改訂版 ¥1650

※表示価格は定価（税込）です。改訂時に価格が変更になる場合があります。

あとがき

東京諸島は伊豆大島から小笠原諸島の母島まで、とても広い海域に点在する11の島々。島を歩くとわかりますが、島によって風景や見どころ、雰囲気が異なり、個性豊かなことに驚かされます。小さな島々ですが、取材をするたびに新たな魅力に気づかされ、行くほどに好きになる……そんな場所でした。本書が読者の方々と取材にご協力いただいた皆さまに喜んでいただけるようなものになっていることを心より願っています。

STAFF

制作：斉藤麻理
編集：株式会社アトール　高井章太郎、澄田直子
取材・執筆：株式会社アトール　高井章太郎、澄田直子、株式会社 U-mix　三浦 淳、のなかあき子、Fujico
写真：株式会社 U-mix　三浦 淳、大村洋介、関戸紀倫、冨田マスオ、永島岳志、松島正二、吉川昌志、PIXTA
デザイン：有限会社エメ龍夢　坂部陽子
イラスト：スナイプバレー　鴨谷 隆
DTP：株式会社ダイヤモンド・グラフィック社
表紙：日出嶋昭男
地図：アルト・ディークラフト　千住大輔
校正：鎌倉オフィス、松崎恵子

取材・写真協力：
東京都、©(公財)東京観光財団東京諸島観光連盟、東京都島しょ振興公社、大島観光協会、大島町役場、利島村役場、新島村観光案内所、新島村博物館、式根島観光協会、神津島観光協会、八丈島観光協会、青ヶ島村役場、小笠原村観光協会、小笠原村観光局、小笠原母島観光協会、八丈島フィルムコミッション、東海汽船株式会社、小笠原海運株式会社、笹本直衛、谷口哲也、千葉 努（トウオンデザイン）、津崎流野、トロピカルインPAPAYA、Tokyo Islands、南海タイムス社、西胤輝之進（新島村商工会）、畑中由子、八丈島コウ・リマ・ナニ・エ、古谷 亘（Full Earth）

本書についてのご意見・ご感想はこちらまで
読者投稿　〒141-8425　東京都品川区西五反田 2-11-8
株式会社地球の歩き方
地球の歩き方サービスデスク「東京の島々」投稿係
https://www.arukikata.co.jp/guidebook/toukou.html
地球の歩き方ホームページ（海外・国内旅行の総合情報）
https://www.arukikata.co.jp/
ガイドブック『地球の歩き方』公式サイト
https://www.arukikata.co.jp/guidebook/

地球の歩き方 J14
東京の島々
伊豆大島・利島・新島・式根島・神津島・三宅島・御蔵島・八丈島 青ヶ島・小笠原－父島・母島－

2024年 4月 9日　初版第1刷発行

Published by Arukikata. Co., Ltd.
2-11-8 Nishigotanda, Shinagawa-ku, Tokyo, 141-8425, Japan

著作編集　地球の歩き方編集室
発 行 人　新井 邦弘
編 集 人　由良 暁世
発 行 所　株式会社地球の歩き方
〒141-8425　東京都品川区西五反田 2-11-8
発 売 元　株式会社Gakken
〒141-8416　東京都品川区西五反田 2-11-8
印刷製本　株式会社ダイヤモンド・グラフィック社

※本書は基本的に2023年9～11月の取材データに基づいて作られています。
発行後に料金、営業時間、定休日などが変更になる場合がありますのでご了承ください。
更新・訂正情報：https://www.arukikata.co.jp/travel-support/

●この本に関する各種お問い合わせ先
・本の内容については、下記サイトのお問い合わせフォームよりお願いします。
URL ▶ https://www.arukikata.co.jp/guidebook/contact.html
・広告については、下記サイトのお問い合わせフォームよりお願いします。
URL ▶ https://www.arukikata.co.jp/ad_contact/
・在庫については　Tel 03-6431-1250（販売部）
・不良品（乱丁、落丁）については　Tel 0570-000577
学研業務センター　〒354-0045　埼玉県入間郡三芳町上富 279-1
・上記以外のお問い合わせは　Tel 0570-056-710（学研グループ総合案内）

学研グループの書籍・雑誌についての新刊情報・詳細情報は、下記をご覧ください。
学研出版サイト　https://hon.gakken.jp/